FTA 원산지론

조 정 란

法 文 社

시작하면서

WTO가 주도하는 다자주의가 주춤하는 사이 세계 주요국은 지역주의 추세에 편승하여 자유무역협정(FTA)을 경쟁적으로 체결하고 있다. FTA 체결국간의 무역 및 투자자유화를 통하여 생산특화의 심화, 규모의 경제 달성, 교역 및 산업의 상호보완성 극대화를 경쟁적으로 추구하고 있는 것이다.

FTA는 비회원국을 차별하고 무역전환 등의 부정적인 효과도 초래하지만, 이러한 배타성과 차별성이 역으로 회원국의 이익을 보장해주는 장치이기도 하다. FTA에서 회원국에게 상호특혜를 부여하면서 역외국에 대해 배타성을 확보하는 대표적인 정책수단이 원산지규정이다. 또한 품목별 원산지기준에 따라 특혜관세 혜택 여부가 결정되므로 원산지규정은 FTA 협상에서 관세양허와 더불어 가장 중요한 의제이기도 하다.

20세기까지 FTA 체결 움직임에서 소외되어 있던 한국은 21세기 들어 '동시다발적'으로 다수의 FTA를 체결하였다. 이들 FTA를 우리 기업들이 적극 활용하면 기업의 경쟁력을 높이고 FTA상대국에서의 선점효과를 높이는데 큰 도움이 될 수 있을 것이다. 그러나 특혜관세 혜택을 누리는데 필요한 기준과 요건에 대해서는 아직 많은 기업들이 잘 모르고 있는 것이 현실이다. 많은 기업들이 관세혜택을 받는데 필요한 FTA 원산지증명서를 작성하지 못하거나 각 협정별 요건을 갖추지 못해 이를 포기하기도 한다. 그 결과 FTA 활용률은 높아지지 않고, FTA의 효과가 충분히 발휘되지 못하고 있다. 특히 많은 중소기업들이 FTA 활용에 적지 않은 애로를 겪고 있다. 중소기업의 FTA 활용률 제고는 중소기업의 경쟁력을 강화하여 우리 경제의 성장 잠재력을 높이기 위하여 반드시 달성해야 할 과제이다.

한편 FTA 체결이 확산되면서 이에 대한 정책적, 학문적 관심이 높아지고 있다. 국내 대학과 대학원에 다수의 FTA 관련 과목이 개설되었는데, 원산지규정과 관련된 과목들이 커리큘럼의 핵심적 부분을 구성하고 있다. 이는 FTA를 활용하기 위해서는 우선적으로 FTA 원산지기준에 대한 충분한 이해와 학습이 필요하기 때문이다. 이 책은 이러한 배경 하에 FTA 및 특혜 원산지규정에 대한 교재로 준비되었다. 책 내용의 상당부분은 필자가 박사 학위 논문 및 FTA 원산지 관련 연구와 강의를 통해 준비한 자료를 정리한 것이다. 특히 인하대학교 FTA대학원과 성균관대학교 무역학과 대학원에서 FTA 원산지론을 강의하면서 준비한 자료를 중심으로 하여 한 학기 동안 교재로 사용할 수 있도록 내용과 분량을 선정하였다.

본서는 7부로 구성되어 있다. 제1부에서는 국제통상 관련 기본적인 내용을 다루고 있다. 국제통상에 대한 전반적인 이해를 돕고자, 관세, 통관, 무역거래조건, 품목분류 등 국제통상의 기본적인 내용을 소개한다. 제4부에서 소개될 부가가치기준의 이해를 돕고자 관세평가와 원가회계에 대해서도 소개한다. 제2부는 FTA 통상정책과 FTA관련 법령에 대해서 설명하고 있다. FTA에 대한 다자규범, 협정문과 더불어 국내에서 제정하여 집행되고 있는 「자유무역의 이행을 위한 관세법의 특례법(일명: FTA 관세특례법)」에 대하여 알아본다. 그 밖의 원산지 관련 법령에 대해서도 알아본다.

제3부는 원산지제도 전반에 대해서 살펴본다. 원산지규정은 FTA와 관련하여 특히 중요성을 지니지만 WTO차원의 통일원산지규정도 중요하므로 이에 대해서 알아보는 것이다. 제4부는 FTA 원산지규정에 대해서 본격적으로 다룬다. FTA체제에서의 원산지규정의 도입목적 및 구성요소, 그리고 체계에 대해서 설명하며, 품목별 기준 및 보충적 기준에 대해서도 설명한다. 제5부에서는 원산지를 인정받기 위한 실무적인 절차 및 서류 등에 대해서 설명하며, 제6부는 제5부에서와 같은 기준 및 절차를 잘 수행했는지에 대한 검증과 이를 어긴 위반자에 대한 처벌 등에 대해서 알아본다. 마지막 제7부에서는 원산지규정의 엄격성지수 및 일관성지수 등에 대해서 소개한다. 부록에는 관련 법령 및 규정 중에서 원산지규정과 관련성이 높은 부분을 선별하여 수록하였다.

FTA 원산지규정은 FTA 협정, 산업정보, 무역장벽 등 다양한 요소와 관련되어 있으므로 한 권의 교재에 관련 내용을 모두 포괄하기는 어렵다. 또한 방대하고 다양한 분석과 자료를 요구하므로 저자의 연구결과 뿐만 아니라 다수 전문가들의 연구결과와 법령 등에 대한 해설자료 등을 활용하여 책을 구성하였다. FTA 관련 과목을 강의하시는 분은 취향과 강의목적에 따라 일부 내용을 생략하거나 보완하고, 케이스스터디 등의 과제를 통해 교재의 내용을 강의시간에 보완하는 것도 가능할 것이다. FTA 원산지 관련 강의교재가 부족한 실정과 기업현장에서 FTA를 활용하는데 애로사항이 있는 통상현장의 현실을 반영하여 교재의 완벽성보다는 시의성을 우선으로 고려하여 본서를 서둘러 집필하였기에 다소 미진한 부분이 있을 수 있다. 부족한 부분은 향후 지속적으로 보완해 나가고자 한다. 아무쪼록 본서가 FTA 원산지규정에 대한 일반인과 전문가의 이해를 높이고 우리 기업들이 FTA를 적극 활용하여 국제경쟁력을 높이는데 조금이나마 도움이 되기를 기원한다.

FTA 연구에 대해 많은 도움을 주신 인하대학교 정인교 교수님과 부모님에게 감사드린다. 또한 본서의 연구를 위한 인하대학교의 지원에 감사드리고, 출간을 독려해주시고 편집과정을 인내심있게 마무리해주신 법문사 편집부에도 감사드린다.

인하대학교 6호관 연구실에서
조 정 란

차 례

제 1 부

국제통상 관련 일반사항

제1부

국제통상 관련 일반사항

우리 나라는 그동안 적극적으로 자유무역협정(FTA: Free Trade Agreement)을 추진해 왔는데 그 배경에는 여러 가지 이유가 있다. 우선 부존자원이 부족하고 시장의 규모가 비교적 작아서 국가경제를 성장 및 발전시키는 데 있어 해외시장과의 교류와 우리 경제의 글로벌화가 불가결하다.

우리의 대외 교역이 국내총생산(GDP)의 많은 부분을 차지하고 있고, 주요 경쟁국이 앞 다투어 FTA를 추진하고 있는 통상환경 하에서 우리가 기존 수출시장을 유지하고 새로운 시장에 진출하기 위해 FTA 확대에 전력을 다하는 것은 당연한 것이었다. 특히 1992년 EU의 출범과 1994년 NAFTA의 발효를 계기로

Rules of Origin

지역주의가 세계적으로 확산되었지만, 당시 우리 정부는 FTA 추진을 검토하지 못했다. 그러나 1997년 동아시아 금융위기 극복 과정에서 FTA 네트워크 역외 국가로서 입게 되는 피해를 최소화하고, 더 나아가 금융위기 극복을 위한 개혁개방 정책 차원에서 FTA를 추진하게 되었다.

FTA 정책의 상당 부분은 개혁 정책과 관련이 있다. 능동적인 시장개방과 자유화를 통해 국가 전반의 시스템을 선진화하고 경제체질을 강화하기 위해서도 FTA 추진이 필요하다. 우리 경제가 기존의 양적인 성장과 더불어 구조적인 발전을 통해 진정한 선진 경제로 거듭나기 위해서는 FTA를 활용할 필요가 있다. 이미 많은 국가들이 경제선진화 차원에서 FTA를 적극적이고 능동적으로 활용하고 있다. 이는 우리나라의 통상정책 기조일 뿐만 아니라, 전 세계적으로도 추진되고 있는 현상이다.

제1부에서는 통상정책으로서의 FTA를 이해하고, 앞으로 배우게 될 원산지규정을 이해하는데 필요한 통상 및 무역에 관한 기초적인 내용을 학습하고자 한다. FTA를 활용하는 첫 걸음은 관세혜택을 통해 정태적 효과를 누리는 것인데, 이를 위해서는 원산지규정에 대한 지식이 필요하다. 그리고 원산지규정을 잘 이해하려면, 무역에 관계되는 무역실무, 품목분류(HS코드), 통관, 관세 등 통상관련 기초적인 지식을 우선적으로 잘 이해해야 한다. 이에 따라 제1부에서는 이를 간단하게 정리하고 소개하여 FTA 원산지규정을 이해하는데 필요한 기반을 만들고자 한다.

제1장 국제통상

FTA는 지역주의의 일환으로 추진되는 소수 회원국간 국제통상조약이다. 이는 다자주의(多者主義)체제(GATT/WTO)와 함께 각 국가의 국제통상정책의 핵심이 되고 있다. 주요국들이 자유무역협정을 다수 체결하기 전까지는 일반적으로 다자주의체제가 세계의 통상 규범 및 정책으로서 그 역할을 해 왔지만, 주요국들이 자유무역협정을 다수 체결하면서 FTA는 다자주의체제와 함께 통상정책의 중요한 자리를 차지하게 된 것이다.

우리가 흔히 사용하고 있는 국제통상(國際通商)이란 단어가 의미하는 바를 살펴보면, 통(通)의 의미는 '통하는 것' 또는 '여는 것' 등으로 해석이 가능하다. 즉 어떤 상황이 시원하게 열려있는 상태이거나 기존에 막혀 있던 상황을 열어서 통하게 한다는 적극적인 의미를 담고 있다. 상(商)은 상거래를 의미하며, 개인 또는 기업 상호간의 경제활동을 지칭한다. 즉 국제통상이란 국가간의 상(商)을 통(通)하게 만든다는 것이므로, 현재 막혀있는 국가간의 경제활동을 트이게 하거나 자유로운 경제활동이 이루어지게 하는 것을 의미한다.[1] 이는 그만큼 국제상업 활동에 있어서 여러 가지 제약이 존재한다는 의미이기도 하다.

국제통상은 국가간에 이루어지고 있는 각종 경제활동에 대한 국가의 규제를 완화 또는 철폐하기 위하여 다수의 국가가 공동으로 취하는 각종 활동 및 과정을 포함하는 개념이며 이러한 과정을 통하여 국제무역의 성장 및 발전을 도모한다. 이런 의미에서 다자주의체제는 그동안 세계의 통상에 적지 않은 역할을 해왔고, 앞으로도 그 역할을 잘 수행할 것으로 기대한다. 그러나 다자주의체제가 GATT(General Agreement on Tariffs and Trade; 관세 및 무역에 관한 일반협정)에서 WTO(World Trade Organization; 세계무역기구)로 발전하게 되고, 가입국가 수 및 협상의제들이 많아지면서 다자통상 협상의 진전이 더디어 지고 있다. 이에 따라 주위 몇몇 국가들 간 또는 이해관계가 맞는 나라들 간에 FTA를 체결하는 경향이 확산되면서, 한 국가의 통상정책에서 차지하는 FTA의 중요성은 더욱 부각되는 추세이다.

---

1) 강인수 외(2006), 「국제통상론」 박영사, p. 50 참고.

제2차 세계대전 이후 GATT체제를 통하여 세계적 규모의 무역자유화가 추진되었고, 당시 유럽의 일정 지역 내에서 지역적으로 무역자유화를 도모하는 움직임이 일어났는데, 이를 다자주의에 대비된 개념으로 지역주의라 부르게 되었다. 자유무역협정(FTA)은 지역경제통합의 일환으로 추진되는 무역자유화이다.

제1절 다자주의와 지역주의

1. 다자주의

제2차 세계대전에 대한 반성과 더불어 출범한 다자주의는 많은 나라들이 동시에 무역장벽을 철폐 혹은 완화하여 세계 전체의 무역자유화를 추진하고 경제 질서를 유지하기 위한 체제이다. 제2차 세계대전 말기에 미국을 비롯한 당시의 연합국들은 전후 세계의 경제 질서에 대한 논의를 진행하였다. 그들은 전후 세계의 경제적 번영을 위하여 무엇보다도 1930년대에 만연되었던 극심한 보호주의를 시정하고 세계적 규모의 무역자유화를 추진할 것에 합의하고, 세계무역의 자유화를 전담할 국제무역기구를 설립할 것을 결정하였다. 이러한 움직임 속에서 미국의 주도로 획기적인 관세인하협상이 이루어져, 참여국들은 관세 인하안을 포함한 세계적 무역자유화안을 정부간 협정의 형식으로 채택하여 서명했는데 이것이 곧 GATT체제의 출범이다.

GATT의 정신은 무역자유화를 이룩하기 위하여 관세를 인하하고 무역제한을 철폐하는 것을 기본목표로 하고 있다. 모든 체약국에게 동등한 관세 상의 혜택을 부여함으로써 범세계적인 무역자유화를 촉진시키자는 것이다.

1948년 출범한 GATT는 우루과이라운드(UR)까지 8차례의 다자간 협상을 통하여 관세인하 및 무역제한 조치의 완화를 가져왔고, 그에 따라 세계경제 성장에 기여한 것으로 평가된다. 특히, 1960년대의 케네디 라운드에서는 상당한 정도의 관세 인하가 이루어졌으며, 1970년대의 도쿄 라운드에서는 관세 인하뿐만 아니라 비관세 장벽의 완화 내지 철폐까지 심도 있게 논의되었다. 도쿄 라운드에서는 1970년대 초 이래 체약국들이 널리 사용하던 비관세장벽을 부문별로 국제규약의 형식으로 규제하는데 합의하여 비관세장벽이 처음으로 국제적 규제의 대상이 되었다.

그러나 1980년대에 들어와서 세계의 무역질서는 보호주의와 지역주의가 만연하게 되어 교역질서가 왜곡되는 현상이 일어났다. 당시 소련의 붕괴, 공산권의 와해와 더불어 미국의 경제력 약화로 국제교역에 있어서 정치논리보다 경제논리가 먼저 적용되었다. 이에 따라 국가 간 통상마찰이 빈번하게 발생하게 되었다.

또한 1980년대 들어 산업이 고도로 발달함에 따라 종전의 GATT체제에서 상정하지 못한 서비스, 지적재산권, 무역 관련 투자 등 분야의 국가 간 교역 문제와 통상마찰이 빈번하게 발생하였다. 이와 같은 시대적 배경하에서 1986년 제8차 다자간 협상인 우루과이라운드가 개시되었다. 8년간의 긴 협상 끝에 타결된 우루과이라운드 협상의 결과 전후 40년 이상 유지되어 오던 GATT체제가 발전적으로 해체되고 세계무역기구(WTO)가 설립되었다.

WTO 출범 이후 새롭게 탄생한 국제경제 질서 속에서 다자간 무역자유화 협상을 통해 세계 경제 통합을 더욱 가속화하기 위한 도하개발의제(Doha Development Agenda; DDA) 협상이 2001년 11월 카타르 도하에서 개최된 WTO 제4차 각료회의에서 공식적으로 출범하였다. 도하 각료선언문에는 무역자유화에 의한 회원국의 이익을 균형 있게 반영한다는 차원에서 농업, 서비스, 비농산물의 시장접근, 지적재산권, 투자, 정부조달, 무역과 환경, 전자상거래, 개도국에 대한 이행 문제 등 광범위한 협상의제가 채택되었다. 농업협상의 경우 2004년 7월 협상 세부원칙이 결정되었으나, 이후 협상이 부진해졌다. 2013년 12월 인도네시아 발리에서 개최된 제9차 WTO 각료회의에서 무역원활화와 농업 관련 협상의제 일부가 포함된

그림 1-1 WTO 무역협상위원회 회의 장면

자료: 외교통상부(2007) 「WTO 이해하기」 p.10

발리패키지가 타결되었으나, 전면적인 DDA 협상의 타결 전망은 여전히 불투명한 상황으로 인해 WTO에 대한 기대가 줄면서 지역주의에 대한 관심이 높아지게 되었다.

2. 지역주의

다자주의체제를 중심으로 세계경제가 통합되면서 다른 한편으로는 지역주의의 확산 및 심화 현상이 나타나고 있다. 세계 경제의 지역주의화(Regionalization)는 경제통합, 블록화, 그리고 지역협력체 등 다양한 의미를 내포한다. 일반적으로 지역주의화는 일정 지역 내 국가들이 상호 경제적 효율성 증대를 통한 경쟁력 제고와 경제발전을 위해 지역 내에서 경제공동체를 만들어 가는 것을 의미한다. FTA도 지역주의화의 일환임은 물론이다. 주로 지역 내에서 결성되었기 때문에 초기에는 지역주의로 불렸으나, 현재는 지역 내에서만 이루어지지 않고, 지역을 막론하고 체결되어 지역주의라는 단어와 함께 'FTA' 라고 불리고 있다.

세계적인 지역주의 사례로는 유럽연합(EU), 북미자유무역협정(NAFTA)을 비롯하여 지역을 불문하고 체결된 다수의 양자간 FTA를 들 수 있다. 최근에는 Mega FTA로 불리는 환태평양경제동반자협정(Trans-Pacific Partnership: TPP)[2], 역내포괄적경제동반자협정(Regional Comprehensive Economic Partnership: RCEP)[3], 미국·EU간 환대서양경제동반자협정(Transatlantic Trade and Investment Partnership: TTIP) 등이 추진 중에 있다. 이러한 예에서 볼 수 있듯이 지역주의는 계속적으로 심화되면서 외형적으로도 확산되고 있다.

지역통합은 시장접근 기회의 확대와 효율성 제고를 통한 경제발전, 지리적·역사적 유대관계, 정치적 및 안보적 필요성 등 다양한 요인에 근거하고 있으므로 지역경제권을 추진하는 계기와 목적은 지역적 특성과 경제상황에 따라 다르다. 1990년대 초반에 지역무역협정이 급격히 늘어난 것은 GATT 체제하에서 다자주의 추구에 한계가 있었을 뿐만 아니라, 우루과이라운드 실패에 대비한 보험적 성격으로서 지역경제협력의 필요성이 확산되었기 때문이라는 시각도 있었다. 그러나 WTO 체제가 출범한 1995년 이후에도 계속적으로 지역무역협정이 체결되는 것

---

2) TPP는 뉴질랜드·싱가포르·칠레·브루나이 4개국이 2005년 체결한 자유무역협정이었으나, 이후 미국, 호주, 일본 등이 참여하고, 2015년 10월 현재 12개국이 참여하여 협상을 타결하였음.

3) 동남아시아국가연합(ASEAN) 10개국과 한·중·일, 호주, 인도, 뉴질랜드 등 16개국 참가하고 있음.

으로 보아, 단순히 다자체제의 한계 혹은 실패에 대비한 것을 넘어서, 각국이 통상정책 추진차원에서 전략적으로 추구해 온 측면도 있다. 그동안 지역무역협정에 참여한 경험이 없는 국가들도 지역주의에 적절히 대응하면서, 하나의 지구촌 경제로의 통합이라는 세계화에 대한 준비 작업의 일환으로 지역주의 경험을 축적하고자 적극 참여하기도 하는 것이다.

지역무역협정은 기본적으로 WTO의 최혜국대우 및 다자주의원칙에 벗어난 양자주의 및 지역주의적인 특혜무역체제이다. 지역무역협정체제하에서는 회원국간에 무관세나 낮은 관세를 적용하는 반면, 비회원국에게는 MFN(most favored nation treatment)관세를 적용한다. 또한 지역무역협정 회원국 간에는 상품의 수출입을 자유롭게 교역할 수 있게 허용하는 반면, 비회원국의 상품에 대해서는 WTO에서 허용하는 수출입의 제한조치를 그대로 유지하는 것이 가능하다.

WTO와 지역무역협정은 기본적으로 각 회원국의 관세 부과 및 수출입제한조치 등의 제반 무역장벽을 완전히 철폐하여 상품과 서비스의 교역 및 투자가 원활하게 이루어져 각 회원국간 경제가 지속적으로 발전해 가고, 고용과 국민의 경제적 후생이 증대되도록 하는 것을 주요 목표로 하는 점은 같다.

WTO에서 지역무역협정인 FTA를 인정하는 근거는 GATT 24조 및 24조의 해석에 관한 양해, 그리고 GATT 서비스무역에 관한 일반협정 5조 및 5조 2항 등에 규정되어 있다. WTO의 기초를 이루는 'GATT 1994' 조문에는 관세동맹(Customs Union: CU)과 같은 지역협정을 명시함으로써 WTO 내에서 지역주의를 공식적으로 수용하고 있다. 다만 추가적인 대외 관세장벽에 대한 해석상의 명료성과 지역통합으로의 이행기간을 명확히 하고 있다는 점이 종전의 조문과 다를 뿐이다.

WTO에서 지역무역협정이 최혜국대우 및 다자주의원칙에서 벗어남에도 불구하고 이를 허용하는 이유는 지역무역협정을 체결한 회원국간 제반 무역장벽을 완화하거나 철폐하는 경우, 상품과 서비스 교역 및 투자가 촉진되어 회원국의 경제가 발전함에 따라 궁극적으로는 지역무역협정 회원국과 비회원국간에도 교역과 투자가 촉진되어 WTO의 다른 회원국 경제에도 유리한 여건을 조성하기 때문이다.

제2절 지역경제통합의 개념과 유형

1. 지역경제통합의 개념[4)]

지역경제통합은 지리적으로 인접한 2국 또는 그 이상의 국가가 무역협정을 체결하여 비회원국에 대해서는 관세 또는 기타의 무역제한을 유지하고, 무역협정을 체결한 상호 간에는 무역의 자유화를 꾀하며, 더 나아가서는 재정, 금융, 통화 등 경제 전반에 걸친 상호협력을 도모하고자 하는 지역적 경제협력조직으로 정의된다. 그러나 경제통합이 결성되는 지역의 경제적 특성 및 시대적 상황에 따라 그 통합의 의의, 목적 등에서 형태가 다르게 나타날 수 있다.

경제통합을 보는 학자들의 견해는 다양하다. Myrdal과 Perrous 같은 학자는 경제통합을 정치경제학적 시각에서 관찰하고, 경제통합을 사회·경제적 이상의 실현과정으로 보고 있다. 이에 비해 Tinbergen과 Balassa 등은 근대경제학적 시각에서 경제통합을 보고 있으며, 경제일반에 관련된 국가적 혹은 국제적 경제거래 구조의 변화 현상으로 파악하기도 한다.

경제통합을 정의하는 두 가지 접근 방식은 서로 다른 측면을 연구 대상으로 삼고 있으나, 경제통합의 목표는 국가 간에 존재하는 인위적이고 비합리적인 무역장벽을 제거함으로써 자유무역과 자유경쟁의 고취를 통해 후생을 증진시키려는 것이다. 이 같은 개념을 근거로 국가 간 경제통합을 다시 정의하면 "경제적으로 공동이해관계를 가진 국가 간에 상품 및 생산요소의 자유이동을 보장하는 여러 조치를 취함으로써, 독자적인 광역시장권을 형성하고 이로부터 각 가맹국은 시장의 경제적, 기술적 이익을 향유하며, 통합체 전체의 후생증진을 꾀하고자 하는 국가 간 경제협력의 한 형태"라고 할 수 있다.

2. 발전단계별 지역경제통합의 유형

경제통합은 통합의 정도에 따라 부문별 특혜협정, 자유무역협정, 관세동맹, 공동시장, 경제동맹, 완전경제통합의 단계로 구분할 수 있다. 이러한 지역경제협력

4) KREI, KIEP(2004) 「한·칠레 FTA 백서」 p. 6-22 인용하여 작성함.

은 1950년대에 유럽에서 관심을 갖기 시작하였으며, 1957년에 유럽경제공동체(European Economic Community: EEC)를 탄생시킨 로마조약 등이 대표적인 예이다.

경제통합의 첫 단계인 자유무역협정(FTA)은 회원국 간의 상품 및 서비스 교역에 있어서는 관세와 비관세 장벽을 완화 내지 철폐하는 반면 비회원국(역외국)에 대해서는 각 회원국이 독자적인 무역정책을 유지한다. 따라서 회원국과 비회원국에 적용되는 무역정책이 다르기 때문에 무역굴절(Trade Deflection) 문제에 직면하게 된다. 대부분의 자유무역협정은 무역굴절을 방지하기 위한 방안으로 원산지규정(Rules of Origin)을 강화하고 있다.[5] 1994년에 출범한 북미자유무역협정(NAFTA)에서도 이러한 무역굴절 현상을 방지하기 위해 강력한 원산지 규정이 도입되었다. 무역굴절로 인한 손실이 자유무역협정 체결로 인한 이득보다 작다면 세계 경제 전체의 후생은 증가하는 결과를 가져오며, 비회원국에 대한 무역 차별로 인한 손실은 다수의 국가들로 분산되는 반면 협정체결로 인한 이득은 소수의 회원국에 집중되는 특징이 있어 무역굴절 문제는 심각하게 고려되지 않는 경향이 있다.

관세동맹(Customs Union)은 자유무역협정과 같이 회원국간의 상품과 서비스 교역에 대해 관세 및 기타 무역장벽을 완화하면서, 추가적으로 역외국에 대해서는 공동관세를 부과하는 등 공동의 무역정책을 채택하는 경제통합 형태이다. 따라서 무역굴절 문제가 심각하게 취급되지 않는다.

공동시장(Common Market)은 회원국간 상품과 서비스의 교역뿐만 아니라 역외공동관세를 채택하고(즉, 관세동맹을 기본으로 하고), 더 나아가 노동과 자본 등 생산요소들의 자유로운 이동까지 보장하는 형태의 경제통합이며, 유럽연합의 이전 단계인 유럽공동시장(EEC)이 여기에 속한다.

경제동맹(Economic Union)은 회원국간 생산물과 생산요소의 자유로운 이동(공동시장을 기본으로 하고), 공동시장에서 채택되지 않았던 화폐금융, 물가 및 세입세출 등 거시정책과 노동 등 사회정책까지 공동으로 추진하는 가장 진전된 형태의 협정이다.

완전경제통합(Complete Economic Integration)은 회원국 간의 가장 긴밀한 경

5) 이 책의 제4부 제2장에서 논의된 바와 같이, 원산지규정은 원산지기준과 의미가 다르다. 원산지규정은 원산지 관련 전반적인 규범을 의미하는 반면, 원산지기준은 특정 품목의 원산지판정기준을 의미한다.

제통합으로, 경제동맹에다가 정치통합을 더한 형태이다. 즉, 정치까지도 지역적으로 통합하는 형태로서 경제통합체내의 공동의 의사결정체 구조를 갖게 된다. 그러나 회원국들은 자국정책 선택에 대한 자율권이 약화될 수 있다. 유럽연합(European Union)은 1990년대 초 이러한 목표를 설정했으나, 네덜란드, 프랑스 등 일부 국가의 반대로 완전경제통합체로의 발전은 실현되지 못했다.

표 1-1 자유무역 협정의 종류와 포괄 범위

<table>
<tr><th>역내 관세철폐</th><th>역외 공동 관세부과</th><th>역내 생산요소 자유이동 보장</th><th>역내 공동 경제 정책 수행</th><th>초국가적 기구 설치・운영</th></tr>
<tr><td>1. 자유무역협정(FTA)</td><td></td><td></td><td></td><td></td></tr>
<tr><td colspan="2">2. 관세동맹</td><td></td><td></td><td></td></tr>
<tr><td colspan="3">3. 공동시장</td><td></td><td></td></tr>
<tr><td colspan="4">4. 경제동맹</td><td></td></tr>
<tr><td colspan="5">5. 완전경제통합</td></tr>
</table>

주: B. Balassa의 분류에 의한 발전단계별 경제 통합

3. 지역경제통합의 의의

지역경제통합은 비회원국에 대해서는 무역 자유화 혜택을 제공하지 않는 것이 일반적이며, 관세 및 비관세 장벽의 완화 또는 철폐가 주류를 이룬다. 국가 간 무역장벽 축소를 통한 시장 확대와, 그에 따른 규모의 경제(Economies of Scale)실현, 무역으로부터의 이익(Gains from Trade) 추구를 통해 국민적 후생의 증진이라는 목표를 가지고 추진된다.

범세계적인 자유무역이 제한을 받고 있는 현실적 여건 하에서 지역적 규모에서나마 경쟁의 영역을 확대시켜 기회균등의 폭을 넓히는데 기여하는 조치라고 할 수 있다. 따라서 경제통합은 개별 회원국은 물론 회원국으로 구성된 통합체 전체, 나아가서는 세계 전체의 경제적 이익을 제고시키는 긍정적인 정책수단으로 평가될 수 있으며, 이러한 점에서 경제통합의 의의가 있다.

그러나 경제통합을 통한 무역자유화는 일정 지역 내의 후생증진에 기여하지만,

개별국가 내에서는 산업간 또는 분야간 이해관계가 엇갈리기도 한다.

시장이 확대되고 자원배분이 좀 더 효율적으로 되어 경쟁력이 향상되는 분야는 경제통합으로 혜택을 보겠지만, 경쟁력이 낮아 역내국가와의 경쟁에서 밀리는 분야는 생산 감소와 그에 따른 소득감소가 불가피한 것도 사실이다. 이때 취약 부문에 대한 적절한 지원과 경제통합에 따른 이득의 분배가 중요한 과제로 부각될 수 있다. 우리나라에서는 이러한 문제점을 다소나마 해소하기 위해 FTA 피해직불금제도 등의 지원제도를 마련하기도 하였다.

이러한 산업간 또는 분야 간 이해관계의 교차는 지역경제통합에 의해서 뿐만 아니라 다자간 무역주의에 의한 무역자유화에서도 발생되기 때문에 지원제도는 앞으로 글로벌 경쟁에 대비하기 위해서도 필요하다.

4. 지역경제통합의 효과

지역경제통합의 효과는 크게 두 가지로 분류할 수 있다. 첫 번째는 정태적효과(Static Effects)이다. 정태적효과는 다시 무역창출효과와 무역전환효과로 나눌 수 있다. FTA 발효와 동시에 역내의 관세가 인하 및 철폐되면서 교역이 확대되어 나타나는 현상이 무역창출효과이다. 또한 역내국간의 관세장벽 철폐로 인해 역외국에 공동의 관세장벽이 설정됨으로써 역내국가 상품의 절대가격이 역외 국가의 가격보다 높을지라도, 관세효과가 이를 상회하는 경우 역내로부터 상품을 수입하게 되는 무역전환효과가 일어날 수 있다. 따라서 정태적 효과는 관세철폐와 밀접한 관계를 갖으며, FTA 원산지규정에 의한 절차들은 정태적 효과인 관세철폐로 인한 혜택을 누리기 위해 반드시 필요하다.

두 번째는 동태적효과(Dynamic Effects)이다. 역내시장의 확대에 따라 규모의 경제(Economies of Scale)와 시장경쟁의 격화로 경제의 효율성이 향상된다. 그러나 지역경제통합이 회원국에 미치는 경제적인 효과는 일반적으로 명확하게 규정하기 어려우며, 통합 상대국간의 산업 부문별 현황과 상대적인 관계, 성장잠재력 등 여러 가지 변수에 따라 상이하게 나타날 수 있다.

역내시장의 확대와 관련하여 중요한 것은 경쟁의 증대이다. 관세 등에 의하여 보호를 받던 각국의 기업들이 새로운 경쟁에 노출됨에 따라서 지역경제 전체의 효율성이 증가하게 된다. 또한 시장이 확대되고 역외국에 대한 불이익을 극복하기 위해 역외기업에 의한 직접투자가 활성화 된다. 역외기업들도 경쟁에 새롭게 대처하기 위하여 경영합리화가 이루어질 것이다. 궁극적으로 역내·외 국가들이 산업 전체의 효율성 증대를 달성하기 위하여 노력하게 된다.

가. 무역창출

FTA로 인해 양국의 관세 및 비관세 장벽이 철폐되면 시장이 확대되기 때문에 양국의 쌍방무역(Bilateral trade)은 증가한다. 지역경제통합이 이루어지면 역내 교역에 대한 각종 무역장벽이 제거되어 무역이 증대되고 분업화가 촉진되어 경제의 효율이 향상된다. 역내 회원국간에 비교우위에 따라 분업화와 규모화가 이루어지면 생산비가 절감되어 경쟁력이 높아짐에 따라 새로운 무역이 창출되고 회원국 모두의 소득을 증가시키는 효과를 가져 올 수 있다.

역내국들의 경제와 산업구조가 상호보완적(Complementary) 관계에 있을 때 경제통합의 이익이 증가하고 상호경쟁적(Competitive) 관계에 있으면 통합의 이익이 감소한다. 또한 통합 상대국의 해당 상품 경쟁력이 역외국가에 비해 높을 때 통합이익이 극대화 될 수 있다. 그러나 산업내 무역(Intra-Industry Trade)이 일반화된 경우 산업구조의 상호보완성에도 불구하고 특정 품목간에는 경쟁적 구조를 지니는 경우가 많아 통합의 이익에 대한 신중한 접근이 필요하다.

FTA로 인한 양국의 무역 증가는 곧 양국이 각각 비교우위를 지닌 산업에 특화하면서 자원배분의 효율성이 향상되고 해당 산업의 경쟁력이 향상된다. 즉, FTA의 동태적 효과는 지역경제통합으로 역내국가들이 전문화, 분업화하게 되면 해당 생산자들은 대량생산의 기회를 가지게 되므로 보다 저렴한 생산비로 해당 상품을 공급할 수 있게 되는 규모의 경제를 실현하는 효과가 있다.

역내 국가간에 각종 무역규제가 완화 내지 철폐되면 역내 생산자들의 경쟁이 치열해져 독점적 초과이윤이 사라지고 경제적 효율성이 증대되는 효과도 발생한다. 치열한 경쟁에 대응하여 각 생산자들은 연구, 개발, 기술혁신에 대한 투자를 늘리게 되므로 결국 생산비 인하와 서비스 개선을 가져오게 되는 것 등이 그 예이다. 이와 같은 경쟁의 심화는 FTA 이전에 존재하던 독점으로 인한 왜곡(Distortion)을 해소하여 국가후생을 증가시킬 수 있다.

나. 투자

투자[6]는 국내투자와 외국인직접투자(Foreign Direct Investment; FDI)로 구분

하여 살펴볼 필요가 있다. FTA로 경쟁력을 지닌 산업의 생산이 증가하기 때문에 국내투자는 증가할 것으로 기대된다. 그러나 FTA가 FDI에 영향을 미칠 수 있는 다양한 통로가 있기 때문에 FTA와 FDI의 관계에 대해 단정적인 결론을 내리기는 어렵다. FDI는 수평적 FDI(Horizontal FDI)와 수직적 FDI(Vertical FDI)[7]로 구분할 수 있고, FTA의 영향으로 외국인직접투자는 FTA 역내국가(Insider)는 물론 역외국가(Outsider)로부터도 유입될 수 있기 때문에 각각의 경우를 별도로 분석해야 한다.

먼저 역내국가로부터의 수평적 FDI의 경우 현지에서 판매하는 것을 목적으로 하고 있으며, 수출도 동일한 목적을 가지고 있기 때문에 무역과 대체관계에 있다. 즉 기업이 해외시장에 제품을 판매하기 위해 활용할 수 있는 수단은 직접 수출과 수평적 FDI 두 가지가 있다. 관세, 비관세, 운송비용, 마케팅비용 등을 포함하는 거래비용이 적절하다면 수출을 하겠지만, 만약 현지 시장규모가 크고 수출 관련 거래비용이 높다면 기업은 수평적 FDI를 통해 현지 시장에 진출할 것이다. 따라서 FTA 이행으로 관세가 철폐되거나 낮아지게 되면 거래비용이 낮아져서 수출이 FDI에 비해 상대적으로 유리해지기 때문에 수평적 FDI가 증가할 가능성은 줄어들 수 있으나, FTA 원산지규정 충족을 위한 비용의 크기가 투자에 영향을 미칠 수 있게 된다.

역내국가로부터의 수직적 FDI는 생산비용을 절감하면서 세계 여러 지역의 생산경쟁력을 활용하기 위해 생산단계별로 생산기지를 다른 국가에 두는 것이며, 수직적 FDI를 통해 생산된 제품은 본국으로 재수입되기 때문에 무역과 보완관계에 있다. FTA로 관세 및 비관세장벽이 철폐되어 거래비용이 낮아지면 역내 국가로부터의 수직적 FDI가 증가할 것으로 기대된다.

다음으로 FTA가 역외국으로부터의 FDI에 미치는 영향을 살펴보자. FTA의 체결로 양국은 관세가 없는 공동시장을 형성하게 되는데, 이는 결국 시장의 규모가 확대되는 것을 의미한다. 역외국가의 입장에 볼 때, FTA 이전에는 각 개별 국

6) 투자는 크게 직접투자와 간접투자로 분류함. 직접투자는 경영 참가에 목적을 두고 있는 반면, 간접투자는 경영에 직접적으로 참여하지 않고, 배당, 이자 등의 이익을 목적으로 하는 투자임. 직접투자는 다시 해외직접투자와 외국인직접투자로 나뉘는데, 해외직접투자(Overseas Direct Investment; ODI)는 우리나라 기업이 해외에 직접투자 하는 것이고, 외국인직접투자(Foreign Direct Investment; FDI)는 외국기업이 우리나라에 직접투자 하는 것임. 그러나, 일반적으로 직접투자를 FDI로 표현함.

7) 수직적 FDI는 생산비용을 절감하는 것을 목적으로 수행되는 FDI이며, 수평적 FDI는 현지시장에서 제품이나 서비스를 판매·공급하는 것을 목적으로 수행되는 FDI를 뜻함.

가의 시장에 수출하는 것이 유리할 수 있으나, FTA로 시장이 확대됨에 따라 관세를 지불하면서 수출하는 것보다는 역내국가에 생산기지를 마련하여 확대된 공동시장에 무관세로 판매하는 것이 유리해진다. 따라서 FTA가 체결되면 역외국가로부터의 수평적 FDI는 증가될 수 있다.

역외국가로부터의 수직적 FDI는 FTA의 영향을 덜 받을 수 있다. 예를 들어 역외국가의 어떤 기업이 한국에 부품공장을 설립해도 한국에서 생산된 부품을 다시 자국으로 재수입해야 하기 때문에 FTA와는 큰 연관성이 없다. 단, 역외국가에서 부품을 비롯한 중간재를 수출하는 기업의 입장에서는 한국에 투자하는 것이 관세를 절감할 수 있기 때문에 유리할 수 있다. 그러나 직접투자의 경우 FTA원산지규정에 따라서 증가 및 감소에 영향을 줄 수 있다.

지금까지 체결된 FTA의 경우, 투자협정조항을 포함하고 있는데, 이러한 투자협정조항이 포함되면 양국 간의 직접투자는 증가할 수 있다. 투자협정으로 투자보호와 투자자유화가 이루어지면, 보다 안정적인 투자입지로서의 위치를 확보하게 되고, 투자제한 부문이 없어지기 때문에 외국인 직접투자는 증가한다.

다. 경제성장

FTA는 물적 자본(Physical Capital), 인적자본(Human Capital) 및 지식자본(Knowledge Capital)의 축적을 촉진시키고 이 자본들에 대한 투자에 영향을 미치게 되므로 경제를 성장시키는 효과를 가진다. FTA로 관세 및 비관세장벽이 제거되거나 완화되면 경쟁력이 약한 산업에서 경쟁력이 높은 산업으로 자원이 이동하여 국가 전체적으로 볼 때 자원배분의 효율성이 증진된다. 이를 자원배분의 효율성 효과(Resource Allocation Efficiency)라고 한다. 자원배분의 효율성이 향상된다는 것은 곧 국내총생산 및 소득의 증가를 의미하며, 이렇게 증가된 소득의 일부는 저축되기 때문에 투자가 증가하고 자본스톡이 증가한다. 투자와 자본스톡의 증가는 다시 국내총생산과 소득의 상승을 가져오게 되는데 이를 중기 경제성장효과(Medium-Run Growth Effect)라고 한다.

또한 내생적 경제성장이론(Endogenous Growth Theory)은 인적자본 또는 지식자본이 축적되면 지속적인 경제성장이 가능하다는 것을 강조하고 있다. FTA를 통해 기술전파(Technology Spillover)가 가속화되어 기술 수준이 향상되고, 지식자본이 축적되면 장기적인 경제성장효과가 발생할 수 있다는 것이다. 아울러

FTA를 통해 지식자본 또는 인적자본을 집약적으로 사용하는 산업의 생산이 증가하면, 이 산업은 인적자본과 지식자본에 더 많은 투자를 하게 되고 국가 전체의 인적자본과 지식자본이 축적되어 장기적인 경제성장 효과가 발생할 수 있다. 요컨대 지역경제통합협정이 체결되면 무역 및 투자의 확대로 인해 경제가 전반적으로 성장하는 효과를 얻을 수 있다.

5. 한국의 통상정책

1950년대 이후 한국의 통상정책의 주된 기조는 수출 지향적 공업화 정책이었다. 한국전쟁이후 경제성장을 위해 가장 필요한 것은 공업화를 위한 자본이었다. 따라서 한국의 통상정책은 외자유치에 집중하였다. 부존자원이 부족한 한국의 입장에서는 에너지자원을 비롯한 1차 산업에 해당되는 자원을 수입에 의존해야 했고, 이를 수입하기 위해서는 외화가 필요했다. 또한 외화를 획득하기 위해서는 수출을 지향할 수 밖에 없는 경제구조였다.

표 1-2 **한국 통상정책의 변천 (1950년대~2000년대)**

	정책 기조	주요 정책방향	전략(특징)
1950년대	외자 유치	- 외국자본의 유치를 통한 국가 경제 기반 강화 · 수출을 위한 소극적 수입 · 재정지원의 보장	- 외자확보를 위한 원자재 수출 장려 - 다자 협력에 무관심 농업중심 경제구조
1960년 ~1970년	무역 팽창	- 중상주의 정책 · 수출보조-수입제한정책	- 수출을 통한 경제성장 촉진 · 수입제한 · 국내산업 보호 · 다자협상에 수동적 참여
1980년대	시장 개방과 자유화	- 다자주의에 기초한 무역자유화 · 무역분쟁 악화 · 소극적인 무역개방정책 - 산업합리화 및 국제경쟁력 강화	- 무역팽창에 지대한 관심 · 수입의 긍정적 측면 인식 - 무역분쟁 해결에 초점 · 시장개방의 확대 - 지역협력체(APEC)에 참여
1990년대	세계화	-'윈-윈' 통상정책 추진 · 적극적인 개방, 자유화정책 · 무역정책의 국제적 조화 추	- 지역주의와 다자주의 원칙 동시추구 · 수출과 투자를 통한 금융위기

		진 - 세계통상이슈에 적극 참여 · OECD 가입	극복 · FDI와 쌍무적 산업협력 장려 · FTA 정책으로 지역협력 강화
2000년대	FTA 정책	- FTA추진정책 · FTA로드맵 · FTA활용정책	- FTA시대 본격적 개막 · 동시다발적인 FTA추진 · FTA를 활용하기 위한 노력

자료: Sohn and Yoon (2001), KREI · KIEP(2004) '한·칠레 FTA 백서, 저자 추가보완.

1960년대와 1970년대를 거쳐 한국은 수출 촉진으로 공업화에 성공하며 세계경제에 진입하였다. 이 시기의 통상정책은 중상주의 기조하에 수출 촉진을 위한 수출장려보조금제도(1960-1965), 수출입링크제(1960-1967), 수출진흥법 제정(1962), 수출진흥종합시책 수립(1964), 무역거래법 제정(1966) 등 수출관련 제도를 만들고, 국내산업 보호를 위하여 무역장벽을 높이고 수출을 통한 공업화에 중점을 둔 결과 수입에는 많은 제한이 있었다. 그러나 1967년 GATT 가입 이후 국내시장도 점차적으로 개방하게 되었으며, 1970년대 후반 세계경제의 회복을 배경으로 수출 100억 달러를 달성하게 된다.

1980년대에는 다자체제에 기초하여 시장개방과 무역자유화가 본격적으로 추진된다. 한국경제의 현대화와 경쟁력을 높이기 위해 산업과 통상정책 방향 전환이 이루어졌고, 민주화와 더불어 수입의 긍정적인 측면도 인정하면서 소비자 이익에 대한 고려를 하게 되었다. 수입감시제도가 폐지(1989)되고, 대외무역법이 제정(1987)되었다.

1990년대 초 우루과이 협상 타결로 인해 세계적으로 무역장벽이 완화되는 상황에서 한국은 더욱 더 규제완화를 통한 시장개방과 무역자유화를 추구하는 정책을 강화할 수 밖에 없었다. 우루과이 협상 결과에 의해 관세를 인하하고 무역과 투자를 자유화하는 방향으로 지속적 개혁을 추진하였다. 또한 무역 중심의 경제와 WTO 회원국으로서 WTO가 표방하는 다자체제를 강력하게 지지하였다. 부존자원이 부족한 한국의 입장에서는 무역을 통해서 경제성장과 발전을 이룩하고, 이를 계속적으로 이어 나아갈 수밖에 없는 입장이었다. 다자주의체제를 통해 우리나라 뿐만 아니라 다른 나라들의 시장개방이 이루어져 수출하기 좋은 여건이 되는 다자주의 체제를 옹호하는 입장이었기 때문에 지역주의에 대해서는 오히려 반대하는 입장에 있었다.

한국에서 지역주의 FTA 정책에 관한 논의는 1980년대 말에 시작이 되어 1990년대 말에 급속히 진행되었다. 유럽지역에 머물러 있던 지역주의가 다른 지역으로 확산되면서 미국이 1994년 전통적인 다자체제 고수입장에서 전환하여 NAFTA를 체결하였고, 이어 전체 미주지역을 아우르는 경제통합체인 미주자유무역지대(FTAA)를 2005년까지 완성할 계획을 가지고 있었다.

동아시아지역에서도 한국과 일본이 1990년대 후반 지역주의에 대한 관심을 가지게 되었고,[8] 이후 중국도 합세하여 경쟁적인 구도로 바뀌게 되었다. GATT/WTO의 다자체제는 세계 무역자유화에 커다란 기여를 하였지만 1980년대 이후 지역체제를 통한 세계 무역자유화가 확산되었다. 한국의 주요 교역 대상국인 미국과 EU 등에서의 지역주의는 수출에 의존하여 성장해 온 한국 경제에 심각한 위협이 되었다. 이러한 여건에서 한국은 FTA확산의 대열에 동참하여 안정적인 수출과 투자 시장을 확보하고 FTA에 참여하지 않음으로써 겪는 상대적 차별로 인한 기회비용을 줄일 필요가 있었다.

국내적으로는 1997년 외환위기로 인해 구조적 문제점을 인식하고 극복하는 과정에서 한국경제의 현대화를 위해 거의 전 부문에 걸쳐 개혁을 단행하였다. 그리하여 자유롭고 공정한 시장질서 확립을 목표로 시장개방을 적극 수용하여 상품과 서비스 교역의 자유화를 높였을 뿐만 아니라 투명성과 효율성을 높이기 위해 교역과 투자에 관련된 선진화된 법령을 채택하였다. 이와 같은 정부의 적극적 개방화의 노력에 의해 한국은 다자체제와 병행하여 지역주의를 수용하게 되었다.

FTA 형성은 경제적 유대뿐 아니라 참여국 간의 정치·외교적 유대를 강화하는 역할을 한다. 즉 다자체제보다 더 깊고 포괄적인 협상을 맺음으로써 체결국간의 유대를 더욱 공고히 할 수 있다. 예를 들면 NAFTA는 상품 교역의 자유화를 넘어 투자, 금융 서비스, 지적 재산권 보호에 관한 조항, 그리고 노동과 환경문제도 부가협정으로 포함하는 매우 포괄적인 협정이다. 그 결과 NAFTA는 체결국간의 경제적 유대 뿐 아니라 여러 분야에서 유대를 강화하고 있다. 이와 같이 지역주의는 단순한 경제적 협력을 넘어 정치·외교적 협력, 그리고 안보, 환경, 노동, 문화 교류 등 다양한 주제를 논할 수 있는 기회를 제공한다. 한국은 주 교역국과 FTA를 맺음으로써 국제무대에서 협상력을 높일 수 있고, WTO, OECD,

8) 한국은 1999년 12월 칠레와 FTA 협상을 시작했고, 2001년 1월 일본은 싱가포르와의 FTA 협상을 추진하였음.

IMF 등의 다자체제에서 정치적, 외교적 영향력을 높일 수 있었다.

1998년 11월 국무총리 주재 대외경제조정회의에서 한국은 칠레와의 FTA를 우선 추진할 것을 결정하였다. 칠레는 한국과 지리적으로 멀고 계절이 상반되기 때문에 취약분야인 농업부문의 피해를 최소화할 수 있었기 때문에 최초 FTA 상대국으로 선정되었다. 또한 칠레가 한국과의 FTA 체결에 적극적이었고, 한국은 FTA의 경험이 없었으므로 미국, 일본 등 교역량이 많은 국가와의 FTA보다는 교역량이 작은 나라와의 FTA를 우선 체결하여 위험과 손해를 최소화하고 FTA의 협상과 운용에 따른 경험을 축적하는 것이 필요하였기 때문이다. 이런 여건하에서 한국은 1998년 말 칠레와의 FTA 협의를 시작으로 FTA시대를 맞게 되었다.

칠레를 시작으로 미국, EU 등 거대 경제권과도 FTA를 체결하여 발효를 하게 되었으며, 한중일, RCEP협상도 진행하고 있다. TPP 등의 메가 FTA가 많아지면서 한국도 이에 대한 관심이 높아지고 있다.

표 1-3 한국의 FTA 추진 현황

(2016년 1월 현재)

기체결	협상중	검토중
(발효) ASEAN, EFTA, 인도, 칠레, 싱가포르, EU, 페루, 미국, 터키, 호주, 캐나다, 중국, 베트남, 뉴질랜드 (서명/타결) 콜롬비아	한중일, RCEP, 중미, 에콰도르 (협상재개/여건조성) 인도네시아, 일본, 멕시코, GCC	MERCOSUR,이스라엘, 말레이시아

제2장 무역거래

무역은 오랜 세월동안 성장을 거듭하여 왔으며, 국가마다 다른 사회, 문화, 정치, 경제 등의 차이에도 불구하고 발전해 왔다. 내수거래에 비해 국경을 넘는 상거래 활동에는 여러 가지 제약과 위험이 있지만, 이를 극복하여 순조로운 무역거래가 될 수 있도록 제도의 정비도 이루어졌다.

특히 무역실무에서 계약조건으로 쓰이고 있는 인코텀즈는 운송, 보험 등의 각종 비용과 책임을 어느 쪽에서 감당할 것인지를 일일이 결정하지 않고 정형화된 조건의 선택만으로 비용부담이 결정되는 관습법이다. 세계 각국에서 국제무역의 거래조건에 관한 해석이 통일되지 않아 발생하는 분쟁경험을 최소화하기 위해 정형거래조건을 통일 및 표준화함으로써 국제규칙으로 구현되었다. 또한 신용장의 탄생으로 수출기업은 수출물품을 대금수금 전에 안심하고 운송할 수 있게 되었다. 이러한 세계적인 무역실무의 통일 및 발달로 무역은 더욱 더 발전할 수 있게 되었다.

FTA 체결의 기본 취지는 회원국간의 무역 등 경제활동을 증가시켜 역내국의 경제적 효과를 높이기 위한 것이다. FTA 활용은 무역창출 및 그 밖에 국제적인 경제관계를 통해 경제효과를 높이는 것이다. 이를 위해 관세혜택을 받기 위한 노력을 하게 되고, 관세혜택을 받기 위한 기준이 부가가치기준이라면 부가가치를 계산하는 과정에서 상품의 가격을 알아야 한다. 상품의 가격 기준을 FOB 또는 EXW 조건 가격으로 정하는데, 이들은 무역실무에서 쓰는 조건으로 이에 대한 지식이 필요하다. 따라서 본 장에서는 무역거래 조건으로 널리 쓰이고 있는 무역조건에 대해서 알아본다.

1. 무역거래조건

무역거래는 한 나라 안에서만 행해지는 국내 상업거래와 달리 "국가 간에 행해지는 물품매매"의 거래를 말한다. 국가 간에 행해지는 물품매매 거래이기 때문에 그 거래의 상대방은 반드시 외국에 소재하는 것이 무역거래 성립의 요건이지만, 그 상대방은 자국인이든 외국인이든 상관이 없다.

무역거래에 있어서의 두 주체가 서로 다른 나라에 소재해야 하므로 무역거래의 물품은 자국에서 외국으로 또는 외국에서 자국으로 운송되어야 한다. 즉 국가 간의 국경을 통과하게 되므로 이에 따른 행정적인 절차가 필요하다.

일반적으로 무역을 위한 물품매매계약의 기본조건은 품질, 수량, 가격, 선적, 보험, 대금결제 조건 등을 결정하는 것이다. 이중 가격 즉 매매가격은 계약물품의 인도장소와 매도인의 비용부담 범위에 따라서 결정된다. 또한 이에 따라서 위험 또는 소유권의 이전시점이 확정된다. 무역에서는 국내거래에서는 발생하지 않는 부대비용(운송비, 보험료, 행정비용, 관세)이 발생한다. 이 부대비용의 부담자를 수출자 또는 수입자 중 미리 정하고, 위험의 이전시기, 소유권의 귀속여하를 정해야 한다.

국가 간의 거래에서 매매가격은 무역거래관습상 형성된 여러 가지 형태의 정형거래조건에 따라 산정된다. 정형거래조건으로 인코텀즈(INCOTERMS)는 세계적으로 가장 널리 사용되고 있으며 매매가격의 산출근거가 될 뿐만 아니라 매매당사자의 권리 및 의무 등 법률관계를 규정하는 조건이 된다.

2. 인코텀즈(Incoterms, International Commercial Terms)

국가에 따라 언어와 상관습이 다르고, 거래관련 분쟁이 발생할 경우에 적용되는 법률 또한 상이한 국제무역거래에서는 국내의 상거래와는 다른 많은 문제점을 수반하게 된다. 물품 운송시 장기적인 기간을 요하게 되므로 이에 대비하여 당사자인 매도인과 매수인이 무역계약을 체결하게 되면, 그의 증빙으로 무역계약서를 작성하게 되는데, 매 거래시 계약서의 모든 내용(즉, 당사자인 매도인과 매수인의 상호간에 대한 권리와 의무에 대한 내용)을 정하는 것은 상당히 번거로운 일이다. 따라서 국가 간의 상거래에서 많이 사용될 수 있는 무역거래의 내용을 정형화하여 당사자가 자유롭게 선택하여 이용하도록 함으로써 국가 간의 무역거래가 원활하게 진행되도록 하는 것이 인코텀즈의 목적이다.

국제상업회의소(International Chamber of Commerce: ICC)에서는 오랜 동안 상업계에서 확립되어 상거래 행위 양식으로 발전되어온 국제 상관습을 1936년 처음 정형화된 거래조건으로 제정하였다. 이것이 무역거래에서 가장 널리 쓰이고 있는 '무역거래조건의 해석에 관한 규칙'인 인코텀즈이다.

인코텀즈는 무역거래에서 가격과 책임에 있어서 수출자와 수입자간의 분기점을 제시하며, 최근의 운송관행도 반영하고 있다. 이는 국제물품매매협약과 상응하는 부분이 많다. 1936년 제정이후 시대에 따른 무역관행을 반영하기 위해 10년을 주기로 개정하고 있다. 2000년 개정판에 이어 2010년에 다시 개정되었고, 이에 대해서는 <표 1-4>에 정리되어 있다. 2010 개정판은 기존의 13개 조건에서 11개 조건으로 축소되었다. 일반적으로 무역에서는 FOB와 CIF 조건이 가장 많이 쓰여지고 있는 것으로 알려져 있다. <표 1-4>상의 인코텀즈 주요 약어는 <표 1-5>에 제시되어 있다.

표 1-4 Incoterms2000와 Incoterms 2010 비교

2000년 Incoterms		2010년 Incoterms	
E그룹(출하지인도)	EXW	운송방법에 관계없이 사용되는 조건	EXW, FCA, CPT, CIP, DAT, DAP, DDP
F그룹(주운송비 미지급인도)	FCA, FAS, FOB		
C그룹(주운송비 지급인도)	CFR, CIF, CPT, CIP	해상 및 내수로 운송에 사용되는 조건	FAS, FOB, CFR, CIF
D그룹(도착지인도)	DAF, DES, DEQ, DDU, DDP		

인코텀즈는 총 4개 유형인 E조건, F조건, C조건, D조건으로 분류되며, 2010년 개정에서는 운송방법에 관계없이 사용되는 조건과 해상 및 내수로 운송에 사용되는 조건으로 구분하고 있다.

표 1-5 **인코텀즈 주요 약어 설명**

그룹	약어	인도조건	설명
E	EXW	Ex Works 작업장 인도조건	수출업자의 공장, 농장, 창고에서 직접 상품을 구매하는 경우, 공장 출고 이후 수입상이 모든 것을 책임진다.
F	FCA	Free carrier 운송인 인도조건	계약서에 지정된 장소에서 수입업자가 지정한 운송인(Forwarder)에게 수출 통관이 완료된 물품 인계
	FAS	Free alongside ship	선적하게 될 선박이 오는 부두에 수출통관이 완료

		선측인도조건	된 물품을 인도
	FOB	Free on Board 본선인도조건	본선에 물품을 선적하는 것까지 수출업자가 행함. ※C&I = FOB+Insurance
C	CFR	Cost And Freight 운임포함 인도조건	FOB가격 조건에 해상운임을 더함. 정기선의 경우 양하비까지 수출상이 부담하지만 보험은 수입상이 결정
	CIF	Cost, Iinsurance And Freight 운임 보험료 포함인도조건	CFR+해상보험
	CPT	Carriage Paid To 운송비 지불 인도조건	원칙적으로는 CFR과 같지만 "Carriage Paid To" 다음에 기재된 장소까지의 운임을 수출업자가 부담하고 최초의 운송인에게 물품을 인도
	CIP	Carriage and Insurance Paid 운송비, 보험료 지불인도조건	원칙상으로는 CIF와 같다. CPT+보험료
D	DAT	Delivered At Terminal 터미널 인도조건	수출업자는 화물을 수입국의 지정된 터미널까지 운송하는데 수반되는 비용과 위험을 부담하지만 수입국에서의 통관이나 관세지급의 의무가 없다.
	DAP	Delivered At Place 지정장소 인도조건	수출업자가 화물을 계약에서 지정된 수입국의 일정지점까지 운송하는데 수반되는 비용과 위험을 부담하지만 수입국에서의 통관이나 관세지급의 의무가 없다.
	DDP	Delivered Duty Paid 관세 지급 인도조건	수출업자가 수입업자의 관세를 부담하여 통관을 끝낸 상태로 인도(보험을 제외한 모든 의무를 수출업자가 진다)

인코텀즈는 각종 비용인 운송비, 보험료 및 통관비용 등을 어느 쪽에서 부담할 것인가를 정하는 조건으로 아래 <표 1-6>은 매도인과 매수인의 비용부담에 대해서 자세하게 구분하고 있다.

표 1-6 인코텀즈 2010의 조건별 비용부담

Incoterms	차량 적재	수출 통관	수출항 까지 운송	수출항 에서 양하	수출항 에서의 양륙비	수입항 으로 운송	수입항 에서의 양륙비	수입항 에서 차량에 적재	목적지 까지 운송	보험	수입 통관	수입 관세
EXW	N	N	N	N	N	N	N	N	N	N	N	N
FCA	Y	Y	Y	N	N	N	N	N	N	N	N	N
FAS	Y	Y	Y	Y	N	N	N	N	N	N	N	N
FOB	Y	Y	Y	Y	Y	N	N	N	N	N	N	N
CFR	Y	Y	Y	Y	Y	Y	Y	N	N	N	N	N
CIF	Y	Y	Y	Y	Y	Y	Y	N	N	Y	N	N
CPT	Y	Y	Y	Y	Y	Y	Y	Y	Y	N	N	N
CIP	Y	Y	Y	Y	Y	Y	Y	Y	Y	Y	N	N
DAT	Y	Y	Y	Y	Y	Y	Y	N	N	N	N	N
DAP	Y	Y	Y	Y	Y	Y	Y	Y	Y	Y	N	N
DDP	Y	Y	Y	Y	Y	Y	Y	Y	Y	Y	Y	Y

주: Y는 매도인(수출) 부담비용, N는 매수인(수입) 부담비용

[그림 1-2]는 수출국 생산작업장에서 물품이 생산되어 수출국 국내운송을 거쳐 수출통관을 하고, 선적되어 수입국으로 출항, 그리고 수입국 항에 도착해서는 적하 및 다른 운송수단에 적재하여 수입통관을 하고 수입자의 작업장까지 운송하는 흐름과 비용부담을 알기 쉽게 나타내고 있다.

그림 1–2 **인코텀즈의 단계별 의무조건**

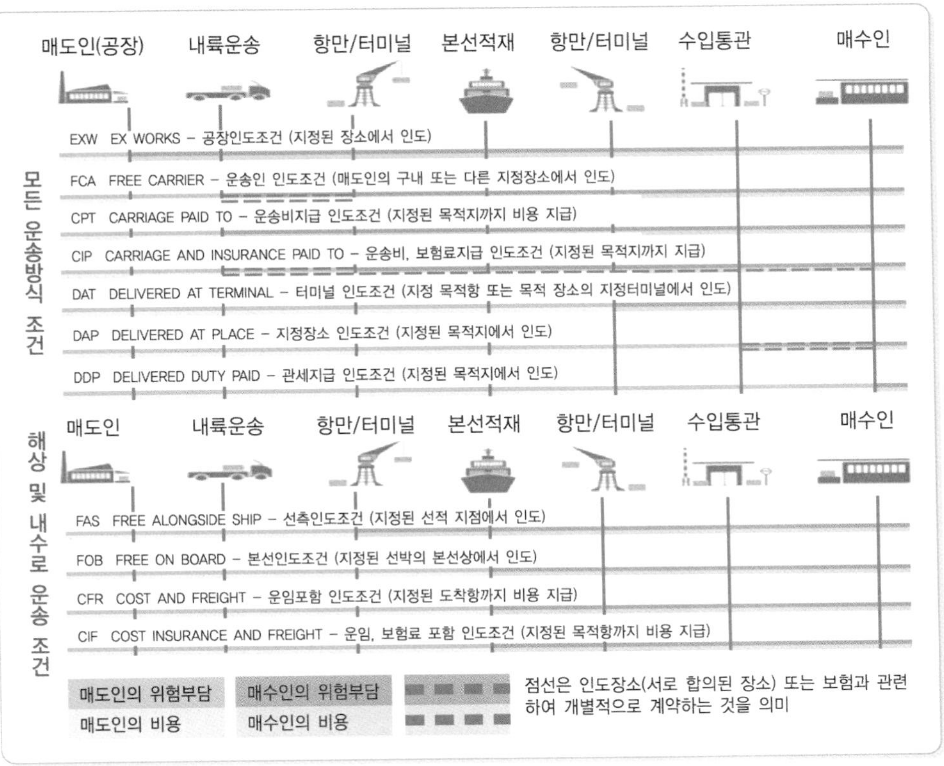

FTA의 관세특혜를 받기 위해서는 해당 상품의 원산지기준에 부합해야 한다. 특히 품목별 원산지기준이 부가가치기준일 경우 수입된 원재료의 가격 및 완제품의 수출가격을 알아야 부가가치의 계산이 가능하다. 해당 국가에서의 부가가치 계산시 상품의 가격을 FOB(유럽의 경우 EXW)조건을 기준으로 하므로 이에 대한 이해가 필요하다.

제3장 통 관

무역거래물품은 항공, 해상 또는 육상통로를 통하여 국경을 통과하여 이동하게 되는데, 물품이 국경을 통과하여 수출 또는 수입되기 위해서는 수출통관과 수입통관이 이루어져야 한다.[9] 통관절차는 관세당국의 엄격한 통제 하에 행해지게 된다.

이러한 통관절차를 이행하는 중심 주체는 물품의 화주가 되는데 관세사, 보세운송인, 보세구역운영인, 하역업자 등도 화주로부터 위탁을 받거나 법령에 의해 일정한 절차 수행에 참여하게 되며 이들과 관세당국의 상호작용 과정을 통해 통관절차가 수행된다.

통관에서는 당해 통관 절차를 이행하는 국가의 법률이 의무로서 적용된다. 거래당사자간 특정 국가의 법률을 준거법으로 적용하기로 합의하여 무역계약서에 명시하였거나 혹은 Incoterms의 특정조건을 적용하기로 약정하였다 하더라도 통관과정에서 적용되는 법률은 이러한 준거법 또는 특정조건에 따른 매도인이나 매수인의 책임・의무 규정과는 관계없이 당해 국가의 관련 법률이 적용된다. 통관절차에서 적용되는 법률은 그 국가의 주권 또는 통치권에 기초한 공법이기 때문에 법률이 가진 강제력에 의해 의무적으로 그리고 우선적으로 적용된다. 따라서 무역상이 무역을 하고자 할 때는 미리 수출국 또는 수입국의 통관과정에서 적용되는 법률상의 규제내용을 정확하게 파악할 필요가 있다.

통관절차는 무역에 있어 실무로서 중요한데, FTA에서도 이 절차는 매우 중요하다. FTA관세혜택을 받기 위해서는 수출신고 및 수입신고 절차에서 FTA 활용을 위한 즉 관세혜택을 받기 위한 행정적인 절차를 이행하여야 한다.

일반적인 통관에서 FTA관세혜택을 받기 위해서는 FTA협정에서 규정된 원산지기준에 맞게 정확한 판단에 의한 절차와 행정적인 처리가 이루어져야 한다.

---

9) 그러나 넓은 의미에서의 통관은 수출입신고, 수출・수입 또는 반송할 때 입항, 보세구역반출입, 관세납부 등 관세법에서 정하는 모든 절차를 말하기도 한다. 반송이란 외국으로부터 우리나라에 반입된 물품을 수입신고 하지 아니하고 외국으로 되돌려 보내는 것을 말하고, 반송에 관련된 절차를 반송통관이라 한다.

1. 통관요건

통관대상이 되는 물품이 갖추어야 할 요건을 통관요건이라 한다. 통관요건은 일반적으로 통관이 시작되기 전에 갖추어져야 할 것이나, 상황에 따라 통관단계나 통관이 종료된 후에 갖추도록 할 수도 있다. 관세법에 의한 원칙적인 통관요건을 정리하면 다음과 같다. ① 관세법상 수출입금지품[10]이 아닐 것, ② 통관대상 물품을 지정된 장소에 장치할 것, ③ 올바르게 작성한 신고서 및 통관요건을 충족함을 입증하는 서류를 제출할 것, ④ 수입물품은 관세 및 제세를 납부할 것, ⑤ 원산지표시가 적정할 것, ⑥ 지식재산권을 침해하는 물품이 아닐 것이다. 이러한 통관요건의 확보를 위해 세관장은 수출입 또는 반송신고를 받은 경우 최소한의 물품검사와 심사를 실시하며, 그 신고가 수리된 후 별도의 심사를 실시한다. 수입 또는 수출신고 물품을 최소한으로 검사하고 심사하는 것은 이러한 검사와 심사로 인해 통관이 지체되는 것을 방지하기 위한 것이다.

통관의무의 부담주체는 무역과정에서 거래당사자 중 수출 또는 수입통관을 누가 이행할 것이냐 하는 것인데, 이는 무역 계약에서 약정하는 무역거래조건에서 정해진 바에 따라 결정된다. 예를 들어 Incoterms(2010)에서는 EXW 규칙을 제외한 모든 경우 수출통관 의무는 매도인에게, DDP 규칙을 제외한 모든 경우의 수입통관의무는 매수인에게 부여하고 있으므로 Incoterms에 따른 특정 정형무역거래조건을 적용하기로 약정하였다면 그에 따라 수출 또는 수입통관 의무를 수행하여야 할 무역거래 당사자가 확정되는 것이다. Incoterms(2010)에서는 수출입통관과 관련하여 거주자통관주의를 취하고 있다. 즉 수출통관은 수출업자가, 수입통관은 수입업자가 담당하도록 규정하고 있는 것이다. 그러나 예외적으로 DDP 규칙에서는 수출입통관을 모두 수출업자가, EXW 규칙에서는 수출입통관을 모두 수입업자가 하도록 규정하고 있다. 그러나 이는 거래당사자간 사법(私法)관계에서의 계약사항이고, 통관에서는 관세법 등 공법(公法)이 우선 적용된다. 관세법에서는 이러한 무역계약과는 관계없이 물품을 우리나라로 수입하거나 우리나라에서 수출하는 자가 직접, 또는 관세사 등에 위탁하여 통관 절차를 이행하도록 의무

10) 관세법상 통관요건의 하나로 규정된 수출입금지물품은 다음과 같음. ① 헌법질서를 문란하게 하거나 공공의 안녕질서 또는 풍속을 해치는 서적・간행물・도화・영화・음반・비디오물・조각물 기타 이에 준하는 물품, ② 정부의 기밀을 누설하거나 첩보활동에 사용되는 물품, ③ 화폐・채권 기타 유가증권의 위조품・변조품 또는 모조품 등임.

화하고 있다. 즉 물품을 수출, 수입 또는 통관을 하는 자가 통관의무의 부담 주체이다.

2. 수출통관절차[11)]

수출통관절차는 수출하고자 하는 물품을 세관에 수출신고를 하고, 신고수리를 받아 우리나라와 외국간을 왕래하는 운송수단에 적재하기까지의 절차를 말한다. 즉 내국물품을 외국으로 반출함을 말하는 것으로서 수출하고자 하는 물품이 대외무역법 및 관계법령 등에 의하여 수출이 가능한 물품인지 여부를 먼저 확인하여야 한다.

수출하고자 하는 자는 당해 물품을 적재하기 전까지 당해물품의 소재지 관할세관장에게 수출신고를 하고 수리를 받아야 한다. 현재 수출신고는 EDI(Electronic Data Interchange)방식 또는 인터넷을 통한 신고 방식으로 신속하게 통관을 진행할 수 있다.

수출물품에 대하여는 검사생략을 원칙으로 하고 있으나, 우범기준에 따른 전산선별 발췌검사 등 필요한 경우 예외적으로 검사를 실시하는 경우도 있다. 이때 부정 수출이나 원산지 표시위반, 지식재산권 위반 등이 적발되면 관세법 등 관계법규에 의거 처벌받게 된다.

일반적인 통관절차는 마케팅 활동을 통해 수출계약을 체결하고 수입자로부터 신용장을 받아 수출물품을 자가생산하거나 완제품을 구매하여 수출할 물품을 확보한 후 수출통관절차를 밟게 된다. 통관절차는 수출신고서를 세관에 제출하여 수출신고수리를 받고, 선적항으로 운송하여 적하목록(적재신고 갈음)을 제출한 후, 적재신고수리를 받아 적재하고 출항절차를 거친다.

물품을 수출하고자 하는 자는 수출하고자 하는 물품이 장치된 소재지를 관할하는 세관장에게 수출신고를 하고 수리를 받아야 한다.

수출신고가 효력이 발생되는 시점은 관세청통관시스템에서 신고번호가 부여된 시점으로 한다. 수출신고수리 방법은 그 사안에 따라 시스템에 의한 자동수리, 세관직원에 의한 심사 후 수리 및 검사 후 수리로 나뉘며 세관장은 수출신고를 수리한 때 수출신고필증을 교부한다. 수출신고가 수리된 물품은 수출신고수리일 부터

---

11) 국제원산지정보원(2012), 「FTA 협정 및 법령 수출입통관실무」, pp. 345-346 참고.

30일 이내에 우리나라와 외국간을 왕래하는 운송수단에 적재한다.

표 1-7 수출통관절차

	수출통관절차
1	수출신고
	물품을 수출하고자 하는 자는 당해 물품의 적재전까지 당해 물품이 장치된 물품소재지를 관할하는 세관장에게 수출신고를 하고 신고필증을 교부받아야 하며, 수출신고는 선박 또는 항공기의 적재단위(B/L 또는 AWB등)별로 해야 한다. 수출신고인은 전자문서로 작성된 신고자료를 통관시스템에 전송해야 한다. 다만 아래에 해당하는 물품에 대하여는 신고자료를 통관시스템에 전송한 후 수출신고서 및 해당 구비서류를 세관장에게 제출하여야 한다.
2	물품신고
	(가) 해당 법령에 의해 수출신고수리전에 요건구비의 증명이 필요한 물품 (나) 계약내용과 상이한 물품의 재수출 또는 재수출 조건부로 수입 통관된 물품의 수출 (다) 수출자가 재수입시 관세 등의 감면, 환급, 사후관리 등을 위해 서류제출로 신고하거나 세관검사를 요청하는 물품 (라) 수출통관시스템에서 서류제출대상으로 통보된 물품 (마) 규정에도 불구하고 수출화주가 직접 신고하는 경우로서 세관장으로부터 수출신고필증을 발급받고자 할 경우 수출신고서를 세관장에게 제출할 수 있다. 위 규정에 의거 수출신고 할 경우 사업장 관할 세관장으로부터 신고자부호(ID)를 부여 받아야 한다. 다음의 경우는 당해 물품을 선적한 후 선상에서 수출신고를 할 수 있다. 　1) 선적한 후 공인검정기관이 정하는 검정서(surveyor reports)에 의하여 수출물품의 수량을 확인하는 물품(예: 산물 및 광산물) 　2) 물품의 신선도를 유지하기 위하여 필요한 경우의 물품(예: 활선어, 어패류) 　3) 자동차운반 전용 선박에 적재하여 수출하는 신품 자동차 (바) 신고시점 　1) 신고인은 전송한 신고자료에 대하여 오류사항을 전산통보 받은 경우에는 오류를 수정하여 당초 제출번호에 의하여 다시 전송하여야 한다. 수출신고의 효력발생 시점은 통관시스템에서 신고번호가 부여된 시점으로 한다. (사) 수출신고시 구비서류 　1) 수출신고서(EDI 신고)　　2) 수출승인서(해당되는 경우) 　3) 상업송장 및 포장명세서　　4) 기타 수출통관에 필요한 서류
3	물품검사
	(가) 수출신고 물품에 대한 검사는 원칙적으로 생략한다. 다만 현품을 확인할 필요가 있는 경우 현품검사를 할 수 있다. (나) 현품확인 필요의 경우 　1) 수출신고시 서류제출 대상물품 　2) 분석을 요하는 물품

	3) 위조상품 등 지적재산권 침해 우려시 4) 관세환급과 관련 위장수출 우려시 5) 기타 불법수출에 대한 우범성 정보가 있는 경우
	수출신고수리
4	(가) 수출신고수리는 신고서 처리방법에 따라 자동수리, 즉시수리, 검사 후 수리로 구분된다. (나) 자동수리: 서류제출 대상이 아닌 물품→통관시스템에서 자동으로 신고수리 (다) 즉시수리: 자동수리대상이 아닌 물품 중 검사가 생략되는 물품→심사 후 즉시수리 (라) 검사 후 수리 1) 현품확인이 필요한 경우 2) 우범물품으로 선별된 물품 중 세관장이 검사가 필요하다고 판단한 물품 (마) 수출신고필증교부 1) 세관장은 신고서류가 직접 제출된 경우에 대하여 신고를 수리하는 때에는 수출신고수리인과 신고서 처리 담당자의 인장을 날인한 수출신고필증을 신고인에게 교부 2) 관세사가 서류없는 수출신고를 하여 세관장으로부터 신고수리의 사실을 전산통보 받아 수출화주에게 신고필증을 교부하는 경우에는 수출신고필증의 세관기재란에 등록된 관세사인을 날인하여야 하며, 화주 등이 직접 신고하는 때에는 "본 신고필증은 수출통관 사무처리에 관한 고시의 규정에 의하여 P/L신고를 하여 세관장으로부터 신고수리된 것을 확인하여 발행, 교부된"을 기록한다. 3) 신고인 또는 수출화주에게 교부된 수출신고필증이 통관시스템에 보관된 전자문서의 내용과 상이한 경우에는 통관시스템에 보관된 전자문서의 내용을 원본으로 한다. (바) 수출물품 선적이행 관리 1) 수출신고가 수리된 물품은 수리일로부터 30일내에 선적해야 한다. 2) 부득이한 사유가 있는 경우 통관지 세관장에게 선적기간연장 승인(신청서)를 제출하여 1년 범위내에서 연장승인을 받는다. 3) 우편물: 통관우체국의 세관공무원에게 현품 및 수출신고수리필증을 제출하여 우편발송확인서를 받는다. 4) 휴대탁송품: 출국심사 세관공무원에게 수출신고필증 사본을 제출하고 선적확인 받는다. (사) 서류보관 등 1) 신고인이 서류 없는 수출신고를 하고 세관장으로부터 신고수리의사실을 전산통보 받은 경우에는 수출신고서와 송품장 및 첨부서류를 신고번호 순으로 3년간 보관

<표 1-7>은 일반적인 수출통관절차이다. 그러나 특수형태의 수출로서 선상수출, 현지수출(어패류), 원양수산물, 잠정 수량신고 대상 물품(가스, 액체, 전기)의 수출신고 등은 물품의 특성상 신고시기 및 절차 등이 다를 수 있다.

수출 흐름을 알기 쉽게 그림으로 제시해 보면 [그림 1-3]과 같다.

그림 1-3 **수출흐름**

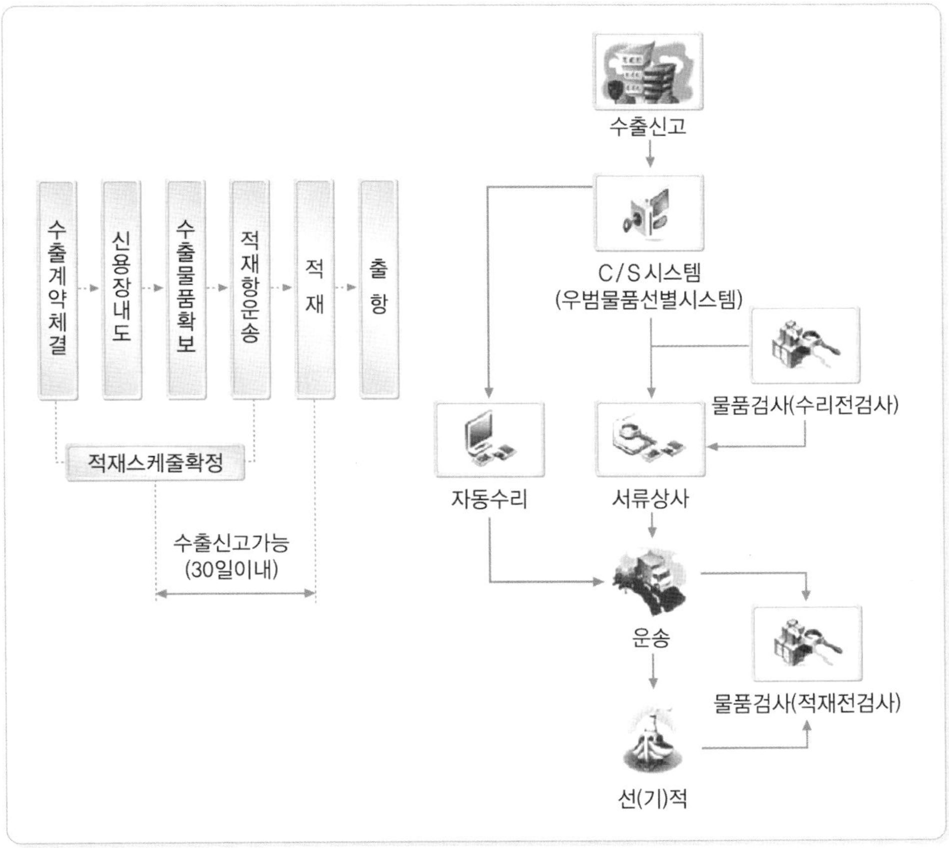

자료: 관세청.

3. 수입통관[12)]

수입통관이란 적재한 선박 또는 항공기가 입항하기 전후 세관에 수입신고를 하고 신고한 물품에 대하여는 필요한 검사 등을 거쳐 수입신고수리를 받은 후 장치장소로부터 해당물품을 반출하는 일련의 과정 및 절차를 말한다. 즉 외국물품을 내국물품화하는 행정행위를 말한다.

우리나라에서는 수입면허제를 수입신고제로 전환하여 수입통관절차를 간소화

12) 이 절의 내용은 기획재정부(2012), "FTA 활용" 제2권 제16장 "FTA 수출입 통관절차 실습"을 참고하여 작성하였음.

하고 있다. 또한 수입신고 수리 후 관세를 납부하는 등의 방법으로 통관절차와 과세절차를 분리하고 있다.

표 1-8 **수입통관절차**

순서	수입통관절차
1	출항
	선박 또는 항공기가 출항하기 전에 출항지에 있는 선박회사 또는 항공사(대리점 포함)는 출항지 세관장에게 적하목록을 제출하고 입항지에 있는 선박회사 또는 항공사(대리점 포함)에 적하목록을 송부하여야 한다.
2	입항
	(가) 운항선사는 선박입항 24시간 전에 용선선사와 포워더로부터 적하목록과 혼재화물 적하목록을 취합하여 세관에 제출 → House B/L단위 적하목록 입수지연을 방지하기 위하여 적하목록 제공 주체별로 분리하여야 한다. (나) 세관은 적하목록번호와 B/L번호를 조합한 화물관리번호가 자동으로 부여되어 화물의 재고를 추적관리 한다.
3	하선신고 및 하선작업
	(가) 운항선사는 하선 전에 Master B/L단위의 적하목록을 기준으로 하선장소를 기재한 하선신고서를 세관에 전산으로 제출 (나) 하선할 수 있는 장소는 부두내 CY(CFS)는 물론 부두밖 보세장치장(ODCY)까지 가능 → 부두에서 ODCY까지의 화물이동은 하선신고로 갈음 (다) 종래의 하선작업 완료보고를 폐지하고 본선 하역후 선사 또는 검수회사가 제출하는 하선결과 이상보고로 대체 (라) 입항전에 수입신고가 수리된 물품은 하역즉시 부두에서 반출
4	보세운송 및 보세구역 반입
	보세운송: 수입화물의 화주에게 경비의 절감, 절차의 간소화, 자금부담의 완화 등 편의를 주는 목적으로 외국 물품을 보세상태로 개항, 보세구역, 보세구역 외 장치 허가를 받은 장소, 세관관서, 통관역, 통관장 등의 장소 간에 국내에서 운송하는 제도를 말한다. 보세구역장치 외 장치: 외국물품과 내국운송의 신고를 하고자 하는 내국물품은 반드시 보세구역에 장치하여야 한다. 그러나 크기나 무게의 과다 기타의 사유로 보세구역에 장치하기 곤란한 다음의 경우에는 보세구역 외에 장치가 가능하다. 이 경우 수수료를 납부하여야 한다. 보세구역장치: 지정보세구역 중 지정장치장
5	장치확인
	(가) 컨테이너 수입물품이 하선장소에 반입된 경우 내장된 상태로 10일이 경과되면 수입물품을 컨테이너로부터 적출하여 수출입화물 집화소 또는 다른 보세구역에 반입하여

	야 한다. (나) 그러나 고지, 고철, 원피, 원면, 살물 등 컨테이너에서 적출하여 수출입화물 집화소나 다른 보세구역에 반입하기 곤란한 물품, 검역 등에 장시간이 소요되는 물품, 기타 부득이한 사유가 있는 경우는 20일 범위내에서 기간을 연장할 수 있다. (다) 수입물품을 컨테이너에 내장한 상태로 수입신고할 수 있는 물품은 FCL화물에 한한다.
6	수입신고
	(가) 신고인: 관세사, 관세사법인, 통관취급법인, 수입화주 (나) 신고세관 1) 출항전신고 또는 입항전신고는 수입물품을 적재한 선박 등의 입항예정지를 관할하는 세관장(부산의 경우 부산세관장) 2) 보세구역 도착전 신고는 수입물품이 도착할 보세구역을 관할하는 세관장 3) 보세구역 장치후 신고는 수입물품이 장치된 보세구역을 관할하는 세관장 (다) 신고자료의 전송 및 결과통보 1) 수입신고를 하고자 하는 자는 신고자료를 통관시스템에서 인정한 관체청 사서함으로 전송한 후 해당 구비서류를 제출하여야 한다. 2) 전자서류에 의한 수입신고를 하는 경우에는 구비서류 제출 생략 (라) 수입신고의 시기 1) 원칙: 수입신고는 당해 물품을 선(기)적한 선박 또는 항공기가 입항한 후에 한하여 이를 할 수 있다. 다만, 수입신고하고자 하는 물품의 신속한 통관이 필요한 경우에는 당해 물품을 선(기)적한 선박 또는 항공기가 입항하기 전에 수입신고(입항전신고 또는 출항전신고)할 수 있다.
7	심사
	(가) 신고서 처리방법 결정 1) 신고서를 배부 받은 후 통관시스템에 조회하여 C/S결과, 통관심사 및 검사시 주의사항이 있는지 여부를 확인한 후 즉시수리, 심사대상, 물품검사 등으로 처리방법을 결정 2) 「즉시수리」는 수입신고 내용 중 세번, 세율, 과세가격, 원산지 표시, 지적재산권 침해등과 관련하여 수입신고 수리 후 위법 또는 부당한 사실이 발견되는 경우 수입자가 처벌,추징 또는 보세구역 재반입 등의 조치를 부담한다는 전제하에 신고인의 신고 내용대로 수입신고를 수리하는 것을 말한다. 3) 「심사」는 신고된 세번, 세율과 과세가격의 적정여부, 수입승인 사항과 수입신고사항의 일치여부, 법령에 의한 요건 충족여부 등을 검토하기 위하여 관련서류나 분석결과를 검토하는 것을 말한다. 4) 「물품검사」는 수입신고한 물품 이외에 은닉된 물품이 있는지 여부와 수입신고사항과 현품의 일치 여부를 확인하는 것을 말한다. (나) 심사대상 1) 세관장 확인물품 및 확인방법 지정고시 중 수입신고수리 전에 요건을 구비했는지 여부에 대하여 증명이 필요한 물품 2) 신고수리 전 세액심사(사전세액심사) 대상물품 3) 통관시스템에 조회한 결과 심사유의 사항이 있는 물품

4) 통관 후 관세채권의 확보, 원상회복, 위법한 사실에 관한 증거확보가 곤란할 우려가 있어 심사대상으로 선별한 물품

(다) 심사사항

심사대상물품은 다음 사항을 중점심사하며, 심사에 필요한 경우 현품확인을 할 수 있다.

1) 수입신고시 제출서류가 구비되었는지 여부
2) 세번의 정확여부
3) 분석의뢰 필요성 유무
4) 사전세액심사 대상물품은 세율, 과세가격, 세액, 감면,분납의 정확성 여부
5) 수입승인사항과 수입신고사항의 일치여부
6) 수입통관 여부를 결정하기 위하여 필요한 사항

(라) 현품확인

1) 현품확인은 수입신고수리 후에 하는 것을 원칙으로 하나 다음중 하나에 해당하는 경우엔 신고수리 전에 확인
   가) 관세채권 확보가 곤란할 것으로 예상되는 경우
   나) 물품의 특성상 수입제한품목일 가능성이 있는 경우
   다) 통관 후 단시일 내에 판매 또는 사용되어 보세구역 반입명령에 따라 재반입이 곤란할 것으로 예상되는 경우
2) 현품확인은 견품확인을 원칙으로 하나, 물품의 부피, 중량으로 인하여 견품채취가 곤란한 경우엔 파출검사

(마) 통관보류

심사결과 수입물품이 다음중 하나에 해당하는 경우 통관을 보류할 수 있다.

1) 신고서 기재사항 또는 신고 시 제출서류상 중요한 사항이 미비 되어 보완이 필요한 경우
2) 법 규정에 의한 의무사항을 위반하거나 국민보건 등을 해할 우려가 있는 경우
3) 관세범칙 혐의로 조사의뢰한 경우
4) 기타 통관심사 결과 신고수리 요건을 구비하는데 장시일이 소요되는 경우

(바) 사전세액 심사대상

납세신고를 받은 세관장은 수입신고서상의 기재사항과 관세법의 규정에 의한 확인사항을 심사하되 신고한 세액에 대해서는 수입신고수리 후에 심사한다. 그러나 다음의 경우 관세채권확보가 곤란한 다음의 경우에는 수입신고를 수리하기 전에 심사한다.

1) 관세 및 내국세의 감면을 받고자 하는 물품
2) 관세의 분할납부를 하고자 하는 물품
3) 관세의 체납 중에 있는 자가 신고하는 물품
   (단, 체납액이 10만원 미만이거나, 체납기간이 7일 이내 수입신고하는 경우를 제외한다)
4) 불성실신고인이 신고하는 물품
5) 물품의 가격변동이 크거나 수입신고수리 후에 세액을 심사하는 것이 부적당하다고 관세청장이 정하는 물품

8 물품검사

(가) 검사대상

1) 검사대상 선별은 관세청장이 우범성 기준 등을 기준으로 별도로 정하는 바에 따

름.

2) 검사대상으로 선별된 물품 중 우범화물 검사를 실시한 물품에 대하여는 다시 검사를 하지 않는다.

(나) 검사장소

1) 출항전 신고 또는 입항전 신고물품은 입항지 세관장이 지정한 보세구역
2) 보세구역 도착전 신고물품은 당해물품이 도착할 보세구역
3) 보세구역 장치후 신고물품은 장치된 보세구역
4) 출항전 신고, 입항전 신고 및 입항지 세관에 보세구역 도착전 신고를 한 물품으로서 정부에서 직접 수입한 군수품 및 물자 수급 계획상 긴급도입 물품과 선상에서 검사가 가능한 물품은 선상에 적재된 상태로 검사할 수 있다.

(다) 검사방법

1) 단수검사와 복수검사
2) 전량검사와 발췌검사 및 분석검사

수입신고수리

(가) 신고서 처리기간

즉시수리 물품은 형식요건 확인 후 즉시수리하고, 심사대상물품은 심사 후 수리하며, 검사대상은 검사 후 수리한다. 그러나 어느 경우에나 신고수리는 적하목록이 제출된 이후에 하여야 한다.

(나) 신고서의 처리기간

1) 출항전 신고 및 입항전 신고 물품으로서 검사생략 물품은 적하목록 제출일
2) 출항전 신고, 입항전 신고, 보세구역도착전 신고물품으로서 검사대상으로 선별된 물품은 당해 물품의 검사장소 반입일
3) 보세구역도착전 신고물품으로서 검사생략물품은 반입하고자 하는 보세구역 도착일
4) 보세구역 장치 후 신고물품은 수입신고일
5) 선상에 적재한 상태로 검사할 물품은 수입신고일

(다) 신고수리 효력발생시점

9 1) 신고수리의 효력발생시점은 통관시스템을 통하여 신고인에게 신고수리가 되었음을 통보한 시점으로 한다. 다만, 수작업에 의하여 신고수리하는 때에는 신고인에게 신고필증을 교부한 시점으로 한다.

(라) 의무이행의 요구

1) 의의: 수입신고수리후 특정한 용도(예: 곡물을 사료용으로만 사용하는 조건으로 수입하는 경우)에만 사용하여야 하는 물품등에 대해서는 수입신고 수리시 의무이행을 요구한다.
2) 대상물품
   가) 신고한 용도로 사용하지 않고 타용도에 공할 우려가 있는 물품
   나) 원산지표시 대상물품으로 수입신고 수리후 분할 재포장시 원산지 표시의무를 이행하도록 되어 있는 물품
   다) 기타 수입관련 타법령의 규정에 의하여 수입신고 수리후 특정의무를 이행하도록 되어있는 물품

(마) 통관된 컨테이너 내장물품 등의 반출

1) 컨테이너 보세장치장에서 컨테이너에 내장된 상태로 수입신고가 수리된 컨테이

	너 수입물품은 신고수리일로부터 10일 이내에 컨테이너 보세장치장에서 반출하여야 한다. 2) 컨테이너에 내장된 상태로 수입신고가 수리된 컨테이너 수입물품을 컨테이너에서 적출하고자 하는 경우에는 컨테이너 화물조작장(CFS)에서 하여야 한다.
	관세 등의 제세납부
10	(가) 수입제세 산출방법 1) 관세: 과세가격×관세율 ※ 과세가격 = 실제거래가격(구매자가 실제로 지급하였거나 지급해야할 가격+가산요소금액－공제 요소 금액) × 과세환율 2) 내국세 가. 특별소비세: (과세가격+관세) × 특별소비세율 나. 주세: (과세가격+관세) × 주세율 ※ 주정은 종량세: 수량(KL) × (57,000원+가산금액) 다. 부가가치세: (과세가격+관세+주세+특별소비세+교육세+농특세+교통세)× 10% 라. 교육세: (특별소비세액 또는 주세액) × 30% ※ 주세율 70% 미만의 주류의 교육세율은 10% ☞ 가격신고, 신고납부, 수정신고, 경정, 세액의 보정 등 : 관세의 확정 참고 (나) 보세구역 반입명령(Recall)제도 1) 의의: 수입물품의 통관절차가 간소화됨에 따라 불가피하게 발생할 수 있는 불법물품의 반입 가능성을 억제하기 위한 제도로서 수입신고수리를 받은 물품이라 하더라도 국내반입후에 불법 수입물품으로 파악된 경우에는 당해 물품을 보세구역에 반입시켜 위법사실을 치유한 후 반출허가하거나 통관이 허용될 수 없는 경우에는 반송 또는 폐기하도록 한다. 2) 반입명령대상 가) 원산지 표시를 위반한 물품(예: 벌크상태로 수입되는 농산물을 통관한 후 소포장판매시 표시를 하지 않은 경우) 나) 수입신고수리 당시 세관이 부여한 조건을 위반한 물품(예: 사료용으로 수입된 곡물이 통관후 식용으로 사용되는 경우) 다) 지적재산권을 침해한 물품 등 ※ 수입신고수리 후 3월이 경과하였거나, 관계법령에 의하여 시정조치가 있는 경우 제외

자료: 한국무역협회『무역실무매뉴얼』제9장 "수출입통관제도"

표 1-9 신고시기의 분류에 따른 수입신고

구분	출항 전 신고	입항 전 신고	보세구역 도착 전 신고	보세구역 장치 후 신고
신고시기	우리나라 입항 5일전(항공기는 1일전)으로 물품을 적재한 선박(항	우리나라 입항 5일전(항공기의 경우 1일전)으로 선박(항공기) 출항후 입	입항후 당해 물품이 반입될 보세구역	당해물품의 보세구역장치 후

	공기)이 적재항 출항전	항 (하선[기] 신고)전	도착 전	
신고 대상 물품	-항공기로 수입되는물품 -일본・중국・대만・홍콩으로부터 선박으로 수입되는 물품	제한없음	제한없음	제한없음
신고 세관	입항예정지 세관	입항예정지세관	도착예정보세구역 관할세관	장치물품보세구역 관할세관
검사 대상 여부 통보 시기	선박(항공기)이 출항하였음을 입증하는 자료제출 (출항신고서 및 적하목록)하는 시점	수입신고일	수입신고일	수입신고일
신고 수리 시기 - 검사생략	적하목록 제출후	적하목록 제출후	보세구역 도착보고후	수입신고후
신고 수리 시기 - 검사대상	물품검사 종료후	물품검사 종료후	물품검사 종료후	물품검사 종료후

자료: 기획재정부(2012) 「FTA 활용」 제2권 제16장 "FTA 수출입 통관절차 실습" p. 286.

출항전 및 입항전 신고 제외 대상으로는 다음 3가지가 해당된다. ①세율이 인상되거나 새로운 수입요건을 갖추도록 요구하는 법령이 적용되거나 적용될 예정인 물품(다만, 당해 선박 등이 우리나라에 입항하는 날이 해당법령의 시행일 보다 빠른 경우에는 제외) ② 농・수・축산물 또는 그 가공품으로서 수입신고하는 때와 입항하는 때의 물품의 관세율표 번호 10단위가 변경되는 물품 ③ 농・수・축산물 또는 그 가공품으로서 수입신고하는 때와 입항하는 때의 과세단위(수량 또는 중량)가 변경되는 물품의 경우는 입항 후 수입신고하게 된다.

한편, 통관당국은 수입통관의 간편화 및 원활화를 추진하고 있지만, 수입통관과정에서 우범화물을 선별하는 기준(<표 1-10>)을 설정하여 적용하고 있다. 우범화물은 특정감시 대상국가로부터 선(기)적된 물품으로서 소량화물, 적하목록상 수화인 또는 통지처가 미정이거나 불명확한 물품적하목록상 품명, 포장종류, 포장개수, 양육항 등이 불분명한 물품 등에 대해서는 강화된 심사절차를 통해 우범화물의 국내 수입을 관리하고 있다.

표 1-10 수입통관절차시 우범화물 선별 기준

1. 특정감시 대상국가로부터 선(기)적된 물품으로서 소량화물
2. 적하목록상 수화인 또는 통지처가 미정이거나 불명확한 물품(주소가 사서함으로 기재되거나 주소가 불분명한 물품 포함)
3. 적하목록상 품명, 포장종류, 포장개수, 양육항 등이 불분명한 물품
4. Master AWB번호 11자리 중 Serial Number의 자리수가 8자리 이하이거나 끝자리수가 7, 8, 9로 기재된 물품
5. B/L 번호체계가 16자리를 초과하거나 번호부여 체계가 틀린 물품
6. 이사화물과 개인탁송품
7. 원산지표시 필수확인 대상품목으로 세관장이 지정한 물품
8. 당해물품을 통상적으로 제조, 수출하지 않은 지역에서 수출한 물품
9. 당해 세관에 수입된 실적이 거의 없는 물품
10. 포장특성상 내부에 밀수품 등을 은닉할 가능성이 있는 물품
11. 수화인 또는 통지처의 상호만으로 사업장 및 사업내용이 확실하지 않은 경우
12. 저작권, 상표권 등의 침해우려가 있는 물품으로 세관장이 지정한 물품
13. 최근 2년간 관세법 위반사실이 있는 업체 또는 물품이거나 이와 유사한 업체 또는 물품
14. 수화인, 통지처와 송화인 등의 관계가 의심스러운 경우
15. 검측이 필요한 영화용 필름 등
16. 기타 정보가 있거나 세관장이 불시 점검할 필요가 있다고 인정되는 물품

가. 수입신고시의 구비서류

수입자는 송품장(INVOICE), 선하증권(B/L), 포장명세서, 원산지증명서, 기타 수입요건확인서류 등을 구비하여 수입신고를 의뢰해야 한다. 다만, 의뢰받은 신고인(관세사 등)은 세관에서 통관심사를 위하여 자료제출을 요구하는 때에는 서류를 제출하나, 그렇지 않은 때에는 자체적으로 보관가능하다(직접 수입신고하는 수입화주도 동일). 관세청에서는 수입신고시 세관에 제출해야 하는 서류를 전자적인 방식 또는 전자 이미지화하여 전송할 수 있도록 시스템을 구축하고 있다.

① 송품장(INVOICE). 다만, 잠정가격으로 수입신고 할 때 송품장이 해외에서 도착하지 아니한 경우에는 계약서(송품장은 확정가격신신고시 제출)

② 가격신고서(해당물품에 한함)

③ 선하증권(B/L)부본 또는 항공화물 운송장(AWB) 부본(전자적인 방법으로 제출한 경우에는 제외)

④ 포장명세서[포장박스별로 품명(규격) · 수량을 기재, 세관장이 필요 없다고 인정하는 경우에는 제외](전자적인 방법으로 제출한 경우에는 제외)

⑤ 원산지증명서(해당물품에 한함)

⑥ 검사・검역・허가・추천 등 수입요건 구비서류(수입요건 구비내역[13])을 전산으로 확인할 수 없는 경우에 한함)

나. 수입신고서의 심사방법

심사자는 다음의 사항 등을 심사한다.

① 제출서류의 구비 및 신고서의 기재사항과 일치하는지 여부

② 신고서를 수입신고서작성요령에 따라 정확하게 작성하였는지 여부

③ 분석의뢰 필요성 유무

④ 사전세액심사 대상물품의 품목분류, 세율, 과세가격, 세액, 감면・분납신청의 적정여부

⑤ 전산에서 제공하는 화물정보 및 C/S정보와 수입신고내역의 비교・확인

다. 수입물품검사

수입물품에 대한 검사는 수입신고 된 물품이 수입신고사항과 일치하는지 여부 및 관련 법규에서 정한 규정위반여부 등을 현품검사를 통해 확인하는 것을 말한다. 검사비율은 수입업체별 법규준수도, 검사적발실적, 원산지 등을 고려하여 차등적으로 적용할 수 있다.

물품검사 시 신고인의 입회, 검사장소 관리인 또는 수입화주에게 검사에 필요한 장소와 장비의 확보, 개포장을 위한 작업인부의 배치 등 검사준비를 요구할 수 있다. 검사준비가 되지 않아 검사를 할 수 없는 경우에는 검사순위를 조정하여 검사준비가 된 때에 검사를 실시한다.

수입물품검사에 소요되는 비용은 수입화주가 부담한다.

라. 수입신고 수리

수입신고서는 화면심사, 서류심사, 물품검사 등의 방법에 따라 심사를 한다. 수입신고가 적법하게 이루어진 때에는 즉시 신고를 수리한다. 수입신고가 수리되면

---

13) 수입요건 구비서류: 환경보호, 사회안전, 국민건강보호 등의 국가정책목표 달성을 위하여 34개 개별법령에서 수입과 관련하여 정한 의무사항 이행여부를 세관장이 확인하도록 세관장확인제도를 두고 있으며, 이에 따라 수입신고 시에 물품별로 정해진 검사・검역・추천・허가・확인 등 해당기관에서 수입필요사항으로 발행한 서류를 세관에 제출하도록 하는 것임.

세관특수청인을 전자적으로 날인한 신고필증을 신고인에게 교부한다.

마. 세금납부(징수)

수입화물은 수입신고 후 관세 및 부가세가 납부되어야만 수입수리가 완료되며 수입통관이 되어 해당화물을 보세구역에서 반출할 수 있다. 그러나 과세 납부 절차를 간소화 하기 위해 다음과 같은 다양한 형태의 관세납부 방식이 있다. 관세납부 방식은 크게 관세가 납부되어야만 통관이 완료되는 사전납부와 일정한 담보액을 설정하고 그 범위 안에서 선 통관 후 납부하는 사후납부가 있다.

표 1-11 관세납부방법

구분	사전납부 수리전납부	사후납부 포괄담보	월별납부 신용담보	사후납부 무담보
납부기한	신고일로부터 15일내 납부 후 신고수리	수리일로부터 15일내	월마감 15일 (최장 45일후)	수리일로부터 15일내
납부건수	신고건별 납부서 발행	신고건별 납부서 발행	월1회 납부서 발행	신고건별 납부서 발행
신청요건	일반업체	신용담보, 포괄담보	사후납부업체 중 건실업체	사후납부업체 중 건실업체

* 포괄담보: 전년도 수입실적 및 예상물동량을 기준으로 담보액에 해당하는 금액을 담보로 보증보험 증권 또는 은행보증 증권으로 납부 설정
* 신용담보: 3년간 수입실적 있으며 최근 2년간 관세법 위법사례가 없는 성실업체를 대상으로 수입물량을 기준으로 현금담보 없이 신용으로 담보액을 설정하는 제도

4. FTA 수출입통관

가. FTA를 활용하여 관세혜택을 받기 위한 통관

(1) 수출절차

일반적인 수출절차는 수출자의 수출신고를 세관에서 심사 후, 수리한 다음 선적하는 것으로 처리된다. 그러나 FTA 수출통관절차가 일반적 수출통관 절차와 가장 구별되는 점은 원산지증명서(Certificate of Origin: C/O) 발급절차가 포함된다는 점이다. 원산지증명서는 물품의 국적을 나타내는 것으로 FTA 혜택을 받기

위해서는 반드시 원산지증명서를 상대국 수입자에게 송부해야 한다.

원산지증명서 발급방식은 FTA별로 상이하며 협상에 따라 달라진다. 원산지증명서 발급방식은 크게 기관발급과 자율발급으로 나눌 수 있다.

자율발급은 수출자 등이 원산지결정기준 등을 따라 C/O를 직접 발급하는 것을 의미하며, 기관발급은 수출자 등의 신청에 따라 기관(우리나라의 경우 세관과 상공회의소에서 발급)에서 C/O를 발급하는 방식이다.

FTA 특혜관세를 적용받기 위한 일반적으로 C/O는 수출자가 발행하나, 한·미 FTA 에서는 수출자, 생산자뿐만 아니라 수입자도 원산지증명서를 발급할 수 있고, 유효기간은 4년이다. 그러나 다른 FTA에서는 일반적으로 유효기간을 1년으로 하고 있으며, 2년으로 하는 경우도 있다. 필수사항을 기재하기 위한 서식은 「자유무역협정의 이행을 위한 관세법의 특례에 관한 법률 시행규칙(일명 FTA 관세특례법)」 시행규칙 별표서식을 이용한다. 원산지증명서 서식 및 유효기간 등은 협정별로 다르므로 이에 대한 확인이 필요하다.

그림 1-4 일반적 수출통관 절차와 FTA 수출통관 비교

(2) 수입절차

모든 수입물품은 세관에 수입신고를 하여야 하며, 세관에서 수입신고를 수리하여야 물품을 국내로 반출할 수 있다. 수입자는 원산지증명서를 수출자로부터 제출

받아 소지한 상태에서 특혜관세 적용신청을 해야 한다.

수입자가 FTA 협정관세대상 물품임을 알았으나, 수출국 발급기관의 원산지증명서 발급지연이나 수출자의 준비부족 등에 의해 수입신고 당시 원산지증명서를 구비하지 못하였다면 수입신고 수리 후 FTA 협정관세 적용을 신청하여 납부한 관세를 환급받을 수 있다.

그림 1-5 일반적 수입통관 절차

그림 1-6 FTA 협정관세 수입신고 수리전 적용신청 절차

그림 1-7 FTA 협정관세 수입신고 수리후 적용신청 절차

FTA 협정관세 적용신청으로 관세혜택 적용을 희망하는 경우에는 당사국의 원산지 상품임을 증명하는 원산지 증명서를 원칙적으로 수입신고 시 갖추고 있어야 한다. 또한, EU, EFTA를 비롯하여 협정에 따라서는 인증수출자에 의해 협정관세적용신청서와 관계서류를 작성하여 신청해야 특혜관세의 적용을 받을 수 있다.[14]

원산지증명서는 물품이 각 협정의 원산지규정에 따라 당사국의 원산지 상품임을 증명하는 것으로서 물품 수출시 해당 수출자 등의 신고에 따라 발급된 것이어

14) 인증수출자에 대해서는 제5부 제4장에서 다룸.

야 한다. 또한 특혜세율을 적용받기 위해서는 원칙적으로 해당국가에서 직접운송되어야 한다. 만일 지리적요건 등으로 제3국에서 환적되는 경우에는 당사국 통과 B/L 등이 필요하다. 원산지증명서는 수입신고시 제출하게 되어 있으나, 사후 제출도 인정되고 있다. 원산지증명(C/O)에 대한 자세한 사항은 제5부에서 설명한다.

제4장 관　　세

관세는 역사적으로 고대 도시 국가의 수수료에서 시작되어, 현재는 법률에 의하여 국가재정의 수입, 국내산업의 보호 및 경제정책적 고려에 따라 부과하는 조세이다. 관세의 어원은 예전부터 행하여진 관습적 지불인 'customary payments' 또는 보관료를 의미하는 'custodium'에서 유래한다는 주장도 있다. 관세는 상인의 이윤에 대한 조세로 간주되는 것이 가격에 포함됨으로써 소비자의 부담으로 귀결된다.

일반적으로 관세는 수출품에 대하여 부과하는 수출세, 수입품에 대하여 부과하는 수입세, 국경을 통과하는 물품에 대하여 부과하는 통과세로 구분된다. 그러나 오늘날 수출세나 통과세를 채택하고 있는 국가는 거의 없고 모든 나라가 수입세를 채택하고 있다. 따라서 관세는 '수입물품에 대하여 부과되는 세금', 즉 수입세로 정의되고 있다. 우리나라의 경우도 수출관세는 존재하지 않고 수입관세만 있다.

관세의 부과가 국가재정으로 유용할 수 있으나, 그보다는 수입 억제로 인한 국내산업 보호 효과에 더 큰 목적을 둔다. 따라서 관세의 부과는 외국과의 무역의 형태나 교역량에 영향을 미친다. 모든 물품에 일률적인 관세를 부과하기 보다는 각 나라의 산업과 경쟁력 등을 고려하여 각각의 상품에 다른 세율의 관세를 부과함으로써 교역되는 물품의 가격과 수량에 영향을 줄 수 있다. 이에 따라 관세가 없는 경우에 발생하는 것과는 다른 무역 패턴의 결과가 발생할 수 있다.

관세는 오늘날 어느 나라를 막론하고 대외적인 정책수단이 되고 있으며, 무역장벽으로의 역할을 하고 있다. 물론 각 나라의 입장에서는 순기능으로 작용할 수도 있겠으나, 무역장벽으로서의 역할을 하므로 관세의 철폐 및 인하는 일반적으로 무역량의 증가를 가져와 무역을 창출시키고 소비자의 후생을 높인다.

1. 관세의 개념

관세는 조세의 일종으로 법률로 정하고 있으며, 관세의 세율인 관세율은 국회의 의결을 거쳐 설정된다. 또한 국회의 승인을 받아 성립된 조약에 따라 설정되는 경우도 있다. 관세는 해외 및 국내 사정의 변화에 따라 신속하게 대응할 필요가 있다는 등의 이유로 법률에서 일정한 조건을 정하고 그 범위 내에서 정령에 의해 관세율을 변경하는 긴급관세 등이 있다.

우리나라의 경우, 관세율을 법률에 따라 정해져 있는 세율과 조약에 따라 정해져있는 세율로 크게 나눌 수 있는데, 법률에 따라 정해져있는 세율을 국정관세라고 한다. 국가가 외국으로부터 아무런 제약을 받지 않고 자국의 경제나 재정상 필요에 의하여 부과하는 관세이다. 외국과의 통상조약 또는 관세조약에 의하여 부과하는 협정관세에 상대되는 개념으로 법정관세라고도 한다. 대부분 협정관세가 우선 적용되나 세율이 낮을 경우에는 법정관세가 협정관세보다 우선 적용된다.

관세는 대개 법률에 의해 부과하지만 경제변화에 즉각 대처할 필요가 있으므로 일정한 범위 내에서는 행정부가 임의로 관세를 부과하기도 하는데, 법률에 의해 장기간 적용되는 경우에는 기본관세라고 부른다. 일정기간 잠정적으로 적용되는 경우에는 잠정관세라고 한다. 특혜세율로는 일반특혜관세(Generalized System of Preferences)가 있는데, 개발도상국지역에 적용되는 관세율이다. 최혜국대우의 예외로 실행세율보다 낮게 설정되어 있다. 특혜관세율은 원산지규정 등의 조건 충족시 적용된다.

조약에 따라 정해져있는 세율, 즉 WTO 협정상 WTO 회원국이 일정 비율 이상의 관세를 부과하지 않겠다고 약속(양허)하는 세율을 협정세율 또는 WTO 양허세율이라고 한다. 그 세율이 국정세율보다 낮은 경우, WTO 전체 회원국의 물품에 대해 동일하게 적용된다. 본래 협정세율은 WTO 회원국에만 적용되는 세율이지만, WTO 비회원국에도 통상 항해 조약 등 양국 간 조약에서 최혜국대우를 약속한 국가에 대해서는 WTO 회원국과 마찬가지로 협정세율이 적용된다.[15)]

또한 협약에 따른 세율은 협정세율 외에 최혜국대우의 예외로서 FTA를 체결

---

15) WTO 비회원국일지라도 상대가 최혜국 대우와 같은 취급을 하고 있는 국가·지역에 대해서는 상호주의에 입각하여 외교 관계도 고려하여 협정세율이 적용되는 경우가 있음. 이를 편익 관세제도라고 함.

한 상대국의 상품만을 대상으로 한 세율이 있다. FTA는 최혜국대우에 의한 실행세율보다 낮은 세율이 규정되어 있으며, 원산지규정에 의한 조건을 충족하면 국정세율 또는 WTO협정세율보다 우선하여 FTA특혜세율이 적용된다.

FTA협상에서도 관세를 양허하게 되는데, 여기서도 관세양허는 국가 간 협상을 통해 특정품목(양허품목)에 대해서 일정수준 이상의 관세를 부과하지 않겠다는 약속이며, 그 양허품목에 대해서 적용되는 양허세율(양허관세율)은 특별한 사유가 없는 한 세율을 인상할 수 없는 일종의 국제적 협정이라 할 수 있다. 특정국가와 FTA가 발효되면 모든 품목이 양허품목으로 분류되는 것이 아니라 일부 품목의 경우 양허에서 제외되기도 하고, 관세철폐일정에 따라 장기간에 걸쳐 조금씩 인하되는 과정을 거쳐 철폐되기도 한다.

관세는 소비세적인 성격을 가지고 있다. 물품을 수입할 때 장래의 소비를 예상하여 수입화주로부터 관세를 징수하기 때문에 관세를 간접소비세라고 한다. 즉 관세는 수입화주로부터 징수하지만 조세의 전가로 상품을 소비하는 소비자가 부담하기 때문이다. FTA발효로 특혜관세혜택, 즉 무관세의 혜택을 받게 되면 결국은 소비자의 후생이 증가되는 효과를 얻을 수 있다.

2. 관세율[16)]

관세율(tariff)은 관세(customs duty)와는 엄연히 구분되는 개념이다. 관세율은 물품의 관세 과세표준에 적용하는 비율이고, 관세는 과세표준에 관세율을 적용하여 산출된 금액이다.

관세법의 별표[17)]에 우리나라의 관세율이 정해져 있다. 동법 별표의 관세율표를 보면 관세율이 모든 물품에 하나의 세율로 정해져 있는 것이 아니고 물품별로 다른 관세율을 갖고 있다. 예를 들어 아래 <표 1-12>와 같이 말의 경우 농가 사육용은 무세이고, 이외는 8%이다. 또한 젖소의 경우 번식용은 무세, 이외의 젖소는 20%로 되어있다. 이밖에도 버터 40%, 승용자동차 8%, 신발 13%, 항공기 무세 등 산업경쟁력 등을 고려하여 관세율이 정해져 있다.

관세율표는 이와 같이 수많은 물품에 대하여 하나하나 관세율을 정하기 때문에 매우 복잡하고 방대한 분량이다. 따라서 모든 물품을 일정한 품목분류체계(HS

---

16) 김병수(2012), 「FTA원산지관리론」, 한국학술정보 인용 및 참고하여 작성.
17) 법령에서 별표란 법조문이 아니라 법령의 마지막 부분, 부칙 다음에 위치하는 별도의 표를 의미한다.

코드)에 따라 체계적으로 정리한 후 이에 관세율을 규정하는 방식을 취하고 있다.

현행 관세율표는 우리나라가 1988년 1월 1일 통일상품명 및 부호체계에 관한 국제협약에 가입함으로써 동 부속서인 국제통일상품명 및 코딩시스템에 의해 품목이 분류되고 있다. 이를 통칭 HS(Harmonized System)코드에 의한 품목분류라고 부른다. 우리나라 관세법은 모든 수입물품을 과세물건으로 하는 관세의무주의 또는 관세포괄주의를 채택하고 있으므로 유세품과 무세품의 구별 없이 무역대상이 되는 모든 물품은 관세율표에 포함된다. 분류방식에 의한 관세율표의 성격은 국제협약과 국내법인 관세법의 통합체로서의 지위를 갖는다.

표 1-12 관세법 별표「관세율표」

번호		품명	세율(%)
호	소호		
0101		살아 있는 말·당나귀·노새·버새	
0101	2	말	
0101	21	번식용	
		1. 농가 사육용	무세
		2. 기타	8
0101	29	기타	8
0101	30	당나귀	8
0101	90	기타	8
0102		살아 있는 소	
0102	2	축우(畜牛)	
0102	21	번식용	
		1. 젖소	무세
		2. 육우(肉牛)	무세
		3. 기타	무세
0102	29	기타	
		1. 젖소	20
		2. 육우(肉牛)	20
		3. 기타	무세
0102	3	버팔로	
0102	31	번식용	
		1. 젖소	무세
		2. 육우(肉牛)	무세
		3. 기타	무세

출처: 국가법령정보센터.

수입물품에 대한 관세는 「과세표준(예, 상품가격) × 관세율(Tariff) = 관세액(Customs Duties)」에 의하여 계산된다. 종가세인 경우 과세표준은 물품의 과세가격 즉 상품가격이 되며, 관세율은 백분율(%)이 된다. 즉 1,000원의 과세표준에 대하여 10%의 관세율이 적용된다면 관세액은 100원이 된다. 그러므로 관세율이란 과세표준에 대한 관세액의 비율을 말한다. 종량세인 경우 과세표준은 물품의 과세수량, 관세율은 1단위 수량당 금액으로 나타낸다.

통관시 관세 이외에 부가되는 부가관세율이 있는데, 이는 수입물품에 부가가치세·개별소비세 등을 부과할 때 관세를 그 과세표준에 포함함으로써 결과적으로 수입물품에 대해 추가적인 관세를 부과한 것과 같은 효과를 주는 비율을 말한다. 예를 들면 부가가치세 = 부가가치세 표준 × 10%, 부가가치세 표준 = 물품의 과세가격(원) + 관세액이다.

단, 개별소비세, 주세, 교육세, 교통·에너지·환경세, 농어촌특별세 대상품목인 경우에는 각각 그러한 세금이 추가로 여기에 합산된다. 또한 개별소비세 = (물품의 과세가격(원) + 관세액) × 개별소비세율이다.

표 1-13 품목별 부가관세율 사례

의류 및 패션잡화						
품목	관세	특소세	농특세	주세	교육세	부가세
가방 및 지갑	8%	-	-	-	-	10%
립스틱, 마스카라, 펜슬, 파우더	6.50%	-	-	-	-	10%
스카프, 머플러, 숄	13%	-	-	-	-	10%
스킨, 로션 등 기초화장품	8%	-	-	-	-	10%
신발	13%	-	-	-	-	10%
의류	13%	-	-	-	-	10%
장갑, 손수건	8%	-	-	-	-	10%
향수	8%	7%	10%	-	30%	10%
레져, 스포츠용품						
품목	관세	특소세	농특세	주세	교육세	부가세
가죽제품	8%	-	-	-	-	10%
골프용품	8%	-	-	-	-	10%
골프채	8%	20%	10%	-	30%	10%

공, 라켓	8%	-	-	-	-	10%
낚시용품	8%	-	-	-	-	10%
망원경, 부분품	8%	-	-	-	-	10%
수영용품	8%	-	-	-	-	10%
스케이트, 스키용품	8%	-	-	-	-	10%
스포츠용품 글러브	13%	-	10%	-	-	10%
스포츠용품 신발	13%	-	-	-	-	10%
스포츠 의류	13%	-	-	-	-	10%
운동용구	8%	-	-	-	-	10%
전자제품						
품목	관세	특소세	농특세	주세	교육세	부가세
고급시계(200만원 특소세 참조)	8%	20%	-	-	30%	10%
고급카메라(200만원)	8%	20%	-	-	30%	10%
고급카메라 관련제품(100만원)	8%	20%	-	-	30%	10%

가. 종가세율 · 종량세율 · 선택세율

관세율에는 과세표준을 금액으로 표시하는 종가세와 수량으로 표시하는 종량세, 그리고 종가세와 종량세[18]를 모두 정해 놓고 그 중 높은 쪽 또는 낮은 쪽의 관세를 적용하는 선택세가 있다. 종가세의 세율은 8%, 10%와 같이 백분비로서 표시되고, 종량세율은 'm당 600원(네거티브 합작영화필름)'과 같이 수량당 금액으로 표시된다. 선택세는 고추류의 경우 '273% 또는 6,279원/kg 양자 중 고액(율)'과 같이 표시된다. 선택세율 대상품목으로는 밤(HS 0802.20), 은행(HS 0802.90), 대추(HS 0810.90) 등이 있다. 내국세의 경우 과세표준의 증가에 따라 차등적으로 세율을 적용하는 경우가 있으나 관세는 원칙적으로 과세표준 또는 납세 의무자의 개인적 사정을 고려하여 세율을 정하지 않고 국내산업과 연관하여 세율 수준과 그 구조를 정하고 있다.

나. 평균관세율 · 실행관세율 · 실효관세율

평균관세율은 과세표준에 적용되는 세액의 평균적인 비율로서 수입물품에 대

---

18) 종량세는 저가수입품에 대해서도 같은 종류의 고가 수입품과 동일한 세금을 부과함으로써 저가수입품을 억제하여, 국내산업을 보호하는 기능을 갖는다.

해 어느 정도의 관세가 부과되는지를 파악하는 데 유용하다. 평균관세율은 이를 계산하는 모집단을 어떻게 구성하느냐에 따라 그 세율이 크게 달라진다.

실행관세율은 실제 적용되는 관세율을 의미한다. 관세율은 기본세율 외에도 여러 종류가 있으므로 만일 하나의 물품에 여러 관세율이 규정되어 있을 때는 관세법 제50조가 정한 바에 따라 그 중 하나의 관세율을 적용한다. 이때 적용되는 관세율을 실행관세율이라 한다.

실효관세율은 탄력관세율의 적용, 감면세, 환급 등에 의한 관세의 경감이 이루어진 다음의 관세율을 의미한다. 따라서 실효관세율은 수시로 달라지는 특성을 보인다. 탄력관세율의 운용, 감면세 적용의 변동 등이 있기 때문이다.

3. 관세율 구조

관세율은 국제협정, 경제여건, 재정상태, 국민경제 여건 및 산업정책 등이 종합적으로 고려되지만, 관세율을 조정하거나 제정하는 데 있어서는 일반적으로 생필품 경과, 사치품 중과 및 원료품 경과, 완제품 중과 등이 고려되기도 한다.

관세율의 구조는 일반적으로는 가공도와 관계없이 동일한 관세율을 부과하는 균등관세구조(Uniform Tariff System)이지만, 차등세율로 특정부문에 대한 보호수준을 상대적으로 높여 동 부문을 집중육성하기 위한 수단인 경사관세구조(Tariff Escalation System)가 활용되기도 한다. 가공도가 낮은 상품일수록 저율의 관세를, 가공도가 높은 상품일수록 고율의 관세를 부과하거나 원료 및 중간재에 비하여 완제품의 관세율을 높게 책정한다. 이는 가공제조업이 가급적 자국 내에서 이루어지도록 하기 위한 것으로, 보완제품의 경쟁력을 강화하거나 전략적으로 특정 부문을 육성하는 수단으로 활용되었다. 경사관세 구조는 자원 배분을 인위적으로 왜곡시켜 산업의 불균형적 발전을 초래할 우려가 있어 산업구조 고도화 단계에서는 점차 균등관세구조로 이행하는 것이 일반적인 추세이다.

우리나라의 경우는 1984년을 전환점으로 이전에는 산업별 차등관세율 정책을 지향하였고, 1984년 이후에는 균등관세율 정책을 바탕으로 운영하였다.[19)]

19) 정재호(2008), 『관세율체계가 경제에 미치는 영향분석: 일반균형계산(CGE)모형 이용』 한국조세연구원.

4. 관세율의 종류

관세율은 크게 기본관세율, 탄력관세율, 양허관세율이 있다. 기본관세율은 우리나라 국회에서 법률의 형식으로 제정한 세율이며, 관세법 별표 관세율표에 품목별 세율이 기재되어 있다.

탄력관세율은 일정한 범위 안에서 관세율의 변경권한을 행정부에 위임하는 제도로, 급격하게 변동하는 국내외적 경제여건 변화에 신축성 있게 대응할 수 있도록 상황에 따라 관세율을 일정 범위 내에서 탄력적으로 변경할 수 있도록 허용함으로써 관세정책을 보다 효과적으로 수행하기 위한 것이다. 즉 법률의 위임에 의해 위임받은 한도 내에서 행정부가 관세법 개정없이 관세율을 인상 또는 인하하여 적용하는 관세율을 의미한다.

국회가 제정한 기본관세율이 있고 관세의 부과 징수에서 조세법률주의가 엄격하게 적용됨에도 불구하고 여러 종류의 탄력관세를 허용하는 것은 국내외 경제여건의 변동 등에 행정부가 신속하고 효과적으로 대응할 수 있도록 하기 위해서 이며, 산업피해의 예방이나 구제를 위해 많이 활용된다. 불공정무역행위로 인한 산업피해구제로는 덤핑방지관세 · 상계관세 · 보복관세가 활용되고, 무역은 공정하게 이루어지고 있지만 수입량의 급증에 따른 산업피해구제에는 긴급관세 · 농림축산물에 대한 특별긴급관세 · 특정국물품긴급관세 · 조정관세 및 할당관세 등이 활용된다.

양허관세율이란 우리나라의 통상과 대외무역증진을 위하여 특정국가 또는 국제기구와 조약 또는 행정협정 등으로 정한 세율이다. 협정주체별로 나누어 보면 양국간 협정에 의한 세율과 다국간 협정에 의한 세율이 있다.

협정종류별로는 WTO협정 일반 양허관세율, WTO협정 개도국간의 양허관세율, 방콕협정(현재는 APTA: Asia-Pacific Trade Agreement라고 부름) 양허관세율, 개발도상국간 무역특혜제도(GSTP)양허관세율, 특정국가와의 관세협상에 따른 국제협력관세율, 각 FTA협정 등이 있다.

표 1-14 **관세의 종류**

관세종류	관세내용
덤핑방지관세	외국의 덤핑판매에 대하여 국내산업을 보호할 필요가 있을 경우 부과
상계관세	외국에서 보조금 또는 장려금을 받은 물품의 수입으로 인한 국내산업의 피해방지를 위하여 부과
보복관세	우리나라의 무역이익을 침해하는 나라로부터 수입되는 물품에 대하여 피해상당액의 범위 안에서 관세부과
긴급관세	특정물품의 수입증가로 인하여 국내산업이 피해를 받거나 받을 우려가 있을 때 부과
농림축산물에 대한 특별긴급관세	국내외가격차에 상당한 율로 양허한 농림축산물의 수입물량이 급증하거나 수입가격이 하락하는 경우 양허한 세율을 초과하여 부과
조정관세	물품간 세율불균형 해소, 국민보건, 환경보전, 소비자 보호, 국내 시장 및 산업기반 보호 등을 목적으로 부과
할당관세	특정물품의 수입촉진, 수입가격이 급등한 물품의 국내가격 안정, 세율 불균형 해소를 목적으로 특정물품의 수입에 대하여 일정한 수량의 쿼터를 설정하여 놓고, 그 수량 또는 금액만큼 수입되는 분에 대하여는 무세 내지 저세율을 적용하고 그 이상 수입되는 분에 대하여는 고세율 적용
계절관세	가격이 계절에 따라 현저하게 차이가 있는 물품으로서 동종물품, 유사물품, 대체물품의 수입으로 인해 국내시장 및 산업이 피해를 받거나 받을 우려가 있을 때 부과
편익관세	관세에 관한 조약에 의해 관세상의 편익을 받지 아니 하는 특정 국가에서 생산된 특정물품이 수입될 때 기존 외국과의 조약에 의해 부과하고 있는 편익의 한도 내에서 관세에 관한 편익을 부여하는 것

자료: 정재호(2008), 『관세율체계가 경제에 미치는 영향분석: 일반균형계산(CGE)모형 이용』 한국조세연구원.

가. 협정관세와 특혜관세

WTO에 가입하고, FTA를 체결하기 전까지는 협정관세는 일반적으로 WTO 협정세율을 나타냈으며, 특혜세율은 일반특혜세율(GSP)를 의미하였다. 그러나 FTA를 체결하고 발효되면서 FTA 협정별 세율에 의한 협정관세와 이로 인해 관세혜택을 받게 되는 특혜관세가 존재하게 되었다. 특혜관세와 비특혜관세의 차이점은 원산지규정과도 관련이 있으며, 이에 따라 특혜원산지규정과 비특혜원산지규정이 있다. 특혜원산지규정은 관세혜택의 적용을 받을 경우에만 필요하다. 예를 들면 FTA특혜세율 및 일반특혜(GSP)세율을 적용받고자 할 때이다. 비특혜원산지규정의 경우는 기본적으로 어떤 나라가 원산지인가를 결정할 필요가 있을 때 사용되며, WTO협정관세, 수입신고서에 원산지국 기록 등을 위해서 필요하다.

표 1-15 특혜세율과 협정세율

특혜세율과 협정세율(FTA체결이전)

	협정세율	이외의 세율
특혜	없음	일반특혜(GSP) 세율
비특혜	GATT/WTO 협정세율	-

⇒

특혜세율과 협정세율(FTA체결이후)

	협정세율	이외의 세율
특혜	FTA협정(특혜) 세율	일반특혜(GSP) 세율
비특혜	WTO 협정세율	-

5. 관세율의 경합과 적용순서

가. 관세율 경합의 의의

수입물품 중에는 둘 이상의 관세율이 있는 경우가 있다. 예를 들어 기본관세율도 있고 잠정관세율도 있는 경우, 국정세율도 있고 협정세율도 있는 경우, 기본세율도 있고 덤핑방지관세율도 있는 경우 등이다. 이런 현상을 가리켜 관세율의 경합이라고 한다. 하나의 물품에는 하나의 관세율이 적용되어야 하므로 관세율이 경합할 때에는 여러 개의 관세율 중 하나만 선택하여 적용해야 한다. 적용하여야 할 하나의 관세율을 선택함에 있어서는 일정한 원칙이 있어야 하므로 관세법에서는 이에 관한 규정을 정하고 있다.

나. 관세율 적용순서

일반적으로 수입되어 들어오는 물품에 대해서는 기본관세가 적용되지만, 경합되는 경우는 아래 <표 1-16>과 같은 적용순서에 따른다. 관세율의 적용순서에 있어서는 덤핑방지관세 · 보복관세 · 긴급관세 · 농림축산물에 대한 특별긴급관세 · 상계관세 · 특정국물품긴급관세가 적용 1순위이다. 그리고 그 다음 적용 2순위가 FTA협정관세이다. 편익관세, 협정관세가 3순위, 조정관세, 할당관세, 계절관세가 4순위, 일반특혜관세가 5순위, 잠정관세가 6순위, 기본관세가 7순위이다. 다만 FTA 협정관세는 3,4,5,6,7 순위보다 세율이 낮은 경우에만 우선적용하고 편익관세, 협정관세는 4,5,6,7 순위보다 세율이 낮은 경우에만 우선 적용하며 할당관세는 5순위의 관세율보다 낮은 경우에만 우선 적용한다. 국내외 가격차로 양허한 농림축산물양허관세는 협정관세의 일종이지만 세율이 높으며 세율에 관계없이 잠정・본관세보다 우선 적용한다.

표 1-16 관세율 우선적용순위

순위	관세율의 종류	적용순위
1	덤핑방지관세, 상계관세, 보복관세, 긴급관세, 특정국물품긴급관세	가장 우선 적용 (세율의 높낮이에 관계없음)
2	FTA 협정관세(칠레, 싱가포르, EFTA, 아세안, 인도, EU, 페루, 미국 등 FTA)	3,4,5,6,7 보다 낮은 경우에 한하여 우선 적용
3	WTO 일반양허관세(공산품, 수산물 및 단순 양허한 농림축산물에 대한 양허관세, 단순양허한 농림축산물 중 시장접근물량 설정물품에 대한 양허관세) WTO 개발도상국가간의 양허관세 아태협정(APTA)양허관세(일반양허, 방글라데시에 대한 양허관세, 라오스에 대한 양허관세) UN 개발도상국간 협정관세(GSTP) 특정국가와의 관세협상에 따른 국제협력관세	4,5,6,7보다 낮은 경우에 한하여 우선 적용
	WTO 일반양허관세(국내외가격차에 상당한 율로 양허하거나 국내시장 개방과 함께 기본세율보다 높은 세율로 양허한 농림축산물에 대한 양허관세) 아태협정(APTA)양허관세(녹차와 누에고치의 일반양허관세)	6,7보다 우선하여 적용, 4,5보다 낮은 경우에 한하여 우선적용
4	조정관세, 계절관세	5,6,7 보다 우선 적용
	할당관세	5보다 낮은 경우에 한하여 우선적용,
5	최빈개발도상국에 대한 특혜관세(GSP)	6,7보다 우선적용
6	잠정관세	7보다 우선적용
7	기본관세	

제5장 품목분류

현대에는 무수히 많은 물품(상품, 제품)이 존재한다. 거래되는 상품에 대한 품목분류도 국가 간에 다르고, 따라서 품목별로 일일이 관세를 정하는데 있어 어려움이 존재하여, 무역에 있어서 많은 분쟁이 야기되었다.

이에 따라 세계 각국은 상품을 분류하는 체계를 확립하기 위한 공동의 노력을 기울여 왔다. 상품을 일정한 규칙에 따라 분류하고, 상품 그룹별로 세계 공통의 번호를 부여함으로써 관세부과에 대한 예측가능성을 높이고, 이와 관련된 분쟁가능성을 줄이고자 하였다.

세계적으로 널리 사용되고 있는 물품의 HS(Harmonized System) 품목분류는 관세분류체계로도 사용되고 있다. HS코드는 상품의 용도, 성질 등에 따라 분류하고 있다. 각 상품은 2단위, 4단위, 6단위를 기본으로 한다. 6단위까지는 세계적으로 동일한 상품분류를 하도록 의무화되어 있으나, 각 나라마다 8단위, 9단위, 10단위 등 좀 더 세밀하게 분류하여 사용하기도 한다. 우리나라는 관세법의 지위에 있는 8단위까지의 관세율표, 10단위까지는 기획재정부 고시사항인 통계분류가 하나로 통합되어 있다.

또한 원산지기준에 대해서도 품목별로 원산지기준을 정하고 있는데, 이 또한 품목분류체계인 HS코드로 이루어져 있으므로 FTA 협정세율적용을 위해 필요한 원산지 판정에 있어 가장 기본이 되는 요소이다. 분류된 품목별로 원산지기준이 정해져 있기 때문에 품목분류체계에 대한 이해가 필요하다.

이밖에도 HS품목분류는 수출입통계, 수출입 요령공고 등 관세 및 무역행정에 다목적으로 사용되고 있다.

1. 품목분류의 개요

품목분류(HS Classification)란 여러 가지 물품을 일정한 기준에 따라 체계적으로 분류하여 물품별로 일정한 명칭 및 부호를 부여하고 배열하는 작업이다. 어떤 물품이 수입된 경우, 당해 물품이 관세목적으로 제정된 품목분류표인 관세율표상의 어느 물품에 해당하는가를 확인하는 품목분류작업이 이루어져야 당해 물품에 적용할 구체적인 세율을 확정할 수 있으므로 품목분류 작업은 관세의 과세요건의 확정에 있어서 매우 중요하다.

수입물품의 품목분류는 과세요건 중 과세대상인 물건과 세율을 결정한다. 관세 부과대상이 되지 않는 수출물품의 경우에도 수출입통관과 관세환급 등을 위해서 정확한 품목분류는 매우 중요하다. 관세행정에서 품목분류는 수출입물품의 성상 즉 주요특성, 기능, 용도, 성분, 가공정도 등을 확인하여 관세율표의 적정한 품목 번호를 적용하기 위한 일련의 절차인 것이다. 즉 수출입물품을 세관에서 품목분류를 하는 목적은 통관 관련 각종 법령을 적법하게 적용하기 위한 것이다.

많은 나라에서 품목분류를 하고 있는데, 보통 많이 쓰이고 있는 것이 HS Code에 의한 품목분류이다. HS(Harmonized System) 코드는 국제무역 원활화를 위한 수단으로 세계관세기구(WCO)에서 구분한 국제관세무역표준분류이다. WCO는 세계 무역 및 산업 발전 추이를 바탕으로 6단위까지 국제표준을 설정하고 10단위 이하 세분화한 분류(코드)는 각국이 자국이 여건에 따라 선택할 수 있도록 허용하고 있다. 현재 국제무역거래에 있어 실제적으로 가장 정확하고 세분화된 코드로서 국제적으로 거래시 상품명보다는 코드로서 해당 물품을 인식할 수 있다. HS의 분류체계는 첫 1~2자리(류)는 재질과 기능에 따라 전체 물품을 01~99류까지 분류하고, 3~4자리(호)는 가공단계별로 분류, 무역량 및 기타 상품개발 등을 고려하여 분류한다. 또한 5~6자리(소호)는 이러한 기준에 입각하면서 보다 품목을 세분화시켜 운송, 보험에도 적용·사용할 수 있도록 구분한다. 마지막으로 7~10자리(통계부호)는 각국의 경제 및 정책적 요인을 감안하여 독자적으로 분류할 수 있도록 허용하고 있다. 대분류는 일반적인 산업의 유형을 따르면서 표제는 생산품과 제품별로 구분한다. 중분류는 2단위, 소분류 4단위, 세분류 6단위 이하이며, 7단위 이상은 자국의 실정에 따라 세분류하여 사용할 수 있는데, 우리나라는 총 10단위의 HS체계를 사용하고 있다.

국제적으로 HS코드 이외에 UN 경제이사회가 선포한 SITC(Standard International Trade Classification) 기본 체계 및 SITC상의 무역분류체계를 우리나라에 실정에 맞게 조정한 SKTC(Standard Korean Trade Classification)를 사용하였다. 김대중 정부 시절 산업을 담당하던 지식경제부에서 수출입 통계목적으로 HS코드를 산업과 연계시킨 MTI(Ministry of Trade and Industry)체계를 무역과 관련된 상품분류 코드 및 배열체계로 사용하였으나, 관세율표, 원산지규정에서는 국제적 호환성이 높은 HS Code체계를 사용하고 있다.

2. 품목분류제도의 변천과정

국제무역은 국내거래와 달리 거래 당사국 간의 상품거래에 관한 법규와 관습 등이 다를 수 있으므로, 특히 수출입상품에 적용되는 관세율을 결정하기 위한 품목분류를 국가 간에 통일적으로 적용하는 것은 국제무역을 촉진하는 데 매우 중요한 요소이다. 이러한 목적에 따라 제정된 것이 "통일상품명 및 부호체계에 관한 국제협약(The International Convention on the Harmonized Commodity Description and Coding System)"이며 약칭 'HS협약'이라고 한다. HS협약은 국가 간에 통일적인 품목분류를 통하여 국제무역을 촉진할 목적 등으로 관세협력이사회의 주관으로 1983년 6월 벨기에의 수도 브뤼셀에서 체결되고 1988년 1월부터 발효되었다.

HS협약 부속서와 품목분류표를 기본으로 하여 수입물품에 관세부과를 위한 목적으로 우리나라 관세법에 따라 제정한 것을 관세율표라 한다. HS협약은 1988년 시행 이후 산업발달에 따른 신상품의 출현이나 무역패턴의 변화 등에 대응하기 위하여 다섯 차례(1992년, 1996년, 2002년, 2007년, 2012년) 개정되었다. 한국에서 초기에 체결된 FTA의 경우는 2002년, 이후 체결된 FTA에서는 2007년 협약이 사용되었고, 2010년 이후 체결되는 FTA에서는 2012년 개정된 협약이 사용되고 있다.

표 1-17 국제통일 품목분류제도의 변천과정

구분	시행연도	원명	특징 및 용도
제네바 관세 품목표	1931	League of Nations Draft Customs Nomenclature	21부, 86류, 991호로 구성, 관세목적으로 사용
BTN	1950	Brussels Tariff Nomenclature	유럽을 중심으로 이용, 관세목적으로 사용
CCCN	1976	Customs Cooperation Council Nomenclature	BTN을 CCCN으로 명칭변경, 관세목적으로 사용
HS	1988	The International Convention of the Harmonized Commodity Description and Coding System	21부, 97류, 1,224호, 5, 205 소호로 구성, 관세, 무역, 운송, 통계 등 다목적·다용도 품목분류표

국제통일 품목분류제도의 변천과정을 보면, HS의 모태는 1931년 제네바 관세품목표이며, 기술의 발달에 따라 신상품의 출현과 기존의 유행하던 물품의 소멸에 따라 수출입 물품에 대한 품목표도 일정주기에 따라 변화의 과정을 거치는 것이 불가피하게 되었다. 이러한 변화의 과정을 거쳐 현재의 HS에까지 이르게 된 것이다. 1950년 유럽 통합 논의 초기 BTN(Brussels Tariff Nomenclature)이 개발되어 유럽을 중심으로 관세목적으로 사용된 바 있다. BTN의 경우 EC공동체의 관세율표를 기초로 작성된 점 등 때문에 EC의 공통 관세율표로 인식되는 오해가 있어 국제적인 공용의 의미를 담고자 관세협력이사회(CCC)의 이름을 사용하여 1976년에 CCCN으로 명칭을 변경하였다. 그러나 CCCN 이전의 품목표는 주로 관세 목적으로 개발되어 다수 국가가 운용했으나, 통계나 상업 분야에서는 이와 별도의 SITC(국제표준무역분류: Standard International Trade Classification) 품목분류표를 이중으로 사용함으로써 비즈니스에 불편이 적지 않았다. 이에 SITC와 CCCN을 통합하여 1988년 1월 발효되어 수출입 물품에 대해 관세 목적 외에 무역, 운송, 보험, 통계 등 다양한 목적과 용도로 발전된 것이 현재 국제적으로 사용되고 있는 세계관세기구의 HS품목(상품)분류표이다.

3. HS 정의와 품목분류표[20)]

가. HS 협약

HS협약(통일상품명 및 부호체계에 관한 국제협약: The International Convention on the Harmonized Commodity Description and Coding System)은 국제무역의 촉진을 목적으로 관세협력이사회에서 채택(1983.6.14.)되어 시행(1988.1.1.)된 국제협약이다. 우리나라도 1988년 1월 1일부터 발효하였다. 이 협약은 전문과 본문 20개조 및 부속서(HS)로 구성되어 있다.

나. 품목분류표(HS)

품목분류표란 HS협약의 부속서로서 '통일상품명 및 부호체계'를 말한다. 영어명으로는 'Harmonized Commodity Description and Coding System' 이며, 약칭으로 "Harmonized System"이라 하고, 이를 줄여 "HS" 라고 부른다. HS

20) 기획재정부(2012) 「FTA활용」 p. 65-74 인용하여 작성하였음.

협약에서 정한 품목분류표에는 모두 네 종류(품목분류표, 관세품목분류표, 통계품목분류표, 관세·통계통합품목분류표)가 있다. 그 중에서 통일상품명 및 부호체계(HS 품목분류표)'는 HS협약의 부속서로 정한 것이고, 나머지 세 개는 HS에 근거하여 협약체약국이 별도로 만들어 사용하는 품목분류표이다. HS는 1988년에 발효되어 2012년 5차 개정을 거쳤으며, 우리나라는 현재 4단위 1,244개, 6단위 5,205개로 개정된 2012년 Version을 사용하고 있다.

그림 1-8 품목분류표의 종류

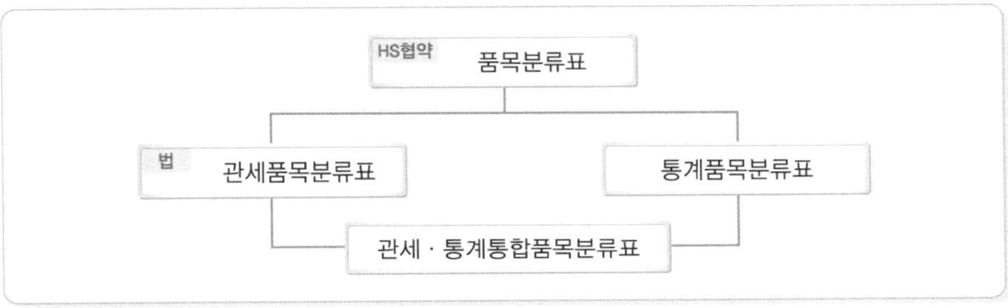

관세품목분류표(Customs Tariff Nomenclature)는 수입물품에 대한 관세의 부과를 목적으로 체약당사국의 법에 따라 제정된 품목분류표를 말한다.[21] 우리나라는 관세법 제50조의 별표에 의거 '관세율표'로 칭하고 있다. 관세율표는 HS를 국문으로 번역한 것으로 해당 품목번호의 4단위 또는 6단위 소호에 세율이 표시되어 있다. 다만, 해당 호 또는 소호에 속하는 물품에 대하여 다른 세율을 적용하고자 하는 경우에는 별도 세목으로 구분하여 운용하고 있다. 체약당사국은 HS협약에 의하여 관세율에 관련된 여하한 의무도 지지 아니하지만(HS협약 제9조), WTO의 규범에서 정한 관세율에 관한 사항은 그에 따라야 한다.

통계품목분류표(Statistical Nomenclature)는 수출입통계자료의 수집을 목적으로 체약당사국이 제정한 품목분류표를 말한다. 우리나라는 법상 별도의 통계품목분류표는 없다.

관세·통계통합품목분류표(Combined Tariff·Statistical Nomenclature)는 수

21) GATT 혹은 WTO 다자무역체제, FTA 특혜무역협정의 회원국을 회원국 혹은 당사국, 체약국 등으로 혼용해서 부름.

출・입물품의 신고를 위하여 체약국이 법적으로 요구하는 관세품목분류표와 통계품목분류표를 통합한 품목분류표를 말한다. 우리나라는 관세법시행령 제98조에 근거하여 신속한 통관과 통계파악 등을 목적으로 HS와 관세율표를 기초로 하여 품목을 세분하여 최종 10단위가 되도록 한 관세・통계품목분류표를 기획재정부장관이 고시한다. 관세・통계품목분류표의 영문명은 Harmonized System of Korea(약칭은 HSK)이다. 적용과 관련하여 국문은 영문에 우선하여 적용한다. 다만, HS 협약에서 정한 사항에 대하여는 이를 우선 적용하도록 관련고시에 규정하고 있다. HS 협약에서 정한 사항이란 부속서인 HS에 규정된 통칙과 부・류 및 소호의 주와 4단위 호 및 5. 6단위 소호의 용어에 관한 사항을 말하는 것으로 이해할 수 있다. 관세・통계통합품목분류표에는 2012.1.1 현재 11,881개의 10단위 부호를 사용하고 있다.

다. 분쟁의 해결

HS는 체계적이고 정교하게 만들어진 품목분류표이지만, 최신성을 확보하고 운영과정에서 나타난 문제점을 수정 보완하기 위하여 주기적으로 개정하고 있다. 품목분류의 결과에 따라 국가의 이익이 상반되거나, 신규상품이나 복합・다기능 상품의 출현 또는 다양한 거래 형태 등에 따라 HS의 해석과 적용에 이견이 있을 수 있다. 이러한 이유 등으로 HS의 해석과 적용에 관하여 체약당사국간에 분쟁이 발생한 경우에는 해결절차에 따르고 있다.

해결절차는 여하한 분쟁도 가능한 한 당사국간의 교섭에 의하여 해결하는 것을 우선으로 하고 있다. 이 교섭에 의하여 해결되지 못한 분쟁은 HS 위원회 및 이사회에 회부하여 심의할 수 있다. 이 과정에서 분쟁당사국은 사전에 위원회 또는 이사회의 권고(Recommendations)를 구속력이 있는 것으로 수락하는데 동의할 수 있다. 이 권고는 구속력을 가지지 않기 때문에 한 쪽의 분쟁당사국이 받아들이지 않으면 실질적인 효력을 가질 수 없다. 따라서 분쟁당사국의 사전 동의로 구속력을 갖게 하려는 것이다. (HS협약 제10조) WCO에 질의할 수 있는 자는 체약당사국의 정부[22]가 되므로 체약당사국의 개인이나 기업이 직접 질의할 수는 없다.

22) 우리나라는 기획재정부(관세청)이 됨.

그림 1-9 **품목분류 분쟁해결 절차도**

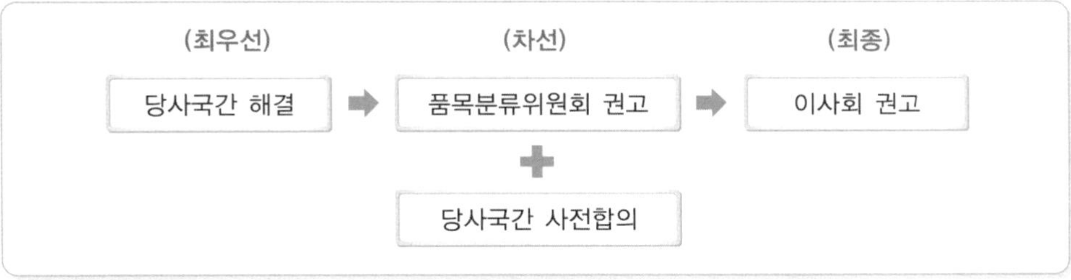

출처: 기획재정부(2012) 「FTA활용」 p. 67

4. HS 배열체계와 분류기준

가. HS품목의 배열체계

HS의 분류체계는 상위차원에서 하위차원으로, 즉 수직적으로 부 → 류(2단위) → 호(4단위) → 소호(6단위)로 배열하고 수평적으로 부(1부~21부) · 류(1류~97류) · 호 · 소호 등의 배열형태를 취한다. HS의 상품배열은 동물성, 식물성, 광물성 생산품 등의 순서, 즉 기초산업에서 제조업, 보다 정확하게는 기초 원재료로부터 시작하여 '산업별' 또는 '생산단계별'로 수평배열을 취하고 있다.

표 1-18 **HS 품목(코드)구성의 변천**

	HS 1988	HS 1992	HS 1996	HS 2002	HS 2007	HS 2012
Section(부)	21	21	21	21	21	21
Chapter(류)	96	96	96	96	96	96
Heading(호)	1,011	1,241	1,241	1,244	1,221	1,224
Sub-heading(소호)	5,019	5,018	5,113	5,224	5,052	5,205

주: 류는 원래 97류까지 있으나, 77류가 유보되어 96개 표기

나. HS의 분류기준

HS는 동일한 원재료로부터 얻어지는 모든 물품을 HS 첫 2단위에 위치하는 1개의 류(Chapter)에 함께 분류하고, 그 각류 내에서는 4단위 분류를 통해 생산단

계별 및 가공단계별 분류기준으로 하여 세분화시킨다. 더 나아가 원재료 → 반제품(중간제품) → 완제품(최종제품) 순으로 수직배열 함으로써 품목을 더 세분화하는 방식을 택하고 있다.

상이한 원재료를 사용하여 하나의 제품으로 완성되는 물품의 경우에는 일반적인 분류기준 적용이 어려워 생산단계별 및 가공단계별 분류기준을 적용하지 않고 있다. 이들 물품에 대해서는 무역거래의 특성을 고려하여 가급적 다양한 상품이 포함될 수 있도록 분류기준을 다양화하고 있다. 이외에도 가공방법을 기준으로 한 분류, 가공형태를 기준으로 한 분류, 포장형태를 기준으로 한 분류, 성분을 기준으로 한 분류 등이 있다.

표 1-19 여러 방식에 따른 품목분류

분류기준	품목
주기능·주용도를 기준으로 한 분류	복합기계, 다용도기계, 다기능기계, 기능단위기계는 일반적으로 주기능·주용도에 따라 분류
주특성을 기준으로 한 분류	혼합품·복합재료로 구성된 물품의 분류는 특성을 기준으로 하는데, 예로 플라스틱재료와 가죽으로 된 벨트의 경우 어느 것이 주요한 특성을 갖고 있느냐에 따라 분류
원료를 기준으로 한 분류	5대 기초자원인 농산물, 축산물, 임산물, 광산물, 무기·유기화공약품
산업을 기준으로 한 분류	식품공업제품(조제식료품·음료·주류 등: 제4부), 피혁공업제품(제41류~제43류), 제지공업제품(제48류), 신발류산업제품(제64류), 섬유공업제품(제11부: 제50류~제63류), 요업산업제품(제69류), 유리공업제품(제70류), 귀금속제품(제71류), 철강공업제품(제72류, 제73류), 비철금속제품(제74류~제83류), 기계공업제품(제84류), 전기전자제품(제85류), 자동차산업제품(제87류), 조선공업제품(제88류), 항공기산업제품(제89류)
재질을 기준으로 한 분류	접착제, 광물첨가제, 완성가공제, 살균제, 살충제, 고무배합제, 부동액조제품
용도를 기준으로 한 분류	접착제, 광물첨가제, 완성가공제, 살균제, 살충제, 고무배합제, 부동액조제품

5. HS품목분류표의 구조

가. HS품목분류표의 구성

품목분류표의 3대 구성요소란 "HS 해석에 관한 통칙", "부 및 류와 소호의 주", "호 및 소호"를 말한다. 이들이 법적 목적을 위한 품목분류에 실질적인 효력이 있는 사항이다.

HS 기본구조는 먼저 품목분류표 전체의 분류원칙을 정한 통칙(GRI)이 있고 분류체계는 부-류-(절)-호-소호의 수직적 분류형식을 취하고 있으며 통칙과 함께 품목분류의 지침이 되는 것이 '주(註)'인데 이는 부·류·소호에 게기되어 있다.

나. 통칙(GRI)

'HS해석에 관한통칙'(GRI: General Rules for Interpretation of Nomenclature)은 '호의 용어'와 '주' 등의 적용에 있어서 해석에 따라 품목분류가 달라질 수 있는 사항에 대하여 통칙적 분류를 하기 위한 기본원칙을 정해놓은 것이다. '주' 나 '호의 용어'에서 특별히 규정하고 있지 않은 모든 상품의 분류에 적용되는 일반원칙이며 법적 구속력이 있다.

본 통칙은 HS 품목분류표에서 가장 먼저 위치하는 것으로서 제1호부터 제6호까지 되어 있다. 우리나라 관세율표해석에관한통칙은 제1호부터 제7호까지 구성되어 있고, 제1호~제5호는 HS해석에관한통칙과 동일하며 제6호는 HS 통칙을 준용하도록 하는 규정을 두고 있다. 또한 관세율표상의 통칙 제7호는 세율에 대한 내용을 기재하고 있다.

관세율표해석에관한통칙(GRI) 개요 및 적용순서

통칙1: 호의 용어 및 주에 의한 분류 (최우선 분류원칙)
① 부와 류의 표제는 참조의 편의상 설정된 것으로 법적 구속력 없음 ② 법적인 목적의 상품분류는 호의 용어와 주의 규정에 의함 ③ 호의 용어와 주에 달리 규정이 없는 경우: ⇒ 통칙2호 내지 통칙6호의 규정 적용

⬇

통칙2: 미완성·분해물품 및 단일물품의 범위에 관한 분류원칙
① 불완전·미완성물품 및 미조립 분해물품 분류원칙(호의 범위 확대) ◇ 불완전·미완성 물품 분류원칙 - 개념 및 주요특성 판단요소, 적용물품, 반가공품 및 반제품 ◇ 미조립·분해물품 - 개념, 적용물품, 여분물품에 대한 분류 ② 단일물품의 범위에 관한 분류원칙 ◇ 단일물품의 범위에 포함되는 물품 - 다른 물질과 혼합 또는 결합여부에 관계없이 물품의 주요 특성 유지 - 호의 용어 및 주에 다른 재료, 물질과의 혼합 또는 결합을 금지하지 않는 경우 - 주 또는 호의 본문에서 규정한 혼합 또는 조제품은 통칙1에 의한 분류임. ◇ 단일 물품의 범위를 초과하는 물품의 분류: ⇒ 통칙3호 적용

⬇

통칙3: 혼합물, 복합물, 소매용 세트 분류원칙
① 통칙3(a): 협의표현 분류원칙 ◇ 가장 구체적이고 협의로 표현된 호가 일반적으로 표현된 호에 우선 - 물품명이 종류보다 협의표현임 - 물품을 명확하게 구분하는 표현이 불완전한 표현보다 협의표현임 ◇ 혼합물이나 세트구성물품의 일부에 대한 상세한 규정은 협의표현이 아님 ② 통칙3(b): 주요특성 분류원칙 ◇ 적용대상: 혼합물, 복합물, 소매용 세트 포장물품 ◇ 주요특성 판단요소: 구성재료나 구성요소의 성질(부피, 중량, 수량, 가격), 용도와 관련된 구성재료나 구성요소의 역할 ◇ 소매용 세트물품 - 2개 이상의 호에 분류되는 2종 이상의 물품으로 구성 - 특정용도나 역할을 수행할 수 있도록 조합 또는 구성 - 재포장없이 소매용으로 판매하는 데 적합하게 포장 ③ 통칙3(c): 최종호 분류원칙: 통칙3(a), (b)에 의해 분류할 수 없는 경우 분류가능한 호 중 최종호

⬇

통칙4: 유사물품 분류원칙
◇ 통칙1~통칙3의 규정에 의해 분류할 수 없는 경우 적용 ◇ 유사물품 판단요소: 상품제원, 상품목적 및 용도, 생산공정, 상품의 명칭, 상품의 특성과 형태

《보완적 분류원칙: 별개의 분류원칙》

통칙5: 포장 및 용기의 분류원칙
◇ 케이스, 상자 및 이와 유사한 용기 분류원칙 - 특정한 물품을 수용하기에 적합한 형상, 장기간 사용하기에 적합한 것, 내용물과 함께 제시,내용물과 함께 정상적으로 판매, 용기로서 주요한 특성이 부여되지 않은 것은 내용물로 분류 - 내용물과 분리되어 별도 제시되는 경우 4202호 또는 재질별로 분류 ◇ 포장재료와 포장용기: 요건은 상기와 동일. LPG통처럼 반복사용 가능한 용기는 분리

⬇

통칙6: 소호(Sub-heading) 분류원칙
◇ 4단위 호 결정후 결정호 범위내에서 소호 분류 결정 원칙 ◇ 적용순서: 소호의 용어와 소호의 주 → 통칙1~통칙5 준용 → 부,류의 주 적용

다. 주(註: Notes)

주(Note)는 주석이라고도 부르며 "논문이나 학술적인 글 등에서 본문의 어떤 낱말이나 문구 또는 일정부분에 대해 따로 더 자세히 설명하거나, 인용한 출처를 밝힘으로써 이해를 돕기 위해 덧붙이는 말"이다. 주는 하나의 물품은 하나의 호에 분류되어야 한다는 일의성(一意性) 분류원칙을 실현하기 위한 장치로써 다음의 형식과 내용을 포함하고 있다.

① 호나 소호의 분류범위에 관한 일반적 또는 특정용어에 대한 정의규정

② 품목분류에 관한 지침의 제시

③ 경합품목의 소속명시(제외품목 명시 · 포함품목 명시 · 물품분류 예시/지 정호 등에 한정 분류되는 품목명시)

HS해석에관한통칙 등에 적용되는 주(주석)의 특징은 다음 네 가지로 분류할 수 있다. 첫째 부 · 류의 주는 항상 부 · 류의 처음에 위치하고 소호주가 있는 부,

류에는 소호주가 부주, 류주의 마지막 부분에 기술되어 있다. 둘째 HS의 주는 HS품목표 전체 또는 특정의 부・류・호 또는 일군의 호에 포함되는 상품의 목록을 결정한다. 셋째 특정 부・류・호로부터 제외되는 물품의 목록을 정해주고 그 물품이 분류되는 적절한 부・류・호를 공시한다. 그리고 마지막으로 모든 부・류에 주가 있는 것은 아니다.

라. 부(Section)

부는 제1부부터 제21부까지 총21부로 구성되어 있다. 각 부에는 표제(예: 제2부 식물성 생산품, 제5부 광물성 생산품, 제11부 방직용 섬유와 그 제품)가 설정되어 있다. 표제는 품목분류적용에 있어서 참조의 편의상 설정된 것이며 법적 구속력은 없다. 그러나 HS의 구조로서의 구속력은 갖고 있다.

표 1-20 **HS 품목분류체계**

부	류	HS code No.	주요 품목	분류상의 주요요소
제1부	제1~5류	(0101~0511)	동물 및 동물성생산품	용도, 종류, 가공상태
제2부	제6~14류	(0601~1404)	동물 및 동물성생산품	용도, 종류, 가공상태
제3부	제15류	(1501~1522)	동식물성 유지	용도, 종류, 가공상태
제4부	제16~21류	(1601~2106)	식료품 관련 물품	가공상태, 원재료의 종류, 성분, 특질
	제22류	(2201~2209)	주류	제법, 주정도수, 성분
	제23~24류	(2301~2403)	식품공업발생품 및 연초	원재료, 가공도, 용도
제5부	제25~26류	(2501~2621)	광물 및 금속광	종류, 가공상태
	제27류	(2701~2716)	광물성 유(油)	유출율과 유출온도, 비중, 인화점
제6부	제28~30류	(2801~3006)	무기, 유기화학품, 의약품	특성, 성분(화학구조식), 용도
	제31류	(3101~3105)	비료	성분(함량), 원재료 속성
	제32~36류	(3201~3606)	기타 화학산품	특성, 용도, 성분
	제37류	(3701~3707)	사진재료	용도, 가공상태 등(광현상여부), 폭

	제38류	(3801~3826)	기타, 화학산품	특성, 용도, 성분
제7부	제39류	(3901~3926)	플라스틱	종류, 형상, 용도
	제40류	(4001~4206)	고무	종류, 형상, 용도
제8부	제41~43류	(4101~4304)	피혁, 모피	원재료의 종류, 가공상태, 용도
제9부	제44~46류	(4401~4602)	목재, 코르크, 조물재료	종류, 가공도
제10부	제47~49류	(4701~4911)	펄프, 지류, 인쇄물	제법, 용도, 중량, 가공상태, 형상
제11부	제50~63류	(5001~6310)	원료	종류, 가공상태
			중간제품(사류)	종류, 가공상태, 용도, 종류
			직물류	종류, 구성내용, 조직, 중량
			섬유제품	제법, 가공상태, 용도
제12부	제64~67류	(6401~6704)	신변용품	종류, 가공상태, 용도
제13부	제68~70류	(6801~7020)	광물 재료의 제품	형상, 제법, 두께, 용도
제14부	제71류	(7107~7118)	보석류, 귀금속류	종류, 가공상태, 형상, 용도, 성분
제15부	제72~83류	(7201~8311)	비금속 및 제품	원재료의 종류, 형상, 가공상태, 성분, 크기
			(※ 77류 유보)	
제16부	제84~85류	(8401~8548)	기계와 전기기기	기능, 용도, 형식, 구조, 능력
제17부	제86~89류	(8601~8908)	수송기기	종류, 기능, 형식, 구조
제18부	제90~92류	(9001~9209)	특정기기류, 계기류, 악기 등	종류, 기능, 형식, 구조
제19부	제93류	(9301~9307)	무기	
제20부	제94~96류	(9401~9619)	잡품	종류, 제법, 용도, 원재료
제21부	제97류	(9701~9706)	미술품, 수집품, 골동품	종류, 제법, 용도, 원재료
			(※ 98류, 99류 유보)	

마. 류(Chapter)

류는 제1류부터 제97류까지 총 97개의 류로 구성되어 있으나 제77류는 유보된 상태이므로 현재는 96개의 류를 사용하고 있다. 류는 부(Section)를 세분한 것으로 반드시 2단위 숫자로 표기하여야 하며(예: 07류), 호(4단위)의 앞 2단위를 형성하기 때문에 품목분류에 있어서는 류가 우선 확정되어야 한다. 류의 품목분류는 일반적으로 부와 같이 산업별 형태를 유지하면서 재질, 가공형태, 용도 등에 따라 분류되어 있다.

표 1-21 **관세율표 류별(97류) 분류표**

	0	1	2	3	4	5	6	7	8	9
0		산동물	육과 식용설육	어패류	낙농품·조란·천연꿀	기타 동물성 생산품	산수목·꽃	채소	과실·견과류	커피·차·향신료
10	곡물	곡물의 분과 조분밀 가루·전분	채유용 종자·인삼	식물성 엑 스	기타 식물성 생산품	동식물성 유 지	육·어류 조제품	당류·설탕과자	코코아·초코렛	곡물,곡분의 주제품과 빵류
20	채소,과실의 조제품	기타의 조제식료품	음료, 주류, 식초	조제사료	담배	토석류·소금	광, 슬랙, 회	광물성 연료, 에너지	무기화합물	유기화합물
30	의료용품	비료	염료, 안료, 페인트 잉크	향료·화장품	비누, 계면활성제·왁스	카세인·알부민·변성전분효소	화약류·성냥	필름인화지사진용재료	각종화학공업 생산품	플라스틱과 그제품
40	고무와 그제품	원피·가죽	가죽 제품	모피, 모피제품	목재·목탄	코르크·짚	조물재료의제품	펄프	지와 판지	서적·신문 인쇄물
50	견·견사 견직물	양모·수모	면·면사 면직물	마류의 사와직물	인조필라멘트 섬유	인조스테이플 섬유	워딩·부직포	양탄자	특수직물	침투, 도포한 직물
60	편물	의류 (편물제)	의류 (편물제 이외)	기타섬유제품	신발류	모자류	우산·지팡이	조제 우모·인조 제품	석,시멘트, 석면 제품	도자제품
70	유리	귀석, 반귀석, 귀금속	철강	철강 제품	동과 그 제품	니켈과 그 제품	알루미늄과 그 제품	(유보)	연과 그 제품	아연과 그 제품
80	주석과 그제품	기타의 비금속	비금속 제공구, 스푼·포크	각종비금속제품	보일러·기계류	전기기기 TV·VTR	철도 차량	일반 차량	항공기	선박
90	광학·의료 정밀기계	시계	악기	무기	가구류·조명기구	완구·운동용구	잡품	예술품·골동품		

바. 호(Heading)

호는 류를 품목에 따라 4단위로 세분한 것으로서, 2012년 현재 총 1,244개의 호로 구성되어 있다. 단위 코드번호와 연결하여 설정되어 있는 품목명을 의미하며 호의 용어는 품목분류에 있어서 법적 구속력이 있는 협약된 용어이다.

표 1-22 기계류(제84류) 호별 분류표

단위	0	1	2	3	4	5	6	7	8	9
00		원자로	증기 보일러	중앙 난방 보일러	보일러 부속기기	가스발생기	증기터빈	휘발유 엔진	디젤엔진	부분품
10	수력터빈	가스터빈	기타의 엔진과 모터	액체펌프	기체펌프·압축기	에어컨	노용버너	노·오븐·제빵오븐	냉장고·냉동고	가열 조리기
20	롤기	원심분리기·여과기	용기충전·포장기	저울(500㎎ 초과)	소화기·살포분사기	윈치·호이스트·잭	크레인	지게차	에스컬레이터·컨베이어	자주식 건설·광산기계
30	기타 건설·광산기계	부분품	농업 기계	탈곡기와 수확기	착유기와 낙농기계	음료제조용 프레스·크레셔	기타의 농업·원예용 기계	곡물가공용 기계	식품공업용 기계	펄프·종이제조용 기계
40	제본기계	기타의 펄프·종이 가공기계	인쇄구성 부품 제조용 기계	인쇄기·복사기·팩시밀리	인조섬유 방사기	방적준비 기계·방적기	직조기	편직기	보조기계·부분품	펠트 제조기
50	세탁기	드라이크리닝기·세척기·염색기	재봉기	원피피혁·모피의 유연기·수선기	전로·레이들·잉곳주형과 주조기	금속 압연기	특수가공 공작기계	머시닝 센터	선반	드릴링기·보링기
60	완성가공기·연마기·광택기	기어 절단기	소성가공기(단조기·해머링)	기타 소성가공기	석·도자기 가공기·유리냉간가공기	경질물의 가공기	부분품과 부속품	수지식 공구(동력자장)	용접기·납땜기	타자기·워드프로세서
70	계산기·금전등록기	자동 자료 처리기	기타 사무기기	부분품과 부속품	광물성 재료의 선별·파쇄혼합기	전구·전자관유리 가공기	자동 판매기	고무·플라스틱 제조가공기	담배 제조기	기타 고유기능기계
80	주형틀과 주형	관·탭·밸브	베어링	전동축·크랭크·변속기	개스킷과 조인트		반도체 제조용 기계	기타 기계식 부분품		

사. 소호(Sub-Heading)

소호(小號)의 의미는 호(4단위)를 5단위 또는 6단위로 세분한 것으로서 HS는 6단위 분류체계이다. HS는 총 5,225개의 소호로 구성되어 있으며, 소호에만 적용되는 '주(註)'가 설정되어 있다. 7단위 이하를 자국실정에 맞게 세분한 것이 관세·통계통합품목분류표(HSK)에 대한 구성요소라 할 수 있다. 소호(6단위)를 7·위 및 9·10단위로 세분화하였고 8단위는 세목을 의미하며 10단위까지는 기획재정부 고시사항인 통계분류(세분류) 사항이다.

그림 1-10 HS품목분류표의 구조

① 통칙(GRI)

- 품목표 전반에 걸친 HS해석에 관한 일반원칙으로 법적 구속력을 가지고 있음
- 6개의 항목으로 구성되어 있으며 HS 테두리 내에서 국내통칙 추가 사용가능

② 주(Legal Note)

- 부, 류, 소호에 설정
- 법적 구속력 가짐
- 기능
  - 분류범위의 일반적 정의
  - 용어의 정의
  - 경합물품의 소속표시
  - 소호, 호 또는 호 그룹이 포괄하는 상품목록 제시
- 해석의 통일성과 정확성을 기할 수 있게 함
- 관세율표 전체에 미치는 준통칙적 규정

※ ①·②·③을 HS해석의 3대 요소라 하며, 품목분류는 3가지 규정에 의해 이루어져야 함.

부(Section : 대분류)

- 제1부 ~ 제21부
- 참조의 편의상 설정, 법적 구속력 無
- 산업별, 생산단계별 분류
- 농산품 → 공산품 →기술가공품 등 가공

류(Chapter : 중분류)

- 제01류 ~ 제97류
- 제77류 유보
- 참조의 편의상 설정, 법적 구속력 無
- 동일류 내에서는 일반적으로 원료에서 시작하여 가공상품 순으로 점진적 분류
- 예외적으로 용도, 종류별로 분류하기도 함

절

- 참조의 편의상 설정
- 법적 구속력 없음
- 한정된 류에만 있고 단지

③ 호(Heading : 소분류)

- 호의 용어는 법적 구속력 가짐

④ 소호(Sub-Heading : 세분류)

- 7단위 이상 체약국의 재량에 따라 통계부호 설정 가능

6. 우리나라의 관세품목분류제도

가. HS와 관세율표의 관계

국제무역 원활화를 위해 WTO 회원국은 HS협약국이 될 수 밖에 없다. HS체약국은 자국의 관세율표와 통계품목 분류체계를 세계적으로 통용되는 HS체계에 일치시켜야 한다. 이로 인해 우리나라의 관세율표도 HS에 따라 편성되어 오고 있으며, 우리나라 실정에 맞도록 HS 7~10단위를 세분하여 관세·통계통합품목분류표(HSK: Harmonized System of Korea)를 작성 및 사용하고 있다.

현행 관세품목분류는 관세법에 첨부된 별도의 표인 「관세율표상의 품목분류표」와 「관세·통계통합품목분류표」를 사용 중이다. 전자는 법률사항으로서 관세율항목(세목)별로 분류되었으며, 후자는 관세율표상의 품목분류를 우리 실정에 맞게 더욱 세분화한 분류표로서 관세 징수, 무역정책 및 통계용으로 편리하게 활용될 수 있도록 체계가 구성되어 있다.

나. 관세율표상의 품목분류

관세율표상의 품목분류는 「관세법」 별표, 즉 관세율표상의 품목분류로서 HS 4단위를 품목번호로 하고 관세율 항목별로 내용이 구분되어 있다. 변경이 필요한 경우 관세법을 개정해야 한다. 다만, 관세율의 변경없이 단순히 품목분류만을 변경할 경우에는 기획재정부의 장관 고시로 개정이 가능하다.

다. 관세·통계통합품목분류표(HSK)

HS는 1983년 6월 국제협약으로 체결되고 HS품목분류체계에 관한 작업을 거쳐 1988년 1월부터 발효되어 대부분의 국가가 사용하는 범세계적인 품목분류제도이다. 우리나라는 1981년부터 도입 기본계획수립과 HS 원본 번역작업 등 국내 수용절차를 진행하고 1987년 HSK를 확정 고시하여 1988년 1월부터 사용하고 있다.

제정 당시 HSK 10단위 기준으로 10,125개 품목이었으나 HS 수정협약 및 여건변화 등으로 수차례 개정을 거치는 동안 그 수가 증가하여 2007년부터는 11,703개 품목, 2012년부터는 11,881개를 사용하고 있다.

제6장 관세평가[23)]

관세평가(Customs Valuation)는 수입물품에 부과할 관세의 과세가격을 결정하는 절차와 방법을 뜻한다. 관세의 4대 과세요건인 과세물건, 납세의무자, 세율 및 과세표준 중에서 세액의 산출에 필요한 요건은 세율과 과세표준이다. 종가세를 부과하는 경우에는 가격이 과세표준이며 종량세를 부과하는 경우에는 수량이 과세표준이 된다. 과세가격의 결정과 관련되는 것은 종가세가 적용되는 물품이 수입되는 경우이다. 종가세 대상물품의 경우 관세액을 산출하기 위한 과세표준은 수입물품의 가격이다. 관세평가는 수입물품에 대하여 정해진 과세표준 원칙에 따라 관세의 과세가격을 결정하는 일련의 절차인 것이다.

관세는 국제경쟁력이 약한 국내 산업을 보호하는 산업정책적 기능을 가지고 있을 뿐 아니라 정부의 재정수입을 확보하는 역할도 수행하므로 관세율의 적정한 책정과 부과는 매우 중요하다. 하지만 관세율이 적정하게 책정되더라도 관세평가 과정에서 공정한 과세가격의 기준이 없다면, 관세부과의 효과가 줄어들게 될 것이다. 시장개방을 위해 관세율을 낮게 책정하더라도 수입품의 과세가격이 높아지면 관세의 실질부담율이 높아지며, 반대로 국내산업보호를 위해 관세율을 높게 책정한 경우에도 과세가격이 낮으면 산업보호효과가 줄어드는 등의 문제가 생길 수 있다.

관세평가는 수입물품의 저가신고를 방지하여 관세수입을 확보하고 국내산업을 보호하며, 고가신고를 통한 부당한 외화도피 및 조세회피를 사전에 방지함으로써 공평하고 적정한 관세수입의 확보를 도모한다. 이와 같이 과세가격의 결정에 대한 합리적이고 객관적인 기준을 제시하고 평가의 투명성을 확보하는데 관세평가 제도의 목적이 있다.

관세평가는 FTA를 통한 시장개방이 확산되면서 중요한 정책과제로 부상한 원산지규정과도 연관된다. 제4부에서 다루게 될 부가가치기준에 의한 계산방법에서는 '재료의 가치'에 대해 규정하고 있다. 재료의 가격을 결정하는데 있어, "상품

23) 6장 관세평가와 7장 원가계산에 대해서는 성윤갑(2007), 「FTA 관세특례 해설」, 한국관세무역개발원. 자료 인용.

이 생산된 영역에서 생산자에 의하여 획득된 재료의 경우, 관세평가협정 제1조 내지 제8조 및 제15조와 그 상응하는 주해에 따라 결정되는 가치, 즉 생산자에 의한 수입이 없기 때문에 요구될 수 있는 합리적인 수정을 가하여 수입상품에 대한 것과 같은 방식으로 결정되는 가치[24]" 등 관세평가협정에 관련된 내용이 나온다. 물품을 만드는데 필요한 재료가격은 그 물품의 생산자가 취득한 단위를 기준으로 하여 물품의 생산자가 직접 수입한 재료의 경우는 그 재료의 조정가격으로 하고, 물품의 생산자가 해당 물품이 생산된 영역에서 획득한 재료의 경우는 관세평가에 따른 수입물품의 과세가격 결정방식을 준용한다. 즉, 관세평가는 그 자체로서 중요한 절차이며 나아가 FTA원산지 결정기준과도 연계되어 있으므로 이하에서는 관세평가제도에 대한 대략적인 내용을 정리하여 제시한다.

1. 관세평가제도의 연혁

다자주의체제로 관세율의 인하가 확산되면서 고율의 관세정책이 어렵게 되자 각국은 관세율은 낮은 수준으로 유지하면서도 과세표준을 인상하여 수입상품에 실질적으로 높은 관세를 부담시키고자 하였다. 관세평가에 있어서 임의적이고 가공적인 가격의 개념을 사용하는 등의 방법으로 높은 과세가격을 적용하여 수입을 억제하고 국내 산업을 보호하는 현상이 나타나게 되었다. 이러한 현상은 결과적으로 관세인하의 효과를 감소시켜 국제무역을 저해하는 것이므로 이를 규제하기 위하여 통일된 국제규범을 제정하여야 한다는 국제적 논의가 활발히 전개되었다. 1947년 체결된 GATT 제7조 관세평가에 일반원칙이 규정되어 있으나 이는 일반원칙이므로 그 자체로서는 강제력을 가진다고 보기 어렵다.

이에 따라 국제적으로 모든 국가가 통일적으로 적용할 수 있는 국제규범으로서의 관세평가제도를 제정할 필요성이 제기되어 1949년 "관세목적을 위한 물품의 평가에 관한 협약(일명 브뤼셀평가협약)"이 제정되었다. 동 협약의 부속서로 첨부되어 있는 가격의 정의를 일반적으로 브뤼셀평가정의(Brussels Definition of Value: BVD)라고 하는데, 관세평가에 대한 기본적인 내용을 규정하고 있다.

그러나 브뤼셀평가정의(BDV)에 입각한 브뤼셀평가체제는 CIF주의를 채택하고 있어 FOB주의를 채택하는 미국, 캐나다 등 무역 강국이 가입하지 않아, 관세

---

24) 한미협정문 제6.3조.

평가제도의 국제적인 통일을 기한다는 당초의 목적을 충분히 달성할 수 없었다. 또한 정상가격(normal price)이라는 관념적인 가격개념을 사용함으로써 무역업계로부터 꾸준히 개선요구를 받아왔다.

이에 따라 1973년 시작된 GATT의 7차 다자간협상인 동경라운드에서 미국의 주도로 새로운 관세평가제도가 제정되었고, "GATT 제7조의 이행에 관한 협정(일명 GATT신평가협약)"이 1979년 제정되었다. GATT신평가협약은 CIF주의와 FOB주의 중의 하나를 각국의 국내법에서 정하도록 하였으며, 브뤼셀평가정의(BDV)상의 과세가격은 관념적 '정상가격(normal price)' 가격개념 대신에 실증적인 가격개념인 거래가격(transaction value)을 사용하였다. 관념적 가격체계에서는 하나의 수입물품은 하나의 가격, 즉 일물일가(一物一價)의 '정상가격'을 갖는다. 이에 비해 실증적 가격을 채택하는 경우 같은 물품이라도 '실제로 판매된 가격'이 여러 가지인 일물다가(一物多價)일 수 있다는 것이 차이점이다. 전자의 경우 어떤 수입물품이든 정상가격을 포착할 수 있지만, 후자의 경우는 '실제로 판매된 가격'이 없는 수입물품이 있을 수 있기 때문에 부차적인 평가방법이 필요하였다. 이후 복수의 평가방법이 필요해지면서 그 체계가 더욱 복잡해지게 되었다. 또한 GATT신평가협약은 가입여부가 각국의 재량에 속하기 때문에 여전히 가입국의 숫자가 적어, 관세평가제도의 국제적인 통일을 기한다는 당초의 목적달성에는 미흡하였다.

관세평가제도의 국제적 통일은 GATT의 8차 다자간협상인 우루과이라운드 협상을 통해 비로소 달성되었다. 우루과이라운드 협상이 1994년 타결되어 WTO 체제가 1995년 1월 1일 출범할 때 GATT 신평가협약을 GATT 부속협정중의 하나로 WTO 체제에 완전히 편입하였다. 따라서 WTO 회원국은 이 평가협약의 회원국이 되어 이를 준수할 의무를 지게 되면서 관세평가제도의 국제적인 통일이 달성된 것이다. GATT평가협정은 체약국에 한하여 이행의 책임을 지는데 반해, WTO 회원국은 자동적으로 이행의무를 지게 되어 국제적인 관세평가표준이 마련되었다고 할 수 있다. 현재의 WTO 체제 아래서의 평가협약을 '신평가협약 1994' 또는 'WTO 신평가협약'이라고 부른다.

한편 WTO가 출범하면서 종전의 GATT규범 전체가 WTO에 편입되었다. 기존의 GATT협정은 'GATT 1947'라고 부르고, WTO체제하에서 WTO설립협정의 부속협정으로 편입된 GATT규범과 우루과이라운드를 통하여 새로이 정립되거나 수정된 GATT규범은 'GATT 1994'라고 한다.

WTO 체제 아래서도 GATT 협정은 그대로 존속하며 그 명칭이 "GATT 1994"로 바뀐데 불과하다. 따라서 GATT 제7조의 관세평가의 일반원칙에 관한 규정도 그대로 존속되고 있다. GATT 제7조의 규정은 현행 평가협약의 근거규정이 되지만 과거에는 브뤼셀평가체제의 근거규정이 되기도 하였던 규정이기도 하다. 따라서 GATT 제7조의 규정에는 현행 평가협약의 규정과 상충하는 것으로 해석될 부분이 존재한다. 이런 경우에 대비하여 WTO 설립협정에서는 GATT의 규정과 평가협약의 규정이 상충하는 경우에는 평가협약이 우선한다고 명시하여 혼란을 예방하고 있다.

2. WTO 평가협약의 구조 및 운영 체제

WTO 평가협약은 일반서론(General Introductory Commentary)과 4개 부(Part)에 24개 조문(Article)으로 구성되어 있다. 3개 부속서(Annex)가 첨부되어 협약과 불가분의 일체를 이루고 있다(WCO 평가협약 제14조). 평가협약은 관세평가제도의 정책적인 문제를 다루기 위하여 WTO에 관세평가위원회를 설치하고, 이와는 별도로 관세평가제도의 운영상 발생하는 구체적이고 기술적인 문제를 다루기 위하여 WCO에 관세평가기술위원회를 설치하고 있다.

WTO의 관세평가위원회에서 내린 결정사항은 관세평가위원회의 결정(Decision)이라는 형식의 문서로 발표되고 있다. WCO의 관세평가기술위원회에서 내린 결정사항은 권고의견(Advisory opinion), 주석(Commentary), 해설(Explanatory Note), 사례연구(Case Study) 및 연구(Study)라는 형식의 문서로 발표된다. 또한 WCO 사무국은 회원국 세관당국의 질의에 대하여 사무국의견서(Secretariat's Opinion)의 형식의 협약해석을 하고 있다.

이와 같은 각종 문서는 회원국이 반드시 따라야 할 법적 의무를 부여하는 문서는 아니며, 따라서 엄격히 말하면 법규적 효력이 있는 것은 아니다. 회원국은 협약에만 가입하였기 때문이다. 그러나 어떤 회원국이 이러한 문서의 내용을 따르지 않을 경우 평가협약 제19조의 분쟁해결절차를 거쳐 결국은 이에 따르게 되므로 이들 문서도 실질적으로는 법규문서로서의 역할을 하고 있다.

3. 관세의 과세가격 평가방법

가. 과세가격 결정의 원칙

수입물품의 과세가격은 우리나라에 수출하기 위하여 판매되는 물품에 대하여 구매자가 실제로 지급하였거나 지급하여야 할 가격에 구매자가 부담하는 수수료 등의 가산요소를 가산하고 수입 후에 발생하는 명백하게 구분이 가능한 비용을 공제하여 조정한 거래가격으로 한다. 다만, 실거래가격의 조정요소 금액을 가산할 때에는 객관적이고 수량화할 수 있는 자료에 근거하여야 하며, 이러한 자료가 없는 때에는 실거래가격으로 과세가격을 결정하지 않고, 법 제31조(동종·동질물품의 거래가격을 기초로 한 과세가격의 결정) 내지 제35조(합리적 기준에 의한 과세가격 의 결정)의 규정에 의한 방법으로 과세가격을 결정한다.

표 1-23 관세평가방법의 분류 및 적용기준

평가방법	결정기준
제1방법	당해 물품의 거래가격을 기초로 한 과세가격의 결정
제2방법	동종·동질물품의 거래가격을 기초로 한 과세가격의 결정
제3방법	유사물품의 거래가격을 기초로 한 과세가격의 결정
제4방법	수입 후 국내 판매가격을 기초로 한 과세가격의 결정
제5방법	당해 물품의 제조원가를 기초로 한 과세가격의 결정
제6방법	합리적인 방법에 의한 과세가격의 결정

1) 당해 물품의 거래가격을 기초로 한 과세가격의 결정(제1방법)

제1평가 방법은 당해 물품의 거래가격을 기초로 한 과세가격을 결정하는 방법으로서 가장 기본적이고 원칙적인 방법이다. 이 경우 거래가격은 수입국에 수출 판매되는 물품에 대하여 구매자가 판매자에게 직접 또는 간접으로 실제 지급하였거나 지급할 금액의 총액을 말한다. 이를 바꾸어 말하면 제1평가방법은 거래의 요건을 갖춘 물품에 대하여 실제로 지급되는 금액에 로열티, 운임, 보험료 등의 가산요소와 연불이자 등의 조정요소를 가감하여 과세가격을 결정하는 방법이라고 할 수 있다.

이 방법에 의한 관세평가 사례를 살펴보면, 신품종 장미묘목 수입과 관련하여 로얄티 지급이 있는 경우에는 이를 거래가격에 가산한 사례가 있다. 즉, 신품종으로 개발된 장미 묘목을 수입하면서 송품장 가격 이외에 특허기술에 대한 로얄티를 별도로 지불한 경우이다. 로열티가 과세가격에 가산되기 위해서는 권리의 내용이 수입물품에 체화되어 있고 수입물품을 구매하기 위한 조건으로 로얄티를 지불하여야 하므로, 동건 물품은 신품종 개발기술이 묘목자체에 체화되어 있고, 로얄티를 지불하지 않으면 묘목을 수입할 수 없으므로 동 로열티는 수입묘목의 과세가격에 가산해야 한다. 다만, 수입묘목을 재배하여 얻은 눈(묘종)으로 다시 재배한 묘목에 대하여는 지불 부분의 로열티는 식물을 재현(복제)하는 권리에 해당하므로 과세대상에서 제외된다.

2) 동종, 동질물품의 거래가격을 기초로 한 과세가격의 결정(제2방법)

수입물품이 수입자에게 수출판매된 것이 아니거나 계약상의 어떤 조건, 또는 특수관계자간의 거래로서 제1평가방법을 적용할 수 없는 때에는 제2방법 또는 제3방법을 순차적으로 적용한다. 제2방법이란 그 수입 물품과 동종 또는 동일한 물품에 대하여 제1방법에 의거 결정한 과세가격이 있는 경우에 그 가격을 당해 수입물품의 과세가격으로 결정하는 방법을 말한다. 여기에서 동종·동질물품(Identical Goods)이란 동일한 국가에서 생산된 것으로서 물리적 특성, 품질 및 소비자의 평판 등 모든 면에서 동일할 것을 말하며, 가격의 비교시점은 평가하고자 하는 물품과 거의 같은 시기에 선적된 것이어야 하고 거래단계, 거래수량의 차이가 있는 때에는 객관적인 자료에 의해 조정하여야 한다.

제2방법에 의한 과세가격 평가사례를 살펴보면, 무상으로 수입한 화장품을 동종·동질 물품의 거래가격으로 과세가격을 평가한 사례가 있다. 즉, 외국 유명 화장품이 정상 판매물품임에도 불구하고 매장내의 테스트용, 견본 및 광고용 물품 등에 사용하는 조건으로 무상으로 수입하면서 공급자가 임의로 책정한 송품장 가격(판매물품 가격의 1/10가격)으로 수입신고한 경우이다. 동 건 물품은 무상으로 제공한 물품이므로 수출 판매된 물품에 해당되지 않아 제1방법에 의한 실거래가격을 적용할 수가 없고, 처분 또는 사용에 제한이 있는 물품에 해당되므로 송품장 가격을 거래가격으로 채택할 수가 없다. 따라서 정상 판매용으로 유상으로 수입된 동종·동질 물품의 거래가격을 기초로 거래단계(도매 또는 소매), 거래수량(수량별

단가조정) 등에 따른 차이를 조정한 가격을 과세가격으로 결정한 사례이다.

3) 유사물품의 거래가격을 기초로 한 과세가격의 결정(제3방법)

제3방법이란 그 수입물품과 유사한 물품에 대하여 제1방법에 의해 결정한 과세가격이 있는 경우에 그 가격을 당해 수입물품의 과세가격으로 결정하는 방법을 말한다. 여기에서 유사물품이란 동일한 국가에서 생산된 것으로서 모든 면에서 동일하지는 않더라도 동일한 기능을 수행하고 대체사용이 가능할 정도로 비슷한 특성과 구성요소를 가진 물품을 말한다.

제3방법에 의한 과세가격 평가사례를 보면, 라면스프 제조용 건표고 버섯을 현저히 낮은 가격으로 수입한 건에 대해 유사물품의 거래가격을 적용하여 과세가격을 결정한 사례가 있다. 즉, 라면스프 제조용으로 중국산 건표고 버섯 등을 수입하면서 다른 수입업체의 수입가격(US$ 5,000/톤~US$ 6,000/톤)보다 현저히 낮은 가격인 톤당 4,000불로 신고하여 수입한 경우이다. 동 건 신고가격이 다른 수입업체의 수입가격과 현저한 차이(US$ 1,000~2,000/톤: 25~33%)가 나으므로 세관이 가격에 대하여 합리적 의심을 갖고 수입업자에게 신고가격을 입증할 수 있는 자료의 제출을 요구하였다. 그러나 수입업자가 이를 소명하지 못함에 따라, 세관은 수입 신고가격을 부인하고, 제2방법을 적용하려고 하였으나 농산물의 특성상 동종·동질 물품을 찾을 수가 없어 상업적으로 대체가능한 동종업체의 유사물품 가격 중 가장 낮은 가격인 톤당 5,000불에 거래 단계, 거래수량 등에 따른 차이를 조정한 가격을 과세가격으로 결정한 사례이다.

4) 수입 후 국내판매가격을 기초로 한 과세가격의 결정(제4방법)

제1방법~제3방법에 의거 과세가격을 결정할 수 없을 때에는 당해 물품, 동종·동질물품 또는 유사물품이 국내에서 판매되는 가격에서 일정한 비용 등을 공제한 가격을 과세가격으로 결정하는데, 이를 "역산가격"이라고도 한다. 여기에서 계산의 기초가 되는 국내판매가격은 수입 후 90일 이내에 수입자가 실제로 판매한 가격 중 가장 많은 수량이 판매된 단가를 전체 수입수량으로 곱한 금액이 된다. 다만, 이 때에 외국의 수출자 또는 수입자가 본인과 특수관계[25]에 있는 자에

---

25) 수입자가 미국 본사의 국내 현지법인으로서 수출자인 미국 본사가 쟁점 수입물품을 수입자에게만 독점적으로 공급하면서 수입자의 경영권 지배, 수출가격, 수량 및 거래조건 통제, 계약서상 수입자가 본사를 대신한 하자보증 등 본사의 특별한 목적을 이루기 위해 할인된 가격으로 공급한 사례가 있다. 이는 본·지사간의 특수관계가 거래가격에 영향을 미친 경우에 해당하므로 제1방법에 의한

게 판매한 단가는 인정하지 않는다.

국내 판매가격이 결정되면 그 금액에서 수입에 소요된 비용(수입국내 운송료, 보관료 등 직접 비용)과 수수료 또는 이윤 및 일반경비를 공제하고 그 물품에 대하여 부과될 관세 및 제세를 세율역산방법에 의거 계산한 금액이 과세가격이 된다. 이때에 직접비용은 실제 발생한 금액을 적용하나 이윤 및 일반경비는 별도의 항목으로 인식하지 않고 통합하여 적용하되 당해 업계에서 통상적으로 발생하는 비율을 적용한다.

5) 당해 물품의 제조원가를 기초로 한 과세가격의 결정(제5방법)

제5방법은 외국제조자의 원가계산서를 검토하여 과세가격을 결정하는 방법이다. 이 방법을 적용하기 위해서는 수출국의 제조자가 수입국 세관에 원가계산서를 제출하여야 하며 세관에서 의문이 있는 경우에는 외교경로를 통하여 수출자의 동의를 받고 현지에 출장하여 확인할 수 있다. 원가계산서의 검토내용은 수입물품의 생산에 사용된 원자재 기타 가공비용과 수입국에 수출, 판매되는 때에 통상적으로 계상하는 수수료 또는 이윤 및 일반경비가 계상되었는지의 여부를 수출국에서 일반적으로 인정하는 회계원칙에 따라 검토하여야 한다.

제5방법에 의한 과세가격 평가사례로는 판매자의 제조원가에 기초한 수입양주 과세가격 결정사례가 있다. 즉, 수입자의 모회사인 외국의 A사가 외국의 B사에 합병되면서 B사의 새로운 가격정책에 따라 과거 A사와의 거래시 보다 평균 55% 인하 된 가격으로 양주를 공급하였다. 이는 특수관계가 거래가격에 영향을 미친 경우에 해당되므로 제1방법을 적용하지 못하였으며, 후순위 방법인 동종·동질 물품 또는 유사물품의 수입실적도 없는 상태였다. 따라서 수입자가 제4방법과 제5방법 중 한 가지를 선택할 수 있는데, 수입자가 제5방법을 선택함에 따라 수출자가 제공한 ERP시스템의 자료를 검토하여 수출자의 제조원가 및 이윤을 기초로 과세가격을 결정한 사례이다.

6) 합리적인 방법에 의한 과세가격의 결정(제6방법)

제1방법에서 제5방법 사이에 의거한 과세가격을 결정할 수 없는 때에는 해당

거래가격이 아닌 후순위 방법의 적용을 검토하였으나 독점공급인 관계로 동종·동질 물품 또는 유사물품이 없어 당해 수입물품의 국내판매가격에서 통상의 이윤경비 및 수입 제세 등을 공제한 금액을 과세가격으로 결정한 사례이다.

방법의 내용을 확대 해석하여 합리적이라고 판단되는 기준에 따라 과세가격을 결정한다. 예를 들면, 수입물품의 가격에 영향을 미친 사유가 있고 그 금액을 확정할 수 있는 자료가 없는 때에는 이러한 불명확한 요소를 합리적이라고 인정되는 범위 내에서 추정, 계산할 수 있다. 또한 제2방법 또는 제3방법을 확대 적용하는 경우에는 수출국가가 다른 물품도 유사물품으로 볼 수 있고, 거래 시기, 거래 단계, 거래 수량이 다른 물품의 수입가격도 인용할 수 있다.

이상에서 설명한 바와 같이 과세가격 결정방법의 적용은 순차적이다. 즉 제1방법을 가장 먼저 적용하여야 하고, 제1방법을 적용할 수 없는 때에는 제2방법을, 제2방법을 적용할 수 없는 때에는 제3방법을 적용하는 방법으로 과세가격을 결정할 수 있을 때까지 순차적으로 평가방법을 적용해 나간다. 다만, 수입자는 제4방법을 적용하기 전에 제5방법의 적용을 요청할 수 있는 선택권(Importer's Option)을 갖는다. 만약 수입업자가 요청하였으나 제5방법에 의하여 과세가격을 결정할 수 없을 때에는 제4방법(가능시)에 의하여 과세가격을 결정한다.

제6방법에 의한 과세가격 평가사례로는 손상 변질물품의 과세가격을 합리적인 기준에 따라 결정한 사례를 들 수 있다. 이 사례에서 수입자는 수입가격조건을 "CFR 통영항" 조건으로 하여 활어의 종류별로 단가계약을 체결하였으며, 수량조건은 통영항 도착 후 검량된 수량으로 지급하기로 합의하였다. 그러나 운송 중 태풍의 영향으로 장기간 항해도중에 활어가 죽거나 다치는 등 품질이 저하되자 수입자의 요구에 따라 수입항 도착 후 거래단가 인하 합의에 이르게 되었다. 이 경우 거래계약상에 품질조건에 대한 다른 특약이 없는 경우에는 수입항에 화물이 도착한 시점 이후에 인하된 가격은 과세가격으로 채택될 수가 없다. 다만, 공인검정기관의 검정 등을 통하여 품질이 변질 또는 손상되었음을 확인할 수 있는 경우 당초 가격에서 가치 감소분을 공제한 가격으로 과세가격을 결정할 수 있다.

나. 과세가격 평가시 적용기준

1) 수입자에 대한 평가방법의 설명

협약에서는 '수입자가 서면으로 요청하는 경우 수입물품의 과세가격이 어떻게 결정되었는지를 설명하는 내용을 수입국의 관세행정당국으로부터 서면으로 통보받을 수입자의 권리'를 규정하고 있다.

우리나라는 협약의 정신에 따라 1988년 12월 26일 관세법 개정을 통하여 세관장은 납세의무자의 서면요청이 있을 경우에는 과세가격의 결정에 사용된 방법, 과세가격 및 그 산출근거를 납세의무자에게 서면으로 통보하도록 하고 있다(관세법 제36조).

2) 일반적으로 인정된 회계원칙

WTO 관세평가협약의 시행에 있어서 일반적으로 인정된 회계원칙이라 함은 다음에 관한 일반적으로 인식되고 있는 일치된 의견 또는 실질적이고 권위있는 지지를 받고 있는 회계원칙을 말한다.

① 어떠한 경제적 자원과 의무가 자산과 부채로 기록되어야 하는가?

② 자산과 부채가 어떠한 변동이 기록되어야 하는가?

③ 자산과 부채 그리고 이들의 변동이 어떻게 측정되어야 하는가?

④ 무슨 정보가 어떻게 공개되어야 하는가?

⑤ 어떠한 재정보고서가 준비되어야 하는가?

이 때 제4방법의 경우에는 수입국의 회계원칙을, 제5방법의 경우에는 수출국의 회계원칙과 일치된 자료를 사용한다.

다. 환 율

협약은 과세가격의 결정을 위하여 통화환산이 필요한 경우에 사용할 환율은 관련 수입국의 권한 있는 당국에 의하여 가능한 한 그 현재가치를 유효하게 반영하여야 한다고 규정하고 있다. 또한 사용할 "환율은 각 체약국에서 규정하는 바에 따라 수출시 또는 수입 시의 유효환율이 되어야 한다"라고 규정하고 있다(WTO 관세평가협약 제9조). 우리나라는 이 과세환율, 즉 과세가격을 내국통화로 표시할 때 적용하는 환율은 관세법 제17조에 규정한 날(보세건설장에 반입된 물품에 대하여는 수입신고의 날)이 속하는 주의 전주의 외국환매매율을 평균하여 관세청장이 그 율을 정하여 시달하고 있다. 구체적으로 동 규정에 의거 관세청장은 시중의 주요 외국환은행의 전주 월요일부터 토요일까지 적용한 대고객 전신환매도율을 평균하여 과세환율을 결정하며, 이 경우 외국환은행에서 적용하는 환율 자릿수와 동일하게 산정하되 동 자릿수 미만에서 사사오입하여 산정하며 외국환은행장이 소액거래에 적용하는 특례매도율은 과세환율의 기초로 사용하지 않는다.

또한 과세환율과 국제통화기금이 동 외국통화를 미국 달러화를 기준으로 하여 평가한 율의 전주 평균에 의하여 내국통화로 환산하며, 국제통화기금의 평가율을 알 수 없는 경우에는 한국외환은행이 결정한 평가율에 의하여 내국통화로 환산한다. 과세환율을 사용하여 외국통화를 내국통화로 환산하는 것은 과세가격을 우리나라의 원화로 나타내는 것이다.

따라서 만약 거래대금을 우리나라 원화로 결제하였다면 환율적용의 문제는 발생하지 않는다. 물품의 대금은 외국통화로 결제하고 운임 및 보험료는 원화로 결제하였다면 물품대금은 환율을 사용하여 원화로 환산하고 운임 및 보험료는 그대로 가산하면 된다. 한편 송품장에 기재된 통화와 실제로 결제되는 통화가 상이한 것이 명백한 경우에는 실제로 결제되는 통화를 기초로 과세가격을 결정한다. 예를 들면 수입신고시 송품장에 물품대금 결제통화가 엔화로 기재되어 있다 하더라도 실제 외화송금 영수증상에 원화를 미국 달러화로 환전하여 결제하였다면 미국 달러화를 기초로 과세가격을 결정한다.

4. 우리나라의 관세평가제도와 WTO 평가협약의 관계

관세는 조세의 일종이므로 헌법상의 조세법률주의의 원칙이 적용된다. 관세평가제도는 관세라는 과세표준을 정하는 제도이므로 헌법상의 조세법률주의 원칙에 따라 관세법에 그 기본골격이 규정되어 있다. 그리고 관세청장은『수입물품 과세가격결정에 관한 고시』(약칭: 평가고시)를 제정하여 관세평가제도의 시행에 필요한 세부지침을 규정하고 있다.

또한 우리나라는 WTO 회원국으로서 WTO 평가협약의 회원국이기도 하므로 평가협약의 모든 규정을 준수할 의무가 있다. 헌법 제6조 제1항은 헌법에 의하여 체결·공포된 조약과 일반적으로 승인된 국제법규는 국내법과 같은 효력을 가진다고 규정하고 있으므로 평가협약은 우리 관세법과 동일한 효력을 가지는 것이다. 실제에 있어서 우리 관세법상의 관세평가에 관한 규정은 평가협약의 규정내용을 충실히 반영하고 있으나, 만일 관세법의 규정내용이 미비된 경우에는 헌법 제6조 제1항에 의거 평가협약의 규정이 직접 적용되는 것이다.

제7장 원가회계

FTA체결에 따른 관세인하 및 철폐의 혜택을 받기 위해서는 제품이 원산지결정기준을 충족시켜 원산지를 인정받아야 한다. 제 4부에서 배우게 될 부가가치기준에 의해 상품의 원산지를 판단하기 위해서는 상품과 그 구성요소들의 가격을 파악하여 원산지재료가격과 비원산지재료가격을 계산해 낼 수 있어야 한다. 즉, 어떤 상품의 원가를 파악하기 위해서는 원가회계에 대한 기본적인 지식이 필요하다. 이 장은 원가회계의 기본적 내용에 대해서 설명한다.

원가회계(Cost Accounting)는 제조기업이 원가정보를 얻기 위하여 제품 또는 용역의 생산에 투입한 원가자료를 인식, 측정하여 기록, 계산, 집계하는 회계 시스템의 한 분야이다. 제조기업에서 재무상태표에 기재될 재고자산의 가액 결정과 손익계산서에 표시되는 매출원가를 결정하기 위해서 제품 또는 용역 생산에 투입된 원가정보를 얻고자 하는 활동이 원가회계인 것이다.

제조기업은 상기업과는 달리 소비자에게 판매할 제품을 직접 생산한다. 제품을 생산하는 과정에서 재료와 노동력 등 다양한 생산요소들이 투입되며, 이때 투입된 모든 생산요소들의 경제적 가치를 계량화하고 집계하여 제품원가를 산출한다. 따라서 원가(costs)는 기업이 제품을 제조하기 위하여 소비한 일체의 경제적 가치를 화폐단위로 측정한 평가액이라고 정의할 수 있다. 이익은 총수입에서 총비용(총원가)을 차감해서 구해진다. 비용과 원가는 학문적으로 분명히 다른 개념이지만, 실무에서는 거의 구분없이 사용된다.

도・소매상으로 대표되는 상기업들은 제조시설을 가지고 있지 않고, 제조시설을 가진 다른 기업(제조기업)이 생산한 제품을 구매하여 판매한다. 따라서 상기업의 경우 상품원가는 제조기업 등에서 구매한 재화가치(구입대가)와 부대비용의 합으로 산출된 취득원가를 의미한다. 반면에 제조기업은 제조시설을 보유하고 제품을 생산하므로 제품원가는 제품생산에 소비된 재료비, 노무비 그리고 경비, 즉 다양한 생산요소의 가치를 합한 제조원가를 말한다.

1. 원가회계의 목적

원가회계는 제무제표를 작성하는 데 필요한 원가자료를 제공하고, 기업내에서의 다양한 의사 결정에 필요한 원가정보를 제공한다. 따라서 원가회계의 목적은 기업 외부의 이해관계자가 이용하는 일반 목적의 재무제표를 작성하는 데 필요한 원가자료를 제공하는 것이다. 기업 외부에 공표하는 재무제표인 재무상태표와 손익계산서를 작성하기 위해서는 제조원가를 알아야 한다. 따라서 원가회계는 기업의 정확한 재무상태와 기간손익을 파악하는데 필요한 원가정보를 제공하기 위해 필요한 것이다.

또한 원가의 요소별 계산에서부터 최종 매출원가에 이르기까지 어느 부분에서 비효율적 요인이 발생하는지를 파악하고, 그 비용을 집중관리하기 위해서도 정확한 원가정보가 필요하다. 실제로 발생한 원가의 내용과 금액이 원래 계획된 내용이나 금액에서 벗어나지 않도록 통제하기 위해 원가관리가 필요하고, 원가관리를 하기 위해 원가회계가 필요한 것이다.

일반적으로 회계는 재무회계와 관리회계로 구분되며, 재무회계는 주주, 채권자, 정부당국 등과 같은 외부정보이용자들에게 조직에 대한 경제적 정보를 제공한다. 재무회계에서는 반드시 일반적으로 인정된 회계 원칙(GAAP: Generally Accepted Accounting Principles)을 따르도록 요구하고 있으며, 이에 따라 강제적인 재무제표 작성을 위한 분개 및 절차를 다루고 있다. 반면에 관리회계는 작업자, 중간관리자 그리고 최고경영자 등 내부정보이용자들에게 경제적인 정보를 제공한다. 강제성이 있는 재무회계와는 달리 관리회계에서는 상당한 자유재량권이 주어져 있다. 즉, 재무제표와 같은 일정한 보고양식이 없으며 GAAP와 같은 강제적인 회계원칙으로 부터도 비교적 자유롭다.

2. 원가의 개념 및 분류

(1) 제품생산과 원가

제품은 보통 여러 단계를 거쳐 생산되는데 각각의 작업단계를 공정(Process)이라 한다. 원가(Costs)란 재화나 서비스를 획득하기 위하여 지급되는 일체의 경제적 가치를 말한다. 이 정의에는 여러 가지 의미가 포함되어 있다. 원가의 개념을 자세히 살펴보면 다음과 같다.

첫째, 원가는 재화를 획득하는 과정에서 발생한 것이어야 한다. 예를 들어, A와 B의 두 직원이 있는데, A는 제품생산을 담당하고, B는 판매 및 관리를 담당하고 있다면, 두 직원의 인건비 가운데 제품원가에 포함되어야 하는 것은 제품생산을 담당하고 있는 A의 인건비뿐이다. A의 인건비는 제조원가(Manufacturing Costs) 또는 제품원가(Products Costs)에 포함된다. B의 인건비는 손익계산서의 판매비 및 관리비에 포함되어야 하는 기간비용(Period Costs) 또는 비제조원가(Non-manufacuring Costs)로 분류된다. 비용에는 감가상각비도 포함된다. 감가상각비는 공장건물에서도 발생하고, 본사 건물도 예외가 아니다. 이 가운데 제품원가에 포함되는 것은 공장건물의 감가상각비이다. 만약 본사건물의 감가상각비를 제품원가계산에 포함시키면 실제보다 더 높은 원가가 산출될 것이다.

둘째, 원가는 화폐가치로 측정 가능한 것이어야 한다. 예를 들어, 재료는 구입수량과 구입가격이 있기 때문에 총 구입량과 금액을 측정할 수 있다. 그러나 종업원들의 능력이나 조직관리능력 등은 기업의 경쟁력이나 부가가치 창출에 기여하지만, 이를 화폐가치로 측정하기는 거의 불가능하다. 따라서 화폐가치로 측정할 수 없는 것들은 제품원가에 포함되지 않는다.

셋째, 원가는 경제적 가치가 소비된 것이어야 한다. 이와 같이 원가는 제품을 만들기 위해 소비된 것이라고 할 수 있다. 즉, 제품을 만들기 위해 가동중인 기계, 공장에 켜진 전등 등은 그 자체가 원가인 것이다.

(2) 제품 원가의 구분

가. 제조원가의 3요소와 원가 대상

제품을 생산하기 위해서는 재료와 작업자, 기계나 용구, 그리고 전기·수도 등의 생산요소들이 투입되어야 한다. 이들 생산요소들이 발생시키는 원가를 형태별로 분류해 보면 크게 재료비, 노무비와 경비 세 가지로 구분되고, 이를 제조원가의 3요소라고 한다.

또한 추적가능성에 따라서도 제조원가를 3요소로 나누면, 직접재료비, 직접노무비, 제조간접비이다. 여기서 간접재료비, 간접노무비는 제조간접비가 된다.

나. 직접비와 간접비

가구제조를 예로 들자면 주재료인 목재는 각 제품별로 얼마나 소비되었는지 파악할 수 있는 반면에, 못은 추적이 거의 불가능하다. 추적 가능한 경우 직접비(Direct Costs)라고 하며, 불가능한 경우 간접비(Indirect Costs)라고 한다.

재료비에도 제품별로 추적 가능한 직접재료비와 추적 불가능한 간접재료비가 있다. 노무비와 경비도 마찬가지로 추적 가능한 원가와 추적 불가능한 원가로 구분된다. 추적 불가능한 원가들은 간접재료비와 간접노무비 그리고 경비 등 간접비로서 이들을 모두 집계하여 제조간접비(Manufacturing Overhead Costs)라고 한다. 제품원가는 직접재료비, 직접노무비 그리고 제조간접비로 구성되어 있는 것이다.

어떤 원가를 직접비로 분류하기 위해서는 보통 두 가지 기준이 적용될 수 있다. 첫째는 원가대상에 대한 추적가능성(Traceability)이며, 둘째는 중요성(Materiality)이다.

다. 제품의 가격

제품의 가격은 제조원가보다는 판매비와 관리비 등이 더 큰 비중을 차지하는 경우가 많기 때문에 특히 주의해야 한다.

(3) 원가의 구성 형태

원가는 변동비(Variable Costs)와 고정비(Fixed Costs)로 크게 양분할 수 있다. 변동비(Variable Costs)는 조업도가 증가함에 따라 증가하는 원가를 말한다. 조업도가 10% 증가할 때 같이 증가하는 원가부분이 변동비이다. 고정비는 조업도가 증가하더라도 변화가 없는 원가를 말한다.

준변동비(Semi-variable Costs)는 조업도의 증감에 관계없이 일정하게 발생하는 고정비와 조업도에 따라 비례적으로 변화하는 변동비의 두 가지 요소를 모두 가지고 있는 원가를 말한다. 이를 혼합원가(Mixed Costs)라고도 한다. 전화요금이 준변동비의 좋은 예이다.

준고정비(Semi-fixed Costs)는 일정한 조업도 범위 내에서는 일정하지만 그 단계를 넘어서면 원가발생액이 일정액씩 변화하는 원가를 말한다. 이를 계단원가(Step Costs)라고도 한다. 생산감독자의 임금과 같은 것이 준고정비의 좋은 예이다.

3. 원가의 흐름

가. 제조기업의 제품원가

1) 제조기업의 재고자산

상기업의 경우 상품과 재고자산은 같은 의미로 사용된다. 이에 비해 제조기업은 보통 재고자산을 원재료, 재공품, 그리고 완제품 등 세 가지 유형으로 구분한다.

첫째, 완제품으로 전환되는 기본적인 자재투입물을 원재료(Raw Materials)라고 한다. 둘째, 완제품으로 전환되는 과정에 있는 미완성인 제품을 재공품(Work in Process)이라 한다. 모든 제품원가는 일단 발생되면 재공품 계정에 모아졌다가 생산이 완료되면 완제품 계정으로 넘어가게 된다. 셋째, 완성되어 판매할 수 있는 제품을 완제품(Finished Goods)이라 한다. 제조기업에 있어서 완제품 재고는 상기업에 있어서 상품재고와 유사하다.

2) 생산요소의 투입과 제품원가

판매된 제품의 원가는 매출원가라는 비용으로 처리되며, 판매되지 않고 남아있는 제품은 기말재고라는 자산의 형태로 처리된다.

나. 원가요소별 회계처리

1) 재료비

재료비(Material Costs)는 제품생산을 위하여 사용되는 물품을 말한다. 옷을 만드는 데는 옷감과 실, 단추 등이 재료가 되며, 책상을 만드는 데는 나무와 못 등이 재료가 된다. 이들 재료가 생산공정에 투입됨으로써 제품화가 시작되는데, 이때 제품의 재료비(Material Costs)가 발생하는 것이다. 원가의 추적가능성에 따라 직접 재료비와 간접재료비로 구분한다는 사실은 앞에서 이미 설명한 바 있다. 보조재료비는 일반적으로 간접재료비로 본다. 부분품은 책상의 열쇠나 옷의 단추 등과 같이 제품의 일부로 사용되는 것들을 말한다. 부분품은 일반적으로 직접재료비로 본다.

2) 노무비

노무비(Labor Costs)는 제품생산을 위하여 노동력을 사용하면서 발생하는 원가이다. 노무비는 임시고용자에서부터 작업자 그리고 공장장에 이르기까지 다양하게 발생한다. 물론 노무비의 가장 많은 부분은 제품생산을 담당하는 작업자들의 임금일 것이다. 노무비도 직접노무비와 간접노무비로 구분되는데, 원가대상별로 추적가능한지 여부에 따라 구분한다. 일반적으로 제품생산에 직접 참여하는 작업자들의 노무비는 직접노무비로 분류한다. 그러나 작업자가 초과근무(Over Time)를 통하여 일반 임금보다 더 많은 임금을 받았다면, 즉 초과근무수당이 있다면 그 만큼은 간접노무비로 구분하는 것이 일반적이다.

3) 제조간접비

제조간접비(Manufacturing Overhead Costs)에는 직접재료비와 직접노무비를 제외한 모든 원가요소가 포함된다. 간접재료비와 간접노무비도 제조간접비이며, 공장건물 및 설비의 감가상각비, 수도광열비, 보험료, 통신비 등도 모두 제조간접비에 포함된다. 또한 제조간접비는 손익계산서의 판매비와 관리비와는 반드시 구분되어야 한다.

이렇게 집계된 제조간접비는 합리적인 배부기준에 따라 제품별로 배부하여야 한다. 제조간접비는 각 제품별로 추적 불가능한 원가요소, 즉 간접비들로 구성되어 있기 때문이다. 만약 이 비용들이 추적 가능한 직접비였다면 제조간접비에 집계될 필요 없이 직접재료비나 직접노무비와 같이 해당 제품에 직접 할당했을 것이다. 제조간접비를 해당 제품에 배부하는 방법은 각 부문별 원가계산 절차를 통해 이루어진다.

4) 가공품 계정

재공품 계정은 특정 제품이 완성되기 전 단계, 즉 아직 생산과정 중에 있는 것을 말한다.

5) 제품 계정

제품 계정은 직접재료비와 직접노무비 그리고 제조간접비 등 모든 원가요소들이 최종적으로 집계되는 곳이다.

6) 제조원가명세서

제조원가명세서란 특정제품의 제조원가 혹은 특정 기간에 있어서 제조된 제품의 제조원가의 명세를 나타내는 보고서를 말한다. 제조원가는 제조기업에서 사용하는 것으로 상기업에서 사용하는 매출원가와 다른 개념이다.

상기업은 매출원가 산정시 상품과 매입이라는 용어를 사용하지만, 제조기업은 제품과 제조라는 용어를 사용한다. 상기업과 제조기업은 매출원가 산정시 기록되는 금액의 산출방법이 역시 다르다. 상기업에서는 당기상품구입액은 상품구입대가와 부대비용의 합으로 산출한다.

표 1-24 제조원가명세서

(단위: 원)

직접재료비		
기초원재료재고액	30,000	
당기원재료매입액	150,000	
계	180,000	
기말재료재고액	(80,000)	100,000
직접노무비		60,000
제조간접비		
간접재료비	70,000	
간접노무비	100,000	170,000
당기총제조원가		330,000
기초재공품재고액		50,000
합계		380,000
기말재공품재고액		(60,000)
당기제품제조원가		320,000

4. 부문별 원가계산

가. 원가계산과 제조간접비

제조부문이나 수선부문과 같이 원가가 발생되는 장소를 원가중심점(Cost Center) 또는 원가부문(Cost Department)이라고 한다. 발생된 원가는 그 원가가 발생 된 장소, 즉 원가중심점별로 집계된다.

직접비는 특정 제품을 생산하는데 소비된 것이기 때문에 직접 해당제품에 할당할 수 있다. 그러나 제조간접비는 특정 제품을 생산하는 데만 소비된 것이 아니기 때문에 합리적인 배부절차에 따라 특정 제품에 배부하는 과정을 거치게 되는데, 이 때 배부기준에 따라 배부금액이 결정된다.

원가계산을 복잡하게 만들고 어렵게 만드는 것이 바로 제조간접비이다. 따라서 이들 제조간접비를 어떻게 제품에 배부할 것인가가 원가계산의 중요한 부분이 된다.

나. 제조간접비의 배부

1) 제조부문과 보조부문

제조부문은 제품생산에 직접 참여하는 부서이다. 주조부, 절단부, 조립부 등이 그 예이다. 보조부문은 직접 제품생산에 참여하지는 않지만 제조공정의 원활한 제품생산과 공장관리를 위하여 보조적인 역할을 하는 부서이다. 동력부나 수선부 그리고 공장사무부 등이 그 예이다.

2) 제조간접비의 배분과정

제품생산을 위해서는 절단공정과 조립공정을 거쳐야 하는데, 이는 제조부문이다. 수선실과 동력실은 보조부문이다. 첫째, 공장건물에 대해 감가상각비가 발생하게 된다. 이 경우 감가상각비는 각 부문이 차지하고 있는 면적이 배부기준이 되면 합리적일 것이다. 둘째, 건물내부의 절단공정, 조립공정, 수선실 그리고 동력실에서도 제조간접비가 발생한다. 보조부문비를 배부하는 방법에는 직접배부법, 단계배부법, 그리고 상호배부법이 있다.

다. 제조부문비의 배부

제조부문비를 각 제품에 배부하는 것으로서, 부문공통비와 부문개별비가 모두 집계되어 있는 제조부문비, 즉 제조간접비를 제품에 배분하게 되면 각 제품원가를 구할 수 있다.

$$\text{제조간접비 배부율} = \frac{\text{제조간접비 합계}}{\text{배부기준치의 합계}} \times 100$$

위와 같은 공식을 이용하여 배부기준 단위당 해당 제조부문의 제조간접비를 산출해 낼 수 있다. 예를 들어, 배부기준이 직접노동시간이라면 직접노동시간당 제조 간접비 금액을 구할 수 있게 된다. 이렇게 구해진 배부율을 이용하여 제조간접비를 각 제품에 배부하게 되는데, 이 때 각 제품들이 배부기준인 직접노동시간을 얼마나 발생시켰는지를 알아야 한다. 그래야 각 제품의 소비한 해당 제조부문의 제조간접비를 배부율에 따라 배부받을 수 있기 때문이다. 즉, 각 제품의 제조부문비의 배부액 산출공식은 다음과 같다.

제품별 제조간접비 배부액 = 제품별 배부기준 사용정도 × 제조간접비 배부율

5. 개별원가계산

가. 개별원가계산의 종류

원가계산방법에는 크게 개별원가계산 방식과 종합원가계산 방식으로 구분할 수 있다. 선박과 볼펜이라는 두 개의 제품을 예를 들면, 선박은 주문생산에 의해 만들어진다. 따라서 개별 제품별로 원가계산이 이루어져야 한다는 것을 말한다. 이를 개별 원가계산(Job Order Costing)이라고 한다. 반면, 볼펜은 주문생산이 아닌 예측생산으로 만들어 진다. 볼펜은 그 사양이 동질적이며 표준화되어 있다. 따라서 볼펜의 경우 일정한 기간 동안 발생한 총제조원가를 총생산량으로 나누어 제품원가를 계산하게 된다. 이를 종합원가계산(Process Costing)이라고 한다.

나. 제조간접비의 배부

제조간접비는 작업지시서별로 발생금액을 파악할 수 없다. 따라서 제조간접비는 배부기준에 따라 각 작업지시서에 배부하게 되는데, 이때 실제배부율 또는 예정배부율을 사용할 수 있다. 배부율을 구하기 위해서는 배부기준을 결정하여야 하는데, 조업도라는 개념이 여기에 해당한다.

실제 배부율은 실제 발생한 제조간접비 금액과 배부기준에 따라 배부율을 결정하는 방법이다. 그러나 실제배부율을 사용할 경우 몇 가지 문제점이 발생하게 된다.

첫째, 선박을 건조하는데 발생한 제조간접비를 집계하기 위해서는 제품이 완성

되거나 혹은 회계기간 말이 되어야 한다. 따라서 원가계산을 위해서 제조간접비 실제 발생액을 집계하기 위해 오랜 기간을 기다려야 한다. 둘째, 실제배부율을 사용할 경우 조업도의 변동에 따라 매 기의 배부율이 서로 달라진다. 이는 제품의 원가가 달라질 수 있음을 의미한다. 따라서 이러한 문제점들을 배제하기 위하여 예정배부율을 사용하는 것이 일반적이다.

다. 배부차이의 조정

배부차이를 어떻게 조정하느냐에 따라 매출원가조정법, 총원가기준법 그리고 원가요소기준법이 있다. 매출원가조정법은 배부차이를 매출원가에서 모두 조정하는 방법이다. 즉, 기말재공품이나 기말제품이 부담하여야 할 배부차이를 무시하는 방법이다. 이 방법은 제조간접비의 배부차이가 기말재공품이나 기말제품에 미치는 영향이 크지 않은 경우 적합하다. 이때 제조간접비를 과대 배부한 경우 매출원가에서 차감하며, 과소 배부한 경우 매출원가에 가산한다. 이 방법은 매출원가 하나의 계정만 조정하면 되기에 적용하기가 쉽다는 장점이 있지만 정확한 배부가 이루어지지 않는다는 문제가 있다.

총원가기준법은 제조간접비가 영향을 미치는 모든 계정, 즉 기말재공품, 기말제품 그리고 매출원가의 금액을 기준으로 배부차이 금액을 각 계정에 배부하는 방법이다. 이 방법은 매출원가조정법에 비해 보다 정확하게 배부가 이루어 질 수 있다.

원가요소기준법이란 제조간접비가 영향을 미친 모든 계정, 즉 기말재공품과 기말제품 그리고 매출원가에 포함된 제조간접비 금액을 기준으로 배부차이 금액을 계정에 배부하는 방법이다. 이 방법은 제조간접비 만을 기준으로 한다는 점에서 앞서 살펴본 두 가지 방법에 비하여 가장 정확하게 배부할 수 있다. 대신 각 계정에서 포함된 제조간접비 금액을 집계하여야 하기 때문에 좀 더 복잡한 배부과정을 거쳐야 한다.

6. 종합원가계산

가. 종합원가계산의 의의

종합원가계산(Process Costing)은 연속생산공정의 생산형태에 적합한 원가계산 방법이다. 연속생산공정은 동일한 생산단계를 연속적으로 거치면서 같은 종류의 제품을 대량 생산하는 생산방식이다. 따라서 표준화된 생산라인에 원재료를 투입하게 되면 표준화된 제품이 생산된다. 소품종 대량생산이 가능한 산업에 적합하며, 주로 식음료나 섬유, 화학, 자동차 제조업 등에 적합한 방법이다.

나. 완성품 환산량과 원가계산

종합원가계산에서는 완성품 환산량이라는 개념을 사용하여 재공품의 문제를 해결한다. 재공품의 완성품 환산량 계산식은 다음과 같다.

재공품의 완성품 환산량 = 재공품 수량 × 완성도

재공품의 완성품 환산량을 구할 때 주의해야 할 점이 있다. 첫째, 일반적으로 직접재료비와 가공비의 발생시점에 차이가 있다는 것이다. 즉, 직접재료비는 재료를 생산공정에 투입할 때 발생하지만, 가공비는 공정의 완성도에 따라 발생한다. 직접 재료가 모두 공정시작시점에 투입되어 그 시점에서 재료비가 모두 발생한 것이라면, 가공비는 그 재료를 완제품으로 완성해 가는 정도에 따라 발생하게 된다. 따라서 직접재료비와 가공비의 완성도가 다르기 때문에 완성품 환산량도 직접재료비와 가공비에 대해 각각 구해야 한다.

둘째, 기초재공품과 기말재공품이 존재한다는 것이다. 따라서 기초재공품을 먼저 완성할 것인지 아니면 당기에 투입된 재료부터 완성할 것인지를 결정하여야 한다. 여기에서 물량흐름의 가정, 즉 평균법, 선입선출법, 후입선출법 등의 가정이 필요하다.

다. 단일공정하의 종합원가계산

1) 선입선출법

선입선출법은 실제의 물량흐름을 가장 잘 반영해 주는 방법이다. 즉, 전기에 투입된 기초재공품을 먼저 완성하고, 그 후에 당기 투입분을 완성한다. 선입선출법은 당기에 투입된 물량과 원가만을 집계하여 완성품 환산량과 총제조원가 그리고 완성품 환산량 단위당 원가를 산출한다. 선입선출법은 실제 물량흐름을 반영하고 있기 때문에 반드시 당기에 수행된 작업에 대한 완성품 환산량만을 산출해야만 한다.

2) 평균법

평균법은 기초재공품을 당기에 착수한 것으로 가정한다. 실제로 기초재공품은 전기에 투입된 것이지만 이를 무시하는 것이다. 따라서 기초재공품과 당기 착수분을 정확하게 구분하기가 어렵게 된다. 즉, 평균법은 당기총제조원가에 기초재공품 원가를 가산하여 총제조원가를 완성품과 기말재공품에 균등하게 배분하는 방법이다.

라. 공정별 종합원가계산

제품생산은 복수의 공정에 의해 이루어지고 있는 것이 현실이다. 표준화된 여러 연속공정을 거쳐 제품을 생산할 때 적합한 원가계산을 공정별 종합원가계산이라고 한다. 따라서 공정별 종합원가계산에서는 각 공정별로 원가요소가 집계되고 제품원가가 산출되어야 한다. 즉, 단일 공정 종합원가계산의 논리가 그대로 적용되지만 복수공정이기 때문에 선행공정의 완성품은 해당 공정의 원재료로 간주된다.

제2부

FTA 통상정책 및 관련 법령

제2부

FTA 통상정책 및 관련 법령

제2차 세계대전 이후 세계 통상질서를 확립하기 위해 GATT협정문을 성안하여 발효한 것처럼 FTA를 결성하는 국가간에 체결되는 내용이 바로 FTA협정문이다. FTA 협상은 바로 이 협정문을 만드는 과정이다. 정치경제적인 이유로 FTA보다는 다른 명칭이 사용되기도 한다. 일본은 경제동반자협정(Economic Partnership Agreement: EPA)란 용어를 많이 사용하고 있고, 우리나라도 인도와 체결한 협정을 한·인도 포괄적경제동반자협정(CEPA)으로 부른다. 유럽에서 유럽동맹(EU), 북미지역에서는 북미자유무역협정(NAFTA)이 대표적인 무역협정이며, 동아시아지역에서도 범지역 차원의 경제통합체 구축 논의가 진행되고 있다. 그동안 동아시아지역에서는 동아시아공동체, 동아시아FTA, 동아시아경제통합, EAFTA, CEPEA 등 여러 명칭이 난무하였다. 결국은 역내포괄적경제동반자협정(RCEP)이라는 명칭하에 16개 국가가 협상에 참여하고 있다.[1)]

FTA는 협상을 통해 분야별 협상결과를 정리해 FTA협정문을 만들게 된다. 협

---

1) 동남아시아국가연합(ASEAN) 10개국과 한·중·일, 호주, 인도, 뉴질랜드 등 16개국.

상에서 논의된 내용들이 협정문에 기록되며, 이 협정문을 기준으로 FTA 체결국으로서 역할을 하게 된다. 협정문은 일반적으로 모든 회원국에게 적용되나 회원국별 고유 의무사항도 포함되어 있다. 예를 들면, 관세철폐일정은 회원국의 산업발전 수준의 차이와 기존 WTO MFN관세 차이 등으로 품목별 관세철폐수준 및 일정이 회원국에 따라 다르다. 이에 비해 품목별 원산지기준은 일반적으로 동일하게 협상을 하기 때문에 체결국 양쪽에 동일하게 적용된다.[2)]

FTA협정문 체계는 대체적으로 비슷하다. 전문(Preamble), 협정 본문(장, Chapter), 부속서(Annex), 부록(Appendix), 서한(Letter)으로 구성되며 FTA를 이행하기 위해 모든 구성원이 지켜야 할 의무사항이며, 국회비준을 거쳐 법률화 된다. 국내의 FTA 관세특례법은 우리 정부가 체결해 온 FTA 관세분야를 중심으로 규정화한 것으로 볼 수 있다. 협정문에서는 놓치기 쉬운 행정적이고 세부적인 내용을 잘 정리하여 FTA를 활용하는데 도움을 주기 위해 작성된 것이다.

오늘날 FTA는 WTO 다자무역체제와 함께 국제통상질서를 형성하는 2대 중심축이 되었다. 즉 FTA는 통상정책의 일부이고 그 중요성이 커지고 있다.

2001년 시작된 WTO 도하개발의제(DDA) 협상 타결 전망이 불투명한 현 시점에서 FTA에 대한 세계 통상국가들의 관심은 높아질 수 밖에 없다. 따라서 제1장에서 먼저 최근의 대외통상환경을 간단하게 고찰하고, FTA협상 및 협정관련 내용, 그리고 FTA 관세특례법을 소개하고, 이후 FTA에 대한 다자규범에 대해서 설명한다. 본 서의 내용과 더불어 협정문을 비롯한 관련 법(법률, 시행령, 시행규칙, 고시 등)의 조문을 함께 공부하는 입체적인 학습방법을 권장한다.

2) 모든 회원국에게 공통적으로 적용되는 원산지기준을 만드는 것이 일반적이나 회원국에 따라 다른 규정 도입도 가능하다.

제1장 통상정책과 FTA

통상정책이란 국가 간 상품의 이동인 국제무역과 서비스교역, 자본과 노동, 기술과 투자, 지적재산권의 이동을 활발하게 하기 위한 국제 규범 및 제도의 정립 등을 말한다. 또한 국가 간의 통상문제 및 대외협상과 관련된 전략적 차원의 모든 입장을 포함한 포괄적 정책을 포함한다. 말하자면 어떤 국가가 특정 경제 목적을 달성하기 위하여 양국 간 또는 다국 간 통상관계의 이해 조정을 통하여 자국의 통상이익을 극대화하기 위한 포괄적인 정책이다.

국제적인 통상환경의 변화에 따라서 통상은 많은 발전을 거듭했다. 주요한 특징 중 하나는 경제의 세계화와 글로벌화(Globalization)이다. 국제적인 장벽이 축소되거나 없어지고 지구촌으로서 공존하는 여건이 성숙되어 가고 있다. 1950~1980년대까지의 냉전구도에서 1990년 이후에는 탈냉전과 탈이념, 그리고 지역 중심으로 경제협력체제가 심화되고 있다. 이에 따라 기업이 거대화 및 다국적 기업화 되고, 현지화(Localization)되며, 더 조직화하고 있다. 기업 활동의 글로벌화가 빠른 속도로 진행되고 있어, 기업의 경쟁력을 높이기 위한 방안이 필요하다.

최근 통상환경 변화의 두 번째 특징은 다자주의(Multilateralism)와 지역주의(Regionalism)의 공존이다. 전 세계의 대부분의 나라들이 FTA를 다자주의체제와 함께 통상정책의 중요 이슈로 삼고 있다. EU의 경우 6개국을 시작으로 15개국, 25개국, 현재 28개국으로 지역적 범위를 넓히면서도, 주요 교역국과의 FTA 추진에 관심을 보여 왔다. 미국의 경우도 북미지역 내 NAFTA를 결성했지만, TPP를 주도하는 등 적극적인 FTA정책을 펴고 있다.

이러한 통상환경의 변화에 대응하여 우리나라도 동아시아 금융위기 이후 적극적인 FTA정책을 펴왔다. 그러나 이러한 노력이 기업들의 성장으로 이어져야 하며, 앞으로 더욱 치열하게 될 글로벌경쟁에 대비해야 한다. 한 나라의 통상정책은 중요하며 이를 성공적으로 이끌기 위한 기업들의 노력이 절실하다.

1. 최근의 통상환경과 대응방안[3)]

가. 통상환경

2008년 글로벌 금융위기 발생 이후 세계 주요국(G20)의 동시다발적 경기부양 정책으로 세계경제의 위기를 극복했으나, 미국을 제외한 세계 대부분의 국가들은 글로벌 금융위기 전에 비해 부실한 경제실적에서 벗어나지 못하고 있다. 선진경제권은 경기부양에 재원을 소진해 더 이상 경기부양을 하기 어려운 상황이며, 선진경제권에 대한 원자재 수출로 경제성장을 유지해 온 신흥국 경제 역시 성장동력의 상당부분을 상실한 상황이다. 지난 10년 넘게 고도성장을 유지해 온 중국 경제는 중속 수준의 성장으로 성장속도를 조절했다. 앞으로 상당기간 동안 세계경제는 저성장, 저소비, 저고용 등이 일상화된 '뉴노멀(New Normal)' 상태에 놓여 있을 것으로 전망된다. 뉴노멀 속에서 세계경제는 여러 가지 리스크 요인이 산재해 있다.

최근 대외통상환경에서 희소식은 2014년 말 미국과 인도가 식량보조금 규범에 합의함으로써 발리패키지를 되살려 냈다는 점이다.[4)] 이로써 2015년 중 발리패키지 발효로 다자무역체제와 WTO DDA 협상 진전을 기대할 수 있게 된 점은 긍정적인 요소이다. 하지만 리스크 요인에 따라 향후 세계경제의 변동성이 더 커질 수 있고, 지난 2-3년간 세계적인 경제성장 둔화 공포로 보호무역주의 발동이 증가하고 있어 대외통상환경은 결코 낙관적이지 않다.

향후 세계경제에 영향을 미칠 수 있는 주요 변수로는 미국의 기준금리 인상, 중국 경제 경착륙, 러시아 경제위기, 유로존 위기 등이다. 모두 초대형 위협요소이다. 국내 연구기관들도 미국 금리 인상과 중국 경제의 성장둔화를 우리 경제에 미칠 영향이 가장 높은 요소로 보고 있다.

---

3) 제1절의 "최근의 통상환경과 대응방안" 내용은 정인교(2014) "2015년 대외통상환경 전망과 한국 통상정책 방향"을 수정·보완하여 작성하였음.

4) 발리패키지는 2013년 12월 7일 인도네시아 발리에서 개최된 제9차 WTO 각료회의에서 합의된 다자무역협정으로서, 도하개발아젠다(DDA) 협상의제 중 무역원활화, 농업 일부, 개발·최빈개도국 우대 등 3개 부문에 대한 논의를 포함하고 있음. 발리패키지에 합의된 내용은 다음과 같음. (무역원활화) 통관절차 간소화, 무역규정 공표, 세관 협력 등을 담은 새로운 WTO 무역원활화 협정 작성, (농업분야) 저율관세할당(TRQ: Tariff Rate Quota) 관리 개선, 개도국 식량 안보, 수출 보조 자제 등, (개발·최빈개도국 지원 분야) 모니터링 메커니즘 설치, 최빈개도국의 시장 접근을 위한 우대 패키지 마련 등 임.

글로벌 금융위기를 완전 극복한 것으로 확신하고 있는 미국은 위기 극복을 위해 거의 무제한으로 방출했던 자금을 통화당국이 환수하는 "출구전략(Exit Strategy)"을 추진하고 있다. 분기별 경제성장률은 5%에 달하고 실업률이 위기 전 수준으로 낮아지고 있어 이제 금리 인상까지 고려하고 있다. 미국 경제의 '귀환(고성장)'은 우리 수출에 도움이 되는 측면이 있다.

국제유가의 하락 역시 수출에 긍정적인 요소가 될 수 있다. 이전에 배럴당 100달러가 넘게 거래되다가, 2015년에는 40달러대로 낮아져 수입 에너지에 전적으로 의존하고 있는 우리나라는 수출경쟁력을 높일 수 있다. 하지만, 국제 원자재 가격 하락으로 신흥국 경제가 급랭되면서 신흥국시장 의존도가 높은 우리나라의 수출 실적에는 부정적인 영향을 미치는 점이 우려된다.

나. 대응방향

향후 대외통상환경이 급변할 가능성이 높아 선제적인 대응역량을 확충해야 할 것이다. 매년 반복되는 현상이지만, 자국의 산업 보호를 위한 통관, 표준, 인증, 환경, 위생검역 등 비관세 장벽이 확대됨에 따라 우리 기업의 해외진출에 장애요인으로 작용하는 사례가 늘고 있다. 2015년 초 기준 우리나라 상품에 대한 수입규제는 인도・중국 등 신흥국과 미국 등이 주도하고 있다. 2014년 말 기준 대한국 수입규제는 26개국 총 164건(규제 중 121건, 조사 중 43건)이며, 이 중 선진국은 36건, 개도국은 128건의 규제조치를 적용하고 있다. 이들 국가와는 모두 FTA를 체결했으므로, 관련 FTA위원회를 통해 통상마찰이 최소화되도록 해야 할 것이다.

FTA 뿐만 아니라 WTO 다자협상에도 적극 대응할 필요가 있다. DDA 분야별 협상 진전에 기여할 수 있도록 적극 참여하고, 무역원활화, 농업, 개발협력, 무역원조(Aid for Trade) 등의 분야에 대한 관심과 성과 도출에 기여해야 할 것이다.

최근 성장세가 둔화되고 있지만, 중국, 인도 등 신흥국과의 통상협력도 강화해야 한다. 이들 국가의 경제발전이 지속되고 글로벌 가치사슬에서의 중요성이 커지고 있어 신흥국과의 통상협력 수요가 증가하고 있다. 대내적으로는 수출의 고용기여도가 감소함에 따라 신흥국 수출시장의 지속적 확대를 위해 중국, 인도와도 FTA를 체결하게 되었다.

2. 우리나라의 FTA 정책

가. FTA 추진 실적

1990년대 중반 전 세계적으로 FTA 체결 열풍이 일고 있었지만, 개방정책을 반대하는 국내 사정으로 인해 우리나라는 지역주의 확대를 우려하면서 다자주의 체제를 옹호하는 입장을 취할 수 밖에 없었다. 1997년 말 동아시아 외환위기 영향으로 국가부도를 맞은 우리나라는 위기극복을 위한 긴급자금을 빌려준 IMF의 긴축 및 개방 정책을 수용하게 되었다. IMF 패키지로 알려진 개혁개방정책 추진과정에서 당시 정부는 FTA 정책을 검토하기 시작했다.

1998년 말 시작된 칠레와의 FTA 협상은 순탄하지 않았다. 국내 FTA 기반이 빈약한 상황에서 국내 농업계는 칠레가 농산물 수출국이란 점을 들어 FTA 반대 입장을 유지했다. 2002년 10월 칠레와의 FTA 협상이 타결되었으나 국회 비준 및 발효에 1년 반이 소요되어 2004년 4월 우리나라는 첫 FTA를 발효시킬 수 있었다.

2003년 9월 "FTA 추진로드맵"을 확정했던 당시 우리 정부는 뒤늦은 FTA 지역주의 참여를 단기간 내 활성화시키기 위해 다수 국가를 FTA 대상국으로 설정하고 동시다발적인(multi-track) FTA 협상을 추진하기로 했다. 1년 뒤인 2004년 5월 정부는 국내외 상황 변화를 감안하여 미국, EU, 인도 등과의 FTA 추진 시점을 앞당기기로 했고, 이를 실현하기 위해 수정 FTA 로드맵을 발표했다. 2년 뒤인 2006년 6월 미국과의 FTA 협상을 개시하였다. 2007년 4월 한·미 FTA를 타결하였고, 2007년 5월에는 한·EU FTA 협상을 개시하였다. 이후 터키, 페루, 콜롬비아 등과의 FTA 협상을 2013년까지 타결하였다.

2014년에는 한·캐나다 FTA 및 한·호주 FTA 협상을 타결 및 발효시켰고, 이후 2015년 12월에는 중국, 뉴질랜드, 베트남과의 FTA가 발효되면서, 총 발효 건수가 14건이 되었다. 이에 따라 우리나라 전체 무역에서 FTA 체결국과의 무역 비중이 70%에 이르고 있다.

표 2-1 우리나라의 FTA 추진 현황(이행, 서명, 2016년 1월 현재)

	상대국	추진현황
발효 (14건)	칠레	1999년 12월 협상 개시, 2003년 2월 서명, 2004년 4월 발효
	싱가포르	2004년 1월 협상 개시, 2005년 8월 서명, 2006년 3월 발효
	EFTA (4개국)	2005년 1월 협상 개시, 2005년 12월 서명, 2006년 9월 발효 (*EFTA 4개국: 스위스, 노르웨이, 아이슬란드, 리히텐슈타인)
	ASEAN (10개국)	2005년 2월 협상 개시, 2006년 8월 상품무역협정 서명, 2007년 6월 발효, 2007년 11월 서비스협정 서명, 2009년 5월 발효, 2009년 6월 투자협정 서명, 2009년 9월 발효 (*ASEAN 10개국: 말레이시아, 싱가포르, 베트남, 미얀마, 인도네시아, 필리핀, 브루나이, 라오스, 캄보디아, 태국)
	인도	2006년 3월 협상 개시, 2009년 8월 서명, 2010년 1월 발효
	EU (28개국)	2007년 5월 협상 출범, 2009년 7월 협상 실질 타결, 2009.10.15 가서명, 2010.10.06 서명, 2011년 7월 1일 잠정발효(EU 28개국: 오스트리아, 벨기에, 영국, 체코, 키프로스, 덴마크, 에스토니아, 핀란드, 프랑스, 독일, 그리스, 헝가리, 아일랜드, 이탈리아, 라트비아, 리투아니아, 룩셈부르크, 몰타, 네덜란드, 폴란드, 포르투갈, 슬로바키아, 슬로베니아, 스페인, 스웨덴, 불가리아, 루마니아, 크로아티아)
	페루	2009년 3월 협상 개시, 2010년 8월 협상 타결, 2010년 11월 15일 가서명, 2011년 3월 21일 서명, 2011년 8월 1일 발효
	미국	2006년 6월 협상 개시, 2007년 6월 협정 서명, 2010년 12월 추가 협상 타결, 2011년 10월 22일 "한·미 FTA 이행법" 미 의회 상·하원 통과, 2011년 11월 22일 비준동의안 및 14개 부수법안 국회 본회의 통과, 2012년 3월 15일 발효
	터키 (기본협정·상품무역협정)	2008년 6월~2009년 5월 공동연구, 총 4차례 공식협상 개최(2010년 4월~2012년 3월), 2012년 8월 1일 기본협정 및 상품무역협정 서명, 2012년 11월 22일 비준동의안 국회통과, 2013년 5월 1일 발효
	호주	2009년 5월 한-호주 FTA 협상개시 선언, 총 7차례 협상 개최(2009년 5월, 8월, 11월 / 2010년 3월, 5월 / 2013년 11월, 12월), 2013.12.04 협상 타결 선언, 2014년 2월 10일 가서명 2014.02.10 가서명, 2014.04.08일 공식서명, 2014.12.02 비준동의안 국회 본회의 통과, 2014년 12월 12일 발효
	캐나다	2005년 7월 협상개시 선언, 총 14차례 협상 개최(2005년 7월, 9월, 11월 / 2006년 2월, 4월, 6 월, 9월, 11월 / 2007년 1월, 4월, 10월, 11월 / 2008년 3월 / 2013년 11월), 2014.03.11 협상타결 선언, 2014.06.12 가서명, 2014.09.23 정식서명, 2014.12.02 비준동의안 국회 본회의 통과, 2015년 1월 1일 발효
	중국	2007년 3월~2010년 5월 산관학 공동연구 이후 민감분야 처리를 위

		한 실무협의, 2012년 5월 2일 협상개시 선언, 총 14차례 협상 개최(2012년 5월, 7월, 8월, 10월 / 2013년 4월, 7월, 9월, 11월 / 2014년 1월, 3월, 5월, 7월, 9월,11월) 2014.11.10 협상 타결 선언, 2015.2.25 가서명, 2015.6.1 정식서명, 2015.08.31 국회 비준동의안 상정, 2015.11.30 비준동의안 국회 통과, 2015년 12월 20일 발효
	뉴질랜드	2007년 2월~2008년 3월 민간공동연구, 총 4차례 공식협상 개최(2009년 6월~2010년 5월)후 잠정중단, 2013년 12월 3일 공식협상 개시 선언, 총 5차례 협상개최(2014년 2월, 3월, 6월, 8월, 10월) 2014.11.15 협상 타결 선언, 2014.12.11 가서명, 2015.3.23 정식서명, 2015.11.30 비준동의안 국회 통과, 2015년 12월 20일 발효
	베트남	2011년 11월 공동연구보고서 완료, 2012년 8월 6일 협상개시 선언, 총 9차례 협상 개최(2012년 9월 / 2013년 5월, 10월 / 2014년 3월, 5월, 7~8월, 9~10월, 11월, 12월), 2014.12.10 협상 타결 선언, 2015.03.28 가서명, 2015.05.05 정식서명, 2015.11.30 비준동의안 국회 통과, 2015년 12월 20일 발효
타결 (2건)	콜롬비아	2009년 3월~9월 민간공동연구, 총 6차례 공식협상 개최(2009년 12월 / 2010년 3월, 6월, 10월 / 2011년 10월 / 2012년 4월), 2012.06.25 협상 타결 선언, 2012.08.31 한-콜롬비아 FTA 가서명, 2013.02.21 한-콜롬비아 FTA 정식 서명
	터키 (서비스· 투자협정)	2013년 8월~2014년 7월, 서비스·투자협정 총 4차례 공식협상 개최. 2014년 7월 서비스·투자협정 실질타결, 9월 가서명. 2015.02.26 서비스·투자협정 정식서명
협상 진행 (4건)	한중일	2003년~2009년 민간공동연구, 2010년 5월~2011년 12월 산관학 공동연구, 2012년 5월 3국 정상회의시 "연내 협상개시 목표" 합의, 2012년 11월 20일 협상개시 선언 총 5차례 협상 개최(2013년 3월, 7월~8월, 11월/ 2014년 3월, 9월) 총 4차례 실무협상 개최(2014년 11월/ 2015년 4월, 7월, 12월) 총 4차례 수석대표협상 개최(2015년 1월, 5월, 9월/ 2016년 1월)
	RCEP	2011년 11월 ASEAN이 RCEP 작업계획 제시, 2012년 11월 20일 동아시아 정상회의 계기 협상개시 선언, 총 10차례 협상 개최(2013년 5월, 9월/ 2014년 1월, 3~4월, 6월, 12월/ 2015년 2월, 6월, 8월, 10월) (*RCEP: 한국, 중국, 일본, 호주, 뉴질랜드, ASEAN)
	중미 (6개국)	2010년 10월 공동연구 개시, 2011년 4월 공동연구 보고서 완료. 2015년 6월 한중미FTA 협상 개시 공식 선언, 2015년 7월 한중미 FTA 예비협의, 총 2차례 협상 개최(2015년 9월, 11월) (*중미 6개국: 파나마, 코스타리카, 과테말라, 온두라스, 엘살바도르, 나카라과)
	에콰도르 SECA	2012년 4월 통상교섭본부장 에콰도르 통상차관 면담 계기, 타당성연구 진행 합의, 9월~2013년 6월 민간공동연구 실시, 2015년 2월 한·

		에콰도르 TA 추진가능성 검토 회의, 4월 한·에콰도르 TA 추진 관련 대국민 공청회, 8월 25일 한·에콰도르 SECA 협상 개시 선언(서울), 12월 예비협의 개최(뉴욕), 총1차례 협상 개최(2016년 1월)
협상재개(4건)	인도네시아, 일본, 멕시코, GCC(6개국)	
협상준비(3건)	MERCOSUR(5개국), 이스라엘, 말레이시아	

자료: 산업부 FTA 홈페이지(www.fta.go.kr)

나. 우리나라 FTA 정책

우리나라가 FTA에 관심을 가지게 된 것은 1997년 외환위기를 겪는 과정에서 국내 산업 구조조정, 투자유치, 통상확대를 추진함에 있어 FTA의 장점을 절감하면서부터인 것으로 인식된다. 우리나라는 1998년 3월 통상교섭본부를 설치하고 FTA 첫 상대국으로 칠레를 선정하였다. 우리나라가 첫 FTA의 상대로 칠레를 선정한 이유는 공산품을 수출하고 원자재를 수입하는 상호보완적 교역구조로 국내 산업에 미치는 영향이 작은 점, 거리가 멀고 계절이 반대로 작물의 재배시기가 다른 만큼 농업의 영향이 제한적인 점, FTA 경험이 많은 칠레로부터 노하우를 배울 수 있다는 점 등이다.

정부는 이러한 경험을 밑바탕으로 이후 FTA 추진을 본격화하기 위해 2003년 8월 세계 최초 FTA 로드맵을 마련하였고, DDA 협상이 난항을 겪는 등의 통상환경 변화를 반영하여 2004년 5월 로드맵을 수정・보완하게 되었다. 동 로드맵은 중장기적으로 미국, EU, 중국 등 거대・선진 경제권과 FTA 추진을 목표로 하되, 단기적으로 우선 협상 개시가 가능한 싱가포르, 멕시코, 캐나다, EFTA 등 그 주변국과 FTA를 추진하여 거대선진 경제권과의 FTA의 교두보를 마련하고, 또한 경제적 효과를 극대화하기 위해 상품 관세 철폐뿐만 아니라 서비스, 투자, 정부조달, 지재권 등을 포함하는 포괄적인 FTA 추진을 지향하고 있으며, FTA 후발주자로서의 불리함을 극복하기 위해 순차적인 추진보다는 동시다발적인 FTA 추진 전략을 채택했다.

이와 같은 FTA 로드맵에 따라 협상 대상과 추진 전략을 수립하게 되었다. 이후 적극적인 '동시다발적(multi-track)' FTA 추진(노무현 정부)과 거대경제권과 자원부국 및 주요 거점 경제권과의 '글로벌 FTA 네트워크'(이명박 정부) 추진전략으로 단기간 내에 FTA 후발국에서 벗어나 'FTA 허브국가'로 도약할 수 있게 되었다. 2013년 출범한 박근혜 정부도 신통상 로드맵인 '린치핀(Linchpin)'전략을 구상하는 등 FTA 추진에 적극적이다. 현재 양대 선진경제권인 미국과 EU 그리고 주요 신흥경제권으로 떠오르고 있는 아세안과 양자간 FTA를 체결한 국가는 우리나라가 유일하다. 또한 체결된 FTA의 내용도 점진적으로 개선되었으며, 특히 한·EU FTA, 한·미 FTA는 상품분야에서의 관세철폐뿐만 아니라, 서비스, 투자, 정부조달, 지적재산권, 기술표준 등을 포함하는 포괄적이고 수준이 높은 FTA라 할 수 있다.

한편 FTA 국내 추진체계 및 피해산업에 대한 보완대책도 개선되었다. 2004년 4월 발효된 한·칠레 FTA는 첫 번째 FTA인 만큼 협상과정 및 비준과정에 장기간이 소요되고 농업계와 정치계의 반발이 심하였는데, 이에 대응하면서 농업분야 경쟁력 강화를 위해 농업분야 지원제도를 특별법으로 제정하였다. 이후 제조업과 서비스업의 FTA 피해를 보전하면서 경쟁력 강화를 지원하기 위한 무역조정지원제도(TAA)가 도입되었다. FTA 추진 과정에서 피해가 발생한 산업을 위한 국내보완대책은 한·EU 및 한·미 FTA 추진과정에서 점차 마련되었다. 한·칠레 FTA 당시 농업에 한정되어 있던 국내보완대책은 한·미 FTA 이후 농수산업은 물론 제조업, 서비스업, 근로자까지 아우르는 방향으로 확대되었다. 2007년 11월 마련된 국내보완대책은 한·EU FTA와 한·미 FTA 발효 전후를 거쳐 규모가 점차 확대되었고, 대책 내용은 직접적인 피해보전과 함께 경쟁력 강화 대책을 포함하고 있다.

또한 기존의 FTA 체결과정에서 나타난 사회적 갈등 해소, 이해관계자의 의견수렴 및 조정의 필요성이 제기되어 2004년 6월 'FTA 체결절차규정'이 제정되고, 2012년 7월 '통상절차법'이 시행되었다. 이에 따라 FTA 추진과정에서 민간, 업계, 정부 간의 의사소통 및 국회 권한 강화가 제도적으로 마련되었다. 그리고 FTA 추진과정에서 피해가 발생한 산업을 위한 국내보완대책도 많이 개선되었는데, 농가의 피해보전과 경쟁력 강화뿐만 아니라 제조업과 서비스업의 피해보전을 위한 무역조정지원제도와 경쟁력 강화 대책도 함께 마련되어 확대 시행되고 있다.

FTA 로드맵과 국내 보완대책으로 선진 경제대국과의 FTA 정책이 가능해지게 되었다. 2011년 7월 한·EU FTA가 발효되었고, 이듬해인 2012년 3월 한·미 FTA도 발효되기에 이르렀다. 이후 한·중·일 FTA, RCEP, TPP, 일·EU FTA,

미·EU간 TTIP 등 메가 FTA 추진과 아시아 역내 경제통합 논의가 활발해지는 등 세계 통상환경이 급변함에 따라 박근혜 정부는 "新통상 로드맵(2013년 6월)"을 마련하여 한·미 FTA와 한·중 FTA를 바탕으로 미국 주도의 TPP와 중국 주도의 RCEP의 핵심축 역할을 도모하며 동아시아 경제 통합 논의의 주도권 확보를 위해 적극 대응하고 있는데, 동 로드맵은 기존의 개방형 통상정책 기조를 유지하며 FTA 네트워크를 확대하는 가운데 신흥국과는 신흥국의 개발 및 협력 수요에 부흥하는 상생형 FTA를 추진하고, 통상부처 이관에 맞추어 산업과 통상의 연계 강화를 통한 통상현안 대응을 주요 골자로 하고 있다.

우리나라의 FTA 정책 발전과정은 크게 3단계로 구분할 수 있다. 먼저 1998년 이후 2006년 한·미 FTA 협상 이전까지를 우리나라 FTA 정책 1단계로 표현할 수 있고, 2단계는 미국, EU 등 선진 경제대국과의 FTA 추진 시기이다. 그리고 2013년 박근혜 정부 출범 이후부터는 주로 동아시아 경제통합 참여를 모색하는 3단계로 구분할 수 있다.

표 2-2 우리나라 FTA 정책 단계

	1단계(초기)	2단계(선진권)	3단계(동아시아)
시기	1998~2006년	2006~2012년	2013년~
정책기관	통상교섭본부	통상교섭본부	산업통상자원부
주요 정책	- FTA 추진결정 - FTA 로드맵 - 중급 수준의 FTA	- 선진 경제대국과의 FTA - FTA 허브화	- 신통상 로드맵 - 동아시아 경제통합 대응
주요 FTA 대상국	칠레, 싱가포르, 아세안, 인도	미국, EU	호주, 캐나다, 중국 등

제1단계: FTA 추진 결정

다자주의 속에서 수출 확대에 주력한 우리나라는 FTA 확대라는 세계 조류 속에서 상대적 불리함에 처했고 이를 극복할 필요성을 절감하게 되었다. 또한 1997년 외환위기 극복을 위해 FTA를 통해 규제완화, 경제제도 선진화, 수출시장 확보, 투자 유치, 제도 선진화, 구조조정 가속화 등을 추진하게 되었다. 당시 김대중 정부는 1998년 외교통상부 내에 통상교섭본부를 설치했고, 통상교섭본부는 칠레, 싱가포르, 아세안, 인도 등과의 FTA 협상 타결에 주력하였다. FTA 추진 본격화를 위해 한·칠레 FTA 타결 이듬해인 2003년 8월 협상대상과 추진 전략을 담은 "FTA 로드맵"을 작성하였다.

제2단계: 한 · EU 및 한 · 미 FTA

제1단계에서 FTA 협상역량을 확충하여 미국 · EU · 중국 등 거대경제권과의 FTA를 모색하게 되었다. 2006년 미국과의 FTA 협상이 시작되면서 EU와의 FTA 추진을 유도했고, 2007년 미국과의 FTA 협상이 타결되었다. 미 행정부의 정권 교체와 추가협상 요구로 난항을 겪었지만, 2012년 3월 한·미 FTA를 발효시켰다. 이에 앞선 2011년 7월 EU와의 FTA 발효로 우리나라는 FTA 허브국가 발판을 구축하게 되었다.

제3단계: 新통상로드맵

2012년을 전후하여 동아시아에서는 RCEP 협상 개시 움직임과 더불어 지역경제통합 논의가 활성화되었다.[5] 이에 정부는 메가 FTA, 신흥국 부상, 보호 무역 확대 등 급변하는 통상 환경 변화에 대응하기 위해 "新통상로드맵"을 2013년 6월 발표했다. 新통상로드맵은 우리나라가 TPP와 RCEP간 연결고리(Linchpin) 역할을 수행하자는 취지이나, 우리 국력과 협상력으로는 한계가 있다는 지적도 있었다. 기존의 개방형 통상정책 기조를 유지하며 FTA 네트워크를 확대하는 가운데 신흥국과는 신흥국의 개발 및 협력 수요에 부응하는 상생형(win-win) FTA를 추진하는 것이 현실적인 접근방식이 될 수 있다.

다. FTA 정책과제

FTA정책에 대한 부정적인 견해도 추진 초기에는 존재하였으나, 현재는 FTA 정책에 대한 평가는 대체로 긍정적이다. 따라서 업체의 FTA 활용도와 만족도는 전반적으로 높아지고 있다. 도움이 된 가장 큰 요인에 대해 무역업계는 FTA가 수출확대 및 비용절감으로 연결된 점을 꼽았고, 특히 거대 경제권과의 FTA 체결을 높게 평가하고 있다. 반면에 도움이 되지 않은 요인에 대해 무역업계는 관심국가와의 FTA 미체결, 경기침체 · 환율변동으로 인한 효과 상쇄, 거래의 복잡성 등

---

5) 2012년 5월 한·중 FTA 협상 개시, 2013년 3월 한·중·일 FTA 협상 개시, 2013년 5월 RCEP 협상 개시에 이어 2013년 11월 우리나라는 TPP 협상 참여에 관심을 표명한 바 있다.

을 꼽고 있다. FTA 활용 기업의 관세인하 액은 수출시 바이어 귀속, 수출 물량확대, 마케팅 활용에 이용되고, 수입 시에는 자사 비용절감, 시장가격에 반영, 납품가격 인하에 활용되고 있는 것으로 나타나고 있다.

2003년부터 2013년까지 FTA 10년의 성과를 분석한 결과, 교역 증대, 경쟁력 강화, 교역 다변화, 관세 절감의 효과가 있었던 것으로 평가된다. 특히 2014년 발효 10주년을 맞이한 한·칠레 FTA는 10년간 양국간 교역량이 연평균 16.3% 증가하고, 승용차 등 우리 주요 수출품목의 칠레 수입시장 점유율이 크게 상승하였으며, 교역품목 및 수출 기업의 다변화 효과가 큰 것으로 분석되었다. FTA 발효 이후 EFTA, ASEAN, 페루, 미국 수입시장에서 우리의 점유율이 확대되었으며, 모든 FTA 체결국과의 교역품목이 다변화되고 있다. 한편, FTA 체결로 우리 수출상품에 대한 관세율(수출액 가중)이 2003년 5.3%에서 2013년 4.7%까지 인하되어 FTA를 100% 활용시 관세절감 금액이 79.9억 달러에 달하는 것으로 추정되었다.[6)]

칠레와 같은 신흥개도국과의 FTA는 교역증대 뿐 아니라 교역품목 및 수출기업의 다변화 효과가 크며, 특히 중소기업의 진출에 크게 기여하였다. FTA 발효 이후 對칠레 수출 및 수입 품목이 모두 크게 증가하였으며, 대칠레 기계류 및 화학제품 수출과 농수산식품 수입이 다변화되었다. 이러한 실적이 페루와 콜롬비아 등 잠재력이 크나 지리적으로 멀리 떨어져 있어 정보가 부족하고 시장에 대한 이해가 낮은 국가들과 FTA를 체결할 경우 교역품목 및 수출기업의 다변화 효과가 클 것이란 예상을 뒷받침하였다.

FTA에 따른 관세 절감 효과는 FTA 100% 활용을 전제로 추산된 것으로 향후 FTA 활용률 제고를 통해 관세 절감 효과를 극대화할 필요가 있다. FTA 체결국의 관세가 지속적으로 인하되고 호주, 캐나다, 중국, 뉴질랜드, 베트남과의 FTA가 발효되어, 최대 관세 절감 효과가 연간 100억 달러이상에 달할 것으로 추정되므로, 무역업계의 FTA 활용률 제고를 위한 지속적인 홍보 및 교육 강화가 요구된다.

6) 자세한 내용은 한국무역협회(2014) "Trade Focus" Vol 13. No.19 참조.

표 2-3 FTA별 수출활용률

(단위: %)

년도	칠레	EFTA	아세안	인도	EU	페루	미국	터키
'12	75.4	84.9	34.8	36.5	84.0	77.8	69.4	-
'13	78.9	80.3	36.4	43.2	85.6	91.9	77.0	71.8

주: 수출활용률은 실제 적용된 특혜관세 수출액/특혜관세 대상품목 수출액의 비율
자료: 관세청 내부자료(백형관 2015 재인용)

2013년 12월 작성된 관세청 내부 자료에 따르면,[7] 당시 발효된 9개 FTA의 수출 원산지 증명서 발행율은 평균 69.99%, 수입 원산지 증명서를 적용해 특혜관세신청율은 69.14%이다. 이를 교역액과 비교하여 보면 특혜수출액은 135,582백만달러로 전체 수출액의 23.69%를 차지하며, 특혜수입액은 122,002백만달러로 2013년 전체 수입액의 23.66%에 불과하다. 이를 요약하면 기 발효 FTA의 교역액 비중은 36.02%이지만 FTA 혜택을 보고 있는 비중은 약 23%이다. 수입의 경우 관세청의 협정관세신청율을 산정하면 정확한 수치가 나온다. 그러나 수출의 경우 수출신고서에 특혜관세적용여부를 관세사에서 Y 또는 N으로 체크해서 신고하고 있다. 이 수치의 합계가 수출활용률로 판단되는데, 이는 정확하지 않을 수 있다. 예를 들어 한·미 FTA의 경우 자율발급해서 원산지 증명서를 발행하고 있지만, 수출신고서 작성 시 특혜관세적용여부를 N으로 체크할 수 있기 때문이다. 수출의 경우 활용률에 대한 수치 검증이 필요할 것으로 판단된다.

우리 정부의 FTA 체결 노력에 비해 FTA 활용 실적은 아직은 부진한 상황이다. 미국, EU 등 선진국과의 FTA 활용률은 70%를 상회하고 있지만, 아세안, 인도 등 개도국과의 FTA 활용률은 30%대에 머물고 있다. 또한 현재의 FTA 수출활용률은 주로 대기업이 이룬 성과라고 해도 과언이 아닐 것이다. 대다수의 중소기업들은 FTA 활용 인식 수준도 낮은 편이다. 중소기업의 FTA 활용 지원을 위한 종합적인 정책의 모색이 필요하다.

2016년 1월 현재 우리나라는 52개국과 14개 FTA를 발효(타결 및 서명)한 세계적인 FTA 허브국가로 도약했다. 우리 통상당국은 역내포괄적경제동반자협정(RCEP) 협상에 참여하고 있고, TPP 참여에도 관심을 갖고 있으나, 현재의 FTA

7) 백형관(2015), 「한·아세안 FTA 실적 평가와 활용 증대 방안 -간이 원산지증명서 발급 제도 도입을 중심으로-」, 인하대학교 대학원 석사학위논문(FTA과정).

허브망을 잘 활용하여 경제이익 실현에 이바지하고자 하는 노력 또한 중요하다.

전 세계적으로 환태평양경제동반자협정(TPP),[8] 미국과 EU의 환대서양경제동반자협정(TTIP) 등 선진국 주도의 거대경제권간의 FTA 논의가 활발하게 진행되어 경제블록화가 더욱 심화될 것으로 전망된다. 이러한 위기 상황을 효과적으로 극복하기 위하여 정부는 우리 기업의 FTA 활용률을 높이기 위한 노력을 강화해야 할 것이다.

8) TPP 협정은 2015년 11월 타결되었으나, 서명 및 발효에는 시간이 필요할 것으로 전망함.

제2장 FTA에 대한 다자규범

현재 다자주의체제인 GATT/WTO에 가입한 국가 수는 23개국을 시작으로 계속적으로 늘어나게 되어 160여 개국에 이른다. GATT체제에서 8번의 협상이 있었고, WTO로 바뀌면서 다자주의 체제의 9번째 DDA협상이 시작되었다. GATT체제에서의 협상은 그동안 각 국가별 관세를 낮추는데 역할을 하였다. 이는 수출 지향국가들에게는 유리하게 작용하였다. 또한 가입을 위해서는 통상규범을 지키는 책임과 의무를 이행해야 하기 때문에 통상과 경제적인 측면에서 투명성이 높아진다. 중국의 경우도 2001년 WTO에 가입하면서 경제발전에 박차를 가하게 되었는데, 이는 그 만큼 경제통상분야에 대한 투명성을 인정받게 되어, 외국인직접투자를 늘리는 계기가 되었다.

다자주의체제에서는 가입된 모든 나라에 대해 차별을 두지 않는 최혜국대우를 하는데, 한때 FTA는 다자주의에 가입된 나라들이 FTA협정국에 대해서만 관세혜택을 주는 문제를 가지고 최혜국대우에 대한 위반이 아니냐는 의문을 갖게 했다. 그러나 지금은 이에 대한 염려는 사라지게 되었으며, 이전보다 더 빠른 속도로 FTA체결 건수가 늘어나고 있다.

WTO에서도 1996년 지역협정위원회가 일반이사회 결의로 설립되어 지역협정에 대한 관리를 하고 있으며, 통보된 개별지역협정 검토작업을 수행하고 일반의제로서 지역주의가 다자체제에 미치는 영향 및 지역협정 검토 과정의 개선방안을 논의하기도 한다. 이러한 두 체제의 관계는 한 때는 큰 논란의 대상이 되기도 했으나, 지금은 보완관계에 있는 것으로 보는 견해가 우세하다.

1. FTA의 WTO 최혜국대우(MFN) 원칙 예외 인정

WTO로 대표되는 다자규범체계의 근간은 WTO 회원국들간 무역에 적용되는 무차별원칙인 최혜국대우(MFN)의 원칙이다. 통상, 관세 등 두 국가 사이의 관계에 대하여 제3국에 부여하고 있는 조건보다 불리한 대우를 하지 않는 것을 말한다. 최혜국대우 원칙은 수출국 사이의 경쟁기회를 동일하게 하기 위한 것으로 자유무역을 가능하게 하고 거래비용을 최소화할 수 있다는 점에서 GATT와 WTO

다자무역체제는 최혜국대우를 기본 원칙의 하나로 채택하게 되었다.[9] 다시 말하면, WTO 회원국간에는 동일한 대우를 해야 한다.

한편 지역무역협정에 근거한 회원국들간의 특혜는 MFN의 예외로 규정되어 있다. GATT 제24조의 지역무역협정에 대한 규정은 자유무역지대나 관세동맹의 존재를 현실적으로 인정하는 것이지만, 한편으로는 지역주의 확산을 경계하기 위해 MFN 예외가 인정되는 지역무역협정의 요건을 까다롭게 규정할 필요가 있었다.

오늘날에는 FTA 지역주의가 다자무역체제 발전에 기여한다는 시각이 일반적이다. 하지만 10년 전만 하더라도 지역주의에 대한 긍정적인 시각과 부정적인 시각이 대립되고 있었다. 전자는 지역무역협정이 다자규범체계보다 빠른 속도로 자유화를 추진함으로써 다자통상체계를 보완하고 궁극적으로 세계무역자유화를 촉진시키는데 기여할 것이라는 시각이다. 한편 지역주의가 배타적 경제블록으로 발전하여 세계교역환경을 악화시키고 세계무역자유화를 지연시킬 것이라는 부정적인 견해도 적지 않았다. 대표적인 부정적 견해가 바그와티 교수의 스파게티 볼 주장이다.

WTO 규정중 지역무역협정과 관련된 것은 GATT 제24조, 제24조 해석에 관한 양해각서, GATS 제5조, 조부권능조항(Enabling Clause) 등이다. 이들 규정은 공통적으로 지역무역협정으로 인해 역외국과의 무역장벽을 높이거나 대외거래에 부정적인 영향을 가져와서는 안 된다고 규정하고 있다. 조부권능조항은 개도국 간의 상품분야 지역무역협정에 관한 조항으로 도쿄라운드에서 채택되었다. 즉 개도국간 FTA에 대해서는 GATT 제24조의 조건을 면제시켜 주는 것이 주요 내용이다.

한편 범세계적으로 지역무역협정이 증가하고 있는 상황에서 관련 규정을 명료화하고 동 규정의 적용요건을 강화할 필요성도 제기되고 있다. WTO DDA에서 지역무역협정 규정 개정 협상을 하기로 했으나, DDA 협상 자체가 부진해지면서 이에 대한 개정 협상은 사실상 중단되었다. 향후 지역무역협정 관련규정의 주요쟁

9) 1948년 GATT에 포함된 최혜국대우(MFN)에는 조건부 MFN과 무조건부 MFN 두 가지 형태가 있었다. 전자는 최초에 제3국에게 무상으로 부여한 것과 동일한 특혜만을 조약국에게 주거나, 오직 동등한 조건이나 동등한 이익에 대한 대가로 맺은 거래에 따라 최초로 얻은 특혜만을 부여하는 것이고, 후자는 제3국에 제공한 모든 관세양허를 체약국에 부여하는 것이다. 우리나라는 1967년 4월 GATT에 정식으로 가입함에 따라 GATT의 모든 가입국과 일시적으로 무역협정을 체결한 것과 동일하게 되어 이들로부터 최혜국대우의 혜택을 받게 되었다.

점분야는 절차적 요건의 명확화, 역외적 요건의 명확화, 역내적 요건의 명확화 등이 될 수 있다.

2. FTA 다자규범[10)]

FTA에 대한 다자무역규범을 고찰해 보고자 한다. 주요 내용은 절차적 요건, 역외적 요건, 역내적 요건 등으로 나눌 수 있다.

가. 절차적 요건의 명확화

지역무역협정의 절차와 관련하여 WTO의 관련규정 및 양해각서에는 다양한 내용이 포함되어 있다. 이를 통보 의무, 정보의 제공, 주기적 보고의무 등으로 나누어 살펴보고자 한다.

1) 통보 의무

GATT 제24조 7항 (a)[11)]와 GATS 제5조 7항 (a)[12)]는 상품분야 혹은 서비스 분야에서 자유무역협정, 관세동맹, 잠정협정 등을 형성할 경우 이를 관련 다른 회원국 혹은 해당 이사회에 즉시 통보하도록 규정하고 있다. 이를 최초 즉시 통보의무라 부른다.

최초 즉시 통보의무와 관련하여 시한설정에 있어서 논란의 여지가 존재한다. GATT의 경우 통보의 구체적 시기를 WTO 규정에 새롭게 설정해야 한다는 견해와 사안별로 결정하면 된다는 견해가 대립된다. 한편 GATS의 경우에는 GATS 제5조 5항[13)]의 양허안의 변경에 관한 통보 규정을 준용하여 최소한 90일

10) 이 소절 내용은 대외경제정책연구원 자료(대외경제정책연구원(2002) "DDA 규범분야의 논의동향과 개정방향"을 참고하여 작성하였음.

11) GATT 제24조 7항 (a): 관세동맹 또는 자유무역지대나 관세동맹 또는 자유무역지대의 설치를 위한 잠정협정에 참가하기로 결정한 회원국은 즉시 다른 회원국들에 보고하여야 하며, 또한 다른 회원국들이 스스로 적당하다고 인정하는 보고 및 권고를 동맹 구성국 또는 협정 당사국들에 대하여 행할 수 있도록 동 동맹 또는 자유무역지대에 관한 정보를 다른 회원국에 제출하여야 함.

12) GATS 제5조 7항 (a): 제1항에 언급된 협정의 당사자인 회원국은 이러한 협정과 그 협정의 확대 또는 중대한 수정을 신속히 서비스무역이사회에 통보. 또한 회원국은 서비스무역이사회가 요청할 수 있는 관련정보를 이사회가 입수 가능하도록 해야 함. 이사회는 이러한 협정 또는 그 협정의 확대 또는 수정을 검토하고 이 조에 합치하는지의 여부에 대하여 이사회에 보고할 작업반을 설치할 수 있음.

13) GATS 제5조 5항: 제1항에 따른 협정의 체결, 확대, 또는 중대한 수정을 하는데 있어서 회원국이 자기나라의 양허표에 규정된 조건들과 일치하지 아니하게 구체적 약속을 철회하거나 수정하려고 하는 경우, 그 회원국은 최소한 90일 이전에 그러한 수정 또는 철회를 사전 통보하며, 제21조 2항, 3

이전에 통보해야 한다는 견해이다.

최초 즉시 통보의무의 통보시한 설정은 지역무역협정에 대한 실질적 심사를 촉진시킬 것이므로 협정발효 90일 이전에 통보하도록 함이 바람직하다. 90일 이전의 통보의무는 상품 및 서비스분야에 공통적으로 적용될 수 있을 것이다. 한편 90일 이전 통보의무로 인해 오히려 통보하지 않는 사례가 발생할 수 있고, 부득이한 사유로 통보가 지연될 수도 있으므로 다소 신축적인 자세가 필요하다. 즉, 부득이한 경우 90일 이내의 통보도 가능하도록 하되, 이 경우에는 정당한 사유를 소명할 의무를 협정 당사국에 부과할 필요가 있다. 이와 관련하여 어떠한 경우에도 30일 이내의 통보는 불가하도록 규정해야 한다. 이는 역외국의 이익을 보호하기 위한 최소한의 조치가 될 것이다. 한편 지역협정의 통보창구에 대한 논의가 있었는데 칠레는 지역협정 통보창구를 지역협정위원회로 단일화하자는 제안을 내놓았고 이에 대해 호주, 뉴질랜드가 동의하였다. 미국은 권능부여조항(Enabling Clause)에 따라 설립된 지역협정들도 무역개발위원회(CTD: Committee on Trade and Development) 대신에 지역협정위원회로 통보를 단일화해야 하는지에 대한 의문을 제기하였다. 칠레는 효율성 측면에서 지역협정위원회로 창구를 단일화함이 바람직하지만, 지역협정위원회와 CTD에 병행 통보하는 방안도 고려할 수 있다고 주장하였다.[14)]

통보의무와 관련된 또 다른 논점은 협정 당사국이 아닌 국가가 지역무역협정의 성립을 WTO에 통보할 수 있는가라는 것이다. GATT 제24조 7항 (b)[15)]는 WTO의 회원국들이 잠정협정 성립과 관련된 정보를 바탕으로 GATT 제24조에의 합치성 여부를 검토할 수 있다고 규정하고 있다.

이를 확대하여 단순한 검토뿐만 아니라 지역협정의 당사국이 적절한 통보를 하지 않을 경우 다른 국가가 해당 지역협정을 WTO에 통보할 수 있다고 규정하는 것이 필요하다. 당사국이 아닌 국가에 의한 통보제도를 역통보 제도(counter

---

항 및 4항에 규정된 절차가 적용됨.

14) 이러한 논의는 2002년 7월의 지역협정 분야에 관한 WTO 무역규범 협상그룹회의에서 진행되었음.

15) GATT 제24조 7항 (b): 다른 회원국들은 제5항에 규정된 잠정협정에 포함된 계획 및 일정을 동 협정의 당사국과 협의 검토하고 또한 (a)의 규정에 의하여 제공된 정보를 적절히 고려한 결과, 동 협정에 의하여 협정 당사국이 의도하는 기간 내에 관세동맹 또는 자유무역지대가 설치될 가능성이 없거나 동 기간이 적당하지 않다고 인정한 때에는 동 협정의 당사국에 대하여 권고하여야 함. 당사국이 권고에 따라 잠정협정을 수정할 준비가 되어있지 않을 때에는 동 협정을 유지하거나 실시하여서는 안 됨.

notification)라 하는데, 이는 통보의무를 강화하고, 통보되지 않은 지역무역협정에 대한 정보를 수집하기 위한 수단으로서 유용하다.

2) 정보의 제공

양해각서 2항[16]은 관세동맹 및 관련 잠정협정의 경우, 이전 대표기간 동안의 가중평균관세율 및 관세징수액 등 수입통계를 제출해야할 의무가 있다고 규정하고 있다.

이러한 정보제공 의무와 관련하여, 수입통계에 대한 정보제공은 물론 지역무역협정으로 인한 교역구조의 변화에 관한 자료 등도 제공할 의무를 부과하자는 입장이 있는 반면, 교역구조의 변화에 대한 자료는 수집하기가 어렵고 동태적인 측면으로 인해 변화할 가능성이 크기 때문에 지역무역협정 자체의 검토에 필요한 자료의 제공으로 국한해야 한다는 입장도 있다. 방대한 자료제공의무를 부과할 경우 오히려 지역무역협정에 관한 통보를 저해할 수 있으므로 원칙적으로 지역무역협정 자체의 검토에 필요한 자료만을 제한적으로 제공하도록 의무화하는 것이 바람직하다. 다만 실질적인 심사에 필요하다고 작업반이 판단하는 경우, GATT 제24조 7항 (a)와 GATS 제5조 7항 (a)에 규정된 자료제출 요청권을 행사할 수 있을 것이다.

한편 WTO 사무국은 지역무역협정의 당사국들의 협력을 통해 지역무역협정 관련 자료수집을 용이하게 할 수 있는데, 지역무역협정 당사국들의 협조가 부족할 경우 다른 국가들에게 자료 제출과 관련된 협조를 요청할 수 있다. 즉 협정 당사국들에게 일정 시한 내에 자료를 제출하도록 요구하고 이 기간 내에 제출하지 않으면 비회원국들이 대신해서 자료를 제출하게 할 수 있다. 이 경우 WTO와의 합치성 여부를 판결할 때 제출된 정보의 불공정성으로 인하여 지역무역협정 당사국들이 불리한 결과를 얻을 수도 있다. 따라서 협정 당사국들은 정보제공 의무를 성실히 수행하는 것이 바람직하다.

16) 양해각서 2항: 관세동맹의 형성 이전과 이후에 적용되는 관세 및 그 밖의 상업적 규제의 일반적인 수준에 대한 제24조 제5항(a)에 따른 평가는 관세 및 과징금의 경우 가중평균관세율 및 관세징수액에 대한 전반적인 평가에 기초함. 동 평가는 관세동맹에 의해 제공되는 관세 항목별로 세계무역기구의 원산지국에 따라 분류된 과거 대표적 기간 중의 금액별 및 수량별 수입통계에 기초함. 사무국은 우루과이라운드 다자간 무역협상에서 관세양허의 평가 시 사용된 방식에 따라 가중평균관세율 및 관세징수액을 계산. 동 목적 상, 고려 대상이 되는 관세 및 과징금은 실행 관세율이며, 수량화 및 집계가 어려운 그 밖의 상업적 규제의 일반적인 수준에 대한 평가를 위하여 개별조치, 규정, 대상품목 및 영향을 받는 무역량에 대한 검토가 요구될 수 있음이 인정됨.

3) 주기적 보고의무

양해각서 11항[17]과 GATS 제5조 7항 (b)[18]는 지역무역협정의 주기적 보고의무를 규정하고 있다. 즉 상품분야의 자유무역협정과 관세동맹, 그리고 서비스분야의 잠정협정 등은 그 진전 상황을 해당 이사회에 주기적으로 보고하여야 한다고 정하고 있다.

이와 관련하여 상품분야의 잠정협정 및 서비스분야의 관세동맹과 자유무역협정에 주기적인 보고의무를 부과하자는 견해가 대두되고 있다. 서비스분야의 잠정협정은 해당 이사회에 주기적으로 보고할 의무를 가지고 있는 반면 상품분야에서는 잠정협정에 대한 주기적 보고의무가 명시되어 있지 않다. 또한 서비스부문에서는 관세동맹 및 자유무역협정과 관련된 규정이 존재하지 않는다. 이러한 비대칭성을 수정하고 주기적 보고를 통한 집단압력(Peer Pressure)을 행사할 수 있도록, 주기적 보고의무를 상품 및 서비스분야 모두에게 부과하는 것이 필요하다.

나. 역외적 요건의 명확화

1) 관세동맹의 상품분야

GATT 제24조 5항(a)[19]는 관세동맹 및 관련 잠정협정의 경우, 관세 및 기타 무역규제가 지역무역협정 형성 이전의 관세 및 기타 무역규제의 "일반적 수준"보다 전반적으로 더 규제적이어서는 안 된다고 규정하고 있다.

역외적 요건을 모든 상품분야별로 충족해야 하는가가 논쟁의 대상이 되고 있다. 즉, 제3국에 대한 전반적인 장벽 수준을 일정하게 유지하는 한 일부 장벽은 증대시킬 수 있다는 견해와 전반적인 수준은 물론 어떠한 장벽의 증대도 허용되지 않는다는 견해가 대립하고 있다. 서비스분야에서는 각각의 분야 혹은 세부분야에

17) 양해각서 11항: 1947년도 GATT 회원국들이 1947년도 GATT 이사회에 지역협정에 관한 보고서와 관련하여 내린 지시(BISD 18S/38)에서 예견된 바와 같이, 관세동맹과 자유무역지대 구성국은 상품무역이사회에 정기적으로 당해 협정의 운영에 관하여 보고한다. 협정의 중대한 변경 및/또는 진전사항은 이루어지는 대로 보고되어야 함.

18) GATS 제5조 7항(b): 시간계획에 따라 이행되는 제1항에 언급된 협정의 당사자인 회원국은 그 이행에 대해 서비스무역이사회에 정기적으로 보고한다. 이사회는 작업반이 필요하다고 판단하는 경우 이러한 보고를 검토할 작업반을 설치할 수 있음.

19) GATT 제24조 5항(a) 관세동맹 또는 관세동맹의 형성을 위한 잠정협정과 관련, 해당 관세동맹의 창설 또는 해당 잠정협정 체결 시에 동 동맹의 구성국 또는 동 협정의 당사국이 아닌 회원국과의 무역에 적용되는 관세 및 기타의 상업적 제한은 해당관세동맹의 형성 또는 해당 잠정협정의 체결 전 이들 지역 내에서 적용되어온 관세 또는 기타의 상업적 제한의 일반적 수준보다 더 높거나 더 규제적이어서는 안 됨.

서 무역장벽의 전반적인 수준이 증가하지 않아야 함을 명시적으로 밝히고 있으나, 상품분야에서는 이것이 불분명하기 때문에 이러한 논란이 발생한다. 서비스 분야와 상품분야를 별개로 취급할 경우 양 분야의 비대칭성이라는 문제가 예상된다. 한편 일반적으로 관세동맹에서는 "일반적인 수준"의 해석 상 분야별 충족을 요구하고 있지 않으나, 자유무역협정에서는 "상응하는"이라는 단어의 해석상 분야별 충족을 요구하고 있다고 보는 것이 타당하다. 이러한 해석은 양자 간의 비대칭성이라는 문제를 안고 있으며, 관세동맹의 경우 완화된 기준을 적용하는 이유가 무엇인지 불분명하고 동 기준이 남용될 소지가 있다는 문제가 존재한다. 따라서 분야별 충족이라는 단일 요건을 상품분야 관세동맹과 지역무역협정에 모두 적용하는 것이 필요하며 이를 위해서는 "일반적인 수준"이라는 용어 대신 "상응하는" 이라는 용어를 사용하거나, 서비스 분야의 경우와 같이 "각각의 분야 혹은 세부분야 내에서"라는 문구를 사용하는 것이 바람직하다.

한편 양해각서 2항[20]에 의하면 "일반적 수준"에 대한 평가는 가중평균관세율 및 관세징수액에 대한 전반적인 평가에 기초한다. 또한 이러한 평가는 관세동맹이 제공하는 대표적 기간의 수입통계에 기초하며, 수입통계는 원산지에 따라 관세항목별, 금액별, 수량별로 계산된다. 고려 대상이 되는 관세는 실행관세율을 기준으로 하여 가중치평균관세율을 바탕으로 평가된다. 향후 관세의 평가에서 관세의 수입가중치평균과 농업분야에서 사용하는 산술평균을 계산하는 우루과이라운드방식의 가중치평균관세율을 어떻게 조화시킬지에 대한 문제가 검토되어야 할 것이다.

2) FTA 상품분야

GATT 제24조 5항 (b)[21]는 자유무역협정 및 관련 잠정협정의 경우 각 구성국에서 유지하고 있는 관세 및 기타 무역규제가 지역무역협정 형성 이전의 "상응하는" 관세 및 기타 무역규제보다 더 규제적이어서는 안 된다고 규정하고 있다.

---

20) 양해각서 2항: 제24조 제5항(a)에 따른 평가는 관세 및 과징금의 경우 가중평균관세율 및 관세징수액에 대한 전반적인 평가에 기초한다. 동 평가는 관세동맹에 의해 제공되는 관세항목별로 세계무역기구의 원산지국에 따라 분류된 과거 대표적 기간 중의 금액별 및 수량별 수입통계에 기초함. 동 목적 상, 고려 대상이 되는 관세 및 과징금은 실행 관세율임.

21) GATT 제24조 5항(b): 자유무역지대 또는 자유무역지대의 형성을 위한 잠정협정과 관련, 각 구성영역에서 계속 실시해 왔고 또한 동 자유무역지대의 설치 또는 동 잠정협정의 체결 시에 해당지역에 포함되지 않은 회원국 또는 해당협정의 당사국이 아닌 회원국의 무역에 적용되는 관세 또는 기타의 상업적 제한은 자유무역지대의 형성 또는 잠정협정의 체결 전 동 구성영역에서 적용되어온 관세 또는 기타의 상업적 제한보다 더 높거나 더 규제적인 것이어서는 안 됨.

이는 관세동맹의 관련규정에 비해 명확하여 해석상의 특별한 이견이 없다. 즉 각각의 분야에서 역외국에 대한 규제의 수준을 높일 수 없다는 점이 명백하다. 한편 양해각서 2항[22]에서는 수량화 및 집계가 어려운 기타 무역규제를 평가할 목적으로 규제에 포함된 상품 및 규제로 인한 무역량에 대한 검토가 필요하다는 것을 설명하고 있다.

관세동맹에서는 실행관세율을 기준으로 삼고 있으나 자유무역협정에서는 명백한 언급이 없기 때문에 양허관세율로 해석하는 견해와 실행관세율로 해석하는 견해가 대립된다. 하지만 관세동맹에서는 실행관세율을 적용하고 자유무역협정에서는 양허관세율을 적용할 특별한 이유가 없으므로, 두 가지 경우 모두에 실행관세율을 적용하는 것이 합리적이다. 이를 위해 양해각서 2항의 관련 부분을 자유무역협정의 경우에도 준용할 것을 규정해야 한다.

3) 서비스교역

GATS 제5조 4항[23] 지역무역협정 및 관련 잠정협정은 "각각의 서비스 분야 혹은 서비스 세부분야 내에서의" 서비스무역 장벽의 "전반적 수준"을 증가시켜서는 안 된다고 규정하고 있다.

서비스무역에 대한 평가는 국가 간 상이한 규제제도와 자료의 불충분으로 인하여 수행하기 상당히 어렵다. 서비스 분야 지역무역협정이 아직 7개 밖에 존재하지 않아서 서비스 무역통계가 취약하다는 단점도 존재한다. 하지만 서비스무역평가에 대한 활발한 토론을 통해 평가의 기준을 설정하고, 서비스무역에 대한 구조적인 문제들을 보다 심도 있게 논의해야 할 것이다. 서비스무역자료가 불충분할 경우에는 국내경제활동, 국제수지, 외국인직접투자, 국내산업에 관한 자료 등을 수집하여 간접적으로 이를 보충해야 한다. 그리고 서비스 수입규제를 그에 상응하는 관세로 계산하는 등 평가를 수행할 방법을 모색해야 한다.

---

22) 양해각서 2항: 수량화 및 집계가 어려운 그 밖의 상업적 규제의 일반적인 수준에 대한 평가를 위하여 개별조치, 규정, 대상품목 및 영향을 받는 무역량에 대한 검토가 요구될 수 있음이 인정됨.

23) GATS 제5조 4항: 제1항에 언급된 모든 협정은 그 협정의 양 당사자 간의 무역을 촉진하기 위한 것이 되어야 하며, 협정의 당사자가 아닌 모든 회원국에 대하여 그러한 협정이 체결되기 이전에 적용 가능한 수준과 비교하여 각 서비스분야 및 업종에서의 서비스무역에 대한 전반적인 장벽의 수준을 높여서는 안 됨.

다. 역내적 요건의 명확화

1) 상품분야

GATT 제24조 8항 (a)와 (b)는 관세 및 기타 무역 제한적 규제가 당사국간의 "실질적인 모든 무역[24)]"에 대해 철폐되어야 한다고 규정한다. 하지만 개도국간의 지역무역협정인 경우 일반적인 경우에 비해 완화된 요건의 적용이 가능하다. 권능부여조항(Enabling Clause)은 실질적으로 모든 무역에 대해 관세철폐를 규정하는 GATT 제24조 8항[25)]과 달리 관세감축에 신축성을 허용한다.

"실질적인 모든 무역"의 기준과 관련하여 농업분야가 배제된 협정들이 문제시되고 있다. 즉 농업분야가 배제된 경우의 지역무역협정도 GATT 8항 (a)와 일치할 수 있는지에 대한 논쟁이 있다. 이 경우 교역량을 기준으로 하는 입장과 질적인 기준을 주장하는 입장이 대립하는데, 전자의 방식은 국가간 무역에서 일정 수준 이상의 교역이 자유화된다면 일부 분야가 배제되더라도 무방하다는 입장이며, 후자의 방식은 지역무역협정의 무역자유화에서 어떤 분야도 제외되어서는 안 된다는 입장이다. 상당수의 국가들은 일부 민감한 품목을 제외할 수 있는 여지를 남기기 위해 교역량을 기준으로 하는 입장에 동조하고 있다. 한편 서비스 분야의 경우처럼 "상당한 분야별 대상범위"라는 문구로 수정할 경우 상기 논쟁이 해결될 수 있다.

"실질적인 모든 무역"의 기준에 대해서 호주는 HS 6단위를 기준으로 구체적인 수량기준을 설정하면 복잡한 통계작업을 하는 부담이 없어진다는 제안을 내놓았는데, 이에 대한 찬반양론이 있다. 멕시코, 홍콩, 파키스탄은 객관적인 수량기준

---

24) 역내국간의 무역장벽 철폐를 추진할 때 어느 범위까지를 대상으로 할 것인가가 항상 문제시 됨. APEC의 보고르 선언에서도 무역자유화를 추진한다는 대원칙만 천명했을 뿐 실질적인 과정이나 자유화의 범위는 설정하지 않았음.

25) GATT 제24조 8항: 본 협정의 적용상,

(a) 관세동맹이란 다음의 목적을 위하여 「2개 혹은 그 이상의 관세영역을 단일관세영역으로 대체한 것」을 말함.

(i) 동맹 영역간의 모든 무역 또는 적어도 동지역 원산품의 모든 무역에 대한 관세 및 기타의 상업적 제한(필요에 따라 제11조 제12조 제13조 제14조 제15조 및 제20조에 의하여 허용되는 경우는 제외)의 실질적인 폐지를 위한 목적

(ii) 제9항의 규정에 따를 것을 조건으로, 동맹의 각 구성국이 동 동맹 이외의 지역에 실질적으로 동일한 관세 및 기타의 상업적 제한을 적용하기 위한 목적

(b) 자유무역지대란 구성영역간 동 구성영역 원산품의 모든 무역에 대해 관세 및 기타의 상업적 제한(필요한 경우에는 제11조 제12조 제13조 제14조 제15조 및 제20조에 의하여 허용되는 경우를 제외)이 적용되지 아니하는 2개 혹은 그 이상의 관세영역의 집단을 말함.

을 설정하면 적용이 쉽고, 투명성을 보장할 수 있다는 측면에서 바람직하다는 입장을 표시한 반면에 미국, 콜롬비아, 뉴질랜드, 칠레, 체코는 수량기준만을 적용하면 소규모 특정품목에 교역이 집중된 국가들 간의 지역협정을 규율하는데 적절치 않음을 지적하고, 수량기준과 질적 기준을 병행 적용해야 한다는 입장을 밝혔다. 이에 대해 호주는 자국의 기존제안서에 이미 질적 기준을 보완하는 방안이 제시되어 있다고 답하고 제안서의 요지는 실질적으로 모든 품목에 대한 관세 및 비관세장벽 철폐를 목적으로 하고 있다고 설명하였다. 한편 헝가리와 이스라엘은 호주의 제안에 반대의 입장을 보였다. 헝가리는 8단위 또는 10단위 기준에 따라 양허한 경우의 HS 기준 적용이 어려움을 지적하면서 기준 설정에 반대하였고, 이스라엘도 현행 규정의 개정에 부정적인 입장을 보였다.

"기타무역규제"의 범위에 반덤핑 및 상계관세를 규정한 GATT 제6조,[26] 경제개발에 대한 정부의 지원, 즉 국제수지방어를 위한 수입제한을 규정한 제18조 2항(b),[27] 특정산품 수입에 관한 긴급조치를 규정한 제19조,[28] 안전보장을 위한 예외를 규정한 제21조[29] 등이 포함되는지 여부도 흥미로운 논점이다. 우선 제21조는 당연히 예외로 인정을 받으므로 예외 리스트에 추가할 필요가 없을 것이나, 제18조 B는 예외 리스트에 추가해야 할 것이다. 제6조와 제19조는 당사국간의 반덤핑, 상계관세, 세이프가드 등을 면제하는 경우 경쟁조건의 차이를 가져오고 제3

26) GATT 제6조 1항: 회원국은 일국의 상품이 정상가격 이하로 타국의 산업권내로 들어가는 덤핑이 수입회원국영역내의 기존 산업에 실질적인 피해를 야기하거나 피해를 줄 우려가 있는 경우 또는 국내산업의 설립을 실질적으로 지연시킬 때에는 이러한 덤핑이 비난되어야 한다는 사실을 인정함.

27) GATT 제18조 2항(b): 자국경제개발계획의 촉진에 따라 초래될 지속적인 수입에 대한 높은 수요를 충분히 감안하여 국제수지 방어를 위해 수량제한을 과할 수 있도록 하는 등 추가편의를 누리는데 동의함.

28) GATT 제19조 1항(a): 회원국은 예측하지 못한 사태의 진전과 본협정에 의하여 회원국이 부담하는 의무(관세양허 포함)를 이행한 결과, 어느 상품이 자국의 동종 상품 또는 직접적 경쟁상품의 국내생산업자에 중대한 손해를 주거나 줄 우려가 있을 만큼 증가된 수량과 상황 하에 자국 내에 수입되고 있을 때에는, 동회원국은 같은 상품에 대한 손해를 방지 또는 구제하기 위하여 필요한 한도 및 기간 동안 당해의무를 전부 또는 일부 정지하거나 양허를 철회 또는 수정할 수 있음.

29) GATT 제21조: 본 협정의 어떠한 규정도 다음의 의미로 해석되어서는 안 됨.
 (a) 발표될 경우 자국의 안전보장상 중대한 이익에 반한다고 인정되는 정보의 제공을 회원국에 대하여 요구하는 것.
 (b) 회원국이 자국의 안전보장상 중대한 이익을 보호하기 위하여 필요하다고 인정되는 다음의 어느 조치를 취하는 것을 방해하는 것. (i) 핵분열성물질 또는 동생산원료가 되는 물질에 관한 조치, (ii) 무기, 탄약 및 군수품의 거래와 군사시설에 공급하기 위하여 직접, 간접으로 행하여지는 기타의 화물 및 원료의 거래에 관한 조치, (iii) 전시 또는 기타 국제관계상 긴장시 취하는 조치
 (c) 회원국이 국제평화 및 안전보장을 위하여 국제연합협정에 의한 의무에 따라 조치를 취하는 것을 방해하는 것.

국의 이익을 손상시킬 수가 있으므로 예외 리스트에 추가하는 것이 바람직하다. 참고로 GATS의 예외 리스트에는 이러한 사항들이 반영되어 있다.

2) 서비스분야

GATS 제5조 1항[30)]은 지역무역협정이 "상당한 분야별 대상범위"를 가지며 "실질적으로 모든 차별조치"를 "협정의 발효 시 혹은 합리적인 시간계획에 기초하여" 폐지해야 한다고 규정하고 있다. 여기에서 "합리적인 시간계획"의 기간은 GATT와의 대칭을 위해 10년으로 규정하는 것이 무난할 것으로 판단된다.

GATS 제5조 2항[31)]은 서비스분야의 지역무역협정을 평가함에 있어서 해당 협정과 "관계국간의 경제통합 혹은 무역자유화의 보다 광범위한 과정"과의 관계가 고려될 수 있다고 규정한다. 서비스무역을 평가하는 것은 여러 가지 측면에서 쉽지 않은 작업이나 특히 서비스무역에 관한 자료가 충분하지 않아 객관적이고 합리적인 평가를 내리기가 어렵다. 그러므로 서비스 분야 지역무역협정과 GATS 5조와의 일치성 여부에 대한 검토에 어려움이 따른다.

GATS 제5조 3항[32)]에 의하면 개도국이 당사국인 경우 요건을 완화할 수 있다. 이 조항은 경제개발의 정도에 따른 유연성을 강조하고 있다. 이와 관련하여 GATT에서의 개도국에 대한 적용요건 완화규정과 GATS 제5조 3항간의 대칭성을 유지해야 할 필요성이 대두된다. 또한 권능부여조항(Enabling Clause)에 규정되어 있지 않은 비관세장벽에 대한 기준과 조건을 보다 명확히 하고, 개도국에 대한 특혜의 정도를 보다 구체적으로 정의해야 한다.

---

30) GATS 제5조 1항: 이 협정은 회원국이 서비스무역을 자유화하는 양자 간의 혹은 여러 당사자 간의 협정의 당사자가 되거나 이러한 협정을 체결하는 것을 방해하지 아니한다. 단, 그러한 협정은, (a) 상당한 분야별 대상범위를 가지며, (b) 아래 조치를 통해, (a)에서 규정된 대상 범위 내에서, 제17조의 의미상 양자간 혹은 여러 당사자간에 실질적으로 모든 차별조치를 그 협정의 발효 시 또는 합리적인 시간계획에 기초하여 없애거나 폐지하도록 규정하여야 함.
(i) 기존 차별조치 폐지, 그리고/또는 (ii) 신규 혹은 더욱 차별적인 조치의 금지,
단, 제11조, 제12조, 제14조 그리고 제14조의 2에 따라 허용되는 조치는 예외로 함.

31) GATS 제5조 2항. 제1항 (b)의 조건이 충족되고 있는지 여부를 평가하는데 있어서 협정과 관계국간의 경제통합 혹은 무역자유화의 보다 광범위한 과정과의 관계가 고려될 수 있음.

32) GATS 제5조 3항: (a) 개발도상국이 제1항에 언급된 유형의 협정의 당사자인 경우, 전반적 및 개별적인 서비스분야와 업종에서의 관련국가의 발전수준에 따라 제1항에 규정된 조건, 특히 제1항 (b)와 관련하여 융통성이 규정됨. (b) 제1항에서 언급된 유형의 협정이 오직 개발도상국에만 관련된 경우에는 제6항에도 불구하고 그러한 협정 당사자의 자연인에 의해 소유되거나 지배되는 법인에 대하여 보다 유리한 대우를 부여할 수 있음.

3. CRTA의 기능 및 활동

GATT 시절(1948-1994년)에는 지역무역협정 체결이 많지 않았다. 그러나 이후 지역협정의 수는 지속적으로 증가하였고, 지역무역협정과 다자규범체계간의 관계가 중요하다는 인식이 확산되었다. 이러한 상황과 더불어 지역협정과 관련된 WTO의 업무량이 갑자기 늘어나면서 WTO 총회는 지역무역협정을 담당할 개별 기구인 지역무역협정위원회(Committee on Regional Trade Agreement 이하 CRTA)를 신설해 이전까지 한시적 작업반에 의해 검토되던 지역무역협정을 하나의 위원회에서 논의하도록 하였다. CRTA의 기본적인 목적은 지역무역협정의 형성과 활동이 다자규범체계의 발전에 저해가 되지 않도록 하는 것이다.

이렇게 UR협상을 거쳐 1996년 2월에 탄생한 CRTA는 상품무역이사회, 무역개발위원회, 서비스무역이사회의 위임에 따라 지역무역협정을 검토해 다자규범체계인 WTO에 부합하는지 여부에 대한 보고서를 작성하는 일을 맡는다. 동 위원회는 검토기간의 단축과 같은 검토절차의 개선도 추진한다. 구체적인 위임사항(Terms of Reference)은 다음과 같다.

- 지역무역협정에 대한 심사를 실시하고 이에 대한 보고서를 작성한다.
- 지역무역협정의 진행과정에 대한 의무적인 보고가 어떤 방법으로 이루어져야 하는지 고찰한다.
- 심사진행을 용이하게 하는 절차를 마련한다.
- 지역무역협정이 다자교역구조에 끼치는 영향에 대해 고찰한다.

그림 2-1 **지역무역협정의 WTO 합치성 검토과정**

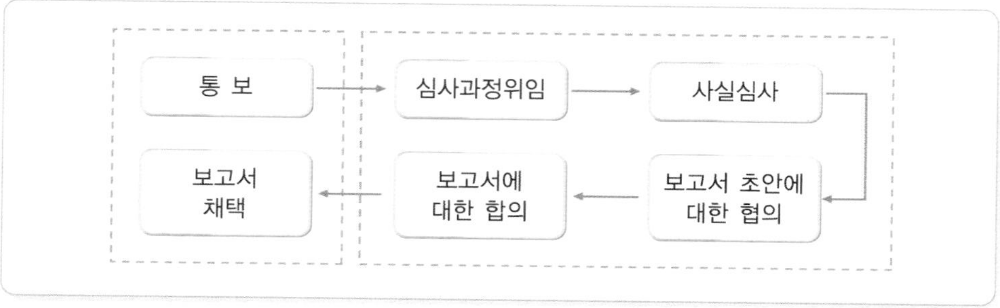

자료: WTO CRTA

앞에서 고찰한 바와 같이, WTO 회원국간에 체결된 지역무역협정은 CRTA에 관련 자료와 함께 통보되고, CRTA는 해당 협정이 GATT 제24조, GATS 제5조, 권능부여조항 등에 부합하는지 검토하게 된다. 우리나라가 체결한 FTA도 CRTA에 통보되었고, WTO 관련 규범과의 불합치 여부를 검토 받아 왔다. WTO 합치성 심사가 CRTA로 이전되면 CRTA는 해당 지역무역협정의 회원국이 제시한 자료를 기본으로 사실심사에 착수한다. 해당 회원국들은 WTO 회원국이 제시한 서면 질의서에 대한 정보를 제출하거나 CRTA 회의에 참석해 구두로 답변하는 방식 중 하나를 선택해 자료를 제공할 수 있다. 이 자료를 바탕으로 사실심사가 종결되면 사무국에서 보고서 초안을 작성하고 이에 대해 CRTA에 합의를 구한다. 이렇게 해서 완성된 보고서는 다시 해당 이사회에 제출되어 채택여부를 결정하게 된다.

제3장 FTA 협상

그동안 전 세계적으로 많은 FTA가 체결되었는데, 진행상황을 보면 FTA체결까지에는 어느 정도의 시간이 소요된다. 예를 들어 어떠한 나라가 어떤 나라와 FTA를 체결하고자 하는 관심을 갖게 되면, 비공식적인 논의를 하게 된다. 여기서 긍정적인 반응이 나오게 되면 공식논의에 들어가게 된다. 공식논의에서는 서로간의 산·관·학 공동연구의 의사를 밝히게 된다. 산·관·학 공동연구는 짧게는 수 개월에서 길게는 몇 년씩 걸리는 경우도 있다. 상대측과의 FTA로 인해 각 산업 및 경제에 줄 영향을 분석하게 된다. 수혜산업과 손실을 입게 될 산업 등에 대한 면밀한 연구를 통해 경제 전반에 끼치게 될 영향을 연구·조사한다. 이러한 연구조사의 결과가 비교적 양호하면 그 다음 과정으로 협상에 들어가게 된다. 협상 또한 상대측에 따라서 짧게는 몇 달, 길게는 몇 년이 걸리는 경우가 있다. 예를 들어 상대국의 경제규모가 작거나 서로에게 주는 경제적인 영향이 적을 경우는 협상기간도 짧겠지만, 그 반대의 경우는 협상에 소요되는 기간이 길어지는 것이 일반적이다.

한국과 일본의 경우는 1998년 11월 공식논의를 통해 2003년 10월 산·관·학 공동연구에 대한 최종보고서를 검토하고, 2003년 12월 22일 제1차 한·일FTA를 협상을 개시하였다. 그러나 2004년 11월 제6차 협상을 끝으로 협상은 중단되고 말았다. 1998년 논의 이후 2004년 11월 6차 협상까지 많은 시간이 소요되었지만, 산업과 경제에 미치는 영향이 큰 만큼 순조로운 진행에 무리가 있었다.

FTA에서는 대부분 협상을 통해 결정되기 때문에 양측은 신중할 수 밖에 없으며, 때로는 서로의 만족치 못한 협상진행으로 협상에 많은 기간이 소요되거나 또는 중단되는 상황이 발생하기도 한다.

그러나 일반적으로는 몇 차례의 협상을 통해 적절한 협상결과가 도출되면 FTA는 타결(체결)되는 것이다. 이후 가서명과 공식서명을 거쳐, 각 나라의 국회에서 비준을 하게 되면 발효가 되어 비로소 FTA를 이행할 수 있게 된다. 이행한다는 것은 협상에서 결정된 관세철폐 및 인하 또는 그 밖의 협상결과를 실행에 옮길 수 있게 되는 것이다. 이행을 할 수 있다는 것은 FTA를 활용할 수 있게 된다는 의미가 되며, 활용하기 위한 정부 및 기업들의 역할이 중요해지게 된다.

1. FTA 협상과정

다자주의 체제인 GATT/WTO체제에서도 케네디라운드, 우루과이라운드, DDA 등의 협상을 통해서 어떠한 결과를 도출해 내듯이 FTA에서도 협상을 통해서 상호간의 이해관계를 조절한다.

다자주의체제와 지역주의는 같은 자유주의를 향하고 있어, 협상내용에 있어서

그림 2-2 WTO 조직구조

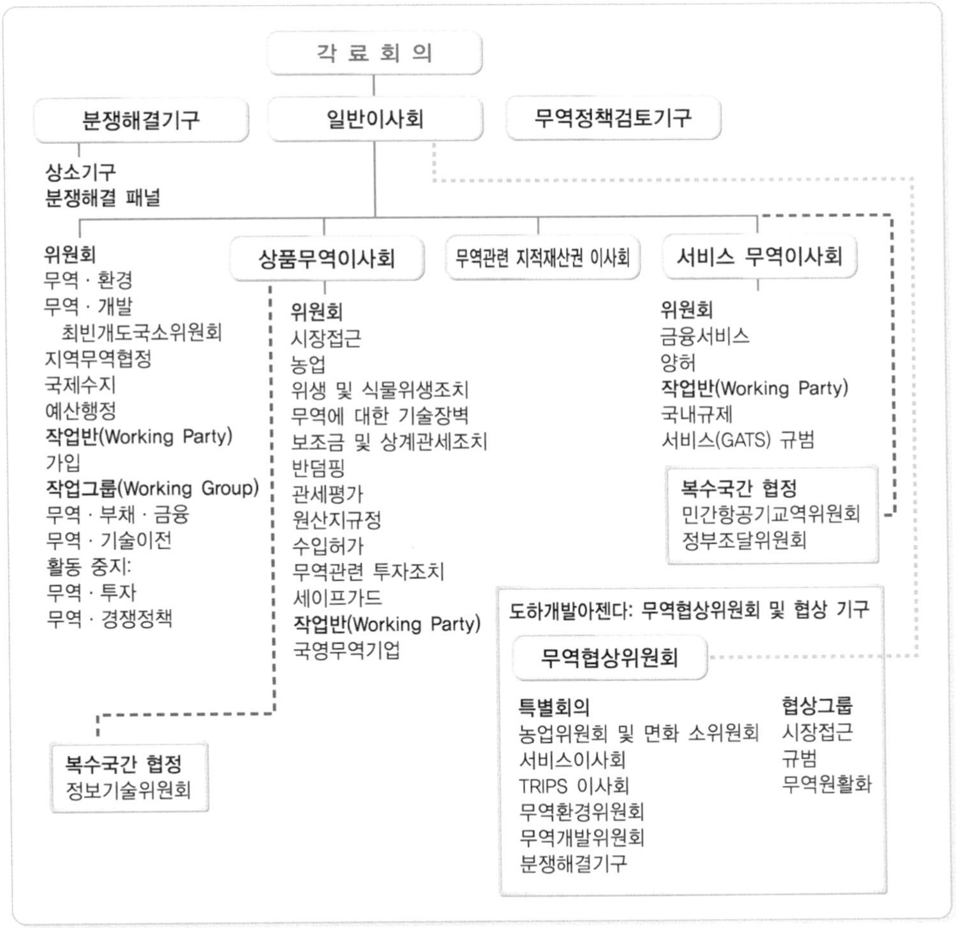

출처: WTO(2007) WTO 이해하기, 외교통상부통상교섭본부 p. 103.

도 많은 부분 닮아 있다. 우선 다자주의체제에서는 관세에 대한 철폐 및 인하를 비롯하여 자유무역피해를 구제하기 위한 반덤핑 및 세이프가드, 소비자 보호를 위한 위생 및 식물위생조치(SPS), 기술장벽(TBT) 등 동일 의제를 다룬다. 따라서 지역주의 즉 FTA의 협상체제의 기본은 WTO에 있으며, 각 협정별로 WTO+α 형식을 취한다.

FTA협상시에는 상품무역에 대한 관세양허를 기본으로 <표 2-4>의 내용들에 대해서 협상을 한다. 이외에도 전자상거래, 경쟁, 노동, 환경, 경제협력, 분쟁해결 등에 관한 의제를 포함시키기도 한다. 물론 협상상대국에 따라 관심을 많이 갖는 의제 등이 다를 수 있어 제외시키는 경우도 있지만 우리나라의 경우 일반적으로 <표 2-4>에 열거한 의제에 대해서 협상한다.

표 2-4 **FTA 주요 내용**

의제	내용
상품 무역	협정 당사국간 상품에 대한 내국민 대우 및 시장 접근 원칙을 규정. 관세철폐 조항 및 관세양허표 외 통상 비관세조치, 제도 규정 등으로 구성
서비스	서비스 자유화 관련 원칙·의무를 규정. 서비스 분야의 자유화 규모 및 폭 결정, 이에 대한 약속을 반영. 금융, 통신, 자연인 이동 분야의 경우 특수성과 전문성을 고려하여 별도 챕터 또는 부속서로 구성
투자	투자 자유화 및 투자 보호를 목적으로 하며, 협정문에는 투자와 관련된 원칙을 규정. 부속서는 외국인 투자 허용 분야를 열거한 유보 또는 양허 리스트로 구성
무역구제	협정 당사국간 교역으로 인하여 국내 산업이 피해를 입은 경우 관세 인상 등의 조치를 통해 구제하는 제도를 마련하기 위한 것으로, 통상 반덤핑, 상계관세, 세이프가드 제도 등으로 구성
원산지규정	원산지규정 챕터는 특혜관세 적용을 받기 위해서 당사국이 자국 원산지임을 인정받기 위해 충족해야 하는 기준을 정한 것으로, 협정문과 함께 HS코드 별로 품목별 원산지기준을 규정한 부속서로 구성
원산지 절차 및 통관	원산지 절차와 관세행정 관련 챕터로 이루어지며, 주로 협정 당사국 간 특혜 관세 신청을 위한 원산지 증명 방식, 사전판정, 기록유지 의무 및 검증, 수출 관련 의무, 특송 화물과 관세협력 등 세관에서 이루어지는 일련의 통관과 무역원활화 관련된 규정을 명시
기술장벽 TBT	양국의 표준, 기술규정 및 적합성평가절차가 협정 당사국 사이의 상품교역에 불필요한 장애를 초래하지 않도록 보장하기 위한 것이며 WTO TBT협정의 내용을 기반으로 투명성, 공동협력, 협의채널, 정보교환 등의 조항으로 구성
위생 및	각국이 자국민, 동식물의 건강과 생명보호를 위해 시행하는 조치로서, 일반적으

식물검역 (SPS)	로 무역을 제한하는 효과. FTA에서는 무역자유화 촉진이라는 FTA 체결의 기본취지에 따라, SPS 조치 관련 WTO SPS 협정상의 권리의무를 기초로 하여, 양국관계의 맥락에서 SPS 조치가 무역 제한적으로 기능하는 것을 방지하기 위한 규정들이 포함
지식재산권	상표, 특허, 디자인 등 실체적 권리의 보호수준과 권리에 대한 행정·민사·형사적 집행에 관한 협정 당사국간 제도를 조화하고 지식재산권 관련 협력을 제고하는 데 기여. 충실하게 구성된 지재권 챕터는 권리자와 이용자에게 법적 확실성을 제공하여 무역과 투자를 증진할 수 있는 기반
정부조달	세계 각국 GDP의 약 10-15%를 차지하는 큰 시장으로 신규시장 개척 효과. 시장개방에 대한 조건과 규칙들을 규정하기 위한 협상 분야. 보통 입찰 및 낙찰과정에서의 준수의무를 다루는 협정문 부분과 시장개방 대상과 개방 하한금액을 명시하는 양허표로 구성

출처: 산업통상자원부 홈페이지:http://fta.go.kr/main/situation/fta/main

협상은 몇 차례에 걸쳐 진행하게 되는데, 보통 5~10차례 정도의 협상이 이루어진다. 다음 <표 2-5>는 한·EU FTA 협상진행 사항을 정리한 것이다. 본 협상의 경우, 8차례 진행이 되었고, 기간도 협상에 2년 이상, 발효되기까지는 4년 이상 소요되었다.

표 2-5 한·EU FTA 협상 진행사항

협상차수	협상주요내용
제1차 2007.5.7-11 서울	• 상품 양허(개방)초안 6월 말까지 교환, 공산품에 대해 10년 내 예외 없는 관세 철폐. • 전체 95% 이상 관세철폐 원칙에 합의
제2차 2007.7.16-20 브뤼셀	• 한국 측 상품 양허안에 대해 EU측 실망 표시
제3차 2007.9.17-21 브뤼셀	• 한국 측 상품 양허 수정안 관련, '주고받기식(Request &Offer)'으로 협상모드 전환하자는 한국 측 제안을 EU측이 거부
제4차 2007.10.15-19 서울	• EU측의 주요 관심사안인 자동차 비관세에 대해 양측 의견차 재확인
제5차 2007.11.19-23 브뤼셀	• 상품 양허 분야에서 세부품목별 협의 재개 • 자동차 표준 관련, EU측은 한-미 FTA에 기초한 한국입장 수용불가 재확인
제6차 2008.1.28-2.1 서울	• 양측 견해차 큰 상품양허 및 자동차 기술표준 분야 공식협상 미개최, 경쟁·분쟁해결 등 일부 분과협상 타결

제7차 2008.5.12-15 브뤼셀	• 상품 양허 및 자동차 부문 공식협상 여전히 열리지 못함 • 원산지, 서비스, 비관세, 지적재산권 분과 협상
제8차 2009.3.23-24 서울	• 원산지, 관세환급에 대한 이견 • EU측은 관세환급 금지가 필요하다는 입장을 계속 주장하였으나, 우리측은 관세환급의 금지가 FTA 체결에 따른 관세감축 효과를 크게 축소시킨다는 점을 지적하여 이견이 계속됨.
2009.10.13	• 협정 가서명
2010.10.06	• 협정 정식서명
2011.05.04	• 우리 국회 비준통과 (유럽의회에서는 2011.02.17. 비준통과)
2011.07.01	• 한·EU FTA 발효

일반적으로는 FTA는 발효 이후에도 무역위원회를 개최하고 있다. 한·EU FTA 경우, 2011년 7월 1일 발효 이후 무역위원회의 개최를 통하여 양측간 무역현황 및 협정 이행상황을 평가하고, 상호 관심사항에 대한 의견교환 등을 하고 있다.

2. FTA 관세 협상

자유무역협정은 무역을 자유롭게 하고자하는 협정으로 자유무역의 전제 요건은 관세철폐와 비관세장벽의 완화, 서비스와 투자에서의 기업 활용 허용, 무역통상제도의 조화 등에 있다. 관세를 철폐하기 위한 상품분야에 대한 협상은 FTA협상에서 쟁점이 가장 많은 분야이다. 또한 FTA 협정에서 상품분야가 차지하는 비중이 높다.

FTA에서 협상은 매우 중요하다. 모든 것이 우선은 협상에서 결정되기 때문이다. 그 중에서도 관세협상은 매우 중요하다. 각 국의 품목별 관세는 취약산업을 보호할 목적의 조치이므로 특히 관세율이 높은 품목의 관세를 갑자기 철폐함으로 받는 충격을 줄이기 위해 여러 가지 방안이 마련되어 이다.

관세철폐와 관련되는 FTA 사항으로는 관세철폐 대상 품목 및 자유화 비율, 품목별 관세철폐 일정(스케쥴), 민감품목에 대한 예외규정, 원산지기준, 무역구제제도, 정부조달, 지적재산권 보호, 무역분쟁해결절차 등을 들 수 있다. 실제 협상에서 관세나 상품분야가 독자적으로 협상되는 것으로 보일 수 있으나, FTA 경험이 많은 국가들에서는 관세와 관련되는 사항을 종합적으로 분석하여 관세철폐에 대한 협상 전략을 준비하고 협상에 임하게 된다.

일반적인 협상순서는 관세철폐 및 무역자유화 전체 구도에 대한 전반적인 의견을 교환하고, 이에 따라 관세양허 유형(카테고리)을 설정하여, 관세양허 협상을 하게 된다. 관세양허 협상방식은 크게 모델리티(Modality) 방식과 Request/Offer 방식으로 나눌 수 있다. 관세양허 모델리티(Tariff Concession Modalities)는 UR, DDA 등 다자간 협상에서 관세감축율, 감축공식 등 협상의 기초가 되는 세부원칙을 먼저 정하고, 모델리티가 확정되면 각 회원국은 모델리티에 따라 국별 관세철폐안을 제출하여 검증을 받게 되는 것을 말한다. FTA에서는 서로 철폐안을 제출하여 상대국과 협의하는 과정을 통해 관세자유화 안을 정하게 된다.

Request/Offer 방식은 흔히 RO 방식이라고 하며, 요청서(Request lists)와 양허안(Offer lists) 교환을 통한 협상진행 방식이다. HS 품목별로 관세 협상을 할 수 있지만, 시간과 노력이 많이 소요되므로 산업별 협상을 하는 경우도 있다.

FTA 관세철폐 관련 협상의 주요 내용

□ 관세철폐 관련 FTA 내용
- 관세철폐 대상 품목 및 비율
- 관세철폐 일정
- 무역자유화 민감품목에 대한 예외규정
- 원산지기준
- 무역구제 제도
- 정부조달
- 지재권 보호
- 무역분쟁해결절차 등

□ 협상순서
- 관세철폐에 대한 전반적인 의견 교환
- 관세양허 카테고리 설정
- 관세양허 협상

□ 관세양허 협상방식
- 모델리티(Modality) 방식
- Request/Offer 방식

□ 품목별 협상

- 품목수가 많아 관세양허 카테고리 사용
- 산업별 협상 vs 품목별 협상

관세양허 유형(카테고리)에 있어서 품목별로 관세철폐 내용을 서술하는 것은 복잡할 뿐만 아니라 비효율적이므로 대부분의 FTA에서는 관세양허 유형을 도입하게 된다. 한·미 FTA에서의 관세양허 유형은 <표 2-6>에 제시된 바와 같이 협정 이행 즉시철폐를 의미하는 유형 A에서부터 유형 Z까지 규정하고 있다. 유형 Z는 협정 이행 시 기본 관세율을 20%로 인하하고, 2년차부터 9년에 걸쳐 균등적으로 낮춰 10년차 무관세화를 달성한다는 것이다. 기본 관세율을 먼저 20%로 낮춘다는 점에서 유형 Z는 기본 관세율이 20% 상회하는 품목이 대상이 될 수 있음을 예상할 수 있다.

표 2-6 **한·미 FTA 관세양허 유형**

유형	발효이후 철폐 소요기간	철폐방식	설 명
A	0년	즉시	발효일부터 즉시철폐
B	2년	균등철폐	이행 2년차 1월 1일부터 무관세 적용
C	3년	균등철폐	이행 3년차 1월 1일부터 무관세 적용
D	5년	균등철폐	이행 5년차 1월 1일부터 무관세 적용
E	6년	균등철폐	이행 6년차 1월 1일부터 무관세 적용
F	7년	균등철폐	이행 7년차 1월 1일부터 무관세 적용
G	10년	균등철폐	이행 10년차 1월 1일부터 무관세 적용
H	15년	균등철폐	이행 15년차 1월 1일부터 무관세 적용
I	10년	비선형철폐	이행 10년차 1월 1일부터 무관세 적용
J	12년	비선형철폐	이행 9년차부터 4년 균등철폐. 12년차 무관세
K	무관세 지속	-	기존의 무관세 적용 지속
L	9년	균등철폐	이행 9년차 1월 1일부터 무관세 적용
W	계절관세	비선형철폐	9월 1일부터 2월말까지: 기준세율 적용 나머지 기간: 이행시 30%로 인하. 2년차부터 6

			년 균등철폐. 7년차 무관세화
X	자유화예외	-	관세철폐 예외 품목
Y	-	-	협정상 아무런 의무사항 없음
Z	10년	비선형철폐	이행시 20%로 인하. 2년차부터 9년 균등철폐. 10년차 무관세화 달성

한·EU FTA는 20개의 양허 카테고리로 구성되어 있으며, 이중 각각 2개는 계절관세와 자유화예외 카테고리이다. 한·EU FTA는 (n+1)년 자유화원칙을 채택했는데, 예를 들어 2년(n=2) 카테고리 품목은 3년(n+1=3)차에 관세가 완전 철폐된다.

2007년 5월 6일 시점의 관세(한국, EU 공동관세)를 기준세율로 하며, 최장 20년간 관세철폐를 규정하고 있다. 2개 카테고리(10-A, 10-B)는 관세철폐 후반부에 상대적으로 높은 폭으로 관세를 인하하는 구조로 되어 있다. 참고로 기준 시점은 카테고리 0-20은 1월 1일을 기준으로 하나, 10-A부터 S-B까지의 카테고리상의 각 년도는 발효시점 12월경과 시점을 1년차로 한다.

양허 카테고리를 정하는 것은 협정에 따라 다르며, 유형을 알파벳이나 숫자를 이용하여 발효이후 철폐 소요기간, 철폐방식을 정하게 된다.

표 2-7 한-EU FTA 관세양허 카테고리

카테고리	관세철폐 시점	카테고리의 주요 내용
0	즉시	협정이행 즉시 철폐
2	3년	3년 균등철폐(1월1일)
3	4년	4년 균등철폐(1월1일)
5	6년	6년 균등철폐(1월1일)
6	7년	7년 균등철폐(1월1일)
7	8년	8년 균등철폐(1월1일)
10	11년	11년 균등철폐(1월1일)
12	13년	13년 균등철폐(1월1일)
13	14년	14년 균등철폐(1월1일)
15	16년	16년 균등철폐(1월1일)

18	19년	19년 균등철폐(1월1일)
20	21년	21년 균등철폐(1월1일)
10-A	10년	협정이행시 기준세율 5% 인하, 이후 10년차까지 관세철폐
10-B	10년	협정이행시 기준세율 20%로 인하, 이후 10년차까지 관세철폐
12-A	12년	1-8년차 기준세율 유지, 9년차부터 4년간 균등철폐
16-A	16년	이행부터 15년간 30%로 균등인하, 16년차 완전철폐
S-A	계절관세, 5년	5월1일-10월15일에는 무관세. 이외 기간에는 협정이행즉시 24%로 인하, 2년차부터 4단계 균등철폐
S-B	계절관세, 7년	9월1일-2월말까지 무관세. 이외 기간에는 협정이행즉시 30%로 인하, 2년차부터 6단계 균등철폐
E	예외	기존 관세 유지
X	예외	협정상의 의무 면제

FTA는 협정에 따라 일물다관세율 구조 및 일물다원산지구조라고 표현할 수 있다. FTA 체제하에서는 동일한 품목에 대하여 FTA별, 연차별로 상이한 관세율이 적용되며, 원산지기준도 품목 및 FTA에 따라 기준이 다른 특징을 가지고 있다. 동일한 물품이라도 FTA 체결 상대국에 따라 관세철폐율 및 관세인하 스케줄이 다르다. 따라서 수출입기업들은 FTA 상대국의 FTA 협정관세율을 미리 확인해야 한다. FTA가 체결되었다고 해서 모든 상품에 대해서 즉시 관세가 철폐되는 것은 아니기 때문이다.

FTA 협상에서 타결이 가장 어려운 분야가 상품교역분야에 대한 관세인하 및 철폐 스케줄이다. 주요 쟁점사항은 기본관세율 및 관세철폐 시기의 설정과 대상품목의 선정이고, 산업별로는 공산품에 비해 농업, 수산업 등 기초산업에 대한 시장개방 협상이 어려우며, 품목별 민감도에 따라 관세양허 일정이 조정된다. 회원국간에 거래되는 모든 수출품목이 특혜관세의 대상이 되는 것은 아니고, 특혜원산지규정에 명시된 방식에 따라 회원국산 제품으로 인정된 수출품에 한해서만 무역상의 특혜를 적용받게 된다.

또한 FTA를 통해 관세가 철폐되더라도 원산지규정이 자국산업에 유리하게 규정되어 있지 않다면 FTA로부터 큰 혜택을 기대할 수 없다. 자국 기업 전반에 유리한 원산지규정을 설정하는 것이 FTA 경제이익 실현에 매우 중요하다.

흔히 FTA가 체결되는 즉시 무역자유화가 이루어지면 취약한 자국 산업이 단기간에 큰 타격을 입는 것으로 알려져 있으나, 민감한 분야에 대해서는 보통 5~15년에 걸쳐 단계적인 자유화를 실시하게 된다. 관세인하 이행기간 중에는 양자간 세이프가드(긴급수입제한) 조치를 통해서 다른 회원국으로부터 수입이 급증한 품목에 한해서는 수입을 제한할 수도 있다.

관세철폐는 GATT 제24조에 의해 거의 대부분의 품목(Substantially all the Trade)에 대해서 관세철폐가 이루어져야 한다. 일반적으로 거의 모든 품목에 대한 해석에 대해서 많은 의견이 있지만, 90%이상의 품목에 대해서 관세협상을 해야 된다는 것이다. 예를 들어 어떠한 산업이 상대국에 비해서 경쟁력이 떨어진다고 하여 그 산업 전체를 관세철폐협상에서 제외시킬 수는 없고, 민감한 품목위주로 기간을 정해두고 서서히 철폐를 하는 경우가 있다. 우리나라의 경우 쌀은 민감한 상품으로 취급되어 FTA협상에서 관세철폐 양허 대상품목에서 제외시키고 있다. 각 나라에 따라서는 품목에 따라 민감한 품목이 있기 마련인데, 이러한 품목은 일반적으로 관세가 높기 때문에 협상시 즉시 철폐시키는데 어려움을 갖고 있어, 5년, 10년 등의 기간을 두고 철폐한다. 우리나라의 경우 공산품에 비해 농산품에 대한 관세가 높아 즉시 철폐보다는 기간을 두고 철폐되는 것이 일반적이다. 그러나 어떠한 나라든지 민감한 품목이 있기 마련이므로 이러한 품목에 대한 관세협상시에서는 서로가 예민한 상황에서 협상을 하게 된다.

일반적으로 관세는 선진국은 비교적 낮고, 개도국은 높은 경향이 있어, 개도국간의 협상시에는 관세철폐에 관심이 집중된다. 이에 비해 선진국위주의 협상에서는 관심의 대상이 분산되는 경우가 있다.

개도국은 관세율이 비교적 높은 관계로 품목에 따라 관세양허 대상품목에서 제외시키거나 긴 기간을 두고 점차적으로 관세철폐를 시키므로 FTA활용도가 낮다는 평가를 받게 된다. 예를 들어 우리나라의 경우 아세안, 인도와의 FTA의 경우 관세철폐 예외품목이 다수이고 관세인하폭이 크지 않기 때문이다.

제4장 FTA 협정문

지난 10년 사이 베트남과 같은 개도국에서부터 미국, EU 등 선진국에 이르기까지 다양한 국가와 FTA를 추진하였으나, FTA별 협정 내용은 상대국 경제 위상이나 발전 수준 차이만큼이나 격차가 큰 편이다.

전통적으로 FTA는 무역자유화(보다 정확하게는 관세철폐)를 목적으로 추진되었으나, 1990년대 들어 포괄적인 협정으로 발전했다. 세계 최초의 포괄적인 협정은 1994년 발효된 미국, 캐나다 및 멕시코 간 북미자유무역협정(NAFTA)으로 평가받고 있다. 포괄적인 FTA는 관세분야, 서비스, 투자, 무역규범, 지적재산권보호, 정부조달, 규제완화, 제도의 투명성 등을 포함하고 있다. 포괄적인 FTA이더라도 협정 추진의 목적, 회원국 특성 등에 따라 그 내용이나 협정의 체제가 상이하게 되며, 동일한 국가가 체결한 협정도 상대국에 따라 협정 내용을 다르게 규정하는 것이 일반적이다.

FTA의 대상범위는 협정 및 회원국에 따라 다양한데, 미국, 유럽, 우리나라 등이 체결한 협정의 포괄범위가 상당히 넓은데 비해, 개발도상국간의 협정은 상품분야의 무역자유화에 중점을 두고 있다. 그러나 자유무역협정은 점차 대상범위를 확대하고 있으며, 일반적으로 상품, 서비스, 투자, 지적재산권 등을 기본내용으로 하고, 정부조달, 경쟁정책, 환경, 노동기준 등으로 확대되는 경향을 보이고 있다.

가장 대표적인 FTA인 NAFTA의 구성요소를 살펴보면, 관세 및 비관세장벽 · 원산지규정 · 통관절차 등으로 이루어진 상품교역 분야, 투자 및 서비스교역 분야, 표준 · 정부조달 · 지적재산권 · 반덤핑 · 환경 · 노동 등 무역규범 분야, 분쟁해결절차 · 각종 협력 및 검토위원회 등 기타분야로 크게 나눌 수 있다.

전체적으로 보면 대부분의 FTA는 유사한 구조를 가지고 있으며, 지역무역협정에 대한 다자무역규범 체계와 부합하는 내용을 바탕으로 하면서 부분적으로 현행 WTO 규범을 능가하는 내용(WTO plus)을 추가함으로써 회원국간 무역과 투자를 활성화시켜 나가고 있다. 원산지규정은 FTA 협정의 일부분이지만, FTA 전체 구성을 파악하는 것이 원산지규정을 이해하는데 도움이 된다. 우리나라는 협상을 진행하고 있거나, 협상 준비를 하고 있는 나라도 있지만 발효는 2016년 1월 현재 15개이다. 각각의 협상에 대해서 협상 내용에 대해서는 만족하거나 아쉬움이 남는 협상도 있겠지만, 가장 의제가 많고 다채로운 협상으로 한·미 FTA를 꼽는다. 이 장에서는 한·미 FTA 협상 및 협정문을 위주로 설명하고자 한다.33)

1. FTA 협정문 구조

협정의 포괄성이 높을수록 협상쟁점이 많아지고 협상 타결에 더 많은 시간과 노력 투입이 필요하다. 포괄적인 FTA를 추구하는 협상에서는 무역규범, 서비스, 투자 등 경제통상제도에 관련된 쟁점 타결에 많은 시간과 노력이 투입되며, 농업, 자동차, 섬유 등 상품분야가 핵심쟁점으로 작용하는 사례도 다수 있다. 한·미 FTA 협상에서는 쇠고기, 자동차 시장개방 협상이 난항을 겪었고, 한·EU FTA에서는 자동차분야 쟁점이 협상타결 막바지에 가서야 해소될 수 있었다.

개도국간 FTA에서는 관세철폐 등 시장개방 문제가 주요 협상쟁점이 되는 반면, 서비스와 투자 등에 대한 내용없이 상품분야 위주로 협정이 구성되거나, 상품분야 외 다른 내용에 대한 장(Chapter)을 설치하더라도 회원국에게 부담이 되지 않는 내용을 포함하고 있다. 즉 협정의 구성과는 달리 선언적 내용이 많다. FTA 협정문은 대체로 천 페이지 내외로 구성되어 분량이 많을 뿐만 아니라 협정 내 관련 분야를 연관시켜 해석해야 하므로 일반인들이 협정 내용을 파악하는 것이 쉽지 않다. 전문용어 외에도 법률적 표현을 쉽게 해석하기 어렵고, 한·아세안 FTA와 같이 분야별 합의 내용을 별도의 협정을 체결함에 종합적으로 협정을 파악하기 어려운 경우도 있다.34)

여기서는 우리나라가 체결한 FTA 중 한·미 FTA는 협정의 범위가 가장 포괄적이고 협정의 전체 수준이 가장 높은 것으로 평가되므로 한·미 FTA 협정문 내용을 소개하고자 한다. 한·미 FTA 협정의 국문 정식명칭은 "대한민국과 미합중국간 자유무역협정"이며, 전문(Preamble), 협정 본문(장, Chapter), 부속서(Annex), 부록(Appendix), 서한(letter)으로 구성되었다. 각 장(Chapter)은 핵심내용, 정의 등을 제시하는 본문과 관련부속서, 부록, 부속서한 등으로 구성되며, 대부분은 부속서와 양국 간 통상장관 명의의 서한이 첨부되어 있다. 부속서는 품목

33) 이 장의 내용은 정인교(2012)『FTA통상론』, 정인교(2016 출간예정)『FTA협정론』의 내용을 참고하여 작성하였음.

34) 한·아세안 FTA는 총 5개의 별도 협정으로 구성되어 있는데, 포괄협정(framework agreement), 상품분야 협정, 서비스협정, 투자협정 및 분쟁해결절차규정임.

별 원산지기준, 관세양허안 등과 같이 내용이 방대한 것을 별도로 정리하거나 협정의 의미를 명확하게 하기 위해 주로 사용되며, FTA협상에서 권한 있는 당국자의 서한도 협정문의 해석 시 발생할 수 있는 혼선을 피하기 위해 사용되고 있다.

표 2-8 협정 구성 요소별 주요 내용

구성 요소	주요 내용
전문 (Preamble)	협정 체결의 일반적인 목적을 선언적으로 규정
장 (Chapter)	분야별로 Chapter를 분류하여, 양측간 합의 내용을 협정 본문에 규정
부속서 (Annex)	관세양허안 또는 서비스 유보안처럼 분량이 방대하거나, 협정문 본문에 두는 것이 적절치 않은 특정 분야의 합의 내용을 규정
부록 (Appendix)	부속서에 딸린 부록은 부속서 내용 중에서도 보다 구체적이고 기술적인 세부내용을 규정
서한 (Letter)	협정 내용 중 해석상 이해가 다를 경우를 대비하여, 협상과정에서 합의한 해석내용 또는 협상과정의 논의내용을 확인하는 서한 형태의 문서

자료: 대한민국 정부(2007), “한·미 FTA 상세 설명자료”

한·미 FTA 협정문의 경우, 제2장부터 제10장까지의 내용은 상품교역에 대한 내용으로 구성되어 있으며, 상품분야 시장접근, 농업, 섬의류, 의약품과 의료기기, 원산지기준, 관세행정 및 통관절차, 동식물 검역, 기술장벽, 무역구제 등의 내용을 담고 있다.

제11장은 투자관련 내용을, 제12장부터 제14장까지는 서비스분야를 규정하고, 제12장은 서비스 일반에 대해, 제13장 금융서비스, 제14장은 통신서비스 내용을 포함한다. 제15장부터 제22장까지는 무역규범에 관련된 내용을 규정하고 있다.

표 2-9 한미 FTA 협정 본문 장별 주요 내용

제1장 최초규정 및 정의	제13장 금융서비스 규정
제2장 상품분야 자유화 및 양허표	제14장 통신서비스 규정
제3장 농업분야 자유화	제15장 전자상거래 규정
제4장 섬유 및 의류 관련 규정	제16장 경쟁정책 관련 규정

제5장 의약품 및 의료기기 관련 규정	제17장 정부조달 자유화 및 규정
제6장 원산지 규정 및 원산지 절차	제18장 지적재산권보호 규정
제7장 관세행정 및 무역원활화	제19장 노동기준 관련 규정
제8장 위생 및 식물위생 조치	제20장 환경보호 규정
제9장 무역에 대한 기술장벽 규정	제21장 투명성강화 규정
제10장 무역구제	제22장 제도 규정 및 분쟁해결
제11장 투자자유화 및 보호규정	제23장 예외
제12장 서비스무역 관련 규정	제24장 최종규정

또한 10장에서는 무역자유화, 덤핑, 수출국의 보조금 지급 등으로 특정물품의 수입으로 인하여 국내산업이 피해를 입거나 입을 우려가 있을 경우, 당해 수입물품에 대하여 관세조치 및 비관세조치 등의 구제조치를 취하여 국내산업을 보호하는 제도인 무역구제제도를 도입하였다.

기술규정이나 동식물의 위생검역을 까다롭게 해서 상대국 기업의 국내 진입을 방해하는 것을 기술장벽(TBT) 또는 위생검역협정(SPS)이라고 하는데, FTA에서 이들 분야는 주로 WTO 관련 규정을 따르게 하거나 WTO 규정보다 극히 일부 강화된 내용을 규정하는 것이 일반적이다. 한·미 FTA도 이러한 추세에서 벗어나지 않는다.

같은 선진국이지만, 한·EU FTA는 한·미 FTA보다 포괄범위가 상대적으로 좁은 편이다. 실제 협정의 장을 살펴보면 이를 파악할 수 있다. 한·미 FTA는 24개의 장으로 구성되어 있으나, 한·EU FTA는 15개장으로 정리되어 있다. 다만, 상품, 서비스, 지적재산권보호, 정부조달 등은 두 협정에 공통적으로 포함되어 있다.

표 2-10 한 · EU FTA 구성

구 분	Chapter 명칭	주요 내용
제1장	Objectives and General Definitions	목표 및 일반 정의
제2장	National Treatment and Market Access for Goods	내국민대우 및 상품분야 시장 접근

제3장	Trade Remedies	무역구제
제4장	Technical Barriers to Trade	기술장벽(TBT)
제5장	Sanitary and Phytosanitary Measures	위생검역(SPS)
제6장	Customs and Trade Facilitation	통관원활화
제7장	Trade in Services, Establishment and Electronic Commerce	서비스교역 및 전자무역
제8장	Payments and Capital Movements	지불 및 자본이동
제9장	Government Procurement	정부조달
제10장	Intellectual Property	지식재산권
제11장	Competition	경쟁정책
제12장	Transparency	투명성
제13장	Trade and Sustainable Development	교역 및 지속발전
제14장	Dispute Settlement	분쟁해결절차
제15장	Institutional, General and Final Provisions	최종규정

그림 2-3 우리나라 FTA의 포괄범위 비교

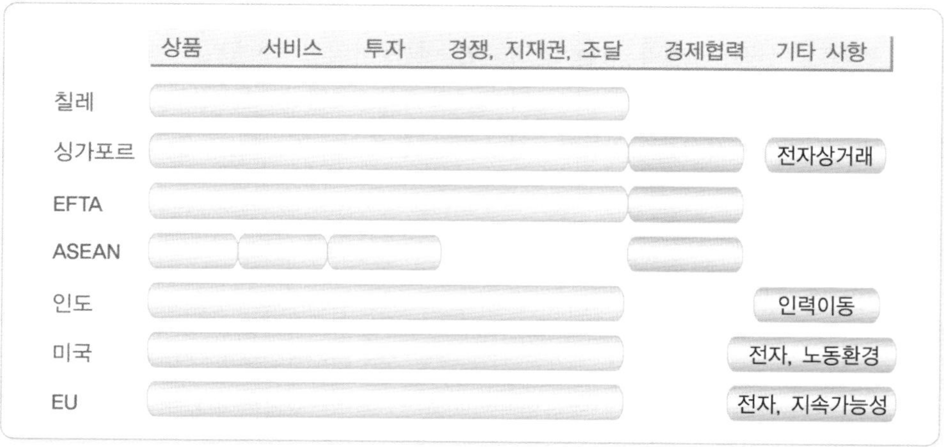

한·미 FTA는 포괄범위가 넓지만, 우리나라가 체결한 FTA중 개도국과의 협정은 상대적으로 포괄범위가 좁게 합의되었다. 예를 들어, 아세안과의 FTA에서는 상품, 서비스, 투자, 경제협력이 포함되어 있으나, 이들 세부 분야의 내용도 전반적으로 낮은 수준의 협정인 것으로 평가되고 있다.

2. 상품무역 분야

일반적으로 FTA에서 상품분야는 협정의 핵심부분이며 협정의 전반부에 배치된다. 상품분야는 일반규정, 관세, 원산지기준, 통관절차, 자동차 등 특정 산업에 대한 내용 등을 2-3개의 개별 장에 포함시키게 된다.

가. 관세철폐

회원국은 각각의 관세철폐 스케줄에 따라 상대국산 상품(공산품/임 · 수산물)에 대해 관세를 철폐함으로써 무역자유화를 촉진시키게 된다. 관세철폐 스케줄 협상은 전체 협상에 영향을 주는 분야이며, 협상 타결에 가장 애로가 크고 양국 간 이해관계가 충돌하는 것이 일반적이다.

원칙적으로 회원국은 상품무역을 저해하는 규제나 제도를 도입하지 말아야 한다. 부득이 필요한 경우 협정에 정해진 절차를 준수해야 한다. 즉, 신규수입허가를 도입할 경우, 신규허가절차 발효 전에 정부기관지에 게재하거나 인터넷 등을 통해 공개해야 하며, 상품협정의 운영과 관련된 양국 간 협의채널로서 상품위원회를 설치하여 회원국 간 무역현안을 협의해 나가도록 규정하고 있다.

한·미 FTA에서 양국은 제조업 상품분야 관세를 완전철폐하기로 하였으며, 수입액기준 약 94%의 품목을 조기(3년 내) 철폐하기로 합의하였다. 한·미 양국은 제조업 품목에 대한 관세철폐에 이견이 없었지만, 민감한 품목인 농산물, 수산물 및 임산물에 대해서는 장기철폐, 비선형 관세철폐,[35] 수입쿼터(TRQ)[36] 등을 도입하

---

35) 비선형관세철폐란 협정 이행 초기에는 관세를 덜 인하하고, 협정 이행 후반부에는 상대적으로 높은 비율로 관세를 인하하는 것을 의미함. 주로 개방에 민감한 품목을 대상으로 설정함.

36) 수입쿼터(TRQ: Tariff Rate Quota)란 '저율관세할당'을 의미하며, 일정 물량을 낮은 관세율로 수입하는 제도임. 우리나라는 쌀, 쇠고기 등 농산물을 일정물량 수입하기로 우루과이라운드(UR)에서 합의하였음. 주로 개방이 어려운 분야에 대한 관세를 인하하지 않거나 수입개방하지 않는 대신 일정물량을 의무적으로 수입하기로 함으로써 상대국의 이해를 일부 충족시켜 주게 됨. FTA에서도 이러한 제도를 도입하는 사례가 있으나, 기존 UR 합의물량을 FTA 대상국에게 배정하는 경우가 많음.

게 되었다.

많은 FTA에서 일반 제조업 상품분야와는 별도로 농업분야에 대해서는 별도로 농업챕터(장)에 관련 내용을 규정하게 된다. 즉, 우리나라의 경우, 농산물 개방은 민감하므로 일반 상품과는 다르게 취급하는 것이 FTA에서 보편화되어 있으며, 우리나라가 체결한 협정에서는 가장 민감한 농산물인 쌀에 대해서는 자유화예외를 일관되게 규정하고 있다. 2014년 말 우리 정부가 쌀 관세화를 단행함으로써 향후 쌀이 FTA에 포함될 것인가가 관심의 대상이 되고 있다. 한·미 FTA에서 쌀과 관련 제품을 제외한 대부분의 농업품목에 대한 관세를 인하 및 철폐하기로 하되, 쇠고기, 돼지고기, 인삼, 고추, 마늘, 양파 등에 대해서는 물량을 기준으로 한 농산물 특별세이프가드(SSG) 제도를 도입하기로 하였다.

쇠고기, 오렌지, 낙농품, 꿀, 식용대두, 식용감자 등 민감품목에 대해서는 다양한 예외적 취급 방식도 도입되었다. 즉, 현행관세를 유지하되, 쿼터 제공, 관세 장기 철폐, 계절관세, 농산물 특별세이프가드 등을 적용하기로 했다.

현행관세가 유지되는 품목은 수확기의 오렌지(50%), 탈지・전지분유(176%), 연유(89%), 식용감자(304%), 식용대두(487%), 천연꿀(243%) 등이며, 이들 품목에 대해서는 기존 수입실적 및 수입전환효과를 감안하여 소량의 무관세 쿼터를 제공함으로써 미국 측에 최소한의 시장접근 기회를 보장해 주기로 했다.

표 2-11 농산물 양허협상 결과

양허유형	주요 품목
양허제외	쌀
현행관세, 수입쿼타	오렌지(성출하기), 식용 대두, 식용감자, 탈지・전지분유, 연유, 천연꿀
계절관세	포도(성출하기 17년, 비출하기 5년), 스낵용 감자(출하기 7년 유예 후 8년, 비출하기 즉시철폐)
장기철폐, 세번분리	사과(후지 20년, 기타 10년), 배(동양배 20년, 기타 10년)
장기철폐, 세이프가드	쇠고기(15년), 돼지고기(냉장 2개, 10년), 고추・마늘・양파(15년) 인삼(18년), 보리(15년), 맥주맥・맥아(15년), 전분(10~15년)
15년	호두(미탈각), 밤, 감귤, 송이버섯, 표고버섯, 필터담배
12년	닭고기(냉동가슴살, 날개), 냉동양파, 수박, 보조사료

10년	복숭아, 감, 단감, 감귤쥬스, 잎담배, 자두
6~9년	신선 딸기(9년), 맥주 · 아이스크림 · 살구 · 팝콘용옥수수 · 아이스크림(7년), 돼지고기(2014.1.1, 기타), 호두(탈각) · 옥수수유(6년)
5년 이내	완두콩 · 감자(냉동) · 토마토주스 · 오렌지주스 · 위스키 · 브랜디(5년), 해조류(3년), 아보카도 · 레몬(2년)
즉시 철폐	오렌지 쥬스(냉동), 산동물, 화훼류, 커피, 포도주, 밀, 사료용 옥수수, 채유용 대두, 아몬드

주: 괄호안의 숫자는 관세철폐기간
자료: 농림부(2007), "한·미FTA 농업부문 협상결과와 대응방안". 공직자설명회자료(4월 11일)

미국에게 민감한 섬 · 의류 관세를 철폐하되, 엄격한 원산지기준을 도입하고 있다. 양국은 섬 · 의류 제품 생산을 위한 기초 투입재의 국내 공급물량이 부족할 경우 원산지기준 개정을 위한 협의 절차를 마련함으로써 엄격한 원산지기준으로 인한 문제점을 보완하고 있다. 즉 회원국의 요청이 있는 경우 60일내 개정을 위해 노력하기로 합의하였다.

우리나라가 농업에 대한 특별세이프가드를 요청한 것과 유사하게 미국은 자국 산업의 민감성을 이유로 섬 · 의류분야 세이프가드를 관철했다. 섬 · 의류는 미국에게 개방하기 민감한 산업이다. WTO 일반 세이프가드보다는 완화된 조건하에 섬 · 의류분야 세이프가드가 발동될 수 있으며, 품목별 관세철폐 후 10년간 발동이 가능하며, 원산지기준은 원칙적으로 원사기준(yarn-forward)이며,[37] 린넨, 여성재킷, 남성셔츠 등 우리 주력 수출품목 중 원사기준 충족이 어려운 품목에 대해서는 원사기준 예외를 확보하였다.

나. 통관절차

통관절차의 신속화 · 간소화를 위해 수입화물 신속반출제, 특송화물 통관절차 간소화, 원산지자율증명제도 및 사전판정제도 등이 도입되었다. 이들 제도의 다수는 FTA와 무관하게 실시되고 있던 것이지만, 일부는 한·미 FTA를 통해 처음으로 도입되었다. 대표적인 것이 48시간 내 반출제도이다. 수입화물이 공항 · 항만에

37) 원사기준이란 실의 소재가 되는 원면이나 양모는 수입산을 사용할 수 있으나, 국내에서 실을 짜고, 국내산 실로 옷감을 만들어, 옷을 재단 및 봉재해야 하는 것을 의미함. 원산지기준 중 가장 까다로운 기준으로 알려져 있으며, 미국이 체결하는 협정에서는 섬 · 의류에 대해 이러한 기준을 적용하고 있음.

도착된 후 원칙적으로 48시간이내에 반출토록 하고, 수입신고서류도 화물 도착 전에 제출할 수 있게 하는 수입 전 사전신고 제도를 채택하였다.

특송화물 통관절차 간소화를 위해 특급탁송화물의 통관서류를 최소화하는 등 통관절차를 대폭 간소화하고, 원칙적으로 통관서류 제출 후 4시간 이내에 국내반출이 가능하도록 하는 절차를 도입하였다.

수출업체, 생산업체 또는 수입업체가 특혜관세 신청에 필요한 원산지증명서를 자율적으로 작성・발급 가능하며, 특혜관세 적용에 필요한 품목분류・원산지・쿼터세율 등 의문사항에 대해 세관당국이 미리 심사하여 알려주는 사전판정제도를 적용하였다.

한·미 FTA 협상과정에서 미국은 섬・의류의 우회수입방지를 위한 제도적 장치 도입을 강력하게 요청했다. 제3국 물품의 우회수입방지를 위하여 세관당국이 수출국의 수출자 또는 생산자를 대상으로 원산지의 적정여부를 직접 검증할 수 있는 원산지 현지실사제도를 도입하였다.

한편, 원산지의 실사과정에서 상대국이 인지하는 기업비밀 및 과세자료에 대해 비밀유지 제도를 적용하기로 했다. 원산지검증 과정에서 수출입업체가 수입국의 세관당국에 제출한 자료에 대해서는 비밀유지를 의무화하고, 제출자의 동의 없이는 다른 목적으로 사용할 수 없도록 규정하였다.

또한 세관당국의 원산지검증요구를 기피・방해하거나 증빙서류 제출을 거부하는 때에는 특혜관세를 배제하는 내용을 명문화하였다. 또한 양국 간 통관제도 개선 및 부정무역 단속에 관한 정보교환 등 상호협력 장치를 마련하고, 통관협력위원회를 설치하여 양국 간 관세협력 및 통관신속화에 관한 사항을 정기적으로 협의하게 된다.

제5장 FTA 관세특례법

FTA를 이행하기 위해서는 국회의 비준절차를 거쳐야 한다. 국회비준은 서명된 FTA 협정을 일반법으로 법제화하는 입법조치이다. 하지만 보다 원활한 협정이행을 위해 일반적인 원칙만을 규정하거나 국내법령의 이행에 필요한 사항을 위임하거나 협정에서 정한 사항이 국내법령과 상충되는 경우에는 협정의 원활한 집행을 위하여 FTA 이행에 필요한 이행절차법을 마련하게 된다.

특히 우리나라와 같이 기존의 관세제도와 상이한 새로운 제도와 절차를 도입해야 하거나, 국내 이행 법적 근거와 체계를 갖추지 아니할 경우, 집행과정에서 협정의 해석은 물론이고 영향 예상을 어렵게 하는 등 상당한 혼란과 오류가 발생할 수 있다. 미국, 캐나다 등 선진국도 FTA의 원활한 국내이행을 위하여 FTA 이행절차법과 같은 관련 법을 제정하거나 개정함과 동시에 국내법과 상충되는 내용에 대해서는 관세법령 등에 재규정하는 방식을 채택하고 있다. FTA 이행에 필요한 이행절차를 국내법으로 반영하는 방법으로는 FTA가 체결될 때마다 개별 법률을 제정하는 방식과 모든 FTA의 국내이행에 필요한 보편적 이행절차를 규정한 기본법을 제정하는 방식이 있다.

우리나라가 최초로 이행한 FTA인 「대한민국 정부와 칠레공화국 정부간의 자유무역협정」 인 한·칠레 FTA의 경우에서는 본 FTA만을 적용대상으로 하는 개별법 성격의 "한·칠레 FTA 특례법"을 제정 · 시행하였다. 그러나 우리나라의 두 번째 FTA인 한·싱 FTA가 국회에서 비준 동의를 받은 것을 계기로, FTA 시행에 따른 혼란을 최소화하면서, 협정과 국내법령 체계의 조화를 도모하고 법적 안정성을 유지하기 위해 "FTA 관세특례법"을 제정 · 시행하게 되었다.

2005년 12월 31일 제정 · 공포되어 정식적인 명칭은 「자유무역협정의 이행을 위한 관세법의 특례에 관한 법률」 이지만, 간략하게 "FTA 관세특례법"이라 칭한다. 같은 해 12월 1일 국회에서 비준동의를 받은 한·싱 FTA를 비롯하여 이후 체결되는 모든 FTA의 효율적이고 원활한 국내이행을 위하여 제정되어 2006년 3월 2일 한·싱 FTA 발효와 동시에 시행하였다. 이후 한·EFTA FTA, 한·아세안 FTA 등 이후 발효되는 FTA에도 FTA 관세특례법을 별도로 개정하지 않고 협정사항을 시행령 등에 반영하여 관세양허안 이행상의 효율성을 제고하고 있다.

가. FTA 관세특례법의 목적

「자유무역의 이행을 위한 관세법의 특례법(일명: FTA 관세특례법)」 제1조에 따르면, 우리나라가가 체약상대국과 체결한 자유무역협정의 이행을 위하여 필요한 관세의 부과・징수 및 감면, 수출입물품의 통관 등 「관세법」의 특례에 관한 사항과 자유무역협정에 규정된 체약상대국과의 관세행정 협조에 필요한 사항을 규정함으로서 자유무역협정의 원활한 이해와 국민경제의 발전에 이바지함을 목적으로 한다고 되어 있다.

관세의 부과・징수 및 수출입물품의 통관을 적정하게 하기 위해 관세법이 존재하지만, FTA의 경우에는 관세법의 특별한 예외로서 특례를 정함을 목적으로 한다.

향후 다양한 국가들과의 FTA체결에 대비하여 자유무역협정의 원활한 이행과 국민경제의 발전에 기여하고자 하는 목적으로 보다 넓고 포괄적으로 규정함으로써 동 법은 FTA체결 관련 기본법으로서의 성격을 갖고 있다.

표 2-12 **FTA 협정문과 FTA 특례법령 현황**

FTA 협정 발효	국내법령
한-칠레 FTA 협정, 한-싱FTA 협정 한-EFTA FTA 협정, 한-ASEAN FTA 협정 한-인도 FTA 협정, 한-EU FTA 협정 한-페루 FTA 협정, 한-미 FTA 협정 한-터키 FTA 협정, 한-호주 FTA 협정 한-캐나다 FTA 협정, 한-중국 FTA 협정 한-뉴질랜드 FTA 협정, 한-베트남 FTA 협정	자유무역의 이행을 위한 관세법의 특례법 - 법률/시행령/시행규칙 - 품목별 원산지 기준 별표 규정 - 자유무역의 이행을 위한 관세법의 특례에 관한 법률 사무 처리에 관한 고시

법률 적용 우선순위에 있어 동법은 「관세법」에 우선하여 적용한다. 다만, 이법에서 정하지 아니한 사항에 대해서는 「관세법」에서 정하는 바에 따른다.

「자유무역의 이행을 위한 관세법의 특례법」 또는 「관세법」이 「FTA 협정문」과 상충되는 때에는 협정문을 우선하여 적용한다.

나. 용어의 정의(법률에서의 정의, 법 제2조)

이 법에서 사용하는 용어의 정의는 이 법 제2조와 이 법 시행규칙 제2조에 규정하고 있으며, 이 법에서 특별히 정하고 있는 경우를 제외하고는 관세법 제2조(정의)의 규정을 준용한다.

1. "자유무역협정"이란 우리나라가 체약상대국(締約相對國)과 관세의 철폐, 세율의 연차적인 인하 등 무역의 자유화를 내용으로 하여 체결한 「1994년도 관세 및 무역에 관한 일반협정」 제24조에 따른 국제협정과 이에 준하는 관세의 철폐 또는 인하에 관한 조약·협정을 말한다.
2. "체약상대국"이란 우리나라와 자유무역협정(이하 "협정"이라 한다)을 체결한 국가(국가연합·경제공동체 또는 독립된 관세영역을 포함한다. 이하 같다)를 말한다.
3. "관세당국"이란 우리나라의 기획재정부장관·관세청장·세관장 및 체약상대국의 관세 관련 법령·협정(관세 분야만 해당한다)의 이행을 관장하는 당국을 말한다.
4. "원산지"란 관세의 부과·징수 및 감면, 수출입물품의 통관 등을 할 때 협정에서 정하는 기준에 따라 물품의 생산, 가공, 제조 등이 이루어진 것으로 보는 국가를 말한다.
5. "원산지증빙서류"란 우리나라와 체약상대국 간의 수출입물품의 원산지를 증명하는 서류(이하 "원산지증명서"라 한다)와 그 밖에 원산지 확인을 위하여 필요한 서류·정보 등을 말한다.

시행규칙에서의 정의(시행규칙 제2조)

1. "영역"이라 함은 다음 각 목에 해당하는 지역을 말한다.
   가. 우리나라: 우리나라의 주권이 미치는 영토·영해 및 영공과 국제법 및 국내법에 따라 주권적 권리 또는 관할권이 행사되는 영해의 외측한계선에 인접하거나 외측한계선 밖(협정에서 정하는 경우만 해당한다)의 해저·해저층을 포함한 해양지역
   나. 싱가포르: 싱가포르의 주권이 미치는 영토·영해(내륙수로를 포함한다) 및 영공과 영해 밖의 해양지역(해저 및 해저층을 포함한다) 중 천연자원

의 탐사 및 개발을 위하여 국제법 및 싱가포르의 국내법에 따라 싱가포르가 주권적 권리 또는 관할권을 행사하는 지역

다. 유럽자유무역연합 회원국: 아이슬란드공화국, 리히텐슈타인공국, 노르웨이왕국 및 스위스연방(이하 "유럽자유무역연합회원국"이라 한다)의 주권이 미치는 영토·영해 및 영공과 국제법 및 유럽자유무역연합회원국의 각 국내법에 따라 주권적 권리 또는 관할권이 행사되는 영해의 외측한계선에 인접하거나 외측한계선 밖의 해저·해저층을 포함한 해양지역

라. 인도: 인도의 주권이 미치는 영토·영해·영공 및 국제법과 인도의 국내법에 따라 인도의 주권적 권리 또는 관할권을 행사하는 대륙붕과 배타적 경제수역을 포함한 해양지역

마. 칠레: 칠레의 주권이 미치는 영토·영해·영공 및 국제법과 칠레의 국내법에 따라 칠레의 주권적 권리 또는 관할권이 행사되는 배타적 경제수역과 대륙붕지역

바. 페루: 페루의 국내법과 국제법에 따라 페루의 주권, 주권적 권리 또는 관할권이 행사되는 본토영역·도서(島嶼)·해양수역 및 그 상공

사. 미합중국: 50개의 주(州), 콜럼비아 특별구와 푸에르토리코를 포함하는 미합중국의 관세영역, 미합중국과 푸에르토리코에 위치하는 대외 무역지대 및 국제법과 미합중국의 국내법에 따라 미합중국이 해저 및 하부토양과 그 천연자원에 대하여 주권적 권리를 행사할 수 있는 미합중국 영해 밖의 지역

아. 터키: 터키의 주권이 미치는 영토·영해·영공 및 국제법에 따라 생물 또는 무생물 천연자원의 탐사, 개발 및 보전을 목적으로 터키가 주권적 권리 또는 관할권을 갖고 있는 해양지역

2. "류(類)"·"호(號)" 또는 "소호(小號)"라 함은 「통일상품명 및 부호체계에 관한 국제협약」에 따른 품목분류상의 2단위·4단위 또는 6단위의 품목번호를 각각 말한다.

3. "재료"라 함은 다른 물품의 생산에 사용되는 원재료·구성물품·부분품 또는 부속품을 말한다.

4. "생산"이라 함은 재배·채굴·수확·어로·번식·사육·수렵·제조·가

공·조립 또는 분해 등의 과정을 거쳐 물품을 획득하는 행위를 말한다.

5. "원산지물품" 또는 "원산지재료"라 함은 자유무역협정(이하 "협정"이라 한다)과 이 규칙에 따라 당해 물품 또는 재료의 원산지가 우리나라 또는 체약상대국으로 인정되는 물품 또는 재료를 말한다.
6. "비원산지물품" 또는 "비원산지재료"라 함은 협정과 이 규칙에 따라 당해 물품 또는 재료의 원산지가 우리나라 또는 체약상대국으로 인정되지 아니하는 물품 또는 재료를 말한다.
7. "대체가능물품"이라 함은 원산지물품과 비원산지물품이 상업적으로 동일한 질과 특성을 가지고 상호 대체사용이 가능한 물품(재료를 포함한다)을 말한다.
8. "완전생산기준"이라 함은 「자유무역협정의 이행을 위한 관세법의 특례에 관한 법률」(이하 "법"이라 한다) 제9조 제1항 제1호에 따라 당해 물품의 전부를 생산한 국가를 원산지로 인정하는 기준을 말한다.
9. "세번변경기준(稅番變更基準)"이라 함은 법 제9조 제1항 제2호 가목에 따라 당해 물품이 2개국 이상에 걸쳐 생산된 경우로서 당해 물품의 품목번호와 당해 물품의 생산에 사용된 비원산지재료의 품목번호가 일정 단위 이상이 다른 경우 당해 물품을 최종적으로 생산한 국가를 원산지로 인정하는 기준을 말한다.
10. "부가가치기준"이라 함은 법 제9조 제1항 제2호 나목에 따라 당해 물품이 2개국 이상에 걸쳐 생산된 경우 당해 물품에 대하여 일정 수준 이상의 부가가치를 창출한 국가를 원산지로 인정하는 기준을 말한다.
11. "공장도거래가격"이라 함은 물품을 생산공장에서 반출하는 때에 해당 물품의 생산자에게 실제로 지급하였거나 지급하여야 하는 가격으로서 그 물품이 수출될 때 환급되는 내국세를 공제한 가격을 말한다.
12. "본선인도가격(FOB)"이란 해당 물품을 본선에 인도하는 조건으로 실제로 지급하였거나 지급하여야 할 가격으로서 최종 선적항 또는 선적지까지 운송하는데 소요되는 운송비를 포함한 가격을 말한다.
13. "조정가격"이란 「관세법」 제30조부터 제35조까지에 따라 결정된 수입물품의 과세가격에서 같은 법 제30조 제1항 제6호에 따라 결정된 수입항까지의 운임·보험료, 기타 국제적 운송에 관련되는 비용을 제외한 가격을 말

한다.

14. "영해"란 협정에서 다르게 정하는 경우를 제외하고는 「해양법에 관한 국제연합 협약」에 따라 결정된 기선으로부터 12해리 이내의 수역으로서 국제법 및 각 체약당사국의 국내법에 따라 주권이 미치는 수역을 말한다.
15. "원산지포괄증명"이란 장기간에 걸쳐 반복적으로 선적되거나 수입신고되는 동종동질의 물품에 대하여 원산지증명서 발급 또는 작성일부터 12개월을 초과하지 아니하는 범위 안에서 최초의 원산지증명서를 반복하여 사용하는 것을 말한다.

이와 같이 FTA 관세특례법에서는 FTA에 대한 이해를 돕기 위한 용어해설이 있으며, FTA 이행을 위한 규정들을 정하고 있다. 또한 새롭게 체결되는 FTA 협정에 따라 상대국가와 협정에서 규정한 내용들이 추가적으로 첨부된다. 특히 별표 등에서는 품목별 관세철폐, 품목별 원산지규정, 나라별 원산지규정 관련서식 등이 추가된다. 본 서 부록에서는 동 법의 원산지규정 관련된 내용들을 간추려 놓았으니 참고하기 바란다.[38)]

38) 법제처에서 동 법/시행령/시행규칙 등을 다운받아 참고요망.

제6장 국내 FTA 관련 법령

FTA가 계속적으로 체결되면서 FTA를 이행하기 위한 관련법들이 만들어 지게 되었다. 앞서 소개한 FTA 관세특례법을 비롯하여, 통상조약의 체결절차 및 이행에 관하여 필요한 사항을 규정함으로서 국민의 이해 및 참여 증진을 통하여 통상조약체결의 절차적 투명성을 제고하고, 효율적인 통상협상을 추진하기 위해 「통상조약의 체결절차 및 이행에 관한 법」 일명 '통상절차법'을 만들어 체결절차를 규정하였다. 동 법은 FTA만을 위한 법이라기보다는 세계무역기구 등 국제기구 또는 경제연합체에 가입 등을 대상으로 국회동의 대상인 조약으로 세계무역기구, 지역무역협정(자유무역협정) 등을 위한 법이다.

또한 자유무역협정(FTA) 상대국으로부터 수입이 급증해 심각한 손해를 입은 기업의 구조조정을 위해 융자 및 컨설팅 자금 등을 지원하는 제도로 무역조정지원제도인 「자유무역협정 체결에 따른 무역조정 지원에 관한 법」이 만들어졌다. 이 법은 자유무역협정(FTA) 상대국으로부터 수입이 급증해 심각한 손해를 입은 기업의 구조조정을 위해 융자 및 컨설팅 자금 등을 지원하는 제도로 2008년 제정, 시행되었다. FTA로 인한 수입 증가로 6개월간의 매출액(생산량)이 전년 동기 대비 5~10% 이상 감소(예상)하거나, 동종 또는 직접 경쟁하는 상품·서비스의 수입 증가가 피해 원인일 때 무역조정지원기업으로 지정된다. 지원기업으로 지정되면 운전자금 및 시설자금을 융자받을 수 있는 혜택이 주어진다.

세 번째는 「자유무역협정 체결에 따른 농어업인 등의 지원에 관한 특별법」이다. 동법은 농어업의 경쟁력을 높이고 피해를 입은 농어업인들을 효과적으로 지원하기 위한 지원대책을 법으로 만들었다. 동법이 주로 농업, 어업, 수산업 등의 산업에 대한 지원이라면 「자유무역협정 체결에 따른 무역조정 지원에 관한 법」은 제조업에 대한 지원이다.

이 장에서는 이러한 FTA 관련법들에 대해서 간단하게 목적과 정의를 살펴보고자 한다.

1. 통상조약의 체결절차 및 이행에 관한 법률(일명 통상절차법)

가. 법의 목적

동 법률은 통상조약의 체결절차 및 이행에 관하여 필요한 사항을 규정함으로써 국민의 참여를 통하여 이해를 높이고, 통상관련 조약의 체결 절차와 투명성을 제고하여 효율적인 통상협상 추진을 목적으로 하고 있다. 통상협상의 원칙, 통상교섭민간자문위원회의 설치 등에 대해서 정하여 놓았고, 시행령에서는 통상조약의 이행상황 평가, 통상교섭민간자문위원회의 구성 및 민간자문위원회의 운영에 대해 정하고 있다.

통상조약이 국민적 지지를 바탕으로 원활히 체결·비준(批准)될 수 있도록 지원하고, 통상조약 관련 국내 보완대책 등에 관한 사항을 심의하기 위하여 산업통상자원부장관 소속으로 통상조약 국내대책위원회를 둔다. 이와 관련하여 산업통상자원부에서는「통상조약 국내대책위원회 규정」을 두고 있다.

나. 통상조약의 정의

우리나라가 세계무역기구 등 국제기구 또는 경제연합체에 가입하거나 다른 국가 등과 체결하는 다음 각 목의 조약 중「대한민국헌법」 제60조 제1항에 따른 국회동의 대상인 조약을 말하는데, 다음 3가지의 조약이 해당된다.

① 세계무역기구 등 국제기구 차원에서 체결되어 포괄적인 대외 시장개방을 목적으로 하는 조약

② 지역무역협정 또는 자유무역협정 등 지역적 또는 양자 차원에서 체결되어 포괄적인 대외 시장개방을 목적으로 하는 조약

③ 그 밖에 경제통상 각 분야의 대외 시장개방으로 인하여 국민경제에 중요한 영향을 미치는 조약(법 제2조)

이 법은 통상조약의 체결절차 및 이행에 관하여 다른 법률보다 우선하여 적용한다.

2. 자유무역협정 체결에 따른 무역조정 지원에 관한 법률

가. 법의 목적

이 법은 정부가 체결한 자유무역협정의 이행으로 인하여 피해를 입었거나 입을 것이 확실한 제조업이나 서비스업을 경영하는 기업과 그 소속 근로자 등에 대한 효과적인 지원대책을 마련함으로써 국민경제의 균형 있는 발전에 이바지함을 목적으로 한다(법 제1조).

나. 무역조정의 정의

"무역조정(貿易調整)"이란 제조업이나 대통령령으로 정하는 서비스업(이하 "무역조정지원대상업종"이라 한다)을 경영하는 기업 또는 그 소속 근로자 등이 자유무역협정의 이행으로 인하여 입었거나 입을 것이 확실한 피해를 최소화하거나 그 피해를 극복하는 데에 필요한 활동을 말한다(법 제2조).

다. 무역조정지원종합대책의 수립

산업통상자원부장관과 고용노동부장관은 무역조정을 효과적으로 지원하기 위하여 무역조정지원종합대책을 공동으로 한다. 무역조정지원종합대책에는 ① 무역조정의 지원을 위한 대책, ② 무역조정과 관련된 제도의 개선, ③ 그 밖에 무역조정의 지원을 원활하게 추진하기 위하여 필요한 사항이 포함되어야 한다. 자유무역협정의 이행으로 인하여 입었거나 입을 것이 확실한 무역피해와 무역조정의 실태에 대한 조사를 할 수 있다. 종합대책의 수립방법과 실태조사의 시기 및 방법 등에 관하여 필요한 사항은 대통령령으로 정한다(법 제4조).

동 법은 무역조정지원종합대책을 수립하기 위한 사항 들을 정하고 있다. 무역조정지원제도 관련 조사·연구 등의 사업과 경영안정 및 경쟁력 확보를 위한 상담 지원 등의 제공에 관한 내용들이 들어가 있다. 시행령에서는 법령에서 정한 무역조정지원을 위한 조사, 절차, 지정요건 등의 기준을 정하고 있다. 시행규칙에서는 행정적인 절차 및 신청서 양식에 대해서 정하고 있다.

3. 자유무역협정 체결에 따른 농어업인 등의 지원에 관한 특별법

가. 법의 목적

이 법은 자유무역협정을 이행할 때에 농어업 등의 경쟁력을 높이고 피해를 입거나 입을 우려가 있는 농어업인등에 대한 효과적인 지원대책을 마련함으로써 농어업인 등의 경영 및 생활의 안정에 기여하는 것을 목적으로 한다(법 제1조).

나. 농어업인등 지원의 기본원칙

정부는 자유무역협정의 이행으로 발생하는 농어업인등의 피해를 최소화하기 위하여 농어업 등의 경쟁력을 높이고 원활한 구조조정과 경영안정을 도모하는 등 「세계무역기구 설립을 위한 마라케쉬협정」이 허용하는 범위에서 필요한 조치를 하여야 한다(법 제3조).

다. 농어업인 지원 종합대책의 수립

정부는 협정의 이행으로 피해를 입거나 입을 우려가 있는 농어업인등을 효과적으로 지원하기 위하여 자유무역협정 이행에 따른 농어업인등 지원에 관한 종합대책(이하 "농어업인 지원 종합대책"이라 한다)을 수립하여야 한다(법 제4조 1항).

동 법은 농어업인등 지원에 관한 종합대책수립 및 농어업 등의 경쟁력 향상을 위한 지원, 자유무역협정의 이행에 따른 피해보전직접지불금의 지급기준, 산출방법 등을 정하고 있다. 시행령에서는 농어업인 지원 종합대책의 수립 및 변경의 기준·절차 등을 그리고 시행규칙에서는 피해보전직접지불금의 지급절차, 폐업지원금의 지급절차 등에 대한 규칙을 정해 놓고 있다.

이외에 관세청의 자유무역협정 「원산지인증수출자 운영에 관한 고시」, 「남북교역물품의 원산지확인에 관한 고시」 그리고 2010년 9월 1일 관세청 훈령으로 제정되어 2014년 9월 2일자로 폐지된 「자유무역협정에 따른 수출물품의 원산지 사전검증에 관한 시행세칙」 등 자유무역협정 또는 원산지 관련된 법이 있다. 대통령령에 의해 2015년 7월 16일 시행하게 된 「산업통상자원부와 그 소속기관 직제」에서는 산업통상자원부와 그 소속기관의 조직과 직무범위, 그 밖에 필요한 사항을 규정함을 목적으로 시행하게 되었다. 통상교섭실에서 자유무역협정에 대한 업무를 정하고 있다.

제 3 부

주요 원산지제도

제3부

주요 원산지제도

제1부와 2부에서는 FTA와 관계되는 일반적인 내용을 다루었고, 제3부부터는 본격적으로 원산지에 관련된 내용에 대해서 다루고자 한다.

원산지규정은 원산지와 관련된 국제 및 국내에서 행해지고 있는 규범 및 체계로서 특정제품의 원산지를 결정하기 위해 만들어졌다. 국제 및 국내법에 의해 여러 규정들이 있다.

우리나라에서는 원산지와 관련해서 원산지제도, 원산지규정, 원산지기준 등의 용어가 혼동되게 사용되었다. 그러나 원산지제도는 광의의 표현으로 원산지 관련하여 가장 포괄적으로 지칭하는 것으로 이해할 수 있다.

원산지규정(Rules of Origin)이란 물품의 국적인 원산지를 결정하는 기준을 정하는 법령이나 행정규칙 등을 말하며 대다수 국가들은 물품의 원산지가 어디인지 판정하여 확인하고 표시하는 나름의 원산지규정을 운영하고 있다.

Rules of Origin

또한 원산지기준(Product-Specific Rule)은 품목별로 원산지를 결정 또는 확인하기 위한 기준이 된다. 따라서 정확하게는 원산지결정기준 또는 원산지판정기준으로 표현할 수 있다. 그러나 일반적으로 원산지기준으로 부르며, 원산지규정과도 혼동하여 쓰고 있어, 올바른 이해와 표기가 요구된다. 이는 어떤 물품이 2개 이상의 국가에서 생산, 제조, 가공 과정을 거쳤을 경우, 이 상품의 원산지가 어느 국가인지를 결정 또는 판정하기 위해 정해놓은 기준이라고 할 수 있다.

원산지표시(Origin Mark)는 원산지기준에 의해 결정된 원산지를 상품에 보기 쉽고 견고하게 인쇄, 주소, 라벨링 등을 하여 표시하는 것이다. 원산지를 표시하기 위한 원산지결정기준은 나라마다 다를 수 있다.

나라마다 다른 원산지기준이 불명료하거나 복잡하게 느껴지면서 원산지규정의 기준을 국제적으로 통일할 필요성이 대두되었다. 우루과이라운드에서 원산지규정에 관한 문제를 논의한 결과, WTO 설립 이후 WTO 원산지규정협정(Agreement on Rules of Origin)이 채택되었다. 원산지규정은 FTA 확산과정에서 중요한 이슈로 대두되었지만 FTA는 물론이고 WTO에서도 필요한 규정이다. WTO에서는 원산지규정협정을 합의했으나 품목별 원산지기준을 만들지 못하고 있다. WTO 원산지기준은 모든 WTO 회원국에게 적용되기 때문에 통일원산지기준이라고 한다. 협상중인 통일원산지기준을 제외한 WTO 원산지규정협정은 전체 WTO 회원국이 준수하고 있다. 이 부에서는 WTO 및 국내외 원산지규정에 대해서 다루고, FTA 원산지규정에 대해서는 제4부에서 다루고자 한다.

제1장 원산지의 개념

최근 정보통신기술의 발달에 따라 기업들이 생산비를 절감하고 경쟁력을 강화하는 수단으로 글로벌 소싱(Global Sourcing)과 글로벌 생산체제(Global Manufacture)를 적극 활용하여 기업활동을 하고 있다. 그러나 글로벌화, 세계화가 가속화될수록 물품의 국적을 의미하는 원산지의 결정은 매우 어려워진다. '어디까지 생산해야 그 나라를 원산지로 결정하느냐'는 보는 사람의 관점이나 상황에 따라서 다양한 견해가 나올 수 있기 때문이다. 원산지는 그 자체가 중립적이고 객관적인 기준이지만 그것이 다른 무역정책수단과 결합하게 되면 중립성과 객관성을 지키기가 쉽지 않다.

물품의 원산지를 정하는 원산지 규정의 경우 국제적인 통일 규범을 채택하지 못한 채, 각국에 위임되어 왔다. 원산지 규정이 무역에 대한 장벽으로 작용되지 아니하고, 국제무역의 흐름을 원활히 하기 위해서는 원산지 기준이 중립적이고 예측가능하며 명확하게 규정되어야 하며 공정하고 투명하게 적용되어야 한다. 그러나 원산지 규정이 각국에 따라 다르게 규정·적용됨에 따라 관련 분쟁이 늘어나게 되었다. 이러한 현실적 어려움을 타개하고 국제적으로 통용될 수 있는 통일원산지 규정이 마련되어야 한다는 공감대가 형성되면서, 이를 바탕으로 관련 국제규범을 만들기 위한 노력이 전개되어 왔다.

예를 들어 원단을 한국에서 재단하여 중국에서 의류로 봉제한 후 미국에 수출하는 경우, 의류의 부가가치가 디자인에서 나오고 이는 재단공정에서 이루어진다고 하면 재단한 나라인 한국이 원산지가 된다. 그러나 물품을 최종적으로 생산한 나라가 원산지라는 관점에서 보면 봉제한 나라인 중국이 원산지가 된다. 원산지가 한국인지 중국인지 중요하지 않은 것 같지만 미국에 수출되는 경우 섬유쿼터가 적용된다. 따라서 중국산인지 한국산인지에 따라 수출할 수 없는 경우가 발생하기도 한다면 원산지가 어디냐는 핵심적 문제가 된다. 그래서 세계적으로 통용되는 통일원산지규정이 필요하지만, 통일원산지규정이 만들어진다면, 이 규정의 규범범위를 어디까지 둘 것인가에 대해서도 논란의 대상이 된다. 본 장에서는 원산지에 대한 기초적인 개념에 대해서 알아본다.

1. 원산지의 의의

물품의 원산지(Country of Origin)란 물품의 국적을 의미하는 것으로 그 물품이 생산・제조・가공된 나라, 동식물의 경우에는 성장한 나라를 의미한다. 주로 원재료의 공급국 및 주요 공정 수행국을 기준으로 결정할 수 있고, 자본 투자국・디자인 수행국・기술 제공국・상표 소유국 등과는 무관한 개념이다. 일반적으로 광물성 생산품이나 식물성 생산품 및 동물성 생산품 등 천연상품 위주의 완전 생산품은 원산지 결정에 크게 어려움이 없지만, 공산품 등 2차산품은 그 원산지를 판정하기가 어렵다.

원산지규정(Rules of Origin)이란 물품의 국적인 원산지를 결정하기 위한 규범이다. 회원국이 상품의 원산지 국가를 결정하는데 법률, 규정 및 일반적으로 적용되는 행정적인 판정이라 할 수 있다. 즉 특정제품의 국적인 원산지를 결정하기 위한 제반 기준 및 절차를 의미하는 것으로 법령이나 행정규칙을 말한다. 수출입품에 표시되는 제조국, 조립국, 수출국, 경유국, 생산국, 가공국 등이 일반적인 개념이라면, 원산지는 원산지규정에 근거하여 적용되고 각종 무역정책수단(Trade Measures)에 활용되는 법적・행정적 개념이다. 일반적으로 원산지는 정치적 정체성을 지닌 국가를 의미한다. 그러나 식민지, 속령 또는 보호령과 중국 귀속 후의 홍콩 등과 같이 독립적 국가가 아닌 지역도 원산지가 될 수 있다.

2. 원산지규정의 분류

원산지규정은 수출입물품의 원산지를 결정하고 어떤 무역조치를 규정하는 각종 기준 및 절차를 정한 것이다. 특혜원산지규정 또는 비특혜원산지규정에 따라 국제법규, 법률, 판례 및 행정결정 등의 형태로 존재한다. WTO 원산지규정에 관한 협정 제1조에서는 "원산지규정이란 회원국이 물품의 원산지를 결정하기 위하여 적용하는 각종 법률, 규정 및 일반적으로 적용되는 정치적인 결정으로 정의된다"고 규정하고 있다.

특혜원산지규정은 관세상 특혜를 부여하기 위한 규정이고, 원산지 표시, 쿼터 등 관세특혜 이외의 목적에 적용되는 경우는 비특혜원산지규정이라고 한다. 특혜원산지규정은 유럽연합(EU), 북미자유무역협정(NAFTA) 등 지역경제공동체 또는 자유무역협정을 위한 규정이다. 그러나 특혜원산지규정에는 일반특혜관세제도(GSP: Generalized System of Preferences)가 있다. 이는 선진국이 개발도상국에서 수입하는 제품에 대해 대가 없이 관세를 면제해 주거나 최혜국 세율보다도 낮은 세율의 관세를 부과하여 특혜대우를 하는 제도이다. 양자가 협상을 통해 쌍방에게 특혜관세를 부여하는 자유무역협정(FTA)과 달리 선진국이 개도국의 수출확대와 공업화 촉진을 위해 일방적인 혜택을 주는 것이다.[1] 이 제도 또한 FTA와 같이 원산지증명서로 원산지를 인정받아야 관세혜택을 받을 수 있다. 즉 특혜원산지규정에는 쌍방적 특혜를 주기 위한 원산지규정(FTA 등)과 일방적특혜(GSP 등)를 주기 위한 원산지규정으로 구분된다. 일방적인 특혜의 경우로는 EU가 해외속령 및 영토, 이스라엘 점령지역에 베푸는 특혜와 미국이 카리브만 연안국 및 해외속령에 베푸는 특혜 등이 있다. 또한 범개도국간 특혜무역제도 또는 개발도상국간특혜관세라고 불리는 GSTP(Global System of Trade Preferences Among Developing Countries)는 개도국간의 쌍방적 특혜라고 할 수 있다. 현재 우리나라의 경우도 아프리카, 동남아시아지역의 개발도상국에 대해서 일반특혜관세(GSP) 혜택을 부여하고 있다.

비특혜원산지규정은 특정국가에 대한 수입제한, 반덤핑관세, 상계관세, 수출입물품에 대한 원산지표시, 무역통계작성 등 무역정책상 물품의 원산지를 구별할 필요가 있는 경우에 적용된다.

특혜원산지규정은 특정국가에 관세의 편익을 제공하기 위한 것으로 WTO와 같은 가입국간 다자간 협약보다는 당사국간 양자협약으로 규율한다. 비특혜원산지규정은 무역정책의 요소라기보다는 무역정책을 실현하는 수단에 불과하므로 적용대상을 원칙적으로 비특혜원산지규정에 한정하고 있다.

특혜 · 비특혜 무역협정이나 제도에 따라 특혜원산지규정 또는 비특혜원산지규정이 적용된다. 각 국가별로 특혜 및 비특혜 관련 원산지규정을 각 관련법에 두고 운영하고 있다.

---

1) 1968년 2월 인도 뉴델리에서 열린 제2차 유엔무역개발회의(UNCTAD) 총회에서 일반적 · 무차별적 · 비상호주의적인 특혜관세제도(GSP)를 채택하면서 사용되었다.

표 3-1 우리나라 원산지 관련 법령체계

구분	국제법	국내법	관련 내용
특혜 분야	<FTA특혜> - 한 · 칠레 FTA - 한 · 싱가포르 FTA - 한 · EFTA FTA - 한 · 아세안 FTA - 한 · 인도 CEPA - 한 · EU FTA - 한 · 미 FTA - 한 · 페루 FTA - 한 · 캐나다 FTA - 한 · 호주 FTA - 한 · 뉴질랜드 FTA - 한 · 중국 FTA - 한 · 베트남 FTA	<FTA특혜> - FTA 관세특례법	FTA협정문에 입각한 조치로서, 협정체결국이 상호 공여하는 FTA상대국의 원산품이 적용대상
	<일반특혜> - 아시아 태평양 무역협정 (APTA) - WTO 개도국간 협정 (TNDC) - UN 개도국간 협정 (GSTP)	<일반특혜> - 관세법 - 대외무역법	협정에 입각하지 않은 수입국의 자발적인 조치 지정된 개발도상국 및 지역의 원산품이 적용대상
비특혜 분야	- WTO 원산지규정에 관한 협정	- 대외무역법 - 관세법 - 남북 교류협력법 -농산물·수산물 품질관리법 - 표시광고의 공정화법	- 통상정책 최혜국대우(WTO협정세율 등의 적용) 반덤핑, 상쇄관세, 세이프가드 차별적수량할당, 관세할당, 수입금지 - 국가안전보장 (수출입금지정책) - 소비자보호 (원산지표시) - 기타 (정부조달, 무역통계)
특혜/비특혜	- WCO 교토협약(부속서 K)	- 대외무역법 - 관세법	

3. 원산지규정의 기능

국제무역거래상 원산지규정은 직접적으로나 간접적으로 여러 가지 영향을 미치게 된다. 특혜・비특혜를 막론하고 원산지규정은 다음의 기능을 한다.

1) 생산자 보호기능

특정지역의 생산품에 대한 평가와 신용의 차별화에 따라 생산자의 입장에서는 상표권 등 지적재산권과 같은 일종의 무역의 권리로 인정된다. 또한 거래 시 타 지역의 생산품과 구별되어 높은 가격으로 평가를 받을 수 있고, 양질의 물품으로 인정받아 혜택을 받을 수 있게 된다.

2) 소비자 보호기능

소비자에게 물품의 생산지에 대한 정확한 정보를 제공하여 소비 질서에 오인, 혼동 등 혼란을 방지한다. 주로 소비재를 중심으로 현품에 원산지를 표시하도록 함으로써 품질이 떨어지고 임금이 싼 국가로부터 저가 수입품과 OEM 방식으로 생산한 수입품이 국산으로 둔갑하거나 오인, 혼동되지 않게 표시방법을 구체화하여 소비자가 구매과정에서 피해를 입지 않도록 보호하고 있다.

3) 보건위생 및 자연환경 보호기능

WTO 체제의 출범으로 무역이 자유화되어 모든 국가로부터 수출입이 개방되고 있다. 하지만 국민의 생명, 건강 및 안전이나 동식물의 생명 및 건강, 환경보전 또는 국내 자연보호를 위하여 필요한 때에는 특정지역의 특정물품에 대하여 수입의 제한을 할 수 있다. 이 경우 원산지규정에 의하여 해당물품의 제한대상여부를 결정하거나 확인하게 되어 원산지규정은 보건위생 및 자연환경의 보호기능도 수행하게 된다.

4) 산업 및 무역정책기능

세계 각국은 자유무역환경에도 불구하고 일정 조건하에 자국의 산업발전과 국내 기업의 보호를 위하여 여러 가지 무역정책을 활용할 수 있다. 예를 들면 저가 수입 물품에 대해 덤핑관세 또는 상계관세를 부과하고 긴급수입제한조치를 하거나 특정 물품에 대하여 수입수량을 할당하여 수입을 규제할 수 있다. 다른 한편으로는 무역을 증진하기 위하여 호혜적으로 또는 일방적으로 특정국가나 지역으로부터 수입하는 특정물품에 대하여 관세양허 등 특혜조치를 취하기도 한다. 이 경우에 원산지규정은 우회수입방지로 국내산업을 보호하거나 특정물품에 대하여 관세를 인하 또는 인상하는 등 특혜, 비특혜 조치로 산업 및 무역 정책기능을 수행한다.

5) 무역장벽기능

수출입물품의 원산지표시제도와 원산지증명서 등에 의한 원산지확인제도는 수출입 무역거래 당사자에게 비용과 시간을 가중시켜 국제무역에 전형적인 비관세장벽으로 작용한다. 따라서 세계 각국은 공정무역을 위해 원산지규정의 필요성을 인정하면서도 자의적인 원산지규정의 시행으로 국제무역에 실질적인 장애가 되지 않도록 원산지표시가 소비자를 보호하기 위한 적절한 조치로 교역에 최소한의 부담이 되도록 고려할 것을 선언하고 있다.

4. 원산지규정의 필요성

1) 특혜 원산지규정의 필요성

차별적인 무역특혜의 적용을 위해 필요하며, 역내국 생산여부의 판단인 원산지 확인을 필요로 한다. FTA 뿐만 아니라 GSP, GSTP, 북한산 물품에 대한 관세혜택 및 면제를 위해 원산지 확인이 필요한데, 이는 양국 및 다자간 협상에 의하여 정해진 조건에 부합할 때 관세철폐 또는 인하를 적용하는 조건부 관세특례이기 때문이다. 따라서 혜택을 주는 기본 조건이 상대국가가 원산지인 물품이어야 한다는 것이다. 또한 우회수입을 방지하기 위하여 원산지 확인이 강조된다.

2) 비특혜 원산지규정의 필요성

과거와 달리 오늘날은 하나의 제품이 한 국가 내에서 완전히 생산되는 것이 아니라 여러 나라를 거쳐 생산되는 경우가 많다. 이와 같이 물품의 생산활동이 2국 이상에서 이루어진 경우 그 물품의 원산지가 어디로 결정되는가는 무역의 효과면에서 중요한 의미를 가진다. 즉, 원산지는 제품에 대한 소비자의 선호도나 가격 등에 영향을 미치며, 원산지에 따라 관세를 달리할 경우 관세율 및 세액에 영향을 미치게 된다. 또한 반덤핑이나 상계관세, 세이프가드, 쿼터제 등의 경우에도 선결적으로 원산지를 밝혀야 하며, 그 원산지에 따라 상당한 차이가 발생할 수 있다.

특정물품에 대한 수입할당이 있는 경우 국가별로 수입 가능한 수량을 관리하기 위하여 원산지 확인이 필요하다. 덤핑방지관세, 상계관세 등의 부과, 긴급수입제한조치 등을 위하여 규제대상 국가를 구분하기 위해서도 필요하다. 또한 멸종위기 야생동식물 보호, 국민보건을 위한 검역, 무역통계 작성 등을 위해서도 원산지의 판단기준인 원산지규정이 필요하다. 그리고 소비자의 알 권리 보호와 동일한 품질과 브랜드 상품이라도 소비자는 원산지에 따라 가치를 다르게 판단하기 때문에 원산지제도가 필요하다.

5. 원산지규정의 연혁

1) 파리협약

무역 관련 측면에서 '원산지' 용어가 처음 등장한 것은 1883년 체결된 파리협약(Paris Convention for Protection of Industrial Property of 1883)이다. 이 당시의 원산지는 지적재산권 특히 상표권과 유사한 성격의 것으로 인식되었다. 예를 들어 특정지역의 제품(보르도 와인, 콜롬비아 커피 등)이 다른 지역의 제품에 비해 우월하거나 독특한 품질을 가지고 있을 때, 이를 원산지표시로 보호해야 할 필요성이 대두되었던 것이다. 그러므로 애초에는 국제통상 관련 국제조약이 아니라, "산업재산권 보호를 위한 파리협약"[2]으로서 원산지 또는 생산자에 관하여 허위표시를 한 수입물품의 압류를 규정하고 있다. 이후 원산지에 관한 초기 논의는 주로 원산지표시와 관련되어 진행되었다.

2) 1947년 GATT

1947년 GATT(General Agreement on Tariffs and Trade: 관세 및 무역에 관한 일반협정)는 1930년대 대공황기를 겪으면서 다시 대두된 보호무역주의 확산에 대한 반성과 자유로운 무역환경 구축의 필요에서 출발하여 차별 없고 자유로운 무역을 통하여 새로운 국제무역질서를 구축하고자 선진국을 중심으로 체결된 국제

---

2) 파리협약은 직접 국제무역을 규율하는 조약이 아니라, 수입물품에 관련된 특허 실용신안 상표권 보호 및 원산지 허위표시 방지를 목적으로 제정된 지적재산권 관련 국제조약으로서 WTO 지적재산권협정의 일부를 구성하고 있다.

통상협정이다. GATT 제9조에는 회원국들이 소비자 보호를 위하여 수입물품에 대하여 원산지표시를 의무화할 수 있도록 국내법령의 제정 및 집행을 허용하고, 나아가 그러한 원산지표시 요구가 수출국의 상업에 미칠 영향을 최소화할 것을 주문하는 등 각 회원국의 자의적인 원산지규정이 비관세장벽을 형성하지 않도록 하고 있다.

3) 세관절차의 간소화 및 조화에 관한 국제협약 및 개정교토협약

1947년 GATT에 원산지 표시 의무에 관한 규정이 시행되었다. 이에 따라 각국들은 국내 통상법에 수입물품의 원산지 표시의무를 도입하게 된다. 그러나 원산지표시와 표시목적의 원산지 결정기준 등에 관한 원산지규정의 제정 운용이 나라마다 상이할 뿐만 아니라, 지나치게 자의적이어서 국제무역에 혼란이 초래되는 등 새로운 무역장벽으로 등장하게 되었다.

이에 따라 WCO(World Customs Organization: 세계관세기구) 관세협력이사회에서는 1973년 일본 교토에서 '세관절차 간소화 및 조화에 관하여 국제협약(교토협약)'을 제정, 협약 부속서에 원산지결정기준, 원산지증명서류 등에 관한 원산지규정을 마련하였다. 그러나 교토협약은 교역국간 이해관계가 첨예하게 얽혀 있어 가입을 강제하지 못하고 가입여부를 체약국의 임의적인 선택에 의하도록 규정함으로서 통일적인 원산지규정으로서 작동하는 데는 일정한 한계를 보였다.

그러나 현재의 원산지규정의 기초를 다지게 된 것은 "교토협약(Kyoto Convention)"[3]이다. 동 협약에서는 원산지 증명, 원산지표시와 아울러 원산지판정의 일반원칙을 정립하였다.

원산지판정의 일반원칙인 완전생산(Wholly Obtained)기준과 실질적 변형(Substantial Transformation)기준의 체계를 만들었으며, 한 국가에서 완전히 생산된 물품(철광석, 원유, 가축, 곡물 등)은 당해 국가를 원산지로 인정하도록 (완전생산기준) 하고 그 구체적 내용을 유형별로 분류 및 열거하였다. 또한, 실질적 변형기준에 있어서는 HS 코드변경기준을 일반적으로 사용할 것을 권고하고, 부가가치기준이 사용될 경우에도 그 계산방식 등을 통일하였다.

국제관세법으로 불리는 교토협약은 1999년에 개정되었고, 우리나라는 2003년에 가입서를 기탁했는데, 원산지규정의 특별부속서K에 대하여는 가입을 유

3) 1973년 교토에서 개최되었던 관세협력이사회 총회에서 채택되어서 일명 교토협약으로 불린다.

보하였다. 개정교토협약의 특별부속서K는 특혜 또는 비특혜 목적의 원산지규정에 적용할 수 있는 원산지규정으로서 이 협약은 대부분의 조항들이 권고사항(Recommendations)[4]에 그친다는 점과 가입국이 그리 많지 않다는 점으로 인해 완전한 국제법적 효력을 가진 협약으로서는 미비하다는 평가가 있었다. 그러나 원산지 판정기준에 관한 체계 및 주요 권고사항들은 그대로 WTO 원산지협정의 뼈대를 이루게 되었으며, FTA원산지규정에도 영향을 미치게 되었다.

4) WTO 원산지규정에 관한 협정

1995년 1월 1일 WTO의 출범으로 원산지규정협정이 발효되었다. 본 협정은 우루과이라운드(UR)협상 과정에서 원산지의 결정기준에 관한 당사자 간의 현저한 입장차이로 인하여 협상기간 동안 구체적인 규범을 설정하는데 어려움이 있었다. 그래서 일단 WTO 차원의 '원칙적' 인 원산지규정에 관한 협정을 채택하는 데 합의하고, 차선책으로 장단기목표를 구분하는 접근방식을 채택하였다. 그리하여 단기적으로는 WTO 원산지규정에 관한 협정을 통해 잠정기간 동안 각국이 원산지규정을 적용하는 과정에서 지켜야 할 비차별성, 투명성, 공정성, 객관성, 예측가능성 등의 원칙을 정립하였다. 그리고 장기적으로는 여러 가지 무역제도에 대해 모든 국가가 공통적으로 적용할 수 있는 '통일원산지규정'(Harmonized Rules of Origin: HRO)을 제정하는데 합의하였다. 이 합의에 따라 WTO 「원산지규정협정」 제9조에 의거하여 WTO는 1995년 7월부터 비특혜분야에 적용할 통일원산지규정을 마련한다는 원칙 아래 적용범위와 원칙적인 원산지 결정기준 및 통일원산지규정 제정 작업 및 일정에 대하여 규정하였다.

WCO(세계관세기구)는 원산지규정에 관한 실무작업 결과를 정리하여 WTO 원산지위원회에 규정의 기준안을 넘겼다. 하지만 원산지규정의 적용범위 및 핵심쟁점 91개 품목에 대해 자국에게 유리한 원산지 결정기준을 채택하려는 회원국들 사이의 이해관계가 상충하면서 WTO통일원산지규정 협상은 난항을 거듭하고 있다.

---

4) 기존의 교토협약은 모든 규정에 대하여 유보를 허용하므로 체약국들은 협약에 가입하더라도 핵심적 조항은 유보할수 있어, 개정을 통하여 가입국이 필수적으로 수락하여야 하는 내용을 일반부속서로 편입하고 선택적으로 수락 가능한 부분은 특별부속서로 편입하여 협약의 구속성 강화하였음. 우리나라는 특별부속서 25개장 중 14개장을 수락하였으며 'B. 수입', 'F. 가공', 'H. 관세범', 'K. 원산지' 부속서 중 11개장에 대하여는 수락하지 않음.

제2장 WTO 통일원산지규정

원산지규정은 명백하고 예측가능하며, 무역에 대한 불필요한 장애를 초래하지 않아야 하고, 타국의 권리를 침해하지 않으며, 투명성이 보장되어 국제무역의 흐름을 원활히 하는 것을 그 목적으로 한다.

다자간에서 이루어지고 있는 원산지제도는 WTO 원산지 협정(Agreement on Rules of Origin)에 따라 만들어지고 있다. WTO에서는 1995년부터 나라 또는 무역제도마다 서로 다른 원산지 규정이 무역의 장애로 작용하지 않도록 모든 교역품목에 대하여 국제적으로 다자간에 통일된 원산지 판정기준을 결정하여 원산지 결정기준을 통일시키는 작업을 수행하고 있다.

통일원산지규정 제정을 위한 구체적인 실무작업은 다음과 같이 진행된다. 우선 WTO가 WCO에 통일원산지규정 제정 작업을 공식적으로 요청하면 WCO 산하의 원산지에 관한 기술위원회(Technical Committee on Rules of Origin: TCRO)에서 기술적인 작업을 수행한다. 그 작업 결과에 대하여 WTO 산하 원산지규정위원회(Committee on Rules of Origin: CRO)에서 정책적 결정을 내린 다음 WTO 일반이사회에 상정하고 최종적으로 WTO 각료회의에서 이를 확정하게 된다.

이 작업은 1995년부터 1998년 7월까지 3년간에 걸쳐 완료되도록 예정되어 있었다. 그러나 모든 물품에 대해 국제적으로 통일된 원산지 판정기준을 정하는 방대한 작업량과 기술적 쟁점의 복잡성 및 주요 국가의 이해관계의 대립 등으로 협상시한을 1년씩 연장하여 오고 있으나, 2015년 말까지 협상은 타결되지 못하였다.

1. WTO 통일원산지규정 제정 협상구조 및 현황[5)]

가. WTO 통일원산지규정 협상 메커니즘

통일원산지협상은 1994년 UR 협상의 결과 「WTO 설립협정」이 제정되고 이 협정의 부속서로 「원산지규정에 관한 협정」이 포함된 후인 1995년 7월 세계관세

5) '통일원산지규정'의 제정상황에 대해서는 한홍렬(1995) "원산지규정의 경제적 의의와 국제규범의 제정현황 - WTO통일원산지규정의 제정현황 및 전망을 중심으로-", 통상법률 통권 제5호(법무부, 1995. 10), pp.55-78, 이신규(2006) "WTO통일원산지협상의 논의동향과 전망" 관세학회지 제7권 제1호, pp.399-420를 바탕으로 작성하였음.

기구(WCO)의 주도로 시작됐다. 그러나 아직 협상이 타결되지 않았지만, 그동안 많은 이슈와 쟁점이 제기되었는데 여기서는 이러한 협상 진행 경과를 설명하고자 한다.

1995년 착수된 통일원산지 협상은 WTO원산지규정에 관한 협정 제9조 2항(b)에 근거하여 원산지규정위원회(CRO: Committee on Rules of Origin)와 WCO 산하 원산지기술위원회(TCRO: Technical Committee on Rules of Origin)가 만들어 졌고, 기술적 검토작업(Technical review)은 TCRO가 담당하고 TCRO에서 합의가 이루어지지 않은 사항에 대해서는 CRO에서 협상을 통하여 타결하도록 했다.

원산지규정기술위원회(TCRO)에서는 총 1,241개 품목(HS 4단위 기준)에 대하여 생산공정 등 기술적 검토를 거쳐 총 486개 쟁점으로 정리하여 1999년 6월에 WTO로 송부하였다. 이에 WTO는 총 486개 미결쟁점에 대하여 산하 원산지규정위원회(CRO)에서 각국 산업의 이해를 반영하여 2002년까지 총 348개 이슈를 해결하였다. 이에 남은 총 138개 미결쟁점을 94개 핵심정책쟁점(Core Policy Issues)과 44개 기술적 쟁점(Technical Issues)으로 분류하여, 핵심정책쟁점은 WTO 일반이사회에 상정하여 정치적 타결을 모색하기로 하고, 기술적 쟁점은 산하 원산지규정위원회에서 계속 다루기로 했다. WTO 일반이사회는 2005년 7월 27일 회의에서 2006년 말까지 94개의 핵심정책쟁점을 해결하기 위한 협상을 완료하기로 합의하였고, 기술위원회는 2006년 12월 말까지 미해결된 기술적인 작업을 완료하기로 합의하였으나, 계속적인 노력에도 불구하고 현재까지 협상 타결에는 이르지 못하고 있다.

통일원산지협상은 1995년 7월에 3년간 협상시한으로 시작하였으나, 1999년 12월에 1차 협상시한을 연장한 이래 2000년 12월, 2001년 12월, 2002년 12월 및 2003년 12월까지 계속적으로 협상시한의 연장이 미뤄졌다.

우리나라에서는 1995년 7월 첫 회의부터 원산지규정기술위원회 총 17회, 2002년 12월까지 원산지규정위원회 총 16회 참석하였으며 산업자원부[6])가 국내 산업계의 의견을 총괄 수렴하여 참가해 오고 있다.

6) 산업자원부는 2008년에는 지식경제부, 2013년부터는 산업통상자원부로 명칭 변경.

WCO 원산지기술위원회	➡	WTO 원산지위원회	➡	WTO 일반이사회	➡	WTO 각료회의
기술적 검토	'99.6	정책적 결정	'02.7	정치적 결정	미정	작업결과승인

나. WTO 통일원산지규정의 구조

(1) 통일원산지규정 총칙(Overall Architecture)

통일원산지규정은 크게 두 부분으로 구성되어 있다. 원산지 총칙으로서 전체 6개 조항을 통해 주요 용어의 정의, 통일원산지규정 전반에 적용되는 일반원칙을 규정하고 있다. 부록 1에서는 주로 농수산물의 원산지 판정기준인 완전생산기준을 규정하고 있으며, 부록 2에서는 주로 공산품의 원산지 판정기준인 실질적 변형기준을 규정하고 있다.

1995년 7월부터 개시된 협상의 결과로 CRO와 TCRO는 잠정적으로 통일원산지규정의 전체적인 구조를 확립하였다. 이에 따르면, 통일원산지규정은 정의(Definition), 총칙(General Rules), 부록 1(Appendix 1) 및 부록 2(Appendix 2)로 구성되어 있다. WTO 통일원산지규정의 제정 작업이 완료되면, 이 규정이 WTO 원산지에 관한 협정 부속서 3(Annex 3)으로 부속되게 되지만, 실질적으로 이 규정 자체가 WTO협정의 독자적 지위를 가질 수도 있다. 통일원산지규정의 주요 내용을 살펴보면 다음과 같다.

첫째, 정의부분에서는 물품의 제조, 생산 또는 가공(Manufacturing, producing or processing goods) 및 물품을 획득하는 방법(Methods of obtaining goods), 재료(Material), 원산지재료(Origination Material), 비원산지재료(Non-origination Material), 관세평가협정(Customs Valuation Agreement) 등 원산지 관련 주요 용어에 관하여 규정하고 있다.

둘째, 총 6개 조항으로 구성된 총칙에서는 통일원산지규정 전반에 걸쳐 적용되는 다음과 같은 일반원칙, 즉 제1조 품목분류(Harmonized System), 제2조 원산지 결정에 관한 일반규정(Determination of Origin), 제3조 중립적 요소(Neutral Elements), 제4조 포장과 포장재 및 용기(Packing and Packaging Materials and Container), 제5조 부속품과 예비부품과 도구(Accessories and Spare Parts and

Tools) 및 제6조 최소 가공(Minimal Operations and Processes)에 대해 규정하고 있다.

셋째, 부록 1(Appendix 1)에서는 주로 동물, 식물, 광물, 수산물, 폐기물 등 완전생산기준이 적용되는 품목의 원산지 판정기준에 대하여 규정하고 있다.

넷째, 부록 2(Appendix 2)는 품목별 원산지규정으로 총 6개의 조문과 97개의 장(Chapter)으로 구성된다. 즉, 부록 2는 총 6개 조문에 걸쳐 2개국 이상에 걸쳐 생산되는 공산품의 원산지 판정기준인 실질적 변형기준 및 97개의 장에서 HS품목번호에 따라 제01류~제97류에 이르는 각 개별 품목에 대한 원산지 판정기준에 대해 규정하고 있다.

표 3-2 원산지 총칙 구조

구분	이슈	주요내용	비고
원산지 총칙 본문	정의	◦ 원산지 관련 주요용어 정의	합의
	제1조	◦ 적용범위(Implication)	미합의
	제2조	◦ 품목분류(HS 코드)	일부 합의
	제3조	◦ 원산지 결정	기합의
	제4조	◦ 중립요소	일부 합의
	제5조	◦ 포장, 포장용기 및 컨테이너	합의
	제6조	◦ 부속품, 예비부품 및 공구	합의
부록 1 완전획득기준	제1조	◦ 적용범위	합의
	제2조	◦ 최소가공공정	합의
	제2조 제1항	◦ 농산물 및 기타의 원산지	합의
	제2조 제2항	◦ 수산물의 원산지	미합의
부록 2 실질적 변형기준	제1조	◦ 적용범위	합의
	제2조	◦ 기준의 적용	일부 합의
	제3조	◦ 원산지 결정	미합의
	제4조	◦ 중간재료	미합의
	제5조	◦ 대체가능물품 · 원재료	미합의
	제6조	◦ 세트물품	합의 근접
	제7조	◦ 부품 집합물	삭제
	제8조	◦ 미소조항	미합의

WTO 통일원산지 규정(Harmonized Rules of Origin)이 제정되면 원칙적으로 반덤핑, 세이프가드, 상계관세, 원산지 표시, 무역통계, 관세할당, 각종 쿼터 등 모든 비특혜 무역정책수단에 적용된다는 점에서 중요하다. 따라서 원산지 협상시 반덤핑의 우회수입을 방지하는 것에 중점을 둘 것인가, 원산지 표시를 통한 소비자 보호에 중점을 둘 것인가 등을 종합적으로 고려하여 협상하고 있다.

(2) 품목별 원산지기준(Product-Specific Rule)

품목별 원산지기준은 HS 품목번호에 따라 각 품목에 대한 구체적 원산지 기준을 정하고 있는 분야이다. 1995년부터 시작된 협상이지만 각 국 산업의 이해가 엇갈리고 작업량도 방대하여 총 486개 쟁점 중 71.6%만 타결되고 138개 쟁점이 미결상태이다.

표 3-3 품목별 원산지기준 구조

구 분	총이슈	타결이슈	미결이슈	타결률
농산물(ch 1~24)	125	66	59	52.8
광물제품(ch 25~27)	10	8	2	80.0
화학제품(ch 28~40)	38	27	11	71.1
가죽(ch 41~43)	8	6	2	75.0
목재 및 제지(ch 44~49)	11	11	0	100
섬유(ch 50~63)	83	52	31	62.7
신발 및 모자(ch 64~67)	14	9	5	64.3
세라믹(ch 68~70)	12	9	3	75.0
보석제품(ch 71)	5	5	0	100
철강(ch 72~73)	12	9	3	75.0
비철금속(ch 74~81)	24	20	4	83.3
금속제품(ch 82~83)	17	17	0	100
기계류(ch 84~90)	86	74	12	86.0
시계(ch 91)	6	5	1	83.3
기타 잡품(ch 92~97)	35	30	5	88.6
합 계	486	348	138	71.6

자료: 산업자원부

2. WTO 통일원산지규정의 원산지 판정기준[7)]

가. 완전생산기준(Wholly Obtained Criteria)

WTO 통일원산지규정에서 사용하는 원산지 판정기준은 완전생산기준과 실질적 변형기준으로 구분된다. 어느 한 나라에서 처음부터 완전히 생산되는 경우 완전생산기준으로 그 나라에 원산지를 부여한다.

예를 들어 한 나라에서 수확·채취한 식물이나 광물이라든지, 한 나라에서 출생하고 사육한 동물이라든지, 한 나라에서 생산한 원재료를 가지고 처음부터 그 나라에서 가공한 완제품의 원산지는 바로 그 나라가 되는 것이다.

나. 실질적 변형기준(Substantial Transformation Criteria)

외국에서 원재료를 수입하여 한 나라에서 가공하는 경우와 같이 생산이 2개국 이상에 걸쳐 일어나는 경우의 원산지는 실질적 변형기준으로 판정한다. 무엇이 실질적 변형인가에 관하여 세번변경기준이 원칙이며 부가가치기준 또는 특정공정기준을 보완적으로 적용하지만 때로는 3가지 기준을 각기 조합하여 적용한다.

(1) 세번변경 기준(Tariff Shift Rule)

세번변경기준이란 수입되는 원료(Input)의 세번과 완제품(Output)의 세번을 비교하여 세번이 일정단위 이상으로 변하는 경우 실질적 변형으로 인정하여 원산지를 부여하는 것을 말한다. 세번변경기준은 객관적인 HS 품목번호(세번)를 알면 쉽게 판정이 가능한 기준이다.

HS 품목번호는 수출입 되는 물품에 대한 국제적으로 공통되는 물품분류체계로서 어떠한 품목이라도 반드시 하나의 번호에 분류되어 세율이나 품목별 원산지 기준도 이를 바탕으로 정하고 있다.

HS 품목번호는 모두 10자리로 구성되어 있으며 이 중 앞에서 두 자리를 류(Chapter), 4자리를 호(Heading), 6자리를 소호(Subheading)라고 부른다. 앞에서 6자리까지는 국제적으로 통일되어 있고 뒷부분의 나머지 네 자리는 각국마다 다르기 때문에 원산지 협상에서는 6단위까지 사용하고 있다.

---

7) 본 절은 주로 산업통상자원부 인터넷사이트자료 및 한국무역협회(2002) 'WTO 통일원산지규정 해설'을 이용하여 작성하였음.

(2) 부가가치 기준(Value Added Rule)

부가가치 기준이란 특정제품의 전체 가치 중에서 최종 공정을 수행한 나라에서 일정수준의 부가가치를 창출하는 경우 원산지를 인정하는 기준이다. 이 기준은 논리적으로는 타당한 기준이나 세관이나 무역거래자에게 서류제출 등 추가적 부담으로 작용하기 때문에 불가피한 경우 예외적으로 사용한다.

일반적으로 수입산 재료의 가격(CIF 기준)에서 완제품의 가격(FOB 가격)을 나눈 것으로 구한다. WTO 통일원산지 규정에서는 EU가 기계류에서 적극 주장하는 것으로 일반기계는 45%, 수송용 기계는 60% 부가가치기준을 주장하고 있다. 예를 들면 수입산 진공청소기 모터와 필터를 제외한 순수 국내산 부품의 가치가 진공청소기 전체 가치의 45% 이상이면 원산지가 조립국이 된다.

(3) 특정가공공정 기준(Processing Operation Rules)

실질적 변형을 판정하는 또 다른 기준이 특정공정기준이다. 가공공정기준이라고도 부른다. 이는 가장 객관적 기준으로 제조공정 중 특정공정을 수행하거나 특정 부품을 사용한 국가를 원산지로 인정하는 기준을 말한다. 예를 들어 커피는 볶음공정을 수행한 나라가 원산지라든지, 의류는 재단・봉제를 수행한 국가가 원산지라든지, 자동차는 엔진을 생산한 나라가 원산지가 되는 등의 경우에 적용되는 것이다.

실질적변형기준인 세번변경기준, 부가가치기준, 특정공정기준 등의 원산지기준 체계는 WTO통일원산지규정이나 FTA원산지기준은 거의 비슷한 구조를 이루고 있기 때문에 FTA원산지기준에서 더 자세하게 설명하고자 한다.

3. WTO 통일원산지규정 제정 협상의 주요 쟁점

WTO 통일 원산지협상에서의 쟁점이 우리의 관심을 끌고 있다. 일반이사회에 상정된 총 94개 핵심이슈 중에서도 총 12개 이슈가 우선 협상쟁점으로 선정되었다. 이는 통일원산지 협상의 적용범위에 관한 빅 이슈와 나머지 11개 품목별 핵심쟁점으로 구성되어 있다. WTO 일반이사회에서 각 국 대사들이 이 12개 핵심 정책쟁점을 모델케이스로 잘 해결하면 나머지 쟁점은 쉽게 타결될 것으로 보고 있다.

그러나 일반이사회에 상정되는 과정에서 통일원산지 규정이 타결되면 과연 어디까지 적용할 것인가에 관한 임플리케이션 이슈(Implication Issue)가 막판 빅 이슈로 부상하면서 협상진전의 걸림돌로 작용하게 되었다.

통일원산지규정이 타결되면 국가 간의 교역 불확실성이 제거되어 세계무역의 활성화에 기여하는 효과가 매우 클 수 있다. 하지만 어디까지 영향권 안에 둘 것인가에 대한 의견 및 각 국가의 국내법의 조절 등 복잡한 문제로 야기될 수 있어 아직 미타결 상태에 있다. 결국 일단 WTO 통일원산지규정 제정 작업을 마무리하여 현재 원산지규정이 사용되고 있는 분야부터 적용하고, 각 회원국들이 다른 WTO 협정위원회가 통일원산지 규정을 채택할 수 있도록 노력하는 것이 최선은 아니지만 현실적 차선책이라는 입장이다.

가. WTO 통일원산지규정의 적용범위

통일원산지규정이 반덤핑, 세이프가드, 상계관세, 원산지 표시 등 모든 비특혜 무역정책 수단에 그대로 적용되는지 아니면 다른 WTO 협정이나 각 회원국들이 동 규정의 적용여부를 선택할 수 있는지가 막판 쟁점으로 부각되고 있다. 이는 협상타결이 임박해지자 협상결과가 어디까지 영향을 미치는가에 대하여 각국의 관심이 고조되고 있는 것과 무관하지 않다.

그림 3-1 **WTO 원산지협정 관련 사항**

현재 EU, 인도 등 다수 국가들은 동 협상결과가 다른 WTO 협정에도 그대로 적용되어야 한다는 입장이다. 이는 UR 각료회의 결과 채택된 원산지규정에 관한 협정의 내용을 산하 원산지위원회가 해석상 적용을 제한할 수 없다는 논리다.

이에 반해 미국, 캐나다는 통일원산지 규정과 다른 WTO 협정과의 직접적인 연결고리를 인정하지 않는 입장이다. 각종 무역조치에 원산지 규정을 가진 나라가 거의 없고 실제 반덤핑 제도 등에 원산지 규정이 사용되고 있는지도 불분명하며 무엇보다 반덤핑 위원회 등 다른 WTO 협정에서 통일원산지 협상의 논의동향을 알지 못한다는 현실적 인식에 근거한 논리를 펴고 있다.

이에 WTO 사무국은 다음과 같은 의장 권고안을 제시하여 각 국의 의견을 기다리고 있다. 통일원산지 규정이 다른 WTO 협정에 그대로 적용되는 것은 아니고 실제로 원산지 규정을 사용하고 있는 협정에만 수정 없이 적용된다. 아울러 각국은 자국의 무역정책 수단에 원산지규정의 적용여부에 대한 결정권을 가지나 이러한 결정권은 완전히 자유로운 것은 아니고 다른 WTO 협정 위원회에서 통일원산지 규정의 사용을 결정하는 경우 거기에 따라야 한다는 것이다. 아래 표는 품목별 원산지기준의 쟁점사항을 정리한 것으로 나라 또는 지역에 따라 원산지기준에 대한 주장이 다른 것을 알 수 있다.

표 3-4 품목별 원산지기준 핵심정책 쟁점 현황

	품목	쟁점사항
1	직물의 염색 및 날염	염색 및 날염직물을 만드는 경우 원산지가 염색 및 날염공정 수행국 or 직물 제조국
		EU, 호주, 스위스, 우리나라 등 13개국은 적어도 두 가지 이상의 공정을 거쳐 영구적인 염색과 날염을 하는 경우 원산지를 부여하자는 입장이나 브라질, 아르헨티나, 캐나다, 멕시코 등 8개국은 이에 반대입장
2	철강의 코팅	열연·냉연강판에 주석이나 아연으로 코팅하거나 플라스틱 등으로 색깔을 입히는 경우 원산지가 코팅공정 수행국 or 강판 생산국
		EU, 브라질, 스위스, 우리나라 등 15개국은 철강의 코팅공정에 원산지를 부여하자는 입장. 다만 이 경우에도 일본은 석도강판까지 원산지를 부여하자는 입장인 반면, 우리나라는 칼라강판 생산에도 원산지를 부여하자는 입장. 그러나 미국, 아르헨티나, 멕시코, 이집트는 동공정에 원산지 부여를 반대. WTO 사무국은 의장 권고안 제시를 유보한 상황.
3	일반기계류의 조립공정	부품을 가지고 일반 기계류를 조립하는 경우 원산지 판정기준으로 세번변경기준 또는 특정공정기준을 적용 or 전적으로 부가가치 기준(45%) 적용
		미국, 캐나다, 호주, 일본 등 15개국은 세번변경기준 또는 특정공정기준에 따라 원산지를 부여하자는 입장인 반면, EU, 브라질, 이집트, 터키는 부가가치 기준에 따라 원산지를 부여하자는 입장.
4	엔진을 장착한 새시에서 완성차	엔진이 장착된 새시에 차체를 추가로 조립하여 완성차를 생산하는 경우 원산지가 조립국 or 엔진 장착국.
		미국, 일본, 캐나다, 멕시코, 대만 등 16개국은 엔진을 장착한 새시에서 완성차를 조

	조립	립하는 경우 세번변경기준에 따라 원산지를 부여하자는 입장이며 EU, 브라질, 터키, 인도는 부가가치 기준에 따라 원산지를 부여하자는 입장.
5	설탕의 정제공정	원당을 가지고 정제공정을 거쳐 정제 설탕을 만드는 경우 원산지는 정제당 생산국인지 원당 생산국인지가 쟁점.
		EU, 호주, 캐나다, 일본, 우리나라 등 8개국은 정제공정에 원산지를 부여하자는 입장이나 미국, 스위스, 아르헨티나, 브라질 등 20개국은 이에 반대하는 입장. WTO 사무국은 원산지 불인정을 의장 권고안으로 제안한 상황.
6	커피의 볶음공정	커피 원두에 열을 가하여 볶아 커피를 만드는 경우의 원산지가 볶음공정 수행국 or 커피원두 생산국
		미국, 일본, 스위스, 캐나다 등 9개국은 볶음공정에 원산지를 부여하자는 입장이나, 브라질, 콜롬비아, 도미니카, 우리나라 등 17개국은 이에 반대하는 입장. WTO 사무국은 원칙적으로 원산지 불인정을 의장 권고안으로 제시한 상황.
7	가축의 도축	산 동물을 도축하여 육류형태로 교역하는 경우 도축한 나라가 원산지 or 사육한 나라
		미국, 호주, 캐나다, 멕시코 등 12개국은 도축국에 원산지를 부여하자는 도축 기준국을 주장하고 있으며, EU, 일본, 이집트, 우리나라 등 11개국은 4개월 이상 사육 후 도축한 경우 원산지를 부여하는 사육 기준국을 주장하고 있다. WTO 사무국은 도축 기준국을 의장 권고안으로 제시.
8	조유에서 정제유 생산	돼지비계 등 동물 비계에서 기름을 분리·정제하여 돈지 등 정제유를 만드는 경우 원산지는 정제국 or 원료 생산국
		EU, 뉴질랜드, 일본, 우리나라 등 10개국은 정제공정에 원산지를 부여하자는 입장이나 미국, 캐나다, 이집트, 콜롬비아 등 11개국은 이에 반대하는 입장. WTO 사무국은 중화, 탈색, 탈염 공정을 모두 거쳐 정제유를 만드는 경우에 원산지를 부여하자는 의장 권고안을 제시한 상황.
9	배타적 경제적 수역에서 잡은 수산물	대부분의 국가들이 연안에서 12해리 내에 있는 영해에서 잡은 수산물은 연안국에, 200해리 밖의 공해에서 잡은 수산물은 선박기국에 원산지를 부여하는데 동의하고 있으나 영해 밖 공해 사이의 배타적 경제수역에서 잡은 수산물의 원산지가 연안국 or 선박기국
		EU, 미국, 일본, 노르웨이, 우리나라 등 10개국은 선박기국에 원산지를 부여하자는 입장이나 아르헨티나, 브라질, 필리핀, 인도, 에쿠아도르는 이에 반대하며 연안국에 원산지를 부여하자는 입장. WTO 사무국은 아직 의장 권고안을 제시하지 않은 상황.
10	가공갑피에서 신발생산	일반 갑피를 가지고 신발을 만드는 경우 원산지가 부여되나 가공 갑피(Formed upper)를 가지고 신발을 만드는 경우 원산지가 신발 조립국 or 가공갑피 가공국
		인도, 일본, 말레이시아, 태국은 일반 갑피든 가공 갑피든 신발을 조립하는 나라에 원산지를 부여하자는 입장이나 미국, EU, 캐나다, 브라질, 우리나라 등 11개국은 동 공정에 원산지 부여를 반대. WTO 사무국은 원산지 불인정을 의장 권고안으로 제시.
11	우유 조제품 생산	원유나 분유를 가지고 발효공정을 거쳐 요구르트나 기타 유제품을 생산하는 경우 원산지는 유제품 생산국 or 분유 생산국
		미국, 호주, 일본, 우리나라 등 17개국은 유제품 생산에 원산지를 부여하자는 입장이나 EU, 과테말라, 인도는 발효공정에 원산지 부여를 반대. WTO 사무국은 원산지 인정을 의장 권고안으로 제시.

나. 원산지규정 적용에 대한 규율 원칙

앞 장에서 설명한 바와 같이 WTO 원산지규정 협정은 향후 통일원산지규정(Harmonized Rules of Origin) 채택을 위한 작업계획과 작업계획을 추진할 기구 및 관련 사항을 WTO 원산지규정협정에 명시하고 있다. 그러나 통일원산지규정이 마련되기까지는 시일이 걸리는 만큼, 동 규정이 마련되기 전까지 각국이 원산지규정을 운용하는 데 적용될 수 있는 규율원칙이 필요하다. 다른 한편, WTO 원산지규정협정은 통일원산지규정이 마련되면 각국이 어떤 원칙에 따라 이를 이행하여야 하는지에 대하여도 미리 규정을 두고 있다. 즉 WTO 원산지규정협정은 통일원산지규정을 위한 작업 프로그램이 완료되기까지의 규율 원칙, 작업 프로그램이 완료되어 그 결과물이 이행되는 경우의 규율 원칙을 나누어 규정하고 있다.

1) 과도기간 중 원칙

통일원산지규정을 위한 작업프로그램이 끝날 때까지의 과도기간 동안 회원국들은 다음과 같은 사항들을 보장하여야 한다.

(1) 무역장벽으로 기능하지 않을 것.

원산지 규정이 통상정책 관련 조치 또는 도구임에도 불구하고, 원산지규정은 통상목적을 직·간접적으로 추구하기 위한 수단으로 기능하여서는 아니된다. 즉 원산지규정은 최종 물품의 원산지를 판정하기 위한 중립적 목적을 가지고 있으며, 동 규정을 통하여 국가간 교역을 제한하거나 왜곡·교란시키는 효과를 초래하여서는 곤란하다. 따라서 원산지규정은 지나치게 까다롭고 충족하기 어려운 요건을 요구하거나, 제조·가공 공정과 관련이 없는 특정 조건의 충족을 요구하여서는 아니된다. 다만 부가가치 기준의 경우, 제조·가공 공정과 직접적으로 관련이 없는 비용은 부가가치 산정시 포함될 수 있다.

(2) 명확성·일관성·통일성

원산지규정은 그 원산지기준에 대하여 명확하게 규정하여, 수출입자 등 관계인이 그 기준에 대하여 정확하게 이해할 수 있도록 하여야 한다. 예를 들어 세번변경기준을 적용하는 경우에는 그 기준 및 예외에서 관세분류체계상의 소호와 호를 분명하게 명시하여야 하고, 부가가치기준이 적용되는 경우에는 그 비율의 산정방법이 원산지규정에 명시되어야 한다. 가공공정기준을 적용하는 경우에는 관련물품에 원산지 지위를 부여하는 공정이 명확하게 규정되어야 한다. 또한 원산지기준은 적극적인 기준(positive standard)을 기초로 하여야 한다. 원산지가 부여되지 않도록 하는 원산지기준(소극적 기준(negative standard))은 적극적인 기준을 명확하게 하기 위한 일환으로 또는 원산지의 적극적인 판정이 필요하지 아니한 개별적인 경우에 허용된다.

한편 원산지규정은 일관적이고 통일적이며, 공정하고 합리적인 방식으로 이행되어야 한다. 동 규정의 적용에 있어 일관성이나 통일성을 결여할 경우, 수출입자 등에게 혼란과 예측 불가능성을 주게 되어 원산지 규정 전반에 대한 신뢰 상실로 이어질 수 있다. 원산지규정이 불공정하고 비합리적인 방식으로 적용될 때에도 그러하다. 따라서 각국은 원산지규정이 일관성과 공정성을 담보할 수 있도록 노력하여야 할 것이다.

(3) 차별금지

수출입물품에 적용되는 원산지규정은 국내 물품 여부의 판정에 적용되는 원산지규정보다 엄격하여서는 아니되며, 물품 제조자간 관련성 여부와 상관없이 회원국들 간에 차별적으로 적용되어서는 안 된다.

(4) 투명성

원산지규정은 투명하게 적용·운용되어야 한다. 따라서 수출입자 등 이해관계인 및 회원국이 쉽게 알 수 있고 정보에 접근할 수 있도록 보장되어야 한다. 이에 따라 동 규정과 관련하여 일반적으로 적용되는 회원국의 법령, 사법적 판정 및 행정적 결정은 1994년 GATT 제10조 1항에서 규정한 바와 같이 공표되어야 한다. 원산지규정을 변경하거나 새로운 규정을 도입하는 경우에는, 회원국은 원칙적으로 이러한 변경을 소급적용하지 아니한다.

(5) 원산지 심사 및 판정 절차

수출자, 수입자 또는 정당한 사유를 가진 사람의 요청이 있는 경우, 특정 물품에 대한 원산지 심사는 모든 필요한 요소가 제출된 경우 가능한 한 조속히, 늦어도 그러한 심사요청이 있은 후 150일 이내에 내려져야 한다. 원산지규정을 포함하여 심사의 기초가 된 사실과 조건이 비교 가능한 상태로 남아 있는 경우, 이러한 심사는 3년 동안 유효하여야 한다. 만약 재심 과정에서 심사와 상반되는 판정이 내려질 때 이러한 심사는 그 효력을 상실하며, 이러한 심사는 비밀보장을 조건으로 입수 가능하도록 공개된다.

또한 원산지판정과 관련한 모든 행정조치는 판정을 내린 당국으로부터 독립적이며 이러한 판정을 수정 또는 번복할 수 있는 사법, 중재 또는 행정재판소나 절차를 통하여 신속히 재검토될 수 있어야 한다.

(6) 비밀보장

원산지판정을 위하여 제시되는 정보는 물품의 생산과 관련된 주요 정보를 담고 있어서 일종의 기업기밀에 해당할 수 있다. 이러한 정보가 경쟁업체 등에 노출될 경우 물품 생산자는 상당한 피해를 볼 우려가 있으므로, 이를 방지하기 위하여 물품의 원산지판정과 관련된 정보는 엄격하게 보호되어야 한다. 따라서 본래 비밀이거나 원산지규정의 적용을 위하여 비밀을 기초로 제시되어진 모든 정보는 관계 당국에 의하여 엄격하게 비밀로 취급된다. 사법적 절차의 맥락에서 공개되도록 요구되는 범위를 제외하고는, 이러한 정보를 제공한 개인이나 정부의 명시적인 허락 없이 관계 당국은 이를 공개하지 아니한다.

2) 과도기간 이후 원칙

WTO 원산지규정협정은 통일 원산지 규정이 제정되면 회원국이 그 이행과 관련하여 보장하여야 할 사항을 규정하고 있다. 일부 내용의 경우에는 과도기간 중 원칙과 그 내용이 동일한데, 예를 들면, ① 원산지규정의 일관성·통일성, ② 차별금지, ③ 투명성 및 소급적용 금지, ④ 원산지심사 및 판정절차, ⑤ 비밀보장 등의 내용이다. 다만 원산지 규정이 제1조의 모든 목적을 위하여 동등하게 적용된다는 내용과 원산지판정기준이 완전생산기준 및 실질변형기준에 기반하여야 한다는 내용은 과도기간 이후 원칙으로 추가적으로 규정되어 있는 내용이다.

제3장 한국 및 주요국의 원산지규정

상품이 어느 나라의 원산지 상품인지는 무역에서 관세 결정은 물론 각종 규제 유무의 판별, 인허가 판별, 통계에서는 집계 등에 이용되는 중요한 정보이다. 그러나 아직 물품이 어느 나라의 것인지를 규정짓는 명확한 규칙은 세계적으로 공통되지 않았다. 세계무역기구(WTO)에 가입한 국가는 동 기관의 협정에 의해 정해져있는 큰 틀의 룰(Rule)에 준거하여 각국에서 원산지 기준을 정하고 있다. 그러므로 법령이나 발행 주체에 따라 규정이 다를 수 있다.

물품의 원산지를 결정하는 규정에는 몇 가지 종류가 있으며, 목적에 따라 크게 나누면 다음 두 가지가 중요할 것이다. 국내 유통 목적으로 제품에 원산지를 표시를 하는 것과, 수출입시 원산지임을 증명・기재하기 위한 것이다.

한국의 원산지규정에 대한 관련 규범구조의 체계를 보면, 관세상의 특혜 대우 부여를 위한 특혜원산지규정과 비특혜원산지규정으로 나뉜다. 비특혜적 차원의 원산지규정은 WTO협정세율 및 편익관세, 반덤핑관세의 적용, 원산지 표시, 수입통계의 작성을 목적으로 한 원산지규정이다. 각 국에서는 특혜, 비특혜 원산지규정을 두고 있으며, 우리나라도 예외는 아니다.

WTO의 통일원산지규정은 아직 완성되지 않았지만, 이는 품목별 원산지판정기준 및 각 국가의 적용범위 결정여부에 대한 합의에 시간이 걸릴 뿐, 교토협약에서 일반원칙 및 체계화된 완전생산기준, 실질적변형기준 등의 기본골격을 가지고, 각 국가 사정에 맞게 규정하고 있다.

우리나라에서는 관세법과 대외무역법에서 비특혜 및 특혜관세(GSP, GSTP)에 관한 규정을 하고 있다. FTA에 관한 특혜관세에 대해서는 각 협정문에서 규정하고 있지만, 이를 질서 있게 관리하기 위해 FTA 관세특례법에서 정리하여 규정하고 있다.

이 장에서는 한국의 원산지규정에 대해서 알아보고, 주요국들의 국내 원산지규정에 대해서는 간단하게 정리하고자 한다.

제1절 한국의 원산지규정 법적 체계

원산지규정의 법적 체계는 크게 국제법과 국내법으로 나눌 수 있으며, 국제법은 다자간협정과 양자협정으로 구분된다. 다자간협정에서는 WTO 통일원산지규정 제정이 진행 중이다. 또한 FTA가 전 세계적으로 확산되면서 양자협정에 의한 원산지규정이 급격히 증가하고 있는데, FTA협정 및 품목에 따라 다른 원산지기준이 만들어지고 있다. 물론 원산지규정의 골격 및 체계는 비슷하지만, 원산지결정기준이 나라별 품목별로 상이하고 복잡하다.

국내법으로는 관세부과를 목적으로 하는 관세법령과 원산지표시를 목적으로 하는 대외무역법령으로 구분된다. 이외에 각 개별법령에서 원산지표시 단속에 관한 규정을 운영하고 있다. 한국의 원산지관련 규정의 기본 골격은 1973년 '세관절차의 간소화 및 조화에 관한 국제협약(교토협약)'의 원산지관련 부속서에 그 근거를 두고 있다. 원산지규정(D.1), 원산지증명(D.2), 원산지 증명관리(D.3) 등에 대한 부속서가 있으며, 우리나라는 1990년 5월 D.1 및 D.2 부속서에 가입하였다.

한국에서 원산지규정을 처음 도입한 것은 1964년 관세법령에서이다. 1987년에는 대외무역법에 원산지관련 규정을 도입하였고, 1991년에는 동법에서 원산지표시제도를 도입하여 공정한 무역질서의 확립 및 소비자보호를 위해 원산지규정을 운영하고 있다. 원산지 적용에 관련되는 법체계로는 교토협약 내 '원산지규정에 관한 부속서', FTA협정문, FTA 관세특례법, 국내법규 등을 들 수 있다.

표 3-5 한국의 원산지규정 근거 법

구 분		주 요 내 용
다자협정	GATT	원산지표시 의무화에 따른 불필요한 무역장벽 해소(제9조)
	WTO 원산지 협정	비특혜 통일원산지규정 제정에 대한 합의(1986년)
	교토협약	원산지 판정기준(완전생산, 실질변형) - 특별부속서 K
	GSTP협정	일반회원국: 부가가치 50%, 최빈개도국: 부가가치 40%
	아·태무역협정	완전생산기준, 부가가치기준(원산국 45%, 역내누적 60%)

양자협정	한 · 칠 FTA	세번변경기준, 부가가치기준(공제법 45%, 직접법 30%)
	한 · 싱 FTA	세번변경기준, 부가가치기준(공제법 45~55%), 특정공정기준
	한 · EFTA FTA	세번변경기준, 부가가치기준(수입재료 40~60% 이하)
	한 · 아세안 FTA	세번변경기준(CTH) 또는 부가가치기준(40%), 품목별기준(2,700개)
	남북원산지합의서	완전생산기준, 실질변형기준
국내법	FTA 관세특례법	FTA특혜관세 적용을 위한 원산지 확인기준 일반원칙
	관세법령	원산지 확인기준 등 기본적인 사항 규정(법 제9장 제2관)
	대외무역법령	원산지 표시제도 및 필요시 원산지 판정기준(제6절)
	남북교류협력법령	원산지확인에 관해 필요한 사항은 통일부장관이 협의하여 정함(제50조)
	농산물품질관리법	농산물유통질서 확립을 위한 원산지 표시(제3장)
	수산물품질관리법	수산물유통질서 확립을 위한 원산지 표시(제10조 등)
	표시 · 광고의공정화에관한법률	허위 · 과장 표시 등의 금지 및 제재 조치(벌금) 등
	부정경쟁방지법	허위 표시 등에 대한 제재 조치(과태료) 등
	품질경영및공산품안전관리법	품질표시 기준 등(제8조)
	전기용품안전관리법	수입물품의 안전인정 기준 등(제5조)

FTA 특혜원산지규정은 자유무역협정 당사국 간의 관세상 특혜를 부여하기 위한 원산지규정을 의미하며, 상호국의 역내에서 생산한 물품에 대하여 비당사국의 생산물품과 차별을 두기 위하여 특혜 관세혜택을 부여하기 위한 제도이다. 이 특혜 원산지 제도의 구성을 살펴보면, 원산지결정에 관한 실체적 규정들과 원산지 증명 및 원산지검증 등의 절차적 규정이 여기에 포함된다.

한국의 원산지규정은 관세특혜대우 목적의 특혜 원산지규정과 원산지표시 및 기타 목적의 비특혜 원산지규정으로 분류할 수 있다.

특혜원산지규정은 관세법(제73조-국제협력관세, 제74조-편익관세, 제76조-일반특혜관세)에 의하여 국제기구회원국 등 다자간에 특혜 관세를 부여하는 ① WTO 협정 일반양허관세 및 WTO 협정의 개발도상국간 특혜관세(TNDC), ② UNCTAD 개발도상국간 양허관세(GSTP), ③ 최빈개발도상국에 대한 일반특혜

관세, ④ 아시아·태평양무역협정(APTA)에 의한 양허관세 적용과 남북교역물품에 적용되는 관세법상 특혜원산지규정 등이 있다.

우리나라 통상관련 원산지와 관련된 법원으로는 기존에 존재하는 관세법과 대외무역법이 있고, FTA를 위한 FTA 관세특례법이 있는데, 이 세 가지의 법규의 내용 중 원산지규정에 해당되는 내용을 정리하면 다음과 같다.

1. 관세법

한국 관세법에서는 관세의 부과·징수, 수출입물품의 통관, 확인요청에 따른 조사 등을 위해 원산지를 확인할 때 필요한 사항으로 ① 해당 물품의 전부를 생산·가공·제조한 나라(완전생산) 또는 ② 해당 물품이 2개국 이상에 걸쳐 생산·가공 또는 제조된 경우에는 그 물품의 본질적 특성을 부여하기에 충분한 정도의 실질적인 생산·가공·제조 과정이 최종적으로 수행된 나라(실질적 변형)를 원산지로 하고 있다. 이에 따라 완전생산기준 또는 실질적변형기준에 해당되는 사항에 대해서 관세법 시행규칙에서 정하고 있다.

관세법에서는 원산지확인기준과 이와 관련된 원산지증명서, 그리고 원산지를 판정하기 위한 기준을 정하고 있다. 완전생산기준, 완전생산이 아닐 경우 실질적 변형을 일으킨 나라를 판단하기 위해 세번변경기준 6단위의 세번(품목번호)의 변경이 이루어지면 최종적으로 '생산' 한 국가로 인정하는 것을 정하고, 본질적 특성을 부여하기에 충분한 정도의 실질적인 생산과정을 거친 것으로 인정하기 곤란한 품목에 대해서는 주요공정·부가가치 등을 고려하여 품목별로 원산지기준을 따로 정할 수 있는 것으로 되어있다.

표 3-6 원산지 관련 관세법

관세법	
제229조	원산지 확인 기준
제230조	1. 원산지 허위표시물품 등의 통관 제한 2. 품질 등 허위·오인 표시물품의 통관 제한
제231조	환적물품 등에 대한 유치 등
제232조	원산지증명서, 원산지증명서의 발급 등

제233조	1.원산지증명서 등의 확인요청 및 조사 2.수출입물품의 원산지정보 수집·분석
관세법 시행령	
제236조	1. 원산지증명서의 제출 등 2. 원산지 등에 대한 사전확인 3. 사전확인서 내용의 변경 4. 원산지확인위원회 5. 원산지정보 수집·분석 업무의 위탁 6. 원산지증명서확인자료 등 7. 수입물품의 원산지증명서 등 확인요청 8. 수출물품의 원산지증명서 등에 관한 조사 절차 등
관세법 시행규칙	
제74조	일반물품의 원산지결정기준
제75조	특수물품의 원산지결정기준
제76조	직접운송원칙
제77조	원산지증명서확인 자료의 제출기간

관세청에서는 관세법과 대외무역법에 따른 원산지표시 관련사항을 집행함에 있어 필요한 사항을 세부적으로 정하여 업무의 통일성과 효율성을 높이고자 「원산지제도 운영에 관한 고시」를 하고 있다. 여기서는 원산지관련 확인, 판정, 표시, 위반에 대한 과징금 부과 등에 대해서 상세하게 정하고 있다. 이 밖에도 일반특혜관세 적용 협정 및 적용국가, 특혜관세별 원산지결정기준, 원산지 결정기준과 원산지증명서 발급, 특혜 원산지증명 발행기관, 물품별 적정 원산지표시 방법(원칙), 예외적인 원산지표시 방법이 허용될 수 있는 사례, 그리고 각종 서식들을 정하고 있다.

우리나라 관세법에 원산지증명서의 제출의무 및 요건 기타 원산지 관련 규정이 처음 도입된 1964년을 시작으로 1973년에는 '세관절차 간소화 및 조화에 관한 국제협약(교토협약)'의 원산지결정기준이 국내 관세법에 도입되었다. 1976년 관세법에는 원산지결정기준을 구체화하여 6개의 완전생산기준의 유형과 실질변형기준의 판단기준으로서 세번변경기준을 명시하였다.

1993년 관세법에서는 원산지 허위표시물품의 통관불허 및 국내 유통 중인 원산지허위표시 수입물품의 리콜제, 포장용기 등의 원산지결정특례, 원산지불인정공정, 직접운송원칙 등이 보완되었다. WTO가 발효한 후 1996년 관세법에는 원산지를 허위 표시한 환적물품에 대해서까지 유치하는 제도를 도입했으며, 대외무역법에는 원산지판정제도 및 사전판정제도가 도입되기에 이르렀다. 2001년에는 원산지 판정에 관한 권한이 산업자원부 장관으로부터 관세청장에게 위임되었다.

2. 대외무역법

대외무역법에서는 원산지규정에 관해 원산지표시, 원산지판정, 원산지확인·증명, 위반 및 벌칙 등을 규정하고 있다. FTA 관세특례법에서의 원산지규정과는 목적이 다르게 생산자 및 소비자보호, 공정거래질서 확립에 목적을 두고 있다.

대외무역법(제33조)에서는 공정한 거래 질서의 확립과 생산자 및 소비자 보호를 위하여 원산지를 표시의 의무를 두고 있는데, 대상으로 공고한 물품 등을 수출하거나 수입하려는 자는 그 물품 등에 대하여 원산지를 표시하여야 한다고 정하고 있다. 원산지 표시 방법에 있어서는 원칙적으로 해당 물품에 직접 표시하고, 예외적으로 물품의 최소포장·용기 등에 표시하도록 하고 있다.

대외무역법 원산지판정은 ① 수입물품, ② 수출물품, ③ 국내생산물품(수입 원료를 사용한 국내제조·유통물품)의 원산지판정기준과 ④ 원산지판정기준의 특례로 구성되어 있다.

수입물품의 원산지판정에서 완전생산기준(Wholly Obtained Criteria)은 당해국에서 수확·채취·사육한 식물, 광물, 동물 또는 생산된 원재료를 가지고 처음부터 그 나라에서 가공한 완제품으로 정하고, 실질적 변형기준(Substantial Transformation Criteria)에서는 세번변경기준(Change in Tariff Classification Criterion)을 원칙으로 하며, 세번변경기준의 HS 6자리(단위)를 기준으로 한다. 부가가치기준 및 가공공정기준은 보완적으로 적용한다.

따라서 국내생산물품의 원산지결정(판정)기준은 국내에서 제조·가공을 통하여 생산품의 세번이 HS 6단위변경이 이루어져야 되고, 당해 물품의 총 제조원가 중 수입원료의 수입가격(CIF기준)을 공제한 금액이 총 제조원가의 51% 이상이어야 된다고 정하고 있다. 국내에서 제조·가공을 통하여 세번(6단위)이 변경되지 않는 경우에는 당해물품의 총 제조원가 중 수입 원료의 수입가격(CIF기준)을 공제한 금액이 총제조원가의 85% 이상으로 한다.

수출물품의 원산지판정에서는 수입물품의 판정기준과 동일하나, 수입국에서 정한 판정기준이 있을 경우 그에 따라 판정할 수 있다고 되어 있다.

표 3-7 원산지관련 대외무역법

대외무역법	
제33조	수출입 물품 등의 원산지의 표시
제34조	원산지 판정 등
제35조	수입원료를 사용한 국내생산 물품 등의 원산지 판정 기준
제36조	수입 물품 등의 원산지증명서의 제출
제37조	수출 물품의 원산지증명서의 발급 등
제38조	외국산 물품 등을 국산 물품 등으로 가장하는 행위의 금지
제41조	특정국 물품에 대한 특별 수입수량 제한조치의 시행 등
제53조	벌칙
대외무역법 시행령	
제55조	원산지표시대상물품 지정 등
제56조	수출입 물품의 원산지 표시방법
제57조	1. 원산지 표시방법의 확인, 2. 서류검사
제58조	원산지표시 위반물품에 대한 시정조치
제59조	과징금의 부과 및 납부
제60조	과징금을 부과할 위반행위의 종류와 과징금의 금액
제61조	수출입 물품의 원산지 판정 기준
제62조	원산지 판정 절차
제63조	이의제기
제65조	수입 물품의 원산지증명서의 제출
제66조	수출 물품의 원산지증명서 발급기준 등
제70조	특정국 물품에 대한 특별 수입수량 제한조치의 시행 등
제90조	수수료 (원산지증명서 발급에 관한)
대외무역관리규정 (제5장원산지)	
제73조	적용범위(원산지 표시, 원산지 판정 및 확인 등이 필요한 물품에 적용)
제74조	협의
제75조	수입 물품의 원산지표시대상물품 등
제76조	수입 물품 원산지 표시의 일반원칙
제77조	원산지 오인 우려 수입 물품의 원산지 표시

제78조	수입 후 단순한 가공활동을 수행한 물품등의 원산지 표시
제80조	수입용기의 원산지 표시
제81조	수입 물품 원산지 표시방법의 세부사항
제82조	수입 물품 원산지 표시의 면제
제83조	원산지 표시의 확인·검사
제84조	원산지 표시의 확인 및 이의제기
제85조	수입 물품의 원산지 판정 기준
제86조	수입원료를 사용한 국내생산물품등의 원산지 판정 기준
제87조	원산지 판정 기준의 특례
제88조	수출입 물품의 원산지 판정
제89조	원산지 결정 등에 대한 이의제기
제90조	원산지의 판정자료 보정기간
제91조	원산지의 확인
제92조	원산지증명서 등의 제출면제
제93조	원산지 확인에 있어서의 직접운송원칙

대외무역관리규정에서 5장은 모두 원산지와 관련된 내용으로 구성되어 있다. 특히 원산지 표시에 관해서는 표기방법 등에 대해서 구체적으로 규정하고 있다. 대외무역법에서는 1987년 특정국으로부터 수입되는 특정물품에 대하여 원산지증명서 제출을 의무화하는 원산지 관련 규정이 처음으로 도입되었으며, 1990년까지는 여기에 적용될 원산지결정기준은 관세법규정을 준용하는 형식을 취했다. 1991년 대외무역법령에 원산지표시제도 및 표시대상물품과 표시목적에 적용될 원산지 결정기준이 제정되었다.

2006년 대외무역관리규정에는 국내에서 완제품의 소요량을 갖춘 미조립 부분품을 완성품 세번으로 분류하여 중국 등에서 조립공정 후 우리나라로 재수입하는 경우에 6단위 수출세번과 수입세번이 동일하여 원산지가 변경되지 않도록 하였다. 국내소비자 보호를 위하여 실질변형기준의 일반적인 판단기준인 세번변경기준을 보완한 것이다. 일반특혜관세(GSP) 적용대상 최빈개발도상국가 및 이와 관련된 원산지증명서 등의 서식 등을 정하고 있다.

표 3-8 일반특혜관세(GSP) 적용대상 최빈개발도상국

지 역	국 가
1. 아시아 (13개국)	아프가니스탄, 방글라데시, 캄보디아, 미얀마, 부탄, 키리바티, 라오스, 몰디브, 네팔,사모아, 투발루, 바누아투, 솔로몬군도,예멘, 동티모르
2. 아프리카 (34개국)	앙골라, 베닌, 부르키나파소, 부룬디, 까뽀베르데, 중앙아프리카공화국, 차드, 코모르, 지부티, 적도기니, 에리트리아, 이디오피아, 감비아, 기네, 기네비소, 레소토, 리베, 이라, 다가스칼, 말라위, 말리, 모리타니아, 모잠비크, 니제르, 르완다, 상토메프린, 시페, 시에라리온, 소말리아, 수단, 탄자니아, 토고, 우간다, 잠비아, 세네갈, 콩고민주공화국(자이레)
3. 아메리카 (1개국)	아이티

비특혜원산지규정에 대해서 관세법령과 대외무역법령에서 각각의 정책 목적을 위하여 원산지 결정기준, 원산지표시방법 등 실체적 규정과 원산지확인 등 절차적 규정을 두고 있다.

3. FTA 관세특례법

FTA협정에서 규정하고 있는 원산지규정은 품목별 관세철폐일정 및 관세철폐율 그리고 품목별 원산지기준이 달라 복잡하게 보이지만, 원산지규정의 틀은 대체적으로 대동소이하다. 따라서 각 FTA의 협정문을 통합 정리하여 이해하기 쉽고, 협정의 원활한 이행을 위해 「FTA 관세특례법(정식명칭: 자유무역협정의 이행을 위한 관세법의 특례에 관한 법률」을 제정하였다. 이 법은 이미 관세에 관해서는 관세법이라는 법규가 있지만, 이에 대한 특별히 예외적인 법이라는 뜻으로 FTA를 위한 법령이다. 두 법이 경합할 땐 FTA 관세특례법을 따라야 하고, 여기서 정하지 않은 내용은 관세법을 따른다.

또한 관세청고시로 「자유무역협정의 이행을 위한 관세법의 특례에 관한 법률 사무처리에 관한 고시」가 있다. 동 고시의 목적은 동 법률, 동법시행령 및 동법시행규칙에서 관세청장에게 위임한 사항, 기타 협정관세 적용 및 원산지심사 절차 등 자유무역협정의 원활한 이행을 위해 필요한 사항을 정함으로써 원활하고 적정한 통관 및 심사업무를 수행함에 그 목적을 두고 있다.

표 3-9 원산지관련 FTA 관세특례법

FTA 관세특례법	내용
제9조(원산지결정기준)	완전생산기준, 실질적변형기준, 운송기준
제9조의2(원산지증명서 작성 등)	원산지증명서의 발급방식
제11조(원산지증빙서류의 수정 통보)	원산지증빙서류작성 및 제출 후 원산지에 관한 내용에 오류가 발생한 경우의 준칙
제12조(원산지증빙서류 등의 보관 및 제출)	원산지증빙서류를 수입자, 수출자, 생산자 중 제출하고 보관 의무
제13조(원산지에 관한 조사)	원산지 조사, 즉 검증에 필요한 서면조사 또는 현지조사와 원산지에 관한 체약상대국의 조사
제14조(원산지 등에 대한 사전심사), 제15조(사전심사서 내용의 변경)	원산지 등에 대한 사전심사 신청, 사전심사서 사전심사서의 내용변경시 통지 등
제16조(협정관세의 적용제한), 제17조(원산지 조사 기간 중 협정관세의 적용 보류)	해당 수입물품에 대한 협정관세를 적용제외. 추가로 수입하는 동종·동질 물품의 원산지조사 기간 중 협정관세의 적용 보류에 관한 절차 등
FTA 관세특례법이행	
제9조의2(원산지증명서)	원산지증명서의 기재사항 및 기재방법
제10조(협정관세의 적용신청), 제11조(협정관세 사후적용의 신청 등)	협정관세 적용신청서의 기재 사항. 수입신고의 수리 후에 협정관세의 적용 신청 방법
제12조(원산지증빙서류 수정통보 방법)	원산지증빙서류 오류사항 수정 통보시 수정통보서 기재사항
제13조(보관대상 원산지증빙서류 등)	수입자, 수출자 보관서류 목록 및 보관기간
제14조(체약상대국에 대한 원산지 확인요청)	원산지확인요청이유 및 요청서 기재사항
제15조(수출물품의 원산지에 관한 조사)	수출물품의 원산지조사의 원칙(서면조사) 및 예외(현지조사)
제15조의2(체약상대국의 요청에 따른 원산지 조사결과의 통지 등)	협정별 조사결과 통지 기간 구분
제15조의7(미합중국의 요청에 따른 섬유 관련 물품에 대한 원산지의 조사 등)	미국에 수출된 섬유 관련 물품에 대하여 조사요청에 대한 조사완료 시기
제16조(수입물품의 원산지에 관한 조사)	수입물품의 원산지조사의 원칙(서면조사) 및 예외(현지조사)
제17조(원산지에 관한 조사의 연기신청)	조사연기신청서의 기재 및 제출 방법
제18조(원산지에 관한 조사결과에 대한 이의제기)	원산지에 관한 조사결과에 대한 이의제기시의 신청시 기재 및 제출방법
제19조(원산지 등에 관한 사전심사), 제19조의2(원산지 등에 관한 사전심사 결과에 대한 이의제기), 제20조(사전심사서 내용의 변경)	사전심사의 범위, 사전심사신청서 기재 및 제출방법 등
제24조(협정관세 적용제한자의 지정 등), 제25조(협정관세 적용제한자 지정의 해제),제26조(협정	협정관세 적용제한자의 지정 및 해제 등

관세의 적용보류)	
FTA 관세특례법시행규칙	
제2조(정의)	원산지관련 용어의 정의
제3조(싱가포르와의 협정에 의한 원산지증명서 발급방식 등)~제4조의9(캐나다와의 협정에 따른 원산지증명서 발급방식 등)	싱가포르, 아세안회원국, 인도, 유럽자유무역연합 회원국, 칠레, 유럽연합, 페루, 미합중국, 터키, 호주, 캐나다와의 협정에 의한 원산지증명서 발급방식 등
제5조(증명서발급기관의 의무 등)	증명서발급기관 통보의무 등
제6조(수출물품에 대한 원산지증명서의 발급절차)	원산지증명서의 발급 신청요령
제6조의3(원산지확인서)	수출물품의 생산에 사용되는 재료 또는 최종물품 생산자의 원산지확인서의 제공
제6조의4(수출용 원재료의 국내제조확인서)	재료 생산자등의 국내제조확인서 제공
제7조(업체별 원산지인증수출자), 제7조의2(품목별 원산지인증수출자)	해당 요건을 갖춘 수출자에게 업체별 원산지인증수출자, 품목별 원산지인증수출자로 인증
제8조(수출입물품에 대한 원산지자율증명절차 등)	요건 갖춘 수출자가 원산지증명서를 작성가능
제9조(싱가포르와의 협정에 따른 원산지증명서의 서식)~제9조의12(캐나다와의 협정에 따른 원산지증명서의 서식)	싱가포르, 아세안회원국, 인도, 유럽자유무역연합 회원국, 칠레, 유럽연합, 페루, 미합중국, 터키, 호주와의 협정에 따른 원산지증명서서식
제10조(원산지결정기준의 표기방법)	원산지증명서 작성대장에 기재하는 원산지결정기준의 표기방법
제12조(원산지결정의 기준)	각 협정에 따른 원산지결정기준은 별표 4~별표 15
제13조(원산지가 아닌 국가를 경유한 물품 등의 원산지결정)	요건을 입증하지 못하는 경우에는 해당 물품의 원산지를 인정제외
제13조의2(수수료)	원산지증명서 발급 수수료는 건당 7천원 범위 내에서 증명서발급기관이 결정
제14조(수출물품의 원산지오류 수정통보기간), 제15조(수입물품의 원산지오류 수정신고기간)	원산지에 관한 내용에 오류 통보기간, 수정신고기간
제17조(체약상대국별 원산지에 관한 조사의 방법), 제18조(서면조사방법), 제19조(현지조사), 제20조(서면조사 및 현지조사의 결과통지기간)	각 협정별 체약상대국에서 수입된 물품의 원산지에 관한 조사방법
제21조(사전심사), 제22조(사전심사 변경내용의 수정통보 등), 제23조(사전심사서 변경효력의 적용유예신청), 제24조(체약당사국의 조사결과 회신기간)	사전심사서의 교부관련 등
제25조(협정관세의 적용보류 기간)	협정관세의 적용을 보류할 수 있는 기간

제9조(원산지결정기준)

① 협정 및 이 법에 따른 협정관세의 적용, 수출입물품의 통관 등을 위하여 물품의 원산지를 결정할 때에는 협정에서 정하는 바에 따라 다음 각 호의 어

느 하나에 해당하는 국가를 원산지로 한다.

1. 해당 물품의 전부를 생산·가공 또는 제조한 국가
2. 해당 물품이 둘 이상의 국가에 걸쳐 생산·가공 또는 제조된 경우에는 다음 각 목의 어느 하나에 해당하는 국가
   가. 해당 물품의 품목번호(「통일상품명 및 부호체계에 관한 국제협약」에 따른 품목분류표상의 품목번호를 말한다. 이하 같다.)가 그 물품의 생산·가공 또는 제조에 사용되는 재료 또는 구성물품의 품목번호와 일정 단위 이상 다른 경우 해당 물품을 최종적으로 생산·가공 또는 제조한 국가
   나. 해당 물품에 대하여 일정 수준 이상의 부가가치를 창출한 국가
   다. 해당 물품의 생산·가공 또는 제조의 주요 공정을 수행한 국가
3. 그 밖에 해당 물품이 협정에서 정한 원산지 인정 요건을 충족시킨 국가

② 제1항에 따라 원산지로 결정된 경우에도 해당 물품이 생산·가공 또는 제조된 이후에 원산지가 아닌 국가를 경유하여 운송되거나 원산지가 아닌 국가에서 선적(船積)된 경우에는 그 물품의 원산지로 인정하지 아니한다. 다만, 다음 각 호의 어느 하나에 해당하는 경우에는 그러하지 아니하다.

1. 협정에서 다르게 정하는 경우
2. 해당 물품이 원산지가 아닌 국가의 보세구역에서 운송 목적으로 환적(換積)되었거나 일시적으로 장치되었다고 인정되는 경우

③ 제1항 및 제2항에 따른 원산지결정기준과 관련한 물품의 범위, 적용 방법 및 품목별 원산지결정기준과 그 밖에 협정의 이행을 위하여 필요한 사항은 기획재정부령으로 정한다.

제9조의2(원산지증명서 작성 등)

① 원산지증명서는 다음 각 호의 어느 하나에 따라 발급하여야 한다.

1. 협정에서 정하는 방법과 절차에 따라 기획재정부령으로 정하는 기관이 해당 물품에 대하여 원산지를 확인하여 발급할 것
2. 협정에서 정하는 방법과 절차에 따라 수출자, 생산자 또는 수입자가 자율적으로 해당 물품에 대한 원산지를 확인하여 작성·서명할 것

② 제1항제1호에 따른 원산지증명서를 발급받으려는 자는 기획재정부령으로 정하는 금액과 방법 등에 따라 수수료를 납부하여야 한다.

③ 원산지증명서의 기재사항, 기재방법, 유효기간 등 그 밖에 필요한 사항은 대통령령으로 정한다.

제12조(원산지증빙서류 등의 보관 및 제출)

① 수입자 · 수출자 및 생산자는 협정 및 이 법에 따른 원산지의 확인, 협정관세의 적용 등에 필요한 것으로서 대통령령으로 정하는 서류를 5년의 범위에서 대통령령으로 정하는 기간(협정에서 정한 기간이 5년을 초과하는 경우에는 그 기간) 동안 보관하여야 한다.

② 관세청장 또는 세관장은 협정에서 정하는 범위에서 원산지의 확인, 협정관세의 적용 등에 관한 심사를 하는 데 필요하다고 인정하는 경우에는 다음 각 호의 어느 하나에 해당하는 자에게 제1항에 따른 서류의 제출을 요구할 수 있다.

1. 수입자
2. 수출자 · 생산자(체약상대국에 거주하는 수출자 및 생산자를 포함한다)
3. 그 밖에 원산지 또는 협정관세의 적정 여부 등을 확인하기 위하여 필요한 자로서 기획재정부령으로 정하는 자

③ 제2항에 따라 관세청장 또는 세관장으로부터 서류 제출을 요구받은 자는 20일 이상의 기간으로서 기획재정부령으로 정하는 기간 이내에 이를 제출하여야 한다.

제13조(원산지에 관한 조사)

① 관세청장 또는 세관장은 체약상대국에서 수입된 물품과 관련하여 협정에서 정하는 범위에서 원산지 또는 협정관세 적용의 적정 여부 등에 대한 확인에 필요하다고 인정하는 경우에는 제12조제2항 및 제3항에 따라 제출된 원산지증빙서류의 진위 여부와 그 정확성 등에 관한 확인을 체약상대국의 관세당국에 요청할 수 있다. 이 경우 관세청장 또는 세관장은 확인을 요청한 사실을 수입자에게 통보하여야 하며, 체약상대국 관세당국으로부터 확인 결과를 통보받은 때에는 그 회신 내용과 그에 따른 결정 내용을 수입자에게 통보하여야 한다.

② 관세청장 또는 세관장은 필요하다고 인정하는 경우 또는 체약상대국의 관세당국으로부터 원산지증빙서류의 진위 여부와 그 정확성 등에 관한 확인을 요청받은 경우에는 협정에서 정하는 범위에서 다음 각 호의 어느 하나에 해당하는 자를 대상으로 수출입물품에 대한 원산지 또는 협정관세 적용의 적정 여부 등에 대한 확인에 필요한 서면조사 또는 현지조사를 할 수 있다.

1. 수입자

2. 수출자 또는 생산자(체약상대국에 거주하는 수출자 또는 생산자를 포함한다)
3. 원산지증빙서류 발급기관
4. 제12조 제2항에서 규정하는 기획재정부령으로 정하는 자

③ 관세청장 또는 세관장은 제2항에 따라 체약상대국에 거주하는 수출자・생산자 또는 제2항 제4호에 해당하는 자 중 체약상대국에 거주하는 자(수출자등)를 대상으로 현지조사를 하는 경우에는 그 조사를 시작하기 전에 조사대상자에게 조사 사유, 조사 예정기간 등을 통지하여 조사대상자의 동의를 받아야 한다.

④ 제3항에 따른 통지를 받은 체약상대국의 조사대상자는 관세청장 또는 세관장이 통지한 예정 조사기간에 조사를 받기가 곤란한 경우에는 대통령령으로 정하는 바에 따라 그 통지를 한 관세청장 또는 세관장에게 조사의 연기를 신청할 수 있다.

⑤ 관세청장 또는 세관장은 제3항에 따른 통지를 받은 체약상대국의 조사대상자가 20일 이상의 기간으로서 기획재정부령으로 정하는 기간 이내에 그 동의 여부를 통보하지 아니하거나 동의하지 아니한 경우에는 현지조사를 할 수 없다.

⑥ 관세청장 또는 세관장은 제2항에 따라 수출자등을 대상으로 서면조사 또는 현지조사를 할 때에는 수입자 및 체약상대국의 관세당국에 그 사실을 서면으로 통지하여야 한다.

⑦ 관세청장 또는 세관장은 제2항에 따른 서면조사 또는 현지조사를 마치면 조사 결과와 그에 따른 결정 내용을 기획재정부령으로 정하는 기간 이내에 조사대상자(체약상대국의 조사대상자가 생산 또는 수출한 물품을 수입한 자를 포함한다) 및 체약상대국의 관세당국에 서면으로 통지하여야 한다. 이 경우 체약상대국의 관세당국에 대한 통지는 협정에서 정하는 경우에만 한다.

⑧ 제7항에 따른 통지 내용에 이의가 있는 조사대상자(체약상대국의 조사대상자가 생산 또는 수출한 물품을 수입한 자를 포함한다)는 조사 결과를 통지받은 날부터 30일 이내에 대통령령으로 정하는 바에 따라 관세청장 또는 세관장에게 이의를 제기할 수 있다.

⑨ 제2항에 따라 원산지 확인에 필요한 현지조사를 받는 조사대상자는 다음 각 호의 어느 하나에 해당하는 자를 조사에 참관하게 하거나 의견을 진술하게 할 수 있다.

1. 변호사
2. 관세사

⑩ 조사의 방법 · 절차와 그 밖에 조사에 필요한 사항은 기획재정부령으로 정한다.

제14조(원산지 등에 대한 사전심사)

① 협정관세의 적용에 대한 기초가 되는 사항으로서 제9조에 따른 원산지결정기준의 충족 여부 등 대통령령으로 정하는 사항에 대하여 의문이 있는 자(체약상대국의 수출자 및 생산자와 그 대리인을 포함한다)는 해당 물품의 수입신고를 하기 전에 관세청장에게 대통령령으로 정하는 서류를 갖추어 그 의문사항을 미리 심사(이하 "사전심사"라 한다)하여 줄 것을 신청할 수 있다. 다만, 협정에서 사전심사에 관한 사항을 정하지 아니한 경우에는 그러하지 아니하다.

② 관세청장은 제1항 본문에 따른 사전심사의 신청을 받으면 대통령령으로 정하는 기간 이내에 이를 심사하여 그 결과를 기재한 서류(이하 "사전심사서"라 한다)를 신청인에게 통지하여야 한다. 다만, 제출자료의 미비 등으로 사전심사가 곤란한 경우에는 그 사유를 신청인에게 통지하여야 한다.

③ 세관장은 수입자가 사전심사서에 따라 협정관세의 적용 등을 신청하는 경우 수입신고된 물품의 내용이 사전심사서의 내용과 같다고 인정하는 경우에는 대통령령으로 정하는 특별한 사유가 없으면 사전심사서의 내용에 따라 협정관세를 적용하여야 한다.

④ 사전심사를 신청하는 자는 기획재정부령으로 정하는 수수료를 내야 한다.

⑤ 제2항에 따른 사전심사의 결과에 이의가 있는 자(제15조제2항에 따른 사전심사서의 내용변경 통지를 받은 자를 포함한다)는 그 결과를 통지받은 날부터 30일 이내에 대통령령으로 정하는 바에 따라 관세청장에게 이의를 제기할 수 있다.

⑥ 사전심사의 절차 · 방법과 그 밖에 필요한 사항은 기획재정부령으로 정한다.

4. 한국의 비특혜원산지 판정기준

우리나라의 비특혜원산지 결정기준은 관세법과 대외무역법령에서 규정하고 있으며, 세부적인 사항은 「대외무역관리규정」에 따르도록 하고 있다. 이를 간단하게 요약하여 설명하면, 비특혜원산지 판정은 공통기준만 있으며, FTA처럼 품목별

기준에 대한 상세한 기준은 나와 있지 않다. 동 규정 제3절 원산지판정 85조는 완전생산 및 수입원자재를 사용한 물품 수출시 판정하는 원산지기준이고, 86조는 수입원재료를 사용한 물품 등을 내수판매시 판정하는 원산지기준이다. 그리고 85조 1항은 완전생산물품 판정기준을 나타내고, 2항은 실질적 변형기준일 경우 HS 6단위 세번변경기준으로 한다고 명시되어 있다. 3항은 세번변경이 안될 경우 관계기관의 의견을 들은 후 실질적 변형 여부를 판단하고, 단순가공은 제외한다고 되어 있다.

또한 86조 1항 원산지표시대상물품(별표 9) 중 단순가공품 제외, 농산물, 의료, 화장품, 선박 등은 제외로 규정하고 있다. 2항-1호은 세번변경이 일어나고 부가가치기준 51% 이상충족하면 국산으로 인정하는 기준, 2항-2호는 세번변경이 일어나지 않는 물품은 부가가치기준 85% 이상이면 국산으로 인정하는 것으로 규정하고, 87조는 원산지판정기준의 특례로서 부속품, 공구 등에 관하여 규정하고 있다.

비특혜원산지증명서의 경우는 수입신고서, 인보이스, 팩킹을 전산으로 첨부하면 심사하지 않고 자동으로 원산지증명서를 제출하여 특혜에 비해 원산지결정기준에 대한 판단의 심사는 엄격하지 않을 수 있다.

제2절 주요국의 국내 원산지규정

주요국의 국내에서 행해지는 원산지규정은 용도에 따라 여러 가지로 나눌 수 있다. 특혜원산지규정은 FTA와 GSP에서가 대표적일 것이며, 비특혜원산지규정은 WTO협정세율 적용 및 편익관세 적용을 위한 원산지규정, 그리고 원산지표시를 위한 원산지규정 등이 있다. 비특혜원산지규정은 특히 수입물품에 대해서 관세적용이나 원산지표시를 위하여 원산지기준이 필요한데, 이를 위해서 관세법 및 관련 법들에서 정하고 있다. 선진국들의 경우는 개도국에 대하여 관세혜택을 주기 위해 원산지규정을 정해 놓고 있다. 이외에 원산지표시를 위한 원산지기준이 있다. 비특혜원산지규정에 대해서는 특혜원산지규정과 다르게 자세하게 규정하고 있지 않은 특징이 있다. 특혜원산지규정의 경우 관세와 직접적인 관계가 있기 때문에 확실한 기준에 의해서 관리를 하고 있지만, 비특혜원산지규정의 경우는 실질적

변경기준을 품목별로 정하지 않고, 공통적으로 단순하게 규정하고 있는 것이 일반적이다.

1. EU의 원산지규정

EU의 경우도 최혜국대우 여부를 판단하는데 있어서 일반적인 비특혜원산지규정을 적용한다. 관세법은 특혜원산지결정기준에 관한 규정을 두지 않고, 원산지규정 설정 근거만 두고 있다.

EU는 역외 물품의 반입에 대한 유럽공동관세의 부과를 위해, 물품의 원산지가 어디인가에 대한 정확한 판정의 필요성에 의해 '상품의 원산지 개념에 관한 공동 정의'와 관련한 이사회규칙 802/68을 제정하였다. 그러나 EU의 비특혜원산지규정은 GATT 다자간무역협상인 우루과이라운드 협상이 타결됨에 따라 1995년 1월 출범 예정인 WTO의 협정에 부합되도록 대외통상정책과 관련한 법규들을 재정비하게 된다. 이에 상품의 원산지의 개념과 관련한 규칙 802/68을 폐지하고, 'EC(EU) 관세법'을 제정하면서 1992년 10월 12일자 이사회 규칙(Council Regulation) 2913/92의 제20조부터 제27조에 편입시켜 규정하고 있다.[8] 따라서 EU는 1968년 이래 유지・적용하고 있던 원산지에 관한 별도의 이사회 규칙 802/68을 폐지하고, EU 관세법에 포함시켜 규정하게 되었다.

상품의 원산지를 규정하는 EU 관세법은 제22조에서 27조까지 총 6개 조문으로 나누어져 있다. 제22조~제26조에서는 상품의 비특혜적 원산지규정에 대해서 정하고, 제27조에서는 상품의 특혜적 원산지에 대해서 규정하고 있다.[9]

동 규정 제24조 비특혜 원산지 결정기준으로서 완전생산기준 외에 2개 이상의 국가에 걸쳐 생산활동이 이루어진 경우 최종적으로 실질적이고 경제적으로 정당화할 수 있는 가공 활동이 이루어져 새로운 상품이 생산되거나 제조과정상 중요 공정이 이루어진 국가를 원산지로 규정하고 있다.[10] 제25조에서는 우회를 목적으로 이루어진 가공 활동에는 원산지 인정을 불허하고 있다.

이사회 규칙 2913/92는 비특혜 및 특혜 원산지에 관한 일반적 원칙만을 규정하고 있어, 대부분의 구체적인 적용 및 시행내용에 대해서는 별도의 적용규칙인

8) 가장 최근의 개정일은 2006년.
9) 채형복(2011), 「국제원산지제도」높이깊이, p. 109 인용.
10) 김영환(2013), 「원산지제도 발전을 위한 과제」, 한국무역협회, 참고하여 작성.

1993년 7월 2일자 위원회 규칙(Commission Regulation) 2454/93, 즉 EU 관세법에서 규정하고 있다. 여기서는 섬유류 · 육과 식용 설육 · 신발 · 집적회로 · 베어링 · TV 등 일부 품목에 대한 원산지 결정기준, 부속품 · 예비품 · 공구류 등에 대한 원산지 결정기준, 불인정공정, 원산지증명서의 요건 등에 대한 규정을 두고 있다. 품목별 원산지 결정기준이 따로 명시되어 있지 않은 기타 품목의 원산지는 이사회 규칙 2913/92 제24조의 원칙에 따라 사안별(case-by-case)로 결정된다.

원산지 표시제도는 1880년대 유럽국가들로 부터 도입된 것으로 알려져 있다. 전통적으로 초기 유럽연합의 성립과정에서부터 역내국가간 물품의 자유로운 이동을 강조하면서 EU 지역의 원산지 표시제도는 최근까지 상당히 약화된 모습으로 운영되었다. EU의 비특혜 원산지 결정기준은 마련되어 있으나 수입 물품에 대한 원산지 표시는 의무화하지 않았다.

그런데 이러한 EU의 정책에 변화가 일어나고 있다. 먼저 규정 1223/2009에 의하여 EU 차원에서 수입 화장품에 대한 원산지 표시를 의무화하였으며 이는 각 회원국들이 의무 위반에 대한 처벌규정을 마련하는 2013년 7월 11일부터 시행하도록 되어 있다. 섬유제품의 라벨링에 대한 사항을 규정하고 원산지 표시 의무화 도입이 추진되었으나 EU 이사회의 일부 이견이 있어 채택되지 못하고 EU 집행위원회에 2013년 9월 30일까지 섬유제품의 원산지 표시제도 타당성 연구를 제출하도록 하였다.

EU 차원의 원산지 표시 의무화는 2003년 이탈리아가 처음 도입을 제안한 이후 프랑스, 스페인 등 제조업이 강한 국가들이 찬성하고 2006년 6월에 유럽 의회가 결의안을 채택하는 등 그 동안 여러 차례 논의되어왔다. 그러나 영국, 네덜란드, 스웨덴 등 유통부문이 강한 북유럽 국가들이 반대하여 그 동안 지연되어 오다가 2013년 2월 EU 집행위원회가 “Product Safety and Market Surveillance Package”를 발표하였다. 식품류가 아닌 소비재에 대하여 공급망 추적을 통한 제품안전과 위해물품에 대한 시장 감시 강화 차원에서 원산지 표시를 의무화하는 규정을 도입하기로 하였다. 제조업의 경쟁력을 회복하기 위한 조치로 이해되고 있으며, 동 제도가 시행되면 EU의 원산지 표시제도도 미국과 유사한 수준으로 강화될 것으로 전망되고 있다.[11]

11) 김영환(2013), 「원산지제도 발전을 위한 과제」, 한국무역협회, p. 16 인용.

2. 미국의 원산지규정[12)]

미국의 원산지규정 및 표시제도는 특정품목에 관한 개별법령과 기타 물품에 대한 일반규정으로 구분되어, 제도운영 목적과 품목에 따라 다른 것으로 알려져 있다. 일반법령으로는 연방무역거래위원회법(Federal Trade Commission Act)과 관세법(Tariff Act)이 있고, 특혜를 위한 NAFTA를 위시한 각종 FTA협정이 있다.

미국은 원산지제도가 가장 정교하고 복잡한 국가로 알려져 있으나, 최혜국대우 제도 시행을 위한 원산지규정은 따로 가지고 있지 않다. 그 이유는 쿠바와 북한 2개국만 MFN 지위가 부여되지 않아 HTSUS (Harmonized Tariff Schedule of the United States) column 2의 고율관세가 적용되고, WTO 가입국을 포함한 기타 모든 국가에 대하여는 정상무역관계(Normal Trade Relation; NTR)를 부여하여 HTSUS Column 1의 일반(General) 관세를 적용하고 있어 최혜국대우 제도 시행을 위한 원산지규정을 따로 둘 필요성이 미미하기 때문으로 이해되고 있다.

또한 수입물품에 대한 원산지 표시에 대해서는 의무화하고 있지 않은 EU와 달리 미국은 폭넓은 수입물품에 대하여 강력한 원산지 표시제도를 시행하고 있기 때문에 최혜국대우 제도를 위한 원산지규정이 없더라도 일정 부분 이를 보완하는 역할을 한다.

미국 원산지 표시제도의 가장 큰 특징은 전통적으로 2개국 이상의 국가에 걸쳐 생산 활동이 이루어진 물품의 원산지 판정 시 실질적 변형(substantial transformation) 여부가 별도의 품목별 기준 없이 사례별(case-by-case)로 이루어진다는 점이다. 따라서 명료성, 예측가능성, 일관성 측면에서는 문제가 있을 수 있다.

3. 일본원산지규정[13)]

일본의 원산지규정과 관련된 법은 「관세법」과 동 법 시행령, 기본통달이 기본이 되고 있다. 또한 원산지표시를 위한 원산지규정은 관세법기본통달 68-3-5는 MFN세율 적용과 원산지표시를 위한 비특혜물품에 대한 실질적변형기준에 대한

---

12) 채형복(2011), 「국제원산지제도」, 높이깊이, p. 109 인용.
13) http://www.toishi.info/fta/country_of_origin.html#one 참고하여 작성.

요건으로 다음과 같이 규정하고 있다.

가공 또는 제조 물품의 해당 '관세율표' 별표에 따라 '4단위(項) 해당 물품의 모든 원료 또는 재료가 4단위(項)로 다르게 가공 또는 제조' 한다. 즉 4단위 세번 변경기준으로 정하고 있다.

그러나 수송 또는 저장을 위한 건조, 냉동 기타 이와 유사한 작업 단순한 절단, 선별, 병, 상자 및 이와 유사한 포장 용기에 포장하는, 개조, 분류, 제품 또는 포장에 표시 또는 라벨 기타 표시를 붙이는 등의 단순 작업으로 인한 변경은 인정하지 않는다.

특혜원산지규정 중 GSP관련 일반특혜원산지규정과 관련된 법인 「관세잠정조치법」은 「관세정율법」 및 「관세법」의 잠정적 특례를 규정하고 있다.[14] 「관세잠정조치법」 시행령(제50조)에서는 "한 국가 또는 지역에서 완전히 생산된 물품으로서 재무성령에서 정하는 물품은 당해 국 또는 지역을 그 원산지로 한다"고 정하고, 동 법 시행규칙(제48조)에서 완전 생산품에 해당되는 10가지를 규정하고 있다. 실질적변형기준에 대해서는 어떤 물품을 제조함에 있어서 생산공정이 2개 이상의 국가에서 행해진 경우 '실질적 변형기준'이 된다. 일국 또는 지역에서 완전히 생산된 물품 이외의 물품을 그 원재료의 전부 또는 일부로 하여, 여기에 실질적 변형을 가하는 것으로써 재무성령이 정한 가공 또는 제조에 의하여 생산된 물품은 당해 제조, 가공이 행해진 국가를 원산지로 인정하도록 「관세잠정조치법」 시행령(제50조)에서 정하고 있다. 구체적인 원산지결정기준은 동 법 시행규칙 제9조 및 별표에서 정하고 있는데, 세번변경기준인 경우 4단위 기준을 적용하고 있다. 다만 별표에서 따로 정한 품목은 각각 해당 기준을 적용한다.

이 밖에 소비자 보호를 위해 「부당경품류 및 부당표시방지법」, 「부정경쟁방지법」, 「농림물자의 규격화 및 품질표시 적정화에 관한 법률(JAS법)」 등에서도 원산지 표시 등에 해당하는 내용이 있다.

일본의 원산지 제도가 특히 복잡하게 되어있는 것은 목적에 따라 여러 법령에 표시 방법과 규제 방법에 대해 규정하고 있기 때문이다. 이외에 법령 및 업계 단체의 자체 규칙도 다수 존재하고 있는 것에 기인한다.

「관세법」에서는 원산지를 속인 화물은 수입을 허용하지 않고 있고, 「수출입거래법」에서는 불공정한 수출 거래를 방지하기 위한 법령에서 수출에 있어서는

14) 관세잠정조치법 제1조.

허위 표시를 하고 시정 조치를 전혀 취하지 않은 경우, 1년 이내에 한하여 특정 품목이나 목적지에 물품의 수출을 중지할 수 있다고 되어있다. 「상표법」에서는 원산지의 부당표시 금지 규정, 「경품 표시법」에서는 부당 경품류 및 부당 표시 방지법, 「부정 경쟁 방지법」에서는 원산지 및 원산지 이외에 허위 표시도 대상이 되고 있다.

이외에 업계의 자율 규칙으로 일본 의류・패션 산업 협회(JAFIC)는 '의류 업계의 원산지 표시 가이드' 를 자체규칙으로 정리하고 있다.

일본의 경우는 수출, 수입 모두에서 원산지 표시가 없더라도 통관상의 문제가 없으나, 무역 상대국의 법제도에 따라서 물품의 원산지를 증명해야 한다고 되어 있다. 대부분은 수입 대상 국가에서 원산지에 대한 정보가 요구되기 때문에, 필요에 따라서는 원산지 증명서로 수출입시 원산지임을 증명・기재 한다.

4. 중국의 원산지규정

중국에서 원산지규정은 2004년 9월 3일에 제정되어 2005년 1월 1일부터 시행된 「중화인민공화국 수출입화물 원산지조례」에서 규정하고 있다. 중국의 원산지 표시규정은 완전생산기준과 실질적 변형기준을 따른다. 실질적 변형에 대한 기준은 세번변경 4단위를 주요 표준으로 한다. 중국 관세청이 재정한 「비특혜원산지규정 중 실질적변형에 대한 규정」 제4조에 따르면 세번변경기준은, 한 국가(지역)에서 다른 국가(지역)의 원재료를 제조, 가공한 후 만들어진 제품이 '중화인민공화국 수출입세칙'에서 정한 4자리 수의 세번변경에 변화가 일어난 것을 말한다. 실질적 변형에 대한 부가적인 표준으로는 부가가치기준과 가공공정기준이 있다.[15] 가공공정기준은 특정 국가(지역)에서 상품의 기본적인 특징을 갖게 하는 주요 제조, 가공공정의 변화를 말한다. 부가가치기준은 특정 국가(지역)에서 비 해당국(지역)의 원자재로 제조, 가공공정을 하여 완성시킨 상품의 가치가 가공 전 상품의 가치의 30%를 넘는 것을 말한다. 공식으로 표현하면 다음과 같다:

---

15) 중국 관세청(2005), 「비특혜성 원산지규정 중 실질적 변형에 관한 규정에 대하여」 제5조.

$$\frac{\text{공장 출고가} - \text{비해당국(지역)원자재의 가치}}{\text{공장출고가}} \times 100\% \geq 30\%$$

출처: 중국 관세청(2005), 「비특혜성 원산지규정 중 실질적 변형에 관한 규정에 대하여」 제6조.

여기서 '공장 출고가' 란 제조상이 생산하기 위해 지불한 완제품의 가격을 말하며, '비 해당국(지역)원자재의 가치'는 최종상품의 제조 혹은 조립에 직접적으로 사용된 역외산 원자재, 부품의 가치(원산지 불명의 원자재와 부품도 포함)이며, 수입가격(CIF)기준으로 계산한다.

제4장 주요국의 원산지표시제도

일반적으로 원산지관련 규정에는 각 나라마다 '어떠한 근거를 가지고 원산지 제품으로 인정할 것인지를 정한 기준'과 '표시 방법 규정', '허위 표시 규제' 등이 존재한다. 우리나라의 경우는 수출입물품에 원산지 표시를 하도록 되어 있다.

수출입물품 원산지 표시는 공정한 무역거래질서를 확립하고 소비자보호를 위하여 수입하는 물품에 대해 원산지 표시를 의무화한 것으로서 원산지 결정(판정) 및 표시, 확인으로 나누어져 있다.

수출입상품에 대해 원산지가 어느 국가인지 심사하고, 원산지를 적정하게 표시하였는지 확인하여 관세 부과의 적정을 기하고, 공정거래질서를 확립하여 선량한 소비자와 국내생산자를 보호하기 위한 제도이다.

원산지와 관련된 내용은 크게 3가지로 나눌 수 있다. 첫 번째가 원산지 결정(판정)에 관한 것이다. A국에서 B국 부품을 수입해 상품 생산 후 한국에서 수입할 경우, 동 상품의 원산지가 어느 국가인지를 결정하기 위해서 완전생산기준, 실질적변형기준 등의 기준을 두고 있다. 다음은 원산지 확인으로 원산지 결정기준에 따라 판정된 원산지에 대해서 특혜를 받기 위해서는 원산지증명서를 만들게 된다. 예를 들면 GSP · 방콕협정 · FTA 등에 의한 특혜관세 적용, 덤핑방지관세부과 등 관세부과 목적 및 원산국에 따른 수입제한물품, 원산지표시 위반 여부 등을 확인하기 위해 원산지증명서 등 관계 자료를 제출받아 확인하는 것이다. 마지막으로 원산지 표시가 있는데, 결정된 원산지국가를 수입상품에 보기 쉽고 견고하게 표시(인쇄, 주조, 라벨 등) 되도록 하여 소비자가 원산지를 알고 구입할 수 있도록 하는 것이다.

우리나라에서는 수입농산물의 부정 유통을 막고 국산 농산물의 품질경쟁력을 높이기 위해 1991년 도입한 원산지표시제(原産地表示制)가 있다. 공정한 유통질서를 확립해 생산자와 소비자를 보호할 목적으로 도입한 제도이다.

수입상품의 생산국적을 명확히 하기 위해 해당상품의 눈에 잘 띄는 위치에 국적표시를 하도록 하는 제도를 말한다. 수입물품의 국별 쿼터관리 · 검역 · 방역 · 수입지역제한 등의 이유로 세계 각국은 원산지표시제도를 도입하기도 한다.

1. 한국의 원산지표시의 판정기준

여기서는 원산지표시와 관련하여 규정되어있는 대외무역법의 표시, 판정 확인에 대해서 살펴보고자 한다. 상품의 원산지를 표기하기 위해서는 원산지를 정확하게 판정하여야 한다. 원산지를 판정하기 위한 기준이 소위 원산지결정기준이 되며, 원산지결정기준에 대해서 완전생산기준에 대한 정의, 실질적변형기준에 대한 기준 그리고 특례를 정하여 원산지기준을 보완하고 있다.

1) 수입 물품의 원산지 판정기준

대외무역법 관리규정(제85조)에서는 다음 물품을 완전생산물품으로 본다. 해당국 영역에서 생산한 광산물, 농산물 및 식물성 생산물, 번식, 사육한 산동물과 이들로부터 채취한 물품, 수렵, 어로로 채포한 물품, 그리고 해당국 선박에 의하여 해당국 이외 국가의 영해나 배타적 경제수역이 아닌 곳에서 채포(採捕)한 어획물, 그 밖의 물품이다.

실질적 변형이 일어난 상품은 해당국에서의 제조·가공과정을 통하여 원재료의 세번과 상이한 세번(HS 6단위 기준)의 제품이 생산되는 경우를 말한다.

그러나 관세율표상에 해당 물품과 그 원재료의 세번이 구분되어 있지 아니함으로 인하여 제조·가공 과정을 통하여 그 물품의 본질적 특성을 부여하는 활동을 가하더라도 세번(HS 6단위 기준)이 변경되지 아니하는 경우에는 부가가치, 주요 부품 또는 주요 공정 등에 의하여 해당 물품의 원산지를 판정한다. 그러나 제조·가공결과 HS 6단위가 변경되는 경우라도 다음 각 목의 어느 하나에 해당되는 가공과 이들이 결합되는 가공은 단순한 가공활동의 범위에 포함되어 인정되지 않는다.

표 3-10 단순가공 활동

통풍, 건조 또는 단순가열(볶거나 굽는 것을 포함한다), 냉동, 냉장, 손상부위의 제거, 이물질 제거, 세척, 손상부위의 제거, 이물질 제거, 세척, 기름칠, 녹방지 또는 보호를 위한 도색, 도장, 거르기 또는 선별, 정리(sorting), 시험 또는 측정, 표시나 라벨의 수정 또는 선명화, 가수, 희석, 흡습, 가염, 가당, 전리(ionizing), 각피, 탈각, 씨제거 및 신선 또는 냉장육류의 냉동, 단순 절단 및 단순 혼합, 별표 9에서 정한품목별 사육기간 미만의 기간 동안 해당국에서 사육한 가축의 도축, 펴기, 압착 등

2) 수입원료를 사용한 국내생산물품 등의 원산지 판정기준

수입원료를 사용한 국내생산물품 등의 원산지 판정기준 적용에 대해서는 대외무역법 관리규정(제86조)에서 정하고 있다. 대상물품은 수입 물품 원산지표시대상물품 중 국내수입 후 단순한 가공활동을 한 물품과 1류~24류(농수산물·식품), 30류(의료용품), 33류(향료·화장품), 48류(지와 판지), 49류(서적·신문·인쇄물), 50류~58류(섬유), 70류(유리), 72류(철강), 87류(8701~8708의 일반차량), 89류(선박)에 해당되지 않는 예외 물품이다. 그러나 우리나라에서 제조·가공과정을 통해 수입원료의 세번과 상이한 세번(HS 6단위 기준)의 물품으로 생산되었다면 우리나라로 원산지를 인정받게 된다. 세번 HS 4단위에 해당하는 물품의 세번이 HS 6단위에서 전혀 분류되지 아니한 물품으로, 해당 물품의 총 제조원가 중 수입원료의 수입가격(CIF가격 기준)을 공제한 금액이 총 제조원가의 51퍼센트 이상인 경우도 우리나라로 원산지를 인정받게 된다.

세번변경이 안된 물품이라도 최종적으로 생산하고, 해당 물품의 총 제조원가 중 수입원료의 수입가격(CIF가격 기준)을 공제한 금액이 총 제조원가의 85퍼센트 이상인 경우 또한 우리나라로 인정받을 수 있다. 그러나 천일염은 외국산 원재료가 사용되지 않고 제조되어야 우리나라를 원산지로 본다.

3) 원산지 판정기준의 특례

원산지판정을 하는데 있어, 기계·기구·장치 또는 차량에 사용되는 부속품·예비부분품 및 공구로서 기계 등과 함께 수입되어 동시에 판매되고 그 종류 및 수량으로 보아 정상적인 부속품, 예비부분품 및 공구라고 인정되는 물품의 원산지는 해당 기계·기구·장치 또는 차량의 원산지와 동일한 것으로 취급하는 것으로 대외무역법 관리규정(제87조)에서는 정하고 있다. 포장용품의 원산지는 해당 포장된 내용품의 원산지와 동일한 것으로 본다. 다만, 법령에 따라 포장용품과 내용품을 각각 별개로 구분하여 수입신고하도록 규정된 경우에는 포장용품의 원산지는 내용품의 원산지와 구분하여 결정한다. 촬영된 영화용 필름은 그 영화제작자가 속하는 나라를 원산지로 한다.

2. 원산지 표시대상물품

1) 수출입 물품 원산지 표시 및 방법

대외무역관리규정 (별표 8) 원산지표시대상물품에 기재된 수입물품 및 그 부장품은 당해 물품에 원산지를 표시하여야 한다. 수출입 물품의 원산지 표시방법 (대외무역법 시행령 제56조)에 있어, 수입물품의 원산지 표시는 다음 4가지 요건을 갖추도록 한다. 한글, 한문 또는 영문으로 표시할 것, 최종구매자가 용이하게 판독할 수 있는 크기의 활자체로 표시할 것, 식별하기 용이한 위치에 표시할 것, 표시된 원산지가 쉽게 지워지거나 떨어지지 아니하는 방법으로 표시한다.

원산지를 표시하는 방법에도 일반적인 원칙이 있다. "원산지: 국명" 또는 "국명 산(産)", "Made in 국명" 또는 "Product of 국명", "Made by 물품 제조자의 회사명, 주소, 국명", 수입 물품의 크기가 작아 제1호부터 제3호까지의 방식으로 해당 물품의 원산지를 표시할 수 없을 경우에는 국명만을 표시할 수 있다.

2) 수입 물품 원산지 표시의 면제

물품 또는 포장·용기에 원산지를 표시하여야 하는 수입 물품이 다음 각 호의 어느 하나에 해당되는 경우에는 원산지를 표시하지 아니할 수 있다. 법령에서 정한 외화획득용 원료 및 시설기재로 수입되는 물품, 개인에게 무상 송부된 탁송품, 별송품 또는 여행자 휴대품, 수입 후 실질적 변형을 일으키는 제조공정에 투입되는 부품 및 원재료로서 실수요자가 직접 수입하는 경우, 그리고 판매 또는 임대목적에 제공되지 않는 물품으로서 실수요자가 직접 수입하는 경우이다.

이외에도 연구개발용품으로서 실수요자가 수입하는 경우, 견본품, 수입된 물품의 하자보수용 물품, 보세운송, 환적 등에 의하여 우리나라를 단순히 경유하는 통과 화물 등이 이에 해당된다.[16)]

3. 원산지 확인대상물품

수입신고한 물품이 대외무역법상 수출입공고, 통합공고 또는 별도공고의 규정에 의하여 특정국가로부터 수입이 제한되는 물품에 해당되는 때에는 당해 물품의

---

16) 대외무역법 관리규정(제82조).

원산지를 확인한다.

대외무역법령 등의 규정에 따라 원산지를 확인하여야 할 물품을 수입하는 자는 수입신고 전까지 원산지증명서 등 관계 자료를 제출하고 확인을 받아야 한다.(대외무역법 관리규정 제91조), 수입시 원산지증명서를 제출하여야 하는 경우는 다음과 같다. ① 통합공고에 의하여 특정지역으로부터 수입이 제한되는 물품, ② 원산지 허위표시, 오인·혼동표시 등을 확인하기 위하여 세관장이 필요하다고 인정하는 물품 등이다.

그러나 다음에 해당하는 물품은 원산지증명서 등의 제출을 면제(대외무역법 관리규정 제92조) 받을 수 있다. ① 과세가격이 15만원 이하인 물품, ② 우편물, ③ 개인에게 무상 송부된 탁송품, 별송품 또는 여행자의 휴대품, ④ 재수출조건부 면세 대상 물품 등 일시 수입 물품, ⑤ 보세운송, 환적 등에 의하여 우리나라를 단순히 경유하는 통과화물, ⑥ 물품의 종류, 성질, 형상 또는 그 상표, 생산국명, 제조자 등에 의하여 원산지가 인정되는 물품 등이다.

4. 국내생산물품의 원산지 표시 위반시 행정 제재 조치

현행 「대외무역법」과 그 시행령 및 대외무역관리규정에는 수입원료를 사용한 국내생산물품 등의 원산지 판정기준과 관련하여 이를 위반하였을 경우에 대한 행정 제재 조치에 대해 어떠한 규정도 두고 있지 않다. 하지만, 만일 부당한 표시·광고 행위를 함으로써 공정한 거래질서를 저해할 우려가 있는 경우에는 「표시·광고의 공정화에 관한 법률」에 의거하여 국내생산물품의 원산지표시 위반시 행정적인 제재 조치를 부과할 수 있다.[17)]

5. 원산지 표시제도와 FTA 특혜 원산지 결정기준 일치 논란[18)]

우리나라는 1991년부터 대외무역법에 근거를 둔 원산지 표시제도가 시행되고 있다. 그런데 최근 우리나라가 체결한 여러 FTA가 발효되면서 FTA 부속 원산지규정과 「대외무역법」에 의한 원산지 표시제도에 대한 개념상 혼동, 단속 과정에

---

17) 이법 제7조에 의하며, 공정거래위원회는 사업자 등이 이 법의 규정에 위반하여 부당한 표시·광고 행위를 하는 때에는 당해 사업자 등에 대하여 그 시정을 위한 다음과 같은 조치 등을 명할 수 있음. 1. 당해 위반행위의 중지, 2. 법위반사실의 공표, 3. 정정광고 및 4.기타 위반행위의 시정을 위하여 필요한 조치 등을 명할 수 있다. 전게서 채형복(2011, p.76) 인용하여 작성하였음.

18) 전게서 김영환(2013, p.41-44) 참조하여 작성하였음.

서의 민원제기, 양자의 통일 요구 등이 나타나고 있다.[19] "FTA 특혜 원산지규정과 대외무역법에 의한 원산지 표시제도가 별도로 운영됨에 따라 동일 품목에 대해서도 원산지 판정이 일치 하지 않아 기업이 혼란을 겪고 있으므로 가급적 특혜 원산지 판정과 원산지 표시제를 일치시키기 위한 제도 정비가 필요하며, 제도 정비가 완료될 때까지 일시적인 유예조치 등도 검토되어야 할 것"이라고 지적이 있다. 이러한 문제 제기에 대하여 대외경제 장관회의는 특혜 원산지규정과 대외무역법상 원산지 표시제도간 불일치 문제가 입법적인 보완을 통하여 해결되어야 하며 양자의 조화 등에 대하여 추후 회의에서 논의하기로 결정하였다.

이러한 문제가 제기된 것은 예를 들면 원두커피가 수확된 나라가 A국이고, 이를 수입하여 볶는 가공을 한 나라가 B국이라고 할 때 최근까지 대외무역법에 의한 원산지 표시제도의 판정, 즉 결정사례는 로스팅(Roasting) 공정을 불인정공정으로 보아 커피 원두가 수확된 A국을 원산지로 보고, B국이 볶은 커피도 계속 A국산으로 표시하여 소비자에게 판매하도록 하고 있으나 일부 FTA 부속 원산지규정, 예를 들면 한·미 FTA에서는 Roasting 공정에 대하여 원산지를 인정하는 보다 완화된 규정을 적용하고 있기 때문에 발생하고 있다.[20] 그러나 세번변경기준으로 볼 때, 원두(090111)를 로스팅하여 볶은 커피(090121)가 되면, 6단위에서는 세번이 바뀌게 된다. 따라서 동 품목에 대해 6단위 세번변경기준을 채택하게 될 경우, 원산지를 인정받을 수 있는 문제가 있다.

그러나 원산지 표시제도와 FTA 특혜 원산지규정을 일치시켜야 한다는 주장은 양 제도의 기본 목적, 적용 범위, 시행 방법 등을 생각해 볼 때 전혀 타당하지 않은 이유를 김영환(2013) 다음과 같이 설명하고 있다.

첫째, 원산지 표시제도는 최종 소비자에 대한 정보제공, 공정한 상거래 질서

---

19) 2011년 10월 25일 제111차 대외경제장관회의에서 기획재정부는 관계부처가 합동으로 작성한 "FTA 본격발효에 따른 원산지 세탁 방지대책" 안건보고는 "FTA 본격발효에 따른 원산지 세탁 방지대책" 으로 기획재정부, 외교통상부, 지식경제부, 관세청이 공동으로 작성하였음.

20) 2011년 7월 서울세관이 단속한 결과에 따르면 커피에 대한 원산지 표시 위반 사례는 볶은 나라를 원산지로 표시하거나 수입 원두를 국내에서 볶은 후 원산지를 표시하지 않는 등 소비자에게 원두 생산국이 아닌 나라를 원산지로 오인하도록 하는 경우가 대부분임. 일부 FTA가 Roasting 공정에 원산지를 인정하면서 이러한 문제가 더 커진 것으로 생각됨. 그러나 소비자들은 특정국가산 (예: 콜롬비아산) 커피라고 하면 통상 원두가 콜롬비아산으로 생각하고, 다른 나라에서 수확된 원두를 수입하여 콜롬비아가 볶기만 한 경우 콜롬비아산으로 생각하지 않는 경우도 많다는 점을 감안할 때 FTA 부속 원산지규정이 Roasting 공정에 원산지를 인정하여 특혜 관세를 적용한다고 하더라도 소비자 보호 차원에서 원산지 표시제도를 통하여 커피 원두 생산국에 대한 정보를 제공할 필요가 있음.

확립 등이 중요한 목적이나 FTA 특혜 원산지규정은 관세특혜의 부여 여부 결정이 주요 목적이다. 따라서 원산지 표시제도가 적용되는 물품은 주로 소비재로 한정[21]되고 화학제품 원료, 광물 등 직접 소비재가 아닌 물품은 원산지 표시대상 물품이 아니다. 그러나 특혜 원산지규정은 모든 거래 물품에 대하여 특혜부여 여부를 결정하는 원산지 결정 기준을 두고 있다.

둘째, FTA 특혜 원산지규정은 역내산 물품으로 인정하여 관세특혜를 부여할 것인지 여부(Yes/No)를 결정하는 기준이므로 특정 국가를 원산지로 결정하는 기준이 아니다.

셋째, FTA 부속 품목별 원산지 결정기준은 FTA마다 다르며, 원산지 표시제도와 일치시키려고 해도 특정한 FTA의 부속 원산지 결정기준과 동일하게 하는 것은 다른 FTA 부속 원산지 결정기준과는 상이할 수 있어 불가하다. 앞에서 예로 든 볶은 커피(HS 0901.21, 0901.22)의 경우 우리나라가 체결한 FTA의 원산지 결정기준은 일정수준의 부가가치(한·ASEAN 45%, 한·싱가포르 55%) 충족, Roasting 공정 인정(한·미), Roasting 공정 불인정(한·EU, 한·인도, 한·칠레, 한·페루, 한·터키) 등 각각 달라 어느 FTA 원산지규정과 일치시켜야 할지 결정하기 어렵다. 물론 FTA별로 서로 다른 원산지 결정기준을 FTA 체결국이 수출하는 물품의 원산지 표시와 각각 일치시키는 것을 생각할 수는 있다. 예를 들면 미국이 수출하는 커피는 미국이 볶기만 하여도 미국산으로 표시하도록 하고, 페루가 수출하는 커피는 원두가 페루에서 수확된 경우만 페루산으로 표시하도록 하는 방식이다. 그러나 이렇게 되면 표시제도의 원산지 결정기준이 수출국마다 달라 더 큰 혼란이 발생한다.

넷째, 원산지 표시제도는 수출국이 FTA 체결국인지 여부와 관계가 없다. 따라서 원산지 표시대상 품목은 FTA 체결국이 아닌 국가로부터 수입되더라도 여전히 표시 의무가 존재한다. 따라서 이 경우 특혜관세가 부여되지 않으므로 원산지증명서 제출은 불필요하나 원산지 표시의무는 별도로 존재한다.[22] 또한 FTA 체결국의 수출품이더라도 표시대상 물품이 아니면 원산지 표시를 할 필요가 없다.

---

21) 전체 HS 4단위의 54% 정도만 원산지 표시대상 물품이다. 대외무역관리규정 별표 8 원산지 표시대상 물품 참조.

22) 우리나라 통관과정에서 원산지증명서 제출의무는 GSP, GSTP, APTA, FTA에 적용되며 국제협력관세, 편익관세는 세관장이 심사 필요성이 있다고 인정하는 물품에만 해당된다(관세청, 원산지 제도 운영에 관한 고시).

양 제도는 집행방식에서도 큰 차이가 있다. 특혜 관세 부여 여부는 당해 물품에 원산지 표시를 하였는지 여부와는 관계없이 통관 과정에서 원산지증명서 제출로 간단히 확인되나 원산지 표시는 최종 소비자에게 전달될 수 있도록 최소 판매단위마다 각각 표시되어야 한다. 따라서 원산지 표시제도의 단속은 통관단계 뿐만 아니라 유통, 판매단계까지 걸쳐서 이루어진다.

다섯째, 원산지 표시제도가 FTA의 관세특혜 보다는 안전・품질표시제도, 표시・광고제도, 품질인증제도 등과 보다 밀접하게 연관되어 있다. 그러므로 원산지 표시제도는 FTA 특혜관세가 아니라 이들 제도와 일치시키는 방향으로 운영되어야 한다.

따라서 원산지 표시와 FTA 특혜 부여를 위한 원산지 결정기준을 일치시키는 것이 타당하지 않을 수 있다. 그럼에도 불구하고 이와 같은 문제가 제기되는 것은 여러 FTA가 시행되면서 원산지 표시제도와 개념상 혼동이 발생하여 다소 이해가 어려워진다.

수출입 업무를 하는 입장에서는 관세특혜를 받기 위한 원산지와 대외무역법에서 정하고 있는 원산지표시기준이 다르게 된다. 실제적으로 물품에 표시하는 원산지와 원산지증명서에 기입하는 원산지가 다르게 되면, 이에 대하여 심적인 부담을 갖게 되는 부분이 있으므로 이에 대한 확실한 법적 근거가 마련되어야 할 필요성은 있다.

제4부

FTA 원산지규정

제4부

FTA 원산지규정

FTA의 핵심은 상품분야 관세특혜 적용이다. FTA를 체결한 국가 입장에서는 비체결국 기업들의 무임승차를 저지하고, 자국기업의 FTA 활용을 높이고자 하며, 이를 위해서는 교육 및 관리가 필요하다.

FTA국가들은 역외국으로부터의 우회수출을 방지하고 지역협정의 경제적 효과를 극대화하기 위하여 협정별, 품목별 원산지기준을 각각 설정한다.

원산지규정은 협정문, FTA관세특례법 등 법을 기본으로 하고 원산지 결정기준 및 적용방법과 같은 기술적인 문제로부터 원산지 증명, 검증 및 처벌과 같은 법

Rules of Origin

률적인 문제까지를 포괄하고 있다. 또한 원산지규정의 특징으로 엄격성과 활용률 간의 관계 및 비교는 경제적인 측면에서 고려대상이 된다. 한편 FTA 자체는 국제적인 통상정책의 하나로 무역 및 통상적인 측면이 강하다. 그리고 기업의 입장에서는 FTA활용이라는 경영적인 측면까지도 고려되어야 하는 학문이기에 FTA 및 원산지규정관련 주제들을 포괄적으로 정리하고 학문적으로 체계를 세우기가 쉽지 않다.

국내 원산지 관련 법률은 수출입 물품에 대해 통일적인 일물일원산지기준(一物一原産地基準)을 적용하지만, FTA협정에서는 일물다원산지기준(一物多原産地基準)이 적용되어 상당한 혼란이 발생할 수 있다. 제3국산 물품이 관세상 특혜를 누리는 것을 방지한다는 목적에서 원산지규정이 도입되었으나, 당초 목적에서 벗어나 통상정책 및 산업정책적 차원에서 원산지규정이 왜곡되는 경우가 많기 때문이다. 최근 몇 년 사이 미국이나 유럽에서 원산지기준 불충족 혹은 의도적 부당특혜 신청이 적발되어 고액의 관세와 벌칙금이 부과된 사례가 알려지면서 원산지규정 준수에 대한 수출입 기업의 관심이 높아졌다.

제4부에서는 FTA 원산지규정과 관련된 내용들에 대해서 폭넓게 다루고자 한다.

제1장 FTA 원산지규정의 도입 목적 및 특징

FTA 협상에서는 여러 가지 의제를 다루게 되지만, 상품분야 협상에서의 핵심사항은 회원국간의 특혜적 관세철폐와 이의 적용 요건인 원산지규정이다.

FTA는 회원국산 상품에 대해 관세상의 특혜를 제공하는데, 회원국산 상품임을 인정받아야 특혜를 제공받는다. 이와 같이 회원국을 상품의 원산지로 인정하는 기준을 원산지기준이라 한다.

FTA 특혜관세의 적용 및 우회수출입 여부를 판정하기 위해 품목별 원산지 판정기준이 필요하다. 기본적으로 어떠한 국가 내에서 최종 생산과정을 거친 물품에 대해 원산지를 인정하되, 구체적인 판정기준으로 품목별 특성에 따라 세번변경기준, 부가가치기준 또는 주요공정기준을 규정하고 있다.

일반적으로는 원산지기준을 엄격하게 규정하면서도 기업의 편의를 위해 원산지 보완기준도 도입하게 된다. 예를 들면 역내산 원부자재의 교역활성화를 위하여 FTA 상대국의 원부자재를 사용한 경우 이를 역내산으로 인정하는 누적기준을 도입한다. 또한 제품을 제조할 때 역외산 원부자재의 가격 비율이 10% 이하일 경우에는 세번변경기준에 따른 원산지 인정요건을 충족시키지 못하더라도 예외적으로 원산지를 인정하는 미소기준을 도입한다.

대체사용 가능한 재료의 원산지 판정 특례로, 곡물·석탄·고철 등과 같이 대체사용 가능한 재료를 사용하여 생산한 물품에 대하여는 원산지 판정의 간소화 및 무역편의 증진을 위해 선입선출법·후입선출법 등과 같은 재고관리법에 따라 원산지를 판정하는 방식을 도입한다. 역내 부가가치 계산방법은 원산지 판정에 필요한 부가가치기준을 계산할 때 사용하는 공식으로 공제법과 직접법을 선택적으로 사용할 수 있도록 규정하기도 한다.

1. FTA 원산지규정의 의의

1990년대 이후 지역주의가 전 세계적인 현상으로 자리 잡으면서 FTA체결이 확산되었으며, 이러한 경향은 향후에도 지속될 것이다. FTA에서는 원산지규정의 충족 여부에 따라 수입품에 적용되는 관세의 세율이 달라지므로 원산지규정이 지역경제통합의 경제적 이익을 결정하는데 중요한 요소로 작용하게 된다. 그 결과 원산지규정은 FTA 협상에서 중요한 쟁점분야로 등장하게 되었다.

그런데 원산지규정은 각 특혜협정들마다 상이할 뿐만 아니라 그 자체의 불명확성, 엄격성[1] 그리고 차별적 적용 가능성으로 인해 상당한 무역장벽으로 작용하고 있다. 콜롬비아대학 Bhagwati 교수는 이와 같이 복잡하고 엄격한 원산지규정의 폐해를 지적하면서 이를 '스파게티 볼 효과(Spaghetti Bowl Effects)'라고 명명하였다.[2] 하지만, FTA 원산지규정은 FTA 당사국으로 수출된 물품이 역내산으로 인정되어 관세 등 특혜를 받을 수 있는지 여부를 결정하는 역할을 하므로 FTA에서는 반드시 필요한 사항이다.

가. FTA 원산지규정의 중요성

원산지규정이란 어떤 상품의 원산지를 판정하여 결정하기 위한 룰(rule)이다. FTA에서는 원산지규정에서 정한 원산지결정기준에 부합하여, FTA체약국의 원산지라고 인정된 상품은 관세혜택을 받을 수 있다. FTA 원산지규정을 적절히 활용하기 위해서는 필히 각 협정의 조문, 부속서에 있는 원산지규정의 내용을 숙지할 필요가 있다.

FTA에서의 원산지규정은 이러한 판정 및 결정기준을 이용하여 상품의 시장접근과 투자 결정에 영향을 미치는 무역정책 수단으로 사용되고 있다. 즉 원산지규정은 그 자체의 불명확성, 복잡성, 차별적 적용 가능성이 있는데다가 각 국가들마다 상이한 형태를 보여 상당한 무역장벽으로 작용하고 있으며, 국제무역상 주요 이슈로 등장하게 되었다.[3]

특히 최근에는 기업들이 원재료를 글로벌 소싱(Global Sourcing)하거나 제품의 글로벌생산(Global Manufacture)을 확대하는 등 경제의 세계화(Globalization)가 가속화되면서 물품의 국적을 의미하는 원산지 결정이 더욱더 어렵고 중요하게 인식되고 있다. "어디까지 생산해야 그 나라를 원산지로 결정하느냐"는 보는 관점과

---

1) 원산지규정이 까다롭게 규정되어 있는 것을 엄격성(restrictiveness)이란 단어로 표기한다. 이에 대해서는 제7부에서 논의함.

2) 스파게티 볼 효과에 대한 문제점 지적에 대해서는 The Economist(2009) 'The noodle bowl' 9월 3일자 발행(http://www.economist.com/node/14384384) 참조.

3) 예를 들면, 반덤핑 관세나 상계관세의 부과, 쿼터 적용 등 원산지의 식별이 필수적으로 요구되는 제반 무역관련 조치에 원산지를 판정하기 위해 지나치게 엄격한 조건이 설정되거나 국가에 따라 차별적으로 적용됨으로써 간접적인 수입제한 효과를 발휘할 가능성이 있음.

목적에 따라서 다양한 견해가 나올 수 있기 때문이다.[4)]

나. FTA 원산지규정 도입 목적

원산지규정은 FTA협정 내용 및 운영에 따라 다양한 경제적 효과를 발생시킬 수 있다. 이를 살펴보기에 앞서 우선 원산지규정을 적용 목적에 따라 분류해 보기로 한다.

자유무역협정 원산지규정은 물품의 특혜관세 부여 여부를 결정하는 기준이므로 산업과 생산방식에 상당한 영향을 미칠 수 있다. 특혜무역과 관련된 원산지규정은 대체로 원산지 판정 그 자체보다는 특혜대상이 되기 위해 충족되어야 하는 조건을 중요시한다. 주로 일정수준의 작업 활동을 의무화하고 있는 이러한 조건은 역내 생산 및 고용확충 효과를 기대하기 위한 것으로서, 세계경제에 있어서 무역창출 등과 같은 자원배분의 전환을 촉진하고 있으며 이는 해외직접투자의 증대 등에도 영향을 준다.

원산지규정의 특혜조건 충족기준에 따라서 이러한 경제적 효과가 다르게 나타날 가능성이 있다. 따라서 FTA 원산지규정은 체결상대국의 여러가지 경제적 여건 등을 고려한 후 그 국가와의 특혜무역협정 체결에 따른 경제적 효과를 극대화하기 위하여 원산지규정의 결정에 있어 다음과 같은 기능 등을 고려할 필요가 있다.

1) 비역내산 물품 우회수입방지

역내무역에 특혜관세를 양허하는 경우 역내국에서 생산된 제품에 한해서만 관세혜택이 허용된다. 역외국의 역내국을 통한 우회수입(Trade Deflection) 방지는 원산지규정의 주요 목적이 된다. 양국간 특혜무역협정의 체결을 통한 경제적 효과가 제3국의 간접적 진출로 인해 저하되는 결과를 방지하기 위하여, 체결국간 무역창출 효과를 강화하는 수단으로 원산지규정을 이용한다. 이와 같은 우회수입방지를 위한 원산지규정의 강화는 이들 체결국을 주요 수출시장으로 삼고 있는 역외국가들에 대하여 상당한 영향을 끼친다.

---

4) 경제의 세계화는 국가간 상호의존의 심화라고도 표현할 수 있음. 이는 국가간 비교우위를 바탕으로 이루어지는 생산활동이 다국 간에 걸쳐 수행되는 현상이 보편화되는 것임. 이 같은 현상은 비단 국가간의 상이한 비교우위를 이용하려는 기업의 전략적 차원에서 일어날 뿐만 아니라 세계경제의 블럭화 현상에 따른 각국의 정책적 대응의 결과로도 볼 수 있음. 즉 지역주의는 주요 수출국 및 역내국들에게 있어 원산지규정이 지역통합에 따른 경제적 효과를 확보하고 역외국의 우회침투 등을 방지하기 위한 주요 수단으로서 인식되는 계기로 등장하게 되었음.

FTA 원산지규정은 기본적으로 저관세 내지 무관세혜택을 누릴 수 있는 원산지자격을 획득했는지 여부를 결정하는 기준을 제공한다. 원산지규정에 따른 특혜요건을 충족하지 못하면 관세철폐의 혜택을 받지 못한다. 따라서 FTA원산지규정은 관세철폐혜택을 적용받기 위한 역외산 물품의 우회수입을 방지하고 관세철폐로 인한 역내 무역창출 및 생산고용 확대 등의 경제적 효과에 영향을 미친다.

2) 회원국간 교역확대

특혜무역협정의 체결은 역내 시장의 규모를 확대할 뿐만 아니라 원산지규정에 의거하여 역외국들의 제품에 대해 상대적으로 높은 관세를 부과하므로 회원국간 교역확대를 통한 무역창출효과가 발생하게 된다. 회원국간 교역이 확대되기 위해서는 비회원국으로부터 관세가 낮은 회원국으로 수입된 물품이 역내 회원국으로 무관세로 재수입되는 경우가 발생하지 말아야 한다. 따라서 역외국으로부터의 우회수입을 방지하기 위해 회원국간 원산지규정을 강화하는 것은 역내교역 확대와는 상반(trade-off)된 관계에 있다고 할 수 있다. 결국 역내 교역확대를 위해서는 원산지규정이 중요하다. 한편 상품의 원산지전략 측면에서 불가피하게 원재료의 조달방식 및 생산체계의 일대 혁신과 변화를 추구해야 하는 사례도 생기게 된다.

3) 외국인투자 유입

원산지규정을 통한 역외국의 역내국 시장접근에 대한 규정 강화는 외국인직접투자의 직접적 요인이 된다. 체결국이 아닌 역외 국가는 원산지규정으로 인한 경쟁력의 저하를 역내직접투자 등을 통하여 만회하려고 할 것이다. 그러므로 역외국가는 직접투자에 있어 원산지규정의 내용을 주요 결정요인으로 고려할 것이다. 과거 NAFTA 출범을 전후하여 멕시코에 대한 직접투자가 증가했던 실례가 있다.[5] 또한 역외국이 무역전환효과를 상쇄하기 위하여 역내국으로 생산기지를 이전함에 따라 비용면에서 비효율적인 곳에 투자가 발생하는 이른바 투자구조의 왜

---

5) 멕시코의 경우 NAFTA 체결 논의가 시작된 1991년부터 외국인직접투자의 유입이 증가하기 시작하였으며, 협정이 발효된 1994년 이후에도 FDI의 유입이 높은 수준을 기록하였음.

멕시코로의 외국인직접투자 유입액(1990-1999)

(단위: 백만 달러)

년도	1990	1991	1992	1993	1994	1995	1996	1997	1998	1999
유입액	2,549	4,742	4,393	6,715	10,973	9,526	9,186	12,831	10,238	11,233

자료: UNCTAD, *World Investment Report*, 2000.

곡이 나타날 수도 있다.

그런데 실제 주요 자유무역협정의 원산지규정으로부터 우회수입 방지, 역내가공 및 역내교역의 촉진 그리고 역내 외국인직접투자 유인 등의 목적에 따른 특징을 명확하게 구분해내는 것은 매우 어렵다. 그 주요 이유로는 다음의 두 가지를 제시할 수 있을 것이다.

첫째, 미국, 싱가포르, 칠레, 멕시코 등의 국가 중 어느 한 국가를 기준으로 하더라도 이들 국가와 FTA를 체결한 상대 체약국가들은 다양한 특성을 가지고 있다. 따라서 이들 국가가 원산지규정을 통하여 의도하는 목적은 일관되지 않고 서로 다를 수 있다.

둘째, 원산지규정의 주요 목적으로 생각되는 우회수입 방지, 역내가공 및 역내교역의 촉진 그리고 역내 외국인직접투자 유인 등은 서로 밀접하게 관련되어 있다. 특히 원산지규정의 내용이나 체계와 관련하여 배타성보다는 오히려 상호보완성이 더욱 강하기 때문이다.

2. FTA 원산지기준의 특징

가. 지역별 FTA 원산지기준의 특징

세계 각국이 체결하는 FTA에서 적용되는 원산지결정기준은 다양하지만 지역별로 일정한 패턴을 보이는데, 유럽지역에서 주로 사용하는 PANEURO 모델과 북미 쪽에서 주로 사용하는 NAFTA 모델로 크게 나눌 수 있다.

우리나라를 비롯한 아시아 국가들이 FTA를 체결할 경우 체결 상대방에 따라 PANEURO 모델과 NAFTA 모델을 병행하여 사용하고 있다. 두 모델은 세번변경기준의 주된 단위기준, 부가가치기준의 기준비율, 보충적기준의 활용정도 등에 있어 차이를 보인다. 우리나라가 체결한 FTA의 지역별 특징을 보더라도 유럽과 북미 지역에 따라 그 특징이 확연하게 나타나는 것을 알 수 있다.

표 4-1 **지역별 원산지기준의 주요 특징 비교**

유럽지역(PANEURO 시스템)	미주지역	동아시아지역
• 가장 동질적 형태를 취하고 있음. (유럽위원회의 특혜원산지 협정안의 조화 노력) • 역내 원산지협정안을 통일시키기 위하여 1997년부터 PANEURO 모델을 시행 • 역내국가에 대해서는 De Minimis, Roll-up, Cumulation 조항 등을 허용하여 매우 단순하면서도 쉬운 형태를 지니고 있으나, 외부적으로는 매우 엄격한 rule을 지니고 있는 특징을 가짐 • HS4단위 세번변경 기준 채택 • MC 기준채택 • 부가가치 계산방식이 다른 지역협정안과는 달리 동일한 Ex-works price에 기초하고 있음 • 원산지를 인정하는 기준안이 품목별로 한 가지만 존재하는 것이 아니라 대안(alternative) 조항이 마련되어 있음. • 역내국가 간에는 Full Cumulation이 적용되어 single territory 개념이 적용	• 엄격하면서도 복잡한 원산지협정으로 인하여 과도한 행정비용이 발생 • HS2단위 세번변경을 기준으로 4단위 변경을 함께 사용 • 미국-요르단, 미국-이스라엘 FTA에서는 특정세번변경기준안을 제시하지 않고 RVC에 기초-정치적 목적 • RVC 기준채택 (자동차의 경우 높은 비율 적용) • 부가가치 기준율과 계산방식이 유럽에 비해 매우 다양함. • Cumulation의 가장 기본적인 형태이라 할 수 있는 Bilateral Cumulation만 인정	• 유럽과 NAFTA 모델을 혼용하고 있으나 상대적으로 덜 복잡한 체계를 가지고 있음 • 다른 협정안에 비해 역내보호수단이 상대적으로 약하고 간단한 형태를 취하고 있어 FTA의 본래목적에는 부합되지만 회원국 간의 무역분쟁의 발생여지는 높음 • AFTA와 방콕협정의 경우 단지 40%의 RVC를 충족하면 역내원산지로 인정되는 간단한 형태 • HS4단위의 단순 세번변경 기준채택 • 일반적으로 Bilateral Cumulation을 인정하고 있으나 ASEAN FTA의 경우 Full Cumulation을 인정함. • RVC가 일반적이나 JSEPA의 경우 MC도 함께 사용

자료: 정인교 외(2005), 「우리나라 FTA 원산지규정(ROO) 연구 및 실증분석」, 한국경제연구원.

1) PANEURO 특징

EU의 경우 1995년 이후 많은 지역무역협정을 체결하면서 다양하고 연관성이 없는 특혜원산지규정을 도입하게 됨에 따라 몇몇 조항은 협정별로 누락되었다. 또한 각 협정에 따른 원산지규정 판정 및 절차의 상이함으로 인한 복잡성으로 기업의 업무처리에 어려움이 가중되었다. 이에 EU위원회에서는 이와 같은 문제를 해결하기 위해 원산지규정 통일화를 시도하여 1997년 PANEURO 모델을 만들게 되었다.

EU 회원국들이 역내 혹은 역외 국가들과 체결한 특혜원산지 협정들은 여러 협정문 중에서 가장 동질적 형태를 취하고 있다. 이는 유럽위원회에서 특혜원산지 협정안을 조화시키기 위한 노력을 기울인 결과이며 아울러 동유럽국가들에게 유사누적 조항을 통해 더 큰 혜택을 누릴 수 있게 하기 위해서이다.

PANEURO 모델의 가장 큰 특징은 수입산 원자재의 가치(MC)와 공장도가격을 기준으로 채택하고 있으며, 미소기준은 상대적으로 높고 누적조항도 양자누적을 비롯한 유사누적과 완전누적을 같이 적용하고 있다는 점이다.

특히 누적기준의 경우 1994년 EEA(European Economic Area)자유무역협정에서는 회원국간 완전누적을 규정하고 있었으나, 1997년에는 EEA 협정을 기초로 PANEURO 누적조항을 만들어 적용하였다. EU의 누적조항은 국토면적이 협소하고 부존자원이 부족한 EU회원국들이 EU제품의 경쟁력 강화를 위하여 인근 주변국들로부터 값싼 원재료와 부품을 조달하여 생산하는 글로벌 소싱 및 생산체계를 갖추려는 요구에서 비롯되었다.[6)]

2) NAFTA 원산지규정의 특징

NAFTA 모델의 경우 엄격하면서도 복잡한 원산지규정으로 인하여 과도한 행정비용이 발생하여 역내수출업자들에게 상당한 부담을 주고 있다. 일반적으로 HS 4단위 변경을 주로 적용하고 있으며, 보충적으로 부가가치기준을 채택하고 있다. 특정공정기준은 예외적으로 적용하고 있다. NAFTA모델은 보충기준으로 미소기준에 대한 수준이 낮으나 예외 품목이 많으며, 롤업(roll-up)원칙에서는 자동차를 제외하고, 누적조항은 양자누적만을 적용한다는 특징을 지니고 있다.

NAFTA의 경우 거래가격방법의 사용시 역내부가가치(RVC)가 FOB 거래가격으로 60% 이상이며, 직접적인 노무 및 제조비용을 제외하는 순원가방법을 사용하는 경우에는 50% 이상으로 규정하고 있다. 이상의 기준이 멕시코·칠레 FTA에서는 50%-40%, 캐나다·칠레 FTA에서는 35%-25% 등으로 규정되어, FTA별로 높거나 낮은 역내산 비율을 요구하고 있다. 역내가치포함 비율이 높을 경우 생산자가 FTA상 특혜원산지를 부여받기 위해서는 역내 부품이나 재료를 그만큼 많이 사용해야 하기 때문에 역외국가로부터의 우회수입을 방지하는데 효과적일

6) 권순국, 오현석(2012), “우리나라의 기체결 FTA 원산지규정의 문제점과 개선방안에 관한 연구”, 한국국제상학회지, 제27권 4호.

수 있다. 반면, 생산자로서는 보다 경쟁적인 역외부품이나 재료의 글로벌 아웃소싱에 있어 그만큼 제약을 받을 수 있다.

NAFTA의 경우 역외산 원자재의 가액이 FOB 가격으로 산정된 물품가격의 7% 미만으로 사용된 경우에는 NAFTA 원산지를 부여하고 있으며, 섬유의 경우에는 가액 대신 무게를 적용하는 등의 예외가 있다. 한편, 멕시코·칠레의 경우에는 8%, 캐나다·칠레는 9%, EU·멕시코는 10%(섬유류는 8%), EFTA·이스라엘은 섬유의 경우 무게기준의 10%로 규정하고 있다. 그러나 호주·뉴질랜드 FTA 등 일부에서는 2%의 상당히 낮은 기준을 적용할 뿐 아니라 승인까지 받도록 하여 매우 엄격한 최소허용기준을 도입하는 경우도 있으며, AFTA와 같이 규정 자체를 허용하지 않는 경우도 있다. 최소허용기준은 원산지결정이 다소 제약하는 성격을 갖고 있는 경우 세번변경기준이나 특정가공공정 기준을 완화하여 비원산지 원자재가 사용된 제품에 대해 보다 쉽게 원산지를 부여받을 수 있도록 하며, 또한 매우 적은 비역내산 부품을 사용한 물품을 둘러싼 분쟁을 최소화하기 위해 도입된 것으로 볼 수 있다. 다만 우회수입을 방지하기 위한 목적 등의 경우에는 역외산 재료의 허용비율을 2% 등으로 낮게 책정하며, 원자재의 글로벌 아웃소싱이 보편화되고 있는 추세에 비추어 교역창출을 극대화하기 위해서는 10% 수준까지 높이기도 한다.

모호하고 기술적인 구조적 특징으로 인해 원산지규정은 일반적으로 무역자유화와 글로벌화에 대한 논의에서도 별로 부각되지 않고 있다. 그럼에도 불구하고 원산지규정(특혜와 비특혜 모두)은 국제무역시스템과 무역협상의 중심이 되고 있다. 미국이 체결한 무역협정의 혜택을 받는 물품이나 혹은 미국이 특정 국가들에게 제공하는 무역특혜 수혜 수입자(혹은 수출자)는 반드시 특혜원산지규정을 정확하게 준수해야 한다. 비특혜원산지규정 또한 마찬가지다. 수입자(혹은 수출자)는 해당 규정을 준수해야 하고, 요건을 구비해야 한다.

원산지규정은 여러 이유로 경제학자들과 무역정책 전문가들 사이에 논의되고 있다. 첫째, 미국은 여러 양자간 그리고 지역간 자유무역협정을 체결하였으며, 각기 다른 특혜원산지규정 제도를 적용하고 있다. 이 협정의 혜택을 누리기 원하는 수입자와 제조업자들은 관련 요건을 준수해야 한다. 이로 인해 국제무역시스템의 효율성을 악화시키는 내용이 추가되었는데, 미국 내에서도 이러한 효율성 악화를 제거해야 한다는 지적이 적지 않다.

나. 주요 FTA별 원산지기준의 특징

FTA는 협정에 따라 일물다관세율구조를 갖고 있는 것처럼, 원산지기준에 있어서도 각 FTA협정에 따라 일물다원산지기준을 갖고 있다. FTA체결은 역외국에 대해서 차별적인 대우를 전제로 하고, 상대방 국가와의 협상에 따라 원산지기준이 달라지기 때문이다.

동일물품에 대한 원산지 결정기준이 FTA마다 상이하다는 것은 어느 한 FTA에서 충족되는 원산지 결정기준이 다른 FTA에서도 당연히 충족되는 것은 아니라는 것을 의미한다. 즉 수출자 또는 생산자가 각각 FTA체결국마다 원재료의 조달과 생산 프로세스 등의 원산지 전략을 별도로 검토하고 수립해야 한다는 것을 의미한다.

이처럼 협정마다 다른 원산지기준의 복잡성을 두고 미국의 바그와티(Bhagwati) 교수는 특혜원산지기준이 FTA마다 달라 그릇 속의 스파게티처럼 서로 복잡하게 얽혀 있다고 하여 이를 '스파게티 볼(Spaghetti Bowl)'이란 용어를 사용하면서 이에 대한 문제점을 지적한 바 있다.

아래 <표 4-2>는 같은 품목일지라도 협정에 따라 원산지기준이 달라질 수 있음을 사례로 보여준다.

표 4-2 동축케이블의 FTA별 원산지기준

품목	FTA체결국							비FTA국
	칠레/캐나다	싱가포르	EFTA/EU/터키	ASEAN/호주	미국	인도	페루	
기준가격 RVC/MC	FOB (RVC)	FOB (RVC)	EXW (MC)	FOB (RVC)	FOB (RVC)	FOB (RVC)	EXW (MC)	RVC 45-60%
8544.20 동축케이블과 기타의 동축도체	세번변경기준 (CTH)	조합기준 (CTH+RVC40% 이상)	부가가치기준 (MC50% 이하)	선택기준 (CTH or RVC40%이상)	선택·조합기준 CTSH or CTSH and RVC(35-45%)	조합기준 (CTSH+RVC35%이상)	선택기준 (CTH or MC50% 이상)	CTSH RVC 45% 기타

자료: 성윤갑(2007) 「FTA관세특례 해설」, 한국관세무역개발원, 저자 추가.

동축케이블(8544.20)의 경우, 특히 한·미FTA에서는 <표 4-3>과 같이 원산지 기준이 다른 FTA에 비해 더 복잡한 구조를 하고 있다.

표 4-3 동축케이블(8544.20)에 대한 한·미 FTA 원산지기준

다음 각 호의 어느 하나에 해당하는 것으로 한정한다. 1. 다른 소호에 해당하는 재료(제8544.11호부터 제8544.60호까지, 제7408호, 제7413호, 제7605호 및 제7614호의 것은 제외한다)로부터 생산된 것. 2. 제8544.11호부터 제8544.60호까지, 제7408호, 제7413호, 제7605호, 제7614호 또는 다른 소호에 해당하는 재료부터 생산된 것. 다만, 집적법[7]의 경우 35%, 공제법의 경우 45% 이상의 역내 부가가치가 발생한 것으로 한정한다.

동축케이블(8544.20)에 대한 한·미 FTA 원산지기준에 대해 설명하면 다음과 같다. '다음 각 호의 어느 하나에 해당하는 것으로 한정한다'는 요건 1 혹은 2에 부합되도록 제조된 상품에 대해서는 해당 국가를 원산지로 인정하겠다는 것이다. 요건 1, 2번 중 한 가지만 충족되면 된다는 의미로 선택기준에 해당된다:

1. 다른 소호에 해당하는 재료(제8544.11호부터 제8544.60호까지, 제7408호, 제7413호, 제7605호 및 제7614호의 것은 제외한다)로부터 생산된 것'

   해석: 괄호 안의 세번에 해당하는 재료이외의 수입산 재료로 생산된 상품이 소호. 즉 6단위 세번변경이 일어나면, 해당물품이 해당나라에서 생산되었음을 인정한다는 의미이다.

2. 제8544.11호부터 제8544.60호까지, 제7408호, 제7413호, 제7605호, 제7614호 또는 다른 소호에 해당하는 재료부터 생산된 것. 다만, 집적법의 경우 35%, 공제법의 경우 45% 이상의 역내 부가가치가 발생한 것으로 한정한다.

   해석: 나열된 세번의 수입 원료 및 부분품을 사용할 경우는 6단위 세번변경이 있어야 하고, 부가가치를 계산하여 집적법 35%, 공제법의 경우에는 45%의 부가가치를 창출해야 원산지로 인정하겠다는 의미이다.

한편 원칙적으로 양 당사국에 소재하는 수출입자가 상품 거래 시 당사국의 원산지물품을 양국 간에 직접 운송하는 경우에만 특혜 관세를 적용받을 수 있는 등

7) 집적법은 직접법과 같은 의미임.

품목별 원산지기준뿐만 아니라, 운송요건, 절차요건 등의 요건도 갖추도록 하고 있다. 일반적으로는 원산지요건 이외에도 아래 <표 4-4>와 같은 요건들을 갖추어야 관세혜택을 받을 수 있다.

표 4-4 수입 시 FTA 협정관세 적용 요건

	요 건	내 용
1	거래요건	역내 거주자가 당해 물품을 수출(발송)하고 수입할 것
2	품목요건	관세양허 대상으로 지정한 품목(세번)에 해당할 것
3	원산지요건	원산지규정(일반기준 및 품목별기준)을 충족할 것
4	운송요건	제3국을 경유하지 않고 양국 간에 직접 운송될 것
5	절차요건	적용신청 시기, 신청방법 등 준수

따라서 FTA 협정별로 품목별 원산지기준뿐만 아니라, 다른 요건들에 대한 이해도 함께 필요하다. 각 FTA협정문에도 요건들이 게재되어 있으며, 여러 행정적인 절차 등을 포함하여 전반적인 내용은 FTA관세특례법에 제시되어 있다.

표 4-5 우리나라 FTA의 원산지규정 총괄비교

구분 \ 대상국	칠레	싱가포르	EFTA	ASEAN	미국	인도	EU	터키	페루	호주	캐나다
원산지상품 -완전생산기준 -실질변형기준	O	O	O	O	O	O	O	O	O	O	O
품목별원산지기준	O	O	O	O	O	O	O	O	O	O	O
직접운송(환적)	O	O	O	O	O	O	O	O	O	O	O
누적기준	O	O	O	O	O	O	O	O	O	O	O
중간재 (Roll-up)	O	O	O	X	O	X	O	O	O	O	O
간접재료	O	O	O	O	O	O	O	O	O	O	O
최소기준	O	O	O	O	O	O	O	O	O	O	O
불인정공정	O	O	O	O	X	O	O	O	O	O	X

대체가능 물품	O	O	O	O	O	O	O	O	O	O	O
부속품, 예비부품 및 공구	O	O	O	O	O	O	O	O	O	O	O
소매판매를 위한 포장재료와 용기	O	O	O	O	O	O	O	O	O	O	O
수송을 위한 포장재료와 용기	O	O	X	O	O	O	X	X	O	O	O
세트 물품	X	X	O	X	O	X	O	O	O	X	O
개성공단 원산지특례	X	O	O	O	X	O	X	X	O	X	X

주: O; 협정문에 기재, X; 협정문에서 다루지 않음.

다. FTA관세특례법에 의한 원산지결정기준의 특징

FTA는 협정세율 적용대상물품을 지정하고, 양 당사국에 소재하는 수출입자가 상품 거래 시 당사국의 원산지물품을 양국 간에 직접 운송하는 경우, 비원산지물품과 차별화하여 FTA 협정관세로 관세상 특혜를 부여하는 것을 목적으로 하므로 상품의 원산지를 결정하는 기준은 FTA 협정세율 적용상 매우 중요하다.

현재 한국의 FTA관세특례법은 원산지 결정기준으로 '완전생산기준'과 '실질적변형기준'을 기본원칙(일반적 기준)으로 하고, 실질적변형기준은 다시 세번(HS) 변경기준과 부가가치기준 및 특정(가공)공정기준을 각각 사용하거나 이들을 선택 또는 조합하여 사용하고 있다. 또한 일반적기준을 보충하는 보충적기준(누적기준, 최소기준 등)을 두고 원산지를 판정하게 된다.[8)]

이러한 기본원칙에 따라 FTA관세특례법 제9조는 원산지 결정기준을 다음과 같이 규정하고 있다:

"① 협정 및 이 법에 따른 협정관세의 적용, 수출입물품의 통관 등을 위하여 물품의 원산지를 결정할 때에는 협정에서 정하는 바에 따라 다음 각 호의 어느 하나에 해당하는 국가를 원산지로 한다.
1. 해당 물품의 전부를 생산·가공 또는 제조한 국가
2. 해당 물품이 둘 이상의 국가에 걸쳐 생산·가공 또는 제조된 경우에는 다음 각 목의 어느 하나에 해당하는 국가

8) FTA특례법 제9조(원산지 결정기준)

가. 해당 물품의 품목번호(「통일상품명 및 부호체계에 관한 국제협약」에 따른 품목분류표상의 품목(HS)번호를 말한다.)가 그 물품의 생산·가공 또는 제조에 사용되는 재료 또는 구성물품의 품목번호와 일정 단위 이상 다른 경우 해당 물품을 최종적으로 생산·가공 또는 제조한 국가
나. 해당 물품에 대하여 일정 수준 이상의 부가가치를 창출한 국가
다. 해당 물품의 생산·가공 또는 제조의 주요 공정을 수행한 국가
3. 그 밖에 해당 물품이 협정에서 정한 원산지 인정 요건을 충족시킨 국가"

FTA관세특례법에 근거한 FTA관세특례법 시행규칙은 별표에서 각 협정별 원산지 결정기준을 구체적으로 규정하고 있다. 동 규칙 별표에서 규정하고 있는 원산지 결정기준의 체계를 살펴보면, 공통적으로 1. 원산지결정에 관한 일반적 기준(완전생산기준, 실질적변형기준), 2. 원산지결정에 관한 보충적기준, 3. 품목별원산지 결정기준 순으로 규정하고 있으며, 싱가포르, EFTA, 아세안, 인도 등과의 FTA에서는 역외가공(Outward Processing)에 관한 규정을 두고 있다. 보충적기준에 대해서는 5부에서 다루지만, 나라별 적용기준을 간단하게 정리하면 <표 4-6>과 같다.

표 4-6 FTA별 원산지 결정기준 개관

FTA	완전생산기준	실질적변형기준			보충적기준		
		세번변경	부가가치	특정공정	최소기준	누적기준	역외가공
칠레	적용	적용	적용	일부적용	8% 이하	적용	-
미국	적용	적용	적용	일부적용	10% 이하	적용	-
싱가포르	적용	적용	적용	일부적용	가격 10%, 중량 8%	적용	인정
아세안	적용	적용	적용	일부적용	10% 이하	적용	인정
인도	적용	적용	적용	일부적용	가격 10%, 중량 7%	적용	인정
EFTA	적용	적용	적용	일부적용	10% 이하	적용	인정
EU	적용	적용	적용	일부적용	10% 이하	적용	-
터키	적용	적용	적용	일부적용	10% 이하	적용	-
페루	적용	적용	적용	일부적용	10% 이하	적용	인정
호주	적용	적용	적용	일부적용	10% 이하	적용	-
캐나다	적용	적용	적용	일부적용	10% 이하	적용	-

제2장 FTA 원산지결정기준 일반기준

원산지규정과 원산지기준을 엄격하게 구분하지 않고 동일시하기도 한다. 그러나 규정과 기준은 엄연히 다른 의미이며, 규정은 규범으로서 원산지제도의 틀을 이루고 있으며, 원산지기준은 원산지를 결정하기 위한 기준, 즉 원산지를 판정하는 기준이 된다. 따라서 원산지규정은 원산지기준, 원산지증명요건, 원산지검증 등을 포함한다.

원산지규정은 대체적으로 FTA 협정마다 비슷한 체계를 이루고 있다. 그러나 원산지기준은 품목별로 다른 기준을 채용하고 있어, 복잡하고 난해하게 느껴진다. 원산지에 대한 일반적 또는 품목별 결정기준을 어떻게 결정하느냐에 따라 자국 산업에 대한 영향과 역외국의 무임승차 정도가 달라질 수 있다. 이러한 이유로 같은 품목이라도 협정마다 원산지기준이 다르다. 그러나 지역적으로 유럽에서 적용되는 PANEURO 방식과 북미지역에서의 NAFTA 방식이 있었던 것처럼, 원산지기준도 지역적인 특성을 보이기도 한다.

원산지기준은 FTA협상에서 중요한 쟁점이 될 수 있다. 관세의 경우 민감한 품목을 제외하고는 기본적으로 관세가 철폐된다. 그러나 원산지기준의 경우는 계속적으로 협정국과의 무역에 영향을 미친다. 기업의 입장에서도 원재료 및 부품 등의 조달에 영향을 미치기 때문에 양측의 산업에 대한 영향을 고려하여 원산지기준을 정하게 된다.

1. 원산지(결정)기준의 종류

가. 일반기준 및 품목별기준 구성

원산지결정에 관한 일반적 기준에는 원산지재료로 모든 공정이 1개국 내에서 수행될 것을 요구하는 완전생산기준과 2개 국가 이상에 걸쳐 생산된 물품에 적용되는 실질적변형기준으로 크게 나눌 수 있다.

완전생산물품은 일반기준에 의해서 정해져 있는 기준에 따라 인정받게 된다. 예컨대 체약당사국(또는 양 당사국) 영역에서 생산 및 파생된 물품만으로 생산한 경우 완전생산물품이 된다.

실질적변형기준의 경우 원산지결정기준의 기반을 이루는 공통 기본원칙과 품목별 기준의 엄격성 또는 원산지 결정과정의 복잡성을 완화하기 위한 분야별 특례로 구성된다.

기본원칙은 원산지재료의 사용이 허용되나 생산공정은 1개국 내에서 충분한 정도로 수행될 것을 요구하는 역내가공원칙 및 충분 가공원칙, 운송 도중 다른 나라를 거치지 않아야 한다는 직접운송원칙이 있다. 그러나 역내가공원칙의 예외로서 역외국에서 가공되거나 특정지역에서 생산된 물품에 대해 원산지를 인정해 주는 역외가공 특례가 있다.

분야별 특례규정에는 1국 내 가공원칙을 완화하는 누적기준, 세번변경기준을 완화하는 최소기준, 재료비 산정기준을 완화하는 중간재 규정, 원산지 결정 편의를 위한 대체가능품, 간접재료, 부속품, 포장용품, 세트 등이 있다. 분야별 특례규정은 품목별 개별기준을 완화하거나 보충하는 역할을 한다고 해서 흔히 보충기준이라고 한다.

표 4-7 원산지결정기준의 구성

<table>
<tr><td colspan="6">Ⅰ. 완전생산기준(완전생산물품) : 일반기준 + 직접운송 원칙</td></tr>
<tr><td rowspan="10">Ⅱ. 실질적 변형기준 (불완전 생산품)</td><td rowspan="4">1.일반 기준 (총칙)</td><td rowspan="3">기본원칙</td><td colspan="3">직접운송 원칙</td></tr>
<tr><td colspan="3">역내가공 원칙(역외가공 특례)</td></tr>
<tr><td colspan="3">충분가공 원칙</td></tr>
<tr><td>분야별 특례 (보충적기준)</td><td colspan="3">미소기준, 누적기준, 중간재, 대체가능물품, 간접재료, 부속품·예비품, 포장·용기, 세트물품, 재수입물품 등</td></tr>
<tr><td rowspan="6">2.품목별 기준 (각칙)</td><td rowspan="6">개별기준</td><td rowspan="3">세번변경기준</td><td>2단위 세번변경(CC)</td><td rowspan="6">조합 및 선택</td></tr>
<tr><td>4단위 세번변경(CTH)</td></tr>
<tr><td>6단위 세번변경(CTSH)</td></tr>
<tr><td rowspan="2">부가가치기준</td><td>역내가치포함비율(RVC): 직접법, 공제법, 순원가법</td></tr>
<tr><td>비원산지재료가치비율(MC)</td></tr>
<tr><td>가공공정기준</td><td>재단, 봉제, 날염, 염색 등</td></tr>
</table>

앞쪽의 <표 4-7>의 전체적인 구성을 잘 이해하고, 개별 용어를 숙지할 필요가 있다.

완전생산품의 경우는 해당국가에서 처음부터 생산되었기 원산지에 대한 의심의 여지가 없다. 그러나 원료나 부분품을 역외국에서 수입하여, 가공한 제품을 수출하는 경우에는 별다른 가공이나 제조 없이 회원국에 관세혜택을 받으면서 수출할 우려를 불식시키기 위해 실질적변형기준이 존재하며, 이러한 경우는 역내에서 가공이 이루어져야하고, 또한 건조, 희석 등의 불충분한 가공이 아닌, 충분한 가공이 이루어져야 한다.

한편 완전생산물품이든 실질적변형에 의해서 원산지를 인정받은 상품이든 수출국에서 수입국으로 직접 운송되어야 한다. 이는 원산지를 인정받기 위해서는 기본적으로 제품의 최종적인 생산, 제조공정을 그 국가에서 마쳐야하기 때문이다.

2. 완전생산기준(완전생산물품)

'완전생산기준(Wholly Obtained Criterion)'은 한 국가 내에서 완전히 생산 또는 획득한 물품에 대하여 원산지를 결정하는 기준으로서 '해당 물품의 전부를 생산·가공 또는 제조한 국가를 원산지로 결정'하게 된다. 일반적으로 동물, 식물, 광물 등 천연산품의 생산·획득이나 이들만을 이용하여 하나의 국가에서 제조된 상품에 적용된다. FTA상 완전생산기준에 의해 원산지를 인정하는 물품은 다음과 같다.

표 4-8 완전생산물품의 예

㉠ 역내에서 채굴한 광물성 생산물
㉡ 역내에서 수확한 식물성 생산물
㉢ 역내에서 태어나 성장한 산 동물과 이들로부터 획득한 물품
㉣ 역내에서 수렵 또는 어로(漁撈)에 의하여 획득한 물품
㉤ 역내 선박(역내 국가에 등록되고 그 국기를 게양한 것)이 역외 바다에서 어획한 수산물과 기타의 물품
㉥ 역외 해저 탐사권이 있는 역내인이 역외 해저에서 채취한 물품
㉦ 역내 국가 또는 기업이 우주에서 취득한 물품(EFTA, EU, 인도와의 협정에는 이 규정이 없음)
㉧ 역내의 생산과정에서 발생된 폐기물 및 부스러기
㉨ 역내에서 수집되어 사용이 끝난 물품(원재료 회수용으로 적합한 것에 한한다)
㉩ 역내 국가의 영역 또는 선박에서 ㉠ 내지 ㉨의 물품을 원재료로 하여 생산한 물품

그러나 각 협정문을 자세히 보면 다음과 같이 완전생산품에 대한 정의가 조금씩 다르게 표현되어 있다.

표 4-9 협정상 완전생산품 정의

국가	규정
· 칠레 · 싱가포르 · 호주	일방 또는 양 당사국의 영역 내에서만 완전하게 획득되거나 생산된 경우
· EFTA · 터키	당사국에서 완전 획득한 상품
· 아세안	전적으로 수출국 영역 내에서 전부 완전 획득되거나 생산된 상품
· 인도	수출 당사국의 영역에서 완전하게 획득되거나 생산된 상품
· 미국 · 페루 · 캐나다	전적으로 어느 한 쪽 또는 양 당사국의 영역에서 완전하게 획득되거나 생산된 상품
· EU	당사자내에서 완전히 획득된 제품

산 동물의 경우 우리나라가 체결된 모든 FTA에서 소·말·돼지·닭 등 산 동물(HS 제1류)의 경우에는 역내에서 번식되어 사육한 것만 해당된다. 사육 기준과 더불어 번식이 이루어져야 한다는 조건을 추가하고 있다.

표 4-10 산 동물 및 그로부터 획득한 물품

국가	규정
· 칠레 · 싱가포르 · 캐나다	- 일방 또는 양 당사국 영역 안에서 출생 및 사육된 산 동물
· EFTA · 아세안 · 인도	- 당사국 영역 내에서 출생하고 사육된 산 동물 - 당사국 영역 내에서 출생하고 사육된 산 동물로부터 획득한 물품
· 미국	- 일방 또는 양 당사국의 영역에서 출생되고 사육된 산 동물 - 일방 또는 양 당사국의 영역에서 산 동물로부터 획득한 상품

· EU	- 당사국 영역 내에서 출생하고 사육된 산 동물 - 당사국 영역 내에서 사육된 살아있는 동물로부터의 제품
· 터키	- 당사국 내에서 출생하고 사육된 산 동물 - 당사국 내에서 출생되고 사육된 살아있는 동물로부터의 제품
· 페루 · 호주	- 한쪽 또는 양 당사국의 영역에서 출생하고 사육된 살아있는 동물 - 한쪽 또는 양 당사국의 영역에서 출생하고 사육된 살아있는 동물로부터 획득된 상품

칠레, 싱가포르, 캐나다, 미국, 페루, 호주와의 FTA에서는 산 동물 및 그 생산품의 범위를 일방 또는 양 당사국 영역 내에서 완전 생산해야 한다고 규정하고 있으나, 나머지 FTA에서는 당사국 내에서 완전생산 해야 한다.

각 협정은 완전생산기준을 위와 같이 통일적으로 사용하지는 않으나, 우주에서 취득한 물품을 제외하면 나머지 내용은 대체로 동일하다. 다만, 영해의 범위와 선박의 자격요건이 협정별로 다소 다르게 규정되어 있다. 영해의 범위에 관하여는 일반적으로 배타적 경제수역(Exclusive Economic Zone: EEZ)을 영해에 포함하지 않으나 칠레와 인도는 EEZ를 영해에 포함한다. 선박의 요건에 관하여는 한·EFTA FTA의 경우 자국 선박기준으로 기국 요건만 충족하면 되므로 기국 요건과 등록요건을 동시에 충족해야 하는 한·칠레 등 다른 FTA 원산지규정보다 완화된 기준을 적용한다. 특히, 한·EU, 한·터키 FTA에서는 등록선박에 대한 소유요건(당사국 국민 등이 50% 이상의 지분 소유)이 별도로 규정되어 있다는 것에 유의하여야 한다.

표 4-11 역내 선박 인정요건

칠레, 싱가포르, 아세안, 인도, 페루, 미국, 호주, 캐나다	EFTA	EU, 터키
당사국 등록 + 당사국 국기게양	당사국 국기게양	당사국 등록 + 당사국 국기게양 + 소유요건

한·EFTA FTA는 기국요건만 충족하면 되는데, 이 경우에는 자국에 등록된 선박이 아닌 임차선박을 이용하여 공해상에서 획득한 수산물에 대해서도 원산지를 인정받을 수 있게 된다. 이에 반해 한·EU FTA와 한·터키 FTA에서는 기국

요건, 등록요건, 그리고 소유요건을 모두 충족해야 한다. 즉, 양 당사국 중 하나의 국민에 의해 적어도 50% 소유되거나, 또는 그 본점과 주영업소가 양 당사국 중 하나에 있어야 한다. 그리고 양 당사국 중 하나의 공공기관에 의해 적어도 50%를 소유하고 있는 회사의 선박 및 가공선박으로 그 자격요건을 제한하고 있다.

나머지 FTA에서는 자국산 선박을 인정하는 기준으로 기국요건과 등록요건을 동시에 충족해야 한다. 형식적으로 자국에 등록하였을 뿐만 아니라 실질적으로도 자국 기업 또는 자국 국민이 운영하는 선박으로 획득한 수산물 또는 선상가공품만 원산지를 인정한다. 따라서 자국에 등록되지 않은 임차선박으로 획득한 수산물은 원산지가 불인정된다.

이론적으로 순수한 의미의 완전생산품은 다른 국가의 재료가 전혀 사용되지 않아야 되지만, 농산물을 예를 들면 '비 당사국에서 수입한 씨앗, 인경, 근경, 삽수, 접목, 가지, 봉오리 또는 기타 산(産) 식물의 일부에서 성장한 농산물 및 원예물품은 그 성장한 나라를 원산지로 인정'하는 등 실정법에서는 많이 완화하여 사용하고 있다. 치어의 양식 등 구체적인 내용은 각 협정의 품목별원산지 결정기준을 참조하여야 한다.

3. 실질적변형기준(2국가 이상에 걸쳐 생산된 물품의 원산지결정)

한 국가에서만 만들어진 물품은 완전생산물품으로 해당 국가를 원산지로 인정받게 되지만, 최근에는 물품이 한 국가 안에서만 생산되기가 쉽지 않다. 특히 공산품의 경우는 부존자원, 기술, 자본 등 여러 가지 이유로 인해 1국에서만 만들어 지기가 쉽지 않다. 이러한 상품들은 대개 2개국 이상에 걸쳐 생산되는데, 이런 경우 원산지결정기준, 원산지를 해당국가로 인정받기 위한 기준에 따라 원산지가 달라질 수 있다.

즉 해당국에서 완전하게 생산되지 않은 상품의 경우, 가공을 통해 실질적으로 변형이 일어났는지를 판단해서 원산지를 구분한다. 이것이 실질적변형기준(Substantial transformation)이 되며, 품목별 원산지기준은 세번변경(CTC: Change in Tariff Classification)기준을 원칙으로 하고 부가가치(VC: Value Content)기준과 특정(주요)공정(SP: Specific Process)기준이 있다.

각 나라의 산업의 특성 등을 고려하여 FTA협정별로 양측의 의견에 따라 품목별 원산지기준이 정해지게 된다.

실질적변형기준은 당해 물품이 2개국 이상에 걸쳐 생산·가공 또는 제조된 경우에 당해 물품의 본질적인 특성을 부여하기에 충분한 정도의 실질적인 변형이 최종적으로 수행된 나라를 원산지로 인정하는 기준을 말한다. 즉, 외국에서 수입한 원재료와 국산 원재료를 혼용하여 물품을 가공·생산할 경우 이 기준이 적용되며, 대부분의 가공생산품이 이에 해당된다. 여기에서 실질적 변형은 특정물품의 생산, 제조가공 과정을 통하여 당초의 원료의 성질을 본질적으로 변형하여 새로운 명칭, 특성 또는 용도의 물품으로 변화시키는 활동을 말한다. 실질적인 변화로 인정받으려면 첫째, 원재료가 물리적·화학적 변화를 일으켜 새로운 물품이 만들어져야 하며, 둘째, 이러한 물리적·화학적 변화를 일으키는 작업이 있어야 한다.

실질적변형의 판정은 세번변경기준, 부가가치기준, 특정가공공정기준을 물품의 특성별로 선택하게 하거나 서로 조합하여 사용한다.

세번변경기준은 원재료와 제품의 HS번호(세번) 변경여부를 기초로 원산지를 결정하므로 원산지결정이 신속·정확하고 객관적이어서 가장 널리 사용되고 있다.[9] 그러나 HS 품목분류체계상 가공단계로 품목번호가 배치되어 있지 않은 물품에는 적용하기 곤란한 단점이 있다.[10] 부가가치기준은 협정문이 간단·명료하여 협상하기도 용이하고 규정하기에도 쉽고 간편하다. 그러나 이 기준은 제품 및 원재료의 가격등락에 따라 원산지가 수시로 변할 수 있고, 원가조작이 가능하여 원산지결정과 관련하여 상당한 마찰이 발생된다. 특정공정기준은 지정된 생산공정 수행이 이루어졌는지 여부에 따라 원산지를 결정하므로 객관성은 확보되지만 생산공정을 왜곡시키거나 새로운 기술의 개발과 도입을 저해하는 부작용을 발생시킬 수 있다. 각 기준별 주요 장단점을 비교·정리하면 <표 4-12>와 같다.

---

9) 원산지규정을 엄격하게 규정하는 것은 특혜무역협정에 따른 혜택을 제3국이 누리지 못하게 하기 위해서인데 이를 표기하는 방법으로 HS코드가 이용되고 있음. HS체계는 상품의 분류를 위한 코드이므로 원산지규정을 정리하는 데는 적합하지 않을 수 있으나, 적절한 대안이 없어 그대로 사용되고 있으며, FTA 원산지협정문은 전 품목에 대해 규정함으로써 복잡한 체계를 가지게 됨.

10) 예컨대, HS8715의 경우 유모차와 그 부분품을 동시에 분류하고 있는데, 이 경우 부분품을 수입하여 유모차를 제조하여도 부분품과 제품의 HS번호가 동일하여 세번변경이 발생하지 않음.

표 4-12 실질적변형기준별 장단점

구 분	주요 장단점
세번변경기준	• 원재료와 완제품간의 HS번호 변경여부 확인 • 신속 · 정확하고 객관적이나, HS 품목분류체계상 가공단계별로 배열되어 있지 않은 물품은 적용 곤란
부가가치기준	• 협정문이 간단 · 명료하며, 협상시간 단축 • 자의적인 원가조작이 가능할 뿐만 아니라 국별로 회계 기준이 상이할 경우 마찰 소지 • 기술개발비용 · 유통비용 · 상표비용 등도 원가에 포함되므로 실제 생산활동이 없는 경우에도 원산지가 인정되는 모순이 발생하여 역외산 물품의 우회수입유발 • 제품 및 원재료의 가격 등락에 따라 원산지가 수시로 변동되어 안정적 특혜세율 적용이 곤란
특정공정기준	• 특정공정의 수행 여부 확인 • 객관적이나, 빠른 속도로 출현하는 새로운 제품의 생산공정을 반영하기 곤란

실질적변형기준은 우리나라가 체결한 FTA협정문(또는 FTA관세특례법)마다 품목별기준을 두고 있다. 품목별기준을 충족하더라도 수출당사국에서 수입당사국으로 '직접운송'되어야 한다. 또한 단순한 작업 또는 공정은 원산지를 인정하지 않는 '불인정공정'이 적용된다. 협정에 따라서는 특정지역 생산이 허용되는 '역외가공' 특례가 적용되기도 하며, '누적기준', '중간재' 등 보충적기준을 적용할 수 있다.

4. 일반 기본원칙

1) 운송요건(직접운송)

FTA에서는 관세특혜를 받기 위한 전제조건이 운송요건이다. 운송요건(직접운송원칙)은 원산지규정에서 정한 요건을 모두 충족하였더라도 해당물품이 수출당사국을 출발하여 중간에 다른 나라를 거치지 않고 곧바로 수입당사국으로 운송되는 경우에 한하여 특혜를 제공한다.

그림 4-1 직접운송원칙 개념도

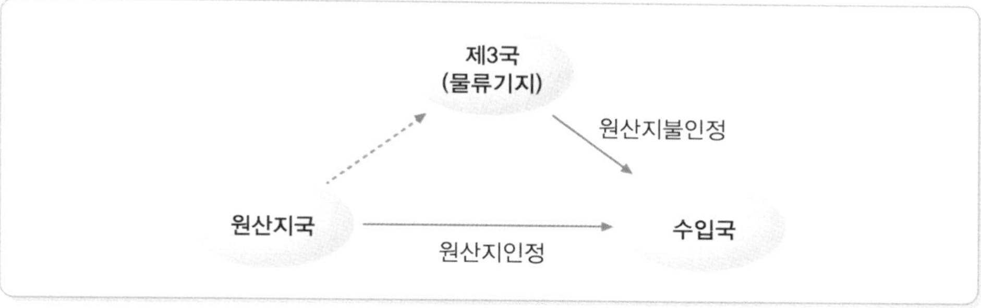

예컨대 싱가포르에서 생산된 물품이 홍콩을 거쳐 한국으로 수입된 경우 홍콩에서 단순 환적작업만 거친 경우에는 싱가포르가 원산지로 인정된다. 하지만 일단 홍콩에서 내수용으로 통관된 후 한국으로 재판매되어 한국으로 수입된 경우에는 싱가포르가 원산지로 인정되지 않는다([그림 4-1] 참조).

홍콩에서 단순 환적과정만 거친 경우에도 당해 물품이 홍콩 세관당국의 통제 또는 감독하에 있었음을 수입자가 서면으로 입증한 경우에만 원산지를 인정받을 수 있다. 공·항만 인근지역에 위치하고 있는 자유무역지역 또는 보세구역에서 얼마든지 추가가공이 이루어질 수 있기 때문이다. 따라서 직접운송을 원칙으로 하는 이유는 역외산 물품의 우회수출입을 방지하기 위해서이다.

그러나 비당사국을 거치더라도 그 나라에서 환적 등 운송에 필요한 작업 이외의 다른 행위가 없으면 일정조건하에서 특혜를 주는 예외가 허용된다. 예외 규정 형식은 FTA협정문에 직접운송요건을 두면서 그 예외로 제3국 경유시 허용되는 작업범위를 함께 규정하는 경우(유럽형)가 있고, 직접운송요건은 두지 않고 제3국에서의 작업범위만을 규정(미주형)하여 전자보다 요건을 완화하는 경우가 있다.

운송요건에서 위의 실체적 요건에 못지않게 중요한 것이 경유국에서 어떠한 가공도 없었다는 것을 서류로 입증하는 일이다. 다른 원산지증명 서류는 수출자 또는 제조자가 소유하고 있기 때문에 사후에도 입수할 수 있다. 그러나 경유국에서 운송에 필요한 작업외의 다른 행위가 없었음을 증명하는 서류는 해당물품이 그 나라를 떠난 후에는 입수할 수 없기 때문에 경유국 출항 전에 반드시 확보하여야 한다.

표 4-13 협정별 직접운송원칙규정 비교 및 근거규정

FTA	근거규정	직접운송요건
싱가포르	제4.15조(직접운송; Direct Consignment) 제5.9조 다(제3국 단순경유 입증서류)	○
EFTA	부속서 I 제1조(정의) 탁송품(Consignment) 부속서 I 제14조(직접운송; Direct Transport)	○
아세안	부속서3 제9조(직접운송; Direct Consignment)	○
인 도	제3.15조(직접운송; Direct Consignment)	○
칠 레	제4.12조(환적; Transshipment) 통일규칙 제6-1조(제3국 단순경유 입증서류)	×
미 국	제6.13조(통과 · 환적; Transit and Transshipment)	×
EU	부속서 I 제1조(정의) 탁송품(Consignment) 부속서 I 제13조(직접운송; Direct Transport)	○
터키	제13조 (직접운송; Direct Transport)	○
페루	제3.14조(직접운송; Direct Consignment)	○
호주	제3.14조(직접운송; Direct Consignment)	○
캐나다	제3.16조(통과 · 환적; Transit and Transshipment) 통일규칙 제7조	×

주: ○; 협정문에 직접운송원칙 명시, ×; 협정문에 직접운송원칙 미명시.

a. 직접운송요건을 두는 경우

EFTA · 싱가포르 · 아세안 · 인도 · EU · 페루 · 터키 등과의 FTA는 직접운송원칙을 규정한다. 그 예외로서 역외국(비당사국, 비체약국) 경유 운송을 허용한다. 예외를 인정받기 위해서는 역외국 세관의 통제하에서의 하역, 재선적 또는 상품을 양호한 상태로 유지하기 위한 작업 이외의 어떠한 가공 또는 작업도 없어야 하고 이를 수입화주가 서류로 입증하여야 한다. 따라서 어느 나라로 갈지 알 수 없는 상태에서 수출당사국에서 발송되어 역외국을 거쳐 우리나라로 수입된 경우에는 역외국에서의 작업의 종류 또는 세관 통제에 관한 사실이 서류에 의하여 입증되더라도 특혜 대상이 될 수 없다.

한·아세안 FTA는 역외국 경유 사유를 지리적 또는 운송상의 이유로 더욱 한정하고, 나아가 제3국에서 거래 또는 소비가 발생하지 않아야 한다는 요건을 추가하고 있는 것이 특징이다.[11] 인도 및 페루와의 협정에서는 경유국에서 거래되거나 교역되지 않아야 한다는 조건이 있다. 제3국을 거쳐 운송되는 경우 수입자가 세관에 제출해야 하는 서류 등은 협정별로 차이가 있으므로 각 협정에 규정되어 있는 조항의 면밀한 검토가 필요하다.[12] 운송규정을 충족하지 못하는 경우 검증 절차 없이 협정관세 적용배제 사유가 된다.

b. 직접운송요건을 두지 않는 경우

미주형인 칠레 및 미국 등과의 FTA는 직접운송요건을 요구하지 않으므로 반드시 수출 당시 수출당사국에서 수입당사국을 최종목적지로 하여 발송될 필요는 없다. 수입자가 정해지지 않은 상태에서 수출당사국에서 수출하여 비당사국 보세구역에 장치하였다가 구매자가 나타나면 그 때 계약하여 수입당사국으로 운송한 경우에도 원산지물품으로 인정될 수 있다.

다만 비당사국 세관의 통제하에서 하역, 재선적 또는 상품을 양호한 상태로 유지하기 위한 작업 외의 어떠한 가공 또는 작업도 없어야 한다는 점은 직접운송 요건을 두는 경우와 같다.

2) 충분가공원칙(불인정공정)[13]

오늘날 산업의 글로벌화가 심화되어 외국의 재료를 사용하지 않는 공산품은 찾아보기 힘들다. 또한 생산에 있어서도 공정의 일부를 외국에 위탁하여 수행하는 경우도 많다.

이러한 상황에서 완전생산품만을 원산지물품으로 인정한다면 FTA의 실효성을 확보할 수 없다. 그러므로 역외국가의 재료를 사용한 불완전 생산품이라 하더라도, 그것이 역내의 생산과정에서 만들어진 새로운 상품이라 할 수 있을 만큼 '충분한 정도의 공정이나 가공(실질적 변형)'을 거쳤다면 원산지물품으로 인정하는 것이 충분가공원칙이다.

여기에서 '충분한 정도의 공정'은 논란의 소지가 많지만, 물품의 실질이 변화되기에 충분한 정도여야 한다. 구체적으로는 각 협정에서 정한 품목별기준과 일반기준을 충족한 경우를 말한다.

---

11) 한·싱 및 한·EFTA FTA에서는 "거래 또는 소비" 금지 규정을 명시적으로 두고 있지 않으므로 비당사국에서 이러한 행위가 허용될 수 있는지에 대하여는 논란의 여지가 있다.

12) 제3국 경유물품에 대해 한·아세안 FTA에서는 수출당사국에서 발행한 선하증권이 필수입증서류이다.

13) 불인정공정은 최소가공, 단순가공, 불충분가공으로도 불린다.

그런데 기존 상품의 실질을 변화시키는 공정을 모두 분석하여 협정을 타결하려면 과도한 시간이 걸릴 수 있다. 또한 제조공법의 변화 또는 새로운 상품의 등장을 미리 예측하여 반영하기도 어렵다.

이러한 한계점을 보완하기 위하여 각 협정은 비록 품목별기준 등 다른 기준을 충족하더라도 그것이 단순한 공정의 수행 결과라면 원산지물품으로 인정할 수 없도록 하고 있다. 이는 최소공정(Minimal Operation), 불인정공정(Non-qualifying Operation), 불충분공정 또는 단순가공공정 등으로 불린다. 동 규정은 협정에서 규정하고 있는 한, 원산지상품 결정시 일률적으로 적용되므로 수행공정이 최소공정의 범위에 포함된다면 여타 규정을 충족한다 하더라도 상품이 원산지지위를 획득할 수 없다는 의미이다.

충분가공원칙을 운영하는 이유는 세번변경기준의 한계점을 보완하고, 역내가공을 촉진하기 위해서이다. 세번변경기준은 HS Code의 변경이 실질적 변형을 가져온다는 것을 전제로 하고 있으나, 세번이 변경되어도 실질이 변하지 않거나 세번이 변경되지 않아도 실질이 변하는 경우가 있기 때문에 품목에 따라서는 원산지결정기준으로 부적합한 경우가 있다.

【세번이 변경되나 실질이 변하지 않는 사례】

재 료		가공공정		제 품
소(0102)	➡	도축	➡	소고기(0201)
멸치(0301)	➡	건조	➡	마른멸치(0305)
페니실린(3003)	➡	소매포장	➡	소매용 페니실린(3004)

【세번이 변경되지 않으나 실질이 변하는 사례】

재 료		가공공정		제 품
유리섬유(7019)	➡	직조	➡	직물(7019)

또한 역내에서 단순가공만 이루어진 경우 특혜대상이 되지 않기 때문에 그 이상의 공정을 역내에서 수행하도록 유도하는 효과를 가져오게 된다. 불인정공정 규정은 품목별기준의 한계를 극복함과 동시에 역내가공을 촉진하기 위하여 마련된 기준이라 할 수 있다.

표 4-14 협정별 충분가공원칙 근거규정

FTA 협정	근 거 규 정
칠레	• 제4.13조(불인정공정)
싱가포르	• 제4.16조(불인정공정)
EFTA	• 부속서 I 제6조(불충분공정)
아세안	• 부속서3 제8조(일반품목 불인정공정) 부록3 제2조(섬유류 불인정공정)
인도	• 제3.6조(불인정공정)
미국	• 품목별기준에서 일부 규정
EU · 터키	• 의정서 제6조(불충분한 작업 또는 가공)
페루	• 부속서3 제3.5(불인정공정)
콜롬비아	• 부속서3 제3.14(불인정공정)
호주	• 부속서3 제3.12(불인정공정)
캐나다	• 품목별기준에서 일부 규정

불인정공정은 통상 일반기준으로 규정한다. 다만, 한·미 FTA는 품목별기준에서 일부 규정하고 있다.[14] 일반품목은 제8조에서 정하고, 섬유류는 부록3 제2조에서 규정하면서 역내에서 탈색 또는 방수처리와 같은 최종적인 공정만을 수행하는 방법으로는 원산지를 획득하지 못함을 강조하고 있다.

단순조립

한·칠레 FTA는 '부품 단순조립' 규정을 두지 않아 단순조립만 수행한 경우에도 원산지 물품으로 인정될 여지가 있다. 반면 다른 FTA는 부품을 단순조립한 경우 원산지물품으로 인정하지 않는다. 그러나 어느 경우든지 '단순한 정도'의 범위에 대한 해석 여지가 많다.

혼합 · 희석

단순한 혼합은 모두 불인정공정으로 하고 있으나, 희석은 열거 또는 예시한 경우가 있고 아예 언급하지 않은 경우도 있다. 여기서 특히 주의할 것은 음료 또는

14) 품목번호 제1류부터 제40류까지에 해당하는 물품이 체약당사국의 영역에서 물 또는 다른 물질과의 단순한 희석 공정(물품의 특성을 실질적으로 변형하지 않는 것을 말한다)만을 거쳐서 생산된 경우에는 원산지 물품으로 인정하지 않음.(FTA특례법 시행규칙)

의약품 등의 경우 혼합 또는 희석이 실질을 변화시키는 중요한 공정이 될 수도 있기 때문에 획일적인 해석에 대한 주의를 요한다.

복수의 불인정공정

일반기준으로 불인정공정을 규정하고 있는 협정에서는 불인정공정으로 열거 또는 예시된 공정이 둘 이상 수행된 경우에도 불인정공정으로 간주한다. 이 경우 위에서 언급한 단순조립 · 희석 · 혼합의 경우 보다 더 복잡해질 수 있으므로 유권해석절차를 거쳐서 신중하게 결정할 필요가 있다.

사례 예시

가죽케이스(제42류), 가위(제8213호), 바늘(제7319호), 실(제52류), 단추(제9606호)의 5가지 비원산지상품으로 한국에서 재봉세트(제9605호)를 생산한다고 하자. 한·칠레 FTA 원산지기준이 '다른 호에 해당하는 재료로부터 생산된 것'이라고 하면 원산지기준을 충족하나 이와 같이 간단한 세트를 구성하는 행위는 실질적 변형을 발생시키는 행위라고 보기 어려워서 원산지상품으로 인정할 수 없다는 것이다. 칠레 · 싱가포르 · EFTA · 인도 · EU · 콜롬비아와의 FTA에서는 단순한 세트구성은 불인정공정으로 규정하고 있다.

표 4-15 충분가공원칙 규정내용

칠레	싱가포르	EFTA	아세안	인도
운송·저장 위한 보전 작업 선적·운송 촉진 작업, 판매 위한 포장·전시 작업	운송·저장 위한 보전 작업, 판매 위한 포장	운송·저장 위한 보전 작업, 판매 위한 포장	운송·저장 위한 보전 작업, 판매 위한 포장	운송·저장위한보전작업, 판매 위한 포장
물 등 희석, 염화, 가당, 혼합 절단, 박편, 압착, 분쇄, 연질화 도축	부품 단순조립, 물 등 희석, 염화, 가당, 단순혼합 단순절단, 박편, 압착, 분쇄, 연질화 도축	부품 단순조립, 당류 착색, 표백, 단순혼합, 단순절단·분쇄, 도축	부품 단순조합, 당류 착색, 표백, 단순절단·분쇄, 단순혼합, 도축	부품 단순조합, 당류 착색, 표백, 단순절단·분쇄, 단순혼합, 단순희석 도축
탈피, 탈각, 탈곡, 뼈제거, 세탁, 세척,	탈피, 탈각, 탈곡, 뼈제거	탈피, 탈각, 씨제거, 연마, 도정, 세탁, 세척	탈피, 탈각, 씨제거, 연마, 도정	탈피, 탈각, 씨제거, 연마, 도정

선택, 선별, 체질, 분류, 등급화 시험, 측정,	분류, 시험·측정, 품질검사	선별, 체질, 분류, 등급화, 단순 시험·측정	선별, 체질, 분류, 등급화, 단순 시험·측정	선별, 체질, 분류, 등급화, 단순 시험·측정
건조, 냉장, 냉동, 환풍, 통풍, 진동	건조, 냉장, 냉동, 염수장			
먼지제거, 녹방지, 도포, 분해, 포장·해체, 재포장 표시부착, 단순조립, 세트구성, 분해	먼지제거, 녹방지, 도포, 분해, 포장 해체·조립. 병입 표시부착, 세트구성	녹·기름 등 제거, 도포, 포장, 해체·조립, 표시부착, 세트구성, 분해	녹·기름 등 제거, 도포, 포장 해체·조립, 표시부착, 분해	녹·기름 등 제거, 도포, 포장 해체·조립, 표시부착, 분해
		섬유 다림질·압착	<섬유류 별도 규정> 종횡 재단, 단순결합, 끝단 봉제, 5% 미만 자수, 최종공정 수행 위한 탈색 등	종횡 재단, 단순결합, 끝단 봉제, 최종공정 수행 위한 탈색 등 처리
상기 작업의 조합	상기 작업의 조합	상기 작업의 조합		상기 작업의 조합

3) 역내가공원칙

어떤 물품이 원산지물품으로 인정되기 위해서는 그 물품 생산공정이 모두 체약국 역내에서 수행되어야 한다는 것이 원산지규정상의 기본원칙이다. 완전생산기준은 생산공정이 역내에서 수행되고, 사용된 재료도 원산지물품일 것을 요하나, 이 원칙은 '공정'에 초점을 맞춘 것이다. 각 협정의 '원산지상품'에서 규정하고 있으며, '영역원칙' 또는 '역외가공 금지원칙'으로도 표현한다. 이 원칙은 물품의 생산 활동이 역내에서 이루어지도록 함으로서 생산업체의 해외이전을 줄이고, 해외자본의 역내투자를 유치하여 역내산업을 발전시키기 위한 제도이다.

그러나 오늘날과 같이 국제적 분업생산이 일반화된 상황에서 역내가공원칙을 고수할 경우 기존에 형성된 해외위탁가공 산업이 위축될 수 있고, 싱가포르와 같은 도시국가는 산업입지 확보가 어려워지고, 우리나라는 개성공단과 같은 특수지역을 활용할 수 없기 때문에 일정한 조건하에서 역외가공을 허용하는 경우가 있는데, 이것이 역내가공원칙의 특례에 해당하는 '역외가공허용'이며, 이에 대한 자세한 설명은 다음과 같다.

4) 역외가공(역내가공원칙 특례)

원칙적으로 FTA 회원국 영토내에서 생산활동이 이루어지고 해당 품목에 대한 원산지기준을 충족시킬 경우 FTA 특혜관세를 적용받을 수 있다. 하지만, 예외적으로 역외가공(Outward Processing)을 인정하는 경우가 있다. 역외가공의 사전적 의미는 어느 관세영역 내에 있는 물품이 역외에서 제조, 가공 또는 수선을 위하여 수출하였다가 관세 및 제세액의 전부 또는 일부를 면제받고 재수입되는 경우를 의미한다. 여기에다가 FTA 특혜관세가 적용되도록 하기 위해서는 원산지 인정 문제가 해결되어야 한다. 원재료 및 부품을 수출해 역외에서 가공한 후 재수입한 최종 물품에 대해 원산지 지위를 인정하는 제도로 FTA 원산지규정의 예외조항이다. 역외가공을 인정하는 경우는 매우 드물며, 국토가 협소한 싱가포르, EU와 지리적으로 인접해있는 EFTA(아이슬랜드, 노르웨이, 리히텐슈타인, 스위스)가 체결한 FTA에서 주로 찾아볼 수 있으며, 이 같은 역외가공을 인정받는 지역이 역외가공지역이다.

a. 역외가공 개념

원산지를 인정받기 위한 기준은 원칙적으로 최종 생산국에서만 발생한 세번변경 또는 부가가치를 기초로 결정되며, 국산재료를 사용했다 하더라도 일단 역외로 수출된 후 다시 수입된 물품은 원산지가 인정되지 않는다. 그러나 지역 또는 품목에 따라 역내가공원칙에 대한 예외를 인정하고 있는데, 이것이 '역외가공 원산지 허용' 특례조항 이다.

이러한 역외가공제도는 다른 나라 FTA에서 일반적으로 인정되지 않는 예외적인 제도이다. 역외가공 특례는 우리나라가 처음 FTA를 맺은 칠레와는 거론되자 않았다. 그러나 두 번째 체결국인 싱가포르의 경우 국토면적이 협소하여 인도네시아 등 인근국가에 공장을 설치하여 제품생산 공정의 일부를 수행하고 있어, 싱가포르의 영토적 특수성에 따른 수평적 산업구조의 특성과 양국간의 교역을 실질적으로 진흥하기 위한 차원에서 특별히 도입되었다. 그러나 역외가공 원산지제도로 인하여 국내산업에 피해가 있을 것을 우려하여 그 대상품목은 국내산업에 영향이 적은 품목으로 전기・전자품목 등 극히 일부 품목으로 제한하였다.

한·EFTA FTA의 경우 일반적 역외가공기준은 글로벌 아웃소싱이 보편화 되어가고 있는 무역환경을 반영하여 역내간 특혜교역을 촉진하기 위한 인센티브제도라고 할 수 있다. 제한적 역외가공기준은 사실상 개성공단 생산품에 대한 원산지특례를 인정하기 위하여 도입한 제도라고 볼 수 있다. 역외가공 원산지인정제도는 역내산 부품의 사용촉진과 교역증진에 기여한다는 장점이 있다. 하지만 관세행정을 복잡하게 하고 무역업자의 법규준수 비용을 증가시킴과 아울러 우회수입 및 관세회피의 수단으로 남용될 수 있는 단점도 있다.

두 개의 국가가 FTA를 체결한 경우 역외가공은 체결당사국 내에서 반제품을 생산한 후 이를 제3국에서 가공하고 다시 역내로 재수입하여 최종제품을 만든 후 상대국에 FTA특혜수출 하는 것을 의미한다. 이를 [그림 4-2]와 같이 3단계로 나타낼 수 있다. 개성공단의 예를 들면 한국에서 생산된 원재료 또는 반제품(1단계)을 개성공단에 공급한다(2단계). 개성공단에서 추가가공을 거쳐 중간제품을 생산한 후 다시 자국으로 재수입하여 완성품을 만든다(3단계). 이 경우 완성품의 원산지 결정시 당해 완성품에 포함되어 있는 자국산 원재료 또는 부품을 원산지재료로 인정할 것인지 여부가 역외가공허용의 핵심이다. 일반적으로 자국에서 생산한 재료라 하더라도 일단 외국으로 수출되었다가 재수입된 경우에는 관세법상 외국물품 또는 비원산재료로 간주되기 때문이다. 그러나 역외가공을 허용할 경우에는 이를 원산지재료로 인정한다.

그림 4-2 **역외가공 흐름도**

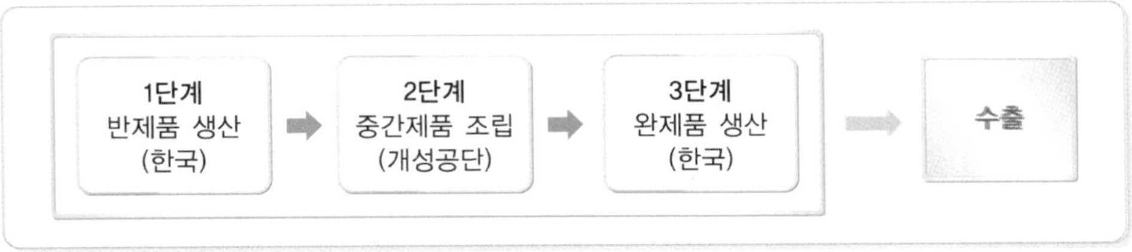

원산지로 인정을 받기 위해서는 최종적으로 그 나라에서 상품이 완성되어야 한다. 역외가공에 대해서도 중간제품 조립과정을 인정한다는 의미이며 최종적인 작업은 한국에서 마무리되어야 한다. 한국은 대부분 개성공단 물품에 대해 3단계를 한국에서 완성해야 하는 OP(Outward Processing)방식을 채택하고 있으나 한·싱가포르 FTA에서는 개성공단 생산품에 대해 실제 원산지 여하를 불문하고 당사국에서 선적되어 수출되는 일정상품에 대해 역내산으로 인정하는 ISI(Integrated

Sourcing Initiatives)방식을 채택하고 있다. 이는 싱가포르가 자유주의를 표방하며 이미 북한 제품에 대해서도 거의 관세가 없음에 기인하기도 한다.

역외가공은 싱가포르, EFTA, 아세안, 인도, 페루, 콜롬비아와의 FTA는 역외가공을 제한적으로 허용한다. EU, 터키와의 FTA에서는 영역원칙의 예외를 인정하나 세부적인 역외가공지역, 품목에 대해서는 한반도 역외가공지역 위원회를 설치 후 검토하기로 하였다. 칠레와의 FTA에서는 역외가공을 협상하지 않았지만, 한·미FTA에서는 발효 후 한반도 역외가공지역위원회를 설립하여 다시 논의할 여지를 남겨두었다.

역외가공을 허용한 경우에도 특정품목 역외가공만 허용하고 있으나, 한·EFTA FTA는 품목 제한없이 적용하는 일반 역외가공과 특정 품목 역외가공으로 구분하고 있다.

표 4-16 역외가공 허용요건

구분		싱가포르		EFTA		아세안	인도	페루	콜롬비아	EU·터키	호주	캐나다	미국
허용여부		○		○		○	○	○	○	○	○	○	×
허용요건	지역	개성공단	제한없음	제한없음	개성공단	개성공단	개성공단	개성공단	개성공단	세부내용은 추후 별도 위원회에서 결정	세부내용은 추후 별도 위원회에서 결정	세부내용은 추후 별도 위원회에서 결정	미국의 경우 한반도 역외가공위원회 설립 후 논의
	품목	4,625품목	134품목	제한없음	267품목	아세안국별 100품목	108품목	100품목	100품목				
	가공비	한국에서 수출	40% 이하	10% 이하	40% 이하	40% 이하	40% 이하	40% 이하	40% 이하				
근거규정		제4.3조 및 부속서 4B	제4.4조 및 부속서 4C	부속서 I 제13조및 부록4 제1조 외	부속서 I 제13조및 부록4 제2조 외	부속서 3 제6조 및 양해각서	제3.14조 및 부속서 3-나	제3.15조 및 부속서 3-나	제3.16조 및 부속서 3-나	제12조 제3항 및 부속서 4	제3.13조 및 부속서 3-나	부속서 20-가, 20-나	부속서 22-나

주: 칠레의 경우 역외가공에 대한 협상은 없었음.

또한 역외가공 지역에 대한 제한도 있다. 한·EFTA FTA는 역외가공지역 제한이 없기 때문에 수입 물품과 수출물품에 모두 허용되나, 아세안, 인도, 페루, 콜롬비아와의 FTA는 개성공단 생산품으로 한정하고 있으므로 동지역에서 한국으로 수입되는 물품은 역외가공이 허용되지 않는다. 한·싱 FTA는 개성공단으로 한정되는 경우와 지역제한이 없는 경우가 있다.

가공비용에 대한 한도 또한 두고 있는데 역외에서 투입되는 재료비, 가공비 및 운송비의 합계가 완제품 가격의 40% 이하일 것을 요건으로 하는 경우와 10% 이하인 경우가 있다. 한·싱가포르 FTA는 개성공단 생산품의 경우 남한으로부터 수출될 것을 요건으로 한다.

b. 적용 사례

역외가공을 인정할 경우에는 역외가공을 거쳐 재수입된 물품의 생산초기 단계, 즉 역외로 반출하기 이전에 국내에서 창출된 부가가치를 최종제품의 원산지 결정시 국내 부가가치로 계상한다. 또한 재료비 비중을 판정할 때에도 국내에서 원재료를 반출하여 역외가공지역에서 가공을 거쳐 반제품의 형태로 수입하였을 때, 역외가공을 인정할 경우는 초기에 국내에서 반출한 원산지 재료비를 역내산 재료비에 계상할 수 있다. 반면, 역외가공을 인정하지 않을 경우, 역외에서 수입한 반제품에 국내산 원재료가 포함되어 있어도 반제품 가격 전체를 역외산 재료비로 계상해야 한다.

그림 4-3 역외가공 적용 사례

예를 들어 한국산 재료($100)를 개성공단으로 반출하여 그곳에서 가공 반제품($150)을 생산해서, 반제품을 다시 한국으로 반입하여 가공하여 완제품($200)으로 생산하여 싱가포르로 수출할 경우, 일반적으로 일단 반출된 물품에 대해서는 역내부가가치를 인정받지 못하지만, 역외가공이 허용될 경우에는 1차 재료비와 2차 반

제품가공비를 인정받게 된다. 즉 2차 반제품 가공공정비용 $50를 [그림 4-3]과 같이 역내부가가치에 포함시켜 부가가치를 계산할 수 있는 장점이 있다.

이 경우, 품목별 원산지기준이 역내부가가치가 상품가격의 45%일 경우, 역외가공을 허용하게 되면 역내부가가치가 75%가 되어 역내산으로 원산지를 인정받게 되지만, 역외가공을 인정하지 않는 협정이라면 역내부가가치가 25%로 역내산으로 인정받지 못하게 된다.

- 역외가공 허용시 ⇒ 역내부가가치 75% ⇒ 역내산 인정

$$\text{역내부가가치} = \frac{[100 + (200 - 150)]}{200} \times 100 = 75\%$$

- 역외가공 불허시 ⇒ 역내부가가치 25% ⇒ 역내산 불인정

$$\text{역내부가가치} = \frac{(200 - 150)}{200} \times 100 = 25\%$$

이 제도를 활용하기 위해서는 협정별 역외가공허용 품목 해당 여부, 역외가공이 허용된 지역에서 생산되었는지 여부, 비원산지재료 허용 비율(예: 40% 이하) 준수 여부, 싱가포르의 경우 수출자와 역외가공 후 재수입자가 동일인인지 여부, 한·EFTA FTA의 일반역외가공의 경우 당사국에서 수출되고 역외가공 후 재수입 되는 재료의 역외가공비가 상품 공장도 가격의 10% 이하 여부 등의 허용기준을 잘 파악하여 해당될 경우 원산지를 인정받게 된다.

제3장 실질적 변형기준의 품목별기준

앞에서는 완전생산품 인정요건과 역외국 재료가 사용된 불완전생산품이 역내에서 충분한 정도의 가공과정을 거쳐 생산되었는지를 판단하는 기준 중 일반기준(General Rules)에 대하여 살펴보았다. 이 장에서는 불완전생산품(실질적변형)에 대한 품목별기준의 유형과 그 내용을 살펴보기로 한다.

FTA협정에서는 품목별로 원산지기준을 규정하고 있다. 품목분류표를 기준으로 품목별로 원산지를 결정하는 기준을 정하고 있어 품목별 기준(PSR: Product Specific Rules)이라고 한다. 품목별로 원산지결정기준을 충족하는 상품에 대해서는 상품의 작업 또는 공정이 수행된 당사국영역의 원산지상품으로 인정받게 된다. 따라서 품목별원산지기준은 각 품목의 원산지를 결정하는 객관적인 판단기준이 된다. 품목별기준은 원산지기준에서 복잡하게 여겨지는 분야이다. 같은 품목이라도 각 협정에 따라 원산지기준이 다르게 규정되어 있어 원산지판단에 대한 혼동이 일어날 수 있다.

일반적으로 FTA 원산지기준은 관세양허와 같이 HS코드 6단위에 맞춰 원산지기준을 정하고 있고, 많은 품목에 대해서 협정마다 다른 원산지기준을 두고 있어, 처음 접하는 경우 복잡해 보일 수 있다. 따라서 원산지기준에 대한 체계적인 이해가 필요하다.

1. 품목별기준의 개요

원산지기준은 품목별로 다르게 규정하는 것이 일반적이나, 유사한 품목 혹은 HS코드가 유사한 경우에는 동일한 기준을 적용하기도 한다. 따라서 품목별 기준은 공통기준과 개별기준으로 나눈다. 공통기준은 특정품목군에 한정하여 공통적으로 적용되는 것으로 크게 두 가지 유형으로 나누어 볼 수 있다. 첫째 품목별 기준표에서 '부(section)', '류(chapter)' 등의 '주(Note)'로 규정되는 가장 일반적인 형태이다. 둘째 일부품목은 개별기준으로 정하고 나머지는 개별기준을 두지 않고 공통기준을 적용하는 경우이다.

개별기준은 개별품목에 한정하여 적용되는 것으로 각 품목번호별로 정해진다.

물품의 본질적 특성의 변화에 기반한 세번변경기준, 물품의 경제적 가치(물품의 가격)를 기초로 하는 부가가치기준, 특정한 가공공정을 거친 경우 원산지를 인정하는 가공공정기준이 주를 이룬다. 이들 중 2개 이상을 제시하고 모두 충족하도록 규정하는 조합기준, 규정된 복수의 기준 중 수출자가 유리한 쪽을 적용할 수 있게 하는 선택기준이 있다.

품목별기준은 기본적으로 불완전생산품에 대한 규정이다. 하지만 특정품목에 대한 산업보호의 필요성이 크거나, 원산지조작 가능성이 큰 민감품목은 제품 또는 거기에 투입된 특정 핵심재료의 원산지 인정요건으로 완전생산요건을 두는 경우가 있다.

품목별기준표는 통상 협정문에서 부록이나 의정서(한·EU FTA)를 통해 모든 물품을 품목번호 순으로 규정하나, 한·미 FTA는 섬유류와 일반품목으로 나누어 각각 별도의 부속서로 규정하였다.[15)]

재료와 제품의 세번이 같은 품목에 대하여 세번변경기준의 적용을 배제하고 다른 개별기준을 적용하도록 하는 경우도 있다. 예를 들면 완제품과 재료의 HS코드(세번)가 같은 경우 부가가치기준을 적용하도록 하고 있다. 한·칠레 FTA의 경우, 세번변경기준 품목으로 지정된 경우라 하더라도 특정한 사유로 세번변경이 발생하지 않는 물품은 부가가치기준을 적용하도록 한다. 어떤 물품의 재료와 완제품의 세번이 같은 경우에는 실질적인 생산공정을 거치더라도 세번이 변경되지 않기 때문이다.[16)]

특정한 사유로 인하여 재료와 완제품의 세번이 같은 경우, 예를 들어 미조립 또는 분해된 상태로 수입되었으나, 관세율표 해석에 관한 통칙에 의하여 완성된 물품으로 분류되는 경우, 또는 4단위 또는 6단위를 기준으로 부품과 완제품이 같은 세번에 속하는 경우에는 부가가치기준에 의하여 원산지를 결정한다. 일반적으로 공제법 45% 이상 또는 직접법 30% 이상으로 정한다. 각 품목별로 별도의 부가가치비율이 특정되어 있는 경우에는 그 비율을 적용한다.

기본적으로 개별기준은 개별 품목에 한정하여 적용되는 것으로서 각 품목번호별로 정해진다. 각 협정 및 품목에 따라 원산지결정기준이 다르다. 각 FTA협정

---

15) 섬유는 부속서 4, 일반품목은 부속서 6에서 규정하고 있음.

16) 예를 들면, 세번이 9613.10인 라이터를 생산하면서 9613.90에 해당하는 역외산 부분품을 사용하는 경우 4단위 세번변경이 발생하지 않음.

문에서 품목별원산지기준을 정하고 있다. 일반적으로 품목별로 완전생산기준, 세번변경기준, 부가가치기준, 특정공정기준을 원산지를 결정하는 기준으로 활용하고 있다. 다음 2절에서 품목별 원산지기준에 대해서 자세하게 알아본다.

2. 품목별 기준의 유형

가. 세번변경기준

1) 기준의 설명

관세품목분류란 수출입 물품(또는 상품)에 대하여 관세를 부과할 목적 등으로 HS협약의 부속서인 HS 품목분류표(관세율표)에서 정한 규정과 절차에 따라 그 물품이 해당하는 품목번호로 분류(classification)하는 것을 말한다.

세번(Tariff Heading)이란 관세율표상 분류된 상품 번호이다. 일반적으로 물품에도 이름이 있지만, 국가별로 사용하는 언어가 다르기 때문에 모두에게 정확하게 물품의 이름을 이해시키는 데에는 한계가 있다. 이에 숫자를 이용하여 물품에 번호를 매기어 사용하고 있는데, 이 상품의 번호가 HS(품목)코드가 된다. 여기에 관세율을 표기하고 있는데 이를 관세율표라 한다. 즉 HS코드를 이용하여 관세율표를 작성하고, 관세율표는 관세징수를 위한 것이므로 관세율표상의 품목코드번호를 관세번호(關稅番号)라고 하고, 이를 줄여서 세번이라고 부른다. 이 때문에 일반적으로 세번은 HS코드로 표현되기도 한다. 이미 1부에서 HS에 대해서 설명하였듯이 HS번호는 어떠한 체계를 두고 상품의 번호를 매기고 있기 때문에 원료 및 재료 수입 시의 HS번호가 어떠한 생산공정을 통해서 바뀌었다면 그 만큼 생산공정이 이루어진 것으로 볼 수 있을 것이다. 이를 반영하여 세번변경이 있는 경우는 생산공정이 충분히 이루어진 것으로 보고 원산지를 인정해 주자는 취지인 것이다. 2단위에서 6단위까지는 국제적으로 공통으로 사용되며 그 이상은 나라마다 다르다. 원산지기준을 정하는 협상에서는 일반적으로 6단위를 기본으로 한다.

세번변경기준(Change in Tariff Classification Criterion)은 객관적이고 예측가능성이 있어 우리나라 FTA에서 가장 보편적으로 사용되고 있다. 이는 역내 생산과정에서 당해 물품의 생산에 사용된 비원산지재료 또는 부품의 세번과 일정수준 이상 상이한 세번의 제품이 생산되면 그 국가를 원산지로 인정하는 방법을 말한다.

HS 품목분류체계는 통상 가공도에 따라 번호를 부여하므로 번호가 바뀌면 상품의 본질적 특성이 바뀐 것이다. 이러한 원리를 활용할 수 있어 원산지결정기준의 제정이 용이하다. 또한 국제적으로 널리 채택되고 있어 투명성을 확보할 수 있기 때문에 세계 대부분의 FTA에서 이 기준이 채택되고 있다.

그러나 모든 세번이 상품의 본질적 특성을 기준으로 번호가 정해진 것은 아니다. 예를 들면 페니실린을 대용량으로 포장한 경우는 제3003호이나, 소매용으로 포장된 것은 제3004호가 된다. 본질적 특성의 변화가 없는데도 품목번호는 바뀐다. 또한 제7019호에 분류되는 유리섬유를 직조(織造)하여 직물을 만들면, 상품의 특성이 섬유에서 직물로 바뀌나 세번은 바뀌지 않는다. 품목분류체계가 이러한 한계를 가지고 있기 때문에 세번변경기준 적용 품목에서 배제하거나, 세번변경기준을 채택하더라도 특정공정 또는 부가가치 요건을 추가하는 경우가 많다.

세번변경기준에서는 세번이 어느 정도 수준에서 변해야 원산지가 변하는 것으로 볼 지가 중요하다. 통상 6단위, 4단위, 2단위 기준 등 세 가지 유형이 있다. 단위수가 커질수록 기준을 쉽게 충족할 수 있기 때문에 각국은 경쟁력이 강한 품목은 6단위, 중간 수준인 경우 4단위, 약한 품목은 2단위 기준을 채택하려는 경향이 있다.

2) 적용사례[17)]

가) 2단위 세번변경기준 사례

① 쇠고기사례

한·미 FTA에서의 쇠고기(제0201호)의 원산지기준(PSR)은 '다른 류에 해당하는 물품(제0105호 닭을 제외한다)에서 제0201호에 해당하는 물품으로 변경된 것'으로 되어 있다. 이는 살아있는 소(01류)를 도축하여 냉장쇠고기(02류)가 되면, 원산지가 충족된다는 것이다.

그러나 한·미 FTA, 한·캐 FTA 이외의 FTA의 경우에는 01류에서 02류로의 세번변경은 제외하는 예외규정을 두거나 제1류 및 제2류의 품목의 경우는 완전생산을 요구하고 있어 도축만을 수행한 나라를 원산지로 인정하지 않는다.

17) 기획재정부(2012), 「FTA 활용」의 내용을 중심으로 작성하였음.

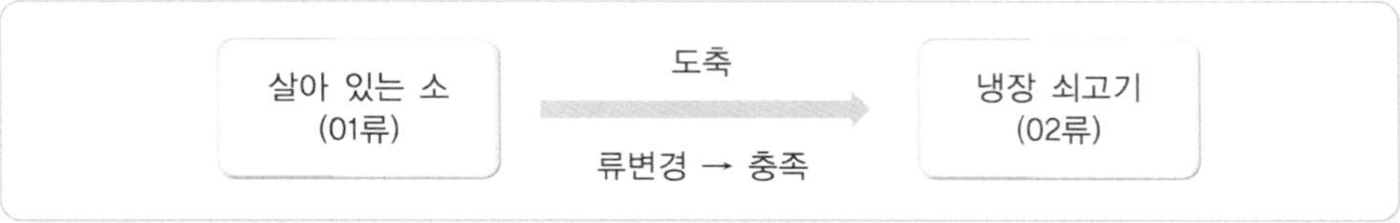

② 건조양파사례

건조한 양파의 경우도 한국이 체결한 FTA의 경우 완전생산기준이 많다. 한·미 FTA, 한·호주 FTA, 한·캐 FTA 등의 경우, '다른 류에 해당하는 물품에서 제0701호 내지 0714호에 해당하는 물품으로 변경된 것[18]' 으로 되어 있다. 여기서는 신선한 양파(0703)를 건조시켜 건조양파(0712)를 만들 경우, 2단위에서는 세번이 바뀌지 않으므로 원산지를 인정받을 수 없다. 그러나 원산지기준이 만약 4단위 세번변경이라면 4단위에서는 세번이 바뀌어 원산지를 인정받을 수 있다. 우리나라가 체결한 FTA의 원산지규정에서는 완전생산기준(페루, EU, 인도, 아세안, EFTA, 터키)이거나, 2단위 세번변경을 기준으로 하고 있어, 단순한 건조(불충분작업)작업만으로는 원산지를 인정받지 못한다.

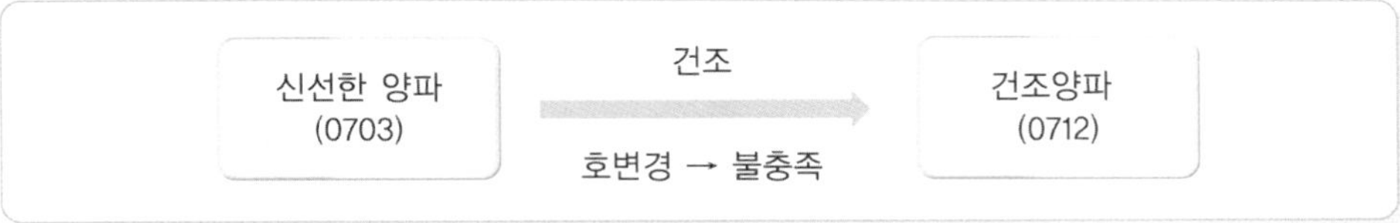

나) 4단위 세번변경기준 변경사례

① 캔디

한국이 체결한 원산지기준은 캔디(제1704호)에 대해 세번변경기준과 부가가치기준을 조합하고 있는데, 터키, 미국, 호주, 캐나다 등의 나라와의 경우는 '다른 호에 해당하는 물품에서 제1704호에 해당하는 물품으로 변경된 것'을 기준으로 하고 있다. 아래와 같이 설탕(1701), 딸기향료(3302), 딸기색소(3203), 물엿(1702)을 가지고 조제과정을 거쳐 캔디를 만들게 되면, 모든 재료의 호의 번호가 바뀌기 때

---

18) 한·미FTA원산지기준조문에는 '다른 류에 해당하는 물품에서 제0701호 내지 0714호에 해당하는 물품으로 변경된 것'으로 되어 있는데, 이는 반복을 줄이기 위해 제0701호에서 0714호까지를 한꺼번에 표기하면서 이러한 표현이 되었음.

문에 수입 재료를 사용하여도 원산지를 인정받을 수 있다.

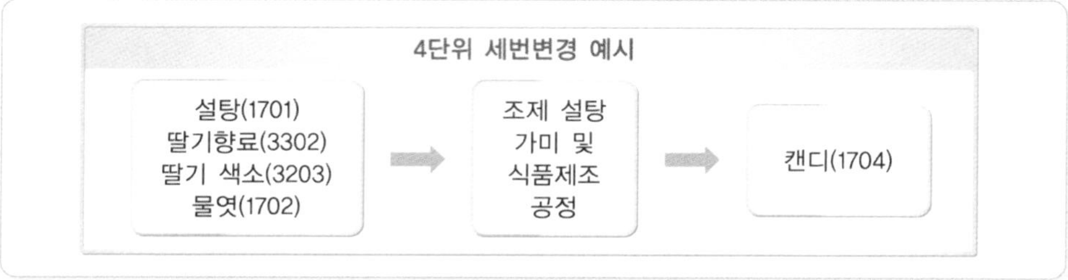

② 염산

염산의 경우도 많은 협정에서 세번변경기준과 부가가치기준을 조합하고 있다. 28류는 무기화학품으로 화학반응에 의해 다른 물질이 생성되고, 순도에 따라 부가가치가 매우 높아지는 특성이 있기 때문이다. 그러나 싱가포르, 미국과의 경우는 '다른 호에 해당하는 재료로부터 생산된 것'으로 기준을 정하고 있다. 아래와 같은 제조과정을 통해 염산이 생성되는데 4단위의 경우는 세번이 바뀌므로 원산지를 인정받을 수 있다.

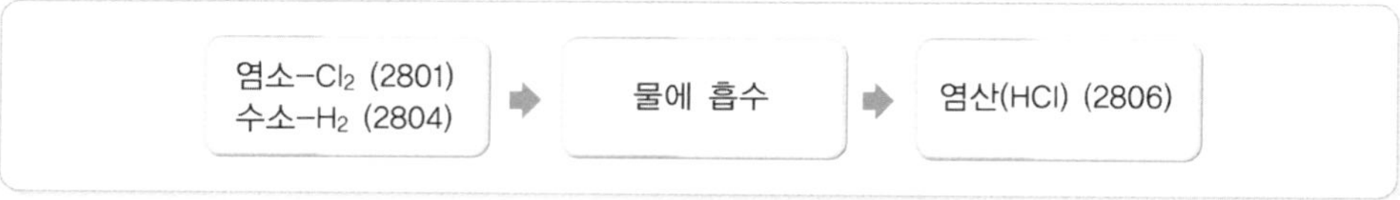

다) 6단위 세번변경기준 사례

① 볶은 커피

커피의 경우는 원산지에 대한 논란이 많은 품목으로 일반적으로 볶지 않은 원두를 볶음(roasting) 작업을 거쳐 분쇄를 하면 원두가루가 된다. 원두가루의 경우 원두의 생산국과 볶음 작업을 거친 국가 중, 어떤 나라를 원산지국으로 할지에 대해서 많은 논란의 여지가 있다.

볶지 않은 커피(0901.11) 즉 원두가 볶음(roasting)과정을 거치게 되면 볶은 커피(0901.21)가 된다. 볶은 커피의 경우는 6단위 세번변경기준(Subheading변경)이면, 원두를 수입하여 볶기만 해도 세번변경에 의해 원산지를 인정받게 된다. 한·미

FTA에서는 '다른 소호에 해당하는 물품에서 제0901.21호에 해당하는 물품으로 변경된 것' 이 원산지기준이므로 자국에서 로스팅만 하여도 원산지를 인정받을 수 있으나, 다른 협정에서는 완전생산기준, 2단위, 4단위 또는 부가가치기준 등 원산지기준이 다양하다. 미국, 호주, 캐나다와의 FTA 경우는 로스팅 작업으로 원산지를 인정받을 수 있다.

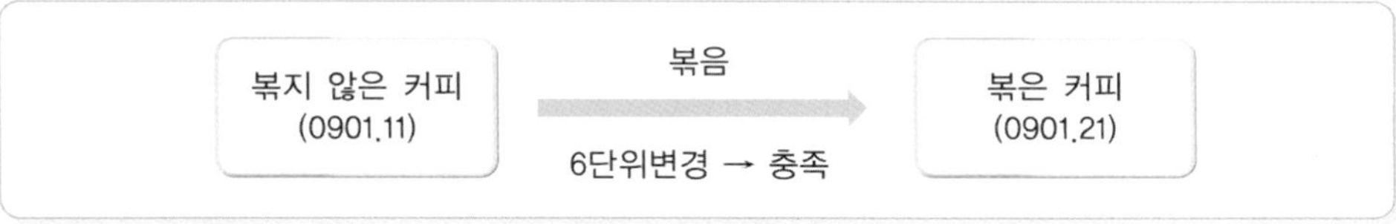

② 부타디엔

부타디엔(제2901.24호)은 n-부탄C_4H_{10}(2901.10)을 탈수소하여 부틸렌 C_4H_8(2901.23)을 만든 다음 다시 탈수소 하면 부타디엔C_4H_6(2901.24)을 만들 수 있다. 이 품목에 대해서도 미국, 호주, 캐나다와의 협정의 경우는 세번변경기준 6단위기준이므로 원산지를 인정받을 수 있다. 다른 협정에서는 호를 기준으로 하는 경우에는 부가가치기준 중 선택기준으로 하고, 소호를 기준으로 하는 경우는 부가가치기준을 조합기준으로 두고 있다. 여기서 품목 부틸렌의 경우도 6단위일 경우 수입산 n-부탄C_4H_{10}(2901.10)을 이용하여도 세번변경으로 원산지를 인정받게 된다.

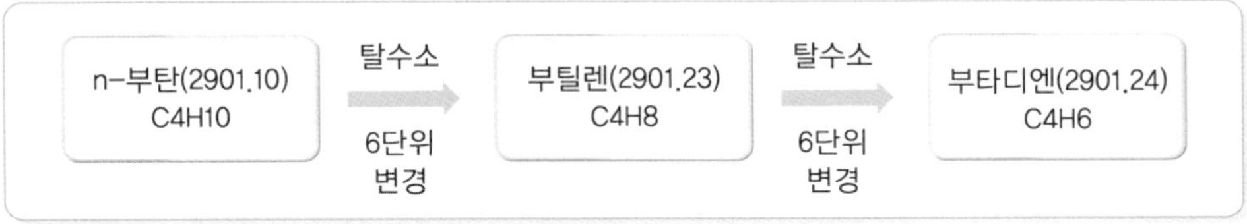

다음과 같이 역내산 재료와 수입산 재료를 사용하여 교환기(8517.30)를 생산한 경우, 원산지기준(한·미 FTA)은 6단위(소호)에 해당하는 경우는 원산지를 인정받지만, 4단위(호)가 원산지기준일 경우는 원산지물품으로 인정받을 수 없다. 물론 역내산 재료에 대해서는 류, 호, 소호와 상관없이 원산지를 인정받을 수 있다.

여기서 원산지기준을 충족시켜야 하는 경우는 국내산(누적기준이 있는 경우 역내산 포함)이 아닌, 수입재료를 사용하여 제품을 만든 경우를 말하는 것으로 수입재료가 아닌, 국내산 또는 역내산을 사용하여 제조를 하게 되면 당연히 원산지를 인정받게 된다. 현재처럼 산업이 분업화된 상황에서는 자국산 재료 및 원자재만을 사용할 수는 없으므로 역외국의 재료를 사용할 경우는 국내에서 일정수준의 제조공정을 거쳤다는 즉 원산지기준을 충족할 만큼의 변화를 시켰다는 의미가 부여되기 때문에 원산지를 인정받게 되는 것이다.

3) 세번변경기준 원산지기준조문 인정요건 해석

원산지결정기준에서 일반적으로는 세번변경이 가장 많이 쓰이고 있다. 세번변경기준은 2단위, 4단위, 6단위가 있는데 2단위는 HS 코드 중 앞의 2단위가 변경되는 경우 당해 국가를 원산지로 인정하는 기준으로 국제적으로는 CC(Change of Chapter)로 표현하며, 한국에서는 「류」로 표현한다. 4단위는 CTH(Change of Tariff Heading)와 「호」로, 6단위는 CTSH(Change of Tariff Subheading)와 「소호」로 표현된다.

FTA 관세양허안인 관세철폐율과 관세철폐일정은 체약국간 서로 다르게 설정되지만, 원산지결정기준의 경우는 체약국간에 품목마다 일반적으로는 똑같은 기준이 설정된다. 단지 협정문이 영어로 되어있는 것이 있고, 자국어로 되어있는 것이 있는데, 영어본의 경우는 2단위, 4단위, 6단위가 각각 Change of Chapter(CC), Change of Tariff Heading(CTH), Change of Tariff Subheading(CTSH)로 되어 있다.

한·미 FTA의 경우, 2단위 변경기준일 때 한국식과 영어식 표현을 비교해 보면, 한국식으로는 '다른 류의 물품에서 1605호에 해당하는 물품으로 변경된 것', 영문본에서는 'A change to heading 16.05 from any other chapter'로 표현되어 있다.

4단위의 경우 한국어로는 '다른 호에 해당하는 물품에서 제1704호에 해당하는 물품으로 변경된 것'으로 표현하고, 영어로는 'A change to heading 17.04 from any other heading'로 표현하고 있다.

6단위에서는 '다른 소호에 해당하는 물품에서 제2517.30호에 해당하는 물품으로 변경된 것' 영문으로는 'A change to subheading 2517.30 from any other subheading'으로 표현 한다.[19)]

<표 4-17>과 같이 세번변경단위로는 '2단위', 한글본 협정문의 표현에서는 '류', 그리고 영어표현을 줄이면, 'CC'가 되어, 이 3가지 모두 같은 의미를 지닌다.

표 4-17 **세번변경기준 표현방식**

세번변경단위	영어식 표현	한국식 표현	원산지결정기준
2단위	CC	류	HS 코드 중 앞의 2단위가 변경되는 경우 당해 국가를 원산지로 인정하는 기준.
4단위	CTH	호	HS 코드 중 앞의 4단위가 변경되는 경우 당해 국가를 원산지로 인정하는 기준.
6단위	CTSH	소호	HS 코드 중 앞의 6단위가 변경되는 경우 당해 국가를 원산지로 인정하는 기준.

① 품목분류 13류의 협정별 원산지기준

다음은 각 품목별로 협정에 따라 원산지결정기준이 어떻게 다르게 규정되어 있는지 비교해 보고자 한다. 2단위 세번변경기준에서는 13류를 가지고 각 협정별로 비교한다. 아래의 표는 HS품목분류표의 13류 부분이다. 13류를 4단위(호)로 보면, 2종류(제1301호, 제1302호)가 된다.

19) 여기서 숫자는 상품의 HS코드번호 즉 품목번호이고, 표현은 해당품목의 원산지결정기준이 됨. 그리고 우리나라의 경우 처음 FTA를 맺은 칠레와의 원산지결정기준 협정문 표현은 2단위, 4단위, 6단위라는 표현을 쓰고 있음. 예를 들면, '다른 2단위 세번으로 부터 24.01로의 변경' 이라는 표현을 쓰고 있으나, 싱가포르와의 협정에서부터는 류, 호, 소호로 표현하고 있음. 최근 발효된 호주, 중국의 경우 다시 2단위, 4단위 등으로 표현하고 있음.

표 4-18 HS품목분류표 13류

품목번호				품 명
1301				락과 천연검 · 수지 · 검수지 및 올레오레진(예: 발삼)
1301	20	00	00	아라비아 검
1301	90			기타
1301	90	10	00	올레오레진
1301	90	20		락
1301	90	20	10	쉘락
1301	90	20	90	기타
1301	90	90	00	기타
1302				식물성의 수액과 엑스, 펙틴질, 펙티닝산염과 펙틴산염, 식물성원료에서 얻은 한천 · 기타의 점질물 및 디크너(변성 가공한 것인지의 여부를 불문한다)
1302	1			식물성 수액과 엑스
1302	11	00	00	아편
1302	12	00	00	감초의 것
1302	13	00	00	호프의 것
1302	19			기타
1302	19	1		인삼의 수액과 엑스
1302	19	11		백삼의 것
1302	19	11	10	인삼엑스
1302	19	11	20	인삼엑스분
1302	19	11	90	기타
1302	19	12		홍삼의 것
1302	19	12	10	홍삼엑스
1302	19	12	20	홍삼엑스분
1302	19	12	90	기타
1302	19	19	00	기타
1302	19	20	00	캐슈넛쉘액
1302	19	30	00	생칠
1302	19	90		기타
1302	19	90	10	알로에 수액과 엑스
1302	19	90	20	콜라엑스
1302	19	90	9	기타
1302	19	90	91	바닐라 올레오레진 또는 바닐라 추출물
1302	19	90	99	기타
1302	20	00	00	펙틴질 · 펙티닝산염 및 펙틴산염
1302	3			식물성 원료에서 얻은 점질물 및 디크너(변성가공한 것인지의 여부를 불문)

1302	31			한천
1302	31	10	00	실한천
1302	31	20	00	분한천
1302	31	90	00	기타
1302	32	00	00	로우커스트두·로우커스트두의 씨 또는 구아의 씨로부터 얻은 점질물 및 디크너(변성가공한 것인지의 여부를 불문한다)
1302	39	00	00	기타

13류의 경우 각 협정마다 조금씩 차이가 있으나, 대부분의 협정에서 2단위를 원산지기준으로 정하고 있다. 예를 들면, 중국에서 인삼(1211.20호)을 수입하여 국내에서 추출 및 첨가제 혼입과정을 거쳐서 인삼엑스(1302.19호)를 만들어 협정체결국인 미국에 수출할 경우, 2단위 세번이 변경되었으므로 한국산으로 인정될 수 있다. 반면에 중국산 인삼엑스분(1302.19)을 수입하여 인삼엑기스(1302.19)를 만든 경우 2단위 세번이 변경되지 않으므로 역내산으로 인정받지 못한다.

표 4-19 한·미 FTA 품목별 원산지기준(인삼제품)

제13류	락·검·수지 및 기타의 식물성 수액과 엑스
1301	다른 류에 해당하는 물품에서 제1301호에 해당하는 물품으로 변경된 것
1302.11 - 1302.14	다른 류에 해당하는 물품에서 제1302.11호 내지 제1302.14호에 해당하는 물품으로 변경된 것
1302.19	다른 류에 해당하는 물품(제1211.20호의 것을 제외한다)에서 제1302.19호에 해당하는 물품으로 변경된 것
1302.20 - 1302.32	다른 류에 해당하는 물품에서 제1302.20호 내지 제1302.32호에 해당하는 물품으로 변경된 것
1302.39	제1302.39호 또는 다른 류에 해당하는 물품에서 제1302.39호 카라기난에 해당하는 물품으로 변경된 것. 다만, 제1302.39호에 해당하는 비원산지 재료가 중량으로 그 상품의 50퍼센트를 초과하지 아니한 것에 한한다. 다른 류에 해당하는 물품에서 제 1302.39호에 해당하는 그 밖의 상품으로 변경된 것

또한 한·미 FTA의 경우 원산지기준이 '다른 류에 해당하는 물품에서 제1302.11호 내지 제1302.14호에 해당하는 물품으로 변경된 것'으로 되어 있다. 이는 제1302.11호에서 제1302.14호에 해당하는 품목은 '다른 호에 해당하는 재료로

부터 생산된 것'이다. 즉 '다른 호에서 제1302.11호로 변경된 것', '다른 호에서 제1302.12호로 변경된 것'처럼 각각의 품목번호마다 원산지기준을 정하기보다는 같은 원산지기준이 반복될 때는 품목번호를 묶어서 원산지기준을 표현한 것이다. 각 협정문의 품목별 원산지기준의 규정 내용이 FTA관세특례법에서는 비교적 간단·명료하게 표현되어 있다.

표 4-20 인삼제품 원산지기준 비교

	품목번호	원산지기준
한·미FTA 협정문 표기예	1302.11 – 1302.14	다른 류에 해당하는 물품에서 제1302.11호 내지 제1302.14호에 해당하는 물품으로 변경된 것
FTA관세특례법 별표 표기예 (한·미FTA)	1302.11 1302.12 1302.13 1302.14	다른 류에 해당하는 재료로부터 생산된 것

한·페루 FTA의 경우는 <표 4-21>에 제시된 바와 같이 모두 2단위(류) 세번변경기준이나 1302.19호 품목만이 제외품목을 두고 있다. 즉 제1302.19호 품목에 대해서 2단위 세번변경을 규정하고 있지만, 제1211.20호의 것으로 제1302.19호 품목을 생산한 경우는 2단위 세번변경을 충족하지 않는 것으로 규정하고 있다.

표 4-21 한·페루 FTA 품목별 원산지기준(13류)

제13류	락·검·수지 및 기타의 식물성 수액과 엑스	
130120	아라비아 검	다른 류에 해당하는 물품에서 변경된 것
130190	기타	다른 류에 해당하는 물품에서 변경된 것
130211	아편	다른 류에 해당하는 물품에서 변경된 것
130212	감초의 것	다른 류에 해당하는 물품에서 변경된 것
130213	호프의 것	다른 류에 해당하는 물품에서 변경된 것
130219	기타	다른 류에 해당하는 물품(제1211.20호의 것을 제외한다)에서 변경된 것
130220	펙틴질·펙티닝산염 및 펙틴산염	다른 류에 해당하는 물품에서 변경된 것
130231	한천	다른 류에 해당하는 물품에서 변경된 것

130232	로우커스트두·로우커스트두의 씨 또는 구아의 씨로부터 얻은 점질물 및 디크너(변성가공한 것인지의 여부를 불문한다)	다른 류에 해당하는 물품에서 변경된 것
130239	기타	다른 류에 해당하는 물품에서 변경된 것

한·EU FTA에서 13류 품목의 원산지결정기준은 세번변경기준 뿐만 아니고 부가가치기준도 같이 채택하고 있다. 인삼제품을 제외한 제1302.19호의 제품과 제1302.31호 내지(에서) 제1302.39호의 제품은 세번변경기준으로 역외에서 어느 재료를 수입하여 생산하든 역내산으로 인정한다. 하지만 일부 품목(제1302.11호 내지 제1302.14호, 제1302.20호의 제품)은 역내부가가치가 50% 이상 되어야만 원산지 제품으로 인정된다.

표 4-22 한·EU FTA 품목별 원산지기준(13류)

HS	상품명	원산지지위를 부여하는, 비원산지 재료에 수행된 작업 또는 가공
1301	락과 천연검, 수지, 검수지 및 올레오레진(예: 발삼)	사용된 제1301호의 모든 재료의 가치가 그제품의 공장도 가격의 50퍼센트를 초과하지 아니하는 생산
ex 1302	식물성의 수액과 엑스, 펙틴질, 펙티닝산염과 펙틴산염, 식물성원료에서 얻은 한천, 기타의 점질물 및 디크너(변성 가공한 것인지의 여부를 불문한다). 다음을 제외함.	사용된 모든 재료의 가치가 그제품의 공장도가격의 50퍼센트를 초과하지 아니하는 생산
1302.19	식물성의 수액과 엑스중의 기타	모든 호의 재료로부터의 생산. 다만, 제1211.20호의 것은 제외
1302.31 1302.32 및 1302.39	식물성원료에서 얻은 점질물 및 디크너(변성 가공한 것인지의 여부를 불문한다)	모든 호의 재료로부터의 생산

다음 <표 4-23>은 제1302.19호에 대한 9개의 협정별 원산지결정기준이다. 여기서 인도와 아세안의 경우는 수출당사국에서 완전생산된 것만이 원산지가 인정된다. 완전생산기준은 인삼(제1211.20호)을 역외에서 수입하여 이 호의 인삼(백

삼, 홍삼포함)의 수액, 엑스, 또는 엑스분(제1302.19호)을 제조해도 한국산으로 인정되지 않는다.

EU와 터키의 경우는 '호'를 기준으로 하되, 제1211.20호(인삼)는 제외시키고 있고, '류' 를 기준으로 하고 있는 페루, 미국, 호주에서도 제1211.20호는 제외된다. 이에 비해 칠레의 경우는 제2939.11호를 제외시키고 있다. EFTA의 경우는 결합기준으로 세번변경과 부가가치기준을 둘 다 충족하도록 하고 있다.

표 4-23 13류 원산지기준 비교표

국가	품목번호 (HS)	원산지기준
싱가포르	130219	다른 류에 해당하는 재료로부터 생산한 것
페루	130219	다른 류에 해당하는 물품(제1211.20 호의 것을 제외한다)에서 변경된 것
EU	130219	모든 호에 해당하는 재료(제1211.20호의 것은 제외한다)로부터 생산된 것
칠레	130219	다른 류에 해당하는 재료(제2939.11호의 양귀비 줄기 농축물에 해당하는 것은 제외한다)로부터 생산한 것
인도	130219	제13류에 해당하는 모든 사용재료는 수출당사국에서 완전생산된 것
아세안	130219	수출당사국의 영역에서 완전생산된 것
EFTA	130219	다른 류에 해당하는 재료로부터 생산된 것. 다만, 해당 물품의 생산에 사용된 비원산지재료의 가격이 해당 물품의 공장도거래가격의 50%를 초과하지 아니한 것에 한정한다.
터키	130219	모든 호에 해당하는 재료(제1211.20호의 것은 제외한다)로부터 생산된 것
미국	130219	다른 류에 해당하는 물품(제1211.20호의 것을 제외한다)에서 제1302.19호에 해당하는 물품으로 변경된 것
호주	130219	다른 류에 해당하는 재료(제1211.20호의 것은 제외한다)로부터 생산된 것
캐나다	130219	다른 류에 해당하는 재료로부터 생산된 것

② 품목분류 18류의 협정별 원산지기준

다음은 18류를 살펴보고자 한다. 18류의 경우도 품목이 다양하지 않아, 2~3가지로 품목을 나누어 원산지기준을 정하고 있다. 한·인도 FTA에서는 제18.01호와 제18.02호의 경우 2단위 세번변경기준이면서, 부가가치기준으로 역내부가가치 발생이 40% 이상이어야 한다. 이 원산지기준을 간단하게 표현하자면, 'CC and RVC 40%'가 된다. 제18.03호에서 제18.06호에 해당되는 품목을 간단하게 표현하면, 'CTH and RVC 40%'가 된다.

표 4-24 한 · 인도 FTA 원산지기준

제18류	코코아와 그 조제품
18.01-08.02	다른 류에 해당하는 물품에서 제18.01호 내지 제18.02호까지에 해당하는 물품으로 변경된 것. 다만 역내부가가치 발생이 40퍼센트 이상인 경우에 한한다.
18.03-08.06	다른 호에 해당하는 물품에서 제18.03호 내지 제18.06호까지에 해당하는 물품으로 변경된 것. 다만 역내부가가치 발생이 40퍼센트 이상인 경우에 한한다.

한·싱 FTA의 경우에는 제18.01호-제08.02호는 'CC' 제18.03호-제08.05호까지는 'CTH', 제18.06호의 경우는 'CTH and RVC 45%'로 표현할 수 있다.

표 4-25 한 · 싱 FTA 원산지기준

제18류	코코아와 그 조제품
18.01-08.02	다른 류에 해당하는 물품에서 제1801호 내지 제1802호에 해당하는 물품으로 변경된 것
18.03-08.05	다른 호에 해당하는 물품에서 제1803호 내지 제1805호에 해당하는 물품으로 변경된 것
18.06	다른 호에 해당하는 물품에서 제1806호에 해당하는 물품으로 변경된 것. 다만, 45% 이상의 역내부가가치가 발생한 것에 한한다.

한·EFTA FTA 원산지기준에서는 제18류의 경우 모두 '호' 즉 4단위 변경기준이지만, 예외(ex)로서 제1806호의 경우는 설탕 등 감미료를 혼합한 경우에는 부가가치기준도 적용된다. 일반적으로 제1801호 내지 제1805호의 물품에는 제17류에 해당하는 감미료(설탕 등)가 혼합되지 않고, 제1806호의 초콜릿과 코코아조제품에는 설탕이 함유된다. 첨가된 설탕이 비원산지 재료인 경우에는 그 제품의 공장도 가격의 30%를 초과하지 않은 것에 한하여 원산지가 인정된다.

표 4-26 한 · EFTA FTA원산지기준

HS 세번	상품설명	원산지지위를 부여하는, 비원산지 재료에 수행된 작업 또는 공정
ex 제18류	코코아와 그 조제품	다른 호의 재료로부터의 생산
1806	초코렛과 코코아를 함유한 기타 조제식료품	다른 호의 재료로부터의 생산. 다만, 사용된 제17류[20]의 재료의 가치가 그 생산품의 공장도 가격의 30%를 초과하지 아니하여야 함

다음은 제180310호의 협정 전체의 원산지기준이다. 페루와의 원산지기준을 제외하고는 모두 세번변경기준 4단위(호)에 해당된다. EU와 터키와의 경우에는 모든 호에 해당하는 재료로부터 생산된 것으로 규정하고 있다. 즉 제1803호의 재료를 수입하여 같은 번호의 완제품을 생산하여도 원산지를 인정받을 수 있을 것 같지만, 괄호 안에 '그 제품의 호는 제외한다.' 로 되어 있어, '다른 호에 해당하는 재료로부터 생산된 것'과 같은 의미를 지닌다.

한·아세안 FTA의 경우는 선택기준으로 세번변경기준(다른 호에 해당하는 재료로부터 생산된 것), 부가가치기준(40%이상의 역내부가가치가 발생), 두 가지 기준 중에 한 가지만 만족하게 되면 원산지를 인정받을 수 있어, 둘 중에 유리한 원산지기준을 고를 수 있다.

표 4-27 협정 전체의 해당 품목(코코아페이스트 탈지하지 않은 것) 원산지기준

국가	품목번호(HS)	원산지기준
싱가포르	180310	다른 호에 해당하는 재료로부터 생산된 것
페루	180310	다른 류에 해당하는 물품에서 변경된 것
EU	180310	모든 호(그 제품의 호는 제외한다)에 해당하는 재료로부터 생산된 것. 다만, 해당 물품의 생산에 사용된 제17류에 해당하는 모든 비원산지재료의 가격이 해당 물품의 공장도가격의 30%를 초과하지 아니한 것에 한정한다.
칠레	180310	다른 호에 해당하는 재료로부터 생산된 것
인도	180310	다른 호에 해당하는 재료로부터 생산된 것. 다만, 40% 이상의 역내부

20) 제17류는 당류와 설탕과자이다.

		가가치가 발생한 것에 한정한다.
아세안	180310	다음 각 호의 어느 하나에 해당하는 것에 한정한다. 1. 다른 호에 해당하는 재료로부터 생산된 것 2. 40% 이상의 역내부가가치가 발생한 것
EFTA	180310	다른 호에 해당하는 재료로부터 생산된 것
터키	180310	모든 호(그 제품의 호는 제외한다)에 해당하는 재료로부터 생산된 것. 다만, 해당 물품의 생산에 사용된 제17류에 해당하는 모든 비원산지재료의 가격이 해당 물품의 공장도가격의 30%를 초과하지 아니한 것에 한정한다.
미국	180310	다른 호에 해당하는 물품에서 제1803호 내지 제1805호에 해당하는 물품으로 변경된 것
호주	180310	다른 호에 해당하는 재료로부터 생산된 것
캐나다	180310	다른 호에 해당하는 재료로부터 생산된 것

아래 <표 4-28> 세번변경기준의 실무적 적용방법을 순서대로 나타낸 것이다. 순서에 따라 확인작업을 거치게 되면, 판단의 오류를 줄일 수 있다.

표 4-28 세번변경기준 실무적 적용방법

① 전제 조건

○ 세번변경기준 적용 품목일 것

개별기준으로 세번변경기준이 정해져 있으나, 공통기준에 의하여 적용이 배제되고 가공공정기준이나 부가가치기준이 적용되는 품목이 아닌지 확인

○ 상품 생산공정이 역내에서 수행되었을 것
- 생산공정을 상품 생산자가 직접 수행했는가, 외주하였는가?
- 공정 단계별 수행업체, 수행장소, 수행내용?
- 역내에서 불인정공정 이상의 공정이 수행되었는지 여부

역외가공이 허용된 경우를 제외하고 상품 생산공정이 모두 역내에서 수행되지 않았거나, 불인정공정만 수행된 경우 세번변경기준을 충족하더라도 원산지물품이 될 수 없음

- 공정 단계별 수행 내용은 생산자의 공정도 및 설명서를 확인하되, 세부 기술적인 사항은 외부 전문가 자문을 적극 활용

○ 비원산지재료가 사용되었을 것

사용된 모든 재료가 원산지재료로 인정되는 경우 '완전생산품' 또는 '원산지재료로 인정되는 재료만으로 생산된 물품'에 해당하므로 세번변경기준 등 적용 불필요

② 재료 원산지 확인

○ 생산자의 BOM, 공정단계별 설명서, 서비스매뉴얼, 사용자매뉴얼 등을 기초로 재료 품명, 규격, 소요량 확인

재료별 소요량을 확인해야 비원산지재료 누락 여부 파악 가능

○ 거래계약서, 거래명세서, 송장 등에 의하여 재료별 공급자 및 생산자 확인

국내 구입 재료 중에도 수입한 비원산지재료 또는 원산지 불명 재료가 있을 수 있음에 유의

○ 재료별 원산지 확인
- 재료별로 적용할 원산지 결정기준(일반기준+품목별기준) 확인
- 재료별 원산지증빙서류 확인

③ 상품 원산지 확인

○ 제품의 원산지 결정기준(일반기준+품목별기준) 확인
○ 제품과 같은 세번의 비원산지재료 유무 확인
○ 제품과 같은 세번의 비원산지재료가 있을 경우 불충족, 보충적기준 확인.
- 최소기준에 의하여 허용되는 범위 내의 물품일 경우 충족
- 세번이 같은 비원산지재료가 모두 간접재료, 부속품, 포장용품인 경우에는 협정별 충족 가능

나. 부가가치기준

부가가치기준(Value Added Criterion)은 불완전생산품에 해당되는 물품이 제조, 생산 또는 가공과정에서 역내에서 발생한 부가가치(value contents)가 일정수준 이상인 경우 원산지를 인정하는 기준이다. 창출된 부가가치(가격)를 기준으로 실질적변형 여부를 판단하는 것이다. 세번변경이 실질적 변형을 반영하지 못하거나 제조가공공정기준을 적용하기 어려운 경우 등에 채택된다. 또한 단일기준 보다는 세번변경기준과 결합하여 사용하거나 선택적으로 사용하는 방식에 많이 이용되고 있다.

부가가치기준에서는 역내 또는 역외에서의 부가가치비율을 도출해야 하는데, 특정국가에서 발생한 '역내부가가치가 일정비율 이상일 것'을 규정하는 역내부가가치비율(RVC: Regional Value Contents)방식과 '역외가치가 일정수준 이하일 것을 요구하는 수입부가가치비율 기준인 MC(iMport Contents)방식이 있다.

역내부가가치란 역내에서 제품을 생산하는데 소요된 원자재의 가격을 의미하

며, 원산지재료가 된다. 반대로 역내부가가치 즉 원산지재료로 인정을 받지 못하는 재료는 비원산지재료가 되는 것이다. 역외로부터 수입된 비원산지 재료의 부가가치율을 계산하는 방식이 MC방식이다.

부가가치비율을 산출하는 기준가격, 산정공식 및 품목별 부가가치비율은 협정별 공통기준과 개별 품목기준에 의해 FTA마다 다르게 나타난다.

부가가치기준은 상품의 가격을 기준으로 원산지 및 비원산지 재료의 가격을 산정하여 부가가치율을 계산하여야 하는데, 계산방법 등에 있어서 논란의 여지가 존재한다. 그러나 각 FTA 협정에서는 역내부가가치비율의 계산방법, 재료가격의 결정기준과 누적기준, 중간재, 간접재료, 대체가능물품, 소매용포장 등 부가가치 산출을 위한 기본적인 사항만을 규정하고, 일반적인 계산기준은 관세평가협정, Incoterms 및 각국에서 일반적으로 인정된 회계기준을 적용하도록 하고 있는 실정이다.

그림 4-4 부가가치기준 구조

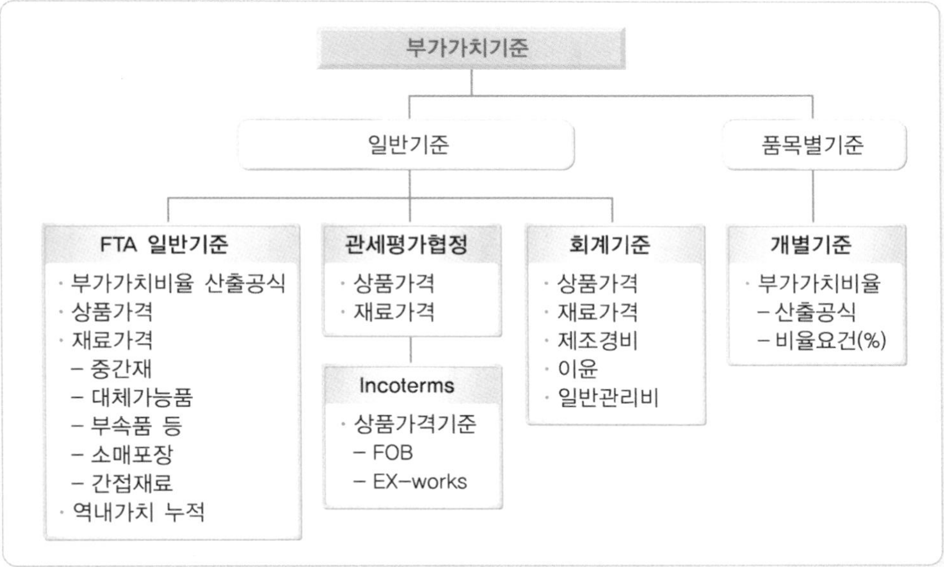

표 4-29 FTA별 부가가치기준 비교

구분	칠레, 미국, 페루 캐나다	싱가포르, 인도 아세안, 호주	EFTA, EU 터키
부가가치공식	공제법/직접법 (칠, 페) 공제법/직접법/순원가 (미) MC방식/직접법(캐)	공제법 (싱·인) 공제법/직접법 (아, 호)	MC방식
상품가격기준	조정가격 (칠) 조정가치 (미) FOB (페) Ex-works Price (캐)	조정가격 (싱) FOB (인, 아) 조정가치 (호)	Ex-works Price
부가가치비율	칠레 45~80% 미국 35~60% 페루 20~50% 캐나다 10~65%	싱가포르 45~55 인도 25~40% 아세안 35~60% 호주 30~40%	EFTA 30~60% EU, 터키 20~50%

다음은 역내부가가치비율의 계산방법과 상품가격 및 재료가격의 결정기준에 대하여 설명하고자 한다. 부가가치기준은 누적기준, 중간재, 간접재료, 대체가능물품 등에도 영향을 받으므로 보충적기준을 활용하여 부가가치율을 높일 수 있도록 한다.

1) 역내부가가치비율(RVC) 계산법

부가가치기준 산정기준은 두 종류가 있다. RVC방식과 MC방식이다. 먼저 역내부가가치비율(RVC)를 기준으로 하는 NAFTA 방식에 대해서 알아본다. 이 방식은 한·칠레, 한·미, 한·아세안 FTA 등에서 적용하고 있다.

역내부가가치비율(RVC)방식은 다시 공제법, 직접법, 순원가법으로 나누어진다. 협정별 역내부가가치비율 산정방법을 보면, 한·칠레 FTA는 공제법과 직접법을 두고 생산자, 수출자 등이 유리한 방법을 선택할 수 있게 하고, 한·미 FTA는 공제법, 직접법, 순원가법 중 유리한 방법을 선택할 수 있다. 한·싱가포르 및 한·인도 FTA는 공제법만을 두고 있으며, 한·아세안 FTA는 공제법과 직접법 중 각 당사국이 하나를 지정하여 적용할 수 있게 하였다.[21]

21) FTA특례법 시행규칙 별표에 의하면, 공제법 지정국: 캄보디아 · 말레이시아 · 필리핀 · 베트남 · 한국. 직접법지정국: 브르나이 · 인도네시아 · 라오스 · 미얀마 · 싱가포르

공제법과 직접법이 적용되는 품목은 따로 정해져 있지 않으나, 순원가법을 적용할 수 있는 품목은 한·미 FTA 등에서 자동차 및 그 부분품으로 한정하고 있다.

가) 직접법(Build-up Method)

직접법(BU)은 원산지재료의 가치를 기초로 한 방법으로서 상품의 생산에 사용된 원산지재료의 가격이 상품가격에 차지하는 비율을 역내부가가치로 보는 방식이다. 직접법은 Build-up이란 의미로 집적법이라고도 불리나, 일반적으로는 직접법으로 쓰고 있다. 직접법에 의한 역내부가가치비율(RVC) 산출 공식은 다음과 같다.

$$\text{부가가치비율(RVC)} = \frac{\text{원산지재료비(VOM)}}{\text{상품가격(AV)}} \times 100$$

* AV: FOB 가격으로 조정된 상품의 거래가격
* VOM: 생산자가 그 제품 생산을 위하여 사용한 원산지재료의 가격

나) 공제법(Build-down Method)

공제법(BD)은 비원산지재료의 가치를 기초로 한 방법으로서 상품가격에서 비원산지재료의 가격을 공제한 금액을 상품가격으로 나눈 비율로 산출한다. 공제법에 의한 역내부가가치비율(RVC)을 산출하는 공식은 다음과 같다.

$$\text{부가가치비율(RVC)} = \frac{\text{상품가격} - \text{비원산지재료비(VNM)}}{\text{상품가격(AV)}} \times 100$$

* AV: FOB 가격으로 조정된 상품의 거래가격
* VNM: 생산자가 그 제품 생산을 위하여 사용한 비원산지재료의 가격

직접법과 공제법은 원산지재료비를 상품가격으로 나누므로 같은 값이 나올 것으로 예상될 수 있으나, 계산방법에서 공제법에는 원가계산서의 제조경비가 반영되지 않기 때문에 생산품의 가격(가치) 대비 원산지 재료비와 비원산지 재료비가 동일하더라도 공제법으로 계산할 때는 제조 경비가 원산지 가격으로 계산되어 생산품의 원산지 결정기준 충족에 유리할 수 있다. 따라서 일반적으로 협상에서는 공제법이 직접법보다 부가가치비율을 보다 높게 설정한다.

표 4-30 직접법과 공제법의 차이[22)]

$$\text{직접법} = \frac{\text{원산지 재료비(800)}}{\text{상품가격(2,000)}} = 40\%$$

$$\text{공제법} = \frac{\text{상품가격(2,000)} - \text{비원산지 재료비(800)}}{\text{상품가격(2,000)}} = 60\%$$

제조내역	제조비 종류	가격
직접재료비	원산지 재료비	800원
	비원산지 재료비	800원
제조경비	직집노무비, 제조간접비, 일반관리비, 이윤	400원
생산품 가격		2,000원

다) 순원가법(Net Cost Method)

순원가법은 상품생산에 사용된 순원가에서 비원산지재료의 가격을 공제한 금액을 순원가로 나눈 비율로 산출하며, 순원가는 생산자에 의하여 발생한 총비용 중에서 판매촉진을 위한 비용(마케팅과 사후판매서비스 포함)과 로열티, 선적 및 포장비, 허용범위를 넘는 이자 등을 뺀 금액이다. 순원가법에 의해 요구되는 역내부가가치비율은 순원가 계산 시 특정비용이 제외되기 때문에 거래가격 방법에 의한 요구 비율보다 낮다. 순원가 계산 방법은 다음과 같다.

$$\text{부가가치비율(RVC)} = \frac{\text{순원가} - \text{비원산지재료(VNM)}}{\text{순원가(NC)}} \times 100$$

* NC(Net Cost): 순원가는 총비용에서 판촉 · 마케팅 · A/S · 로열티 · 운송 · 포장관련 비용 및 허용범위를 벗어난 이자비용을 뺀 가격
* VNM: 생산자가 그 제품 생산을 위하여 사용한 비원산지재료의 가격

순원가법은 외국 자동차사의 미국내 현지조달비율[23)]을 높이기 위해 개발된 방

22) 최규삼(2013), '어려운 FTA실무는 가라' 생각나눔에서 인용함.

23) 1991년 미국 세관이 '미국산 Honda 자동차'에 포함된 부품가치를 원산지별로 추적 계산한 결과, 당시 미국 Honda사가 자사 제품의 역내조달비율이 75%에 달한다고 주장한 것에 비해 순원가법으로 계산한 결과 역내조달비율이 15%에 불과한 것으로 확인된 바 있고, 순원가법이 공제법보다 역내부

법이므로 자동차 및 그 부분품[24]에 한정하여 사용된다. 한·미, 한·콜롬비아 등의 FTA에서만 채택하고 있으며, 공제법, 직접법, 순원가법 중에서 선택하여 한 가지 방법을 사용할 수 있도록 하고 있다.

2) 비원산지재료가치비율 계산법

한·EFTA, 한·EU FTA 및 한·터키 FTA에서 부가가치기준일 경우 단일한 비원산지재료가치(MC: iMport Contents)[25]비율방식을 적용한다.

MC법은 RVC방법과 달리 '비원산지(역외산)재료비가 상품가격의 일정비율 이하일 것'으로 규정하는 PANEURO 방식이다. MC법에 의한 비원산지재료가치비율(MC) 산출 공식은 다음과 같다.

$$\text{비원산지재료가치비율(MC)} = \frac{\text{비원산지재료(VNM)}}{\text{공장도가격(EXW)}} \times 100$$

* VNM: 생산자가 그 제품 생산을 위하여 사용한 비원산지재료의 가격
* EXW(EX-Work Price): 제품의 공장도가격에서 환급되는 모든 내국세를 공제한 가격

직접법이나 공제법의 계산시 원산지재료의 가격을 상품의 가격(FOB)으로 나누었지만, MC법에서는 비원산지재료의 가격을 공장도가격으로 나눈다.

그림 4-5 FOB가격과 공장도가격(EXW)가격의 차이

가가치비율이 낮게 계산되고, 자국내 조달비율을 높일 수 있다는 장점이 있어 사용하게 되었다. 성윤갑(2007) 'FTA관세특혜 해설' 한국관세무역개발원에서 인용하였음.

24) 순원가법은 통일상품명 및 부호체계의 다음 호와 소호에 따라 분류된 상품에만 적용됨. 8407.31소호~8407.34소호(엔진), 8408.20소호(자동차를 위한 디젤엔진), 8409호(엔진부품), 8701호~8705호(자동차), 8706호(샤시), 8707호(차체) 및 8708호(자동차부품). 한·콜롬비아 FTA의 경우는 제8701호~제8706호까지에 해당하는 물품에만 적용함.

25) MC방식의 경우, 수입가치비중, 수입산함량기준, 역외부가가치계산법, 역외일정비율이하부가가치 등으로 부르기도 함.

부가가치기준의 비율은 협정 및 상품에 따라 다를 수 있다. 각국의 품목별 경쟁력에 따라, 경쟁력이 높은 품목은 역내부가가치 비율을 낮게 정하여 수출을 촉진하고, 경쟁력이 낮은 품목은 비율을 높게 정해 수입을 억제하는 효과를 얻고자 한다. MC방식의 경우는 비율이 낮을수록 원산지 인정이 까다로워 엄격한 원산지 기준이 된다.

부가가치기준은 다른 기준에 비해 기준 설정이 간편하고 명확하다는 장점이 있으나, 실무상으로는 실제 부가가치를 산출하기 위하여 상품과 그것을 구성하는 직접재료의 가격, 제조직접노무비와 직접경비를 포함한 직접원가, 제조직·간접비를 포함한 제조원가, 일정이윤을 포함한 공장도가격, 국내운송비 등을 포함한 FOB 가격, 수입원재료의 CIF 가격 등을 정확히 산출해야 하므로 오히려 다른 기준에 비해 적용이 복잡하고 이해관계자간에 분쟁과 마찰의 소지가 있다. 특히 산정된 부가가치비율이 인정 기준에 근접할 경우 재료의 가격 등락, 환율의 변동에 따라 비율이 바뀔 수 있으므로[26] 비율조작문제 등 논란의 여지가 있다. 예를 들어 상품의 가격에 따라서도 부가가치율이 변할 수 있다.

3) 상품가격 계산방법

부가가치비율을 산출하기 위해서는 부가가치를 계산하는 공식에 따라 분모와 분자값을 계산해야 한다. 분모 값인 상품의 거래가격은 각 협정에서 규정하는 방법에 따라 정확히 결정하여야 한다. 공제법과 직접법의 경우 모든 협정이 상품의 실제거래가격을 기초로 한 관세가격(customs value)에서 수입항까지의 운임이나 보험료, 그 밖의 국제운송관련 비용을 제외한 조정가격(AV: Adjusted Value)으로 규정하므로 FOB 가격으로 조정하여 계산한다.

조정가격은 정상적인 거래의 경우 FOB 가격 기준으로 환산하면 되나, 당해 물품의 FOB 가격이 실제 거래가격과 달리 고가 또는 저가로 조정된 경우에는 관세법(제30조~제35조)의 규정에 따라 정상적인 FOB 가격 수준으로 조정된 가격으로 한다.[27]

순원가법의 경우 상품가격은 상품의 총원가에서 제외비용(판촉 · 마케팅 · A/S ·

---

26) 따라서 버퍼(Buffer: 완충 역할을 하는 완충장치)개념을 도입하여, 생산품의 원산지결정기준으로 RVC 45%를 요구하더라도, 생산품 생산자는 여유 있게 안정 범위를 정해야 안심할 수 있음. 예를 들면 RVC48% 이상 나와야 원산지 결정기준을 충족한다고 판단함.

27) 한·칠레 FTA협정문 4.1조, 특례법 시행규칙 제2조 제13호(조정가격)

로열티 · 운송 · 포장관련 비용 및 허용범위를 넘는 이자비용을 뺀 금액)을 공제한 순원가로 한다.

한·EFTA, 한·EU 및 한·터키 FTA에서 사용하는 MC법은 상품의 거래가격을 공장도가격으로 규정하고 있으며, 공장도가격은 최종작업 또는 가공이 수행된 생산자 공장에서 인도되는 제품에 대해 그 생산자에게 지급되는 가격에서 그 제품이 수출될 때 환급되는 모든 내국세를 공제하여 계산한다.

무상공급물품과 같이 가격이 없는 경우에는 관세평가협정에 따라 그에 상당하는 가격을 산출하여 적용한다.

표 4-31 **협정별 상품가격 계상기준**

FTA	기준가격	공제요소	근거
칠레	조정가격(평가협정 산정가격)	국제운송관련 모든 비용 (운임 · 보험료 등)	제4.1조
미국	조정가치(평가협정 산정가격)	국제운송관련 모든 비용 (운임 · 보험료 등)	제6.22조
싱가포르	관세가격(평가협정 산정가격) = FOB 가격에 기초한 조정가격	-	제4.1조 제4.5조
EFTA · EU · 터키	공장도가격	환급 내국세	제1조
아세안	FOB	-	제1조
인도	FOB		제3.4조
페루	FOB	-	제3.3조
호주	조정가치(평가협정에 따라 결정된 FOB)	-	제3.3조
캐나다	공장도 가격(거래가격)	-	제3.20조

4) 재료가격의 결정기준

상품의 재료비는 부가가치비율 산출을 위해 분자값을 결정하는데 필수적인 원산지재료(VOM: Value of Originating Materials)와 비원산지재료(VNM: Value of Nonoriginating Materials)를 구분하여 규정하고 있다.

직접법의 경우 원산지재료비를 알아야 분자값이 결정되며, 공제법과 순원가법 및 MC법의 경우는 비원산지재료비를 알아야 분자값을 산출할 수 있다.

협정상 재료비의 가격에 대한 규정방식은 크게 두 가지로 나눌 수 있다. 매입경로별로 규정하는 방식과 원산지재료의 지위별로 규정하는 방식이다. 매입경로별 규정방식은 칠레, 싱가포르, 미국 등과의 FTA에서는 매입경로 별로 재료비 계산에 기초가 되는 가격과 그에 추가 또는 공제할 요소를 규정하고 있다. 페루의 경우는 매입경로 별로 비원산지 재료비만 규정하고 있다. 칠레와 미국 등과의 FTA에서는 매입경로별 계산기준 이외 별도의 원산지재료비 가산요소 규정을 두고 있다. 가산할 금액은 국내외 운송비, 환급받은 것을 제외한 조세, 관세사수수료, 재활용분을 제외한 폐기물비용이다. 비원산지재료비에는 공제요소를 두고 있다.

원산지지위별 규정방식인 EFTA, EU, 아세안 등과의 FTA에서는 조달경로 구별없이 원산지재료비와 비원산지 재료로 나누어 규정하고 있으며, 추가적인 가산 또는 공제요소를 두고 있지 않다.

원산지재료부가가치는 생산자가 취득하거나 자가생산하고 상품의 생산에 사용한 간접재료이외의 원산지재료의 가치이다. 비원산지재료부가가치는 생산자가 획득하여 생산에 사용한 간접재료이외의 비원산지 재료의 가치를 말한다. 비원산지 재료가치는 자가 생산된 재료의 가치를 포함하지 않는다.

생산자가 취득한 물품의 원산지재료의 가격을 산정할 때, 다음에 해당하는 비용이 포함되어 있지 않은 경우에는 이를 포함할 수 있다. 가) 생산자의 생산 장소까지 국내 또는 체약당사국간 운송과 관련하여 발생한 운임·보험료·포장비 및 그 밖의 운송관련 비용, 나) 역내에서 재료와 관련하여 납부하였거나 납부하여야 할 관세·내국세(감면·환급·징수유예 그 밖의 다른 방법으로 회수될 수 있는 관세나 내국세는 제외한다) 및 통관비용, 다) 물품의 생산에 사용된 재료에서 발생하는 폐기물의 처리비용 중에서 재활용할 수 있는 부스러기나 부산물의 가치를 차감한 비용이다.

표 4-32 원산지 재료비 가산요소

FTA	가 산 요 소			
칠레 (제4.1조)	운송비 (국제+국내)	조세 (환급액 제외)	관세사 수수료	폐기물비용 (재활용분 제외)
미국 (제6.4조 1)				
호주 (제3.4조)				

비원산지재료의 가격결정은 그 물품의 생산자가 취득한 단위를 기준으로, 생산자가 직접 수입한 재료는 그 수입재료의 과세가격(CIF)이고, 생산자가 자국에서 구입한 재료는 실제 구입가격이 된다. 생산자가 직접 생산한 재료 중 생산자가 지정한 중간재는 그 중간재의 제조원가에 이윤과 일반경비를 합한 가격[28]이다. 그러나 생산자가 무료로 취득한 재료에 대해서는 관세법(제35조)을 준용하여 산정한 합리적 가격을 기준으로 계산한다.

이상의 기준에 따라 비원산지재료의 가격을 산정할 때 다음 비용이 포함되어 있는 경우 이를 공제할 수 있다. : (가) 생산자의 생산 장소까지 국내운송과 관련하여 발생한 운임 · 보험료 · 포장비 그 밖의 운송관련비용, (나) 역내에서 재료비와 관련하여 납부하였거나 납부하여야 할 관세 · 내국세(감면, 환급 등으로 회수 가능 세금 제외) 및 통관비용, (다) 물품의 생산에 사용된 재료에서 발생하는 폐기물의 처리비용 중에서 재활용할 수 있는 부스러기 또는 부산물의 가치를 차감한 비용, (라) 체약당사국에서 비원산지재료의 생산에 사용된 원산지재료의 비용 등이 공제대상이다.

표 4-33 비원산지 재료비 공제요소

FTA	공 제 요 소				
칠레 (제4.1조)	운송비 (국제+국내)	조세 (환급액 제외)	관세사 수수료	폐기물비용 (재활용분 제외)	역내 생산 비원산지재료에 포함된 원산지재료비
미국 (제6.4조2)					
호주 (제3.4조)					
싱가포르 (제4.1조)	운송비 (국내)				

원산지재료의 가격결정은 비원산지재료의 가격결정기준을 준용하되 공제요소에 해당하는 사항은 원산지재료의 경우 공제하지 않는다. 비원산지재료의 가격은 과세가격(CIF) 기준으로 조정하고, 원산지재료는 생산자의 공장도가격 기준으로 조정(CIF+가산요소)하여 산정하기 때문이다.

그러나 한·인도 FTA의 경우처럼 공제법만을 사용하는 경우는 비원산지재료비에 한하여 같은 내용을 규정하고 있다. 한·아세안 FTA의 경우(공제법, 직접법)

28) 이윤과 일반경비의 계산에 관하여는 관세법시행령 제27조 4항을 준용함.

는 원산지재료의 가격과 비원산지재료의 가격(CIF)을 구분하여 규정하고 있으나 '원산지재료의 가격'을 해당 물품의 생산에 사용된 원산지재료비, 직접노무비, 직접제조경비, 운임 및 이윤을 포함한 가격, 즉 비원산지재료비를 제외한 공장도가격과 같은 의미로 규정하고 있다.[29)]

그러나 수입물품에도 원산지를 인정받을 수 있는 재료가 있을 수 있고, 국내구입물품에도 비원산지재료가 있을 수 있으므로 확인이 필요하다.

이상과 같이 부가가치비율 산출과 관련한 재료비와 순원가, 총원가, 공장도가격, FOB 가격 등 상품가격 구성요소를 그림으로 설명하면 [그림 4-6]과 같다.

그림 4-6 **부가가치비율 산출과 관련한 상품가격 구성요소**

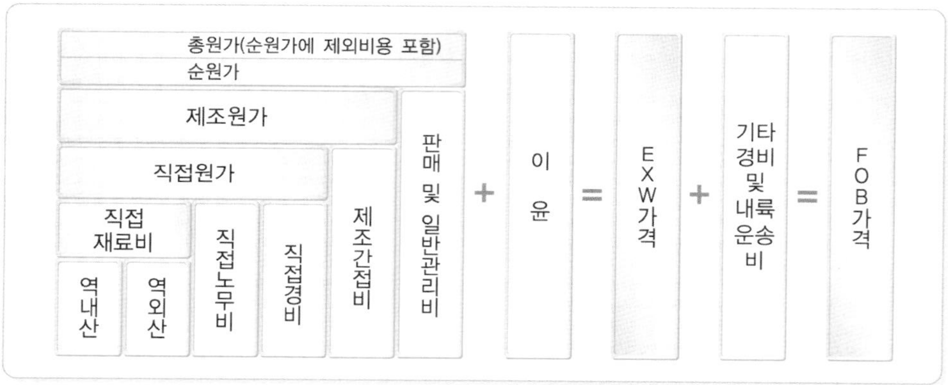

▶ 총원가 = 순원가 + 제외비용(로열티, 운송비, 포장비, 비허용이자, AS비용, 마케팅비)
▶ EXW(공장도가격) = 총원가 + 이윤
▶ FOB(본선인도가격) = EXW + 국내운송비 + 기타경비(보험료 등)

5) 부가가치기준 원산지 판정 연습

부가가치기준에 대한 사례를 소개한다. 국내에서 생산된 자동차용 볼 베어링을 미국으로 수출하는 경우 한·미 FTA하의 원산지 판정이다. 원재료는 미국, 독일 등에서 수입하여, 한국에서 볼베어링을 제조하여 미국으로 수출하는 경우이다.

---

29) 김병수(2012), 「FTA원산지관리론」, 한국학술정보. 인용하여 작성.

[사례 1]

국내에서 생산된 자동차용 볼 베어링을 미국으로 수출하는 경우 한·미 FTA하의 원산지 판정

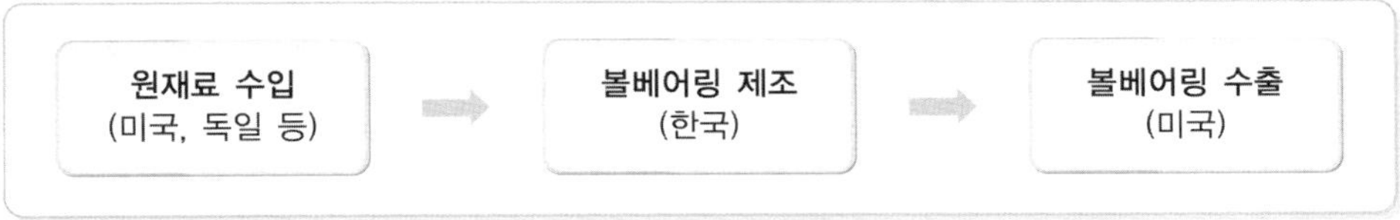

먼저 품목의 원산지기준을 확인한다. 본 품목의 품목별 원산지결정기준(PSR) 확인한 결과, 세번변경기준으로는 미충족[30]이나 부가가치기준 판정이 가능하다.

세번	관련 규정(한 · 미 FTA)
8482.10 ~ 8482.80	다른 소호에 해당하는 물품(제8482.10호 내지 8482.80호 및 제 8482.99호의 것을 제외한다)에서 제8482.10호 내지 제8482.80호에 해당하는 물품으로 변경된 것; 또는 다른 호에 해당하는 물품에서 변경된 여부와 관계없이 제8482.99호에 해당하는 물품에서 제8482.10호 내지 8482.80호에 해당하는 물품으로 변경된 것. 다만, 아래의 부가가치가 발생한 것에 한한다. 1. 집적(직접)법 35퍼센트 이상 또는 2. 공제법 50퍼센트 이상

완성품의 원재료의 구성을 알아보았다. 총비용이 144달러이므로 조정가격을 144달러로 한다. 원재료의 구성에서 한국산은 없으나, 미국산은 원산지재료로 인정받을 수 있으므로 원산지재료비는 45(②+⑦)달러가 된다.

30) 세번변경기준을 적용시킬 경우 미충족하여 원산지를 인정받을 수 없다. 베어링은 HS 제8482.10호이고, 비원산지 재료 Seal, Outer Ring, ⑧번의 Inner Ring은 8482.99.05, 8482.99.15 또는 8482.99.25에 분류되는 물품으로서, 단서의 "8482,99호의 것을 제외한다"에 해당되므로 품목별 원산지 기준을 충족하지 못함.

	품 명		원산지	HS	Cost($)
제품	Ball Bearing		한국	8482.10	9.53
원재료	①	Cage	독일	8482.99.19	20
	②	Ball	미국(원산지)	8482.91.10	40
	③	Molded Seal	일본	8482.99.65	10
	④	Grease	독일	2710.00	5
	⑤	Seal	일본	8482.99.05	10
	⑥	Outer Ring	독일	8482.99.15	2
	⑦	Inner Ring	미국(원산지)	8482.99.25	5
	⑧	Inner Ring	독일	8482.99.25	20
소 계					112
노무비 및 경비					25
판관비 및 이윤					7
⑨ 총비용					144

역내 부가가치기준(RVC)방식으로 계산한 경우, 직접법을 적용하여 계산시에는 미충족한다. 직접법일 경우 35%이상이어야 하기 때문이다. 그러나 공제법일 경우는 충족(53.47% 〉 50%)하여 원산지를 인정받을 수 있다.

직접법	$\text{RVC}(31.25\%) = \dfrac{\text{원산지 재료가치}(\$45)}{\text{조정가격}(\$144)} \times 100\%$
공제법	$\text{RVC}(53.47\%) = \dfrac{\text{조정가격}(\$144) - \text{비원산지 재료가치}(\$67)}{\text{조정가격}(\$144)} \times 100\%$

[사례 2]

자동차용 도어모듈(8708.29)을 미국으로 수출하는 경우, 한·미 FTA 원산지판정

❶ 품목분류(HS) 결정

구분	품명	원산지	품목번호	가격(₩)
재료비	DR-Latch	한국	8302	10,000
	PNL-DR Module	한국	8708.29	1,500
	G/Rail A,B,C	한국		500
	Speaker	미확인	8518	10,000
	W/Harness	한국		13,000
	DR-Latch	한국	8302	2,500
	O/S HDL Base	한국		2,000
	I/S HDL Assy	한국		2,000
	P/W-Motor	중국	8501	18,500
	DR-Motor	중국	8501	1,000
	Switch-L/UN Lock	중국	8301	500
	소계			61,500
노무비 및 경비				2,500
판관비/이윤				1,000
공급단가				65,000

❷ 품목별 원산지결정기준 확인

8708.29	다른 소호에 해당하는 물품에서 제8708.10호 내지 제8708.99호에 해당하는 물품으로 변경된 것; 또는 아래의 역내 부가가치가 발생한 것 1. 집적(직접)법 35% 이상, 또는 2. 공제법 55% 이상, 또는 3. 순원가법 35% 이상

❸ 원산지기준 충족여부 검토

㉠ 부가가치기준 '공제법'에 의한 원산지결정 ⇒ 미충족

$$RVC = \frac{65{,}000 - 30{,}000}{65{,}000} \times 100 = 53.8\%$$

㉡ 부가가치기준 '직접(집적)법'에 의한 원산지결정 ⇒ 충족

$$RVC = \frac{31{,}500}{65{,}000} \times 100 = 48.5\%$$

㉢ 세번변경기준(여기서는 HS 6단위) 충족여부 ⇒ 충족
- 비원산지재료(중국산)인 Motor 등은 국내 생산과정에서 4단위 호가 다른 품목번호에서 제8708.29호로 변경되므로 세번변경기준 충족

❹ 원산지 판정
세번변경기준 및 부가가치기준 '직접법'에 의해 원산지기준을 충족하므로 특혜관세 적용대상이 된다.

다. 특정(가공)공정기준

가공공정기준(Processing Operation Criterion)은 특정공정기준이라고도 부른다. 가공공정기준은 상품에 대해 특히 중요하다고 인정되거나 당해 제품의 주요한 특성을 나타나게 하는 주요 부품을 생산한 국가, 또는 주요 공정이나 실질적 변형을 이룬 국가를 원산지로 인정하는 것을 말한다. 즉 일정한 가공공정을 행하는 국가 또는 지역에 원산지를 부여하는 방식이다. 가공공정기준에서 공산품의 제조·가공작업 수행여부는 통상 공정명세표를 사용하여 확인한다. 이 기준은 특정한 공정을 수행한 국가를 그 물품의 원산지라고 규정하는 적극적 방식과 특정공정이 행해진 것만으로는 원산지를 인정하지 않는 소극적인 방식 두 가지로 나뉜다.

일반적으로 적극적 방식이 무역관계자에게 확실하고 예측가능성이 있을 수 있으나, 생산기술의 계속적인 발전으로 인해 당해 물품의 특성을 결정하는 공정명세표를 적정하게 작성하는 것이 쉽지 않다. 따라서 현실적으로는 소극적 방식을 일반적 규정으로 두고 특정품목에 대해서는 적극적 방식으로 일정한 공정을 규정하여 세번변경기준 또는 부가가치기준을 보충하는 한정적 기준으로 사용한다. 소극적 방식은 불인정공정으로 취급하고 있다.

우리나라가 체결한 FTA에 규정되어 있는 대표적 특정공정기준 적용품목은 섬유 또는 의류제품이다. 그러나 각 FTA에 규정된 내용이 모두 같지는 않다. 섬유와 의류는 노동집약적인 상품이고 개발도상국의 저임금을 활용한 역외임가공이 활발한 특성이 있는 품목이다. 섬유 또는 의류 제품은 통상 세번변경기준과 특정공정기준이 병용되거나, 선택적으로 적용된다.

이 기준은 세번변경기준이나 부가가치기준에 비하여 적용되는 품목의 범위가 좁은 편이다. 어류·식물성 생산품·석유제품·화학제품·플라스틱·섬유제품 등에 채택하고 있다. 어류·식물성 생산품·석유제품·화학제품·플라스틱제품

등은 세번변경기준과 가공공정기준 중 하나를 골라 적용할 수 있는 선택기준으로, 섬유제품은 세번변경기준 또는 부가가치기준과 동시에 충족하도록 하는 조합기준 형태가 주를 이룬다.

가공공정기준의 또 다른 특징은 '공통기준'으로 규정되는 경우가 많다는 것이다. 섬유류는 '개별기준'이 많으나, 어류 · 식물성 생산품 · 석유제품 · 화학제품 · 플라스틱제품 등은 대부분 '공통기준'으로 정해져 있다.

1) 어류 · 식물성 생산품 가공공정기준

가) 어류

한·미, 한·페루, 한·콜롬비아 등의 FTA에서는 어류(제3류)에 대하여 개별기준으로 2단위 세번변경기준을 두면서 또한 제3류 '주'에서 공통기준으로 "비원산지 치어 또는 유생으로부터 양식된 어류, 갑각류, 연체동물 및 기타 수행 무척추동물"을 원산지물품으로 인정하도록 하고 있다. 따라서 역외산 치어를 역내에서 양식한 경우 세번변경 여부를 불문하고 원산지물품으로 인정된다.

나) 식물성 생산품

칠레, 싱가포르, 미국과의 FTA는 제2부 식물성 생산품에 대하여 개별기준으로 대부분 세번변경기준을 채택하고 있다. 그런데 제2부 '주'에서 "이 부에 해당하는 물품 중 비당사국에서 수입한 씨앗 · 인경 · 근경 · 삽수 · 접수 또는 기타 산식물의 일부에서 성장한 농산물 및 원예물품은 그 성장한 나라를 원산지로 한다."고 규정하고 있다. 따라서 역외산 씨앗 등을 심어 역내에서 재배한 경우 세번변경 여부를 불문하고 원산지물품으로 인정된다.

2) 섬유제품 가공공정기준

섬유제품은 원료에서 최종제품이 생산되기까지 여러 단계의 생산과정을 거치게 된다. [그림 4-7]에서 보는 바와 같이 원료를 섬유(fiber) 상태로 만들어 방적공정을 거치면 실(yarn)이 된다. 실을 천으로 짜는 제직공정을 거치면 직물(fabric)이 된다. 직물을 용도에 맞는 크기와 형태로 자르는 재단공정(cutting)을 거쳐서 실로 박음질을 하는 봉제공정(sewing)을 마치면 최종제품인 의류가 만들어진다.

그림 4-7 섬유류 품목별기준 구조

섬유제품의 경우 제조공정의 특성을 반영한 가공공정기준 원산지결정기준으로 채택되는 경우가 있으며, 전통산업으로서의 민감성 때문에 다른 공산품에 비하여 엄격한 기준을 두는 경우가 많다. 한·칠레 및 한·미 FTA는 의류의 공통 기본원칙으로 '원사기준(yarn forward)'을 채택하고 있다. 이 기준을 충족하려면 실(yarn)을 만드는 공정에서부터 시작하여 직물을 만드는 공정, 재단·봉제공정까지 해당국에서 수행되어야 한다.

한·칠레, 한·미 FTA가 섬유류에 대하여 매우 엄격한 가공공정기준을 두고 있는데 반하여, 한·인도 FTA는 매우 단순하게 규정하고 있다. 제50류~제60류에 해당하는 물품은 4단위 세번변경기준과 역내 부가가치 40%기준을 동시에 충족하

표 4-34 섬·의류의 품목분류

원 료	섬유(fiber)	사(yarn)	직물(fabric)	의 류
누에고치	5001~5003	5004~5006	5007	의 류 (62류)
모(Wool)	5101~5105	5106~5110	5111~5113	
면(Cotton)	5201~5303	52045207	5209~5212	
기타 식물성재료	5301~5305	5306~5308	5309~5311	
고분자중합체		5401~5406	5407~5408	
고분자 중합체	5501~5507	5508~5511	5512~5516	

여야 한다. 제61류~제63류에 해당하는 물품은 비원산지재료를 사용해도 원산지 물품으로 인정한다. 즉 소위 "fabric forward" 기준을 단일하게 채택한 것이다.

가) 개별기준(예시)

(가) 견직물 (제5007호)

(한·아세안 FTA: 4단위 세번변경 or 공정기준 or 부가가치기준)

원산지기준
다음 각 호의 어느 하나에 해당하는 것에 한한다. 1. 다른 호(heading)에 해당하는 재료로부터 생산된 것 2. 최소한 2 이상의 예비공정 또는 마무리공정을 수반한 염색 또는 날염공정을 거친 것 3. 40% 이상의 역내 부가가치가 발생한 것

(나) 양모직물 (제5111~5113호)

(한·EFTA FTA: 4단위 세번변경 or 공정기준 + 부가가치기준)

원산지기준
다음 각 호의 어느 하나에 해당하는 것에 한한다. 1. 다른 호(heading)에 해당하는 재료로부터 생산된 것 2. 최소한 2 이상의 예비공정 또는 마무리공정을 수반한 염색 또는 날염공정을 거친 것일 것. 다만, 해당물품의 생산에 사용된 염색 또는 날염되지 않은 비원산지 직물의 가격이 해당물품의 공장도 거래가격의 50%를 초과하지 아니한 것에 한한다.

(다) 의류 (제6101~6114호)

(한·싱가포르 FTA: 2단위 세번변경 + 공정기준)

원산지기준
다른 류(chapter)에 해당하는 물품에서 제6101호 내지 6114호에 해당하는 물품으로 변경된 것. 다만, 역내국에서 재단하고 봉제 또는 기타의 방법으로 가공한 것에 한한다.

표 4-35 협정별 섬·유류 품목별기준 요약

구분	인도	싱가포르	EFTA	ASEAN	칠레	미국	EU/터키	페루	호주/캐나다
직물 (50~60류)	CTH + RVC 40%	CC	(CTH or 염색/날염+(비원산지 생지 50% 이하)	CTH or 염색/날염 or RVC 40%*	CC	CC/CTH	2단계 실질변형	CC/CTH	CC/CTH
의류제품 (61~62류)	fabric forward	CC+재단/봉제	CC+재단/봉제	(CC+재단/봉제) or RVC 40%**	CC+역내 원단 + 재단/봉재	CC+재단/봉제 + Lining 요건***	제직기준	CC+재단/봉제	CC+재단/봉제
비고	-		-	-	의류 위주의 yarn forward	yarn forward 기본원칙	-	yarn forward	-

* 품목번호 5007, 5111~5113, 5309~5311 해당물품 한정
** 제62류 중 6213, 6214 해당품목은 다른 기준 적용
*** 품목번호 6101.10~30, 6102.10~30 해당품목 등에 적용

나) 한 · 미 FTA 섬유

한·미 FTA는 NAFTA와 마찬가지로 섬유류에 대하여 원사기준을 기본원칙으로 채택하고 있다. 이는 미국이 대표적인 섬유 수입국으로서 관세는 철폐하되, 제3국물품의 한국 우회수입을 방지하기 위하여 엄격한 원산지규정을 비관세장벽으로 활용하고자 한 것으로 볼 수 있다. 이로써 원사 → 직물 → 의류로 이어지는 섬유산업의 역내 수직계열화가 촉진되어, 외국에서 수입하던 원사나 직물의 국내 생산 또는 외국으로 이전한 의류생산 공장의 국내 복귀 유인 요소로 작용하고 있다.

3) 석유제품 가공공정기준

한·미 FTA는 제27류(광물성 연료, 광물유와 이들의 증류물, 역청물질 및 광물성 왁스)에 대하여 품목별로 세번변경기준을 두고 있다. 그러나 제27류 주(Note)에서 특정 공정을 거친 경우에도 원산지물품으로 인정하도록 하고 있다. 따라서 세번변

경기준을 충족한 경우에도 원산지가 인정되고 세번의 변경이 발생하지 않더라도 '주'에서 정한 공정을 거치면 원산지물품이 된다.

4) 화학 · 플라스틱 · 고무제품 가공공정기준

한·미 FTA는 제6부(화학공업제품) 및 제7부(프라스틱제품, 고무제품)에 대하여 품목별로 정한 세번변경기준 또는 부가가치기준을 충족하는 경우는 물론 화학반응, 정제, 혼합, 입자 크기의 변화, 이성체분리 등의 공정을 거친 경우에도 원산지물품으로 인정하도록 하고 있다.

화학제품 가공공정기준은 한·미 FTA 제6부 '주', 플라스틱 · 고무제품 가공공정기준은 한·미 FTA 제7부 '주' 이다. 적용사례는 화학반응(Chemical Reaction)에 있어서, 반응 전 재료와 반응 후 상품 세번이 동일하나 원산지를 인정한다. 정제공정(Purification)에 있어서도 정제 전 재료와 정제 후 세번이 동일하나 원산지를 인정한다.

3. 선택기준 및 조합기준

가. 선택기준

선택기준은 세번변경기준과 부가가치기준 또는 특정공정기준을 동시에 제시하고 그중에서 하나를 수출자가 자율적으로 선택하여 적용할 수 있도록 한 경우이다. FTA의 경우 2단위 또는 4단위 세번변경기준과 부가가치기준 중 하나를 선택하도록 하는 경우가 있다. 예를 들어 한·아세안 FTA에서 제2009.90호의 혼합주스는 2단위 세번변경이 되거나 혹은 역내에서 40% 이상의 부가가치가 발생하면 원산지를 인정하며, 제5007호의 견직물은 4단위 세번변경, 염색 또는 날염공정, 40% 이상의 역내부가가치 중 하나만 충족하면 원산지가 된다.

나. 조합기준

조합기준은 단일기준의 두 가지 이상의 기준을 모두 충족하여야 역내산으로 인정하는 방식이다. 여기에는 세번변경기준과 부가가치기준을 충족해야 하는 경우와 세번변경기준과 특정공정기준을 충족해야 하는 경우가 있다. 예를 들어 한·인도 CEPA(comprehensive economic partnership agreement)[31]에서 제7318.23호

31) 우리나라는 일반적으로 FTA라는 단어를 사용하나, 한·인도 FTA의 경우 인도의 주장으로 FTA

리벳의 경우 4단위 세번이 변경되고, 40% 이상의 역내부가가치가 발생한 경우에만 원산지가 인정된다.

그림 4-8 원산지기준의 종류 및 결합

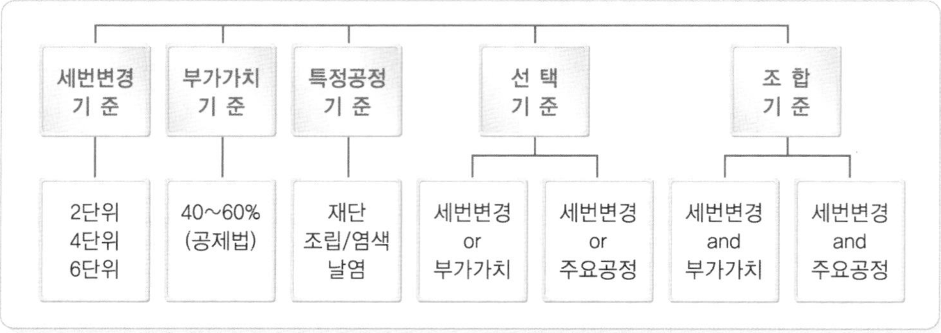

FTA별 주요 생활물품에 대한 원산지기준은 <표 4-36>에 제시되어 있다. 다수 품목이 4단위 세번변경기준을 적용하고 있지만, 품목에 따라 선택기준을 규정하고 있다. 하지만, 결합기준도 더러 적용되고 있다. 예를 들어, 한·싱가포르 FTA에서는 휴대폰(8527.90)에 대해 결합기준인 'CTH+RVC(55%)'로 되어 있는데, 이는 4단위 세번변경기준과 역내부가가치 55% 이상 동시 충족을 해야만 원산지기준이 충족되는 것으로 해석된다.

표 4-36 FTA별 주요 물품에 대한 원산지기준

품 명	세 번 번 호	한 · 칠레 FTA	한 · 싱가포르 FTA	한 · EFTA FTA	한 · 아세안 FTA	한 · 미 FTA
소주	2208.90	CTH+RVC (45%)	CTH	CTH	CTH 또는 RVC 40%	CTH
담배	2402.20	CTH	CTH, 제2304호 제외32)	CTH, 제2403호 제외	CTH, 다만 제2403호의 비원산지 재료 가격이 FOB 60% 이하	CC
석유 제품	2710	CTH	CTH	CTH	CTH 또는 RVC 40%	CTH, 제2207호 제외

가 아닌, CEPA라는 용어를 쓰게 되었으나, 우리나라에서는 한·인도 FTA로 표기하는 경우도 많음.
32) 4단위변경이 발생되어야 원산지 인정, 다만 제2403호에 해당되는 원재료는 제외함.

페니실린	2941.10	CTH or RVC(45%)	CTH	CTH or MC(50%)	CTH 또는 RVC 40%	CTSH
샴푸	3305.10	CTH	CTH	CTH or MC(50%)	CTH 또는 RVC 40%	CTH
가죽 핸드백	4202.21	CC	CTH	CTH	CTH 또는 RVC 40%	CC
가죽 신발	6403.20	CTH, 단 제6401호~제6405호 제외+RVC(45%)	CTH	CTH	CTH 또는 RVC 40%	CTH, 단, 제6401호~제6405호 제외, 6406.10+직접법(55%)
창틀	7610.10	CTH	CTH	CTH	CTH 또는 RVC 40%	CTH
면도기	8212.10	CTH	CC	CTH	CTH 또는 RVC 40%	CC
휴대폰	8527.90	CTH 제8529호 제외 or CTH +RVC(45%)	CTH+RVC (55%)	CTH or MC(50%)	CTH 또는 RVC 40%	CTSH
TV	8528.12	CTH+RVC (45%)	CTH+RVC (45%)	CTH or MC(50%)	CTH 또는 RVC 40%	CTH, 제9013.80소호, 제8529호 제외
선글라스	9004.10	CC or CTH+RVC (45%)	CC or CTH+RVC (50)	CTH or MC(50%)	CTH 또는 RVC 40%	CC or CTH+(직접법35%, 공제법 45%)
골프채	9506.31	CC or CTH+RVC (45%)	CTH	CTH	CTH 또는 RVC 40%	CTH 또는 9506.36에서 9506.31로 변경

주: CC:류변경, CTH:호 변경, CTSH:소호변경

실질적변형기준에 대한 FTA별 규정형식을 보면, 원산지기준을 품목별원산지 결정기준에 모두 개별적으로 규정하는 방식과 먼저 공통적 기준(아세안은 4단위 세번변경 또는 부가가치 40% 이상, 인도는 4단위 세번변경 및 부가가치 35% 이상)을 두고 일부 품목별원산지 결정기준을 규정하는 방식이 있다.[33] 즉 따로 규정된 상품을 제외하고 RVC이 FOB가격의 40% 미만이 아니거나 HS4단위 세번변경(호변경)이 일어난 상품은 원산지상품으로 간주한다.

33) 다른 FTA는 전체 품목에 대하여 개별기준을 두고 있으나, 한·아세안 및 한·인도 FTA는 HS 6단위를 기준으로 각각 2,465개 및 955개 품목에 한하여 개별기준을 두고 있으므로 나머지 품목은 공통기준을 적용한다(한·아세안 FTA 부속서 3 제4조 1, 한·인도 FTA 제3.4조 1)

표 4-37 **한 · 아세안 및 한 · 인도 FTA 공통기준**

한 · 아세안 FTA	한 · 인도 FTA
CTH or RVC 40%	CTH + RVC 35%

<표 4-37>상의 한·아세안 및 한·인도 FTA 공통기준을 살펴보면, 아세안과의 FTA에서는 선택기준인 반면, 한·인도 FTA에서는 결합기준을 규정하고 있다. 일반적으로 아세안과의 FTA가 인도와의 FTA보다 완화된 원산지기준을 적용하고 있는 것으로 해석될 수 있다.

제4장 보충적기준(분야별 특례)

보충적기준(Supplementary Criterion)은 비원산지 재료를 사용하여 생산한 물품에 적용하는 일반적인 원산지 결정기준 또는 품목별 원산지 결정기준에 보충적으로 적용하여 원산지기준을 완화시켜 주기 위해 도입되었다. 원산지결정에 있어 원산지는 주로 완전생산기준 또는 실질적변형기준에 의해서 결정된다. 그런데 실질적변형기준에 해당되는 세번변경기준, 부가가치기준 등은 완벽하게 원산지를 규정하는데 한계가 있다.

세번변경기준에 이용되고 있는 HS코드의 경우 애초 원산지기준을 위해 만들어진 것이 아니기 때문에 원산지를 결정하는 기준으로서의 한계점을 갖고 있다. 부가가치기준 또한 환율, 상품의 가격 등에 의해 원산지가 바뀔 수 있는 한계 또는 모순점이 있다. 또한 까다로운 원산지규정으로 인해 원료 조달 및 생산에 어려움이 생기면 경제통합의 효과가 줄어 들 수 있다. 이를 보완하며 FTA효과를 높이고자 보충적기준이 도입된 것이다. 즉 보충적기준은 FTA의 목적상 어떤 물품의 원산지 자격을 보다 용이하게 취득하게 함으로써(누적기준, 미소기준, 중간재료 등) FTA 원산지규정을 완화시키는 역할을 한다. 따라서 원산지에 대한 판단은 품목별원산지기준 외에도 보충적기준 또한 원산지결정에 영향을 줄 수 있으므로 이를 잘 활용할 필요가 있다.

대부분의 FTA 원산지규정에서는 다양한 형태의 보충적 원산지기준을 도입하고 있다. 보충적 원산지기준의 종류가 많고, 각 협정에 따라 적용에 차이점이 있을 수 있어, 이에 대한 학습이 필요하다. 보충적기준에 따라 원산지기준의 충족여부가 결정될 수도 있으므로 기업의 원산지 담당자들은 이러한 보충적기준을 널리 활용할 필요가 있다.

여기서는 보충적기준을 누적기준, 미소기준, 중간재, 대체물품을 보충적기준 1그룹으로, 간접재료, 부속품·예비부품·공구 등 나머지 기준을 2그룹으로 구분하여 설명하고자 한다.

1. 보충적기준(1그룹)

가. 누적기준

어떤 물품의 원산지 결정시 FTA체결국에서 발생한 생산과정 투입요소를 자국의 것으로 간주해 주는 것을 누적(Accumulation)이라 한다. 누적기준은 일방을 원산지로 하는 물품이나 재료가 상대국의 물품에 포함되거나 결합되는 경우 그 물품이나 재료를 상대국이 원산지인 것으로 인정하는 제도이다. 즉, 우리나라를 원산지로 하는 재료 또는 구성물품이 체약상대국에서 생산되는 물품에 포함되는 때에는 그 재료 또는 구성물품의 원산지를 체약상대국으로 하고, 체약상대국을 원산지로 하는 재료 또는 구성물품이 우리나라에서 생산되는 물품에 포함되는 때에는 그 재료 또는 구성물품의 원산지를 우리나라로 본다.

누적기준은 원산지 영역을 확대하여 역내산 재료의 사용과 역내가공을 촉진하고 시장통합의 효과를 극대화하기 위한 것이다. 그러나 누적기준은 누적대상과 누적국가의 범위에 따라 협정별로 다소 차이가 있다. 최근 TPP에서 완전누적과 관련된 내용이 협정에 포함되어 국제사회의 주목을 받은 바 있다.

누적기준은 '형태별' 또는 '지역적 범위' 등으로 나눌 수 있는데, 형태별로는 양자누적(Bilateral Cumulation)과 유사누적(Diagonal Cumulation), 완전누적(Full Cumulation)이 있다.[34] 양자누적은 자유무역협정의 체약당사국간에 적용하여 체약당사국에서 생산된 원산지 재료를 국내산 원재료로 인정하는 것이다. 유사누적은 누적규정을 자유무역협정의 체약당사국 이외 자유무역협정으로 서로 연결된 제3의 국가에도 적용하여 제3의 국가를 원산지로 하는 수입 원재료도 일정한 조건하에서 국내산 원재료로 간주한다. 그리고 자유무역협정의 전체 지역을 하나의 단일 영토로 간주하여 해당 지역에서 생산된 원재료, 동 지역에서 이루어진 가공공정 및 부가가치를 국내에서 생산된 재료 또는 국내에서 이루어진 가공공정 및 부가가치로 간주하는 완전누적이 있다.

양자누적과 유사누적의 공통점은 누적의 적용대상이 모두 원재료 등으로 재료

34) 일반적으로 '누적기준이 부가가치기준에만 적용되어야 한다' 라는 근거 규정이 없는 한, 원산지 영역을 확대하여 역내산 재료의 사용과 가공을 촉진하고 시장통합의 효과를 극대화하기 위한 목적을 가진 누적기준에 대한 적용은 부가가치기준 및 세번변경기준 모두 가능할 것으로 판단됨.
FTA종합지원센터 http://okfta.kita.net/ftaCounsel.do?method=qnaView&reqId=2131

누적의 일종이라고 할 수 있으며, 차이점은 양자누적이 자유무역협정을 체결한 두 나라간의 누적이라면 유사누적이 국가 간에 맺어진 자유무역협정을 매개로 연결된 세 나라 이상의 국가 간의 누적이다. 그러나 유사누적을 적용하기 위해서는 협정별 원산지규정들이 동일해야 한다는 조건을 규정하기도 한다. 재료누적은 상대국 원산지 재료를 상품 생산국 재료로 간주, 모든 FTA에서 허용하고 있으며 가장 기본적인 원칙이다.

그림 4-9 **누적기준 예시**

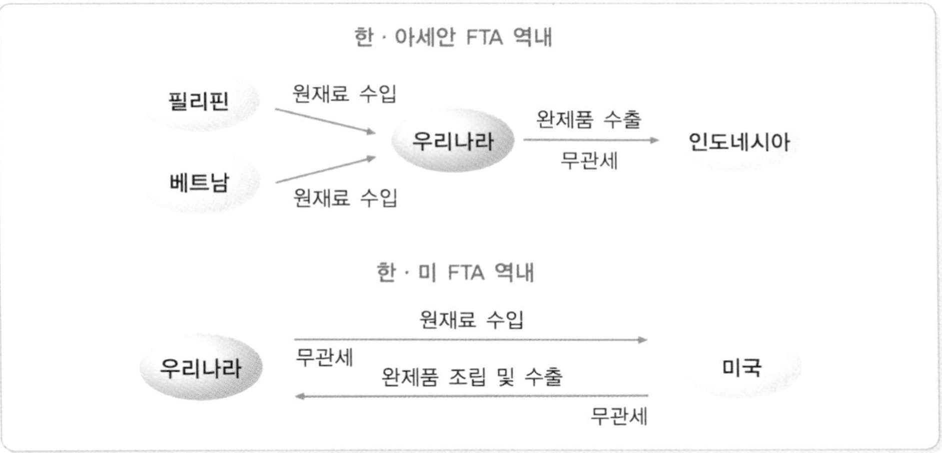

양자누적과 유사누적이 재료누적의 일종이라면, 완전누적은 공정, 부가가치 및 재료의 누적을 인정하는 가장 광범위한 누적방식이라 할 수 있다.[35)]

또한 누적을 국가 및 지역적 범위에 따라 나누게 되면, 양국누적과 다국적누적으로 나눌 수 있다. 양국누적은 기본적인 형태로 협정 당사국이 양쪽 모두 1개국인 경우 1+1방식으로 상호간 누적을 인정하는 것이다. 다국누적은 한쪽 또는 양쪽 당사국이 여러 국가로 구성된 경우에 1+n 또는 n+n 방식으로 누적을 인정하는 것이다. 아세안 및 EFTA와의 FTA에서 1+n 방식이 채용되고 있으나, 품목

35) TPP 12개국 간 무역에는 동일품목에 대하여 단일 원산지 규정이 적용되며, 역내에서 생산·수행된 재료와 공정을 모두 누적하여 원산지 판정시 고려하는 완전누적 기준을 도입하고 있음. 하지만, 2015년 11월 발표된 협정문에는 이를 이행하기 위한 내용이 없어 아직 완전한 형태의 완전누적은 아닌 것으로 이해됨.

별기준에서 다국누적을 제한하는 경우가 있다. EU와의 경우는 EU를 1개의 체약국으로 취급하여 양자누적(1+1)으로 인정하고 있다.

칠레, 싱가포르, EU, 미국, 페루, 터키, 콜롬비아의 경우는 양국누적이 인정되지만 아세안, EFTA와의 FTA는 원칙적으로 다국누적이 인정된다. EFTA, 아세안, EU, 터키와의 FTA에서는 재료누적의 인정조건으로 상대국 원산지재료를 사용하여 최종물품을 생산한 체약당사국에서 불인정공정 이상의 공정을 거치는 경우로 한정하고 있다. 칠레, 미국과의 FTA를 제외한 다른 협정에서는 불인정공정 조항이 원산지 규정 부속서 전체에 적용된다는 것이 명시되어 있으므로 누적의 인정조건으로 최종물품을 생산한 당사국에서 불인정 공정이상의 공정을 거쳐야 한다고 해석할 수 있다.

공정누적은 상대국 수행 생산공정을 자국 수행 생산공정으로 간주한다는 것이다. 칠레, 싱가포르, 미국, 페루, 콜롬비아와의 FTA에서는 공정누적이 인정되나, 아세안, 인도, EFTA, EU, 터키와의 FTA에서는 인정하지 않고 있다.

그러나 누적에서는 품목별 기준에서 예외적으로 누적을 인정하거나 인정하지 않는 경우도 있다.[36)]

표 4-38 협정별 누적기준 비교

구분	칠레	미국	싱가포르	인도	아세안	EFTA · EU · 터키	호주	캐나다
재료누적	○	○	○	○	○	○	○	○
공정누적	○	○	○	×	×	×	○	○
근거규정	제4.5조	제6.5조	제4.9조	제3.7조	제7조	제3조	제3.5조	제3.7조

주: ○; 인정 ×; 불인정

재료누적에 의하여 세번변경기준 또는 부가가치기준 충족이 용이해지며, 공정누적에 의하여 특정공정기준을 쉽게 충족할 수 있게 된다.

예를 들어 생산되는 물품의 재료가 우리나라를 원산지로 하는 경우 그 재료의

36) 한·아세안 FTA공정누적인정의 예) 제61류 의류 생산시 재단 · 봉재 공정 수행국을 1국으로 한정하지 않고, 역내에서 수행되는 것을 허용(다른 류에 해당하는 재료로부터 생산된 것. 다만, 그 상품이 어느 당사국영역에서든 재단 및 봉제된 것에 한한다. "...cut and sewn in the territory of any Party...")

원산지를 당사국으로 보고, 우리나라에서 생산되는 물품의 재료가 당사국을 원산지로 하는 경우 그 재료의 원산지를 우리나라로 보는 경우는 재료누적에 해당된다. 그리고 어떤 물품이 역내국에서 2 이상의 서로 다른 생산자에 의하여 생산된 경우 전 단계 생산자가 수행한 생산은 최종 생산자가 수행한 것으로 보는 경우는 공정누적이다.

나. 최소허용기준(미소기준)

세번변경기준은 원칙적으로 비원산지재료의 세번이 모두 변경되어야 한다. 그러나 물품의 생산과정에 사용된 비원산지재료가 당해물품에서 차지하는 비중(가격 혹은 중량)에 있어, 아주 미미한 경우에는 협정에서 규정한 품목별 원산지요건을 충족하지 못하더라도 원산지물품으로 인정하도록 최소허용기준을 정해놓고 있다. 이와 같은 최소허용기준(Tolerance rule)은 최소기준, 미소기준(De minimis)이라고도 부른다.

최소허용기준의 적용은 대부분의 일반물품은 가격을 기준으로 정하고 섬유제품의 경우는 중량을 기준으로 정하기도 한다. 또한 섬유제품은 일반품목보다 다소 민감하여 적용범위를 좁게 규정하고, 특히 농수산물은 민감성을 고려하여 최소허용기준의 적용을 최소화하는 경향이 있다. 세부적으로는 협정별로 보면 차이가 있으나, 일반품목의 경우는 대체적으로 가격기준 10%를 초과하지 않은 범위 내에서 허용하고 있다.

[그림 4-10]에서와 같이 국산 인플레이터와 중국산 커버 및 쿠션을 사용하여 자동차용 에어백을 생산하는 경우, 쿠션의 가격이 에어백 가격의 10%를 초과하지 않는다면 동 쿠션의 세번이 변경되지 않더라도 에어백을 원산지물품으로 인정한다. 세번변경이 이루어지지 않은 경우 고려사항으로 비원산지재료의 가치((비원산지재료비/상품가격)×100)를 계산해 보고, 협정에서 정한 기준(%)이하이면 그 재료에 대해서는 충족으로 간주한다는 의미이다. <표 4-39>는 협정별 최소허용기준을 비교한 것이다.

그림 4-10 최소허용수준 예시

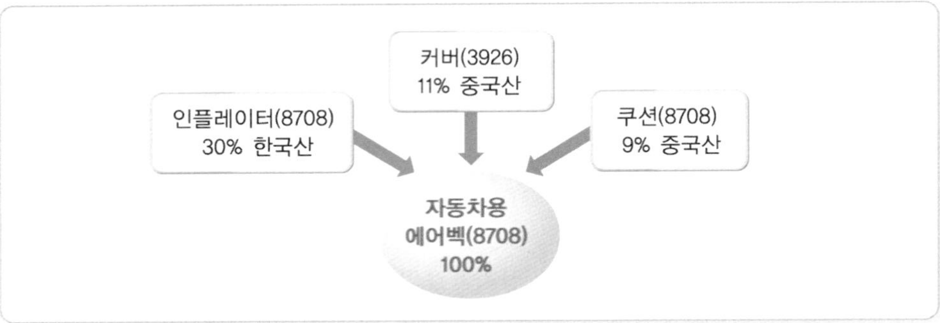

표 4-39 협정별 최소허용기준 비교

구분		칠레	싱가포르	아세안	인도	EFTA	미국	EU · 터키	페루	콜롬비아
가격기준	일반품목	8%	10%	10%	10%	10%	10%	10%	10%	10%
	농수산물	1류-24류 CTSH 충족하면 적용가능	1류-14류적용제외 15류-14류CTSH 충족하면 적용가능		1류-14류적용제외	1류-24류CTSH 충족하면 적용가능	1류-24류CTSH 충족하면 적용가능 (일부제외)		1류-14류 적용제외	1류-24류CTSH 충족하면 적용가능 (일부제외)
중량기준	섬유	8%	8%	10%	7%	10%	7%	8-30% 일부가격기준	10%	10%
근거규정		제4.6조	제4.10조	부속서3 제10조	제3.8조	부속서 I 제5조 제2~3항	제6.6조 부속서6 제4.2조 제7항 (섬유)	제5조2항 부속서1 의 주석5.1 부속서2 목록	제3.7조	제3.7조

다. 중간재

중간재(Intermediate Materials)는 원산지재료와 비원산재료를 사용하여 최종제품에 들어갈 중간재를 최종제품 생산자가 직접(자가) 생산한 경우에 해당한다.

협정의 중간재 규정은 원재료·부분품이 원산지결정기준을 충족하여 원산지물품으로 인정되고 이를 사용하여 중간재를 생산한 경우에 비원산지 재료 가격을 포함한 중간재가격 전체를 원산지재료비에 계상할 수 있도록 하고 있다. 중간재 규정은 원산지재료로서 지위를 획득한 재료에 한정하여 적용되므로 세번변경기준 품목에는 적용되지 않고, 부가가치기준 품목에 한하여 적용된다. 원산지물품과 비원산지물품을 투입하여 생산한 재료가 원산지기준을 충족하여 그 재료비 전체를 원산지재료비에 계상하는 것을 roll-up(흡수규정)이라 하고, 기준을 충족하지 못하면 그 재료비 전체를 비원산지 재료비에 계상하는 것을 roll-down(배제규정)이라 한다.

표 4-40 협정별 중간재 비교 및 근거규정 및 요지

구 분	칠레	싱가포르	미국	EFTA	아세안·인도	EU·터키	페루	콜롬비아
중간재 인정 여부	○	○	○	○	×	○	○	○
대상물품	자가생산품	자가생산품	자가생산품	역내생산품	×	역내생산품	역내생산품	역내생산품
중간재 지정 의무	○	○	×	×	×	×	×	×
근거규정	제4.1조 제4.4조	제4.1조 제4.7조	제6.22조 제6.3조	부속서 제5조 제1항	×	제5조제1항	제6.22조 제6.3조	제3.5조

칠레, 싱가포르, 미국 등과의 FTA에서는 중간재 규정을 별도로 두어 자가 생산한 경우 roll-up을 인정하고 있다. 한·EFTA FTA는 중간재 규정을 별도로 두고 있지는 않으나, 부속서 제5조 제1항에서 "원산지 지위를 획득한 상품이 다른 상품의 제조에 재료로 사용되는 경우 재료로 사용되는 상품에 통합된 비원산지재

료는 고려하지 아니한다."고 규정하여, 자가생산한 재료는 물론이고 역내에서 생산된 원산지재료를 구입하여 사용한 경우에도 roll up을 인정한다. 이는 '중간재' 규정을 별도로 둔 경우보다 폭넓게 인정하는 것이다. 한·아세안 및 한·인도 FTA는 중간재료에 대한 별도의 규정이 없다.

적용 품목 지정에 있어서 칠레 및 싱가포르와의 FTA에서는 중간재로 인정받으려면 최종제품 생산자가 사전에 해당재료를 지정하는 절차를 거쳐야 한다. 반면 한·미 FTA는 이러한 요건이 없으므로 지정하는 절차를 거치지 않아도 중간재로 인정받을 수 있다.

가격 계상에서는 싱가포르 및 미국과의 FTA는 중간재의 가격계상 기준을 제조원가에 일반 경비와 이윤을 합한 금액으로 직접 규정하고 있다. 한·칠레 FTA는 이에 대한 규정이 없으나 관련 국내법에서 위와 같은 내용으로 규정하고 있다.[37)]

EFTA, EU, 터키와는 자가 생산한 것뿐만 아니라 외부에서 구입한 것을 포함하므로 두 경우로 나뉜다. 중간재료를 자가 생산한 경우 다른 FTA와 달리 별도로 정한 기준이 없어서 회계일반원칙에 따르게 되므로, 결국은 다른 FTA와 같아진다. 외부에서 구입하는 경우에는 다시 국내에서 구입하는 경우와 외국에서 수입하는 경우로 나뉜다. 국내에서 구입한 경우 공급자에게 지급한 가격으로 하고, 수입하는 경우에는 과세가격으로 계산한다.

라. 대체가능물품

대체가능물품(Fungible Goods or Materials)이란 동종 동질의 곡물・원유・가스와 같이 물품의 특성이 본질적으로 동일하여 원산지가 서로 다르더라도 상업적으로 대체하여 사용할 수 있는 상품 또는 재료를 말한다. 원산지 결정 목적상 원산지물품과 비원산지물품은 물리적, 회계적으로 구분하여 관리하는 것이 원칙이다. 그러나 구분하여 보관 및 관리하는데 있어, 물리적 또는 기술적으로 어려움이 있거나 상당한 비용이 소요되는 등의 문제가 있을 때에는 재고관리기법에 따라 원산지를 결정할 수 있도록 하는 것이다. 이 규정을 활용하여 재고관리 또는 원산지결정 비용을 줄일 수 있다.

---

37) FTA관세특례법 고시 제2-4-4조 제1항 제3호에서 "해당재료의 제조원가에 이윤 및 일반경비를 합한 금액"으로 규정하고 있다.

재고관리기법은 생산국에서 일반적으로 인정되는 것을 말하며, 개별법, 선입선출법, 후입선출법, 평균법 등이 있다. 원칙적으로는 개별법을 써야 하겠지만, 이러한 특례를 활용하기 위해서 선입선출법이나 후입선출법 보다 평균법이 가장 많이 적용되고 있다. 생산자가 이중 한 기법을 선택하면 당해 회계연도에는 계속 적용하여야 한다.

표 4-41 재고관리기법

종류	내용
개별법	물품의 원산지재료와 비원산지 재료를 구분하여 각 재료의 원산지에 따라 그 물품의 원산지를 결정하는 방법
선입선출법	물품의 생산을 위하여 취득한 후 입고한 물품 중 먼저 입고된 물품이 먼저 출고된 것으로 보아 먼저 입고된 물품의 원산지 또는 가격 등을 기준으로 해당 물품의 원산지를 결정
후입선출법	물품의 생산을 위하여 취득한 후 입고한 물품 중 가장 최근에 입고된 물품이 먼저 출고된 것으로 보아 최근 입고 물품의 원산지 또는 가격 등을 기준으로 해당 물품의 원산지를 결정
평균법	물품을 생산할 당시 보관중인 원산지물품과 비원산지물품의 취득가격을 계산하여 그 취득가격이 높은 것을 기준으로 원산지를 결정. 이 경우 취득가격의 총 합계액을 총수량으로 나눈 평균단가를 기준으로 계산

대상물품의 종류에 제한이 없으므로 액정패널과 같은 공산품에도 적용할 수 있다. 따라서 대체 가능성 여부에 대한 판단기준을 둘러싸고 생산자 측과 검증을 담당하는 세관당국 간에 분쟁 여지가 많은 것으로 알려져 있다.

표 4-42 협정별 대체가능물품 비교

구분	칠레	싱가포르	미국	페루	콜롬비아	아세안	인도	EFTA	EU · 터키
적용범위	상품 · 재료	상품 · 재료	상품 · 재료	상품 · 재료	상품 · 재료	재료	재료	재료	재료
근거규정	제4.7조	제4.11조	제6.7조	제3.8조	제3.8조	부속서3 제14조	제3.12조	부속서 I 제11조	제11조

칠레, 싱가포르, 미국, 페루, 콜롬비아와의 FTA의 경우, 대체가능물품 규정 적용범위를 상품 및 재료로 규정하고, 일단 지정한 재고관리기법은 회계년도 중 계속 적용하도록 하고 있다.

이에 비해 아세안, EFTA, EU, 인도, 터키와의 FTA는 적용대상을 재료로 한정하고 있다. EFTA, EU, 터키와의 FTA에서는 생산자의 증빙서류 보관책임 및 정보제공 의무를 다른 FTA 보다 강하게 요구하고 있다. 또한 당사국이 재고관리기법 적용을 위한 세관당국의 사전승인제를 운영할 수 있도록 하고 있다. EFTA, EU, 인도, 터키와의 FTA는 '특정 참조기간 동안 재료가 물리적으로 구분되었을 경우보다 더 많은 제품이 원산지 지위를 부여받지 아니하도록 한다' 고 규정하고 있다.

2. 보충적기준(2그룹)

가. 간접재료

간접재료(Indirect Materials)는 제품의 생산 및 검사 과정에 사용되지만,[38] 그 제품에 물리적으로 결합되지 않은 재료 또는 설비나 건물을 유지하기 위한 물품을 말한다. 중립요소(Neutral Elements)라고도 한다.

원산지 결정시 간접재료는 '재료'로 보지 않는 것이 일반적이다. 따라서 세번변경기준 적용에 있어서는 그것이 비원산지물품이라 하더라도 세번변경기준을 충족할 필요가 없고, 부가가치기준 적용시에는 재료비에 계상하지 않고 제조간접비에 포함시키게 되므로 원산지결정기준을 쉽게 충족시켜, 원산지 결정비용을 절감하는 효과가 있다.

간접재료는 생산에 사용되는 촉매, 연료, 공구, 검사용 설비 및 소모품, 건물 유지보수용품 등으로 그 종류가 매우 다양하고, 규정도 예시적이다. 또한 협정은 물리적 결합 여부에 따라 직접재료와 간접재료를 구분하나, 기업회계에서는 중요성 원칙에 따라 고가품은 직접재료, 저가품은 간접재료로 처리하기도 한다. 따라서 직접재료와 간접재료를 구분하는 기준이 FTA와 기업회계가 서로 상이할 수

38) 간접재료에는 다음과 같은 것들이 있다.
①생산용 재료: 촉매, 연료, 공구, 주형, 작업복, 윤활유
②시험용 재료: 상품의 시험 및 검사용 설비, 장치, 소모품
③설비용 재료: 설비, 건물 유지보수용 부품, 재료
④생산에 사용된 그 밖의 재료로서 합리적으로 입증될 수 있는 것

있기 때문에 생산자는 양쪽의 기준을 잘 비교하여 처리함으로써 외국 세관당국의 사후 원산지 검증에 대비할 필요가 있다.

표 4-43 협정별 간접재료 비교

구분	싱가포르	EFTA	아세안	인도	미국	EU · 터키	페루	콜롬비아	칠레
간접재료의 지위	세번변경기준 적용시: 간접재료는 무시하고 결정 부가가치기준 적용시: 간접재료비를 제조경비에 포함								원산지 재료 간주
근거 규정	제4.8조	부속서 I 제10조	부속서3 제13조	제3.5조	제6.12조, 제6.22조 (정의)	제10조 주해 제6조	제3.13조	제3.13조 제3.30조	제4.1조 (정의) 제4.9조

한·칠레 FTA에서는 간접재료 중 비원산지물품을 원산지재료로 간주할 수 있도록 하고 있으므로, 역내부가가치 증대 효과가 있다. EU 및 터키와의 FTA의 경우 '중립재' 라는 명칭으로 주해에서 설명하고 있는데 '제품의 최종 구성에 들어가지 아니하고 들어가도록 의도되지 아니하는 상품'이라고 설명되고 있으므로 실질적인 의미의 차이는 없는 것으로 간주된다.

표 4-44 협정별 간접재료 내용

칠레	싱가포르	EFTA	아세안 · 인도	미국
촉매제와 용해제			촉매제와 용해제 (* 아세안 없음)	촉매제와 용해제
연료 및 에너지	연료 및 에너지	에너지 및 연료	연료 및 에너지	연료 및 에너지
도구·형판 및 주형	도구·형판 및 주형	기계·공구·틀 및 금형	공구·틀 및 금형	도구·형판 및 주형
장갑, 안경, 신발, 의류, 안전장비와 보급품	장갑, 안경, 신발, 의류, 안전장비와 보급품		장갑, 안경, 신발, 의류, 안전장비 및 보급품	장갑, 안경, 신발, 의류, 안전장치 설비 및 보급품
상품의 시험 또는 검사에 사용되는 설비, 장치 및 보급품	상품의 시험 또는 검사에 사용되는 설비, 장치 및 보급품		상품의 시험 또는 검사에 사용되는 장비, 장치 및 보급품	상품의 시험 또는 검사에 사용되는 설비, 장치 및 보급품

설비와 건물의 유지에 사용되는 예비 부품과 재료	설비 및 건물의 유지에 사용되는 예 비부품 및 재료	공장 및 장비(그 유지를 위하여 사용되는 상품을 포함한다)	장비 및 건물의 유지에 사용되는 예비부품 및 재료	설비 및 건물의 유지에 사용되는 예비부품과 재료
생산에 사용되거나 설비 및 건물의 작동에 사용되는 윤활제, 그리스, 혼합물과 그 밖의 재료	생산에 사용되거나 설비 및 건물의 작동에 사용되는 윤활제, 그리스, 혼합물과 그 밖의 재료		생산에 사용되거나 건물 및 장비의 작동에 사용되는 윤활제, 그리스, 혼합물 및 그 밖의 재료	생산에 사용되거나 설비 및 건물의 운영에 사용되는 윤활제·그리스·혼합물과 그 밖의 재료
상품에 포함되지는 않았으나 그 상품 생산에 사용되었음이 합리적으로 입증될 수 있는 그 밖의 모든 물품	상품에 포함되지는 않았으나 그 상품 생산에 사용되었음이 합리적으로 입증될 수 있는 그 밖의 물품	상품의 최종 구성에 포함되지 아니하고 포함될 것으로 의도되지 아니한 그 밖의 물품	상품에 결합되지는 아니하였으나, 그 상품 생산에 사용되었음이 합리적으로 입증될 수 있는 그 밖의 물품	상품에 결합되지는 아니하나 그 상품 생산에 사용되었음이 합리적으로 입증될 수 있는 그 밖의 물품

나. 부속품·예비부품·공구[39]

어떤 상품의 원산지를 결정하기 위해서는 먼저 그 상품을 구성하는 재료 또는 부분품 각각에 대한 원산지 확인이 선행되어야 한다. 예를 들면 세번변경기준을 적용하려면 먼저 전체 구성품을 확인하고, 그 중에서 원산지재료와 비원산지재료를 가린 후, 비원산지재료의 세번과 상품의 세번을 대조하여 서로 다르면 그 상품을 원산지물품으로 인정한다.

그러나 부속품·예비부품·공구의 경우, 기계, 기구, 장치, 차량 등의 본체와 함께 수입되어 별도로 송품장이 발행되지 않고, 그 가격 및 수량으로 보아 부속품·예비부품·공구로 인정되는 경우에는, (1) 본체인 기계 등의 원산지결정이 세번변경기준일 경우는 부속품·예비부품·공구의 원산지를 고려하지 않고, (2) 본체의 원산지결정이 부가가치기준이 적용되는 경우에는 해당 부속품 등의 원산지 여부를 고려하여 본체인 기계 등의 역내부가가치비율을 계산한다.

39) 부속품·예비부품·공구에는 다음과 같은 것들이 있다.
① 부속품: 전자제품 코드, 덮개, 매뉴얼
② 예비부품: 에어콘 먼지수집기, 예비타이어
③ 공구: 차량용 잭, 자전거 도구세트

칠레, 싱가포르, 인도, 미국, 페루, 콜롬비아와의 FTA에서는 본체의 원산지기준으로 세번변경기준이 적용된다면 부속품·예비부품·공구의 원산지를 고려할 필요가 없으나, 부가가치기준 적용시에는 원산지를 고려한다. 반면, 부가가치기준 품목의 경우에는 그 원산지별로 부가가치를 계상하는 것이 일반적이나, 한·아세안 FTA에서는 이들을 무시하고 계산한다. 즉 부속품·예비부품·공구에 해당하는 모든 물품은 없는 것으로 보고 본체의 원산지를 결정하도록 하여 가장 폭 넓게 예외를 인정한다.

어떤 물품이 부속품·예비부품·공구에 해당하는지 여부에 대해서는 협정에서 별도로 규정하고 있지 않으므로 그 용도·성상·거래조건 등을 고려하여 판단하여야 한다. 다만, 협정에서는 하나의 송품장에 의하여 본체와 함께 공급되어 본체와 같은 세번에 속하고, 그 수량과 가치가 통상적인 수준의 범위내 일 것을 요구하는 것이 일반적이다.

표 4-45 협정별 '부속품·예비부품·공구' 비교

구분	아세안	인도	칠레	싱가포르	미국	페루	콜롬비아	EFTA · EU · 터키
세번변경기준 적용시	무시(부속품 등은 제외하고 결정)							세번변경요건 충족 필요
부가가치기준 적용시	무시	부속품 등도 원산지별로 부가가치 계산						
근거규정	제12조	제3.9조	제4.8조	제4.12조	제6.8조	제3.10조	제3.9조	부속서 I 제8조, 의정서제8조

EFTA, EU, 터키와의 FTA의 경우는 협정문에 '일반 장비의 일부로서 그 가격에 포함되거나 송장이 별도로 발부되지 아니하고, 장비, 기계, 도구 또는 차량과 함께 발송되는 부속품·예비부품·공구는 해당 장비, 기계, 도구 또는 차량과 일체로 간주한다' 라고만 규정하고 있다. 본체와 부속품 등을 구분하지 않고 일체로 간주하므로 일반 부분품과 같이 비원산지물품인 경우 세번변경기준을 충족해야 하고, 부가가치기준 품목인 경우 각각의 원산지에 따라 재료비에 계상한다.

다. 소매용·수송용 포장·용기[40)]

상품의 원산지를 결정함에 있어서 그 상품을 구성하는 모든 재료에 대하여 각각 원산지를 확인하여 결정하여야 하나, 악기나 면도기의 케이스 등 소매용 포장·용기는 예외적으로 제외하고 결정하는 것이 인정된다.

세번변경기준 품목의 경우 현행 모든 FTA에서 이러한 예외를 인정하므로 이들 소매용 포장·용기를 제외하고 내용물의 원산지를 결정한다. 그러나 부가가치기준 품목의 경우 예외를 인정하지 않으므로 소매용 포장·용기도 각각 원산지를 확인하여 내용물의 원산지를 결정하여야 한다. 수송용 포장재료 및 용기는 내용물의 원산지결정기준의 종류를 불문하고 제외된다.

소매용 포장·용기의 범위에 대하여는 협정에서 별도 규정이 없으므로 법 적용원칙에 따라 관세법을 적용한다. HS 통칙이라고도 부르는 「관세·통계 통합 품목분류표의 해석에 관한 통칙」 제5호는 이들에 해당하는 물품의 분류기준을 제시하고 있다. 그 요지는 포장·용기로서의 용도와 특성을 가지고 있어서 내용물과 함께 분류하여 같은 세번에 분류되도록 하고 있다.

표 4-46 협정별 '소매용·수송용 포장·용기' 비교

구분		칠레	싱가포르	아세안	인도	미국	페루	EFTA	EU·터키	콜롬비아
소매포장	세번변경기준 적용시	무시(소매포장은 제외하고 결정)								
	부가가치기준 적용시	소매포장도 원산지별로 부가가치 계산								
수송포장		무시(수송용포장은 제외하고 결정)								
근거규정		제4.10조 제4.11조	제4.13조 제4.14조	제11조	제3.10조 제3.11조	제6.10조 제6.11조	제3.11조 제3.12조	제7조2	제7조	제3.11조 제3.12조

40) 소매용 포장·용기는 다음과 같은 것들이 있음. : (신변장식용품 상자와 케이스(제7113호), 전기면도기 케이스(제8510호), 쌍안경·망원경 케이스(제9005호), 악기의 케이스·상자 및 가방(제9202호 등), 총케이스(제9303호 등)

1) 소매용 포장·용기

각 FTA는 내용물이 세번변경기준 품목인 경우 소매용 포장·용기를 제외하고 결정하도록 동일하게 규정하고 있다. 부가가치기준 품목인 경우 각각의 원산지별로 재료비에 계상하도록 동일하게 규정하고 있다.

2) 수송용 포장·용기

칠레, 싱가포르, 아세안, 인도, 미국, 페루, 콜롬비아와의 FTA는 수송 및 운송용 포장재료 및 용기를 제외하고 내용물의 원산지를 결정하도록 명시하고, EFTA, EU, 터키와의 FTA는 이런 규정이 없다. 그러나 국내법에서 다른 FTA과 같은 내용으로 규정하고 있기 때문에 결과적으로 모두 동일하게 적용된다.

라. 세트물품

세트물품은 서로 다른 성질의 물품을 특정 목적을 위해 하나로 조합한 것을 말한다.[41] 원산지 결정은 각각의 물품별로 하므로 세트물품도 그 구성품별로 원산지를 결정하는 것이 원칙이나, 세트 구성품 중 비원산지물품이 차지하는 비율이 일정수준 이하일 경우 그 세트 구성품 전체를 원산지물품으로 간주하는 예외가 인정된다.

세트물품의 범위에 대하여는 협정에서 별도 규정이 없으므로 법적용 원칙에 따라 관세법을 적용한다. 「관세·통계 통합 품목분류표의 해석에 관한 통칙」, 즉 “HS 통칙” 제3호 및 관련규정에서 ‘소매를 위하여 세트로 된 물품’ 이란 다음의 요건을 갖춘 물품을 의미한다 : ① 일견 서로 다른 호에 분류될 수 있을 것으로 보이는, 최소한 둘 이상의 서로 다른 물품으로 구성되어야 한다. 예를 들어 동일한 6개의 포크세트는 이 통칙이 의미하는 세트로 간주할 수 없다, ② 어떤 요구를 충족시키기 위해서나 또는 어떤 특정의 활동을 행하기 위해 함께 조합한 제품이나 물품으로 구성되어야 한다, ③ 상자 또는 케이스 속 등 재포장 없이 소비자에게 직접 판매하는데 적합한 방법으로 조합한 것이어야 한다.

---

41) 세트물품의 예로 다음과 같은 것들이 있다 :
① 이발세트(8510) 구성품: 전기식헤어클리퍼(8510), 빗(9615), 가위(8213), 브러쉬(9603), 직물제타올(6302), 가죽 케이스(4202)
② 제도키트(9017) 구성품: 자(9017), 계산판(9017), 제도용 콤파스(9017), 연필(9609), 연필깎기(8214), 플라스틱 케이스(4202)

이와 같은 '세트' 의 경우, 구성요소 또는 함께 조합된 구성요소들에 따라 분류하여야 하는데, 전체로 볼 때 그들이 그 세트의 본질적인 특성과 시너지효과를 부여하고 있는 것으로 간주될 수 있는 것이어야 한다.

표 4-47 **협정별 세트물품기준 비교**

구분	EFTA · EU · 터키	미국		페루	콜롬비아	칠레 · 싱가폴 아세안 · 인도
		일반품목	섬유류			
세트물품 예외인정 여부	○	○	○	○	○	×
비원산지물품 허용한도	공장도 가격의 15% 이하	조정가치의 15% 이하	관세가치의 10% 이하	FOB 가격의 15% 이하	조정가치의 15% 이하	×
근거규정	제9조	제6.9조	제4.2조 제8항	제3.9조	제3.10조	×

주: ○; 규정있음 ×; 규정없음

협정내용에서는 세트물품 예외를 인정하는 경우와 그렇지 않은 경우가 있다. 세트물품의 예외를 인정하는 경우에도 비원산지물품 허용한도를 정하고 있다. 세트가 원산지물품과 비원산지물품으로 구성된 경우 한·EFTA FTA는 비원산지물품이 공장도가격의 15% 이하인 경우 세트 전체를 원산지상품으로 인정하는 단일기준을 적용하나, 한·미 FTA는 FOB가격을 기준으로 일반품목은 15%, 섬유류는 10% 기준을 적용한다.

우리나라가 체결한 FTA 중에서는 세트물품 규정이 없는 경우가 있는데, 칠레, 싱가포르, 아세안, 인도 등이 이에 해당된다. 세트물품규정이 없는 FTA의 경우 품목분류 기준상 세트로 분류되는 세트를 하나의 물품으로 보아 해당 원산지결정기준을 적용하고, 그렇지 않은 경우 각 구성품별로 해당 원산지결정기준을 적용한다. 세트물품은 세번변경기준인 경우 해당되며, 부가가치기준에는 적용되지 않는다.

마. 재수입물품

재수입물품은 가공을 위하여 비당사국으로 수출되었던 물품이 동일한 상태(원상태)로 재수입되는 물품에 대해서 수출기간 동안 보존에 필요한 작업 이외의 아무런 가공을 거치지 않은 경우 원산지를 그대로 인정하도록 하는 것이다. 역외가공허용과 유사하나 차이점은 수출된 물품과 동일한 상태로 수입되거나 수출기간 동안 보존에 필요한 작업이외의 아무런 가공을 거치지 않은 물품이어야 한다는 점이다.

예컨대, 한국에서 생산한 가전제품을 일본으로 수출하였다가 원상태로 다시 반송된 물품을 스위스로 재수출할 경우 동 가전제품의 원산지를 한국산으로 인정받아 특혜관세를 적용 받을 수 있게 된다. 하지만 수입자는 수출물품과 수입물품의 동일성을 입증할 의무가 있다.

동 특례조항은 특혜관세 적용대상 물품의 범위를 국경내에 고정시키지 않고 탄력적으로 확대시킴으로서 역내에서 실질적으로 생산된 물품의 교역을 촉진시킨다는 장점은 있으나, 세관의 행정부담 증가와 함께 관세회피의 수단으로 악용될 수 있다는 단점도 있다.

바. 전시물품

전시물품에 대한 규정은 전시(Exhibition) 물품이 전시기간 동안 세관의 통제하에서 외국물품 판매목적의 전시회, 박람회 또는 이와 유사한 전람회, 또는 상점내 또는 사업장내 전시에 적용된다. 이는 직접운송원칙에 대한 예외라고 할 수 있다. 전시물품이 FTA체약당사국이 아닌 제3국에서의 전시를 위하여 체약당사국인 수출국에서 제3국으로 전시 물품을 발송하고 전시기간중이나 이후에 제3국에서 체약당사국인 수입국으로 판매된 물품에 대해서 직접운송원칙을 충족하지 않았더라도 다른 원산지결정기준을 모두 충족하고 있다면 관세특혜를 부여하는 것이다. 한·아세안, 한·터키 FTA에서는 제3국에서의 전시를 위하여 발송된 물품이 협정의 원산지 규정을 충족하는 경우 예외적으로 인정하고 있다.

다음 [그림 4-11]은 원산지결정기준 적용절차를 나타낸 것이다. 이러한 적용절차에 따라 원산지가 역내산이 되는지 확인한다.

그림 4-11 **원산지결정기준 적용절차**

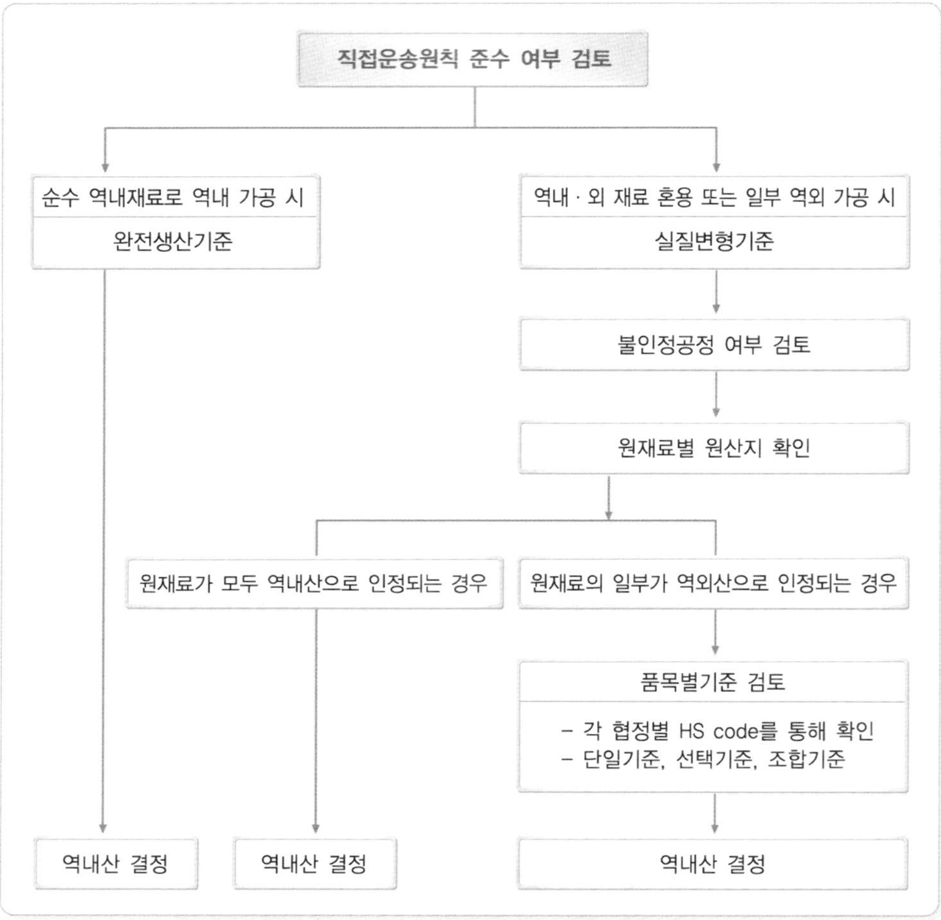

FTA원산지 관련 용어

용 어	정 의
원산지	생산된 물품의 국적을 의미함. 동물이나 식물의 경우 성장한 국가를, 제조품의 경우 생산, 제조, 가공 과정이 이루어진 국가를 말함.
원산지규정	물품의 국적인 원산지를 결정하는 기준으로서 법령이나 행정규칙 등을 말함. 원산지 기준, 원산지 판정, 원산지 확인 등을 포함한 넓은 의미임.
원산지기준	특정 품목에 대한 원산지 판정 기준을 의미. 원산지 품목별기준(PSR)로 표현함.
원산지 판정	어떤 물품이 2개 이상의 국가에서 생산, 제조, 가공 과정을 거쳤을 경우, 이 상품의 원산지가 어느 국가인지 결정하는 것을 말함.
원산지 확인	수입제한물품, 원산지 표시 위반물품 등을 단속하기 위해 원산지 증명서 등 관계자료를 제출받는 것을 말함.
원산지표시	판정된 원산지를 상품에 보기쉽고 견고하게 표시(인쇄, 주조, 라벨링 등)하는 것.
특혜 원산지 규정	GATT(1994) 제1조에 기술된 최혜국대우 원칙의 적용을 받지않고 일방적 혹은 쌍방적으로 관세상의 특혜를 부여하는 데에 적용되는 원산지 규정을 말함.
비특혜 원산지 규정	특혜 원산지규정 이외의 모든 것으로서 현재 협상 진행중인 WTO 통일 원산지 규정도 이에 해당됨.
완전생산기준(Wholly Obtained Criterion)	어떤 물품이 처음부터 끝까지 완전히 1개 국가 내에서 생산되는 경우에 당해국을 원산지로 인정하는 것.
실질적 변형기준	어떤 물품의 생산이 2개국 이상에서 이루어지는 경우, 물품의 생산, 제조가공 과정을 통해 당초의 원료의 성질을 본질적으로 변형하여 새로운 명칭, 특성, 또는 용도의 물품으로 변화시키는 활동이 일어난 당해국을 원산지로 인정하는 것.
세번변경기준	세계적으로 통일된 상품분류제도인 HS를 이용하여, 사용된 원재료의 세번과 다른 세번의 제품이 생산된 경우 당해 국가를 원산지로 인정하는 것.
CC(Change of Chapter)	세번변경기준 중 HS 코드 중 앞의 2단위가 변경되는 경우 당해 국가를 원산지로 인정하는 기준.
CTH(Change of Tariff Heading)	세번변경기준 중 HS 코드 중 앞의 4단위가 변경되는 경우 당해 국가를 원산지로 인정하는 기준.
CTSH(Change of Tariff Subheading)	세번변경기준 중 HS 코드 중 앞의 6단위가 변경되는 경우 당해 국가를 원산지로 인정하는 기준.
부가가치기준 (RVC 또는 MC)	제품 생산과정에서 발생한 부가가치를 고려하여 특정한 비율 이상의 부가가치를 생산한 제조 및 가공작업을 수행한 국가를 원산지로 인정하는 것.
공제법(Build-down Method)	역내부가가치비율을 계산할 때 제품 가격에서 비원산지재료 가격을 제한 나머지 부분을 역내생산부분으로 보는 방법.

집적법 (Build-up method)	역내부가가치비율을 계산할 때 제품 가격 대비 원산지재료 가격을 직접 계산하는 방법.
순원가법	역내부가가치비율을 계산할 때 제품의 순원가에서 비원산지재료 가격을 제한 나머지 부분을 역내생산부분으로 보는 방법.
특정공정기준(SP)	각 제품에 대해 아주 중요하다고 인정되거나 당해 제품의 주요한 특성을 발행시켜주는 기술적인 제조·가공작업을 기술한 일반적인 명세표를 사용하여 지정된 가공공정이 일어난 국가를 원산지로 간주하는 방법.
미소기준 (De Minimis)	최소허용기준이라고도 하며, 역외산 수입재료의 비율이 미미할 경우 세번변경기준을 충족되지 않더라도 원산지를 인정하는 것.
누적기준 (Cumulation)	국내산이 아닌 FTA 상대국산 원재료를 사용한 경우 그 원재료를 원산지재료로 간주하여 역내산으로 원산지를 인정하는 방법.
양자간 누적 (Bilateral Cumulation)	해당 특혜무역협정의 역내 회원국에 의해 공급된 재료를 역내산으로 간주
유사누적 (Diagonal Cumulation)	해당 특혜무역협정의 역내 회원국이 아닌 특정 국가들에 의해 공급된 재료를 일정한 조건하에서 역내산 간주
완전누적 (Full Cumulation)	특혜무역협정의 전체 지역이 하나의 단일 영토로 간주되어 해당 지역 내에서 이루어진 모든 작업 또는 가공공정이 역내산으로 간주
롤업(Roll-up) 기준 또는 흡수원칙 (Absorption)	역내부가가치 계산시, 어떤 부품을 만들기 위해 수입된 중간부품들이 부가가치 기준에 의해 역내산으로 판정되면 해당 부품 전체의 가격이 역내산으로 판정받는 것.
롤다운 (Roll-down)기준	역외산 재료를 수입하여 역내에서 가공하여 새 부품을 추가하고 중간부품을 만든 경우, 해당 중간부품이 역내산으로 인정받지 못하면 투입된 역내산 부품까지 모두 역내산으로 인정받지 못하는 것.
최소가공기준 (Minimal Operations)	세번이 변경되더라도 단순가공 또는 불충분가공만 일어난 경우는 실질적 변형으로 인정하지 않는 것.
직접운송원칙 (Direct Consignment)	수출당사국에서 수입국으로 직접 운송된 물품만 원산지를 인정하는 것.
역외가공인정 (Outward Processing)	자국산 부품을 사용하여 제3국에서 반제품을 만든 후, 재반입하여 자국에서 최종 생산한 물품에 대해 자국산 부품가격을 자국에서 발생한 부가가치 금액에 포함하는 것.
대체가능물품 (Fungible Goods)	물품의 특성, 기능, 구조 등이 본질적으로 동일한 물품 또는 재료로 곡물, 과일, 볼트, 너트, 베어링, 타이어 등이 이에 해당됨.
간접재료(Indirect Material)	상품의 생산, 시험 또는 검사에 사용되지만, 그 상품에 물리적으로 포함되지 않는 상품, 또는 상품 생산과 관련된 건물의 유지나 설비의 작동에 사용되는 상품.

제 5 부

원산지증명제도

제5부

원산지증명제도

오늘날에는 많은 제품이 국제적 분업을 통해 만들어진다. FTA 등의 경제통합은 국제적 분업을 더욱 촉진한다. 그러나 경제통합의 목적은 역내국간의 무역창출에 있으므로 역내국간 교역제품이 역외국의 물품이 아니고 역내 수출국에서 최종적으로 물품제조가 이루어졌다는 증명을 해야 한다. 따라서 앞 부에서 배운 원산지기준에 맞는 물품으로 제조되었음을 협정에서 정한 행정적인 절차로 증명하는 과정이 필요하다. 수출되는 물품이 수출국 내에서 100% 완전히 생산된 물품이라 하더라도 협정에서 정한 행정적인 증명절차를 거쳐야만 한다. 물품이 실질적으로 어느 나라에서 생산 또는 제조되었는지를 증명해야 하므로 각종 서류가 필요하다. 그러나 실질적인 원산지는 당해 물품의 생산이 1개국・지역에서 완결하는 경우에는 쉽게 판단할 수 있지만, 여러 국가에 걸쳐 생산 또는 제조된 경우에는 원산지를 판단하기 어려워진다.

원산지를 증명하기 위해서는 원산지증명서를 작성해야 한다. 또한 원산지증명서 내용의 확인을 위한 각종 서류가 첨부되어야 한다. 그리고 수입자는 협정관세적용신청을 해야 최종적으로 관세혜택을 받을 수 있다.

FTA에서 원산지증명은 관세혜택을 받기 위한 절차로서 크게 수출하는 물품이 수출국에서 만들어진 물품이라는 사실을 증명하는 과정과 수입자가 협정관세신청을 하는 과정으로 나눌 수 있다.

본 부의 구성은 제1장에서는 수출자 측에서의 절차인 원산지증명에 대해서 알아보고, 제2장에서는 원산지확인을 위한 관련 서류에 대해서 알아본다. 제3장에서는 원산지증명서와 확인서류의 완비로 가능한 FTA 협정관세적용신청에 대해 알아본다. 마지막으로 제4장은 주로 유럽지역과의 FTA에서 활용되는 원산지인증수출자제도에 대해 살펴본다.

제1장 FTA 원산지증명서

특혜관세 적용의 적정여부 및 우회수출입여부를 판단하기 위해서는 원산지를 증명하고 확인하는 행정절차가 필요하다. 수출국 측에서의 원산지증명서와 이를 확인할 수 있는 서류를 첨부하여야 한다. 이러한 증명과 절차에 의해 수입시 협정관세적용신청이 가능해진다.

상품의 관세혜택을 받기 위해서는 특혜 부여 대상 물품이 FTA 체결 대상국의 것이어야 한다. 따라서 해당물품의 원산지가 해당국가 임을 증명하는 증빙서류에 의해 원산지확인이 가능해야 한다. 협정별 원산지결정기준을 충족하고 협정에서 정한 원산지증명서를 구비하여 해당 상품의 원산지가 해당 국가의 것임을 서류로써 증명 및 확인시켜 주는 행정적 절차는 중요한 부분이다. 이는 해당상품이 협정에서 규정하고 있는 원산지기준을 충족한다는 것을 서류로 확인시켜 줌으로써 상대국 세관이 FTA 관세특혜를 부여하는 근거를 제공하기 때문이다.

FTA관세특례법 제2조의 정의에 의하면, 우리나라와 체약상대국 간의 수출입물품의 원산지를 증명하는 서류(원산지증명서)와 그 밖에 원산지 확인을 위하여 필요한 서류・정보 등을 원산지증빙서류로 칭하고 있다.

당해물품의 원산지를 증명하는 서류인 원산지증명서는 협정 및 국내법에 의하여 발행권한이 부여된 기관 또는 수출자가 해당 물품에 대하여 특정국가가 원산지임을 증명하는 서류로서 협정별로 정한 서식을 사용한다. 원산지증명서의 내용을 확인하기 위하여 필요한 서류인 원산지확인서류는 FTA관세특례법에서 정한 공통된 서식을 사용한다.

원산지확인서류들은 원산지확인서, 원산지소명서, 국내제조확인서 등으로 원료 및 원자재 등이 수입된 재료이더라도 해당 원산지기준에 맞게 생산되었다는 것을 확인시켜주는 서류로서, 이를 바탕으로 원산지증명서를 만들게 된다.

원산지증명은 통관절차에 필요한 행정서류 준비과정이라고 할 수 있다. 따라서 이 절차를 원산지증명서 발급을 위한 관세행정절차라고 부르기도 한다. FTA 협상 시에 발급 주체 및 절차와 양식을 양자 간의 합의로 결정하게 된다.

1. FTA 원산지증명서의 의의

원산지증명서는 증명서를 발급하는 대상 물품의 국적을 증명하는 서류이다. 즉 원산지기준을 충족한다는 것을 서류로 확인시켜 주는 행정절차로서 상대국 세관에서 FTA관세특혜를 부여하는 근거가 된다. 따라서 원산지가 한국산인 물품의 증명서를 발급한다는 것은 물품의 국적이 한국임을 증명하는 것이며, 이는 해당 수출물품이 우리나라에서 재배・사육・제조・가공되었다는 것을 의미한다.

FTA 하에서는 협정별로 규정된 원산지결정기준에 따라 원산지판정을 거친 결과 원산지를 충족하면 협정에서 정한 원산지증명서 구비를 통해 상대국에서 수입통관시 FTA 협정세율 적용이 가능하여 관세혜택을 누릴 수 있다.

2. FTA 원산지증명서의 종류

FTA 원산지증명서는 작성방법에 따라 다르게 불리워지는데, 크게 원산지증명서(Certificate of Origin)와 원산지신고서(Origin Declaration)로 구분한다. 이 둘은 물품의 원산지를 증명하는 문서로서 기능을 하는 것은 동일하지만 작성방법이나 발급주체에 따라 명칭을 달리하는 것이다. 원산지증명서는 일정한 형식을 갖추어 발행되고 원산지신고서는 수출자가 원산지증명문구만을 기재하면 그 자체로서 원산지 증명의 역할을 한다. 그러나 일반적으로는 통틀어 '원산지증명서'로 부른다.

표 5-1 **국가별 원산지증명서 종류**

종 류	적용국가
원산지증명서(Certificate of Origin)	칠레, 싱가포르, 아세안, 미국, 인도, 페루, 콜롬비아, (APTA, 일반특혜)
원산지신고서(Origin Declaration) 송품장신고서(Invoice Declaration)	EFTA, EU, 페루, 터키
연결원산지증명서 (Back to Back Certificate of Origin)	아세안 (역내 경유국에서 발급)

아세안지역에서 쓰이는 연결원산지증명서는 중간 경유 당사국의 발급기관에서 물품이 그 영역을 통과하는 동안 수출자 또는 생산자의 신청이 있는 경우에 발급하는 원산지증명서이다.

원산지증명서는 법률적 효력을 지니는 문서이므로 법령에 정해진 방식으로 발급 권한이 있는 자가 발급하여야 한다. 협정 당사국의 세관이나 정부 기관, 혹은 공인기관에서 발급하는 기관발급제와 수출입 생산업자가 직접 원산지 증명서를 발행하는 자율발급제도(Self-certification System)가 있다. 이외에도 자율발급제와 기관발급제를 병용하는 절충제가 있는데, 주로 EU가 도입하여 사용하는 방식이다.

기관발급(증명)제와 자율발급제(증명)는 원산지증명의 주체, 방식, 그리고 유효기간 등에 차이가 있다. 관세 및 비관세장벽을 철폐함으로써 시장을 개방하고 무역을 촉진한다는 자유무역협정의 취지에 비추어 발급절차가 신속・편리하고 비용도 들지 않는 자율발급제가 가장 바람직하겠지만, 역외국의 우회수출 등의 제3국산의 무임승차(Free riding)를 방지하기 위해 기관발급제를 채택하기도 한다. 그러나 기관에서 증명서를 발급한다 하더라도 원산지의 정확성에 대한 면밀한 확인작업 없이 수출자가 신청한 내용을 그대로 인정할 가능성이 있어 신뢰도 측면에서 완전하지는 않은 실정이다. 한편으로는 심리적 측면에서는 자율증명방식 보다 기관증명방식이 원산지허위증명을 방지하는데 효과적일 수 있다는 지적도 있다. 그러나 원산지자율증명으로 인한 원산지허위증명행위를 차단하기 위한 여러 가지 보완장치가 함께 도입된다. 즉 원산지허위증명자에 대한 처벌을 강화하고, 수입자 및 수출자의 원산지입증책임을 명시하여 원산지의 정확성을 소명자료를 통하여 충분히 입증하지 못하는 경우에는 특혜관세를 배제할 수 있도록 하였다. 자율증명제하에서는 수출자의 자율적인 책임이 더욱 강조되기 때문에 오히려 허위증명의 가능성이 더욱 감소할 것으로 기대하고 자율발급제가 채택되는 경향이 있다.

어떤 방식을 채택할 것인지에 대해서는 각국의 행정관행과 관련제도 등에 따라 입장이 상이하다. 미주지역의 경우 대부분 자율발급제를 채택하고 있는 반면, 아세안은 기관발급제를 선호하는 경향이 있다. EFTA 국가의 경우 대부분 자율발급제로 전환하고 있는 추세이며, EU도 과거에는 기관발급제를 선호하였으나 최근에는 자율발급제(절충제)를 채택하고 있다. 물론 원산지증명 범위는 특혜 대상물품의 경우에 해당된다.

가. 기관발급방식

협정이 정하는 방법과 절차에 따라 원산지국가의 관세당국 등 발급권한이 있는 기관이 당해 물품에 대하여 원산지를 확인하여 원산지증명서를 발급하는 방식이다. 현재 원산지증명과 관련하여 기관발급제를 운용하는 FTA는 한·싱가포르, 한·아세안, 한·인도, 그리고 한·페루(발효이후 5년간) 등의 협정이다.

기관발급제의 장점은 원산지증명을 정부기관이나 공신력이 있는 단체에서 하여, 신뢰성이 높고 우회수출 방지효과가 크다는 것이다. 그러나 발급절차를 거쳐야 한다는 단점이 있다. FTA협정 초기에는 발급에 소요되는 많은 서류와 시간으로 인하여, 이러한 절차가 FTA활용을 저해하는 요소로 작용하였으나, 최근에는

표 5-2 원산지증명서 발급주체 비교

FTA	국 가	발급주체
칠레	칠레	수출자
싱가포르	싱가포르	세관
EFTA	스위스 등 4개국	수출자
EU	독일 등 28개국	수출자
아세안	브루나이	Ministry of Foreign Affairs and Trade(외교통상부)
	캄보디아	Ministry of Commerce(상무부)
	인도네시아	Ministry of Trade(통상부)
	라오스	Ministry of Industry and Commerce(상무부)
	말레이시아	Ministry of International Trade and Industry(국제통상산업부)
	미얀마	Ministry of Commerce(상무부)
	필리핀	Bureau of Customs(세관)
	싱가포르	Bureau of Customs(세관)
	베트남	Ministry of Industry & Trade(통상부)
미국	미국	수출자, 생산자, 수입자
인도	인도	Export Inspection Council of India(인도수출검사위원회)
페루	페루	수출자, 생산자

많이 간소화되고 있다. 기관발급일 경우 각 나라별로 원산지증명서를 발급해 주는 기관이 다를 수 있는데, 우리나라의 경우는 세관과 대한상공회의소에서 맡고 있다.

나. 자율발급방식

자율발급방식은 양자간 FTA 협정에서 결정된 방법과 절차에 따라 양국의 수출자가 자율적으로 당해 물품에 대하여 원산지를 확인하여 작성 · 서명하거나, 당해 물품의 상업송장 또는 관련 서류에 수출자가 원산지국가를 기재하도록 되어있다. 원산지증명을 수출업자가 직접 자율적으로 하기 때문에 발급자체가 신속하고 절차가 간소하며, 그에 따른 비용 절감 효과가 있다. 그러나 증명서 허위작성 및 우회수출의 도구로 악용될 소지가 있다는 지적도 있다.

현재 자율발급제를 시행하고 있는 FTA는 한·칠레, 한·EFTA(스위스산 치즈는 기관발급제), 한·EU, 한·페루, 한·미, 한·터키, 한·캐나다 등의 FTA 협정들이다.

표 5-3 FTA 원산지증명서 발급방식

구분	기관발급	자율발급
정의	협정이 정하는 방법과 절차에 따라 원산지국가의 발급권한이 있는 기관이 당해 물품에 대하여 원산지를 확인하여 발급하는 제도	협정이 정하는 방법과 절차에 따라 수출자가 당해 물품에 대하여 원산지를 확인하여 작성한 후 서명하여 사용하는 제도
장점	공신력이 높아 우회수입방지효과	• 발급절차 신속 · 편리 • 증명서 발급비용 절감 • 통관절차 간소화
단점	• 수출신고와 증명서 발급절차 중복 • 절차 복잡 · 시간 · 비용 증가 • 요식행위	• 허위증명 가능성 ＊원산지입증책임, 현지검증제도, 허위증명처벌제 등 보완제도 도입
특이사항	▶ 한-EFTA: 스위스산 치즈는 기관발급 ▶ 한-페루: 발효이후 5년간(2016.7.31까지) 기관발급 허용 ▶ 아세안 정부기관	▶ 한-EU:건당 수출금액이 6,000유로 초과 시에는 원산지인증수출자만 자율발급 가능 ▶ 한-페루: 탁송화물의 총 가격이 미화 2천불 초과인 경우 원산지인증수출자만 자율발급 가능
대상협정	한·싱가포르, 한·아세안, 한·인도, 한·페루	한·칠레, 한·EFTA, 한·EU, 한·페루, 한·터키, 한·캐나다

그러나 한·호주 FTA의 경우는 한국에서는 자율발급, 호주에서는 기관발급으로 하고 있다.

원산지증명서의 서식, 유효기간, 제출방식 등에 있어서도 FTA별로 차이가 있다. 원산지증명서 서식과 관련, EFTA, EU 지역은 기존의 특정 양식에 원산지를 증명하는 방식 대신에 송품장 또는 기타 상업서류에 당해 물품의 원산지를 기재하는 매우 간편화된 방식(Invoice Declaration)을 사용하고 있다. 또한 세관에 등록된 빈번하게 수출활동을 하는 성실한 수출자의 경우 송품장에 원산지 서명을 생략하고 세관등록번호로 대체하는 편리한 방식을 채택하고 있다. 각 FTA별 차이점은 <표 5-4>와 같이 정리될 수 있다.

표 5-4 FTA별 원산지 증명방식 비교

구분	한·칠레	한·싱가폴	한·EFTA	한·아세안	한·EU	한미	한·인도	한·페루	한·터키	한·콜롬비아	한·호주	한·캐나다
증명방식	자율증명	기관증명	자율증명	기관증명	자율증명	자율증명	기관증명	기관 + 자율증명	자율증명	자율증명	자율증명(기관발급 병행)	자율발급
증명주체	수출자	세관	수출자	세관·기타 기관	수출자	수출자, 생산자, 수입자	세관, 기타 기관	수출자 생산자 기타 기관	수출자	수출자, 생산자	수출자, 생산자	수출자, 생산자
증명서 서식	양국 통일 서식	영국 지정 별도 서식	송품장 신고 방식	양국 통일 서식	송품장 신고 방식	정형화된 양식 없음	양국 통일 서식	양국 통일 서식	송품장 신고 방식	양국 통일 서식	정형화된 양식 없음	부속서에 규정된 표준서식
유효기간	2년	1년	1년	1년	1년	4년	1년	1년	1년	1년	(기관) 발급일로부터 2년 (자율) 서명일로부터 2년	2년
사용언어	영어사용원칙				영어 또는 해당국 언어	영어, 한글 (요구시 번역본 제출)	영어 사용원칙					국내법에 따라 요구되는 언어 (한국은 한국어, 영어/캐나다는 영어, 불어)
사용회수	1회 사용원칙					12개월 내에 포괄발급 가능	1회 사용원칙					12개월 내에 포괄발급 가능

원산지증명과 관련한 자율발급제는 다시 인증수출자 증명제와 수출자 증명제, 수입자 증명제 그리고 수입자 지식에 의한 증명제로 세분된다. 인증수출자 증명제는 자주 수출을 하고 있고, 협정 및 법, 제도에 대한 충분한 지식을 지녔으며 법규준수도가 우수한 수출자를 인증수출자(Approved Exporter)로 등록함으로써 혜택을 받을 수 있게 하는 것이다.

3. FTA협정별 원산지 증명방식 비교

가. 한 · 칠레 FTA

우리나라는 처음으로 한·칠레 FTA를 통해 수출자가 직접 원산지증명서 작성을 허용하는 자가증명을 도입했다. 협정문 제2부 상품무역 제5장 통관절차에 규정된 원산지증명방법을 요약하면 <표 5-5>와 같다.

표 5-5 한국과 칠레 간 FTA 원산지 증명 발급절차

구 분	내 용
수출자와 생산자가 같은 경우	양국 단일증명양식에 의거, 수출자가 작성, 서명
수출자와 생산자가 다른 경우	생산자의 원산지통보서에 의거, 수출자가 작성, 서명

협정문 제5장의 부속조항인 제5.2조에는 수출자와 생산자가 다른 경우, 즉 자국 영역 내의 수출자가 그 상품의 생산자가 아닌 경우에는 수출자가 다음의 세 가지를 감안하여 원산지증명서를 제출해야 한다 : (1) 상품이 원산지 상품으로서의 자격을 갖추고 있는지 여부에 대한 수출자 자신의 지식, (2) 상품이 원산지 상품으로서의 자격을 갖추고 있다는 생산자의 서면 진술에 대한 수출자 자신의 합리적인 신뢰 확보, (3) 위의 2가지 사항을 바탕으로 원산지 증명서의 단일형식과 원산지 신고서의 단일형식에 의해 수출자가 작성하고 서명, 제출하도록 규정하고 있다.

나. 한 · EFTA FTA

한국과 유럽자유무역연합(EFTA) 간 원산지규정 및 통관절차를 규정한 FTA

협정문에 원산지증명을 위한 원산지신고서 작성 방법이 제시되어 있다.[1] 통관절차를 규정한 부속서 제15조에 의하면, 원산지신고서는 상품에 대하여 충분히 세부적으로 기술하여 해당 상품임을 알 수 있게 작성되어야 하며, 수출자, 수출자의 주소 및 전화번호가 확인될 수 있는 송장 혹은 그 밖의 상업서류로 갈음할 수 있도록 하였다. 즉, 한·EFTA FTA 원산지증명서는 정형화된 서식이 아닌 원산지신고서 문안을 송품장, 인도증서 또는 그 밖의 상업서류에 기재하도록 되어 있다.

인증수출자의 경우 서명이 생략가능하나 원산지신고서에 기재할 인증수출자 번호가 없는 경우에는 서명권자가 성명을 기재하고 서명해야 한다. 또한 자율적으로 원산지증명을 작성하더라도 수출 후에 원산지신고서가 부정확한 정보를 포함하고 있다는 사실이 드러날 경우, 신고서가 적용되는 각 상품의 원산지 지위에 영향을 주는 어떤 변화에 대하여 수입자에게 서면으로 통보하여야 하고, 사본을 수출국 관세당국에 제출해야 한다.

한국의 경우, 국내 법령에 의해 상품의 화주로부터 원산지신고서의 작성권한을 서면으로 위임받지 않은 운송중개인이나 관세사 그리고 유사한 자는 이 '수출자'의 범주에 포함되지 않는다.

다. 한 · EU FTA

한·EU FTA에서는 원칙적으로 '원산지인증수출자'가 특별한 양식 없이 원산지증명서를 자율적으로 작성하여 당국에 제출한다.[2] 수출건별 6,000유로 이상을 반복적으로 수출하는 수출기업은 원산지인증수출자 인증을 받는 것이 필요하다. 원산지인증수출자에 대해서는 4장에서 다룬다. 이 원산지증명은 유효기간이 12개월이며, 한·EU FTA 의정서 제15조 제1항에 의거하여 시행되고 있다. 원산지증명과 관련이 깊은 원산지검증은 수출국의 관세당국이 검증하는 간접검증방식이므로, 그 절차가 상당히 간소한 편이다.

---

1) 한·EFTA FTA 협정문 제2장(상품 무역) 제2.2조에 규정된 부속서 I 의 원산지 규정 및 통관절차(제2부 제15조 원산지 신고서)

2) 한·EFTA FTA에서와 같이, 한·EU FTA 원산지증명서는 정형화된 서식이 아닌, 원산지신고서 문안을 송품장, 인도증서 또는 그 밖의 상업서류에 기재하여 발급하도록 하고 있다.

표 5-6 한·EU FTA 원산지 증명 발급절차

구 분	내 용
원산지인증 증명	수출 건별로 6,000유로 이상 수출자가 발급. 기본적으로 인보이스(Invoice Declaration) 신고 방식. 특혜관세 신청 시에도 수입자는 수출자의 원산지증명 제출 의무가 없고, 수입국의 법령에 따라 요구하는 경우에만 제출.
원산지인증이 불필요한 증명	수출 건별로 6,000유로 미만의 물품은 원산지인증 없이 원산지 증명서를 수출자가 발급

라. 한 · 미 FTA

수출자, 생산자, 수입자가 협정문상 정해진 8가지 필수항목을 포함하여 자율적으로 원산지증명서를 작성할 수 있다. 8가지 필수항목이라 함은 신청자 성명, 상품의 수입자, 상품의 수출자, 상품의 생산자, 통일 상품명 및 부호체계에 따른 품목분류와 품명, 상품이 원산지 상품임을 증명하는 정보, 증명일, 증명 유효기간(포괄증명의 경우)을 말한다. 한·미 FTA의 경우 원산지증명서는 발급한 날로부터 4년 동안 유효하다. 선적 후에 원산지증명서를 소급하여 발급한 경우도 적용가능하다. 한·호주 FTA에서 원산지증명서는 자율발급인 경우 서명일로부터 2년, 기관발급인 경우는 발급일로부터 2년 동안 유효하다.

한·미 FTA의 경우 원산지증명서의 발급주체가 수출자, 생산자뿐만 아니라, 수입물품이 원산지제품인 것과 운송요건을 충족하였음을 서류로 증명할 수 있을 경우 수입자도 발급주체가 될 수 있다. 수출자나 생산자가 원산지증명서를 발급하지 않더라도 수입자가 상품이 원산지상품이라는 것을 증명할 수 있다면 수입자도 원산지증명서를 발급할 수 있게 하고 있는 것이다. 수입자에게 특혜를 부여하면서 책임의 의무도 지게 한다.

4. 수출물품에 대한 원산지증명서 기관 발급신청

가. 원산지증명서의 발급절차

원산지증명서의 발급을 신청하려는 자는 수출물품의 선적이 완료되기 전까지 해당 서식에 맞게 원산지증명서 발급신청서에 다음 각 호의 서류를 첨부하여 증명서 발급기관에 제출하여야 한다. 다만 원산지인증수출자의 경우에는 첨부서류의 제출을 생략할 수 있다.

① 수출신고의 수리필증 사본 또는 이에 갈음하는 다음 각 목의 어느 하나에 해당하는 서류. 이 경우 수출신고가 수리되기 전에 원산지증명서의 발급을 신청한 자는 수출신고가 수리된 후에 제출할 수 있다.
 가. 자유무역지역에서 생산된 물품의 경우에는 「자유무역지역의 지정 및 운영에 관한 법률 시행령」 제19조에 따른 국외반출신고서 사본
 나. 개성공업지구에서 생산된 물품의 경우에는 「관세법 시행령」 제226조에 따른 보세운송신고서 사본
 다. 우편물탁송품 및 별송품의 경우에는 영수증선하증권 사본 또는 그 밖에 체약상대국으로 수출하였거나 수출할 것임을 나타내는 서류
② 송품장 또는 거래계약서
③ 생산자가 당해 물품의 원산지를 확인하여 작성한 후 수출자에게 제출한 서류인 "원산지확인서". 다만, 당해 물품의 생산자와 수출자가 다른 경우로 한정한다.
④ 원산지소명서. 수출자와 생산자가 다른 경우 생산자는 원산지소명서를 증명서발급기관에 직접 제출할 수 있다.[3)]

증명서발급기관은 제출된 서류로 해당 물품이 원산지결정기준에 적합한지를 확인할 수 없다고 인정하는 경우에는 원산지소명서에 기재된 내용을 입증할 수 있는 서류·정보 및 국내제조확인서의 제출을 원산지증명서 발급을 신청한 자에게 요청할 수 있다. 이 경우 요청을 받은 자는 해당 서류를 증명서발급기관에 제출하되, 수출자와 생산자가 다른 경우에는 생산자가 해당 서류를 증명서발급기관에 직접 제출할 수 있다.

수출자의 과실·착오 그 밖의 부득이한 사유로 인하여 수출물품의 선적이 완료되기 전까지 원산지증명서의 발급을 신청하지 못한 경우에는 수출물품의 선적일부터 1년 이내에 원산지증명서의 발급을 신청할 수 있다.

또한 원산지증명서의 발급신청 및 발급(재발급 및 정정발급 포함)은 관세청장이 정하는 바에 따라 전자문서의 방식으로 할 수 있다.

발급신청 등의 절차는 이전에는 까다로운 행정적인 절차 및 서류작성 과정을 거쳤지만, FTA 활용도를 높이기 위해 점차적으로 간소화되는 경향이 있다.

---

3) FTA특례법시행규칙

표 5-7 원산지확인서 및 국내제조확인서 관련 규정

원산지 확인서	① 수출물품의 생산에 사용되는 재료 또는 최종물품을 생산하거나 공급하는 자는 생산자 또는 수출자의 요청이 있는 경우 해당 재료 또는 최종물품의 원산지를 확인하여 작성한 서류(원산지확인서)를 생산자 또는 수출자에게 제공할 수 있다. ② 수출물품의 생산에 사용되는 재료 또는 최종물품을 동일한 생산자 또는 수출자에게 장기간 계속·반복적으로 공급하는 재료 또는 최종물품 생산자 등은 생산자 또는 수출자의 요청이 있는 경우 원산지포괄확인서(물품공급일부터 12개월을 초과하지 않는 범위에서 최초의 원산지확인서를 반복하여 사용할 수 있는 것을 말하며, 전자문서를 포함한다)를 작성하여 제공할 수 있다.
국내제조 확인서	① 수출물품의 생산에 사용되는 재료를 생산하거나 공급하는 자가 생산자 또는 수출자의 요청이 있는 경우 해당 재료의 국내제조 사실을 확인하여 작성한 서류 ② 수출물품의 생산에 사용되는 재료를 동일한 생산자 또는 수출자에게 장기간 계속·반복적으로 공급하는 재료 생산자 등은 생산자 또는 수출자의 요청이 있는 경우 국내제조포괄확인서(물품공급일부터 12개월을 초과하지 않는 범위에서 최초의 국내제조확인서를 반복하여 사용할 수 있는 것을 말하며, 전자문서를 포함한다)를 작성하여 제공할 수 있다. ③ 제1항 또는 제2항에 따라 재료 생산자등으로부터 국내제조확인서 또는 국내제조포괄확인서를 제공받은 생산자 또는 수출자는 이를 기초로 제6조에 따라 원산지증명서의 발급을 신청하거나 제8조에 따라 원산지증명서를 발급할 수 있다.

나. 현지확인

증명서 발급기관은 다음 각 호의 어느 하나에 해당하는 경우 원산지증명서를 발급하기 위하여 관세청장이 정하는 바에 따라 원산지의 적정여부를 확인하기 위해 신청인의 주소, 거소, 공장 또는 사업장 등을 방문하여 "현지확인" 할 수 있다 :

① 국내 생산시설이 없는 자가 원산지증명서 발급을 최초로 신청한 경우
② 해당 물품을 직접 생산하지 않는 자가 원산지증명서 발급을 최초로 신청한 경우
③ 원산지증명서 신청 오류의 빈도, 협정·법·영 및 규칙의 준수도, 생산 공장의 유무, 제조공정 및 물품의 생산특성 등을 고려하여 관세청장이 정하여 고시하는 현지확인기준에 해당하는 자가 신청한 경우
④ 속임수 또는 부정한 방법으로 원산지증명서의 발급을 신청한 것으로 의심

되는 경우

⑤ 체약상대국의 관세당국으로부터 원산지의 조사를 요청받은 수출자 또는 생산자가 신청한 경우

⑥ 그 밖에 신청자가 제출한 서류만으로 원산지를 확인하기 곤란하다고 인정하는 경우.

원산지증명서 발급기관은 증명서 발급신청을 받은 경우 원산지결정기준에 적합한지 여부를 확인한 후 신청을 받은 날로부터 다음 각 호의 구분에 따른 기간이내에 원산지증명서를 발급하여야 한다 :

① 현지확인이 필요한 경우: 10일(공휴일·토요일 및 근로자의 날 제외) 이내

② ①외의 경우: 3일(공휴일·토요일 및 근로자의 날 제외) 이내

다. 신청서류의 심사 및 보정요구

증명서 발급기관은 원산지증명서 발급신청자가 제출한 서류가 미비한 경우에는 5일 이상 10일 이내의 기간을 정하여 보정을 요구할 수 있으며, 이 경우 보정기간은 발급기간에 산입하지 않는다.

라. 원산지증명서의 재발급

원산지증명서를 발급받은 자가 분실·도난·훼손 그 밖의 부득이한 사유로 원산지증명서의 재발급을 신청하거나 원산지증명서의 기재내용에 잘못이 있어 원산지증명서를 정정하고자 하는 경우에는 증명서발급기관에 원산지증명서의 재발급 또는 정정발급을 신청할 수 있다. 이 경우 재발급 또는 정정발급 신청자는 당초 원산지증명서를 발급 신청하였던 증명서발급기관에 재발급인 경우에는 재발급 신청사유서를, 정정발급인 경우에는 정정발급 신청사유서와 원산지증명서 원본, 정정사유를 입증할 수 있는 서류를 제출한다.

5. 수출물품에 대한 원산지 자율증명 절차

가. 개요

수출자·생산자 또는 수입자가 원산지증명서를 자율적으로 발급하는 경우에는 원산지확인서, 원산지소명서 또는 그 밖에 원산지를 확인할 수 있는 서류·정보

등을 근거로 하여 원산지증명서를 작성할 수 있다.

그러나 원산지증명서를 작성하는 수출자, 생산자 또는 수입자는 원산지증명서의 작성대장에 다음 각 호의 사항을 기재·관리하여야 한다.[4)]

표 5-8 원산지증명서 작성대장에 기록하는 내용

① 작성번호 및 작성일자
② 수출입신고번호 및 수출입신고 수리일자(생산자의 경우에는 기재를 생략할 수 있다)
③ 품명·품목번호(6단위)·수량·금액 및 원산지
④ 원산지증명서를 작성하는 수출자, 생산자 또는 수입자의 거래 상대방에 대한 사항
수출자: 생산자 또는 공급자(생산자 또는 공급자가 따로 있는 경우에 한정한다) 및 체약상대국의 수입자·수입국명
생산자: 수출자 또는 물품을 공급받는 자
수입자: 체약상대국의 수출자·수출국명
⑤ 해당 물품에 적용된 협정의 명칭 및 원산지결정기준

나. 원산지증명서 서명권자 관리

원산지증명서를 자율증명하는 자는 서명권자를 지정관리하기 위하여 원산지증명서 서명카드를 비치하여야 하고, 서명권자를 변경 또는 추가하고자 하는 경우에는 원산지증명서 서명카드에 새로운 서명권자의 서명부서명, 직책, 성명, 지정일자 및 사유를 기재하여야 하며 종전의 서명권자에 대하여는 서명 권한 해제일자 및 사유를 각각 기재하여야 한다.

다. 원산지확인서 등 작성

수출자가 원산지증명서 작성을 위해 생산자에게 원산지확인서 또는 원산지소명의 제공을 요청하는 경우에는 '협정의 명칭 및 수출예정국가', '수출품목의 품목분류번호 및 해당 원산지결정기준' 등의 사항을 생산자에게 통지할 수 있다. 생산자는 자신이 생산한 물품이 원산지결정기준을 충족하는지를 확인한 후 원산지확인서 또는 원산지소명서를 작성하여 수출자에게 제공할 수 있다.

4) 기관발급인 경우는 원산지증명서 발급대장/작성대장을 보유하지 않아도 됨.

라. 원산지증명서 작성 및 서명

해당 수출입물품의 원산지를 증명하는 자는 원산지증명서를 작성하여 서명한 후, 그 발급내역을 원산지증명서 작성대장에 기록 관리하여야 한다.

제2장 FTA 원산지확인서

FTA체결국간 역내무역에서 수입자가 FTA 특혜관세 혜택을 받을 수 있게 하기 위해서 수출자는 해당 수출물품의 원산지를 확인하여 원산지가 충족되면, 협정에서 정하는 방식에 따라 원산지증명서를 작성 및 발급하여야 한다.

그러나 원산지를 확인하기 위해서는 완제품에 투입된 원재료 및 부분품 등의 각각의 원산지를 확인하는 작업이 이루어져야 한다. 경우에 따라서는 수십, 수백가지의 원재료 및 부분품의 원산지를 확인하는 것이 쉽지 않다. 물품 생산자와 수출자가 다른 경우, 원재료의 원산지를 확인하기 위해서 수출자는 원재료의 공급자 또는 생산자로부터 원산지확인서를 받아 원산지증명서의 근거자료로 이용한다. 원산지가 확인되지 않는 물품에 대해서는 원산지로 인정받을 수 없기 때문에 원산지물품에 대해서 원산지확인서에 의해 원산지제품임을 증명하여야 한다. 원산지소명서 및 국내제조확인서 또한 같은 맥락에서 만들어지게 되었으나 용도의 차이가 있다.

무역에 있어 관세는 일반적으로 수입관세를 의미하므로 FTA관세혜택은 수입자가 받게 된다. 그러나 원산지판단을 위한 근거자료의 구비는 일반적으로는 수출자 측에서 이루어지게 된다. 즉 혜택을 받는 입장과 혜택을 받기 위한 노력의 주체가 다르다. 또한 관세혜택의 정도가 품목마다 다르기 때문에 원산지증명서의 구비 등의 비용과 관세혜택의 정도를 비교하여 FTA활용의 타당성에 대한 검토가 필요할 수 있다. 그러나 수입자 측의 입장에서 관세혜택의 정도가 낮더라도 원산지증명서에 대한 구비를 요구할 수 있다. 수출자 측의 입장에서도 글로벌 경쟁이 심화되는 상황에서 무역상대 관리차원에서 이러한 노력들이 수반되어야 한다.

1. FTA원산지 증빙서류의 종류

FTA관세특례법 시행규칙 제6조의 '수출물품에 대한 원산지증명서의 발급절차' 규정은 "원산지증명서의 발급을 신청하려는 자는 수출물품의 선적이 완료되기 전까지 원산지증명서 발급신청서별지(제1호서식)에 다음 각 호의 서류를 첨부하여 증명서발급기관에 제출하여야 한다."고 정하고 있다.[5)]

5) 다만, 원산지인증수출자의 경우에는 첨부서류의 제출을 생략할 수 있음.

① 수출신고의 수리필증 사본
② 송품장 또는 거래계약서
③ 원산지확인서(해당 물품의 생산자와 수출자가 다른 경우로 한정한다)
④ 원산지소명서(수출자와 생산자가 다른 경우 생산자는 직접 제출가능)
⑤ 원산지확인서류(원산지소명서에 기재된 내용을 입증할 수 있는 국내제조확인서).

다만, 수출자와 생산자가 다른 경우 생산자는 해당 서류를 증명서발급기관에 직접 제출할 수 있다.

일반적으로 관세특혜를 받는데 있어서 설명한 5가지의 원산지증빙서류 중에 특히 ③원산지확인서와 ④원산지소명서에 대해서는 아래에 자세하게 설명되어 있다. 원산지증빙 관련 서류는 작성자와 활용자가 다르므로 일정 수준의 비용이 수반될 수 있다. 원산지증명서를 활용하여 FTA 관세혜택을 받은 기업(자)는 원산지 증명 책임을 지게 된다. 통관당국의 원산지 검증시 기준 충족 근거를 제시하지 못해 특혜관세 신청이 부당한 것으로 판정될 경우, 관세혜택이 취소되고 부과세를 특혜관세 신청자가 부담해야 한다.

2. FTA 원산지확인서[6)]

'원산지확인서'는 수출물품의 생산에 사용되는 재료 또는 최종물품을 생산하거나 공급하는 자가 수출자 또는 생산자의 요청이 있는 경우 해당 재료 또는 최종공급물품의 원산지를 확인하여 수출자 또는 생산자에게 제공하는 서류이다. 이는 원재료 공급에 대해 원산지확인절차를 마련하여 수출자의 원산지 입증 부담을 경감하고 원산지증명절차를 신속히 하기 위해 마련되었다.

생산과정에서 국내에서 공급받는 재료라 하더라도 외국에서 수입한 재료를 바탕으로 추가 가공한 후 최종 제품 생산자에게 납품할 경우, 해당 재료의 원산지 요건 충족여부에 대해서는 협정의 원산지 결정기준에 따른 별도의 판단이 필요하다. 또한 원산지를 알 수 없는 경우에도 역내산 재료가 될 수 없으며, 수출자가 원재료 원산지입증서류를 갖추어야만 특혜관세의 적용 대상이 될 수 있다. 따라서 국내에서 공급받은 수출용 원재료이거나 또는 수출자와 생산자가 다른 상품에 대해서는 수출자가 원산지 입증에 필요한 증빙서류를 갖추어야 한다. 그러나 현실적으로 공급자로부터 원산지증빙서류를 제공받기가 어렵다. 왜냐하면 원산지증빙서

6) FTA관세특례법 시행규칙 제6조의3

류는 원산지 판정기준인 세번변경기준 또는 부가가치기준의 근거서류로서 부품 및 재료의 원재료내역서, 제조공정내역서, 당해 물품의 원가내역서 등이 되는데 생산자 입장에서는 이러한 기업 정보를 수출자에게 제공하기가 부담스러울 수 있기 때문이다.

부품명세서, 원재료 원가명세서, 제조공정설명서 등의 원산지증빙서류는 기업비밀을 포함하고 있어 외부노출을 기피하는 경향이 많다. 이러한 근거서류 부족으로 인하여 수출자가 원산지증명서를 발급받는데 많은 어려움이 있다. 그러나 위의 근거서류를 바탕으로 원재료의 원산지확인서를 발행하여 주면 수출자는 이를 바탕으로 원산지증명서를 작성하게 된다.

또한 수출자는 원재료의 공급자가 발행한 원재료에 대한 원산지확인서를 구비할 경우, 당해 원재료에 대한 원산지 입증책임은 공급자가 부담하게 된다. 상대국 세관의 사후 검증 시에도 그 원재료의 원산지 적정여부에 대해서 원재료의 공급자에게 확인받는다.

원산지확인서 발급에 있어서 동일한 재료 및 제품을 동일한 수출자 또는 생산자에게 장기간 계속·반복적으로 공급하는 경우 12개월 이내 범위에서 최초의 원산지확인서를 반복하여 사용할 수 있는 원산지포괄확인서를 발급할 수 있다. 이는 매 건별 원산지확인서 작성·제공에 따른 불편을 해소하기 위한 것이다.

이러한 원산지(포괄)확인서는 수출자 또는 생산자가 원산지증명서의 발급을 신청하거나 기업이 자율적으로 원산지증명서를 작성할 경우 재료 및 상품의 원산지를 입증하는 서류로 주로 활용된다.

재료 또는 최종물품 생산자 등으로부터 원산지포괄확인서를 제공받은 생산자 또는 수출자는 이를 기초로 원산지증명서 발급을 신청하거나 자율적으로 원산지증명서를 작성할 수 있다.

원산지(포괄)확인서 발급의 작성은 수출업체가 직접 작성하는 것이 아니라, 원재료나 부품을 생산하거나 공급하는 업체가 협정별 원산지 결정기준에 따라 해당 재료가 국내산인지 역외산인지 판단하여 관련서식에 의거하여 작성한다. 원산지(포괄)확인서의 발급은 원산지증명서 발급과 동일한 과정을 거쳐 원산지 판정을 하게 된다. 부품별 HS코드 확인 및 FTA별 원산지 결정기준을 확인하여 원산지를 판단하고, 원산지(포괄)확인서 작성 후 발급을 요청한 생산자 또는 수출자에게 제공한다.

자료: 원산지확인서 양식

■ 자유무역협정의 이행을 위한 관세법의 특례에 관한 법률 시행규칙 [별지 제2호 서식] 〈개정 2014.3.14〉

원산지(포괄)확인서(Declaration of Origin)

발급번호(Reference No):

※ 뒤쪽의 작성방법을 읽고 작성하여 주시기 바라며, [ ]에는 해당되는 곳에 √표시를 합니다. (앞쪽)

1. 공급 하는 자 (Supplier)	상호(Company Name)	사업자등록번호(Business Number)
	대표자성명(Name of Representative)	전화번호(Tel. No.) 팩스번호(Fax. No.)
	주소(Address) 전자우편주소(E-mail)	인증수출자 인증번호(Customs Authorization No.)

2. 공급 받는 자 (Supplied to)	상호(Company Name)	사업자등록번호(Business Number)
	대표자성명(Name of Representative)	전화번호(Tel. No.) 팩스번호(Fax. No.)
	주소(Address) 전자우편주소(E-mail)	

공급물품 명세서(Good Statements)

3. 연번 (S/N)	4. 적용대상 협정 (Applicable FTA)	5. 품목번호 (HS 6단위) (HS Code (6-digit))	6. 품명·규격 (Description ·Specification of Good(s))	7. 원산지 결정기준 (Origin Criterion)	8. 원산지결정 기준 충족여부 (Fulfillment of Origin Criterion)		9. 원산지 (Country of Origin)	10. 원산지포괄확인기간 (년월일~년월일) (Blanket period (YYYY/MM/DD ~ YYYY/MM/DD))
					충족 (Y)	미충족 (N)		
					[ ]	[ ]		
					[ ]	[ ]		
					[ ]	[ ]		
					[ ]	[ ]		
					[ ]	[ ]		

「자유무역협정의 이행을 위한 관세법의 특례에 관한 법률 시행규칙」제6조의3에 따라 위와 같이 원산지를 확인합니다.

The undersigned hereby declares the origin of the good(s) in accordance with Article 6.3 of the 'Enforcement Rules of the Act on Special Cases of the Customs Act for the Implementation of Free Trade Agreements'.

작 성 자(Declarer): (서명 또는 인)(Signature)

직 위(Position):

상호 및 주소(Company Name/Address):

작 성 일 자(Date):

210mm×297mm[백상지 80g/㎡(재활용품)]

(뒤 쪽)

작 성 방 법

번호	기재항목	기 재 내 용
	발급번호	○ 원산지확인서를 발급하는 자가 자체적으로 관리하는 발급번호를 적습니다.
1	공급하는 자	○ 물품을 실제로 공급하는 자의 상호, 사업자등록번호, 대표자 성명, 전화 및 팩스 번호, 주소(E-mail 포함)를 적습니다. ○ 공급하는 자가 인증수출자인 경우, 인증수출자 인증번호를 적습니다.
2	공급받는 자	○ 원산지확인서의 물품을 공급받는 자의 상호, 사업자등록번호, 대표자 성명, 전화 및 팩스 번호, 주소(E-mail 포함)를 적습니다.
3	연 번	○ 종류가 다른 물품이 여러 개일 경우 각 종류별로 연번을 적습니다.
4	적용대상 협정	○ 해당 공급물품의 원산지결정기준을 적용한 자유무역협정(FTA)의 명칭을 적습니다. (예시) 한-칠레, 한-싱가포르, 한-EFTA, 한-아세안 등
5	품목번호 (HS 6단위)	○ 공급물품의 6단위 품목번호를 적습니다.
6	품명·규격	○ 공급물품의 품명과 규격을 적습니다.
7	원산지 결정기준	○ 물품의 원산지를 결정하는데 적용된 기준을 아래 표에서 정한 방법으로 적습니다.

원산지결정기준	기재방법
가. 완전생산 물품	- WO
나. 세번변경기준 - 2단위세번변경기준 - 4단위세번변경기준 - 6단위세번변경기준	 - CC - CTH - CTSH
다. 부가가치기준 - 공제법을 적용한 경우 - 집적법을 적용한 경우 - 역외산재료최대허용법을 적용한 경우 - 순원가법을 적용한 경우	 - BD - BU - MC - NC
라. 선택기준 - 실제 선택한 기준 예) 6단위세번변경기준을 선택한 경우 공제법에 따른 부가가치기준을 선택한 경우	- CTSH - BD
마. 결합기준 - 세번변경기준과 부가가치기준을 모두 충족한 경우	- CC(CTH또는CTSH) + BD(BU, MC 또는 NC)
바. 주요공정기준	- SP
사. 역외가공기준(개성공단 생산물품)	- OP
아. 기타기준	- Other

8	원산지결정 기준 충족여부	○ 원산지결정기준 충족여부를 표시합니다. (예시) 원산지인정요건을 충족한 경우 "[√] 충족"에 표시합니다.
9	원산지	○ 원산지결정기준을 충족할 경우 "KR" 또는 "한국"으로 적습니다.
10	원산지포괄 확인기간	○ 물품공급일로부터 12개월을 초과하지 아니하는 범위에서 반복하여 사용하려는 경우 그 반복사용기간을 적습니다. (예시) 2012.12.01 - 2013.11.30 ※ 원산지포괄확인기간을 적지 아니한 때에는 단수원산지확인서로 봅니다.

3. 원산지소명서

원산지소명서는 수출자 또는 생산자가 수출물품의 원산지 지위를 판정하기 위하여 부가가치의 산정, 제품의 HS 코드 및 그 제품에 사용된 원재료 등에 대하여 작성한 서류이다. 원산지증명서 기관발급 신청시, 또는 자율발급 원산지증명서 근거자료로 활용된다. 수출물품의 수출자와 생산자가 다른 경우 원산지소명서는 주로 생산자가 작성한다. 작성자인 생산자는 원산지소명서의 공개를 꺼리는 경우, 이를 수출자를 거치지 않고 원산지증명서 발급기관에 직접 제출할 수 있다.

수출물품에 대해 FTA 원산지 결정기준을 충족하는 근거를 설명하는 소명자료인 원산지소명서는 사후검증을 대비해 5년간 의무적으로 보관해야 한다.

원산지(포괄)확인서와 원산지소명서는 모두 원산지증명서를 증빙하기 위한 서류이지만 약간의 차이점이 있다. 원산지소명서는 내부적으로 보관하고, 원산지(포괄)확인서는 외부 기관에 제공하는 서류로서 구분된다. 원산지(포괄)확인서는 최종 수출물품의 원산지결정을 정확하게 확정하기 위해 필요한 서류로, 국내 거래되는 물품에 대해 FTA 원산지 판정이 이루어진 일종의 국내용 원산지증명서(C/O)의 역할을 한다.

원재료 공급자가 원산지(포괄)확인서를 작성하여 수출업체에 제공하면 수출업체에서는 이를 근거로 원산지소명서를 작성해 원산지증명서를 발급할 수 있다. 즉, 원재료들에 대한 원산지(포괄)확인서와 제품의 원산지소명서를 바탕으로 원산지증명서를 신청 또는 발급하게 되는 것이다.

자료: 원산지소명서 양식

(국문 앞쪽)

<table>
<tr><td colspan="7">원 산 지 소 명 서</td></tr>
<tr><td rowspan="3">1. 수출자</td><td>상 호</td><td colspan="2"></td><td>사업자등록번호</td><td colspan="2"></td></tr>
<tr><td>대표자(성명)</td><td colspan="2"></td><td>전화 / 팩스</td><td colspan="2"></td></tr>
<tr><td>주소(전자주소)</td><td colspan="5"></td></tr>
<tr><td rowspan="3">2. 생산자</td><td>상 호</td><td colspan="2"></td><td>사업자등록번호</td><td colspan="2"></td></tr>
<tr><td>대표자(성명)</td><td colspan="2"></td><td>전화 / 팩스</td><td colspan="2"></td></tr>
<tr><td>주소(전자주소)</td><td colspan="5"></td></tr>
<tr><td colspan="7">물 품 명 세</td></tr>
<tr><td>3. 품명/규격</td><td></td><td colspan="2"></td><td>4. HS No.</td><td colspan="2"></td></tr>
<tr><td rowspan="2">5. 물품가격</td><td>가격조건</td><td colspan="2">FOB ( ), Ex-Works ( )</td><td rowspan="2">6. 원산지 결정기준</td><td rowspan="2" colspan="2"></td></tr>
<tr><td>금 액</td><td colspan="2"></td></tr>
<tr><td>7. 주요생산공정</td><td colspan="6"></td></tr>
</table>

<table>
<tr><td colspan="7">원재료명세서</td></tr>
<tr><td rowspan="2">8. 연번</td><td rowspan="2">9. 재료명</td><td rowspan="2">10. HS No.</td><td rowspan="2">11. 원산지</td><td colspan="2">12. 가 격</td><td rowspan="2">13. 공급자
(생산자)</td></tr>
<tr><td>수 량</td><td>가 격</td></tr>
<tr><td></td><td></td><td></td><td></td><td></td><td></td><td></td></tr>
<tr><td></td><td></td><td></td><td></td><td></td><td></td><td></td></tr>
<tr><td></td><td></td><td></td><td></td><td></td><td></td><td></td></tr>
<tr><td></td><td></td><td></td><td></td><td></td><td></td><td></td></tr>
<tr><td></td><td></td><td></td><td></td><td></td><td></td><td></td></tr>
<tr><td></td><td></td><td></td><td></td><td></td><td></td><td></td></tr>
<tr><td colspan="2" rowspan="3">14. 합 계</td><td colspan="2">원산지재료(국산)</td><td rowspan="3"></td><td></td><td rowspan="3"></td></tr>
<tr><td colspan="2">비원산지재료(수입산)</td><td></td></tr>
<tr><td colspan="2">합 계</td><td></td></tr>
</table>

<table>
<tr><td colspan="4">원산지인정요건 검토</td></tr>
<tr><td>15. 완전생산기준 충족여부</td><td>예 ☐ 아니오 ☐</td><td>16. 세번변경기준 충족여부</td><td>예 ☐ 아니오 ☐</td></tr>
<tr><td>17. 부가가치기준 충족여부</td><td colspan="2">예 ☐ 아니오 ☐ (부가가치비율: %)</td><td></td></tr>
<tr><td>18. 세번변경기준과 부가가치기준 동시 적용품목</td><td>예 ☐ 아니오 ☐</td><td>19. 최소기준 적용여부</td><td>예 ☐ 아니오 ☐</td></tr>
<tr><td>20. 누적기준 적용여부</td><td>예 ☐ 아니오 ☐</td><td>21. 역외가공기준 적용여부</td><td>예 ☐ 아니오 ☐</td></tr>
<tr><td>22. 직접운송 여부</td><td>예 ☐ 아니오 ☐</td><td>23. 기 타</td><td>예 ☐ 아니오 ☐</td></tr>
<tr><td>24. 원산지 결정</td><td colspan="3">충족 ( ) 불충족 ( )</td></tr>
</table>

( ) 자유무역협정과 「자유무역협정의 이행을 위한 관세법의 특례에 관한 법률 시행규칙」에 따라 작성·제출합니다.

작 성 자: (서명)
직 위 :
상 호 및 주 소 :
작 성 일 자 :

(국문 뒤쪽)

작 성 요 령		
번호	기재항목	기 재 내 용
1	수 출 자	○ 물품을 실제로 수출한 자의 회사명, 사업자등록번호, 대표자 성명, 전화 및 팩스번호, 회사주소(전자주소 포함)를 적습니다.
2	생 산 자	○ 물품을 수출한 국가에서 실제로 생산한 자의 회사명, 사업자등록번호, 대표자 성명, 전화 및 팩스번호, 회사 주소(전자주소 포함) 등을 적습니다. 생산자가 다수인 경우에는 별지에 적습니다.
3	품명/규격	○ 물품의 품명, 모델명, 규격 및 상표명 등을 적습니다. (예시) 휴대폰; Samsung MX-2700; anycall ○ 품명은 송품장에 적은 것과 같아야 합니다.
4	HS. No.	○ 물품의 6단위의 품목번호를 적습니다.
5	물품가격	○ 가격조건: 본선인도가격 조건인 경우에는 FOB, 공장도거래가격 조건인 경우에는 Ex-Works에 "○" 표기합니다. ○ 금 액: 물품의 거래가격을 적습니다. 통화단위는 송품장에 적은 것과 같아야 합니다.
6	원산지결정기준	○ 물품의 원산지를 결정하는데 적용한 기준을 적습니다. (예시) 세번변경기준을 적용한 때에는 "세번변경기준"을, 부가가치기준을 적용한 때에는 "부가가치기준"을, 세번변경기준과 부가가치기준을 동시에 충족하여야 하는 조합기준을 적용한 때에는 "조합기준"으로 적습니다.
7	주요생산공정	○ 물품의 주요 제조과정 및 공정방법을 적습니다. (예시) 면사를 수입하여 직물을 가공한 후 의류를 제조하는 경우 ① 직조: 면사 85%, 합성사 15%로 면직물 제조(3m×100m) ② 날염: 면직물에 국내 ○○업체가 생산한 염료로 염색 ③ 재단 및 봉제: 남성용 셔츠 제작(50Pcs)
8	연 번	○ 물품의 생산에 사용된 원재료의 일련번호를 적습니다.
9	재 료 명	○ 물품의 생산에 사용된 원재료의 품명을 적습니다.
10	HS No.	○ 원재료의 6단위 품목번호를 적습니다.
11	원 산 지	○ 원재료의 생산국명을 적습니다.
12	가 격	○ 물품의 생산에 사용된 원재료의 수량과 가격을 적습니다. 다만, 그 물품이 세번변경기준 적용품목이면 적지 않아도 됩니다.
13	공급자 (생산자)	○ 원재료의 공급자(생산자)의 상호 · 주소 · 전자주소 · 전화번호 및 팩스번호를 적습니다.
14	합 계	○ 재료 중 원산지재료(국산)와 비원산지재료(수입산)의 가액과 그 합계액을 적습니다.
15~23	원산지기준	○ 물품의 원산지결정에 적용된 기준의 충족여부를 표기합니다. (예시) 부가가치기준을 충족할 경우 "예☑"로 표기합니다. ○ 19~21란에 "예☑"로 표기한 경우 세부 내역을 별지에 작성하여 첨부하여야 합니다.
24	원산지결정	○ 이 원산지소명서에 적은 내용으로 원산지결정이 가능한 경우에는 "충족"에, 불충분한 경우에는 "불충족"에 "○"를 표기합니다.

4. 국내제조확인서[7)]

원산지확인서가 재료 공급자 또는 최종물품 공급자가 수출자 또는 생산자 요청에 따라 공급물품의 '원산지를 확인'하여 제공하는 서류(또는 전자문서)인데 반해 국내제조확인서는 재료 생산 혹은 공급자가 생산자 또는 수출자의 요청에 따라 해당 재료의 '국내제조 사실을 확인'하여 제공하는 서류 혹은 전자문서이다. 국내제조확인서는 원산지확인서의 미비점을 보완하고 생산공정의 누적 등을 서류와 같은 형식으로 입증할 수 있도록 하기 위해 마련되었다.

원산지확인서와 같이 국내제조확인서도 동일한 재료 및 제품을 동일한 수출자 또는 생산자에게 장기간 계속·반복적으로 공급하는 경우 12개월을 초과하지 않는 범위에서 최초의 확인서를 반복하여 사용할 수 있는 국내제조포괄확인서를 발급할 수 있다. 이는 매 건별 원산지확인서 작성·제공에 따른 불편을 해소하기 위해 마련되었다. 재료 생산자 등으로부터 국내제조포괄확인서를 제공받은 생산자 또는 수출자는 이를 기초로 원산지증명서 발급을 신청하거나 자율적으로 원산지증명서를 발급할 수 있다.

이러한 국내제조(포괄)확인서는 수출자 또는 생산자가 원산지증명서의 발급을 신청하거나 기업 자율적으로 원산지증명서를 작성할 경우, 원산지인증수출자 신청시 재료의 국내제조 사실을 입증하는 서류로 주로 활용된다.

원산지확인서, 원산지소명서, 국내제조확인서 등의 양식은 자유무역협정의 이행을 위한 관세법의 특례에 관한 법률 시행규칙 서식에 따라 작성한다.

---

7) FTA특례법 시행규칙 제6조의 4

자료: 국제제조(포괄)확인서 양식

■ 자유무역협정의 이행을 위한 관세법의 특례에 관한 법률 시행규칙 [별지 제2호의2 서식] 〈개정 2014.3.14〉

국내제조(포괄)확인서(Declaration of Inward Processing)

※ 뒤쪽의 작성방법을 읽고 작성하여 주시기 바랍니다. (앞쪽)

1. 발급번호(Reference No.)		
2. 국내제조포괄확인기간 (Blanket period)	년 월 일부터 년 월 일까지 (From YYYY/ MM/ DD to YYYY/ MM/ DD)	
3. 공급하는 자 (Supplier)	상호(Company Name)	사업자등록번호(Business Number)
	대표자성명(Name of Representative)	전화번호(Tel. No.) 팩스번호(Fax. No.)
	주소(Address) 전자우편주소(E-mail)	
4. 공급받는 자 (Supplied to)	상호(Company Name)	사업자등록번호(Business Number)
	대표자성명(Name of Representative)	전화번호(Tel. No.) 팩스번호(Fax. No.)
	주소(Address) 전자우편주소(E-mail)	

5. 공급물품 명세(Good Statements)

연번 (S/N)	품목번호 (HS 6단위) (HS Code(6-digit))	품명·규격 (Description·Specification of Good(s))	수량 및 단위 (Quantity & Unit)	가격 (Value)	주요 생산공정 (Production Process)

6. 재료 명세(Material Statements)

공급물품 연번 (S/N in Entry 5)	재료 연번 (S/N)	품목번호 (HS 6단위) (HS Code(6-digit))	원산지재료 해당여부 (Originating Material(Y/N))	품명·규격 (Description·Specification of Good(s))	수량 및 단위 (Quantity & Unit)	가격 (Value)	비고 (Remarks)

「자유무역협정의 이행을 위한 관세법의 특례에 관한 법률 시행규칙」제6조의4에 따라 위와 같이 국내제조 사실을 확인합니다.

The undersigned hereby declares the inward processing of the good(s) in accordance with Article 6.4 of the 'Enforcement Rules of the Act on Special Cases of the Customs Act for the Implementation of Free Trade Agreements'.

7. 작성자 성명(Name of Declarer)	상 호(Company Name)
작성자 서명(Signature)	직 위(Position)
년(YYYY) 월(MM) 일(DD) __ __ __ __/__ __ /__ __/	전화번호(Tel. No.) 팩스번호(Fax. No.)

작 성 방 법

번호	기재항목	기 재 내 용
1	발급번호	○ 국내제조(포괄)확인서를 발급하는 자가 자체적으로 관리하는 발급번호를 적습니다.
2	국내제조포괄 확인기간	○ 물품공급일로부터 12개월을 초과하지 아니하는 범위에서 반복하여 사용하려는 경우 그 반복사용기간을 적습니다. ※ 국내제조포괄확인기간을 적지 아니한 경우에는 단수 국내제조확인서로 봅니다.
3	공급하는 자	○ 물품을 실제로 공급하는 자의 상호, 사업자등록번호, 주소, 대표자 성명, 전화 및 팩스 번호, E-mail 주소를 적습니다.
4	공급받는 자	○ 국내제조(포괄)확인서상의 물품을 공급받는 자의 상호, 사업자등록번호, 주소, 대표자 성명, 전화 및 팩스 번호, E-mail 주소를 적습니다.
5	공급물품 명세	○ 공급물품의 연번, 품목번호(HS 6단위), 품명·규격, 수량 및 단위, 가격(원화로 기재) 및 주요 생산공정(물품의 주요 제조과정 및 공정방법)을 적습니다.
6	재료 명세	○ 5번 항목에 기재된 공급물품별로 그 속에 포함되어 있는 재료에 대하여 연번, 품목번호(HS 6단위), 품명·규격, 수량 및 단위, 가격(원화로 기재) 등을 적습니다. ○ 단, 공급물품의 생산에 사용된 재료 중 원산지의 확인에 필요한 재료의 내역만을 기재합니다.(필요시 원산지재료 내역만을 기재하거나 비원산지재료 내역만을 기재할 수 있습니다) ○ 원산지재료이면 '원산지재료 해당여부'란에 'Y', 아니면 'N'으로 기재합니다.
7	작성자	○ 국내제조(포괄)확인서 작성을 담당하는 자의 성명, 상호, 서명, 직위, 작성일 및 전화번호·팩스번호를 적습니다.

제3장 FTA 협정관세 적용신청

FTA 협정관세는 협정상대국을 원산지로 하는 수입물품에 대하여 관세를 철폐하거나 세율을 연차적으로 인하하여 부과하는 관세를 말한다. 협정관세 적용물품과 연도별세율 등은 협정에서 정한다. 따라서 관세 즉시철폐 대상물품, 기간별 인하비율, 수량기준 등이 협정별로 양허 내용에 따라 다르다. 그러나 대체적으로 기본관세와 비교하여 관세가 없거나 낮기 때문에 수입자는 FTA에 따른 협정관세혜택을 받고자 규정에 따라 절차를 밟게 된다.

협정관세를 적용받기 위해서는 수입신고의 수리 전까지 협정관세의 적용을 신청하여야 한다. 이 경우 수입자는 신청할 때에 원산지증빙서류를 갖추고 있어야 하며, 세관장이 요구하면 제출하여야 한다.

수입신고의 수리 전까지 협정관세의 적용을 신청하지 못한 경우에 수입자는 해당 물품의 수입신고 수리일부터 1년 이내에 협정관세의 적용을 신청할 수 있다.

수입자의 입장에서 FTA 협정관세에 대한 적용신청은 관세혜택을 받기 위한 행정적인 절차로서, 이러한 절차가 반드시 이루어져야 관세혜택으로 이어질 수 있다. 일반적으로 원산지증명서는 수출자가 준비하고, 수입자로부터는 협정관세적용신청이 이루어져야 결과적으로 FTA 관세혜택을 받게 되는 것이다.

1. 수입신고수리 전 협정관세 적용

FTA체결로 인한 관세혜택을 받기 위해서는 협정관세 적용신청을 해야 한다. 신청 방법은 수입신고수리 시점을 기준으로 수리 전 신청과 수리 후 신청방법이 있다. 수리 전에 신청을 하고자 하는 경우는 수입자가 원산지증명서를 수입신고 수리 전에 구비하고 협정관세 적용신청을 하는 경우이다.

수입자는 수입신고의 수리 전까지 협정관세적용신청서를 작성하여 세관장에게 제출한다. 이 경우 수입자는 수입신고를 할 때에 적용받으려는 협정관세율과 관세율 구분부호를 수입신고서에 기재하여 제출한다. 이러한 절차에서 수입자는 신청할 때 원산지증빙서류를 갖추고 있어야 하며 세관장이 요구하면 제출하여야 한다. 수입자가 협정관세적용을 신청할 경우 ① 협정관세 적용대상 품목인지 여부, ②

원산지와 협정관세율 및 관세율 구분부호 일치 여부, ③ 협정관세적용신청서가 기재요령에 맞게 작성되었는지 여부, ④ 직접운송 관련서류 구비 여부, ⑤ 그 밖에 협정관세 적용신청의 형식적 요건 확인을 위해 필요한 사항 등의 요건을 심사한다.

원산지를 확인하는 과정에서 ① 수입신고서와 협정관세적용신청서의 원산지가 다른 물품, ② 품명과 원산지기준이 적정하지 않은 물품, ③ 제3국 선적물품 등 직접운송 미충족 우려물품, ④ 물품의 특성, 수출국의 산업구조 등을 고려하여 원산지증빙서류 제출대상 품목으로 관세청장이 지정한 물품, ⑤ 기타 원산지확인을 위하여 필요하다고 인정하는 물품에 해당하는 경우에 대해서는 수입자에게 세관장이 원산지증빙서류의 제출을 요구할 수 있다.

그러나 세관장은 수입자가 제출한 원산지증빙서류의 오탈자 등 형식적으로 경미한 오류가 있으나 물품의 원산지 등 실질에 영향을 미치지 않는 경우에는 당해 서류의 효력 전체를 부인해서는 안 되며, 경미한 오류를 송품장, 무역계약서 등에 의하여 확인할 수 있는 경우에는 원산지증빙서류의 보완요구를 하지 않을 수 있다.

또한 다음의 물품은 원산지증빙서류의 제출을 요구하지 않는다. 즉 원산지증빙서류 제출이 면제된다 : ① 과세가격이 미화 1천 달러 이하인 물품, ② 동종·동질물품을 계속 반복적으로 수입하는 경우로서 관세청장이 정하여 고시하는 물품, ③ 관세청장으로부터 원산지에 대한 사전심사를 받은 물품, ④ 물품의 종류·성질·형상·상표·생산국명 또는 제조자 등에 따라 원산지를 확인할 수 있는 물품으로서 관세청장이 고시한 물품이다.

수입자가 협정관세의 적용을 신청할 당시에 갖추어야 할 원산지증명서는 수입신고일 기준으로 협정 및 법령에 따른 유효기간 이내의 것이어야 한다. 다만 유효기간에는 원산지증명서의 유효기간이 지나기 전에 물품이 수입항에 도착한 경우에는 물품이 수입항에 도착한 다음 날부터 해당 물품에 대한 협정관세 적용을 신청한 날까지의 기간과 천재지변 등 불가항력에 따른 운송지연이나 그 밖에 이에 준하는 사유가 발생한 경우에는, 해당 사유가 발생한 다음 날부터 소멸된 날까지의 기간은 제외한다.

2. 수입신고수리 후 협정관세 적용신청

수입자가 수입신고 수리 전까지 원산지증빙서류를 갖추지 못하여 협정관세의 적용신청을 하지 못하는 경우에도 당해 물품의 수입신고 수리일부터 1년 이내에는 법령이 정하는 해당 서류를 첨부하여 추후 협정관세의 적용을 신청할 수 있다. 수입신고 수리 후에 협정관세 적용신청을 하고자 하는 자는 협정관세적용신청서에 ① 경정청구내역을 기재한 수입·납세신고정정신청서, ② 원산지증명서 원본, ③ 세관장이 요구하는 경우 원산지증빙서류를 첨부하여 세관장에게 제출한다.

세관장은 수입자가 제출한 서류에 대해 수입신고 수리일부터 1년이 경과되었는지 여부, 협정관세적용신청서가 기재요령에 맞게 작성되었는지 여부와 구비서류 등을 심사한다.

수입신고 수리 후에 협정관세의 적용을 신청한 수입자는 당해 물품에 대하여 이미 납부한 세액의 보정을 신청하거나 경정을 청구하여 관세를 환급 받는다.

3. 협정관세 적용물품에 대한 원산지확인 특례

협정에 달리 규정되어 있지 않는 한, 직접운송의 예외를 인정하는 단순환적 또는 일시장치물품 등의 경우에는 수입자가 제출하는 체약상대국으로부터 우리나라에 도착하기까지의 선하증권 등의 운송서류와 원산지가 아닌 국가의 보세구역에서 환적 또는 일시 장치되었음을 해당 국가의 세관 등 권한 있는 기관이 확인한 증명서로 원산지를 확인할 수 있다. 세관장은 체약상대국으로부터 우리나라에 도착하기까지의 선하증권 등 운송서류를 검토하여 선하증권 또는 항공화물운송장상의 적출항이 체약상대국의 항구 또는 공항으로 기재되어 있고, 도착항이 우리나라 항구 또는 공항으로 기재되어 있는 경우라면 우리나라까지의 운송에 소요되는 합리적인 기간을 감안하여 원산지를 확인할 수 있다.

세관장이 원산지를 확인한 결과, 당해 물품이 체약상대국으로부터 우리나라에 도착한 물품으로 원산지가 아닌 국가에서 세관의 통제하에 있었음이 확인된 경우에도 그 원산지를 인정할 수 있다. 체약상대국과 체약상대국이 아닌 국가로부터 수입된 원유 등 액체화물이나 곡물이 하나의 저장시설에 혼합 보관된 경우 체약상대국으로부터 수입된 액체화물 등의 원산지와 수량은 당해 물품의 원산지증명서 및 선하증권에 의한다. 다만 선하증권상의 수량과 실제 수입된 수량이 다른 경우에는 실제 수입된 수량을 우선 적용하며 이 경우 물리적으로 구분되어 원산지 지위를 부여하는 경우보다 더 많은 수량에 원산지 지위를 부여하지 않도록 한다.

4. 상호대응세율

예외적으로 한·아세안 FTA의 경우에는 관세율의 상호대응세율을 도입하고 있다. 상호대응세율이란 FTA체약상대국이 자국의 산업보호를 위해 관세철폐를 하지 않고 고관세를 유지하는 품목(민감품목)을 상대국에 수출할 경우, 수입국도 FTA협정에서 관세를 철폐하기로 약속한 품목이라 하더라도 상호주의에 따라 관세철폐를 하지 않거나 상대국 관세율 수준으로 관세를 부과하는 것이다. 동 제도에 의해 아세안국가가 자국 산업보호 등을 목적으로 우리나라 수출품에 고관세를 유지하고 있는 민감품목 중 당해물품이 우리나라로 수입될 경우 향후 국내산업 피해가 우려되는 일부품목에 대해서 우리나라가 협정에서 아세안 측에 약속한 FTA 특혜관세 혜택을 부여하지 않고, FTA 미체결국에 적용되는 관세율을 적용하도록 하였다. 아세안 국가가 우리나라 수출품에 대해 적용하는 관세율이 10%이하인 경우에는 우리나라도 아세안국가로부터 수입되는 동일한 품목에 대하여는 아세안국가와 동일한 관세율(상호대응세율)을 적용한다.

상호대응세율은 향후 아세안국가로부터 상호대응세율이 적용되는 물품의 수입이 급증할 경우 발생할 수 있는 국내산업의 피해 가능성을 감소시키고 우리나라 수출품에 대한 아세안측의 관세 조기인하를 유도하여 FTA효과를 증대시키기 위해 도입하였고, 아세안 측도 우리나라의 민감품목에 대해서는 동일하게 운용하고 있다.

자료: 협정관세적용신청서 양식

[별지 제16호서식] 협정관세적용신청서 (갑지)

협정관세적용신청서 (갑지)

(처리기간: 즉시) (페이지번호/총페이지수)

① 수입신고번호: XXXXX-XX-XXXXXXX-X

② 수입자: (상호) XXXXXXXXXXXXXXXXX (성명) XXXXXXXXXXX
(주소) XXXXXXXXXXXXXXXXXXXXXXXXXXXXXXXXXXX
(전화번호) XXXXXXXXXXXXXXXXXXX (FAX) XXXXXXXXXXXX
(전자주소) XXXXXXXXXXXXXXXXXXXXXXXXXXXXXXX
(사업자등록번호) 999-99-99999 (통관고유부호) XXXXXXXX-9-99-9-99-9

③ 수출자: (상호) XXXXXXXXXXXXXXXXX (국가명) XX (성명) XXXXXXXXXXX
(주소) XXXXXXXXXXXXXXXXXXXXXXXXXXXXXXXXXXX
(전화번호) 999-99-99999 (FAX) XXXXXXXXXXXX

④ 생산자: (상호) XXXXXXXXXXXXXXXXX (성명) XXXXXXXXXXX
(주소) XXXXXXXXXXXXXXXXXXXXXXXXXXXXXXXXXXX
(전화번호) 999-99-99999 (FAX) XXXXXXXXXXXX

999란 ⑤ 신청일자: YYYY/MM/DD
⑥ 원산지증빙서류 종류: [X] (1:원산지증명서, 2:사전심사서, 3:동종동질물품)
⑦ 원산지증명서 발급주체: [X] (1:기관, 2:자율(수출자), 3:자율(생산자), 4:자율(수입자))
⑧ 원산지: XX
⑨ 기관명 및 종류: XXXXXXXXXXXXXXXXXXXXXXX, [X] (1:국가기관, 2:상공회의소, 3:기타)
⑩ 발급번호: XXXXXXXXXXXXXXXXXXXXXXXXXXX ⑪ 발급일자: YYYY/MM/DD
⑫ 총순중량: 999,999,999 XXX
⑬ 적출국: XX ⑭ 적출항: XXXXXXXXXXXXXXXXXXXXX ⑮ 출항일: YYYY/MM/DD
⑯ 환적국: XX ⑰ 환적항: XXXXXXXXXXXXXXXXXXXXX ⑱ 환적일: YYYY/MM/DD

⑲ 연결원산지증명서 발급국가: XX
⑳ 제3국 송품장 발급국가: XX
㉑ 원산지인증수출자 번호: XXXXXXXXXXXXXXXXXXXXXXXXXX

㉒ 협정적용 순중량: 999,999,999 XXX ㉓ 분할차수: 999
㉔ HS부호: 9999.99 ㉕ 협정관세율(구분): 9,999.99(XX XXXX)
㉖ 원산지결정기준: [X] (A:완전생산, B:세번변경, C:부가가치, D:조합기준, E:역외가공, F:기타, G:자율발급)

자유무역협정의 이행을 위한 관세법의 특례에 관한 법률 제10조의 규정에 의하여 원산지증빙서류를 갖추고 이를 통하여 원산지물품임을 확인하였기 위와 같이 협정관세 적용을 신청합니다.

협정관세적용신청서 (을지)

(페이지번호/총페이지수)

란번호	001란	002란	003란	004란	005란
⑤ 신청일자					
⑥ 원산지증빙서류 종류					
⑦ 원산지증명서 발급주체					
⑧ 원산지					
⑨ 기관명					
기관종류					
⑩ 발급번호					
⑪ 발급일자					
⑫ 총순중량					
⑬ 적출국					
⑭ 적출항					
⑮ 출항일					
⑯ 환적국					
⑰ 환적항					
⑱ 환적일					
⑲ 연결원산지증명서발급국가					
⑳ 제3국 송품장 발급국가					
㉑ 원산지 인증수출자 번호					
㉒ 협정적용 순중량					
㉓ 분할차수					
㉔ HS부호					
㉕ 협정관세율(구분)					
㉖ 원산지결정기준					

제4장 원산지인증수출자제도

FTA체결국가가 증가하고, 각 협정별로 요구하는 원산지증명서의 서식과 발급요건이 상이함에 따라 원산지증명서 발급과 관련된 각종 비용 및 준비시간이 늘어나게 되었다. 원산지인증수출자(Customs Approved Registered Exporter)는 원산지증명서 발급에 소요되는 시간과 비용을 절감할 수 있도록 하기 위하여 도입된 제도이다. 원산지증명능력이 있다고 관세당국이 인증한 수출자에게 원산지증명서발급절차를 간소화하거나 자율발급권한을 부여하는 것이다. 즉 원산지인증수출자가 되면 기업의 업무관리능력이나 투명성을 인정받아서 서류제출의 면제 등의 혜택을 받을 수 있다.

원산지인증수출자제도는 유럽에서 많이 활용되고 있는데, 우리나라에서는 EFTA, EU와의 FTA를 체결하면서 관심이 높아지게 되었다. 특히 EU와의 경우는 6천유로 이상의 물품의 경우, 원산지인증수출자만이 원산지증명서를 자율증명할 수 있다. 따라서 유럽과의 무역이 많은 기업은 인증을 받아야 한다. 그러나 인증을 받기 위해서는 까다로운 절차를 거쳐야 하고, 원산지증명서를 관리할 수 있는 시스템 및 원산지관리전담자를 지정 운영하여야 하기 때문에 기업의 입장에서는 부담으로 작용할 수 있다.

이와 비슷한 제도로 AEO(Authorized Economic Operator)제도가 있는데, 이는 안전관리 우수공인업체(종합인증 우수업체라고도 함)를 뜻한다. 미국이 9·11테러이후 도입한 강화된 무역안전조치를 세계관세기구(WCO) 차원에서 수용하면서 무역안전과 무역원활화를 조화시키는 과정에서 탄생하게 되었다. 안전관리 우수공인업체로 인정을 받게 되면, 안전한 기업으로 인정받아 수출입통관시 검사 및 절차 간소화 등의 혜택을 받는다.

이 두 가지 제도의 공통점은 국제통상관련 제도로서 기업의 노력에 의해 받을 수 있는 인증인데, AEO의 경우는 '안전한 기업임을 인증' 받는 것이고, 원산지인증수출자는 '원산지관리 능력을 인증' 받는 것이다. 두 제도의 차이점으로는 AEO는 FTA와 직접적인 관련이 없으나, 원산지인증수출자는 FTA를 활용하기 위해서 받아야 하는 인증이라는 점이다. 본 장에서는 원산지인증수출자로 인증받기 위한 절차 및 혜택에 대해서 알아본다.

1. 원산지인증수출자 제도의 개념 및 구분

현행 원산지인증수출자 제도는 업체별인증수출자와 품목별인증수출자로 구분된다. 업체별 원산지인증수출자 지정요건은 첫째, 원산지결정기준 충족여부를 증명할 수 있는 전산처리시스템을 보유하고 있거나 증명할 능력이 있는 자이다. 즉, 원산지증명능력을 보유하고 있는 자라 할 수 있는데 실무적으로 세관에서는 신청업체가 전산시스템을 통하여 물품의 원산지를 관리하는지 여부와 원산지 증명서를 신청할 때 필수서류인 원산지소명서의 작성능력으로 신청자의 증명능력을 확인한다. 둘째, 원산지증명서 작성대장을 비치·관리하고 관세청장이 정하는 바에 따른 원산지 관리 전담자를 지정·운영하여야 한다. 원산지관리전담자라 함은 원산지관리사 자격을 보유하고 있거나 일정시간 이상의 원산지관련 교육을 이수한 소속 직원으로서 지정된 자이거나 계약에 의거 지정된 외부의 관세사 등을 말한다. 셋째, 법규준수도 요건으로 최근 2년간 원산지조사를 거부한 사실이 없고, 최근 2년간 서류보관의무를 위반한 사실이 없으며, 최근 2년간 속임수 또는 부정한 방법으로 원산지증명서를 발급 신청한 사실이 없는 자이다. 업체별 원산지인증수출자는 이러한 요건을 갖추고 있어, 원산지증명 능력을 보유한 업체인지 여부를 심사하여 관세청에서 인증한 수출자이다. 업체별 인증을 받으면 모든 협정, 물품에 대하여 간이하게 원산지증명서 발급이 가능하다.

이에 비해 품목별인증수출자는 수출 또는 생산물품이 수출국과의 FTA에 따른 HS 6 단위별 원산지 결정기준을 충족하는 경우 원산지증명능력 보유업체인지 여부를 심사하여 품목별인증수출자로 지정하고 품목별 인증을 받은 해당협정, HS 6단위가 동일한 물품에 대해서는 간이하게 원산지증명서 발급이 가능하다. 업체별 인증수출자는 업체의 전반적인 원산지증명능력이 기본적인 인증기준인데 비하여 품목별 인증수출자는 HS 6단위 품목이 원산지결정기준을 충족하면 된다. 법규준수도 요건도 없으며, 원산지증명서 작성대장을 비치·관리하고 관세청장이 정하는 바에 따른 원산지관리전담자를 지정·운영하면 되므로 업체별 원산지 인증 보다 쉽게 인증받을 수 있다. 그러나 구매선 변경, 구매가격 등의 변동으로 인증물품이 본래의 원산지결정기준에 미충족되거나 인증물품의 종류가 변경된 때에는 새로 인증을 받아야 한다.

표 5-9 **업체별 원산지인증수출자 및 품목별 원산지인증수출자 요건 비교**

구분	업체별 원산지인증수출자	품목별 원산지인증수출자
인증요건	• 원산지관리시스템 또는 원산지증명 능력보유 • 원산지증명서 작성대장 비치·관리 여부 • 원산지관리전담자 지정 및 운영여부 • 최근 2년간 원산지조사 거부사실 없음 • 최근 2년간 원산지증명서 부정발급 없음	• 해당품목(HS6단위)원산지결정기준 충족여부 • 원산지증명서 작성대장 비치·관리 여부 • 원산지관리전담자 지정 및 운영 여부

업체별 원산지인증수출자인증의 유효기간은 5년이며 연장할 수 있다. 품목별 인증수출자의 경우도 5년이며, 최근 2년간 원산지조사에 따른 조사를 거부한 사실이 있거나 최근 5년간 서류 보관의무를 위반한 사실이 있는 자에 대해서는 관세청장이 정하는 바에 따라 인증유효기간을 달리 할 수 있다. 인증유효기간을 연장하려는 자는 인증유효기간 만료 30일 전까지 인증서를 발급한 세관장에게 인증유효기간의 연장을 신청하여야 한다.

표 5-10 **업체별 원산지인증수출자와 품목별 원산지인증수출자 비교**

구 분	업체별 원산지인증수출자	품목별 원산지인증수출자
인증기준	원산지증명능력 및 법규 준수도	HS 6단위별 원산지증명능력 및 법규준수도
혜택범위	모든 품목	인증받은 협정별, HS 6단위 품목
인증유효기간	5년	5년

2. 원산지인증수출자 지정에 따른 혜택

원산지인증수출자 지정에 따른 수출기업의 혜택을 구체적으로 살펴보면 먼저 기관발급제를 채택하고 있는 아세안·싱가포르·인도·페루와의 FTA의 경우 원산지증명서 발급 신청시 인증수출자는 신청서만 제출하고 5종 이상의 서류제출과 현지확인이 면제되고, 기관의 원산지증명 관련 심사절차가 간소화 된다. 자율발급제를 채택하고 있는 한·EFTA FTA에서는 인증신청시 서면확약서를 제출한 경우 원산지신고서 작성 시 수출자 서명을 생략할 수 있다. 한·EU FTA에서는

6,000유로, 한·페루 FTA에서는 미화 2,000달러 초과 수출물품에 대한 원산지증명서 자율발급 권한이 부여된다.

인증수출자가 아닌 경우에는 한·EU FTA 건당 6,000유로를 초과하는 수출에 대하여 원산지증명서를 발급할 수 없으며, 6,000유로 미만의 경우라 하더라도 서명을 반드시 하여야 한다. 한·페루 FTA에서는 인증수출자가 아닌 경우 발효 5년 차까지는 미화 2,000불을 초과하는 경우 기관발급을 통해서만 원산지증명서의 발행이 가능하다. 이와 같은 내용을 표로 정리하면 다음과 같다.

표 5-11 원산지인증수출자 지정에 따른 협정별 혜택

협정명	인증 이전	인증 이후
아세안 싱가포르 인도 페루	① 원산지증명서 발급신청서작성 ② 첨부서류 제출 - 수출신고필증 사본 - 송품장 또는 거래계약서 - 원산지소명서 - 원산지확인서(생산자 수출자 상이) - 그 밖의 원산지 증빙자료 ③ 현지확인(필요한 경우)	① 원산지증명서 발급신청서 작성 ② 첨부서류 제출 생략 ③ 현지확인 생략 가능
EFTA	① 원산지증명시 수출자 서명 필요, 전자문서 이용 불가능	① 원산지증명시 수출자 서명 생략, 전자문서 이용가능
EU	① 6,000유로 초과 물품 수출할 경우 특혜관세 혜택 불가능	① 6,000유로 초과 물품 수출시 인증수출자에 한하여 원산지증명서 자율발급 가능
페루	① 미화 2,000달러 초과 물품 수출할 경우 원산지증명서 기관발급만 가능	① 미화 2,000달러 초과 물품 수출시 기관발급 및 자율발급 가능
기타	동 제도 미적용	

출처: http://fta.customs.go.kr/kcsweb/user.tdf?a=common.HtmlApp&c=1102&page=/fta20

업체별 인증수출자와 품목별 인증수출자는 각각 인증요건과 인증에 따른 혜택이 상이하므로 수출업체의 상황에 맞게 선택하는 것이 중요하다. 예를 들어, 다수의 품목을 수출하거나 여러 국가에 수출하는 경우 또는 향후 EU로의 수출이 증가할 것으로 예상되는 경우에는 업체별 인증을 받는 것이 유리하다. 그러나 비교적 적은 품목(수출하는 품목의 HS 6단위 기준)을 특정 국가로 수출하는 경우에는 인증절차 및 요건이 간단한 품목별 인증을 받는 것이 업체에 유리할 수 있다.

업체별 원산지인증수출자와 품목별 원산지인증수출자 모두 인증범위 내에서만 혜택이 부여된다. 업체별 인증의 경우 인증수출자로 지정된 이후 발효되는 모든 협정 및 신규 수출품목에 대해서도 별도 추가 인증과정 없이 기존의 수출물품들과 동일하게 인증수출자 지정에 따른 혜택을 부여받는다. 이에 비해 품목별 인증의 경우 인증받은 협정 이외의 협정체결국에 수출하거나, 인증받은 HS 6단위 외 신규 품목을 수출할 경우에는 혜택을 받을 수 없다.

또한, 인증수출자는 자율적으로 원산지를 판정하고 원산지증명서를 발급하는 등의 자격을 준 것이므로 인증수출자로서 지정되었다 하더라도 원산지 판정에 따른 책임은 여전히 존재한다. 따라서 인증수출자는 각 개별물품의 원산지 판정을 통하여 한국산 원산지를 충족하는 물품에 대해서만 원산지증명서를 발급하여야 하며, 인증을 받더라도 원산지관련 서류는 5년간 보관하여야 한다.

3. 원산지인증수출자 지정 실무 절차

원산지인증수출자로서의 인증을 받기 위한 신청은 관세청 인터넷 통관포탈 시스템인 전자통관시스템으로도 할 수 있으며, 별도 서류 제출 없이 전산시스템 화면에서 직접 등록 하고, 필요한 서류는 파일로 첨부하여 시스템으로 전송하면 된다.

인증업무는 각 지역본부세관장 및 직할세관장으로 한정되어 있으며, 인증세관장은 신청을 받은 날부터 20일 이내에 인증요건 충족여부를 확인하여 요건이 충족하는 경우 신청자에게 인증서를 교부하고, 그 사실을 지체없이 관세청장 및 증명서발급기관에 통보하여야 한다. 세관장은 제출받은 서류가 미비하거나 원산지결정기준의 충족여부를 심사하기가 곤란하다고 인정하면 5일 이상 10일 이내의 기간을 정하여 보정을 요구하거나 현지확인을 할 수 있다. 이 경우 보정기간은 심사기간에 포함되지 않는다.

업체별 원산지인증수출자의 유효기간은 3년이고 품목별 인증수출자의 경우는 2년이었으나, 2015년 1월 15일부터 둘 다 유효기간이 5년으로 바뀌는 등 지정절차와 연장절차 등이 간소화되었다. 인증유효기간을 연장하기 위해서는 인증유효기간 만료 30일 전까지 인증서를 발급한 세관장에게 연장 신청을 하여야 하는데, 연장 신청시기를 놓치거나 잊고 있는 경우가 있어, 인증수출자의 유효기간 만료 2개월 전까지 세관장이 의무적으로 인증연장 안내서를 송부하도록 하여 연장신청이 누락되지 않도록 하고 있다.

업체별 원산지인증수출자가 원산지증명능력 요건 및 원산지증명서 작성대장 비치·관리와 원산지관리전담자 요건 중 어느 하나의 요건을 갖추지 못한 것이 확인되면 시정명령을 받을 수 있고 업체별 원산지인증수출자가 정당한 사유 없이 기간 내에 시정하지 않으면 업체별 원산지인증수출자의 인증이 취소될 수 있다. 그 외 법규준수도 요건인 경우에는 위반 시 시정절차 없이 인증이 취소된다. 품목별 인증수출자의 경우에는 원산지증명서 작성대장을 비치·관리하지 않거나 원산지관리전담자를 지정·운영하지 않는 경우만 시정명령 대상이다.

다만 원산지인증수출자를 취소하기 전에는 사전에 청문절차를 통해 당해 원산지 인증수출자에게 통보하여 본인 또는 그 대리인으로 하여금 의견을 제출할 수 있는 기회를 주어야 하고, 청문을 하는 때에는 청문 예정일 10일 전까지 청문 예정일을 지정하여 당해 원산지 인증수출자에게 서면으로 통지하여야 한다.

표 5-12 인증업무 절차 요약

단계별 인증 업무	
step 1	인증 신청/접수(UNI-PASS 또는 서면접수)
step 2	신청서배부(본부세관 및 평택직할세관)
step 3	서면심사(필요시 보정요구/ 현지확인)-인증요건 미충족 시 보정요구 또는 반려
step 4	인증서 교부(20일 이내)
step 5	인증변경신고/수리(7일 이내)
step 6	유효기간 연장신청
step 7	인증수출자 사후관리
step 8	시정명령(30일 이상)-인증요건 미충족 시
step 9	인증취소(청문)-법규준수요건 미충족 시

원산지인증수출자 인증은 자율적으로 원산지를 판단할 수 있는 권한을 준 것이므로 원산지 결정기준 충족 여부를 판단하여, 충족하는 물품에 대해서만 원산지증명서 발급이 가능하며, 이에 대한 책임은 스스로 지게 된다.

제6부

FTA 원산지검증 및 벌칙

제6부

FTA 원산지검증 및 벌칙

현재 다자간 국제통상규범에 의해 각 나라에서는 수입시 MFN(최혜국대우)관세를 적용한다. 최혜국대우관세란 모든 나라에 대해 동등하게 관세를 부과하는 것을 의미한다. 그러나 FTA를 체결한 나라로부터 수입되는 물품에 대해서는 관세양허 협정내용에 따라 관세가 없거나 낮은 관세율을 적용하여 수입통관을 시킨다. 이는 수입국의 입장에서는 관세수입을 포기하는 것을 의미한다.

Rules of Origin

FTA체결을 통해 서로의 기업에게 관세혜택을 주어 비체결국 기업에 비해 유리하게 수출할 수 있는 여건을 마련해 주어, 경쟁력을 높이는 효과를 얻게 한다. 그러나 이러한 혜택을 받기 위해서는 협정에서 정한 원산지결정기준과 행정적인 절차에 맞게 통관되어야 한다.

FTA활용도를 높이기 위해 원산지증명서의 자율증명 등 기업에게 권한을 주고 있으나, 이를 악용하여 부당한 관세혜택을 받는 경우가 있다. 이러한 부당한 사례를 저지하기 위해 검증 및 벌칙에 관한 규정을 두고 있다. 원산지검증은 부당한 특혜관세 신청을 억제하기 위한 장치이고, 징벌적 성격의 벌칙이 적용되므로 부당 신청에 대한 처벌은 강할 수 밖에 없다.

실질적으로 많은 기업들이 검증에 의해 어려움에 처하게 되기도 하므로 이에 대한 대책이 필요한 실정이다. 즉 원산지결정기준에 맞게 제조하고, 이를 증빙하는 서류를 갖추고, 이들 서류는 일정기간(보통 특혜관세 신청 후 5년) 동안 보관하여야 하는 등의 의무를 준수하여야 하는 것이다. 제1장은 FTA 원산지검증제도에 대해 살펴본다. 2장은 위반자에 대한 제재에 대해 알아보며, 3장은 비밀유지 의무 및 벌칙에 대해 다룬다.

제1장 FTA 원산지검증

FTA의 체결건수가 많아지면서 FTA를 활용하는 기업들이 많아지고, 이에 따른 관세혜택을 받는 기회가 많아지게 되었다. 그러나 이러한 혜택이 협정에서 규정하는 원산지결정기준을 충족하였는지, 그리고 이를 바탕으로 협정에서 규정하는 양식과 기재요령에 맞춰 정확하게 원산지 증명서를 발급하였는지에 대해 수입체약국 세관이 사후적으로 검증한다. 이에 따라 적절하지 못하게 관세혜택을 받은 기업들은 이를 반환하는 등의 결과로 이어질 수 있다.

원산지 검증은 수입자 검증 후 해당 수출국에서 직접 또는 간접검증으로 이루어지기 때문에 수입자에게 먼저 절차가 진행되고, 검증결과 명확하지 않을 시는 수출자에게 이어지게 된다. 검증결과에 따라서 그동안 수입자가 혜택받아온 관세를 추징당할 수 있어, 수출자의 원산지증명서는 신중하게 판단하고 명확하게 작성하여야 하며 관련 증빙자료에 대한 보관의무를 충실하게 이행해야 한다. 수입자의 입장에서도 수출자로부터 전달받은 FTA원산지증명서가 협정에서 요구하는 양식과 기재요령에 맞게 발행되었는지의 여부를 확인하여 미래의 검증에 대비하는 것이 필요하다.

한·EU FTA는 간접검증 방식을 택하고 있으나, 한·미 FTA는 수입국세관에 의한 직접검증방식을 채택하고 있다. 수출자의 입장에서는 간접검증보다 직접검증에 더 큰 부담을 가질 것이다. 그러나 원산지검증에 대비하여 원산지 관리 시스템을 잘 갖추고 있다면 검증에 신속하게 대응할 수 있을 것이다.

1. FTA 원산지검증(조사)제도의 의의

FTA 원산지검증(Verification)이란 협의의 개념으로 보면 협정 및 국내법에서 정한 원산지 요건(원산지결정기준, 원산지증빙서류 등)충족여부를 확인하여 잘못된 것을 바로잡거나 위반자에 대한 제재조치를 취하는 절차이다. 광의의 개념으로는 원산지 요건 이외에 협정 및 국내법에서 정하는 모든 특혜요건(거래당사자, 세율, 신청절차 등) 또는 허위표시 여부를 확인하고 필요한 조치를 취하는 일련의 과정을 모두 포함한다.

특혜 적용받은 협정관세의 적정여부와 수출입물품의 원산지확인을 위하여 국내 수입자・수출자・생산자 및 원산지증빙서류 발급기관, 체약상대국 수출자・생산자를 대상으로 원산지를 조사한다.

원산지검증의 목적은 불공정 무역행위의 방지, 제3국 물품의 우회수출입방지를 통한 국내산업보호, 관세탈루 방지를 통한 세수증대, 협정국간 교역과 투자촉진, 상대국의 검증요청 수행을 통한 FTA 이행관리 등 다양할 수 있다. 그러나 수입국 세관의 입장에서는 수입자가 제출하는 원산지증명서만으로는 원산지의 정확성을 전적으로 신뢰할 수 없는 경우가 있다. 원산지의 적정여부 확인을 위해서는 당해 물품의 생산에 사용된 원재료명세서, 원재료원가내역서, 제조공정서 및 생산시설 등에 대한 조사가 필요하다. 그러나 이러한 자료는 통상 수출자 또는 생산자의 영업비밀에 속하는 사항이므로 수입자를 통한 확인이 곤란하며, 현지의 수출자 또는 생산자에 대한 최종적인 실사를 통하여 정확하게 원산지의 적정여부를 검증할 수 있다. 이에 대한 절차 등은 각 FTA협정문에서 정하고 있으나, 우리나라 관세당국에서는 FTA 관세특례법(법, 시행령, 시행규칙, 사무처리에 관한 고시)을 만들어 일괄적으로 법으로 정하고 있다. 따라서 FTA 협정문에서 정하지 않은 내용은 FTA관세특례법에 따라 조사(검증)하고 있다.

원산지검증을 우리나라의 FTA특례법(제13조, 시행령 제14조 및 시행규칙 제17조)에서는 '원산지조사'로 규정하고 있다. 일반적으로 FTA 각 협정에서는 원산지의 요건 충족의 조사여부를 '검증'이라고 표기하고, FTA관세특례법에서는 원산지조사라고 한다.[1)]

2. 원산지검증방식

FTA에서는 원산지에 대한 조사 및 검증은 수입국 세관에서 요구한다. 이는 FTA체결로 인한 관세혜택은 수입자가 누리고, 수입국의 해당 기관에서 관세에 대한 혜택을 부여하고 있기 때문에 그 혜택에 대한 이유가 정확한지 확인하기 위함이다. 원산지검증을 수입국 세관당국이 수행하느냐 수출국 세관당국이 수행하느냐에 따라 직접검증방식, 간접검증방식이 있다. 직접검증 방식은 수입국 세관이 해외수출자를 대상으로 직접검증하는 방식으로 주로 미주형에서 많이 이용되고

1) FTA관세특례법에서는 덤핑방지관세・상계관세 및 긴급관세조치와 관련해서도 국내산업의 피해 조사 등의 조사라는 단어를 쓰고 있어, 명확한 구분을 위하여 본 서는 주로 검증이라고 칭하도록 함.

있다. 이에 비해 간접검증의 경우 수출국의 세관당국에 원산지검증을 의뢰하여 간접적으로 검증하는 방식이다.

또한 제한적으로 간접검증을 취하기도 한다. 수출국 세관당국에게 수출국의 수출자 또는 생산자에 대한 조사를 위탁하되, 객관성과 투명성 확보를 위하여 수출국 세관당국의 조사과정에 수입국 세관직원이 입회 또는 참관한다. 아시아형은 직접검증과 간접검증을 혼합하여 사용하기도 한다.

표 6-1 FTA별 원산지 검증방식

FTA	한·칠레	한·싱가포르	한·미국	한·아세안	한·인도	한·페루	한·EFTA	한·EU	한·터키
검증방식	직접검증			원칙: 간접검증 예외: 직접검증			원칙: 간접검증		
검증주체	수입국 세관			간접: 수출국 세관 직접: 수입국 세관			수출국 (수입국 세관 참관)		

수입자가 제출한 관계 서류 등이 의심스러운 경우, 우선적으로 수입자를 검증하고, 검증에 대한 자료구비 등이 미흡할 경우, 수출자 등의 검증으로 들어간다. 그리고 원산지검증의 원칙은 서면조사를 우선으로 한다. 서면조사의 결과 원산지에 대한 확인이 곤란한 때에는 절차에 따라 현지조사를 실시한다.

체약상대국에서 수입된 물품에 대하여 협정에서 정하는 범위에서 원산지 또는 협정관세 적용의 적정 여부 등에 대한 확인을 위하여 필요하다고 인정하는 경우에는 제출된 원산지증빙서류의 진위 여부와 그 정확성 등에 관한 확인을 체약상대국의 관세당국에 요청할 수 있다. 이 경우 확인을 요청한 사실을 수입자에게 통보하여야 하며, 체약상대국 관세당국으로부터 확인 결과를 통보받은 때에는 그 회신 내용과 그에 따른 결정 내용을 수입자에게 통보하여야 한다.

또한 관세당국에서 검증이 필요하다고 인정되거나, 또는 체약상대국의 관세당국으로부터 원산지증빙서류의 진위 여부와 그 정확성 등에 관한 확인을 요청받은 경우에는 협정에서 정하는 범위에서 수입자, 수출자 또는 생산자, 원산지증빙서류 발급기관 등의 어느 하나에 해당하는 자를 대상으로 수출입물품에 대한 원산지 또는 협정관세 적용의 적정 여부 등에 관해 서면검증 또는 현지검증을 할 수 있다.

FTA 확대로 수출이 증가하는 만큼 협정상대국으로부터의 검증요청은 지속적으로 증가하는 추세에 있다. 체약상대국에서 요청하는 검증의 주요 사유로는 수입자를 대상으로 조사를 한 결과 원산지를 확인하기 곤란하거나 추가로 확인이 필요한 경우로서, 원산지 증명서 진위여부가 불확실하여 확인요청을 하게 된다. 또한 무작위 추출(Random 방식의 선별)방식으로 표본조사를 하려는 경우이다. 이와 관련하여 FTA별 원산지 검증방식은 다음 <표 6-2>와 같다.

표 6-2 FTA협정별 원산지검증 방법

협정	간접검증	직접검증
한 · 칠레	-	서면질의 및 정보요청, 방문조사
한 · 싱가포르 (순차적용)	① 수출국 세관을 통하여 수출자 또는 생산자에게 원산지소명서 및 정보요청	② 방문조사
한 · EFTA	수출국 세관에 검증의뢰 및 검증과정 참관	-
한 · 아세안 (순차적용)	① 수출국 발급기관에 검증의뢰	② 방문조사
한 · 인도 (순차적용)	① 수출국 발급기관에 검증의뢰	② 서면조사 또는 방문조사
한 · EU	수출국 세관에 검증의뢰 및 검증과정 참관	-
한 · 페루	수출 당사국의 권한있는 당국을 통해, 수출자 또는 생산자로부터의 추가적인 정보의 서면 요청	권한있는 당국의 공무원이 동행하는 방문 조사
한 · 미	간접검증 방식 적용(섬유제품에 한함)	정보요청, 서면질의, 방문조사
한 · 터키	수출국 세관에 검증의뢰 및 검증과정 참관	-

검증결과에 대한 회신에 대해서는 해당기관(관세청장 또는 세관장)이 수입물품에 대해 체약상대국의 관세당국에 원산지의 확인을 요청한 경우 체약상대국 관세당국(발급기관)은 협정별로 <표 6-3>에 기재된 기간 이내에 조사결과를 회신하여야 한다. 정해진 기간 내에 결과를 회신하지 않거나 조사결과 세관장에게 신고한 원산지가 실제 원산지와 다른 것으로 확인되거나 회신 내용에 원산지의 정확성을

확인하는데 필요한 정보가 포함되어 있지 않은 경우 협정관세의 적용을 제한할 수 있다.

표 6-3 FTA별 간접검증 회신기간

FTA별	한 · 아세안	한 · 인도	한 · 페루	한 · EFTA	한 · EU	한 · 터키
회신기간	2개월	3개월	150일	10개월	10개월	10개월

3. FTA 원산지검증 절차

FTA의 원산지검증절차는 각 협정별로 조금씩 다를 수 있다. 직접검증방식은 수입국 세관이 해외수출자를 대상으로 직접검증하는 방식으로 미주지역에서 많이 쓰이는 방식이다. 간접검증은 수출국 세관이 수입국의 요청을 받아 자국 수출자를 대상으로 검증하는 방식이다. 수입국 세관에서는 참관이 가능하며, 유럽형 방식이라 할 수 있다.

검증을 하는 방식은 처음에는 서면검증방식을 취하게 되고, 서면검증에서 확실하게 밝혀지지 않을 때는 그 다음 현지검증으로 들어간다. 협정별 검증절차는 대체적으로 비슷한 양상을 보이고 있는데, 한·싱 FTA 원산지검증절차를 싱가포르에서 수출하고 한국에서 수입한 예를 들어 설명하면 다음과 같다.

한·싱 FTA에서 채택한 원산지검증방식은 크게 4단계로 구분된다. 먼저 세관당국은 수입자에 대해 원산지증명서를 요구하며, 이를 통해서도 원산지에 대한 의심이 불식되지 않는 경우 2단계로 수입자에게 원산지증빙서류를 요구하게 된다. 수입자가 원산지증빙서류를 가지고 있지 않거나 충분하지 않은 경우에는 3단계로 싱가포르의 수출자 또는 생산자에게 원산지증빙서류의 제출을 요구할 수 있다. 수출자 또는 생산자가 제출한 자료에 의해서도 원산지의 진실성이 충분히 입증되지 않는 경우에는 4단계로 싱가포르 현지의 수출자 또는 생산자를 대상으로 현지 사업장이나 생산시설을 방문하여 원산지 검증을 할 수 있다([그림 6-1] 참조).

그림 6-1 **한 · 싱 FTA 원산지검증절차**

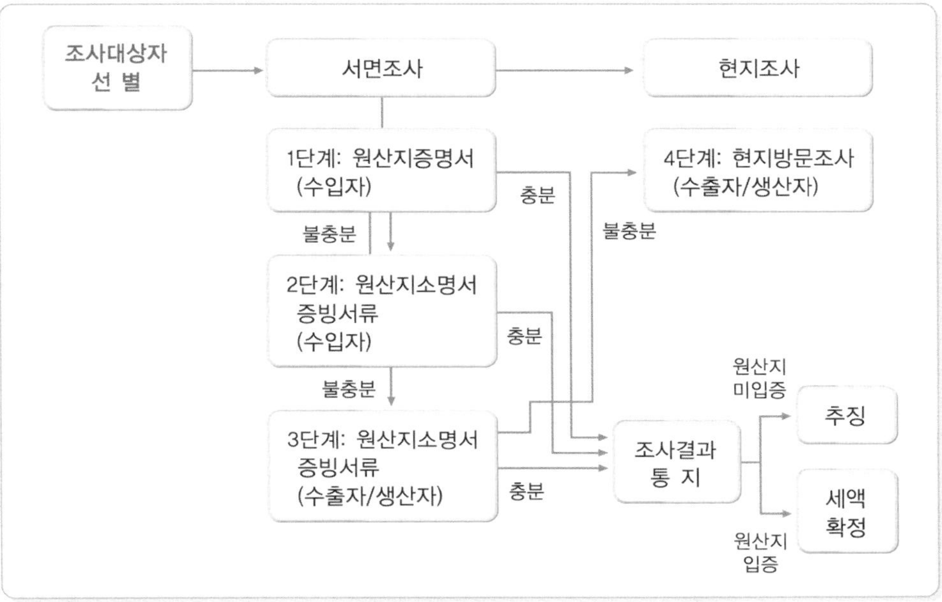

FTA관세특례법 시행규칙(제17조)에서 체약상대국별 원산지에 관한 조사의 방법에서 정하고 있다.

서면조사는 조사대상자인 수입자, 수출자 또는 생산자 등으로 부터 원산지 조사에 필요한 자료를 제출하도록 하여 서류로만 심사하는 방법이다. 그러나 서면조사에 앞서 조사대상자 및 서면조사기간, 조사대상 수출입물품, 조사이유, 조사할 내용 등의 자료제출 및 요구사항을 미리 통지하여야 한다. 대상자는 자료제출을 요구받은 날로부터 30일 이내 제출해야 한다.

현지방문조사의 경우는 조사대상자(수입자, 수출자 또는 생산자 등)를 대상으로 사무실, 생산공장, 사업장 또는 주소지 등을 방문하여 서류, 생산공정 등을 심사하는 방법이다. 현지조사는 조사를 시작하기 30일 전까지 조사대상자에게 조사대상자, 조사예정기간 및 조사방법, 조사이유, 조사할 내용 등을 통지한다.

검증시 특히 생산정보와 원산지정보에 대한 조사가 이루어지는데, 생산정보에 관해서는 생산시설, 생산장비, 생산능력, 생산품목별 원자재 리스트(BOM), 생산품목별 제조원가 내역서, 생산품목별 생산공정 설명서 등이 조사대상이 될 수 있다.

원산지 정보에 관해서는 생산품목별 원산지 결정기준, 해당업체가 실제적용한 원산지 결정방법, 생산품목별 투입원재료, 그 소요량 및 취득가격, 생산품목별 원재료 공급자 리스트, 원재료의 원산지, 누적기준 적용시 해당재료에 대한 C/O 구비 여부 등이 조사 대상이 될 것이다

수출자 또는 생산자를 대상으로 현지확인조사를 하는 경우에는 당해 조사를 착수하기 전에 조사대상자의 동의를 얻어야 한다. 조사를 완료한 경우에는 그 확인 및 조사결과와 그에 따른 결정내용을 조사대상자에게 서면으로 통지하여야 하는데, 협정에서 달리 정하지 않는 한 서면조사 또는 현지조사를 완료한 날부터 30일 이내에 통지해야 한다. 이 경우 아세안회원국과의 협정 제15조 및 인도와의 협정 제4.12조에 따라 현지조사 결과의 통지는 현지 방문일로부터 6개월 이내에 완료하여야 한다.

한·칠레 FTA의 원산지검증절차도 한·싱 FTA의 경우와 대부분 동일하다. 한·EFTA FTA의 경우 제한적 간접검증제도를 채택하였기 때문에 수출국의 수출자 또는 생산자를 대상으로 한 수입국의 직접검증은 제한되며, 대신에 수출국의 세관당국에 원산지검증을 요청하여야 한다. 수출국의 수출자 또는 생산자에 대한 원산지검증은 수출국 세관당국이 수행한다. 수입국 세관당국은 수출국 세관당국에 세관공무원을 현지에 파견하여 수출국 세관의 원산지검증과정에 참관하게 할 수 있다.

4. 원산지검증에 대비한 준비사항 및 보관서류

원산지검증에 대비해서 관련서류들을 보관할 의무가 있다. 수입자는 수입신고 수리일부터 5년, 수출자는 수출신고 수리일부터 5년, 생산자는 원산지증빙서류를 작성한 날부터 5년 동안 보관하여야 하며, 서류는 마이크로필름·광디스크 등 자료전달매체를 이용하여 보관할 수 있다.

보관해야 할 서류들은 수입자, 수출자에 따라 다르다. 또한 수출자와 생산자가 다를 경우는 수출자와 생산자가 해당 서류를 구비하여 검증에 대비하여야 한다.

그러나 해당물품 및 원재료의 생산과 관련된 증빙서류의 경우는 수출자와 생산자가 다른 경우 생산자의 협조 하에 원재료별 원가정보가 포함된 원산지소명서 자료가 필요하다. 현실적으로 관계사라면 협조가 될 수 있으나, 그렇지 않을 경우는 쉽지 않을 수 있다. 이러한 어려움을 해소하기 위해 원산지 소명서의 경우 생

산자가 수출자에게 제공하기 어려운 자료이므로, 생산자가 관세당국에 직접 제출하는 방법이 있다.

원산지증명서를 자율발급으로 정한 협정의 경우, 수출자 또는 수입자가 원산지증명서를 발급할 수 있는데, 이러한 경우는 원산지증명서서명카드, 원산지증명서작성대장도 구비해 두는 것이 필요하다. 서류보관은 마이크로필름·광디스크 등 자료전달매체를 이용하여 보관할 수 있도록 하고 있다.

표 6-4 원산지증빙서류 보관 의무

구분	보관기간	보관서류
수입자 보관 서류	수입신고 수리일로부터 5년	- 원산지증명서(전자문서 포함) 사본 - 수입신고필증 - 수입거래 관련 계약서 - 수입물품의 과세가격결정에 관한 자료 - 수입물품의 국제운송 관련 서류 - 사전심사서 및 사전심사에 필요한 증빙서류 (사전심사서를 교부받은 경우에 한함) - (수입자가 증명서 발급시) 원산지증빙관련 자료, 원산지증명서서명카드, 원산지증명서작성대장
수출자 보관 서류	수출신고 수리일로부터 5년	- 체약상대국의 수입자에게 제공한 원산지증명서(전자문서 포함) 사본 및 원산지증명서 발급 신청서류 사본 - 원산지증빙 자료(원산지확인서, 원산지소명서 등) - 수출신고필증 - 해당 물품의 생산에 사용된 원재료의 수입신고필증 - 수출거래 관련 계약서 - 해당 물품 및 원재료의 생산 또는 구입 관련 증빙 서류 - 원가계산서·원재료 내역서 및 공정명세서 - 해당 물품 및 원재료의 출납·재고관리대장 - 원산지증명서서명카드, 원산지증명서작성대장
생산자 보관 서류	원산지증빙서류 작성일로부터 5년	- 수출자 또는 체약상대국의 수입자에게 해당 물품의 원산지증명을 위해 작성·제공한 서류 - 원산지증빙 자료(원산지확인서, 원산지소명서 등) - 수출자와 체결한 물품공급 계약서 - 해당 물품의 생산에 사용된 원재료의 수입신고필증 - 해당 물품 및 원재료의 생산 또는 구입 관련 증빙 서류 - 원가계산서, 원재료 내역서 및 공정명세서 - 해당 물품 및 원재료의 출납·재고관리대장 - (증명서 발급시)원산지증명서서명카드, 원산지증명서작성대장

자료: FTA특례법 시행령(제13조).

FTA 특혜관세 부당 신청으로 판정받으면 불이익이 매우 크기 때문에 원산지 관리업무는 체계적으로 수행되어야 한다. 원산지 관리업무의 수행단계는 원산지증명을 위한 자료준비, 원산지 판정의 수행, 원산지증명서류발급, 체약상대국의 검증대응의 4단계로 구성된다. 사전에 생산・수출물품이 각각의 FTA에 대해 양허 대상인지의 여부를 확인한다.

표 6-5 원산지 관리업무 수행단계

단계	내용
자료준비	- 생산・수출물품(완제품) 및 중간재, 원재료의 HS코드 - 협정에서 정한 생산・수출물품에 소요된 원재료의 재료비, 원산지, 거래처 - 협정에서 정한 생산・수출물품의 공급가격
판정수행	- 협정에서 정한 원산지 인정요건 확인 - 원산지판정을 수행하여 충족・불충족 결과도출 - 원산지판정내역의 이력보관
서류발급	- 원산지판정 결과를 바탕으로 원산지증빙서류 발급신청 또는 작성 : 원산지증명서, 원산지(포괄)확인서, 원산지소명서 - 원산지증명서류 발급 및 작성대장 관리
검증대응	- 발급한 원산지증명서류의 원산지 적정성에 대한 검증 대응자료 관리 및 제출 : 원산지증명서, 원산지(포괄)확인서, 원산지소명서 사본 : 수입 및 수출관련 무역서류 및 계약서, 원가계산서, 재고관리대장 등

5. 원산지사전심사

원산지규정은 각 FTA마다 상이하고 복잡, 난해해서 수입자가 스스로 원산지를 판단하기가 쉽지 않다. 이 경우 수입자 등이 원산지결정기준의 충족여부 등에 대하여 의문이 있는 때에 미리 관세청장에게 심사하여 줄 것을 신청할 수 있는데, 이를 원산지사전심사제도라고 한다. 이는 체약상대국의 수출자 및 생산자와 그 대리인, 수입자가 당해 물품의 수입신고 전에 원산지기준의 충족여부 뿐만 아니라 품목분류, 가격 또는 원가결정, 재료가공 중 발생한 부가가치 산정 등에 대해서 미리 세관당국의 심사를 받을 수 있도록 하여 착오가 발생할 가능성을 줄여준다. 사전심사를 통하여 원산지를 인정받은 물품의 경우에는 별도의 원산지증명서의 제출 없이 특혜관세의 적용을 신청할 수 있다.

협정관세의 적용에 대한 기초가 되는 사항으로서 다음 사항에 대해 의문이 있는 자(체약상대국의 수출자 및 생산자와 그 대리인을 포함한다)는 해당 물품의 수입신고를 하기 전에 관세청장에게 그 의문사항을 미리 심사하여 줄 것을 신청할 수 있다. 다만 협정에서 사전심사에 관한 사항을 정하지 않은 경우에는 그렇지 않다.[2] 우리나라가 체결한 대부분의 협정에서 이 제도를 도입하고 있으나, EFTA와 아세안과는 원산지사전심사 제도를 이용할 수 없다. 또한 해당 물품과 동일한 물품에 대해 원산지조사가 진행되고 있거나, 사전심사 신청내용과 동일한 사안에 대하여 불복절차가 진행 중인 경우에는 신청이 반려된다.

사전심사를 신청하고자 하는 자는 아래 사항에 대해 구비서류를 제출 한다 :

① 당해 물품 및 당해 물품의 생산에 사용된 재료의 원산지에 관한 사항
② 당해 물품 및 당해 물품의 생산에 사용된 재료의 품목분류, 가격 또는 원가결정에 관한 사항
③ 당해 물품의 생산·가공 또는 제조과정에서 발생한 부가가치의 산정에 관한 사항
④ 해당 물품에 대한 관세의 환급·감면에 관한 사항
⑤ 해당 물품의 원산지 표시에 관한 사항
⑥ 수량별 차등협정관세의 적용에 관한 사항
⑦ 그 밖에 협정관세의 적용 또는 관세면제에 대한 기초가 되는 사항으로 기획재정부령이 정하는 사항

표 6-6 FTA협정에 따른 사전심사

FTA별	칠레	싱가포르	EFTA	아세안	인도	EU	페루	미국	터키	호주	캐나다
협정 규정	5.9조	5.8조	×	×	5.8조	6.6조	5.7조	7.10조	3.8조	4.7조	4.10조

주: ×; 협정문에서 다루지 않음.

2) 원산지 등에 대한 사전심사에 대해서는 FTA관세특례법 제14조 참고.

제2장 위반자에 대한 제재

FTA는 한 국가의 통상정책으로서 무역 자유화를 통해 서로의 시장을 개방하여 경제의 성장 및 발전을 이룩하기 위한 것이다. 이러한 정책을 통해 다자주의체제에서 심화되는 자유화에 선제적으로 대응하고 이에 앞서 기업의 경쟁력을 높이거나 상대국의 시장을 선점하여 다른 나라의 경쟁기업보다 유리하게 대우를 받기 위한 것이다. 관세수입의 포기는 국가의 입장에서도 어려운 선택일 수 있으나, 이는 자국 기업들의 적극적인 FTA 활용으로 경쟁력을 키우기를 희망하기 때문일 것이다.

그러나 적절하지 않은 방법으로 혜택을 누리거나, 기업비밀에 해당하는 정보를 누설하는 등의 FTA를 활용하는데 있어 위반적인 행동에 대한 제재를 법령으로 정하고 있다. 특히 수입국의 입장에서는 원산지규정에 맞지 않은, 즉 체결국의 원산지가 아니거나, 적절한 절차를 거치지 않은 상품에 대한 관세혜택에 대해서 검증을 통하여 해당국가의 원산지 상품인지에 대한 확인을 하여 사실을 규명할 필요가 있다.

따라서 모든 FTA는 원산지 사후검증을 도입하고 있다. FTA 특혜관세를 적용받은 수출입 물품에 대해서 FTA 및 국내 법령 충족 여부와 원산지 증명서류의 적정성 등을 확인해 위반자에 대한 제재조치를 취하게 된다. 대부분의 조사에서는 거래 당사자 요건이나, 직접운송 위반여부, 특혜세율 신청절차 등의 위반여부도 확인하게 된다. FTA 특혜관세 신청 위반자는 협정 및 국내법에 따라 협정관세 적용보류, 범칙금 부과, 협정관세 적용배제 등 제재를 받게 된다.

1. 협정관세 적용보류 및 범칙금 부과

협정관세 적용보류는 원산지증빙서류의 작성(FTA관세특례법 제10조제1항)에 따른 협정관세의 적용신청에 관하여 불성실 혐의가 있다고 인정하는 경우이다. 원산지증빙서류를 속임수 또는 그 밖의 부정한 방법으로 작성 또는 발급받았거나 탈세 등의 혐의를 인정할 만한 자료 또는 구체적인 제보가 있는 경우, 그 밖에 세관장이 수집한 증거, 자료 등으로 수입자, 생산자 또는 수출자의 신고 또는 신청 내용이 원산지결정기준을 충족하지 못한 것으로 인정하는 경우로서, 협정관세의 적용을 보류하고자 하는 때에는 조사대상 수입자에게 협정관세 적용보류통지서를 송부한다.

협정관세 적용보류는 수입물품에 대한 원산지검증이 진행되는 경우, 수입자에게 서면조사를 통지한 날부터 원산지 조사 결과를 통지한 날까지, 즉 검증기간 중에 추가 수입신고 되는 동일물품에 대하여 검증이 종결될 때까지 협정관세의 적용을 보류할 수 있다. 이 경우 보류 대상은 해당 조사대상 물품의 동일한 수출자 또는 생산자로부터 수입하는 물품에 한정한다.

원산지 조사결과, 조사대상 물품의 원산지가 수입자가 신고한 원산지와 동일한 것으로 확인된 경우는 협정관세 적용보류 해제통지서를 수입자에게 통지하고 협정관세를 적용받지 못한 물품에 대한 세액을 경정하고 관세를 환급한다.

2. 협정관세 적용배제

협정관세 적용배제는 수입물품에 대한 원산지검증결과 원산지기준 미달, 상대국의 검증결과 미회신 및 원산지증빙서류 미제출 등의 사유에 해당될 경우 협정관세의 적용을 배제하고 관세를 추징하는 조치이다. 이러한 조치는 FTA 이행의 실효성을 확보하기 위한 핵심적인 사항이며 5년간의 관세부과 제척기간이 적용된다. 협정관세 적용이 배제되는 사유에는 정당한 사유없이 원산지확인에 필요한 증빙서류를 제출하지 아니하거나 허위 또는 사실과 다르게 제출하는 경우, 체약상대국 관세당국이 원산지검증결과를 협정에 규정된 기간 내에 회신하지 않은 경우, 원산지조사결과 원산지가 사실과 다른 것으로 판명된 경우, 체약상대국 수출자 등이 수입국 관세당국의 서면조사에 대하여 협정에서 정하는 기간 내에 회신하지 않은 경우 또는 수입국 관세당국의 현지조사에 동의하지 않은 경우, 원산지증빙서류를 보관하지 않은 경우, 원산지 등에 대한 서전심사를 신청한 수입자가 사전심사의 결과에 영향을 미칠 수 있는 자료를 고의로 제출하지 않았거나 허위로 제출한 경우 또는 사전심사서에 기재된 조건을 이행하지 않은 경우, 조사대상자의 부도・폐업・소재불명 등으로 원산지조사가 불가능한 경우가 있다. 세관장은 협정관세의 적용배제 처분을 하는 때에는 미리 수입자에게 그 내용을 서면으로 통지하고 관세를 부과 징수한다. 협정관세 적용배제 처분으로 인한 관세는 협정관세의 적용을 신청한 때에는 그 적용신청을 한 날 또는 수입신고의 수리일 이후에 협정관세의 적용을 신청할 때에는 그 적용신청을 한 날로부터 5년간 부과 징수할 수 있다.

3. 협정관세 적용제한자 지정

협정관세의 적용제한은 협정에서 다르게 규정한 경우를 제외하고 다음 사항에 해당하는 경우 해당 수입물품에 대하여 협정관세 적용을 제한할 수 있다 : 정당한 사유 없이 수입자, 체약상대국의 수출자 또는 생산자가 관세청장 또는 세관장이 요구한 자료를 해당 기간 이내에 제출하지 않거나 거짓으로 또는 사실과 다르게 제출한 경우에 적용이 제한된다. 다만, 원산지증빙서류의 기재사항을 단순한 착오로 잘못 기재한 것으로서 원산지 결정에 실질적인 영향을 미치지 않는 경우는 제외한다.

서면조사 또는 현지조사 결과 세관장에게 신고한 원산지가 실제 원산지와 다른 것으로 확인되거나 수입자 또는 수출자 등이 제출한 자료에 원산지의 정확성을 확인하는 데 필요한 정보가 포함되지 않은 경우가 해당된다.

또한 체약상대국의 수출자 등이 최근 5년간 2회 이상 반복적으로 원산지증빙서류의 주요 내용을 허위로 작성하거나 잘못 작성한 사실을 인정한 때에는 5년의 범위 안에서 당해 체약상대국 수출자 등이 수출 또는 생산하는 동종 동질 물품 전체에 대하여 협정관세의 적용을 제한할 수 있다.

협정관세 적용제한자를 지정하는 때에는 그 지정사실과 함께 적용제한자의 성명 및 주소, 협정관세 적용제한 물품의 품명, 모델, 규격, 품목번호 및 수출국, 협정관세 적용제한의 기간 및 사유를 정보통신망에 게시하고, 협정관세 적용제한자 지정의 효력은 게시일부터 발생한다.

제3장 비밀유지 의무 및 벌칙

다자주의체제(GATT/WTO)는 자유무역 확산 및 안정적 무역체제 구축을 위해 중요한 법적 이슈의 하나로 자리를 잡게 되었다. FTA 또한 다자주의체제의 정신을 이어받아 자유무역의 확산이 무역창출로 이어지고, 이는 기업의 투명성 제고에도 기여하게 될 것이다. 그러나 기업의 투명성이 높아짐과 동시에 이를 관리하는 기관의 비밀유지를 위한 의무 및 책임도 필요하다.

해당 원산지를 판단하기 위해서는 입증자료들이 필요하고, 이러한 자료들은 기업비밀과도 연관되어 있다. 기업의 입장에서는 관세절약이라는 비용절감으로 수입자에게 그 만큼의 혜택으로 주어지고, 이에 따라 경쟁력을 높일 수 있는 좋은 기회가 될 수 있지만, 영업비밀 노출이라는 위험을 안을 수도 있다.

원산지증명서를 작성하기 위해서는 이를 입증할 수 있는 근거 자료가 필요하고, 이러한 자료들은 원료 및 가공공정, 원가비용 등에 관한 정보가 포함되어 있다. 이들 정보가 유출되면 기업에게 큰 피해를 미칠 수 있다. FTA에서는 이러한 염려를 불식시키기 위해 제조원가, 제조공정 등의 비밀유지 의무를 철저하게 지키게 하고 있다. 이러한 비밀유지에 대한 철저한 법적 보호가 없다면, FTA 활용도는 떨어질 수 밖에 없을 것이다. 이 때문에 FTA에서는 비밀유지에 대한 의무가 가장 크며, 이를 어겼을 때의 벌칙도 크다.

1. 비밀유지의 의무

가. 비밀유지의 의의

원산지 증빙서류는 FTA협정에서 정한 원산지결정기준에 따라 수입자, 수출자, 생산자, 그 밖의 이해관계자 및 기관에 의해서 작성된 자료이다. 따라서 비밀취급 자료로 지정된 자료를 자료제출자의 동의 없이 체약상대국의 관세당국을 포함한 타인에게 제공 또는 누설하거나 사용 목적 외의 용도로 사용하여서는 안 된다고 관련법(FTA관세특례법 제20조 제1항)에서 정하고 있다. 이에 따라 자료제출자는 관세청장, 세관장 및 발급권한기관의 장에게 자료를 제출할 때에 정당한 사유를 제시하여 해당 자료를 비밀취급자료로 지정하여 줄 것을 요청할 수 있다.

여기서 원산지증빙서류 발급자란 발급권한이 있는 기관(세관, 상공회의소 등)에서 원산지증명서의 발급을 담당하는 직원을 말하며, 이는 원산지증빙서류를 발급받기 위하여 제출하는 서류에는 제조원가·제조방법 및 원재료의 사용내역 등 제조업체의 기술과 관련된 중요한 기업비밀을 포함하고 있어 엄격한 취급과 보호가 요구된다는 점에서 비밀유지의 의무를 고려한 것이다.

나. 비밀취급 자료의 제공

제출된 자료를 자료제출자의 동의 없이 타인에게 제공 또는 누설하거나 사용 목적 외의 용도로 사용해서는 안 된다. 다만, 다음 번호의 어느 하나에 해당하는 경우에는 그 사용 목적에 맞는 범위에서 비밀취급자료를 제공할 수 있다(FTA관세특례법 제20조) :

① 국가기관이 관세에 관한 쟁송 또는 관세범의 소추를 목적으로 비밀취급자료를 요구하는 경우
② 법원의 제출명령 또는 법관이 발부한 영장에 따라 비밀취급자료를 요구하는 경우
③ 세관공무원 상호간에 관세의 부과·징수, 통관 또는 질문·검사상의 필요에 따라 제공하는 경우.

관세청장 및 세관장은 체약상대국의 관세당국이 비밀취급자료 제공을 요청하는 경우에는 자료제출자에게 그 사실을 통보하고, 자료제공에 관한 동의를 받은 때에만 체약상대국의 관세당국에 해당 자료를 제공할 수 있다.

관세청장 및 세관장은 체약상대국의 관세당국에 비밀취급자료를 제공할 때에는 제공되는 자료의 비밀유지에 관한 보증서를 요구할 수 있다. 이 경우 체약상대국의 관세당국이 보증서 제공을 거부하면 자료제공을 거부할 수 있다.

다. 비밀취급 자료 지정

자료제출자는 관세청장, 세관장 및 발급권한기관의 장에게 자료를 제출할 때에 정당한 사유를 제시하여 해당 자료를 비밀취급자료로 지정하여 줄 것을 요청할 수 있다. 이 경우 요청을 받은 관세청장, 세관장 및 발급권한기관의 장은 특별한 사유가 없는 한 요청에 따라야 한다(시행령 제28조의2).

관세청장, 세관장 및 발급권한기관의 장은 다음의 어느 하나에 해당하는 자료로서 공개될 경우 자료를 제출한 자 또는 그 이해관계인의 이익이 침해될 우려가 있을 것으로 인정되는 자료에 대하여는 자료제출자의 요청이 없더라도 비밀취급자료로 지정하여야 한다 :

① 제조원가
② 제조공정
③ 거래 상대방의 성명, 주소 및 거래량
④ 협정에 따라 체약상대국의 관세당국으로부터 제공받은 원산지증빙서류
⑤ 그 밖에 관세청장 또는 세관장이 비밀로 취급하는 것이 타당하다고 인정하는 자료

라. 비밀취급의 보관 및 폐기

비밀취급자료는 특별한 사정이 없는 한 제출받은 날로부터 5년간 보관하여야 하며, 보관기간이 지나면 소각 또는 파쇄 등의 방법으로 폐기하여야 한다.

2. 벌 칙

가. 징역 또는 벌금에 의한 처벌

1) 비밀유지의무 위반

FTA관세특례법 제20조(비밀유지 의무)의 규정을 위반하여 비밀취급자료를 타인에게 제공 또는 누설하거나 목적 외의 용도로 사용한 자는 3년 이하의 징역 또는 3천만원 이하의 벌금에 처한다.

2) 형벌 규정

다음 중 어느 하나에 해당하는 자는 2천만 원 이하의 벌금에 처한다 :

협정 및 FTA관세특례법에 따른 원산지증빙서류를 속임수 또는 그 밖의 부정한 방법으로 신청하여 발급받았거나 작성·발급한 자, 정당한 사유 없이 원산지증빙서류 등의 보관의무를 위반하여 관련 서류를 보관하지 아니한 자, 기관 요청의 서류를 거짓으로 제출한 자, 원산지증빙서류를 속임수 또는 그 밖의 부정한 방법으로 발급한 세관공무원과 원산지증빙서류 발급자 등이다.

허위 신청 등에 대해서도 처벌규정이 있다. 원산지증빙서류를 사실과 다르게

신청하여 발급받았거나 작성・교부한 자는 300만원 이하의 벌금에 처한다.

표 6-7 FTA관세특례법 관련 처벌

3년 이하 징역 또는 3천만원 이하 벌금	2천만원 이하 벌금	300만원 이하 벌금
• 비밀유지의무 위반세관공무원 • 과세자료 용도외 사용 세관공무원	• 원산지증빙서류 허위・부정 신청, 발급, 작성, 교부한 자 • 증빙서류를 보관하지 않은 자 • 허위로 자료를 제출한 자 • 자료를 고의로 미제출한 자 • 특정물품을 용도외 사용자 등	• 원산지증빙서류를 사실과 다르게 신청・발급・작성・교부한 자

나. 과태료

다음의 어느 하나에 해당하는 자(체약상대국의 수출자 및 생산자를 제외한다)는 1천만원 이하의 과태료에 처한다(FTA관세특례법 제24조) :

협정관세의 적정 여부 등을 확인하기 위하여 제출을 요구할시 정당한 사유 없이 기간 이내에 서류를 제출하지 아니한 자, 서면조사 또는 현지조사를 거부・방해 또는 기피한 자이다.

승인을 얻지 아니하고 용도에 따라 세율을 다르게 정하는 물품을 세율이 낮은 용도에 사용하거나 양도한 자, 원산지증빙서류의 오류내용을 통보 받았음에도 불구하고 이를 세관장에게 세액정정, 세액보정신청, 수정신고 또는 경정청구를 하지 아니한 자 등에 해당하는 자는 500만원 이하의 과태료에 처한다.

표 6-8 FTA관세특례법 관련 과태료

1천만원 이하	500만원 이하
• 정당한 이유 없이 요구자료 미제출자 • 조사 거부・방해・기피자	• FTA 특혜세율 사후관리 위반 • 원산지증빙서류 오류 통보 받고 정정・보정・수정신고・경정청구불이행자 • 무단 저세율 용도 사용자 등

제 7 부

FTA 원산지규정의 엄격성 및 일관성

제7부

FTA 원산지규정의 엄격성 및 일관성

FTA 원산지규정의 일차적인 목적은 우회수입 방지이다. 그러나 우회수입을 방지하기 위해 기준을 지나치게 엄격하게 규정함에 따라 FTA 무역자유화 혜택을 무력화시키거나 무역장벽으로 작용하는 경우가 적지 않다. 원산지규정이 엄격하고 복잡하거나 일관성이 떨어질 경우, 이를 충족시키기 위해서는 수출자 및 생산자가 더 많은 비용을 부담해야 하므로 FTA의 무역자유화 효과를 상쇄하게 된다. 따라서 가급적 단순하면서 중립적인 형태의 원산지규정 설정이 필요하다. 시장개방 협상을 통해 무세화 적용대상 물품으로 구분되더라도 원산지규정을 충족시키기 못하게 되면 관세철폐 혜택으로부터 배제된다는 점에서, 특별한 경우를 제외하고는 원산지규정이 지나치게 엄격한 것은 교역에 장애가 된다.

Rules of Origin

FTA 상대국마다 원산지규정을 다르게 설정할 경우 기업들은 원산지충족을 위한 부대비용 및 추가비용을 지불한다. 그렇더라도 모든 FTA 대상국과 품목에 대해 동일한 규정을 설정하기는 어려우므로, FTA 상대국과의 산업 및 무역에서의 경쟁관계와 부품조달의 원활화를 고려하여 자국 산업에 적합한 형태의 원산지규정을 FTA별 및 품목별로 설정하는 것이 현실이다.

FTA 특혜원산지규정은 협정의 핵심 부분으로서 수입물품에 대한 특혜관세 부여 여부를 결정하는 기준이므로 기업의 투자 및 생산방식에도 영향을 미치게 된다. 대부분의 FTA가 서로 다른 내용의 원산지규정을 도입하고 있는데, 이는 각국별 고유의 산업경제적 특성, 수출입의 구조, 정치사회적 요인에 기인하는 것으로 볼 수 있다.

자유무역협정에는 부가가치기준의 상향조정 등 엄격한 원산지규정이 포함되어 있어 특혜를 받을 수 있는 물품을 지역 내 생산품으로 제한함으로써 자유무역협정의 혜택을 보기 위한 자본의 국제적 이동을 유발시키기도 한다. 그러나 협정마다 다른 원산지규정의 설정은 분명 수출기업들에게 적지 않은 부담요인이 될 것이므로 일관성 있는 원산지규정이 필요하다. 제1장은 원산지규정이 정치적 과정을 거쳐 결정되는 점을 고려하여 원산지규정의 정치경제학적 측면을 살펴본다. 제2장은 원산지규정의 엄격성에 대한 실증적 접근방법에 대해 알아본다. 제3장은 FTA별 원산지규정의 일관성에 대한 실증분석결과를 살펴본다.

제1장 FTA 원산지규정의 정치경제학

엄격성이란 원산지의 품목별기준으로 세번변경 6단위보다는 4단위 기준으로, 그 보다 세번이 변경되기 어려운 2단위변경 또는 역내부가가치 함량을 높게 책정한 경우를 말한다. 품목별 원산지기준의 책정이 어려운 것은 엄격성이 높으면 무역장애요인으로 작용하여 무역창출효과가 낮아질 가능성이 생기고, 너무 느슨하게 책정되게 되면, 역외국 물품의 무임승차 가능성이 높아지게 되므로 적정한 수준으로 기준을 책정해야 하기 때문이다.

원산지기준에 의한 영향을 측정하는 데는 다음 두 가지 어려움이 따른다. 첫째, 원산지 규정의 기술적 불투명성으로 인해 특정 원산지규정의 문제를 계량화하는데 어려움이 있다. 둘째, 원산지규정의 문제를 계량화 한다 하더라도 이를 일반 무역현상에서 분리해 원산지규정의 순효과를 측정하는 것이 어렵다. 원산지규정의 기술적 불투명성은 특별한 원산지규정의 엄격성을 정량화하는 것을 어렵게 한다. 예를 들면 우리나라와 아세안간 상품분야 협정의 협정 본문은 25페이지에 불과하지만 수 천 개의 개별 상품의 특혜요건을 규정하는 원산지규정 부속서는 130여 페이지나 되며, NAFTA의 원산지규정 부속서는 거의 200페이지에 달한다. 더구나 특정 규정의 실질적 영향을 이해하기 위해서는 산업에 관한 자세한 정보를 알아야 한다. 다시 말하자면 규정의 엄격성을 정확히 측정했다고 하더라도 고유한 실증적 어려움으로 인하여 원산지규정의 영향을 분리하여 평가하기 어렵다.

1. 원산지규정의 정치경제학

원산지규정은 FTA 특혜를 누리려는 무역굴절(trade deflection)을 방지하기 위해 필요한 것으로 알려져 있다. 무역굴절은 FTA 이행으로 무역자유화가 이루어져 있고, 각 회원국이 역외국에 대해 독립적인 관세체제를 적용할 경우, 가장 낮은 관세를 부과하는 회원국을 통해 수입된 역외국의 제품이 FTA 역내의 높은 관세를 부과하는 국가로 재수출 되는 현상을 말한다.

원산지규정은 다른 무역장벽과 마찬가지로 경제지대(Economic Rent)를 발생시키고 소득분배에 영향을 미친다. FTA 무역자유화로 인한 산업구조조정 압력을 받게 될 업종들은 손실을 줄이기 위해 통상당국에게 까다로운 원산지규정이 설정되도록 로비를 하게 된다. 원사기준은 섬·의류에 대한 가장 까다로운 원산지기준이고, 미국이 체결하는 FTA에서 원사기준을 채택해 온 것은 FTA 피해를 볼 수 있는 미국의 섬·의류 업자들이 통상당국에 로비한 결과이다. 이렇듯 원산지규정은 보호무역주의적 목적으로 활용되며, 순수 무역적 측면보다는 정치경제학적인 의미를 지니게 된다.

상품이 한 국가 안에서 공급되고 만들어진 투입물을 이용하여 그 나라에서 완전히 생산될 때 원산지규정은 아주 간단하다. 그러나 오늘날 완전히 국내에서 생산되는 상품은 드물며, 대부분의 기업은 국경을 넘어서 거래된 투입물을 활용하여 생산하고 있다. 이러한 생산의 글로벌화 확대는 외국의 중간재와 투입물을 늘려나가게 된다. 생산 단계의 세분화로 일부 생산 활동은 국경밖에 위치한 외국의 기업에게 위탁되어 처리된다. 그리고 기업이 필요로 하는 중간재에 대한 국가별 경쟁력이 변화하게 되면, 중간재 조달 국가는 경쟁력이 높은 국가로 바뀌게 될 것이다. 이러한 생산 과정에 관여하는 국가의 수가 많아질수록 상품의 원산지를 정하는 것은 더욱 어려워질 것이다. 여기에 보호무역론자들은 더 까다로운 형태의 원산지규정을 채택하도록 요구하게 된다.

저자는 그동안 협정별 원산지기준을 비교하여 같은 품목임에도 협정상대국에 따라 원산지기준이 다르게 책정되어 있어, 어떤 나라 또는 어떤 품목들에서 엄격한 원산지기준을 채택하고 있는지에 대해서 연구해 왔다.

복잡하고 기술적인 원산지규정은 보호무역주의적 기능을 하게 된다. FTA 피해 집단은 대정부 로비 기회를 통해 결과적으로 산업보호 기능을 할 수 있도록 엄격한 원산지규정을 도입하도록 한다. 단일 기준보다는 복수로 조합된 원산지기준을 설정함으로써 보호무역주의적 기능을 강화시키게 된다. 까다로운 원산지규정은 모든 소득재분배적인 무역정책과 마찬가지로 정책당국이 산업정책적 차원에서 도입한 규제로 볼 수 있다.

일반적으로 원산지규정을 충족시키지 않는 중간재를 사용하는 기업들은 다음 3가지 사항을 고려할 것이다 : ① 원산지규정을 준수하지 않음으로써 발생하는 FTA 미활용 기회비용, ② 원산지규정을 충족시키기 위해 필요한 생산비 인상과 FTA 활용 이익, ③ 원산지 관리를 위한 행정적인 비용이 그 3가지이다. 원산지규정을 준수하지 않음으로써 발생하는 기회비용은 비원산재료를 사용함으로써 놓치게 되는 관세특혜가 될 것이다. FTA 회원국의 관세가 낮으면 비준수의 불이익은 작아지게 된다. 관세율이 높을수록 관세 절감을 위해 원산지규정 충족 인센티브가 더 커지게 된다.

생산비 관련 사항은 비원산재료의 투입 비율과 FTA 대내외 요소 비용의 차이에 달려 있다. 무역굴절을 방지할 만큼 충분히 엄격한 원산지규정은 비원산 중간재 사용 기업들에게 관세특혜를 누리기 위해 FTA 역내산 투입물을 구매하도록 할 인센티브를 제공한다. 특혜 조치의 혜택이 크면 클수록 원산지규정을 충족시키고자 하는 유인이 더 커지게 된다. FTA 역외에 본사를 둔 기업은 FTA 역내에 설립된 계열사의 생산을 확대하기 위해 투자를 늘리고, 역내 투입물을 구매하기 위해 역내 공급자와 계약하게 된다. 원산지규정 충족이 어려울 정도로 많은 비원산지 재료들을 사용하는 FTA 역내 기업들은 원산지규정을 충족시키기 위해 FTA 공급자로부터 투입물을 더 구매하거나 생산방식을 바꾸게 될 것이다.

원산지규정을 만족하는 생산방식은 일반적으로 생산비용을 인상시킬 것이다. 기업들은 FTA 역내 재료보다 더 저렴하기 때문에 비원산지 재료를 사용한다. FTA 역외로부터의 저렴한 투입물을 포기하는 것은 FTA 역내에서 생산된 비싼 투입물을 구입하는 것을 의미한다. 따라서 원산지규정 관리비는 역시 비용 추가를 의미한다. 이론적으로 보면, FTA 특혜 이득이 원산지규정 충족 및 관리 비용보다 더 커야 FTA를 활용하게 될 것이다.

원산지규정의 중요성에도 불구하고 원산지규정에 대한 연구는 그다지 많지 않다. 원산지규정 자체가 기술적이고 모호해서 파급영향을 분석하기 어려운 부분도 있고, 제조업이 갖는 특성과도 연관이 된다. 일반적으로 제조업은 규모의 경제(Economies of Scale)를 발생시킨다. 생산에 대한 규모의 이익은 원산지규정에 대한 산업의 선호에 영향을 미치게 된다. 왜냐하면 FTA의 이득은 관세특혜에만 한정되지 않고, FTA로 인해 확대된 시장을 대상으로 더 많이 판매할 수 있고, 판매증가를 위해 생산을 늘리게 된다. 규모의 경제가 작용하는 산업이라면 생산량 증가에 따라 생산단가도 낮아질 것이다. 즉, 자유무역은 한 지역에서 전체 FTA 시장을 활용하기 위한 생산을 늘리도록 인센티브를 발생시킨다. 만약 일부 규모의 경제가 아직 미실현 상태로 남아 있는 경우, 생산의 확대는 제품당 단위 비용을 감소시키게 된다. 또한 FTA는 비FTA 국가에 대해서 무역장벽을 유지한다. FTA 역내 투자를 통한 역외 경쟁 기업의 진입은 자유무역의 이점을 공유할 수 있게 해 주기 때문에 역내 기업들은 역외 기업 진입을 저지할 수 있도록 벽을 쌓고자 하는데, 까다로운 원산지규정이 바로 이러한 벽으로 작용하게 된다. 규모의 경제가 클 때, 역외 기업의 진입 유인도 증가하게 되므로 역내 기업들은 원산지규정으로 인한 추가부담을 줄이면서 역외 기업의 진입을 방지할 수 있는 수준으로 원산지규정 설정을 통상당국에 로비하게 된다.

규모의 경제를 설명하는 독점적 경쟁이론에 따르면, FTA 역내 시장에 진입한 기업이 많아지게 되면 역내 시장은 더 세분화되고 기업당 생산량이 줄어들면서 규모의 경제 달성을 저해하게 된다. 즉, 기업의 비용 곡선을 끌어올리게 된다. FTA 시장 확대와 규모의 경제를 기대하고 시장내 기업들이 많아지게 되면 역내 기업은 FTA 체결 자체를 반대할 수도 있다. 단순 완전경쟁 상태에서의 분석과 달리, 규모의 경제를 감안하게 되면 FTA에 대한 기업들의 판단은 복잡해지게 되고 FTA 정책에 대한 평가도 달라지게 된다.

이러한 상황에 역내 기업들은 원산지규정을 활용하여 대응하게 된다. 원산지규정은 FTA 역외에 기반한 라이벌 기업의 진출을 제한하는 수단을 제공한다. 원산지규정을 충족시켜 FTA 역내 시장에 진입하려는 기업에게 일종의 진입세를 물리는 것이다. 까다로운 원산지규정 충족을 위해 지불해야 하는 역내 시장 진입 비용으로 일부 역외 라이벌 기업은 비싼 역내산 중간재 구매나 역내 투자 확대를 포기할 수 있다.

유럽의 경제통합 과정에서 까다로운 원산지규정이 문제로 제기되었던 1980년대와 1990년대에 실제 기업 현장에서의 원산지규정 충족 비용을 조사한 연구결과가 몇몇 발표되었다. 이후 원산지규정의 정치경제학적 측면에 대한 연구가 더러 있었다. 역내 기업의 부탁을 받은 대정부 로비 회사들이 역외 기업의 무임승차(Free ride)를 제한하기 위해 까다로운 원산지규정을 도입하게 한다는 가설 검증이 주요 연구방식이다. 보다 구체적으로 "역내 기업은 생산에 있어서 더 큰 규모의 경제 이익을 얻기 위해 로비를 할 것이다"라는 가설을 검증하는 연구를 할 수 있을 것이다.

만약 글로벌 생산네트워크를 구축한 기업이라면 원산지규정에 대한 입장이 역내 기업과는 다를 것이다. 국내외에 걸친 다단계 생산방식을 하는 기업은 중간재의 빈번한 국제무역 과정에서 지불해야 하는 관세 등 관련 비용 최소화를 위해 느슨한 형태의 원산지규정을 선호하게 될 것이다. FTA로 형성되는 역내 시장 크기,

즉 규모의 경제도 고려해야 하지만, 글로벌 수준으로 구축된 생산시설에 기반한 기업 전체의 경제이익 극대화가 의사결정의 일차적인 목표가 될 것이다. 글로벌 소싱은 공급체인과 연결된 국경을 넘나드는 무역에 대한 낮은 장벽과 비용을 필요로 한다.

한편, 통상당국은 FTA 네트워크 확대를 통해 해외 다국적 기업이 자국으로 투자를 늘리도록 유도하고자 할 것이다. 오늘날 투자 유치는 세계 모든 국가의 중요 정책목표의 하나이고, 이러한 역내 투자 유치에 유리한 내용을 FTA에 포함시키고자 할 것이다. 앞서 고찰한 바와 같이, 원산지규정이 엄격하면 투자 유치에 도움이 될 수 있는 측면이 있다. 하지만, 규모의 경제 실현을 위해 한 지역에 대규모 생산설비를 구축하고, 여기서 생산한 제품을 여러 FTA 국가로 수출하고자 하는 다국적 기업의 입장에서 보면 다른 조건이 같다면 엄격한 원산지규정은 투자 결정에 불리하게 작용할 것이다. 원산지규정 충족 비용을 충분히 능가할 정도로 현지 생산단가가 낮거나 규모의 경제 이익이 크다면 투자를 하게 될 것이지만, 다국적 기업은 느슨한 형태의 원산지규정을 선호할 것이다. 통상당국의 정책적 고려 외에 대규모 투자를 미끼로 다국적 기업들은 느슨한 원산지규정 도입을 위해 로비할 수 있다. 즉, 기업의 입장에 따라 느슨한 형태의 원산지규정 로비도 가능하다.

표 7-1 우리나라의 FTA원산지규정 협상의 산업별 기본전략

구분	업종	근거	원산지규정 수준
경쟁우위	섬유, 종이류, 철강, 일부 석유화학 등	관세, 경쟁력, 수출 증대	원산지 획득 쉽게
영향이 적은 업종	석유화학산업(무기 및 유기화학, 기타 직물, 철강, 기계류)	관세장벽이 낮거나, 전 세계를 대상으로 수출	원산지 획득 쉽게
경쟁열위 업종	섬유, 석유화학, 기계, 전기 전자 제품 일부	관세, 경쟁력, 육성 산업	원산지 획득 어렵게
수입의존 업종	일부 섬유제품, 신발, 가죽 및 가죽제품, 완구 등	관세, 경쟁력	원산지 획득 쉽게

주: 같은 품목이라도 종류에 따라 경쟁우위 또는 경쟁열위 품목이 되는 경우가 있음.

일반적으로 원산지규정은 특혜관세 무임승차를 방지할 정도의 기준·요건에다가 가급적 중립적인 형태가 바람직할 수 있다. 그러나 국내 생산을 하지 않는 수입자라면 느슨한 형태를 선호하겠지만, 수입품과 경쟁하는 기업은 엄격한 기준을 설정하여 FTA를 활용한 수입품이 많지 않기를 기대할 것이다.

여기에 규모의 경제를 추가하게 되면 논의는 더 복잡해지고, 더 나아가 투자유치까지 고려하게 되면 최적의 원산지규정 형태를 구상하는 것이 쉽지 않을 것이다.

FTA에서 원산지규정의 중요성에 대한 인식이 최근 높아지고 있으나, 아직도 연구는 부족한 실정이다. 최근의 연구는 주로 협정별 원산지규정 형태에 대한 것이고, 원산지규정 충족 비용에 대한 연구는 부족한 실정이다. 앞서 설명한 바와 같이 원산지규정에 대한 시각이 상황에 따라 달라질 수 있기 때문에 충족 비용 연구가 쉽지 않다. 다음 절에서는 원산지규정 충족 비용에 대한 기존 연구를 간단하게 요약하고자 한다.

2. 원산지규정 충족 비용에 대한 기존 연구

FTA 역사가 긴 외국에서는 원산지규정에 대한 연구가 상당수준 이루어졌으나, 이들 연구의 다수도 원론적인 수준에서 바람직한 원산지규정을 제시하거나, 원산지규정 충족에 따른 추가비용을 업계 면담조사를 통해 추정하는 것이 대부분이다. 또한 특정 산업을 대상으로 유럽통합, NAFTA 등에서 원산지규정의 충족비용을 실증적으로 분석하는 연구가 이루어졌다.

1980년대 서구에서는 원산지기준 충족비용이 통상정책 당국의 관심분야로 부각되었다. 당시 시장경제권 국가들은 우루과이라운드(UR) 협상을 진행 중이었고, 대부분의 국가들이 무역자유화에 대해 정치경제적 부담을 안고 있었다. 이로 인해 원산지기준은 무역자유화의 영향을 상쇄시키는 수단으로 간주되었고, 가급적 까다롭고 복잡한 기준을 설정하는 것이 일반적인 추세이었다. 이 시기에 FTA는 서구 국가들이 주로 추진하였고, 그 결과 서유럽 학자들이 원산지기준 충족비용을 주로 연구하였다. Koskinen(1983), Holmes & Shephard(1983), Herin(1986) 등은 서유럽 학자들이 원산지기준 충족비용을 연구한 대표 사례이다.[1)]

---

1) 제7부에서는 많은 자료를 인용하고 있어 제7부 마지막에 이들 인용자료의 참고문헌을 별도로 제시하였다. 인용된 자료에 대해서는 참고문헌 참고바람.

Koskinen(1983)은 유럽공동체(EC)와 유럽자유무역연합(EFTA)간 FTA가 제공하는 관세인하를 활용하는 핀란드(EFTA 회원국) 기업이 수출할 경우 부담해야 할 원산지 충족 및 증명 관련 행정비용이 전체 수출 가치의 1.4~5.7%에 달하는 것으로 보고했다. Holmes & Shephard(1983) 연구 역시 EFTA 기업이 부담해야 할 특혜관세 신청 최소요건을 조사했는데, 특혜관세 신청을 위해 필요한 서류가 수출기업 당 평균 36종류에 달하며, 이는 360여 페이지로 구성되는 것으로 추정했다. 최근에 체결되는 협정에는 동일 방식으로 생산되는 물품은 1~2년 정도 동일한 서류를 제출하지 않고도 원산지 인정을 받는 내용이 포함되어 있으나 당시에는 이러한 내용이 없어 매 수출시 이렇게 많은 서류를 제출해야 하는 것은 큰 부담이었다고 평가된다.

Herin(1986)은 연구에서 원산지기준 충족 부담이 FTA 활용을 막는 사례를 제시하였다. EU와 EFTA간 FTA로 기업들이 특혜관세 혜택을 누릴 수 있지만, 원산지 충족 관련 비용이 FTA 특혜관세 이익보다 크다면 기업들은 FTA 활용을 포기하는 것을 보여주었고, Herin(1986)은 EU와 EFTA간 FTA 활용률이 30%에 미치지 못하는 이유는 원산지기준 엄격성 때문인 것으로 파악하였다. Brenton and Machin(2003)은 기존 EFTA 기업 연구에서 벗어나 EU와 발트해 연안 국가들 간 FTA 활용 문제에 관심을 가졌다. 발트해 연안 국가들이 EU에 대한 수출시 상당 부분 무관세 대상 품목에 비특혜 관세를 지불했는데, 이는 EU에 의해 적용된 엄격한 원산지 규정에 기인했다고 논문에서 밝히고 있다. EU가 발트해 국가들의 수출 증진 차원에서 FTA를 체결했지만, 원산지 규정을 엄격하게 설정함으로써 실제로는 FTA 활용 유인을 상당부분 줄여버렸다는 것이다.

3. 최근의 원산지규정 연구

2000년대 이후 원산지기준 엄격성 연구는 유럽에서 세계 다른 지역으로 확대되었다. Mattoo 외(2002), Gasiorek 외(2002), Augier 외(2004), Cadot 외(2004), Carrere & De Melo(2004), Estevadeordal-Suominen(2004), Flatters and Kirk(2004), Inama(2004) 등이 대표적인 연구이다. WTO가 출범한 이후에도 FTA 체결 추세가 전 세계적으로 확산되자 많은 국가들이 FTA 지역주의를 통상정책의 주축으로 받아들이면서 FTA 경제이익 극대화 차원에서 원산지기준의 합리화에 관심을 갖게 된 것으로 이해된다.

Estevadeordal-Suominen(2004) 연구는 특혜무역협정에서 원산지규정의 근본적인 특징을 파악하여 기존 Estevadeordal(2000)에서 제시한 원산지기준 엄격성 지수를 개선시켰고, 이러한 지수를 변형중력모델에 적용하여 원산지규정의 문제점을 계량적으로 추정하였다. 그들은 엄격한 원산지기준이 무역 흐름을 제한하고, 유사누적과 최소허용기준 등 엄격성 완화 장치가 FTA 회원국간 무역을 장려한다는 사실을 보여주었다.

이 연구에서 Estevadeordal과 Suominen는 국제교역 흐름에 대한 원산지규정 영향을 측정한 것으로, 북미자유무역협정(NAFTA)에서 회원국들은 미국과 멕시코의 관세율 차이가 클수록 더 무역제한적인 원산지규정을 설정한 경향이 있고, 원산지규정이 무역제한적일수록 관세 철폐기간이 길어지는 정(+)의 관계가 강하게 나타남을 실증적으로 증명하였다. 그는 무역제한적인 원산지규정은 무역보호를 주장하는 기업들 주장에 따라 설정되었다는 점을 피력함으로써 원산지규정이 무역보호적 수단으로 활용됨을 피력하였다.

Estevadeordal과 Suominen 연구와는 달리 Carrere-De Melo(2004)는 NAFTA협정에서 원산지규정 충족 추가비용 문제에 대해 관심을 가졌다. 이들은 원산지규정 준수 비용은 원산지규정이 세번변경기준으로 구성될 때 가장 낮게 되며, 특정공정기준의 경우 가장 높게 된다고 분석했다. 또한 이들은 Estevadeordal-Suominen 엄격성 지수를 바탕으로 한 분석에서도 동일한 결과를 나타냈다.

Inama(2004) 연구는 일반특혜제도(GSP) 체제 아래 선진국가로의 특혜관세 수출 권한을 가진 저개발국에게 엄격한 원산지규정이 적용된 증거를 제공했다. 미국, 캐나다, EU, 일본 등 선진국들이 최빈국들에 부여한 GSP의 문제점을 연구한 것으로, 최빈국 기업들은 원산지 규정 충족 자체가 어려워 GSP 특혜관세 신청을 할 수 없다는 것이 주요 내용이다. 이로 인해 최빈국의 GSP 적용율은 1995년 55.1%이었으나, 2001년에는 38.9%로 낮아졌다는 것이다. 즉, 과거에는 선진국들이 최빈국 GSP 수출에 대해 원산지기준 충족 여부를 제대로 점검하지 않았으나 2000년을 전후하여 규정대로 적용하자 기준 충족을 못하는 경우가 많아졌다는 것을 의미한다. Flatters and Kirk(2004) 역시 유사한 결론을 제시하고 있는데, 남아프리카개발공동체(SADC) 국가들은 까다로운 원산지규정이 역내 무역증진을 가로막는 것으로 보고하였다.

Cadot 외(2004) 연구는 US-Mexico 교역에서 까다로운 원산지규정이 특혜무역 흐름에 부정적인 영향을 주었음을 보였고, Matto 외(2002)는 아프리카성장기회법(AGOA)를 평가하면서 원산지규정의 중요성을 지적했다. 아프리카 국가들이 기대할 수 있는 무역이익은 섬·의류의 경우 무역제한적인 원산지규정이 없었다면 5배나 더 증가할 수 있었다고 주장했다. Augier 외(2004) 연구는 섬유에 대한 원산지규정의 영향을 분석하기 위해 계량기법인 횡단면(Cross Section) 분석 모델을 활용했다. 동 연구결과는 원산지규정 누적시스템의 중요성을 언급한 것으로 누적조항을 허용하지 않는 FTA 회원국 간의 교역을 위축시켰음을 제시했다. 이들의 연구에 따르면, 무역 감소액은 1995년 73%에서 1999년 81%로 증대했음을 강조하면서 대개도국 통상정책적 지원에서 원산지기준 엄격성의 중요성을 부각시켰다.

FTA 원산지규정에 대한 국내 연구로는 정인교(1999), 조정란(2006, 2009), 최장우(2007), 김한성 외(2008), Kim and Cho(2010), 조미진 및 안경애(2011), 박현희(2012), 박명섭 외(2014) 등을 들 수 있다. 최근 원산지규정에 대한 국내외 연구가 늘고 있으나, 원산지규정에 대한 국내의 학술적인 연구는 다른 무역분야 연구에 비해 상대적으로나 절대적으로 부족한 상황이다.

정인교(1999)는 CGE 모형을 이용하여 원산지규정의 경제적 효과를 추정하였다. 동 연구는 원산지규정을 고려하지 않는 경우와 고려하는 경우를 나누어 한국과 일본간 FTA의 경제적 효과를 추정하였다. 원산지규정을 고려하지 않을 경우 우리나라는 일본으로부터 농산물과 공산품의 수입을 각각 171.45%, 39.64% 증가시킬 것으로 예상되나, 원산지규정이 고려되면 농산물은 230.81%로 증가하는 대신 공산품의 수입은 34.73%로 하락하게 된다. 이 연구는 엄격한 원산지규정을 설정하고, FTA내 거래 품목이 역내 산품에 한정되도록 모형을 통제한 것으로, 원산지규정의 중요성을 보여주었다. 그러나 개별 품목에 대한 원산지규정이 어느 정도의 보호장벽으로 작용하는가를 나타내는 관세상당치를 연구자가 가정했다는 단점을 지니고 있다.

박현희(2012)는 농업부문의 원산지기준을 기체결한 FTA 협정문을 통해 분석하였다. 농업부문의 원산지규정의 특징과 결정기준을 분석하여 향후 추진될 FTA 협상에 대한 시사점을 제시하였다. 박명섭, 조미진, 이병문(2014)은 품목별 원산지 결정기준을 단일기준, 선택기준, 결합기준으로 구분하여 FTA별 분포를 비교하였고, 기준 FTA에 대비하여 해당 FTA가 동일한 원산지 결정기준을 사용하는지 파악하기 위해 일관성지수를 계산하였다. 이를 통해 산업별 원산지 결정기준의 일관성 정도를 협정별로 계량적으로 연구하였다.

김한성 외(2008)의 연구는 한·ASEAN FTA의 경우 여타 FTA에 비해 수출과 수입 활용률이 모두 저조한데, 특히 한국의 수출품목 대부분이 FTA 특혜관세 혜택을 받지 못함을 여러 각도에서 분석하였다. 이와 관련하여 ASEAN 현지 기업이 한·ASEAN FTA에 대한 정보를 충분하게 접근하지 못함을 FTA 활용 저해의 주요 요인으로 확인하였다. 여기서 FTA 활용 정보는 원산지기준을 포함한다. 한국 FTA의 분석 결과에서 볼 수 있듯이, FTA 활용률은 원산지규정 외에도 이를 활용하는 업체의 특징과 교역 품목에 따라서도 영향을 받고 있음을 제시하면서 원산지기준이 FTA 활용 장애요인으로 해석함에 있어 신중한 접근을 주문하고 있다.

조미진 및 안경애(2011)는 우리나라의 FTA 원산지규정의 현황과 비교 및 문제점을 살펴보고, 국내 기업의 FTA 활용에 대한 설문조사를 통한 분석과 대응책 등을 제시하고 있다. FTA 원산지규정에 대한 기업들의 이해와 관심 등이 매우 저조하여 기업의 생산 및 교역 구조에 기초한 원산지 규정에 대한 거시적인 목표와 방향을 설정하는데 어려움을 겪고 있으며, 이는 결국 FTA 체결을 통한 경제적 이득의 극대화에 장애요인이 될 수 있는 만큼 원산지규정에 대한 업계의 의견을 협정내용에 반영하려는 노력이 보다 체계적으로 이루어질 필요가 있다고 지적하고 있다.

정혜련, 임정빈(2014)은 향후 FTA에서 농업품목 원산지기준은 민감품목 보호와 농산물 수출이익을 함께 고려하여 능동적이고 적극적인 형태가 되어야 됨을 강조하고 있다. 미국, EU, 일본 등에 비해 품목별 기준이 다양하지 못함을 지적하면서도 지나치게 다양해지면 스파게티볼 영향이 발생할 것임을 우려하고 있다. 산업보호를 위해 지나치게 엄격한 원산지기준을 추구하기 보다는 수출입을 감안하여 적절한 수준의 엄격성을 강조하고 있다. 고추장, 된장, 인삼 등의 수출 식품산업에 대해서는 완화된 기준을 채택했으나, 다자간 FTA, 유사누적 등에 의한 종합적인 효과를 고려해야 한다는 점을 제기하고 있다.

종합하면, 엄격한 원산지기준은 무역굴절을 방지할 수 있겠지만, FTA 회원국간 교역증대에 걸림돌로 작용하며, 원산지기준 엄격성 수준이 높을수록 무역이 더 위축될 수 있음을 Augier 외(2004), Cadot 외(2004), Carrere & De Melo(2004),

Estevadeordal-Suominen(2004), Flatters and Kirk(2004), Inama(2004), 조정란(2006, 2009), 조미진 및 안경애(2011), 박현희(2012), 박명섭 외(2014) 등 여러 연구들에서 분석되었다.

제2장 FTA 원산지규정의 엄격성지수

FTA 원산지규정으로 인한 스파게티볼 손실과 무역왜곡을 최소화하기 위해 품목별 원산지기준은 단순해야 하며, 협정간, 품목간 조화의 필요성이 강조되고 있다. 기존 FTA 원산지기준 연구에서는 엄격성 분석 등을 통해 원산지기준의 무역 보호주의적 측면 분석이 연구의 주류를 이루었다. 이론적으로는 완화된 형태의 원산지기준이 바람직하나 필요에 의해 복잡한 형태를 도입하기도 한다. 문제는 특정 국가가 자국의 산업적 입장에서 바람직한 원산지기준을 확정하고 이에 부합하도록 품목별 원산지기준을 설정해 왔는가 하는 점이다. 우리나라 FTA 품목별 원산지기준의 엄격성 또는 일관성을 분석하는 것은 이에 대한 답이 될 수 있을 것이다.

FTA원산지규정을 이해 및 활용하기 위해서는 필히 각 협정의 조문, 부속서에 있는 원산지규정의 내용을 숙지할 필요가 있다. 우리나라가 처음 FTA를 체결할 당시에는 원산지규정에 대한 기초연구가 별로 없었기 때문에 업계나 정부는 NAFTA 등에서 설정한 원산지규정을 거의 대부분 원용하는 실정이었다. 실제로 한·칠레 FTA 협상에서 가장 기초적인 참고자료로 NAFTA의 원산지규정을 사용하였다. 업계의 요구에 따라 일부 기준을 조정하는 선에서 FTA 원산지규정을 정하는 수준이었다.

그러나 외국에서는 원산지규정에 대한 기초연구가 일부 수행된 바 있다. 이 장은 기존 연구결과를 종합하고, 우리나라가 칠레 및 싱가포르와 체결한 FTA에서의 품목별 원산지규정에 대한 내용을 엄격성지수에 입각하여 분석하고, 향후 체결될 FTA의 원산지규정에 대한 시사점을 도출하고자 한다.

1. 원산지규정 엄격성 지수

가. Estevadeordal 지수

원산지규정의 엄격성지수(Restrictiveness Index)는 Estevadeordal(2000)이 처음으로 제안한 것으로 알려져 있다. 이후의 연구자들은 Estevadeordal의 지수를 수정보완해서 많이 사용하고 있다. 동 지수는 Estevadeordal · Suominen(2003)

에서 확대되었으며, 호주의 정부연구기관인 Productivity Commission(2004)의 연구도 Estevadeordal · Suominen(2003)에 근거하고 있다.

Estevadeordal(2000)는 NAFTA에서 채택된 원산지규정의 엄격성을 카테고리별로 1~7의 지수를 부여하였다. 여기서 지수가 높을수록 생산자에게 더 많은 비용이 소요될 수 있다. 이들 지수들은 다음의 두 가지 사항을 가정하고 있다. ① 2단위(CC) 세번변경은 4단위(CTH) 세번변경보다 엄격하고, 4단위 세번변경은 6단위(CTSH) 세번변경기준보다 엄격하다. ② 역내부가가치기준과 특정공정기준이 세번변경기준과 결합될 경우, 원산지규정이 더 엄격해진다. 이들 두 가지 가정은 일반적으로 인정될 수 있는 것 들이며, 업계를 대상으로 한 조사에서도 이를 확인할 수 있다.

표 7-2 Estevadeordal 지수의 개요

지수	지수의 요건
1	HS8~10 단위 변경(CI)
2	지수 1보다는 엄격하되, HS6단위 변경(CTSH)기준 수준의 엄격성
3	지수 2보다는 엄격하되, CTSH+역내부가치가치(RVC)기준 수준의 엄격성
4	지수 3보다는 엄격하되, HS4단위 변경(CTH)기준 수준의 엄격성
5	지수 4보다는 엄격하되, CTH+RVC 수준의 엄격성
6	지수 5보다는 엄격하되, HS2단위 변경(CC)기준 수준의 엄격성
7	지수 6보다는 엄격하되, CC+특정공정(SP)기준 수준의 엄격성

1~7의 지수에 대한 설명은 <표 7-2>에 제시되어 있다. Estevadeordal 지수는 NAFTA와 같이 세번변경을 주로 사용해서 실질적 변형을 원산지규정으로 사용하는 FTA의 원산지규정 분석에 적합한 방법으로 볼 수 있으나, 누적기준, 미소기준 등의 원산지규정 완화수단을 고려하지 않고 있는 단점이 있다.

이후 원산지규정 엄격성지수를 이용한 Estevadeordal · Suominen(2003)과 Productivity Commission(2004)가 있다. Estevadeordal · Suominen(2003)는 엄격성지수를 사용하여 주로 유럽(EU·남아공 FTA, EU·멕시코 FTA 등)과 미주지역(NAFTA, G-3(중남미3개국-멕시코 · 베네수엘라 · 콜롬비아), MERCOSUR·볼리비아 FTA 등) 12개 FTA의 원산지규정을 분석하였고, Productivity Commission

(2004) 연구는 Estevadeordal · Suominen(2003) 지수를 보다 더 세분화하고 이를 미주(NAFTA, MERCOSUR FTA 등), 유럽(EFTA, EU·폴란드 FTA 등), 동아시아지역(AFTA, CER 등), 대륙간 FTA(EU·멕시코 FTA, 미국·싱가포르 FTA 등)를 포함한 총 18개 FTA에 적용하여 분석하였다.

원산지규정으로는 세번변경기준, 부가가치기준, 특정공정기준의 3가지 기준 중 세번변경기준이 가장 엄격한 기준으로 볼 수 있으며, 다음으로는 부가가치기준, 특정공정기준의 순으로 엄격한 것으로 평가되고 있다. 세번변경에서도 HS 2단위 변경이 가장 엄격하며, 다음으로는 4단위, 6단위 순으로 엄격하다. EU의 원산지규정은 주로 4단위 세번변경기준과 부가가치기준 및 특정공정기준을 결합한 엄격한 수준의 원산지규정을 사용하고 있다. EU FTA 원산지규정의 특징 중 하나는 EU가 체결한 FTA에서의 원산지규정은 협정간 차이점이 별로 없다는 점이다. 1973년 사이프러스와 체결한 협정에서의 원산지규정이 오늘날 EU의 PANEURO 시스템과 거의 유사한 형태를 취하고 있다. <표 7-3>에서 보듯이, 2단위, 4단위, 6단위 세번변경의 비중이 협정간 큰 차이가 없는 것을 알 수 있다. 예를 들어, 지난 20년간 체결된 협정에서 4단위 세번변경기준이 사용되는 비중이 57~64%를 유지하고 있다. 다만 눈에 띄는 차이점은 최근의 FTA에서는 전 품목 중 25%에 대해 복수의 원산지기준을 규정하고, 수출자 · 생산자가 선택할 수 있는 선택기준을 허용하고 있다는 점이다. 즉, 과거의 협정에 비해 다소 완화된 기준이 적용되고 있는 것으로 평가될 수 있다.

Estevadeordal · Suominen(2003)는 유럽과는 달리 미주지역의 FTA 원산지규정이 협정별로 차이가 큰 것으로 보고하고 있다. 이는 분석대상 FTA의 선정이 이러한 결과를 도출하는데 기인하고 있기 때문이기도 하다. 즉, 유럽의 경우, EU가 체결한 협정 위주로 분석했으나, 미주지역의 경우, 북미지역국가간 협정인 NAFTA, 남미지역국가간 협정인 G-3, 멕시코가 볼리비아와 체결한 FTA, 캐나다·칠레 FTA 등으로 협정 체약국이 각각 다른 협정을 대상으로 했기 때문이다. 이러한 문제는 Productivity Commission의 연구에서 다소 시정되었다.

표 7-3 **유럽과 미주지역 FTA에서의 세번변경기준의 비중**

(단위: 관세세번의 총수 대비 비중, %)

	EU가 체결한 협정					
	남아공	멕시코	칠레	폴란드	에스토니아	GSP(93)
CC+	14.24	14.47	14.24	14.08	14.08	13.93
CTH+	57.65	58.34	57.25	62.43	63.62	63.70
CTSH+	2.37	2.37	2.25	2.34	2.38	2.36
기타	25.74	24.82	26.26	21.15	19.92	20.01

	미주지역의 FTA					
	NAFTA	G-3	멕시코의 FTA		MERCOSUR의 FTA	
			코스타리카	볼리비아	칠레	볼리비아
CC+	54.44	42.08	42.77	42.68	0.00	0.00
CTH+	40.65	46.02	47.19	47.15	100.00	100.00
CTSH+	4.35	7.88	9.66	9.21	0.00	0.00
기타	0.56	4.02	0.38	0.96	0.00	0.00

주: EU가 폴란드와 에스토니아와 체결한 협정은 각각 1993년과 1995년도 협정임.
자료: Estevadeordal and Suominen(2004)의 <Figure 2>와 <Table 3> 근거로 작성

NAFTA는 2단위 세번변경기준이 가장 널리 사용되고 있으며, G-3와 멕시코의 FTA는 4단위 세번변경기준의 비중이 2단위 세번변경기준보다 더 많이 사용되고 있다. 한편, MERCOSUR가 칠레, 볼리비아와 체결한 협정에서는 전 품목에 대해 4단위 세번변경기준이 적용되고 있다.

EU의 원산지규정이 미주지역과 다른 점을 여러 측면에서 고찰할 수 있으나, 가장 큰 차이점은 미주지역의 FTA는 세번변경기준에 주로 의존하고 있다는 점이다. 반면 EU의 PANEURO 시스템에서는 세번변경 외 다른 기준이 사용되는 비중은 20~26%에 이른다. 이를 통해 미주지역 FTA의 원산지규정이 EU보다 더 엄격할 것으로 짐작할 수 있다.

Estevadeordal · Suominen(2003)는 분석대상 12개 FTA에서 NAFTA와 G-3가 EU의 PANEURO보다 엄격한 원산지규정을 설정하고 있으며, 다양한 형태의 원산지규정이 적용되고 있음을 제시하고 있다. 한편, 남미공동시장(MERCOSUR)의 원산지규정이 가장 완화된 기준을 도입하였는데, 동 공동시장은

HS4단위 변경기준(CTH)을 전 품목에 걸쳐 적용함으로써 지수 4의 값을 지니는 것으로 조사되었다.

나. 호주 PC의 엄격성지수

호주의 Productivity Commission(2004)의 연구는 자국이 뉴질랜드와 체결한 경제긴밀화협정(CER)의 원산지규정을 국제적으로 비교하는데 기본목적이 있었다. 원산지규정 평가지수는 크게 3가지 기준으로 대분되고, 각 기준 하에서 세분화된 평가지수의 합산으로 최종 평가되는데, 이들 3가지 기준은 1) 1차기준(원산지를 결정하는 주요 결정요인), 2) 보완기준(기본기준에 보완적으로 적용), 3) 기타기준으로 구성된다. Productivity Commission 지수는 0~1의 값을 가지게 되는데, 1에 가까울수록 엄격한 원산지규정인 것으로 평가된다.

표 7-4 호주 PC의 원산지규정 엄격성지수 평가기준과 지수

대분류	엄격성 카테고리의 내용	지수
1차기준		0.60
1	세번변경	0.20
2	역내부가가치	0.20
3	특정생산공정	0.20
보완기준		0.25
4	누적계산의 형태	0.05
5	누적기준 이상의 요건	0.05
6	수입관세환급	0.05
7	역외공정	0.05
8	제조공정의 지리적 위치	0.05
기타기준		0.15
9	확실성	0.05
10	행정비용(compliance and administration costs)	0.05
11	원산지규정 면제요건(waiver provision)	0.05
비중합계		1.00

자료: Productivity Commission(2004) Table 2.1.(p.7).

또한 각 기준에 대해 가중치를 부여함으로써 Estevadeordal(2000)의 지수보다 정교한 분석을 가능하게 하였다. 1차기준에 대한 비중이 전체의 60%로 가장 높고, 다음으로는 보완기준에 대해 25%, 기타기준 15%의 비중으로 각 기준별 엄격성을 평가에 반영하게 된다. 또한 세부기준별로 다시 세분화 카테고리에 대해 가중치가 부여됨으로써, 지수 계산은 가장 세부적인 기준으로부터 출발하도록 평가방법이 설계되어 있다. 예를 들어 세번변경에 대한 20%의 가중치도 구체적으로 세분화된 가중치의 합으로 계산되는데, 만약 HS8~10단위 세번변경을 적용한다면 0의 가중치를, HS6단위 변경은 0.2 가중치, HS4단위 0.5 가중치, HS2단위 1.0의 가중치가 부여된다. 즉 세번변경기준이더라도 가장 덜 엄격한 HS8단위 세번변경일 경우 가중치 0을 부여함으로써 1차기준의 지수는 0(=0.2*0)이 되지만, HS2단위 세번변경일 경우 1의 가중치가 적용됨으로써 1차기준의 최고치 0.2(0.2*1.0)로 계산되도록 한다.

표 7-5 **세번변경기준 요건 카테고리별 가중치(%)**

지수 가중치	세분화된 가중치	엄격성 카테고리
0.20		
	0.00	HS8~10단위 세번변경 변경(CI)
	0.20	HS6단위 세번변경 변경(CTSH)
	0.50	HS4단위 세번변경 변경(CTH)
	1.00	HS2단위 세번변경 변경(CC)

역내부가가치 요건은 세분화된 카테고리별로 가중치가 부여된다. 또한 세부카테고리에 가중치를 적용해서 역내부가가치 카테고리 지수를 계산하게 된다. 역내부가가치 지수 0.20도 6개의 세부카테고리로 나뉘어져 평가되는데, 6개 세부카테고리 중 역내부가가치 퍼센트에 대한 지수가 0.10으로 가장 높고, 역내부가가치 계산방식, 역내산 생산비 계산방식 등 5개 항목에 대해 각각 0.02의 지수가 부여되어 있다.

표 7-6 **역내부가가치기준에 대한 엄격성 카테고리**

번호	세부카테고리 내용	가중치
	역내부가가치 기준	0.20
2.1	역내부가가치의 퍼센트	0.10
2.2	역내부가가치 계산방식	0.02
2.3	국내산 부품 생산비 요소	0.02
2.4	원부자재 비용산정시 제외항목 여부	0.02
2.5	생산비 계산방법	0.02
2.6	비역내산 원부자재 계산방법	0.02

여기서 언급되는 세부카테고리는 기술적인 측면이 강하므로 이에 대한 설명은 생략하기로 한다. 다만, 각 세부카테고리에 대해서도 구성요소별로 가중치가 부여되어 세부카테고리별 지수도 계산된다. 예를 들어, 0.10의 지수가 부여되는 역내부가가치 최저상한선 비율(%)은 <표 7-6>에서 보듯이 6개 항목으로 구성된 가중치가 평가에 사용되는데, 원산지규정 충족이 용이한 25% 역내부가가치 기준이 설정되어 있을 경우 가중치는 0.0이 적용된다. 그러나 역내부가가지 비중이 25%를 초과할 경우 가중치가 점점 증가하며, 65% 이상의 역내부가가치 비중이 의무화될 경우 가중치는 1.00이 된다.

보완기준은 0.25의 지수가 부여된 항목으로 누적가치 방식, 누적기준이상의 요건, 관세환급, 역외가공, 제조공정의 지리적 위치 등 5개의 항목에 대해 각각 0.05의 지수가 부여된다. 원산지규정에서 누적은 자국 외 다른 국가에서 제조된 부품과 원재료를 일정 조건하에서 역내산으로 인정해주는 규정으로, FTA 회원국으로부터 제조된 부품에 대한 누적을 인정하는 것을 양자누적(Bilateral Cumulation)과 비회원국산 부품도 인정하는 것을 유사누적(Diagonal Cumulation)으로 구분하여 가중치를 부여한다. 가장 엄격하지 않은 조건인 유사누적에 대해서는 0.2의 가중치를, 유사누적보다 엄격한 양자누적은 0.6의 가중치, 누적이 인정되지 않으면 1.0의 가중치가 적용된다.

0.05의 지수가 부여된 관세환급의 경우, 환급이 허용되면 0.0의 가중치가, 반대로 환급이 허용되지 않으면 1.0의 가중치가 적용된다. 역외가공도 허용 여부에 따라 0.0과 1.0의 가중치가 부여된다. 제조공정의 지리적 위치에 대해서는 3개의

가중치가 부여되는데, 지리적 위치 요건이 없으면 0.0의 가중치를, 역내국가로 한정할 경우 0.5, 수출국 요건으로 강화될 경우 1.0의 가중치가 부여된다.

1차기준 및 보완기준 외에 원산지규정에 영향을 미칠 수 있는 요건은 원산지 증명에 따른 확실성의 정도, 행정비용 및 지속성 3개 항목에 대해 각각 0.05의 지수를 부여한다. 확실성은 원산지규정으로 HS 2단위 세번변경 혹은 특정공정기준만이 부여되는 경우에 가중치 0.0을, 역내부가가치, 세번변경(HS 2단위) 및 역내부가가치, 특정생산공정 등 조합으로 구성되어 확실성을 떨어뜨릴 경우 1.0의 가중치를 부여한다.

행정비용 항목은 FTA 회원국이 서로 다른 원산지규정을 가진 여러 개의 FTA에 가입했을 경우, 수출자・생산자의 원산지규정 충족에 따른 행정비용이 더 많이 소요된다는 점에 착안하고 있다. FTA 회원국이 1개의 협정만을 가입한 경우, 0.0의 가중치가 부여되고, 유사한 원산지규정을 가진 복수의 협정에 가입한 경우 0.5의 가중치를, 마지막으로 서로 다른 원산지규정을 가진 복수의 협정에 가입했을 경우 1.0의 가중치가 부여된다.

원산지규정은 기업의 생산기술의 채택을 어렵게 하는 요인이 될 수 있다. 예를 들어, 역내부가가치 최고한도(threshold)에 가까운 기업은 생산공정을 변화시키기보다는 현재의 생산조건을 유지하도록 압력을 행사하게 된다. 원산지규정 면제 조항이 협정에 포함되어 있는 경우, 기업은 최적의 생산기술과 영업환경을 채택하게 될 것이다. 면제조건은 4개의 가중치가 부여되는데, 전 세번변경에 대해 면제조항이 부여된다면 0.0의 가중치를, 다수 품목에 대한 면제가 허용되면 0.5, 모든 품목에 대해 원산지규정이 설정된다면 1.0의 가중치가 적용된다.

<표 7-7>은 Productivity Commission가 주요 FTA의 원산지규정의 엄격성을 분석한 결과를 제시하고 있다. Estevadeordal・Suominen(2003)에서의 결과와 같이, NAFTA의 원산지규정이 EU의 원산지규정보다 더 엄격한 것으로 나타났다. NAFTA외에 0.60 이상의 지수로 나타난 엄격한 원산지규정을 가진 FTA로는 EU·폴란드 FTA, 남미공동시장이 모두 0.60의 지수를 가지고 있는 것으로 평가되었다. 한편, Estevadeordal・Suominen(2003)의 연구에서는 EU가 체결한 협정은 대부분 유사한 수준의 엄격성을 가진 것으로 나타났으나, Productivity Commission의 연구에서는 협정별로 상당히 다른 수준의 엄격성을 지닌 원산지규정이 채택된 것으로 나타났다. EU·폴란드 FTA는 엄격성 지수가

0.60인 것으로 나타났으나, EU·멕시코 FTA 지수는 0.52로 상대적으로 낮으며, PANEURO의 0.53과 비슷한 것으로 볼 수 있다. 한편, 미국이 체결한 NAFTA는 엄격한 원산지규정을 가진 것으로 조사되었으나, 최근에 체결된 FTA에서의 원산지규정의 엄격성은 상당히 완화된 것으로 보인다. 특히 싱가포르, 칠레와 체결한 협정의 원산지규정은 각각 0.39, 0.46으로 NAFTA의 0.67에 비해 월등하게 완화된 기준을 가지고 있는 것으로 평가할 수 있다.

표 7-7 Productivity Commission의 원산지규정 엄격성 지수

	EFTA	EU · 폴란드	PANEURO	EU · 멕시코	CER	AFTA
1차기준	0.15	0.33	0.30	0.31	0.14	0.08
보완기준	0.11	0.12	0.08	0.08	0.07	0.11
기타기준	0.10	0.15	0.15	0.13	0.13	0.13
합계	0.35	0.60	0.53	0.52	0.33	0.31
	NAFTA	**미 · 싱가포르**	**미 · 칠레**	**MERCOSUR**	**칠레 · MERCOSUR**	**Andean**
1차기준	0.46	0.23	0.26	0.37	0.18	0.14
보완기준	0.09	0.04	0.08	0.11	0.11	0.09
기타기준	0.13	0.11	0.13	0.13	0.13	0.10
합계	0.67	0.39	0.46	0.60	0.42	0.33

자료: Productivity Commission(2004) <Table A.2>(pp. 44-45)

Productivity Commission의 연구에 의하면, 원산지규정 엄격성이 분석대상 FTA에 따라 큰 차이가 있으며, 품목별로도 서로 다른 원산지규정이 적용되고 있는 것으로 나타났다. 분석대상 FTA 중 가장 완화된 원산지규정을 채택한 FTA는 AFTA인 것으로 조사되었으며, 호주·뉴질랜드 FTA인 CER도 완화된 원산지규정을 적용하고 있는 것으로 나타났다. 중남미의 G-3도 완화된 원산지규정을 가진 협정의 하나로 평가되고 있다.

2. 우리나라 FTA 원산지규정

가. 한 · 칠레 FTA 및 한 · 싱가포르 FTA

<표 7-8>은 우리나라가 칠레 및 싱가포르와 체결한 양자간 FTA의 원산지규정을 Estevadeordal 지수(<표 7-2> 참조)에 따라 정리한 것이다. HS 2단위로 볼 때, 한·칠레 FTA와 한·싱가포르 FTA가 유사한 수의 품목에 대해 개방한 것으로 나타나고 있다. 개략적으로 보면 원산지규정의 구조도 유사한 형태를 취하고 있는 것으로 볼 수 있는데, 주로 2단위(CC) 및 4단위(CTH) 세번변경기준에 의존

표 7-8 한 · 칠레 FTA 및 한 · 싱가포르 FTA의 원산지규정 요약

(단위: HS6단위 품목 수)

한 · 칠레 FTA	지수	HS6	한 · 싱가포르 FTA	지수	HS6
CC + SP	7	178	CC + SP	7	292
CC + RVC	7	80	CC + RVC	7	144
CC	6	1,287	CC	6	874
CC or (CC+RVC)	6	1	CC or (CTH+RVC)	6	5
CC or (CTH+RVC)	6	27	CTH + RVC	5	278
CC or (CTSH+RVC)	6	31	CTH	4	2,968
CTH + RVC	5	322	CTH or RVC	4	1
CTH	4	1,739	CTH or (CTH+RVC)	4	85
CTH or (CTH+RVC)	4	66	CTH or (CTSH+RVC)	4	397
CTH or (CTSH+RVC)	4	473	CTSH + RVC	3	19
CTH or RVC	4	739	CTSH	2	117
CTSH + RVC	4	131	CTSH or RVC	2	1
CTSH	3	105	RVC	1	31
CTSH or RVC	3	5			
RVC	1	30			
총 계		5,214			5,212

주: CC-2단위 세번변경, CTH-4단위 세번변경, CTSH-6단위 세번변경,
RVC-역내부가가치기준, SP-특정공정기준

하고 있다. 또한 세번변경기준에 비해 특정공정기준(SP)과 역내부가가치(RVC) 기준의 비중이 매우 낮은 편이다.

그러나 2~3년 시차를 두고 체결된 협정임에도 불구하고, 두 협정의 원산지규정 간 차이도 적지 않다. 엄격한 원산지규정으로 볼 수 있는 Estevadeordal 지수 6 이상이 적용되는 품목의 비중이 한·칠레 FTA에서는 총 품목 수 대비 31%로 높았으나, 싱가포르와의 FTA에서는 25%로 낮아졌다. 반면 4단위 세번변경기준인 지수 4의 비중은 60%에서 66%로 높아졌다. 이를 통해 한·칠레 FTA에서보다는 한·싱가포르 FTA에서의 원산지규정이 완화된 것으로 평가할 수 있다.

표 7-9 한 · 칠레 FTA 및 한 · 싱가포르 FTA 원산지규정(세번변경기준)

(단위: 관세세번의 총수 대비 비중, %)

	NAFTA	EU · 멕시코 FTA	G-3	한 · 칠레 FTA	한 · 싱가포르 FTA
CC+	54.44	14.47	42.08	30.21	25.18
CTH+	40.65	58.34	46.02	59.76	67.79
CTSH+	4.35	2.37	7.88	9.46	6.44
기타	0.56	24.82	4.02	0.58	0.59
합계	100	100	100	100	100

자료: NAFTA, EU·멕시코 FTA, G-3에 대한 지수는 Estevadeordal · Suominen(2003)에서 인용하였음.

세번변경을 기준으로 한·칠레 FTA 및 한·싱가포르 FTA의 원산지규정을 정리해 보면 <표 7-9>과 같다. 다른 FTA와의 비교를 위해 NAFTA, EU·멕시코 FTA 및 G-3의 기준도 동시에 제시하고 있는데, 우리나라가 체결한 FTA원산지규정에서 2단위 세번변경(CC) 비중이 NAFTA보다는 낮으나, EU·멕시코 FTA보다는 월등이 높은 것으로 나타났다. 또한 4단위 세번변경 이상(즉 CC와 CTH)의 비중이 우리나라는 90%를 초과하고 있는데 비해, EU·멕시코 FTA는 73% 수준을 유지하고 있는 것으로 나타났다. 즉, 우리나라에게 민감한 대부분의 품목에 대해서는 엄격한 원산지규정이 적용되었음을 추정할 수 있다. 한편, G-3의 경우, CC와 CTH의 비중이 88%로 우리나라와 비슷한 수준을 보이고 있다. 우리나라 FTA의 경우, 한·칠레 FTA보다는 한·싱가포르 FTA에서 CC와 CTH 기준이 더 많이 사용되었고, 그 결과 싱가포르와의 FTA 원산지규정이 더 엄격한 것으로 조사되었다. 이는 싱가포르는 수입에 대해 자유화를 실시하고 있어 우리나라가 싱가포르와의 FTA 무역자유화로부터 기대할 수 있는 이익이 작을 것으로 기대된다는 점과, 싱가포르 총수출의 약 절반을 차지하는 우회수출을 방지하기 위해 엄격한 원산지규정이 채택된 것으로 볼 수 있다. 마지막으로 우리나라는 세번변경기준에 대한 의존율이 높은 경향을 보이고 있는 반면, 다른 국가는 세번변경기준 외 부가가치기준, 특정공정기준 등을 원산지규정 설정에 많이 사용하고 있는 것으로 나타났다.

나. Estevadeordal 지수로 본 우리나라 FTA 원산지규정 엄격성

한편, <표 7-10>에서 제시된 바와 같이, Estevadeordal 지수를 통해 우리나라 FTA 원산지규정의 엄격성을 분석하여 보면, <표 7-9>에서의 분석과는 일부 다른 결과를 도출할 수 있다. 즉, 우리나라 FTA의 원산지규정이 NAFTA와 G-3 규정보다는 덜 엄격한 것으로 나타났다는 점이다. 또한 세번변경을 기준으로 한 분석(CC와 CTH 기준의 비중합)에서와는 달리, 칠레와의 FTA에서 보다는 싱가포르와의 FTA에서 우리나라는 완화된 원산지규정을 도입한 것으로 평가되고 있다.

표 7-10 Estevadeordal 지수로 본 원산지규정의 엄격성

		NAFTA	EU · 멕시코 FTA	G-3	한 · 칠레 FTA	한 · 싱가포르 FTA
지수의 평균치		5.00	4.50	5.00	4.69	4.57
지수 범위	상위 25%	6.00	5.00	6.00	6.00	6.00
	하위 25%	4.00	4.00	4.00	4.00	4.00

자료: NAFTA, EU·멕시코 FTA, G-3에 대한 지수는 Estevadeordal · Suominen(2003)에서 인용.

다. PC 지수로 본 우리나라 FTA 원산지규정 엄격성

Productivity Commission의 원산지규정 엄격성지수로 한·칠레 FTA와 한·싱가포르 FTA를 분석하여 보면, 두 FTA의 지수는 각각 0.47과 0.44로 나타났다. 총 0.60이 배정된 1차기준에서는 싱가포르와 체결한 협정의 원산지규정이 칠레와의 협정보다 더 엄격한 것으로 나타났다. 0.60 지수 중 0.20이 부여된 세번변경기준 항목에서는 HS4단위가 양 FTA에서 가장 널리 사용되었기 때문에 동일한 지수(0.10 = 0.20 × 0.5)가 계산된다. 그러나 싱가포르와 체결한 협정에서는 역내부가가치(공제법) 적용 비율을 45%(HS6단위기준 290개 품목), 50%(606개 품목) 및 55%(65개 품목)로 지정하였다. 사용빈도가 가장 높은 50%가 지수 계산에 사용된 반면, 칠레와의 협정에서는 대부분의 품목에 대해 45% 역내부가가치가 사용되어 한·싱가포르 FTA에 1차기준 지수가 칠레와의 FTA에서보다 높게 나타났다.

표 7-11 Productivity Commission의 원산지규정 엄격성 지수

	한 · 칠레 FTA	한 · 싱가포르 FTA
1차기준	0.28	0.30
보완기준	0.11	0.06
기타기준	0.08	0.08
합계	0.47	0.44

그러나 보완기준에서는 한·칠레 FTA 지수가 싱가포르보다 월등하게 높게 나타났다. 보완기준 지수 구성요소 중 누적허용, 미소조항, 관세환급, 지리적 요건 등의 항목에 대해 양 FTA가 동일한 내용을 규정하고 있으나, 싱가포르와의 FTA에서는 역외가공을 허용하고 있어 지수가 0.05 만큼 작아지게 되었다. 기타

그림 7-1 FTA 원산지규정 국제비교(Productivity Commission)

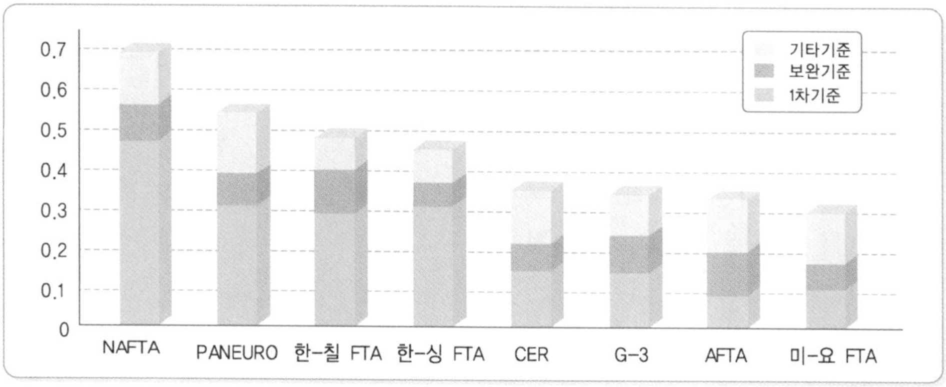

기준은 양 FTA의 내용이 동일하므로 0.08의 지수가 부여되었다.

[그림 7-1]에 나타난 바와 같이, 우리나라가 체결한 협정에서의 원산지규정은 NAFTA, PANEURO보다는 덜 엄격하지만, AFTA, 호주·뉴질랜드 FTA(CER), G-3보다는 더 엄격한 것으로 나타났다. NAFTA의 지수가 높은 것은 1차기준에서의 지수가 다른 FTA보다 높기 때문이며, NAFTA는 섬유, 의류, 자동차 등에서 품목별 공정요건을 많이 부과함에 따라 1차기준의 지수가 다른 FTA보다 훨씬 높게 나타났다. 그러나 요르단과의 FTA에서 미국은 특정공정기준을 도입하지 않았기 때문에 1차기준 지수가 크게 낮아졌고, 그 결과 동 FTA는 Productivity Commission 연구에서 원산지규정 지수(0.29)가 가장 낮은 것으로 나타났다.

3. 시사점

FTA의 본래 목적은 자유무역의 확대로 유한한 자원을 효율적 배분하고 경제의 효율성을 극대화시켜 궁극적으로 인류복지 향상에 기여하는 것이다. 그리고 이러한 FTA의 목적을 달성하기 위해서는 자원배분의 비효율을 초래할 수 있는 우회수출의 방지를 위하여 적절한 대책이 필요한 것도 사실이고 그 수단으로써 원산지기준에 의한 실질적 생산의 담보를 추구하는 것도 타당하다. 그러므로 원산지기준은 우회수입 방지라는 그 본래의 목적에 충실하고 합리적이며, 효율적인 생산 · 유통활동에 장애요인으로 작용하지 않기 위해서 필요한 최소한의 조건을 단순하고 명쾌하게 규정되어야 할 것이다.

우리나라의 초기 FTA 원산지규정은 대체로 엄격한 편이지만, 2010년 이후 체결된 협정에서는 완화된 형태의 기준이 많이 채택되었다. 원산지기준은 자국의 산업적 특성을 충분히 고려하여 원산지기준 충족을 위한 기업의 부담을 최소화시켜야만 한다. 모든 FTA에서 동일한 원산지규정을 채택하는 것은 바람직하지도 않다. 상대국과의 산업 및 무역 경쟁력을 바탕으로 바람직한 형태를 도입해야 하기 때문이다. 하지만 가급적 충족 비용이 덜 투입되는 형태의 원산지규정을 도입해야 한다는 원칙은 지켜져야 할 것이다.

제3장 FTA 원산지규정의 일관성지수

최근 세계적으로 FTA체결이 늘어나면서 국가 당 체결건수도 많아지게 되었다. 국가의 입장에서는 FTA체결 상대국에 따라 상품의 우회수입을 막고, 산업에 주는 영향 등을 고려하여 체결상대국별 원산지기준을 다르게 규정하게 된다. 따라서 품목에 따라 원산지기준이 다르게 규정될 가능성이 높아졌다. 우리나라가 체결한 품목에 대한 각 협정별 원산지규정을 보더라도 협정마다 또는 품목별로 다른 원산지기준을 정하고 있어, 이를 활용하고자 하는 입장에서는 비용이 수반될 수밖에 없다.

이러한 현상이 바그와티 교수가 지칭한 스파게티볼 현상이라 말할 수 있다. 스파게티 그릇 속에 담긴 스파게티 가락들이 서로 복잡하게 얽혀 있는 모습과 닮았다는 뜻으로 사용하였다. 그 만큼 동시다발적으로 체결되고 있는 FTA마다 같은 상품임에도 불구하고 원산지기준이 달라 복잡함을 상징하기 위한 표현이다. 즉 여러 나라와 동시에 FTA를 맺게 되면 각 나라마다 다른 통관절차, 원산지 규정, 그리고 표준 등을 확인하는데 시간과 인력이 더 들어가 애초에 기대했던 거래비용 절감 효과가 반감되기 때문이다. FTA효과를 증가시키고, 일관성이 유지되기 어려운 부분을 해결하기 위하여 TPP, RCEP, TTIP 등의 메가FTA가 새로운 대안으로 부상하게 되었다.

그러나 FTA별로 품목별 원산지기준의 일관성이 유지되는 것이 특혜관세혜택을 활용하는 기업들에게는 효과적일 수 있으나, 국가별 경쟁력 확보 및 경쟁 취약산업의 여건을 고려한다면 일관성을 유지해야 한다는 명료성에 완전히 동의하기는 어려운 실정이다.

일관성지수는 FTA협정별 각 품목별 원산지규정이 얼마나 동일하게 체결되어 있는지를 알아보기 위한 분석 방법의 하나로 각 협정별로 해당 품목에 대한 일관성지수 도출을 통해 원산지규정의 복잡성 여부를 판단할 수 있다. 일관성지수분석 결과, 농산물, 어류 등 완전생산품에 대한 일관성지수는 높으나, 가공산업 및 제조공정이 복잡한 산업의 일관성 지수는 낮은 것으로 나타났다.

1. 일관성지수[2)]

원산지 규정이 복잡하고 다양해지는 이유는 각각의 FTA 원산지 규정에서 정의하는 일반적 원산지 규정이 상이하고 품목별로 서로 다른 원산지 규정이 적용되기 때문이다. 특히 품목별 원산지규정이 세분화되면서 원산지규정 자체에 대한 불필요한 혼란을 가중시킨다. 또한 동일 품목에 대해 상이한 원산지 결정기준이 적용되어 각각의 FTA에서 원산지규정의 복잡성에 대한 우려가 높아지고 있다. 궁극적으로 이러한 일관성 결여는 FTA의 경제적 효과에 있어 부정적인 영향을 미친다.

1류에서 24류까지 11개 FTA에 대해 Estevadeordal의 엄격성 지수를 부여한 값을 기준으로 일관성 분석을 진행한 결과를 소개하고자 한다. Estevadeordal의 엄격성 지수를 기준으로 설정한 이유는 원산지 규정의 엄격성 지수에 대한 이 분야에 연구에서 가장 선도적인 연구이기 때문이다. 일관성 지수(Consistency Index: CI)는 박명섭 외(2014)가 처음으로 사용하여 한국과 주요 FTA를 대상으로 품목별 원산지규정의 일관성에 대한 전반적인 연구를 진행하였다.[3)] 품목별 원산지규정의 일관성 지수(CI)는 다음과 같은 두 단계를 거쳐 산출된다.

$$1\ \text{단계:}\quad I_j^k = \begin{cases} 1\ \text{if}\ ROO_j^i = ROO_j^k \\ 0\ \text{if}\ ROO_j^i \neq ROO_j^k \end{cases}$$

$$2\ \text{단계:}\quad CI_i^j = \sum_k I_j^k$$

여기서 i는 기준 FTA, k는 기준 FTA와의 비교대상 FTA, j는 품목을 나타낸다. HS 6단위 분류인 HS 010110에서 HS 240399까지의 품목으로 분석하였다. ROO_j^i, ROO_j^k 는 각각 기준 FTA와 비교대상 FTA에서의 j품목에 대한 원산지결정기준 유형을 의미한다.

2) 원산지규정 일관성 분석에 대한 이하 내용은 박지민(2016) "한국 FTA의 농·수산물 원산지규정의 일관성 분석"(인하대학교 대학원 FTA전공 석사학위 논문)을 바탕으로 작성한 것임.
3) 이에 대해서는 박명섭, 조미진, 이병문(2014) "한국 FTA의 품목별 원산지 규정의 일관성 분석", 『무역학회지』, 제39권 제4호(pp.59-85) 참조.

이에 1단계에서는 기준 FTA의 품목별 원산지결정기준과 나머지 10개 FTA에 각기 규정된 원산지결정기준을 비교하여 같을 경우 I_j^k 값으로 1점, 다를 경우 0점을 부여한다. 2단계에서는 비교대상이 되는 FTA의 I_j^k 값을 합하여 기준 FTA의 일관성 지수가 완성되는 것이다. 따라서 CI_j^i는 품목 j에 대한 기준 FTA의 j품목에 대한 일관성 지수가 되며, 최소 0에서 최대 10점까지의 값을 갖는다. 특정 품목의 일관성 지수가 0점일 경우 기준 FTA와 비교대상인 10개 FTA의 원산지결정기준이 모두 상이하게 규정되었음을 의미하며, 10점일 경우 기준 FTA와 비교대상인 FTA에서 규정된 원산지결정기준이 동일하다는 것을 의미한다.

즉, 일관성 지수(CI)의 값이 커질수록 기준 FTA와 비교대상 FTA의 원산지결정기준이 동일하게 규정된 FTA의 수가 많다는 것을 의미하며, 이 품목에 대한 FTA별 수평적 일관성이 높음을 알 수 있다.

2. 한국 FTA 농업분야 원산지기준 일관성 지수 분석

제1절에서 논의한 원산지기준 일관성 지수 분석 방식을 활용하여 한국이 체결한 FTA의 품목별 원산지기준의 일관성을 분석해 보고자 한다. 전체 산업의 원산지기준은 분석 작업이 방대하므로 농수산물분야(HS 제1-24류)를 대상으로 일관성 분석을 해 보면 다음과 같다.

FTA에 대한 HS 2007버전에 따라 관세세번이 구성된 것은 HS2012버전으로 통일하고, FTA별 각 품목별 원산지규정의 엄격성 지수를 코드화하였다. 분석 편의상 엄격성 지수는 가급적 단순한 형태로 구분하였다. <표 7-12>는 분석에 포함된 11개 FTA를 순서대로 기준 FTA로 정한 다음 엄격성 지수를 부여한 후, 원산지결정기준의 비교를 통해 구축된 일관성 지수(CI)의 분포 현황을 정리한 결과이다.

표 7-12 **FTA별 농·수산물 일관성 지수(CI_j^i) 분포**

(단위: 개)

기준FTA	0점	1점	2점	3점	4점	5점	6점	7점	8점	9점	10점
한·칠레	15	19	22	221	315	265	8	9	4	0	0
한·싱	81	100	13	199	219	241	8	1	3	0	0
한·EFTA	39	101	40	45	209	272	149	10	4	0	0
한·아세안	23	43	44	68	252	278	150	11	4	0	0
한·인도	107	25	36	48	232	265	145	13	4	0	0
한·EU	12	102	70	58	234	261	144	13	4	0	0
한·페루	13	70	45	92	245	261	144	1	0	0	0
한·미국	25	93	50	228	263	6	10	1	0	0	0
한·터키	22	82	67	55	232	246	144	13	4	0	0
한·호주	11	22	17	76	146	461	150	12	4	0	0
한·캐나다	38	21	52	218	288	256	9	11	4	0	0

주: 동일한 품목 분류(HS 2012 기준 HS 6단위 기준)에 기초

1류에서 24류 사이에는 일관성 지수의 값이 9점, 10점인 동일한 품목은 0%이다. 또한 11개의 FTA가 모두 발효된 상황에서 일관성 지수의 값이 0인 품목의 경우 기준 FTA와 비교대상 FTA의 원산지결정기준이 모두 다른 만큼 이를 따라야 하는 업계의 입장에서 상당한 부담이 되는 품목이다.

각 FTA마다 품목별 일관성 지수의 값을 평균한 값을 정리한 결과 값은 [그림 7-2]에서 볼 수 있다. 이는 기준 FTA를 중심으로 일관성에 있어 정도의 차이가 있음을 알 수 있다. 한·호주 FTA가 기준 FTA인 경우 일관성지수의 평균값이 4.6점으로 가장 높고, 그 다음으로 한·ASEAN FTA가 4.2점, 한·페루 FTA가 4.1점, 한·EFTA FTA와 한·EU FTA, 그리고 한·터키 FTA가 동일하게 4.0점이다. 한·인도 FTA, 한·칠레 FTA가 3.9점 등의 순으로 높다. 한·캐나다 FTA, 한·미 FTA의 경우 각각 3.7점과 3.5점에 그치고 있으며, 한·싱가포르 FTA의 경우 3.3점으로 가장 낮은 수준을 기록하고 있다. 즉, 한·터키 FTA의 경우 수평적 일관성 측면에서 4.0점이므로 이 FTA에 규정된 특정 품목의 원산지기준과 평균적으로 4개 이상의 FTA에서 동일한 결정방법이 요구되는 것이다.

그림 7-2 **FTA별 농·수산물 일관성 지수 비교**

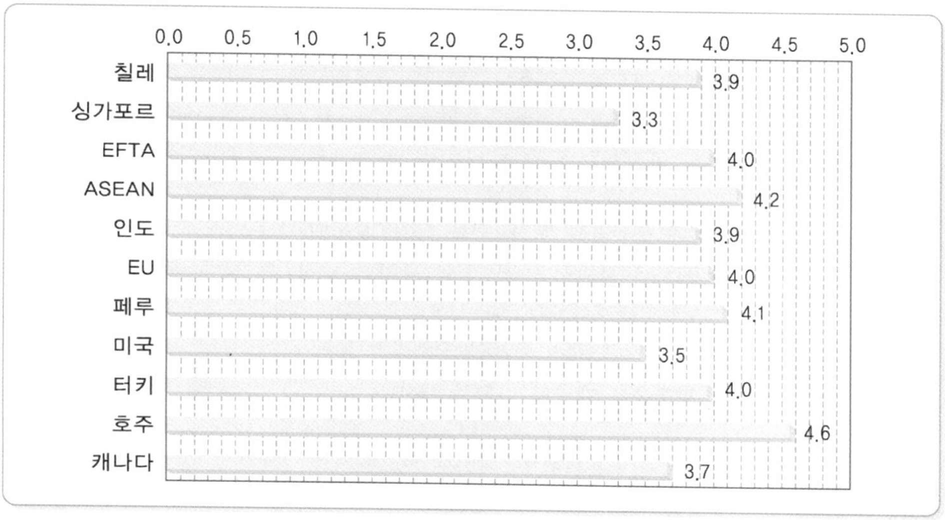

가. 품목별 일관성 지수 분석

우리나라가 체결한 11개의 FTA에 대하여 품목별로 일관성 지수에 대하여 분석한 결과가 <표 7-13>이다. 일관성 지수의 값을 품목별로 평균한 값을 정리한 결과이다. 이를 토대로 기 체결 된 11개의 FTA에서 1류에서 24류까지 원산지 규정의 일관성에 있어 차이가 있음을 살펴볼 수 있다.

표 7-13 **기체결 11개 FTA 품목별 일관성 지수**

구분(HS)		품명	지수의 평균치
부	류		
1부	1류	소, 돼지, 가금류, 면양 등	4.5
	2류	쇠고기, 돼지고기, 닭고기 등	4.5
	3류	활어, 갑각류, 연체동물 등	4.3
	4류	낙농품·조란·천연꿀 및 기타	4.3
	5류	다른 류에 미분류 된 동물성 생산품	4.5

2부	6류	산 수목과 기타의 식물, 인경 · 뿌리와 이와 유사한 물품 및 절화와 장식용의 잎	3.1
	7류	식용의 채소 · 뿌리 및 괴경	4.8
	8류	식용의 과실 및 견과류와 감귤류 또는 멜론의 껍질	4.7
	9류	커피 · 차 · 마테 및 향신료	3.6
	10류	곡물	4.8
	11류	제분공업의 생산품과 맥아, 전분, 밀의 글루텐	3.3
	12류	채유에 적합한 종자와 과실, 각종 종자와 과실, 공업용 · 의약용 식물, 짚과 사료용 식물	4.4
	13류	락, 검 · 수지 · 그 밖의 식물성 수액과 추출물	3.4
	14류	식물성 편조물용 재료와 식물성 생산품	4.5
3부	15류	동물성 · 식물성 지방과 기름 및 이들의 분해생산물, 조제한 식용 지방과 동물성 · 식물성 납	3.0
4부	16류	육류 · 어류 · 갑각류 · 연체동물이나 그 밖의 수생 무척추동물의 조제품	2.8
	17류	당류와 설탕과자	3.5
	18류	코코아와 그 조제품	4.7
	19류	곡물 · 고운 가루 · 전분 · 밀크의 조제품과 베이커리 제품	2.5
	20류	채소 · 과실 · 견과류나 식물의 그 밖의 부분의 조제품	2.8
	21류	각종 조제 식료품	4.7
	22류	음료 · 주류 · 식초	3.0
	23류	식품 공업에서 생기는 잔재물과 웨이스트, 조제 사료	3.5
	24류	담배와 제조한 담배 대용물	3.6

1차산품의 경우 농 · 수산물에 일반적으로 완전생산기준이 적용되기 때문에 일관성 지수가 높을 것으로 예상하였지만 평균 4.31점의 일관성 지수의 값을 갖는 것으로 분석되었다. 1차 가공 산품의 경우에도 평균 3.55점의 일관성 지수의 값이 나와 FTA별 수평적 일관성이 낮은 산업 군으로 분류 될 수 있는 것이 특징적이다. 이렇듯 우리나라가 체결한 FTA의 경우 체결상대국의 지역적 특성이 상당부분 반영되면서 FTA별 수평적 일관성이 유지되지 못하는 결과가 나왔다고 볼 수 있다. 미국, EU, 일본 등 주요 선진국의 경우 자국이나 지역적 특성이 반영된 원산지규정을 마련하기 위해 노력하고 있는 데 반해 우리나라의 경우 FTA 이행과

정에서 복잡한 원산지 규정으로 인해 발생할 수 있는 혼란이 클 수 있음을 시사하는 것이다.

나. FTA 양자 간 일관성 지수 분석

한편 FTA를 기준으로 동일한 농·수산물 품목에 대해 10개의 비교대상 FTA 중에서 어떤 FTA와 유사한지에 대해 살펴보았다. <표 7-14>에 정리된 것과 같이 기준 FTA와 비교대상 FTA의 양자 간 비교를 해보았다. 이는 일관성 지수를 평균값으로 구한 것으로, 1점에 가까울수록 비교대상이 되는 2개 FTA의 원산지 결정기준이 동일하다는 것을 의미한다.

표 7-14 기준 및 비교대상 FTA의 양자간 일관성 분석

	미국	캐나다	칠레	싱가포르	터키	EU	EFTA	아세안	인도	페루	호주
미국		0.84	0.72	0.69	0.02	0.02	0.07	0.02	0.03	0.02	0.40
캐나다	0.84		0.79	0.70	0.03	0.05	0.10	0.09	0.08	0.62	0.47
칠레	0.72	0.79		0.75	0.13	0.12	0.09	0.21	0.16	0.57	0.42
싱가포르	0.69	0.70	0.75		0.04	0.01	0.21	0.07	0.04	0.55	0.31
터키	0.02	0.03	0.13	0.04		0.92	0.71	0.80	0.75	0.92	0.46
EU	0.02	0.05	0.12	0.01	0.92		0.69	0.79	0.74	0.20	0.51
EFTA	0.07	0.10	0.09	0.21	0.71	0.69		0.74	0.68	0.28	0.50
아세안	0.02	0.09	0.21	0.07	0.80	0.79	0.74		0.82	0.23	0.55
인도	0.03	0.08	0.16	0.04	0.75	0.74	0.68	0.82		0.25	0.50
페루	0.02	0.62	0.57	0.55	0.92	0.20	0.28	0.23	0.25		0.52
호주	0.40	0.47	0.42	0.31	0.46	0.51	0.50	0.55	0.50	0.52	

출처: 저자 작성

한·칠레 FTA, 한·미 FTA와 한·캐나다 FTA 한·미 FTA 간에는 NAFTA 방식이 적용됨에 따라 높은 유사성이 있음이 확인되었다. 또한 한·EU FTA, 한·EFTA FTA도 상당부분 유사하다. 그리고 한·터키 FTA와 한·EU FTA의 경우에도 일관성 지수의 값이 0.94점으로 농·수산물 원산지결정기준에 있어 상당부분 유사한 것을 알 수 있다.

3. 평가 및 시사점

FTA에서 협정체결국간에 역내 원산지의 인정 여부는 원산지기준에 의거하여 결정된다. 이에 따라 관세특혜 적용 여부가 결정되는데 FTA 체결이 증대됨으로써 원산지규정의 중요성도 커졌다. 많은 품목들 중 농・수산물의 원산지 규정은 각국의 이해관계가 첨예하게 대립하고 있는 분야이다. 특히 FTA 협상에서 농・수산물에 대한 원산지결정기준을 정하는 것은 FTA 협상의 효과까지 영향을 미칠 수 있다.

우리나라가 기체결한 FTA에 대해서 농수산물 원산지기준의 일관성에 대해서 비교・분석 하는데 있어, HS 2007 버전으로 품목별 원산지기준이 지정된 기발효 FTA에 대한 품목별 원산지기준이 개정되지 않았기 때문에 한·칠레 FTA, 한·싱가포르 FTA, 한·EFTA, 한·아세안 FTA, 한·인도 FTA, 한·EU FTA, 한·페루 FTA, 한·미 FTA, 한·터키 FTA는 HS 2012 버전으로 재정비하는 작업을 거쳐야 했다. 이를 바탕으로 한국 FTA 원산지결정기준 유형과 엄격성지수를 가지고 일관성 분석을 실시하였다. 일관성 분석은 기준 FTA의 품목별 원산지결정기준과 나머지 10개 FTA에 각기 규정된 원산지결정기준을 비교하여 값을 도출하였다. 그러나 이를 통해 농수산물 원산지 규정에서 한국형이라고 부를 수 있는 일관된 특징을 찾을 수는 없었다. 제조업에 비해 단순한 형태를 갖는 농수산분야의 원산지규정도 일관성을 결여하고 있는 것이다.

또한 FTA를 기준으로 동일한 농수산물 품목에 대해 10개의 비교대상 FTA 중에서 어떤 FTA와 유사한지에 대해 살펴본 결과, FTA 체결 상대국의 지리적 위치에 따라 FTA 원산지 조항이 유사함을 알 수 있었다. 즉 우리나라 FTA 원산지규정은 미국과는 'NAFTA 유형', 유럽과는 'PANEURO 유형'을 채택한 것으로 볼 수 있다. 이렇듯 우리나라가 체결한 FTA의 경우 체결상대국의 지역적인 특성이 상당부분 반영되면서 FTA별 수평적 일관성이 유지되지 못하는 결과가 나왔다. 즉 한국형 원산지기준 체계의 부재로 FTA의 효율성을 감소시키는 주된 원인이 된다. 동일한 품목에 적용되는 상이한 원산지결정기준으로 인해 기업의 부담이 가중되는 상황이다. 이에 대한 사후관리 및 향후 FTA 체결 시 한국형 원산지기준의 체계에 대한 검토가 필요하다.

우리나라가 체결한 FTA에서 원산지기준이 우리나라 상황을 반영한 특징을 보이기보다는 체결상대국의 지역적 특성이 반영되었다는 점은 한국형 원산지기준 체계가 부재하다는 의미이기도 하다. 이는 FTA 협상과 이행에 대한 경험이 부족하고 "동시다발적"으로 FTA가 추진되면서 이에 대한 충분한 검토나 장기적인 계획의 수립이 이루어지지 못했기 때문이다. 이러한 부분은 FTA 이행 개수가 늘어나면서 기업의 부담이 가중되는 상황이라는 것을 시사한다. 이에 따라 발생하는 절차적, 행정적 비용의 증가는 국가 간의 교역을 위축시키는 부정적인 결과를 발생시킬 수 있다. 또한 이미 한번 설정된 원산지 결정기준은 FTA 체결을 전후로 기업들의 생산 및 교역 등 전반적인 경영활동에 영향을 미칠 뿐 아니라 쉽게 개정되는 것이 아니다. 그러므로 FTA 체결 효과를 보기 위해서는 기업들의 생산 네트워크를 고려한 적합한 원산지기준의 확립이 매우 중요한다.[4)]

물론 FTA 특징에 따라 교역 상대국과의 산업구조 및 교역구조 등의 요소에 따라 다름을 인정한다면, 획일적인 한국형 원산지기준에 대한 원칙설정은 사실상 불가능한 것일 수도 있다. 하지만 한 품목에 상이한 원산지기준으로 인한 스파게티 볼 효과를 감소시키고, 원산지 결정기준의 복잡성과 혼란을 방지하기 위해서는 우리나라만의 일관된 원산지기준을 설정해야 한다.

따라서 향후 FTA에 대비하여 우선적으로 고려되어야 할 사항은 기 체결된 FTA와 최대한 조화를 이루면서 한국의 입장이 반영된 원산지기준을 마련하는 것이다. 현실적으로 이미 타결된 FTA에서 원산지기준을 개정한다는 것은 어렵다. 향후 FTA에 대비한 원산지기준 분야의 중점과제는 기체결 FTA와 최대한 조화를 이루면서 우리나라 기업들의 생산 및 무역구조에 기초한 원산지기준에 대한 거시적인 목표와 방향을 설정하고 이를 반영해 나가야 한다. 이러한 과정을 통해 원산지규정의 복잡성과 비효율성을 감소시켜 FTA의 기대효과를 극대화해 나갈 수 있다.

원산지기준의 엄격성이나 일관성이외에도 FTA와 관련하여 현재 많은 연구가 이루어지고 있다. 백형관(2015)에 따르면,[5)] 국내제조사실 확인만으로 세번변경기준을 충족시킬 수 있음을 제시하였다. 향후 연구 활성화 차원에서 국내제조사실 확인만으로 세번변경기준 충족이 적용 가능한 Type의 예시를 들고, 다음으로 국

---

4) 조미진, 김한성, 김민성, 양주영(2010) '동아시아 FTA를 대비한 한국 원산지규정 추진방안', 『대외경제정책연구원』 연구보고서 10-04.

5) 백형관(2015) "한·아세안 FTA 실적 평가와 활용 증대 방안 - 간이 원산지증명서 발급 제도 도입을 중심으로-" 인하대학교 대학원 FTA 전공 석사학위 논문.

내제조사실 확인 적용 시 주의가 필요한 Type을 제시하였다. 국내 제조(가공) 사실이 확인되고 그 제조(가공)이 불인정공정 이상의 공정을 국내에서 거쳤다면 다른 절차 필요 없이 그 사실만으로 원산지결정기준인 세번변경기준을 충족하게 되므로 기업은 원산지결정기준 충족과 사후검증에 대한 우려없이 FTA를 활용할 수 있게 된다.

이러한 물품에 대하여는 국내제조사실 확인 하나만으로 원산지증명서 발급 및 인증수출자 지정이 가능하도록 하면 업체가 가장 어렵고 힘들어 하는 부품(원재료)의 세번 분류와 원산지확인서를 확보하지 않더라도 수출자(생산자) 차원의 원산지증명서 발급이 가능해져 FTA 활용이 쉬워질 것으로 예측하고 있다.

우리나라의 對ASEAN 수출 상위 100개 품목(HS10단위 기준)을 조사한 결과 66개 품목이 FTA특혜 대상 물품[6]이고 66개중 23개 품목(특혜 대상 품목수의 35%, 금액으로는 71%)이 위에서 말한 국내제조사실 확인만으로도 원산지증명서 발급이 가능한 물품으로 조사되었다.

백형관(2015)은 국내제조사실 확인만으로 원산지증명서 발급이 가능한 FTA 활용의 유용성을 계량적으로 제시했다. 2013년 對ASEAN 수출실적 100대 품목 기준으로 FTA특혜대상 금액은 약 355억불이고 위에서 주장한 간편한 방법인 국내제조사실확인서만으로 원산지증명서를 발급할 수 있는 금액이 약 251억불이 되어 작년 실제활용률 36.4%의 약 2배까지 활용률(70%)을 올릴 수 있을 것으로 예상하였다.

위와 같이 간편한 방법으로 원산지증명서 발급이 가능해진다면 자금과 인력이 부족한 중소기업의 FTA활용률을 높일 수 있게 될 것이며, 원재료나 부품 공급업체도 원산지확인서를 발급할 필요가 없어져 FTA로 인한 부담을 덜 수 있고 비용절감 효과가 상당히 클 것이다. 또한 여러 개의 FTA가 발효되어 부정적인 스파게티볼 효과가 발생하게 되는데 활용 가능한 다른 FTA에도 확대 적용한다면 스파게티볼 효과를 축소할 수 있는 유용한 수단이 될 수 있을 것으로 보고 있다.

FTA는 학문적으로 아직 역사가 미진하여 연구해야 할 분야가 많으므로 앞으로도 많은 연구를 통해 학문적으로 체계를 잡는데 노력을 아끼지 말아야 할 것이다.

---

6) ASEAN 국가별로 관세양허 수준이나 관세율 체계가 상이하여 편의상 우리나라 기준으로 WTO 양허세율이 0%인 물품은 비활용대상으로 간주하였음.

참고문헌

김세영, 조국형(2012) "FTA 원산지결정에 미치는 요인분석", 『관세학회지』, 제13권 제2호.

김한성, 조미진, 정재완, 김민성(2008) '한국 FTA 원산지규정의 특성 및 활용전략' 『대외경제정책연구원 연구보고서』, 08-09.

박명섭, 조미진, 이병문(2014) "한국 FTA의 품목별 원산지 규정의 일관성 분석", 『무역학회지』, 제39권 제4호.

박현희(2012) "한국의 기체결 FTA 협정상 원산지 결정기준 비교 연구", 『무역학회지』, 제37권 제2호.

정인교, 조정란, 박호경, 김석오(2005) '우리나라 FTA 원산지규정(ROO)연구 및 실증분석', 『한국경제연구원』 05-21.

조미진, 안경애(2011) "한국 FTA 원산지규정의 비교와 국내기업의 FTA 활용현황에 관한 분석", 『무역학회지』 제36권 제3호.

조정란(2006) "엄격성지수(RI)를 활용한 FTA 원산지규정 분석", 『국제지역연구』 제10권 제1호.

조정란(2009) "한국과 일본의 FTA 원산지규정 비교분석 및 한일 FTA 원산지규정 시사점 연구", 『무역학회지』 제35권 제1호.

Anson, J., O. Cadot, A. Estevadeordal, J. de Melo, A. Suwa-Eisenmann, and B. Tumurchudur(2005) "Rules of Origin in North-South Preferential Trading Arrangements with an Application to NAFTA", 『Review of International Economics』 Vol.13.

Antoni Estevadeordalm Jeremy Harris, Kati Suominen(2009), "Multilateralising Preferential Rules of Origin around the World", 『IDB Working Paper Series』 No.137.

Augier, Patricia, Michael Gasiorek, Charles Lai-Tong. 2003. "The Impact of Rules of Origin on Trade Flows."

Cadot, Oliver, Jaime de Melo, Antoni Estevadeordal, Akiko Suwa-Eisenmann and Bolormaa Tumurchudur. 2002. "Assessing the Effect of NAFTA's Rules of Origin." Mimeo.

Estevadeordal(2000) "Negotiating Preferential Market Access: The Case of the North American Free Trade Agreement", 『Journal of World Trade』No.34.

Estevadeordal, Antoni & Kati Suominen. 2002. "Rules of Origin and the Pattern of Trade between U.S. and Canada." Washington, DC: Integration, Trade and Hemispheric Issues Division, Inter-American Development Bank.

Estevadeordal, Antoni & Kati Suominen. 2003. "Measuring Rules of Origin in the World Trading System and Porposals for Multilateral Harmonization." Integration, Trade and Hemispheric Issues Division, and Regional Programs Department Inter-American Development Bank.

Estevadeordal, Antoni and Kati Suominen. 2004. "Rules of Origin in FTAs in Europe and in the Americas: Issues and Implications for the EU-Mercosur Inter-Regional Association Agreement". INTAL-ITD.

Estevadeordal, A., Lopez-Cordova, E. and Suominen, K.(2006) "How do Rules of Origin Affect Investment Flows? Some Hypotheses and the Case of Mexico", 『INTAL-ITD Working Paper』 No.22.

Manchin, Miriam and Annette O. and Pelkmans-Balaoing.(2007) "Rules of Origin and the Web of East Asian Free Trade Agreements.", 『World Bank Policy Research Working Paper』 No.4273.

Productivity Commission. 2004. "Rules of Origin under the Australia-New Zealand Closer Economic Relations Trade Agreement - Restrictiveness Index for Preferential Rules of Origin". Canberra.

부 록

1. 교토협약 원산지 규정에 관한 부속서
   (Annex concerning Rules of Origin)

2. 교토협약 원산지 증명서류에 관한 부속서
   (Annex concerning Documentary Evidence of Origin)

3. WTO 원산지규정에 관한 협정

4. 한 · 칠레 FTA 원산지규정

5. 자유무역협정의 이행을 위한 관세법 특례에 관한 법률,
   시행령, 시행규칙 (원산지규정관련 정리)

6. 관세법, 시행령, 시행규칙
   (원산지규정관련 정리)

7. 대외무역법, 시행령, 관리규정
   (원산지규정관련 정리)

1. 원산지 규정에 관한 부속서
Annex concerning Rules of Origin

체결일자 및 장소 1973년 05월 18일 교오또에서 작성
발효일 1977년 12월 06일

【우리나라 관련사항】

수락서 기탁일 1990년 05월 09일
발효일 1990년 08월 09일 (외무부고시 제190호)

관보게재일 1990년 05월 22일
유보내용 권고관행 5 및 10에 대하여 유보

원산지규정에관한부속서
서 문

물품원산지 개념은 세관당국이 책임을 지고 적용하고 있는 제집행 법규의 일부분을 차지하고 있다. 원산지를 결정하는데 적용되는 제규정은 두 가지의 기본적 기준에 준거하고 있다. 그 첫째 기준은 특정국가의 완전생산물품, 즉 하나의 특정국가가 전적으로 원산지로서 귀속되는데 관여하는 것이며, 또 다른 하나의 기준은 실질적 변형 기준으로서 이는 2개국 또는 2개국 이상의 국가가 물품생산에 관여하는 것이다. 완전생산기준은 주로 천연산물과 그 천연산물로만 제조된 물품에만 적용되기 때문에 원산지가 미상이거나 수입된 원료 또는 부품이 포함되어 있는 물품은 일반적으로 이러한 범주의 적용대상에서 배제된다. 실질적 변형 기준을 다양한 적용방법에 의해 표현될 수 있다.

실제에 있어서 실질적 변형기준은 다음과 같이 표현된다.

- 특정품목분류표상의 세번 변경을 요구하는 규정에 의해(이 경우 예외 목록이 같이 사용된다)
- 당해 제조 가공공정이 행해진 국가에 그 물품의 원산지 가격을 부여하거나 부여하지 않는 제조가공 공정목록에 의해

- 사용된 원료의 수치백분율 및 부가가치의 백분율이 특정수준에 도달하는 종가백분율 규정에 의해세관과 사용자의 입장에서 이처럼 다양한 방법의 장단점은 다음과 같이 요약될 수 있다.

A. 세번의 변경

통상적인 적용방법은 얻어진 산물이 사용된 각 원료에 적용될 체계적인 품목분류표상의 세번과 다른 세번에 해당한다면 충분한 제조와 가공을 거친 것으로 보는 일반규정을 제정하는 것이다. 이러한 규정은 통상 체계적인 품목분류표에 기초한 예외 목록이 첨부된다. 이러한 예외목록은 세번 변경이 결정적인 것이 아니거나 또는 추가적 조건이 충족되어야 할 경우를 명시한다.

장 점

이러한 방법은 원산지를 결정하는 간결하고 객관적인 공식을 가능케 한다. 증거제출이 요구되면, 제조업자는 물품이 규정된 조건과 실제로 일치된다는 것을 입증하는 자료를 제출하는데 통상 곤란을 겪지 않을 것이다.

단 점

예외목록 작성이 어려운 경우가 종종 있고, 동 목록은 기술발전 및 경제여건에 맞게 통상 계속 수정 보완되어야 한다. 제조·가공공정의 기술은 부당하게 복잡해서는 안 된다. 왜냐하면 제조업자가 선의의 오류를 범하게 할 수 없기 때문이다. 뿐만 아니라, 원산지를 결정하기 위한 체계적인 품목분류구조의 활용을 위한 선행조건은, 수출입국 공히 자국의 관세제도의 기초로 동일 품목분류표를 채택하여야 하고 또한 그것을 통일적으로 적용해야 한다는 것이다.

B. 제조 또는 가공공정목록

이 방법은 각 품목마다 충분히 중요한 것으로 간주되는 제조 또는 가공공정(원산지자격부여공정)을 기술하는 목록을 사용해 표현된다.

장 점

장점은 전항 가에 기술된 바와 같다.

단 점

전항 가에 언급한 단점 외에도 목록이 보다 길고 상세하기 때문에 목록작성이 더 어려워진다.

C. 종가백분율 규정

이러한 방법으로 원산지를 결정하기 위하여, 제조에 부가된 수치를 참고로 하여 1개국가에서 수행한 제조 또는 가공의 정도에 따라 원산지가 결정된다. 부가된 수치가 규정된 백분율에 도달하거나 초과하는 경우, 그 물품은 당해 제조 도는 가공 공정이 이루어진 국가의 원산지를 갖게 된다. 부가가치는 또한 물품의 제조 또는 가공시에 사용한 외국 또는 원산지 미상의 원료나 부분품을 참작하여 계산한다. 그 원료 또는 부분품이 완제품 가치의 일정비율을 초과하지 아니한 당해물품은 특정국가 원산지가격을 보류한다. 따라서 사실상 이러한 완성제품의 가치와 원산지 미상 도는 수입된 원료의 수치와 비교를 하는 것이다.

수입되거나 또는 원산지 미상의 구성품 가액은 일반적으로 수입가격 또는 구입가격에 다라 결정된다. 수출된 물품과 같이 물품의 가치는 통상 제조원가, 공장도 가격 도는 수출시 가격들을 인용하여 계산한다.

이러한 방법은 다음과 같이 적용될 수 있다.

- 전항 A에 언급된 예외목록 또는 전항 B에 언급된 목록을 사용함으로써 다른 두 가지 방법과 병행하거나,
- 개별적인 물품목록과 관련없이 균일한 백분율을 정한 일반규정에 의해

장 점

이러한 방법의 주요한 장점은 간결하고 단순한 점에 있다. 수입되거나 원산지 미상의 구성원료의 수치는 입수 가능한 상거래상의 기록 또는 서류에 따라 결정될 수 있다. 수출된 물품의 가치가 공장도가격 또는 수출시 가격에 의한 경우, 대체로 양가격은 쉽게 확인이 되고 관계무역업자들의 상거래상의 기록과 상업송장들로써 뒷받침될 수 있다.

단 점

곤란한 문제가 특히 한계가 모호한 경우에 쉽게 야기되는 바, 즉 규정된 백분율의 상하 약간의 차이로 인하여 제품이 원산지의 필요요건을 충족시키거나 또는 미달하게 되는 경우이다.이와 마찬가지로, 원산지 결정은 대체로 유동적인 원자재의 세계시장가격 뿐만 아니라 통화변동에 좌우된다. 이러한 변동은 때로 너무도 현저하여 이를 기초로 형성된 원산지규정의 적용은 상당히 왜곡된다.

다른 주요한 단점은 총생산원가나 제조원가와 같이 부가가치를 계산하는 기초로 고려할 수 있는 요소들은 종종 확정하기 곤란함과 동시에 수출국과 수입국에 있어 각각 다른 구성 및 해석을 가져 올 수 있다는 점이다. 특정한 요소. 특히 제조간접비가 제조원가에 배분되어야 할지 또는 예컨대 판매, 분배들의 비용에 배분되어야 하는가에 관하여 분쟁이 야기될 수 있다.

원산지를 결정하기 위한 이러한 다양한 규정은 다소간 장단점이 있는 반면 강조하여야 할 바는 수출과 수입시 공히 공통적인 원산지 규정의 부재는, 세관과 원산지증명을 발부하는 기관의 업무를 복잡하게 할 뿐만 아니라 국제무역에 관련이 있는 이들에게

도 곤란을 야기케 한다는 점이다. 이러한 분야에서 조화를 이룩하게끔 점진적으로 문제 해결을 하여야 한다는 것은 바람직한 것으로 지적된다. 경제 여건이나 특혜관세율 협정에서의 협상용인을 반영하도록 각기 다른 방법이 도입된 경우일지라도, 그러한 방법이 무역업자들에 의하여 용이하게 이해되고 세관당국에 의하여 용이하게 적용되기 위하여 공통적이고 표준적인 틀내에 존재하는 것이 바람직하다.

이러한 점을 감안하여 본 부속서를 특정 전문적인 용어의 정의를 한 후 오해나 부정의 위험을 최소화하면서 상업활동에 최소한의 방해를 주고 또한 가장 쉽게 적용될 수 있는 원산지 결정규정을 제의한다.

본 부속서는 관세측면의 원산지규정에 대해서만 취급한 것이다. 예컨대, 산업 또는 상업자산의 보호 또는 원산지 지시사항이나 기타 실시중인 거래요소를 존중하게 하기 위해 취하여진 조치에까지 확대되지 아니한다.

정 의

본 부속서에 있어서

(a) "물품원산지국"이라 함은 관세, 수량 제한 또는 기타 무역과 관련된 조치의 적용을 위하여 규정된 기준에 따라 당해물품이 생산 또는 제조되어진 국가를 의미한다.

"주"

본 정의에서 국가라 함은 국가군, 특정지역 또는 1국의 일부분을 포함한다.

(b) "원산지규정"이라 함은 국내법 또는 국제조약 (원산지기준)에 의하여 설정된 제원칙으로부터 발전되어, 물품원산지를 결정하기 위하여 어떤 국가에 의해 적용되는 제반 특정규정을 의미한다.

(c) "실질적 변형기준"이라 함은 상품에 본질적인 특성을 부여하기에 충분하다고 생각되는 최종적 · 실질적인 제조나 가공이 행해진 국가를 원산지국으로 간주하여 원산지를 결정하는 기준을 의미한다.

(d) "세관통제"라 함은 세관이 집행책임을 지고 있는 법령의 준수를 확보하기 위하여 적용되는 제반 조치를 의미한다.

원 칙

1. 규 범

수출입시 세관업무 수행에 필요한 원산지 규정은 본 부속서 규정에 따라 제정된다.

원산지 규정

2. 규 범

특정국가에서 완전생산된 물품은 당해국가에 원산지가 귀속되는 것으로 본다.
하기의 경우에만 특정국가에서 완전 생산한 것으로 본다.

(a) 당해국가의 토지 영해 및 해저에서 수출된 광물
(b) 당해국가에서 재배 수확된 식물성 산물
(c) 당해국가에서 출산, 사육한 산동물
(d) 당해국가의 산동물에서 얻은 산물
(e) 당해국가에서 수렵이나 어로로 얻은 산물
(f) 연해어업으로 얻은 산물과 당해 국가의 선박에 의해 바다에서 얻은 기타 산물
(g) 전기 (f)항 산물만으로 당해 국가 소속 가공 선박에서 가공하여 얻은 산물
(h) 당해국 영해 외곽지하층이나 해양 토양에서 추출된 산물. 단 당해국은 그러한 해양 토양이나 외곽 지하층의 단독 개발권이 있어야 함.
(ij) 제조, 가공공정에서 얻어진 작업폐물과 당해국에서 수집된 중고품으로서 단지 재생원료로만 적합한 것.
(k) 상기 (a)-(ij)까지의 산물로서만 당해국에서 생산된 물품

3. 규 범

2개국이상이 물품생산에 관련시 실질적 변경기준에 따라 원산지를 결정한다.
"주1" 실제 사용되는 실질적 변형 기준은 다음과 같다.

- 특정품목 분류상의 세번변경을 요구하는 규정에 의하는 경우
- 당해제조 가공공정이 행해진 국가에 그 물품의 원산지 자격을 부여하거나 또는 부여하지 않는 제조가공 공정 목록에 의하는 경우
- 사용원료의 배분율이나 부가가치의 백분율이 특정수준에 도달하여야 하는 종가백분율 규정에 의하는 경우

"주2" 세번 변경 판단시 브랏셀 품목 분류표와 같은 관세분류체계를 이용할 수 있다.
예외 목록은 아래사항을 특기할 수 있다.

(a) 제조나 가공공정이 세번 변경은 있으나 실질적 변형이 없었던 것으로 보는 경우와 다만 특정한 상황하에서만 실질적 변형을 가져온 것으로 볼 수 있는 제조나 가공공정
(b) 제조나 가공공정이 세번 변경은 없으나 일정조건하에서는 실질적인 변형이 있는 것으로 보는 제조나 가공작업

"주3" 종가 백분율 요건은 개별적 물품목록 없이 단일율을 정하고 있는 일반규정의 형식으로 표시될 수 있다.

4. 권고관행

실질적 변형기준을 적용시 브랏셀 품목분류표를 사용해야 한다.

5. 권고관행

실질적 변형기준이 종가백분율에 의할 때 고려되어야 할 가액은 다음과 같다.

- 수입원료: 수입시 과세가격 또는 원산지 미상인 원료의 경우는 물품제조국에서 최초로 확인될 수 있는 지불 가격
- 생산된 물품: 국내법 규정에 따라 공장도 가격이나 수출시 가격

6. 규 범

사소한 작업 특히 다음 사항의 작업은 실질적 변형을 가져온 것으로 보지 않는다.

(a) 운송 또는 보관중인 물품의 보존상 필요한 작업

(b) 포장개선, 제품시장성 향상을 위한 작업 또는 포장구분, 분류 및 등급구분 재포장 등의 선적준비 작업

(c) 단순조립 작업

(d) 혼합의 결과로 산출된 물품의 성질이 최초물품과 본질적으로 다르지 않는 경우의 원산지가 다른 물품의 혼합

원산지 부여조건에 관한 특례

7. 규 범

기계 기구 · 장치 또는 차량과 같이 사용되는 공구 부품 등은 같은 원산지로 본다. 단, 이들은 함께 수입 · 판매되고 또한 통상의 수량 및 종류이어야 한다.

8. 규 범

운송 또는 생산상 이유로 수회에 걸쳐 탁송 수입된 미조립 또는 분해물품은 원산지 결정에 있어 단일 품목으로 취급되어야 한다.

9. 규 범

국내법이 관세목적상 별도신고를 요구하지 않는 한 포장과 내용물은 동일 원산지로 간주한다. 단, 별도신고 요구시는 각각 별도로 원산지를 결정한다.

10. 권고 관행

포장과 내용물이 동일원산지로 취급될 때, 특히 백분율 방법을 적용시, 원산지 결정에는 소매판매용 포장만을 고려하여야 한다.

11. 규 범

물품원산지 결정시 당해물품의 제조 가공공정에 사용된 동력, 공장, 기계, 공구 등의 원산지는 고려하지 아니한다.

직접운송규정

12. 권고관행

지리적 이유(예컨대 내륙국)나 또는 제 3국의 세관 통제하에 있는 경우(예컨대 보세창고에 있거나 전시회, 박람회 등에 전시된 물품의 경우)에는 직접 운송 규정을 충족시키지 못해도 원산지 자격을 인정해야 한다.

원산지 규정에 관한 정보

13. 규 범

관계당국은 원산지규정에 관련된 정보를 이해관계인이 용이하게 입수할 수 있도록 하여야 한다.

14. 규 범

원산지 규정 및 동 규정 적용절차의 변동사항은 수출시장 및 공급국가의 관계인이 새로운 규정을 고려할 수 있도록 충분히 통고한 후 효력이 발생한다.

2. 교토협약 원산지 증명서류에 관한 부속서
Annex concerning Documentary Evidence of Origin

체결일자 및 장소 1973년 05월 18일 교토에서 작성
발효일 1977년 12월 06일

【우리나라 관련사항】

수락서 기탁일 1990년 05월 09일
발효일 1990년 08월 09일 (외무부고시 제192호)

관보게재일 1990년 05월 22일

원산지 증명서류에 관한 부속서
서 문

많은 세관절차 특히 관세율과 관련된 세관절차의 적용가능성은 물품원산지에 의존하는 바가 크다.

수입시 제출된 원산지증명서와 기타증명서류는 원산지 통제를 용이하게 하고 아울러 통관업무를 신속히 처리하기 위한 것이다. 원산지증명서류는 제조업자, 생산자, 공급자, 수출업자 및 기타 적절한 관계인에 의하여 발행된 상업송장 또는 기타 서류상의 간단한 기술로서 작성 가능하다.

그러나 경우에 따라서 이러한 기술은 원산지증명목적을 위하여 권한이 위임되고 수출업자와 수입업자로부터 독립한 기관이나 당국의 증명서에 의하여 보증되거나 보완되어야 한다. 어떤 경우에 따라서 이러한 기술은 원산지증명목적을 위하여 권한이 위임되고 수출업자와 수입업자로부터 독립한 기관이나 당국의 증명서에 의하여 보증되거나 보완되어야 한다. 어떤 경우에 있어서는 원산지증명발급 권한을 위임받은 기관이 물품의 원산지를 증명하는데 사용하며 또한 제조업자 생산자 등의 기술을 포함하는 특별양식(원산지증명서)을 위한 규정을 제정할 수 있다.

한편, 원산지증명서류가 요구될 필요가 없는 경우도 있다. 이렇듯 다양한 원산지 증명서류 양식이 가능하므로, 여러 가지 관련 이해를 고려하여, 원산지결정을 하는데 있

어 다양한 중요도를 고려할 수 있게 해준다. 그러나 본 분야에서 수출입업자가 관세당국의 요구사항을 정확히 파악할 수 있도록, 그리고 그렇게 함으로써 때로는 가능한 절차의 간소화를 이용한 수 있도록 명확한 규정이 필요하다. 이러한 규정들은 여러 형태의 증명서류에 의하여 충족되어야 할 유효요건을 기술한다.

정 의

본부속서의 목적상

(a) "원산지증명서류"라 함은 원산지증명서, 공인원산지신고나 원산지신고를 의미한다.

(b) "원산지증명서"이라 함은 물품을 발행하는 권한이 위임된 기관이나 당국이 당해물품의 특정국가가 원산지임을 분명히 증명하는 것을 의미한다. 이러한 증명은 제조업자, 생산자, 공급자, 수출업자나 기타 관계인의 신고서도 포함할 수 있다.

"주"

본 정의에서 국가라 함은 국가군, 특정지역이나 1국의 일부분을 포함된다.

(c) "공인원산지신고" 함은 원산지증명 권한이 위임된 기관이나 당국에 의하여 증명된 원산지신고를 의미한다.

(d) "원산지신고"라 함은 수출과 관련하여 당해물품에 관한 상품 송장이나 기타 서류에 제조업자, 생산자, 공급자나 기타 관계인이 작성한 물품원산지에 대한 적절한 기술을 의미한다.

"주"

이러한 기술서는 아래와 같이 표현된다.

"여기에 기술된 물품의 원산지국은 ....(원산지국명)이다.

(e) "지역명칭"이라 함은 당국이나 승인된 기관이 정한 규정에 따라 작성된 증명으로서, 이에 기술된 물품이 특정지역(예: Champagne, Port wine, Parmesan cheese) 에 특유한 명칭의 자격이 있음을 증명하는 것이다.

(f) "인"이라 함은 문맥이 달리 요구하지 아니하는 한 자연인과 법인을 의미한다.

원 칙

1. 규 범

물품원산지에 관한 증명서류의 요구 · 작성 · 발행은 본 부속서의 규정에서 정하는 바에 따른다.

원산지증명서류의 요구

2. 규 범

원산지 증명서류요구는 특혜관세 적용 또는 협약에 의한 경제무역조치 적용 또는 공공질서나 보건상 이유로 채택된 조치의 적용에 필요한 경우에 한한다.

3. 권고관행

1. 다음 경우에는 원산지 증명서류를 요구하지 아니한다.
(a) 비상용이고 총액이 일정금액(최소미화 $100 이상)을 초과하지 않는 여행자 휴대품이나 개인 앞으로 소량탁송된 물품
(b) 총액이 최소 미화 $60 이상인 일정금액을 초과하지 않는 상용 탁송품
(c) 일시수입이 승인된 물품
(d) 보세운송 중에 있는 물품
(e) 협정상 증명서 제출이 요구되지 아니하는 특정물과 지역명칭이 첨부된 물품

2. 상기 (a),(b)의 탁송품이 동시에 동일한 방법으로 동일한 탁송인에 의해 동일한 수취인에게 탁송된 경우 그 합계액을 총가액으로 한다.

4. 권고관행

원산지증명서 요구에 관한 규정이 일방적으로 정해진 경우, 동규정의 타당성을 경제·상업여건 변동을 고려하여 최소한 3년에 한 번씩 검토되어야 한다.

5. 규 범

수입국 세관당국이 허위의 사실이 있다고 인정하는 경우, 원산지국가의 관계당국으로부터 증명서류제출을 요구할 수 있다.

원산지증명서류에 관한 양식과 적용

(a) 원산지 증명
양식과 내용

6. 권고관행

1. 현재 사용중인 원산지증명양식의 개정 또는 새로운 양식준비시 본 부속서 부록 II, III을 고려해 부록 I의 표준양식을 사용하여야 한다.
2. 상기 표준양식을 채택시 이사회사무총장에게 동 사실을 통고하여야 한다.

사용언어

7. 권고관행

원산지증명양식은 수출국이 선택한 언어로 인쇄되어야 하며 그 언어가 영어나 불어가 아닌 경우 영어 또는 불어가 함께 인쇄되어야 한다.

8. 권고관행

원산지증명이 수입국의 사용언어외의 언어로 작성된 경우 세관당국은 당연한 것으로 원산지 증명상의 특정사항에 대한 번역을 요구해서는 안 된다.

원산지증명발급당국 및 단체

9. 규 범

본 부속서 수락국은 수락통지시에 또는 그 후에 원산지증명 발행권한을 갖는 정부기관이나 기타 단체를 표시하여야 한다.

"주" 원산지증명서는 세관이나 기타 당국 뿐 아니라 관계 당국에 의해 사전에 승인받은 기관(예컨대 상공회의소)도 발행할 수 있다.

10. 권고관행

물품이 원산지국으로부터 직수입되지 않고 제3국을 통해 수입될 경우 원산지국에서 사전에 발행된 원산지 증명을 기초로 당해 제3국에서 원산지증명 발행권한을 갖는 당국이나 단체에 의해 원산지증명이 작성될 수 있도록 허용되어야 한다.

11. 권고관행

원산지증명서 발행권한을 갖는 당국이나 단체는 그들이 발행한 원산지증명서나 조사사본을 최소2년간 보관하여야 한다.

(b) 원산지증명서외의 증명서류

12. 권고관행

1. 원산지증명서류가 요구되는 경우, 다음 경우에는 원산지신고가 받아들여져야 한다.

(a) 비상용의 성질이고 총액이 일정금액(일정금액이란 미화 $500 이상임) 미만인 여행자휴대품 또는 개인 앞으로 탁송된 소량의 물품

(b) 상업용탁송품으로 총액이 일정금액(일정금액이란 미화 $300 이상임) 미만인 상업용탁송품

2. 상기 (a)(b)의 탁송품이 동시에 동일한 방법으로 동일한 탁송인에 의해 동일한 수취인에 탁송될 경우 동합계액을 총액으로 하여야 한다.

벌 칙

13. 규 범

원산지증명서의 발급을 위해 허위서류를 작성하거나 작성케한 자에 대한 벌칙규정을 정하여야 한다.

원산지증명서류에 관련한 요구사항에 관한 정보

14. 규 범

관계당국은 원산지증명서류에 관련한 모든 정보를 이해관계인이 용이하게 입수할 수 있도록 하여야 한다.

부 록 I

1. 수출업자(상사명, 주소, 국명) 2. 번호

3. 수취인(상사명, 주소, 국명) 원산지증명

4. 운송에 관한 특기사항

5. 기호 및 번호 ; 포장종류 및 수량 ; 상품명 6. 총중량 7.

8. 비고 상기 물품은 ....가 원산지임을 증명함.

증명기관

인지 증명서 발급일자와 장소
증명기관의 서명

부 록 II

"주"

1. 증명서의 규격은 국제 ISO규격 A4(210×297미리, 8.27×11.69인치)이어야 한다. 서식의 상단에는 10미리 정도의 여백을 두고 그 좌단에는 철하기 위한 여백을 20미리 정도 남겨두어야 한다. 줄의 간격은 4.27미리(1/6인치)의 배수를 기준으로 하고 폭의 간격은 2.54미리(1/10인치)의 배수를 기준으로 하여야 한다. 서식은 부록 I에서 예시한 바와 같이 ECE의 기준 서식과 일치하여야 한다. 만약 발급 국가의 특별한 이유, 즉 미터법 이외의 측정법의 사용이나 그 국가의 문서처리 제도상의 특징 때문에 야기되는 것이라면, 각란 등의 정확한 규격에 있어서의 사소한 이탈은 묵인되어야 한다.

2. 원산지증명서를 신청할 필요가 있는 경우에는 신청서와 증명서가 한번에 작성이 될 수 있도록 되어야 한다.

3. 각국은 서식용지의 평방미터(m2)당 중량에 관한 기준과 위조방지를 위하여 기계 회전에 의한 이면사용에 관한 기준을 결정할 수가 있다.

4. 사용자의 안내를 위하여, 원산지증명서에 관한 규정은 증명서의 이면에 인쇄할 수 있다.

5. 상호행정지원협정에 따라서 사후검열이 요구되는 경우에는 이를 위하여 증명서 이면에 여백을 준비하여 둘 수 있다.

6. 다음의 설명은 표준서식의 각란에 관한 것이다.

제1난: 탁송인, 생산자 및 공급자 등은 수출업자에 대치될 수 있다.

제2난: 원산지증명의 원본은 한 부이어야 하며 문서제목과 가까운 곳에 원본이라는 것을 확인표시하여야 한다. 만약 어떤 원산지증명이 분실된 원산지증명 원본에 대체하여 발급되는 경우에는, 대체하는 증명서에는 문서제목 가까운 곳에 부본이라는 것을 확인표시하여야 한다. 원산지증명의 원본이나 부본의 사본에서 문서제목 가까운 곳에 사본이라는 것을 기재하여야 한다. 이 난은 발급기관명 (합자, 활자, 문장 등)을 표시하기 위한 것이며 기타 공식적인 목적을 위하여 여백을 남겨두어야 한다.

제3난: 이 난에 기재하여 있는 특기사항은 목적지의 수출지시나 또는 가능하면 목적지국명으로 대체될 수 있다.

제4난: 이 난은 운송수단 및 경유지 등에 관한 부수적인 정보를 위하여 사용될 수 있으며, 발급기관이 요구하는 경우에 삽입될 수가 있다.

제5난: 만약 품목번호를 표시할 필요가 있는 경우에는 가능하면 이 난의 가장자리나 또는 각 줄의 시작부분에 그 번호를 기재하여야 한다. 상표와 수량은 수직선을 그어서 포장번호와 종류, 물품적요와 분리시킬 수 있다. 만약 선을 긋지 않을 경우 적절한 칸을

띄워 이같은 특기사항을 구분하여 기입할 수가 있다. 물품적요는 가능하면 그 난의 우편에 해당 HS 세번을 부기함으로써 보완될 수 있다. 원산지기준에 관한 특기사항은 필요한 경우 이 난에 기입하여야 하며 수직선으로 기타 정보와 구분시켜야 된다.

제6난: 통상 총중량은 물품의 확인에 충분하여야 한다.

제7난: 이 난은 측정방법과 같이 요구될지도 모르는 추가적 세부사항 또는 기타 문서(예: 상업송장)에 대한 참조를 위하여 여백으로 남겨진다.

제6 및 7난: 수출업자가 확인편의를 위하여 기재할 수 있는 기타 수량은 6난이나 7난 중 적당한 곳을 택하여 기입될 수 있다.

제8난: 이 난은 권한기관에 의한 증명의 세부사항(증명내용, 인지, 서명, 발급일자와 장소 등)을 위하여 준비되어 있는 것이다. 본문의 정확한 용어는 발행기관의 재량에 일임되어 있으며, 이 표준서식에서 사용되는 용어는 다만 한 예에 지나지 않는다. 이 난은 또한 수출업자 (또는 공급업자)가 서명하는 신고서로도 사용될 수가 있다.

부 록 III

원산지증명 작성규정

원산지증명 작성규정(그리고 적용이 가능하면 이 증명서의 적용규정)은 그 국가의 관계당국의 재량에 맡겨져 있다. 단 상기 주를 고려하여야 한다. 그러나, 무엇보다도 다음 규정에 따르도록 보장될 필요가 있는 것이다.

1. 양식은 기재내용이 지워지지 않고 또 쉽게 읽을 수만 있다면 어떠한 가공법으로도 완성시킬 수 있다.

2. 증명서(또는 신청서) 상에 기재한 내용에 대하여는 말소나 겹쳐 쓰는 것을 허용하여서는 아니된다. 변경을 하고자 할 때에는 잘못된 부분을 없애고 필요한 사항을 추가하여야 한다. 이러한 변경은 서식을 작성한 자가 승인을 하고 또한 해당기관이나 단체가 증명하여야 한다.

3. 사용하지 않은 공란이 있으면 추후기록을 방지하기 위하여 선을 그어 지워야 한다.

4. 수출무역요건으로 요구될 경우에는 원본이외에 하나 또는 그 이상의 사본을 작성할 수가 있다.

3. WTO 원산지규정에 관한 협정

회원국들은,

1986년 9월 20일 각료들이 "우루과이라운드 다자간 무역협상이 세계무역의 자유화 및 확대를 증진하고, GATT의 역할을 강화하며, 발전하는 국제경제 환경에 대한 GATT 체제의 대응력을 증대시키는 것을 목표로 한다." 는데 동의하였다는 사실에 유의하고,

1994년도 GATT의 목적을 증진하기를 희망하며,

명백하고 예측가능한 원산지규정 및 이러한 규정의 적용이 국제무역의 흐름을 원활하게 한다는 것을 인정하고,

원산지규정이 자체로서 무역에 대해 불필요한 장애를 초래하지 않도록 보장할 것을 희망하고,

원산지규정이 1994년도 GATT에 따른 회원국의 권리를 무효화하거나 침해하지 아니하도록 보장하기를 희망하고,

원산지규정에 관한 법률, 규정 및 관행상의 투명성을 제공하는 것이 바람직함을 인정하며,

원산지규정이 공정하고 투명하고 예측가능하며 일관되고 중립적인 방식으로 마련되고 적용될 수 있도록 보장하기를 희망하고,

이 협정에 따라 발생하는 분쟁을 신속하고 효과적이며 공평하게 해결하기 위한 협의체제 및 절차의 이용가능성을 인정하고,

원산지규정을 조화시키고 명확하게 하기를 희망하면서,

다음과 같이 합의한다.

제 1 부
정의 및 적용범위

제1조
원산지 규정

1. 이 협정의 제1부부터 제4부까지의 목적상, 원산지규정이란 회원국이 상품의 원산지 국가를 결정하는데 법률, 규정 및 일반적으로 적용되는 행정적인 판정으로 정의된다. 다만 이러한 규정은 1994년도 GATT 제1조제1항의 적용을 초과하는 관세특혜를 부여

하는 계약적 또는 자발적인 무역제도와는 관련되지 아니한다.

2. 제1항에 언급된 원산지규정은 1994년도 GATT 제1조, 제2조, 제3조, 제11조 및 제13조의 최혜국 대우, 1994년도 GATT 제6조의 반덤핑 및 상계관세, 1994년도 GATT 제19조의 긴급수입제한조치, 1994년도 GATT 제9조의 원산지표시요건 및 모든 차별적인 수량제한 또는 관세쿼타 등의 적용에서와 같이 비특혜적인 무역정책수단에 사용되는 모든 원산지규정을 포함한다. 또한 동 원산지규정은 정부조달 및 무역통계에 사용되는 원산지규정도 포함한다. (Re.1)

(Remark 1) 이 규정은 "국내산업", "국내산업의 동종 상품" 또는 이와 유사한 용어를 정의하기 위한 결정을 저해하지 아니하는 것으로 양해된다.

제 2 부
원산지규정의 적용에 관한 규율

제 2 조
과도기간중의 규율

제4부에 명시된 원산지규정의 조화작업계획이 완성될 때까지 회원국은 다음을 보장한다.

가. 회원국이 일반적으로 적용되는 행정적인 판정을 내리는 경우, 충족되어야 할 요건은 명백하게 규정된다. 특히,

(1) 관세분류변경의 기준이 적용되는 경우, 이러한 원산지규정 및 이에 대한 모든 예외는 이러한 규정이 적용되는 관세분류체계상의 소호 또는 호를 분명하게 명시하여야 한다.

(2) 종가비율기준이 적용되는 경우, 이러한 비율의 산정방법이 또한 원산지규정에 명시된다.

(3) 생산 또는 가공공정기준이 규정되는 경우, 관련 상품에 원산지를 부여하는 공정이 정확하게 명시된다.

나. 원산지규정이 연계되는 무역정책상의 조치 또는 수단에도 불구하고 원산지규정은 무역상의 목적을 직·간접적으로 추구하기 위한 수단으로 사용되지 아니한다.

다. 원산지규정은 자체로서 국제무역을 제한하거나 왜곡 또는 교란시키는 효과를 초래하지 아니한다. 원산지규정은 원산지국 판정을 위한 전제조건으로서 지나치게 엄격한 요건을 부과하거나 제조 또는 가공과 관련이 없는 특정 조건의 충족을 요구하지 아니한다. 그러나 가호와 합치하는 종가비율기준의 적용을 위하여 제조 또는 가공과 직접적으로 관련이 없는 비용은 포함될 수 있다.

라. 수출입상품에 적용되는 원산지규정은 국내상품 여부의 판정에 적용되는 원산지규정보다 더욱 엄격하지 아니하며 관련 상품의 제조업자들간의 제휴 여부와 관계없이 다른 회원국간에 차별하지 아니한다. (Re.2)

(Remark 2) 정부조달의 목적을 위하여 적용되는 원산지규정과 관련하여, 이 규정은 1994년도 GATT에서 회원국이 이미 부담하고 있는 의무이외에 추가적인 의무를 부여하지 아니한다.

마. 원산지규정은 일관적이고 통일적이며 공정하고 합리적인 방법으로 실시된다.

바. 원산지규정은 적극적인 기준을 기초로 하여야 한다. 원산지가 부여되지 아니하는 것을 기술하는 원산지규정(소극적인 기준)은 적극적인 기준을 명확하게 하기 위한 일환으로 또는 원산지의 적극적인 판정이 필요하지 아니하는 개별적인 경우에 허용된다.

사. 원산지규정과 관련하여 회원국의 법률, 규정, 일반적으로 적용되는 사법적 결정 및 행정적 판정은 1994년도 GATT 제10조제1항의 규정이 적용되는 것처럼, 그리고 이 규정에 따라 공표된다.

아. 수출자, 수입자 또는 정당한 사유를 가진 사람의 요청이 있는 경우, 특정 상품에 대한 원산지판정은 모든 필요한 요소가 제출된 경우 가능한 한 조속히, 늦어도 그러한 판정요청이 있은 후 150일(Re.3) 이내에 내려진다. 이러한 판정요청은 당해 상품의 거래가 이루어지기 전에 접수되나 그 이후에도 접수될 수 있다. 원산지규정을 포함하여 판정의 기초가 된 사실과 조건이 비교 가능한 상태로 남아있는 경우 이러한 판정은 3년 동안 유효하다. 사전에 관련 당사자에게 통보되는 경우 차호에 언급된 재검토 과정에서 판정과 상반되는 결정이 내려질 때 이러한 판정은 그 효력을 상실한다. 이러한 판정은 카호의 규정을 조건으로 입수 가능하도록 공개된다.

(Remark 3) 세계무역기구협정 발효일로부터 최초 1년간 행하여진 요청에 관하여는 회원국은 다만 가능한 한 조속히 판정을 내릴것이 요구된다.

자. 원산지규정을 변경하거나 새로운 원산지규정을 도입할 경우 회원국은 자기나라의 법률이나 규정에서 정의된 바에 따라 그리고 이러한 법률 또는 규정을 저해함이 없이 이러한 변경을 소급 적용하지 아니한다.

차. 원산지판정과 관련하여 취하여지는 모든 행정조치는 판정을 내린 당국으로부터 독립적이며 이러한 판정을 수정 또는 번복할 수 있는 사법, 중재 또는 행정재판소나 절차를 통하여 신속히 재검토될 수 있다.

카. 본래 비밀이거나 원산지규정의 적용을 위하여 비밀을 기초로 제시되어진 모든 정보는 관계당국에 의하여 엄격하게 비밀로 취급되며, 사법적 절차의 맥락에서 공개되도록 요구되어 질 수 있는 범위를 제외하고는, 이러한 정보를 제공한 개인이나 정부의 명시적인 허락없이 관계당국은 이를 공개하지 아니한다.

제 3 조
과도기간 이후의 규율

제4부에 명시되어 있는 조화작업계획의 결과로서 조화된 원산지규정의 확립을 달성하고자 하는 모든 회원국의 목표를 고려하여, 회원국은 조화작업계획의 결과의 이행시 다음 사항을 보장한다.

가. 원산지규정은 제1조에 명시된 모든 목적을 위하여 동등하게 적용된다.

나. 원산지규정에 따라 특정 상품의 원산지로 판정되는 국가는 동 상품이 완전하게 획득되어진 국가이거나, 또는 둘 이상의 국가가 상품 생산에 관련되어 있을 경우 최종적인 실질적 변형이 이루어진 국가이다.

다. 수출입상품에 적용되는 원산지규정은 국내상품 여부의 판정에 적용되는 원산지규정보다도 더욱 엄격하지 아니하며, 관련 상품 제조업자들간의 제휴 여부와 관계없이 다른 회원국간에 차별하지 아니한다.

라. 원산지규정은 일관되고 통일적이며 공정하고 합리적인 방법으로 실시된다.

마. 원산지규정에 관하여 회원국의 법률, 규정, 일반적으로 적용되는 사법적 결정 및 행정적 판정은 1994년도 GATT 제10조 제1항의 규정이 적용되는 것처럼 그리고 이 규정에 따라 공표된다.

바. 수출자, 수입자 또는 정당한 사유를 가진 사람의 요청이 있는 경우, 특정 상품에 대한 원산지판정은 모든 필요한 요소가 제출된 경우 가능한 한 조속히, 늦어도 그러한 판정요청이 있은 후 150일 이내에 내려진다. 이러한 판정요청은 당해 상품의 거래가 이루어지기 전에 접수되나 그 이후에도 접수될 수 있다. 원산지규정을 포함하여 판정의 기초가 된 사실과 조건이 비교 가능한 상태로 남아있을 경우 이러한 판정은 3년동안 유효하다. 사전에 관련 당사자들에게 통보되는 경우 아호에 언급된 재검토과정에서 판정과 상반되는 결정이 내려질 때 이러한 판정은 그 효력을 상실한다. 이러한 판정의 내용은 자호의 규정을 조건으로 입수 가능하도록 공개된다.

사. 원산지규정을 변경하거나 새로운 원산지규정을 도입하는 경우 회원국은 이러한 변경을 자기나라의 법률이나 규정에서 정의된 바에 따라 그리고 이러한 법률이나 규정을 저해함이 없이 소급 적용하지 아니한다.

아. 원산지판정과 관련하여 취하여지는 모든 행정조치는 판정을 내린 당국으로부터 독립적이며 이러한 판정을 수정 또는 번복할 수 있는 사법, 중재 또는 행정재판소나 절차를 통하여 신속히 재검토될 수 있다.

자. 본래 비밀이거나 원산지규정의 적용을 위하여 비밀을 기초로 제시되어진 모든 정보는 관계당국에 위하여 엄격하게 비밀로 취급되며, 사법적 절차의 맥락에서 공개되도록 요구되어 질 수 있는 범위를 제외하고는, 이러한 정보를 제공한 개인이나 정부의

명시적인 허가없이는 관계당국은 이를 공개하지 아니한다.

제 3 부
통보, 검토, 협의 및 분쟁해결에 관한 절차 규정

제 4 조
기 구

1. 이 협정에 따라 각 회원국의 대표로 구성되는 원산지규정위원회(이 협정에서는 "위원회"라 한다)가 설치된다. 위원회는 자체의 위원장을 선출하며 제1부, 제2부, 제3부 및 제4부의 운영과 관계되거나 이들 각부에 명시된 목적의 증진과 관계되는 사항에 관하여 협의하고 이 협정에 규정된 또는 상품무역이사회에 의해 부여된 그 밖의 책임을 수행하기 위한 기회를 회원국에게 부여하기 위하여 필요에 따라 그러나 적어도 1년에 1회이상 회합한다. 위원회는 적절한 경우 이 협정과 관련한 사항에 관하여 제2항에 언급된 기술위원회에 정보와 조언을 요청한다. 또한 위원회는 위에 언급된 이 협정의 목적증진을 위하여 적절하다고 간주하는 그 밖의 작업을 기술위원회에 요청할 수 있다. 세계무역기구 사무국이 위원회의 사무국 역할을 담당한다.

2. 부속서 1에 명시된 관세협력이사회의 후원하에 있는 원산지규정에관한기술위원회(이 협정에서는 "기술위원회"라 한다)가 설치된다. 기술위원회는 이 협정의 제4부에서 요구되며 부속서 1에 기술된 기술적 작업을 수행한다. 기술위원회는 이 협정과 관련된 사항에 관하여 적절한 경우 위원회에 정보와 조언을 요청한다. 또한 기술위원회는 위에 언급된 이 협정의 목적증진을 위하여 필요하다고 간주하는 그 밖의 작업을 위원회에 요청할 수 있다. 관세협력이사회 사무국이 기술위원회의 사무국 역할을 담당한다.

제 5 조
수정 및 새로운 원산지규정 도입을 위한 정보 및 절차

1. 각 회원국은 세계무역기구협정이 자기나라에 대하여 발효하는 날로부터 90일 이내에, 동일 현재 유효한 일반적으로 적용되는 자기나라의 원산지규정 및 이와 관련한 사법 결정 및 행정판정을 사무국에 제출한다. 부주의로 원산지규정을 제출하지 못하였을 경우, 관련 회원국은 이 사실을 발견한 즉시 이를 제출한다. 사무국에 접수되고 이용가능한 정보의 목록은 사무국에 의하여 회원국에 배포된다.

2. 제2조에 언급된 기간 중에 사소한 내용의 규정 수정은 제외하고 자기나라의 원산지규정의 수정을 도입하거나 이 조의 목적상 제1항에 언급된 원산지규정을 포함하나 사무국에 제출되지 아니한 새로운 원산지규정을 도입하는 회원국은, 회원국에 대하여

예외적인 상황이 발생하거나 발생할 우려가 있는 경우를 제외하고는 이해당사자가 원산지규정의 수정이나 새로운 원산지규정의 도입 의도를 수정된 또는 새로운 규정이 발효하기 적어도 60일 이전에 공표한다. 이러한 예외적인 경우에 회원국은 가능한 한 조속히 수정된 또는 새로운 원산지규정을 공표한다.

제 6 조
검 토

1. 위원회는 그 목적에 유의하여 이 협정 제2부와 제3부의 이행 및 운영을 매년 검토한다. 위원회는 이러한 검토대상 기간중에 있었던 진전 사항을 매년 상품무역이사회에 통보한다.

2. 위원회는 제1부, 제2부 및 제3부의 규정을 검토하고 조화작업계획의 결과를 반영하기 위하여 필요에 따라 개정안을 제안한다.

3. 위원회는 제9조에 규정된 목적과 원칙을 고려하여 조화작업계획의 결과에 대한 개정안을 검토하고 제안하는 제도를 기술위원회와 협력하여 수립한다. 이는 기술 변화로 인해 영향을 받는 새로운 생산공정을 고려하기 위하여 규정을 보다 효율적으로 운영되도록 하거나 새롭게 할 필요가 있는 경우 등을 포함할 수 있다.

제 7 조
협 의

분쟁해결양해에 의해 발전되고 적용되는 1994년도 GATT 제22조의 규정이 이 협정에 적용된다.

제 8 조
분쟁해결

분쟁해결양해에 의해 발전되고 적용되는 1994년도 GATT 제23조의 규정이 이 협정에 적용된다.

제 4 부
원산지규정의 조화

제 9 조

목적 및 원칙

1. 원산지규정을 조화시키고 특히 세계무역의 수행에 있어서 확실성을 제고하기 위

하여 각료회의는 다음과 같은 원칙에 기초하여 관세협력이사회와 함께 아래에 명시된 작업계획을 수행한다.

가. 원산지규정은 제1조에 명시된 모든 목적에 대하여 동등하게 적용되어야 한다

나. 원산지규정은 특정 상품이 완전하게 획득되어지는 국가이거나 또는 둘 이상의 국가가 상품 생산에 관련되어 있을 경우 최종적인 실질적 변형이 이루어진 국가가 동 상품의 원산지가 되도록 규정하여야 한다.

다. 원산지규정은 객관적이고 이해가능하며 예측 가능하여야 한다.

라. 원산지규정이 연계되는 조치나 수단에도 불구하고, 원산지규정은 무역상의 목적을 직접 또는 간접적으로 추구하기 위한 수단으로 사용되지 아니하여야 한다. 원산지규정은 자체로서 국제무역을 제한하거나 왜곡 또는 교란시키는 효과를 초래하지 아니하여야 한다. 원산지규정은 원산지국 판정을 위한 전제조건으로서 지나치게 엄격한 요건을 부과하거나 제조 또는 가공과 관련이 없는 특정 조건의 충족을 요구하지 아니하여야 한다. 그러나 종가비율기준의 적용을 위하여 제조 또는 가공과 직접적으로 관련이 없는 비용은 포함될 수 있다.

마. 원산지규정은 일관적이고 통일적이며 공정하고 합리적인 방식으로 운영되어야 한다.

바. 원산지규정은 일관성이 있어야 한다.

사. 원산지규정은 적극적인 기준을 기초로 하여야 한다. 소극적인 기준은 적극적인 기준을 명확하게 하기 위하여 사용될 수 있다.

작업계획

2. 가. 작업계획은 세계무역기구협정 발효 이후 가능한 한 조속히 개시되며, 개시 후 3년 이내에 완결된다.

나. 제4조에 규정된 위원회 및 기술위원회가 이 작업을 수행하는데 적합한 기관이 된다.

다. 관세협력이사회에 의한 상세기초자료를 규정하기 위하여, 위원회는 기술위원회에 제1항에 열거된 원칙을 기초로 하여 아래에 기술된 작업의 결과로 생겨나는 해석과 의견을 제출하여 줄 것을 요청한다. 또한 이러한 조화작업계획을 적시에 완결하기 위하여 통일상품명 및 부호체계의 부 또는 유로 표시된 품목분야를 기초로 작업이 이루어진다.

(1) 완전획득 및 최소 공정 또는 가공

기술위원회는 다음 사항에 대한 조화된 정의를 개발한다.

- 한 나라에서 완전하게 획득하여졌다고 간주되는 상품. 동 작업은 가능한 한 세부적이어야 한다.
- 그 자체로는 상품에 대하여 원산지를 부여하지 아니하는 최소 공정 또는 가공

이러한 작업의 결과는 위원회의 요청이 접수된 후 3월이내에 위원회에 제출된다.

(2) 실질적 변형-관세분류상의 변경

- 기술위원회는 실질적 변형기준을 기초로하여 특정상품 또는 상품분야에 대한 원신지규정을 개발할 경우 관세 소호 또는 호의 사용을, 그리고 적절한 경우 이러한 기준을 충족시키는 품목분류체계 내에서의 최소한의 변경을 고려하고 상세히 기술한다.
- 기술위원회는 최소한 분기별로 위원회에 작업결과를 제출하기 위하여 상기 작업을 통일상품명 및 부호체계의 유 또는 부를 고려하여 품목에 기초하여 나누어야 한다. 기술위원회는 위원회의 요청 접수 후 1년 3월 이내에 위의 작업을 완료한다.

(3) 실질적 변형-보완적인 기준

통일상품명 및 부호체계의 사용만으로는 실질적인 변형을 표시하지 못하는 각 품목분야 또는 개별상품의 범주에 대하여 (2)의 작업 완료시 기술위원회는

- 특정 상품 또는 상품분야에 대한 원산지규정의 개발시 실질적 변형기준을 기초로 하여 종가비율(Re.4) 및/또는 생산 또는 가공 공정(Re.5)을 포함한 다른 요건을 보완적 또는 배타적인 방법으로 사용할 것을 고려하고 자세히 기술하여야 하며,

(Remark 4) 종가기준이 규정된 경우, 원산지규정에 동 비율 산정 방법을 명시한다.

(Remark 5) 생산 또는 가공공정 기준이 규정된 경우, 관련 물품의 원산지를 부여하는 공정이 정확하게 명시된다.

- 그 제안에 대한 설명을 제공할 수 있으며,
- 최소한 분기별로 작업결과를 위원회에 제출하기 위하여 위의 작업을 통일상품명 및 분류체계의 유 또는 부를 고려하여 상품에 기초하여 나누어 시행한다. 기술위원회는 위원회의 요청을 받은 후 2년 3월 이내에 위의 작업을 완료한다.

위원회의 역할

3. 제1항에 열거된 원칙을 기초로 하여

가. 위원회는 제2항 다호 (1), (2) 및 (3)에 규정된 시간계획에 따라 정기적으로 기술위원회의 해석과 의견을 승인할 목적으로 검토한다. 위원회는 기술위원회에 대하여 그의 작업을 정교하게 하거나 더욱 발전시키고/또는 새로운 접근 방법을 개발하도록 요청할 수 있다. 위원회는 기술위원회를 지원하기 위하여 추가적인 작업의 요청 이유를 제시하여야 하며 적절한 경우 대안을 제시하여야 한다.

나. 제2항다호 (1), (2) 및 (3)에 명시된 모든 작업의 완료시 위원회는 결과를 전반적인 일관성의 관점에서 검토한다.

조화작업계획의 결과와 후속작업

4. 각료회의는 조화작업계획의 결과를 부속서에 이 협정의 불가분의 일부로서 설정한다. (Re.6) 각료회의는 이 부속서의 발효를 위한 시간계획을 설정한다.

(Remark 6) 동시에 관세분류에 관한 분쟁해결약정을 고려한다.

부속서 1
원산지규정에 관한 기술위원회

책 임

1. 기술위원회의 상시적인 책임은 아래 사항을 포함한다.

가. 기술위원회의 요청이 있는 경우 회원국의 원산지규정의 일상적인 운영에서 발생하는 특정의 기술적인 문제의 검토 및 제시된 사실에 기초한 적절한 해결책에 관한 자문적인 의견 제시

나. 회원국 또는 위원회가 요청하는 바에 따라 상품의 원산지판정에 관련된 모든 문제에 대한 정보 및 조언의 제공

다. 이 협정의 운영과 지위의 기술적 측면에 관한 주기적인 보고서의 준비 및 배포, 그리고

라. 제2부 및 제3부의 이행 및 운영에 관한 기술적인 측면의 연례 검토

2. 기술위원회는 위원회가 요청하는 다른 책임을 수행한다.

3. 기술위원회는 특정 사안, 특히 회원국이나 위원회가 회부한 사안에 대한 작업을 합리적으로 짧은 기간 내에 완료하도록 시도한다.

대 표

4. 각 회원국은 기술위원회에서 자기나라를 대표하는 권리를 갖는다. 각 회원국은 기술위원회에서 자기나라를 대표하는 1명의 대표와 1명 또는 그 이상의 교체대표를 지명할 수 있다. 이와 같이 기술위원회에서 대표되는 회원국은 이하에서 기술위원회의 "회원국"이라 한다. 기술위원회 회원국의 대표는 기술위원회 회의시 자문관의 도움을 받을 수 있다. 세계무역기구 사무국은 옵저버의 지위로 동 회의에 또한 참석할 수 있다.

5. 세계무역기구 회원국이 아닌 관세협력이사회의 회원국은 기술위원회 회의에 1명의 대표와 1명 또는 그 이상의 교체대표에 의하여 대표될 수 있다. 이러한 대표는 옵저버로서 기술위원회 회의에 참석한다.

6. 관세협력이사회 사무총장(이하 이 부속서에서는 "사무총장"이라 한다)은 기술위

원회 의장의 승인을 조건으로 세계무역기구 회원국이 아니며 관세협력이사회의 회원국도 아닌 정부의 대표와 국제정부간 및 무역기구의 대표를 옵저버로서 기술위원회 회의에 참석하도록 초청할 수 있다.

7. 기술위원회 회의에의 대표, 교체대표 및 자문관의 임명은 사무총장에게 통보된다.

회 의

8. 기술위원회는 필요에 따라, 그러나 적어도 1년에 1회이상 회합한다.

절 차

9. 기술위원회는 자체 의장을 선출하며 자체적인 절차를 제정한다.

부속서 2
특혜원산지규정에 관한 공동선언

1. 일부 회원국이 비특혜적인 원산지규정과 구별되는 특혜원산지규정을 적용하고 있다는 것을 인정하면서 회원국들은 다음과 같이 합의한다.

2. 이 공동선언의 목적상 특혜원산지규정이란, 상품이 1994년도 GATT 제1조제1항의 적용을 초월하는 관세특혜 부여로 이르는 계약적 또는 자발적인 무역제도에 따른 특혜대우에 적합한지 여부를 결정하기 위하여 회원국에 의하여 법률, 규정 및 일반적으로 적용되는 행정판정으로 정의된다.

3. 회원국은 아래 사항을 보장할 것에 합의한다.

가. 회원국이 일반적으로 적용되는 행정적인 결정을 발표하는 경우 충족요건이 명료하게 규정된다. 특히,

(1) 관세분류변경기준이 적용되는 경우, 특혜원산지규정 및 이에 대한 모든 예외는 규정이 적용되는 관세분류표체계의 소호 또는 호를 분명히 명시하여야 한다.

(2) 종가비율기준이 적용되는 경우, 이러한 비율의 산정 방법이 또한 특혜원산지규정에 명시된다.

(3) 생산 또는 가공공정 기준이 규정된 경우, 특혜원산지를 부여하는 공정이 정확하게 명시된다.

나. 특혜원산지규정은 적극적인 기준을 기초한다. 특혜원산지가 부여되지 아니하는 것을 기술하는 특혜원산지규정(소극적인 기준)은 적극적인 기준을 명확하게 하기 위한 일환으로 또는 특혜 원산지의 적극적인 판정이 필요하지 아니한 개별적인 경우에 허용

된다.

다. 특혜원산지규정과 관련하여 회원국의 법률, 규정, 일반적으로 적용되는 사법적 결정 및 행정적 판정은 1994년도 GATT 제10조제1항의 규정이 적용되는 것처럼, 그리고 동 규정에 따라 공표된다.

라. 수출자, 수입자 또는 정당한 사유가 있는 사람의 요청이 있는 경우, 특정 상품에 대한 특혜원산지의 판정은 모든 필요한 요소가 제출된 경우 가능한 한 조속히, 늦어도 판정요청이 있은 후 150일(Re.7) 이내에 내려진다. 이러한 판정요청은 당해 상품의 거래가 이루어지기 전에 접수되나, 그 이후에도 접수될 수 있다. 특혜원산지규정을 포함하여 판정의 기초가 된 사실 및 조건이 비교 가능한 상태로 남아있는 경우 이러한 판정은 3년간 유효하다. 사전에 관련 당사자들에게 통보되는 경우 바호에 언급된 재검토 과정에서 이러한 판정과 상반되는 결정이 내려질 때 이러한 판정은 그 효력을 상실한다. 이러한 판정은 사호의 규정을 조건으로 입수 가능하도록 공개된다.

(Remark 7) 세계무역기구협정의 발효로부터 최초 1년간 행하여진 요청에 관하여는 회원국은 다만 가능한 한 조속히 판정을 내릴 것이 요구된다.

마. 특혜원산지규정을 변경하거나 새로운 특혜원산지규정을 도입하는 경우, 회원국은 이러한 변경을 자기나라의 법률이나 규정에서 정의된 바에 따라 그리고 이러한 법률 및 규정을 저해함이 없이 소급 적용하지 아니한다.

바. 특혜원산지의 판정과 관련하여 취하여지는 모든 행정적 조치는 판정을 내린 당국으로부터 독립적 이며 이러한 판정을 수정 또는 번복할 수 있는 사법, 중재, 또는 행정 재판소나 절차를 통하여 신속히 재검토될 수 있다.

사. 본래 비밀이거나 특혜원산지규정의 적용을 위하여 비밀을 기초로 제시되어진 모든정보는 관계 당국에 의하여 엄격히 비밀로 취급되며, 사법절차의 맥락에서 공개되도록 요구되어 질 수 있는 범위를 제외하고는, 이러한 정보를 제공한 개인이나 정부의 명시적인 허락없이는 관계당국은 이를 공개하지 아니한다.

4. 회원국은 세계무역기구협정이 자기나라에 대하여 발효하는 일자에 유효한 특혜원산지규정과 관련하여 특혜원산지규정이 적용되는 특혜 약정의 목록을 포함한 특혜원산지규정, 사법결정 및 일반적으로 적용 되는 행정판정을 신속히 사무국에 제출하는 데에 합의한다. 또한 회원국은 자기나라의 특혜원산지 규정에 대한 모든 변경과 새로운 특혜원산지규정을 가능한 한 조속히 사무국에 제출하기로 합의한다. 사무국에 접수되고 이용 가능한 정보의 목록은 사무국에 의하여 회원국에게 배포된다.

4. 한·칠레 FTA 원산지규정

제 4 장
원산지 규정

제4.1조 정 의

이 장의 목적상,

조정가격이라 함은 역내가치포함 비율 공식 및 최소허용기준의 적용 목적상 관세평가협정 제1조 내지 제8조, 제15조 및 이들 조항의 주해에 따라 산정된 가격을 말하며, 필요시 당사국의 국내법에 따라 이미 제외되지 않은 다음과 같은 비용, 부과금 및 지출금을 고려대상인 상품의 관세가격으로부터 제외하여 조정된 가격을 말한다. 이러한 비용, 부과금 및 지출금은 모든 수출국으로부터 수입지까지 제품을 국제적으로 수송하는데 발생하는 모든 운송, 보험 및 관련 서비스 비용, 부과금 또는 경비를 말한다.

대체가능 상품 또는 재료라 함은 상업적 목적으로 호환 가능하고 물품의 특성이 본질적으로

동일한 상품이나 재료를 말한다.

상품이라 함은 모든 제품, 생산품, 물품 또는 재료를 말한다.

일방 또는 양 당사국의 영역내에서만 완전하게 획득되거나 생산된 상품이라 함은 다음을 말한다.

가. 일방 또는 양 당사국의 영역내에서 채취된 광물,

나. 통일상품명및부호체계에서 정의된 바대로, 일방 또는 양 당사국의 영역내에서 재배되고 수확된 식물,

다. 일방 또는 양 당사국 영역내에서 출생 및 사육된 살아있는 동물,

라. 일방 또는 양 당사국의 영역내에서 수렵, 덫사냥 또는 어로로 획득된 상품,

마. 일방 당사국에 등록되거나 등기되고 그 국가의 국기를 게양한 선박에 의해 일방 또는 양당사국의 영역 밖의 바다에서 잡힌 어획물 및 그 밖의 생산물,

바. 일방 당사국에 등록되거나 등기되고 그 국가의 국기를 게양한 가공선박 내에서 상기 마호에 해당하는 상품으로부터 생산된 상품,

사. 일방 당사국이 영해 밖의 해저를 탐사할 권리를 가지고 있는 경우 영해 밖의 해저로부터 또는 해저 하부에서 당사국이나 당사국의 인에 의해 채취된 상품,

아. 당사국이나 당사국의 인에 의해 획득될 것과 비당사국에서 가공되지 않을 것을

조건으로 우주에서 취득된 상품,

자. 다음으로부터 얻어진 폐기물과 부스러기

(1) 일방 또는 양 당사국의 영역내에서의 생산, 또는

(2) 일방 또는 양 당사국의 영역내에서 수집되고 원재료 회수용으로만 적합한 중고품, 그리고 차. 모든 생산 단계와 관련하여, 전적으로 가호 내지 자호에서 언급된 상품 또는 그 파생품으로부터 일방 또는 양 당사국의 영역내에서 생산된 상품.

간접재료라 함은 상품의 생산, 시험 또는 검사에 사용되지만 그 상품에 물리적으로 포함되지는 않는 상품, 또는 상품생산과 관련된 건물의 유지나 설비의 작동에 사용되는 상품으로서 다음을 포함한다.

가. 연료 및 에너지,

나. 도구, 형판 및 주형,

다. 설비와 건물의 유지에 사용되는 예비부품과 재료,

라. 생산에 사용되거나 설비 및 건물의 작동에 사용되는 윤활제, 그리스, 혼합물과 그 밖의 재료,

마. 장갑, 안경, 신발, 의류, 안전장비와 보급품,

바. 상품의 시험 또는 검사에 사용되는 설비, 장치 및 보급품,

사. 촉매제와 용해제, 그리고

아. 상품에 포함되지는 않았으나 그 상품 생산의 일부로 사용되었음이 합리적으로 입증될 수 있는 그 밖의 모든 상품.

중간재라 함은 자체 생산되어 상품의 생산에 사용되고 제4.4조에 따라 지정된 재료를 말한다.

재료라 함은 부품이나 원료와 같이 다른 상품의 생산에 사용되는 상품을 말한다.

비원산지 상품 또는 비원산지 재료라 함은 이 장에 따라 원산지자격을 갖추지 못하는 상품이나 재료를 말한다.

선적을 위한 포장재 및 용기라 함은 개별적 판매를 위해 사용되는 용기나 재료와는 구별되고운송기간 동안 상품을 보호하기 위해 사용되는 상품을 말한다.

생산자라 함은 상품을 재배, 채굴, 사육, 수확, 어로, 덫사냥, 수렵, 제조, 가공 또는 조립하는 인을 말한다.

생산이라 함은 상품을 재배, 채굴, 수확, 어로, 번식 및 사육, 덫사냥, 수렵, 제조, 가공 또는 조립하는 것을 말한다.

사용된이라 함은 상품의 생산에 사용되거나 소비된 것을 말한다.

재료의 가치라 함은 다음을 말한다.

가 선적을 위한 포장재 및 용기의 경우를 . 제외하고, 상품의 역내가치포함 비율 산출 및 최소 허용기준의 적용 목적상, 상품 생산에 사용된 재료의 가치는

(1) 상품의 생산자에 의해 수입된 재료의 경우에는, 그 수입과 관련하여 조정된 재

료의 조정가격이 된다.

(2) 상품이 생산된 영역내에서 구입된 재료의 경우에는, 생산자의 실제 재료비용이 된다. 그리고

(3) 생산자에게 무료로 또는 할인이나 이와 유사한 가격인하를 반영한 가격으로 제공된 재료의 경우에는, 그 비용이나 가치는 다음을 합산하여 산정된다.

(가) 일반지출금을 포함하여 재료의 사육·재배, 생산 또는 제조시 발생한 모든 경비, 그리고

(나) 이윤.

나. 재료의 가치는 다음과 같이 조정될 수 있다.

(1) 원산지 재료의 경우, 다음 지출금이 가호에 포함되지 않았다면 이를 그 재료의 가치에 더 할 수 있다.

(가) 생산자가 있는 장소로 재료를 운송하는데 발생한 화물비, 보험료, 포장비 및 그 밖의 모든 비용,

(나) 지불되거나 지불될 관세 또는 조세에 대한 공제를 포함하여, 면제 또는 환급되거나 환급 또는 다른 방식으로 회수될 수 있는 관세와 조세를 제외하고, 일방 또는 양 당사국의 영역내에서 지불한 재료에 대한 관세, 조세 및 통관중개수수료, 그리고

(다) 상품의 생산에 사용된 재료로부터 발생하는 폐기물과 무용물의 비용에서 재활용할 수 있는 부스러기나 부산물의 가치를 차감한 비용.

(2) 비원산지 재료의 경우, 다음 지출금이 가호에 포함되어 있다면 이를 그 재료의 가치에서 차감할 수 있다.

(가) 생산자가 있는 장소로 재료를 운송하는데 발생한 화물비, 보험료, 포장비 및 그 밖의 모든 비용,

(나) 지불되거나 지불될 관세 또는 조세에 대한 공제를 포함하여, 면제 또는 환급되거나 환급 또는 다른 방식으로 회수될 수 있는 관세와 조세를 제외하고, 일방 또는 양 당사국의 영역내에서 지불한 재료에 대한 관세, 조세 및 통관중개수수료,

(다) 상품의 생산에 사용된 재료로부터 발생하는 폐기물과 무용물의 비용에서 재활용할 수 있는 부스러기나 부산물의 가치를 차감한 비용, 그리고

(라) 일방 당사국의 영역내에서 비원산지 재료의 생산에 사용된 원산지 재료의 비용.

제 4.2 조 원산지 상품

1. 이 장에서 달리 규정하지 않는 한, 상품은 다음과 같은 경우 당사국의 영역이 원산지이다.

가. 상품이 제4.1조에서 정의된 바대로 일방 또는 양 당사국의 영역내에서만 완전하게 획득되거나 생산된 경우,

나. 일방 또는 양 당사국의 영역내에서만 이루어진 생산의 결과로서 상품의 생산에서 사용된 각각의 비원산지 재료에 대해 부속서 4에 규정된 적용가능한 세번변경이 이루어진 경우, 또는 그러하지 않은 경우 상품이 세번변경을 요하지 않는 그 부속서상의 적용가능한 요건을 충족시키고 이 장의 모든 다른 적용가능한 요건을 충족시키는 경우,

다. 상품이 이 장에 따른 원산지 재료만으로 일방 또는 양 당사국의 영역내에서만 전적으로 생산된 경우, 또는

라. 통일상품명및부호체계의 제61류 내지 제63류에 규정된 상품을 제외하고, 상품이 일방 또는 양 당사국의 영역내에서만 생산되었으나 그 상품의 생산에 사용된 비원산지 재료의 하나 이상 이 다음의 이유로 인하여 세번변경이 이루어지지 않은 경우

(1) 상품이 조립되지 않았거나 분해된 형태로 당사국의 영역으로 수입되었으나 통일상품명및부호체계의 일반해석규칙의 제2(a)조에 따라 조립상품으로 분류됨, 또는

(2) 상품의 호가 상품 자체 및 그 부품에 대해 규정하고 구체적으로 기술하며 더 이상 소호로 분류되지 않거나, 또는 상품의 소호가 상품 자체 및 그 부품에 대해 규정하고 구체적으로 기술하고 있음.

다만, 이러한 경우 제4.3조에 따라 산정된 상품의 역내가치포함 비율이 공제법이 사용된 경우 45퍼센트 이상이거나 직접법이 사용된 경우 30퍼센트 이상이고 이 장의 모든 다른 적용가능한 요건들을 충족시켜야 한다. 그러나, 당해 제품이 분류되어 있는 경우 부속서 4의 적용가능한 규칙이 다른 비율의 역내가치포함 요건을 규정하고 있는 경우 그 다른 요건이 적용된다.

2. 이 장의 목적상 부속서 4에 따른 세번변경을 이루고 그 밖의 요건들을 충족하는 비원산지 재료로부터 생산된 상품은 일방 또는 양 당사국의 영역내에서만 생산이 이루어져야 하고, 이러한 상품의 역내가치포함요건은 일방 또는 양 당사국 영역내에서만 충족되어야 한다.

3. 이 조의 요건에도 불구하고, 상품의 제조 과정에 비원산지 재료가 사용된 경우 그 상품이 당사국의 영역내에서 제4.13조에 따른 제조과정만을 거쳐서 생산된다면 그 상품은 원산지 상품으로 인정되지 아니한다.

제 4.3 조 역내가치포함 비율

상품의 원산지 판정에 역내가치포함 비율이 요건으로 적용되는 경우, 각 당사국은 상품의 역내 가치포함 비율을 다음 두 가지 방식중 하나에 따라 산출할 수 있다.

방식 1: 공제법

$$RVC = \frac{AV - VNM}{AV} \times 100$$

방식 2: 직접법

$$RVC = \frac{VOM}{AV} \times 100$$

여기서,

RVC는 백분율로 표시된 역내가치포함 비율이다.

AV는 조정가격이다.

VNM은 생산자에 의해 상품의 생산에 사용된 비원산지 재료의 가치이다. 그리고

VOM은 생산자에 의해 상품의 생산에 사용된 원산지 재료의 가치이다.

제 4.4 조 중간재

상품의 생산자는 제4.3조의 규정에 의한 역내가치포함 비율 산출의 목적상 그 생산에 사용된 모든 자체생산 재료를 중간재로 지정할 수 있다. 이 때, 그 중간재가 역내가치포함 요건을 적용받는 경우에, 역내가치포함 요건을 적용받는 다른 자체생산 재료가 그 중간재 생산에 사용되었을 때 그 다른 재료 자체가 중간재로 지정되어서는 아니된다.

제 4.5 조 누적계산

1. 일방 당사국의 영역을 원산지로 하는 상품이나 재료가 타방 당사국의 영역내에서 상품에 포함되는 경우 그 상품이나 재료는 타방 당사국의 영역이 원산지인 것으로 간주된다.

2. 상품의 원산지 판정의 목적상, 상품의 생산자는 그 상품이 제4.2조에 규정된 요건에 합치될 것을 조건으로 당해 상품에 포함된 재료에 대한 자신의 생산을 일방 또는 양 당사국의 영역내에서 하나 이상의 생산자의 생산에 누적할 수 있으며, 그 경우 그 재료의 생산은 그 후자의 생산자에 의해 생산된 것으로 간주된다.

제 4.6 조 최소허용수준

1. 부속서 4에 따라 세번변경이 이루어지지 아니한 상품은 그 상품의 생산에 사용된 세번변경이 이루어지지 않은 모든 비원산지 재료의 가치가 제4.3조에 따라 산정된 상품의 조정가격의 퍼센트를 8 초과하지 않는다면 원산지 상품으로 간주된다.

2. 비원산지 재료가 이 조 하에서 원산지 판정을 받고 있는 상품의 소호와는 다른 소호에 규정되어 있지 아니하는 한, 제1항은 통일상품명및부호체계의 제1류 내지 제24류에 규정된 상품의 생산에 사용된 비원산지 재료에는 적용되지 아니한다.

3. 통일상품명및부호체계의 제50류 내지 제63류에서 규정된 상품중 상품의 세번을 결정하는 그 상품의 구성요소의 생산에 사용되는 특정 섬유 또는 방사가 부속서 4에 규정된 적용가능한 세번변경이 이루어지지 않았기 때문에 원산지 제품이 아니라고 판정

되는 경우에도 그 구성요소에서 차지하는 모든 섬유나 방사의 총 무게의 비율이 그 구성요소의 총 무게의 8퍼센트 이하일 경우에는 원산지로 간주된다.

제 4.7 조 대체가능 상품과 재료

1. 상품이 원산지 상품인지 여부에 대한 판정 목적상,

가. 대체가능한 원산지 및 비원산지 재료가 상품의 생산에 사용되는 경우, 그 재료에 대한 원산지 판정은 특정 대체가능한 재료의 확인을 통해 이루어질 필요가 없으나, 통일규칙에 규정된 재고관리기법에 기초해서 판정된다. 그리고

나. 대체가능한 원산지 및 비원산지 상품이 혼합되어 동일한 형태로 수출되는 경우, 판정은 통일규칙에서 규정한 재고관리기법에 기초해서 이루어진다.

2. 일단 재고관리기법에 의거하여 판정이 내려지면, 전체 회계년도를 통해 이 기법이 사용된다.

제 4.8 조 부속품, 예비부품 및 공구

1. 다음의 조건하에, 상품의 표준 부속품, 예비부품 또는 공구인 부속품, 예비부품 또는 공구가 그 상품과 함께 인도된 경우에는 이러한 부속품, 예비부품 또는 공구는 그 상품이 원산지 상품이라면 원산지 물품으로 간주되고, 그 상품의 생산에 사용된 모든 비원산지 재료가 부속서 4에 규정된 적용가능한 세번변경이 이루어지는지를 판정하는데 있어서는 고려되지 아니한다.

가. 부속품, 예비부품 또는 공구에 대한 송장이 그 상품과 별도로 발부되지 않을 것, 그리고

나. 부속품, 예비부품 또는 공구의 양과 가치가 그 상품에 대해 통상적 수준일 것.

2. 그 상품이 역내가치포함 요건의 대상이 될 경우 부속품, 예비부품 또는 공구의 가치는 그 상품의 역내가치포함 비율 계산에 있어서 사안에 따라 원산지 재료 또는 비원산지 재료로 고려된다.

제 4.9 조 간접재료

1. 간접재료는 생산되는 장소와 무관하게 원산지 재료로 간주된다. 그 재료의 가치는 당해 상품 생산자의 회계기록에 기록된 비용이 된다.

2. 간접재료의 가치는 당해 상품이 생산되는 당사국의 영역내에서 적용가능한 일반적으로 인정되는 회계원칙에 근거하여야 한다.

제 4.10 조 소매 판매를 위한 포장재료와 용기

상품의 소매 판매를 위한 포장에 필요한 포장재와 용기가 그 상품과 함께 분류된다

면 그 상품 생산에서 사용된 모든 비원산지 재료가 부속서 4에 규정된 적용가능한 세번변경이 이루어졌는지를 판정하는 데 있어서 고려되지 아니하며, 그 상품이 역내가치포함 요건의 대상이 되는 경우에는, 그 포장재와 용기의 가치가 그 상품의 역내가치포함 비율의 계산에 있어서 사안에 따라 원산지 또는 비원산지 재료로 고려된다.

제 4.11 조 수송을 위한 포장재료와 용기

상품의 수송을 위한 포장에 필요한 포장재료와 용기는 다음 사항을 결정함에 있어서 고려되지 아니한다.

가. 그 상품의 생산에 사용된 비원산지 재료에 대해 부속서 4에서 규정된 적용가능한 세번변경이 이루어졌는지 여부, 그리고

나. 그 상품이 역내가치포함 요건을 충족시키는지 여부.

제 4.12 조 환적

상품이 제4.2조의 요건을 충족시키면서 생산되었다 하더라도 그 상품이 생산된 후 당사국 영역 밖에서 다음 경우에 해당될 경우에는 그 상품은 원산지 상품으로 간주되지 아니한다.

가. 하역, 재선적, 상자포장, 포장과 재포장 또는 상품을 좋은 상태로 보존하거나 당사국의 영역까지 수송하기 위해 필요한 모든 다른 종류의 작업 이외의 추가적 생산이나 작업을 거친 경우, 또는

나. 비당사국의 영역내의 세관당국의 통제 또는 감독 하에 있지 않은 경우.

제 4.13 조 불인정 공정

1. 상품은 다음의 이유만으로 원산지 상품으로 간주되지는 아니한다.

가. 운송 또는 저장 목적상 좋은 상태로 상품을 보전시키는 작업이나 공정,

나. 선적이나 운송을 촉진시키는 작업이나 공정, 또는

다. 판매를 위한 상품의 포장이나 전시에 관계된 작업이나 공정.

2. 제1항의 작업이나 공정은 특히 다음을 포함한다.

가. 환풍, 통풍, 건조, 냉장, 냉동,

나. 세탁, 세척, 체질, 진동, 선택, 분류 또는 등급화, 선별, 혼합, 절단,

다. 탈피, 탈각 또는 박편, 탈곡, 뼈제거, 분쇄나 압착, 연질화,

라. 부서지거나 파손된 부분으로부터 먼지를 제거, 기름 도포, 녹 방지나 그 밖의 보호재료 도포,

마. 시험이나 측정, 대량 선적의 분류, 포장 상태로 조립, 표시부착, 제품이나 포장의 상표 부착이나 특유의 표시, 포장, 포장해체나 재포장,

바. 물 또는 그 밖의 수성・이온・염화용액에 의한 희석,
사. 상품의 단순조립, 세트구성,
아. 염화, 가당,
자. 동물의 도살,
차. 분해, 그리고
카. 이러한 작업 또는 공정의 하나 또는 그 이상의 조합.

제 4.14 조 해석과 적용

이 장의 목적상,

가. 이 장의 관세분류의 기초는 통일상품명및부호체계이다.

나. 제4.2조제1항 라호를 적용할 경우, 통일상품명및부호체계 하에서의 호 또는 소호가 상품 및 그 부품을 규정하고 있고 구체적으로 기술하고 있는지에 대한 결정은 통일상품명및부호체계의 일반해석규칙에 따라 당해 호나 소호의 관세분류 체계 및 부 또는 류의 주석에 기초해서 내려진다.

다. 이 장 하에서 상품의 원산지를 판정하기 위해 관세평가협정을 적용하는 경우,

(1) 관세평가협정의 원칙은 상황을 고려한 적절한 수정을 통해 국제거래에 적용되는 것처럼 국내거래에도 적용된다.

(2) 이 장의 규정은 관세평가협정 규정과 상이한 범위내에서 그 협정에 우선한다. 그리고

(3) 제4.1조의 정의는 관세평가협정상의 정의와 상이한 범위내에서 그 협정의 정의에 우선한다.

라 이 장에서 언급된 모든 비용은 상품이 생산된 당사국의 영역내에서 적용가능한 일반적으로 인정되는 회계원칙에 따라 기록되고 유지된다.

제 4.15 조 협의 및 변경

1. 양 당사국은 이 장이 이 협정의 정신과 목적에 효과적이고, 통일적이며, 일관적으로 시행되도록 보장하기 위해 정기적으로 협의하며, 제5장에 따라 이 장의 운영에 협력한다.

2. 생산 공정 또는 그 밖의 사항에 있어서의 발전상황을 고려하기 위해 이 장의 변경이 필요하다고 판단하는 당사국은 변경이 필요한 사유를 첨부한 변경안, 관련 연구결과 및 제5장의 규정에 의하여 취해질 필요가 있는 적절한 조치를 타방 당사국의 검토를 위해 타방 당사국에 제출할 수 있다.

5. 자유무역협정의 이행을 위한 관세법의 특례에 관한 법률

FTA관세특례법	FTA관세특례법 시행령	FTA관세특례법 시행규칙
제9조(원산지결정기준) ① 협정 및 이 법에 따른 협정관세의 적용, 수출입물품의 통관 등을 위하여 물품의 원산지를 결정할 때에는 협정에서 정하는 바에 따라 다음 각 호의 어느 하나에 해당하는 국가를 원산지로 한다. 1. 해당 물품의 전부를 생산·가공 또는 제조한 국가 2. 해당 물품이 둘 이상의 국가에 걸쳐 생산·가공 또는 제조된 경우에는 다음 각 목의 어느 하나에 해당하는 국가 가. 해당 물품의 품목번호(「통일상품명 및 부호체계에 관한 국제협약」에 따른 품목분류표상의 품목번호를 말한다. 이하 같다)가 그 물품의 생산·가공 또는 제조에 사용되는 재료 또는 구성물품의 품목번호와 일정 단위 이상 다른 경우 해당 물품을 최종적으로 생	제9조의2(원산지증명서) ① 법 제9조의2제1항 각 호에 따른 원산지증명서의 기재사항 및 기재방법은 협정에서 다르게 규정하는 경우를 제외하고는 다음 각 호와 같다. 1. 해당 물품의 수출자·품명·수량·원산지 등 기획재정부령이 정하는 사항이 기재되어 있을 것 2. 영문으로 작성될 것 3. 원산지증명서 작성대장이 비치되어 발급내역이 관리되고, 원산지증명서에 서명할 자가 지정되어 있으며, 그 서명할 자가 서명하여 발급할 것 ② 각 협정에 따른 원산지증명서의 유효기간은 다음 각 호의 경우를 제외하고는 발급일부터 1년으로 한다. <개정 2013.12.27., 2014.2.21., 2014.12.11.> 1. 아세안회원국과의 협정: 발급일부터 1년. 다만, 아세안회원국과의 협정에 따라 잘못 발급된 원산지증명서를 대체하기 위하여 재발급되는 원산지증명서의 경우에는 당초 발급된 원산지증명서의 발급일부터 12개월로 한다. 2. 칠레와의 협정: 서명일부터 2년 3. 페루와의 협정: 발급일부터 1년. 다만, 원산지증명서에 기재된 물품이 비당사국 관세당국의 관할하에 일시적으로 보관된 경우에는 2년으로 한다. 4. 미합중국과의 협정: 발급일부터 4년 5. 콜롬비아와의 협정: 서명일부터 1년 6. 호주와의 협정: 다음 각 목의 어느 하나에 해당하는 날부터 2년	제3조(싱가포르와의 협정에 의한 원산지증명서 발급방식 등) ① 「대한민국정부와 싱가포르공화국정부 간의 자유무역협정」(이하 "싱가포르와의 협정"이라 한다)에 따른 원산지증명서는 법 제9조의2제1항제1호에 따라 발급된 것으로 한다. <개정 2013.2.23.> ② 제1항 및 싱가포르와의 협정에 따라 원산지증명서를 발급하는 기관은 다음 각 호와 같다. <개정 2008.7.15.> 1. 싱가포르를 원산지로 하는 물품: 싱가포르 관세당국 2. 대한민국을 원산지로 하는 물품: 세관, 자유무역지역관리원(「자유무역지역의 지정 및 운영에 관한 법률」에 따른 자유무역지역에 입주한 기업체가 신청하는 경우에 한한다) 및 「상공회의소법」에 따라 설립된 상공회의소·대한상공회의소(이하 "증명서발급기관"이라 한다) [전문개정 2006.8.24.] 제3조의2(아세안회원국과의 협정에 따른 원산지증명서 발급방식 등) ① 「대한민국과 동남아시아국가연합 회원국 정부 간의 포괄적 경제협력에 관한 기본협정 하의 상품무역에 관한 협정」(이하 "아세안회원국과의 협정"이라 한다)에 따라 원산지증명서는 법 제9조의2제1항제1호에 따라 발급된 것으로 한다. <개정 2013.2.23.> ② 제1항 및 아세안회원국과의 협정에 따라 동남아시아국가연합 회원국(브루나이 다루살람, 캄보디아왕국, 인도네시아공화국, 라오인민민주주의공화국, 말레이시아, 미얀마연방, 필리핀공화국, 싱가포르공화국, 태국왕국 및 베트남사회주의공화국을 말하며, 이하 "아세안회원국"이라 한다)을 원산지로 하는 원산지증명서를 발급하는 기관은 다음 각 호와 같다. <개정 2009.12.31., 2013.2.23.> 1. 브루나이 다루살람을 원산지로 하는 물품: 브루나이 외교통상부 2. 캄보디아왕국을 원산지로 하는 물품: 캄보디아 상무부 3. 인도네시아공화국을 원산지로 하는 물품: 인도네시아 통상부 4. 라오인민민주주의공화국을 원산지로 하는 물품: 라오스 상공회의소 5. 말레이시아를 원산지로 하는 물품: 말레이시아 국제통상산업부 6. 미얀마연방을 원산지로 하는 물품: 미얀마 상무부 7. 필리핀공화국을 원산지로 하는 물품: 필리핀 세관 8. 싱가포르공화국을 원산지로 하는 물품: 싱가포르 세관 9. 태국왕국을 원산지로 하는 물품: 태국 상무부 10. 베트남사회주의공화국을 원산지로 하는 물품: 베트남 통상부 11. 대한민국을 원산지로 하는 물품: 증명서발급기관(자유무역지역관리원을 제외한다). 다만, 개성공업지구에서 생산된 물품의 원산지증명서를 발급하는 기관은 세관으로 한다. [본조신설 2007.5.21.]

FTA관세특례법	FTA관세특례법 시행령	FTA관세특례법 시행규칙
산·가공 또는 제조한 국가 나. 해당 물품에 대하여 일정 수준 이상의 부가가치를 창출한 국가 다. 해당 물품의 생산·가공 또는 제조의 주요 공정을 수행한 국가 3. 그 밖에 해당 물품이 협정에서 정한 원산지 인정요건을 충족시킨 국가 ② 제1항에 따라 원산지로 결정된 경우에도 해당 물품이 생산·가공 또는 제조된 이후에 원산지가 아닌 국가를 경유하여 운송되거나 원산지가 아닌 국가에서 선적(船積)된 경우에는 그 물품의 원산지로 인정하지 아니한다. 다만, 다음 각 호의 어느 하나에 해당하는 경우에는 그러하지 아니하다. 1. 협정에서 다르게 정하는 경우 2. 해당 물품이 원산지가 아닌 국가의 보세구역에서 운송목적으로 환적(換積)되었거나 일시적으로	가. 법 제9조의2제1항제1호의 경우: 발급일 나. 법 제9조의2제1항제2호의 경우: 서명일 7. 캐나다와의 협정: 서명일부터 2년 ③ 관세청장 또는 세관장은 수출자가 수출물품에 대한 원산지증명능력 등 기획재정부령으로 정하는 인증요건을 충족하는 경우 그 수출자를 원산지인증수출자로 지정할 수 있다. ④ 원산지인증수출자는 기획재정부령으로 정하는 바에 따라 원산지증명서 발급신청에 필요한 서류의 제출을 생략할 수 있으며, 협정에서 정하는 범위에서 법 제9조의2제1항제2호에 따라 해당 물품에 대하여 자율적으로 원산지를 증명할 수 있다. ⑤ 기획재정부장관은 다음 각 호의 사항을 기획재정부령으로 정할 수 있다. 1. 체약상대국별 원산지증명서의 인정범위 및 세부기준 2. 법 제9조의2제1항제1호에 따른 원산지증명서의 발급신청·발급절차 3. 원산지증명서 신청·발급현황 등 보고·관리 및 원산지증명서 발급을 담당하는 소속 직원에 대한 교육 실시 등 원산지증명서 발급의 효율적 관리를 위해 필요한 사항 4. 법 제9조의2제1항제2호에 따른 원산지자율증명의 방법 및 절차 5. 원산지증명서 작성대장의 기재사항·작성방법 및 보관기간 6. 제3항에 따른 원산지인증수출자의 지정절차 7. 그 밖에 원산지증빙서류에 관하여 협정의 시행	**제4조(유럽자유무역연합회원국과의 협정에 의한 원산지증명서 발급방식 등)** ①「대한민국과 유럽자유무역연합 회원국 간의 자유무역협정」(동 협정의 일부를 구성하는「대한민국과 아이슬란드공화국 간의 농업에 관한 협정」,「대한민국과 노르웨이왕국 간의 농업에 관한 협정」 및「대한민국과 스위스연방 간의 농업에 관한 협정」을 포함하며, 이하 "유럽자유무역연합회원국과의 협정"이라 한다)에 따른 원산지증명서는 법 제9조의2제1항제2호에 따라 수출자 또는 생산자가 자율적으로 작성·서명한 것으로 한다. 다만, 유럽자유무역연합회원국과의 협정 부속서 1 제16조제1항에 따라「자유무역협정의 이행을 위한 관세법의 특례에 관한 법률 시행령」(이하 "영"이라 한다) 제9조의2제3항에 따른 원산지인증수출자가 상업송장 또는 이에 갈음하는 서류에 기재된 사항에 대한 서면확인서를 관세청장 또는 세관장에게 사전에 제출한 경우에는 원산지증명서의 서명을 생략할 수 있다. <개정 2013.2.23.> ② 제1항에 불구하고 유럽자유무역연합회원국과의 협정 중「대한민국과 스위스연방 간의 농업에 관한 협정」 부속서 I에 따라 스위스연방을 원산지로 하는 치즈(영 별표 2 제2호 가목 품목번호 0406.90.10.00, 0406.90.20.00, 0406.90.30.00, 0406.90.40.00, 0406.90.90.00 및 같은 목의 비고에 따른 기타 치즈에 한하며, 이하 이 조에서 "스위스치즈"라 한다)에 대하여는 법 제9조의2제1항제1호에 따라 발급된 것으로 한다. <개정 2008.7.15., 2013.2.23.> ③제2항 및「대한민국과 스위스연방 간의 농업에 관한 협정」 부속서 I에 따라 스위스치즈에 대한 원산지증명서를 발급하는 기관은 스위스연방농업국이 인증한 기관으로 한다. [전문개정 2006.8.24.] **제4조의2(칠레와의 협정에 따른 원산지증명서 발급방식 등)** 「대한민국정부와 칠레공화국정부 간의 자유무역협정」(이하 "칠레와의 협정"이라 한다)에 따른 원산지증명서는 법 제9조의2제1항제2호에 따라 수출자가 자율적으로 작성·서명한 것으로 한다. <개정 2013.2.23.> [본조신설 2010.3.2.] **제4조의3(유럽연합당사자와의 협정에 의한 원산지증명서 발급방식 등)** ①「대한민국과 유럽연합 및 그 회원국 간의 자유무역협정」(이하 "유럽연합당사자와의 협정"이라 한다)에 따른 원산지증명서는 법 제9조의2제1항제2호에 따라 다음 각 호의 어느 하나에 해당하는 수출자가 자율적으로 작성·서명한 것으로 한다. 다만, 유럽연합당사자와의 협정 중「원산지제품의 정의 및 행정협력의 방법에 관한 의정서」(이하 "유럽연합당사자와의 원산지 관련 의정서"라 한다) 제16조제5항에 따라 영 제9조의2제3항에 따른 원산지인증수출자가 상업송장 또는 이에 갈음하는 서류에 기재된 사항에 대한 서면확인서를 관세청장 또는 세관장에게 사전에 제출한 경우에는 원산지증명서의 서명을 생략할 수 있다. <개정 2013.2.23.> 1. 유럽연합당사자와의 원산지 관련 의정서 제17조 및 영 제

FTA관세특례법	FTA관세특례법 시행령	FTA관세특례법 시행규칙
장치되었다고 인정되는 경우 ③ 제1항 및 제2항에 따른 원산지결정기준과 관련한 물품의 범위, 적용 방법 및 품목별 원산지 결정기준과 그 밖에 협정의 이행을 위하여 필요한 사항은 기획재정부령으로 정한다. [전문개정 2010.1.1] **제9조의2(원산지증명서 작성 등)** ① 원산지증명서는 다음 각 호의 어느 하나에 따라 발급하여야 한다. 1. 협정에서 정하는 방법과 절차에 따라 기획재정부령으로 정하는 기관이 해당 물품에 대하여 원산지를 확인하여 발급할 것 2. 협정에서 정하는 방법과 절차에 따라 수출자, 생산자 또는 수입자가 자율적으로 해당 물품에 대한 원산지를 확인하여 작성·서명할 것 ② 제1항제1호에 따른 원산지증명서를 발급받으려는 자	에 필요한 사항 [본조신설 2013.2.15.] [시행일미지정] 제9조의2 제2항제5호 **제12조(원산지증빙서류 수정통보 방법)** 원산지증빙서류를 작성·제출한 수출자 또는 생산자가 법 제11조제1항 전단에 따라 해당 물품의 원산지에 관한 내용에 오류가 있음을 통보하는 때에는 다음 각 호의 사항이 기재된 수정통보서를 작성하여야 한다. <개정 2015.6.5.> 1. 수출자·생산자 및 체약상대국의 수입자 2. 수출신고번호 및 수출신고일자 3. 원산지증명서의 발급번호 및 발급일자 4. 당해 물품의 품명·규격 및 수량 5. 오류내용 및 정정사항 **제13조(보관대상 원산지증빙서류 등)** ① 법 제12조제1항에서 "대통령령으로 정하는 서류"라 함은 다음 각 호의 구분에 따른 서류를 말한다. <개정 2007.5.16., 2009.1.23., 2010.2.18., 2011.7.19., 2014.2.21.> 1. 수입자가 보관하여야 하는 서류 가. 원산지증명서(전자문서를 포함한다) 사본. 다만, 협정에 따라 수입자의 증명 또는 인지에 기초하여 협정관세 적용신청을 하는 경우로서 수출자 또는 생산자로부터 원산지증명서를 발급받지 아니한 경우에는 그 수입물품이 협정관세의 적용대상임을 증명하는 서류를 말한다.	9조의2제3항에 따른 원산지인증수출자 2. 총가격이 6천유로[유로화 외의 영 제3조제7항에 따른 유럽연합당사자(이하 "유럽연합당사자"라 한다)의 자국통화로 작성된 경우에는 제2항에 따라 관세청장이 게시하는 금액을 말한다]를 초과하지 아니하는 물품의 수출자. 이 경우 물품의 총가격은 단일의 운송서류(운송서류가 없는 경우에는 송품장을 말한다)에 의하여 단일 수출자로부터 단일 수하인에게 송부된 물품의 총가격(단일 수출자로부터 단일 수하인에게 동시에 송부된 물품이 여러 개인 경우에는 동시에 송부된 물품가격의 합계를 말한다)을 기준으로 계산한다. ② 관세청장은 유럽연합당사자와의 원산지 관련 의정서 제25조에 따라 유럽연합 집행위원회가 매년 10월 15일까지 대한민국에 통보하는 제1항제2호의 6천유로에 상당하는 유럽연합당사자의 자국통화로 환산된 금액을 관세청장이 지정하는 정보통신망에 지체 없이 게시하여야 한다. ③ 제2항에 따라 게시한 금액은 게시한 해의 다음 해 1월 1일부터 12월 31일까지 적용된다. [본조신설 2011.6.30.] **제4조의4(페루와의 협정에 따른 원산지증명서 발급방식 등)** ① 「대한민국과 페루공화국 간의 자유무역협정」(이하 "페루와의 협정"이라 한다)에 따른 원산지증명서는 다음 각 호의 어느 하나에 해당하는 것으로 한다. <개정 2013.2.23.> 1. 법 제9조의2제1항제1호에 따라 발급된 것 2. 법 제9조의2제1항제2호에 따라 다음 각 목의 어느 하나에 해당하는 수출자가 자율적으로 작성·서명한 것 가. 페루와의 협정 부속서 4가 규칙 5 및 영 제9조의2제3항에 따른 원산지인증수출자 나. 탁송화물의 총가격이 2천미합중국달러를 초과하지 아니하는 물품의 수출자 ② 제1항제1호 및 페루와의 협정에 따라 원산지증명서를 발급하는 기관은 다음 각 호와 같다. 1. 페루를 원산지로 하는 물품: 페루 통상본부 2. 대한민국을 원산지로 하는 물품: 증명서발급기관(자유무역지역관리원은 제외한다). 다만, 개성공업지구에서 생산된 물품의 원산지증명서를 발급하는 기관은 세관으로 한다. [본조신설 2011.7.29.] **제4조의5(미합중국과의 협정에 따른 원산지증명서 발급방식 등)** 「대한민국과 미합중국 간의 자유무역협정」(이하 "미합중국과의 협정"이라 한다)에 따른 원산지증명서는 법 제9조의2제1항제2호에 따라 수출자, 생산자 또는 수입자가 자율적으로 서면 또는 전자적 방식으로 작성한 것으로 한다. <개정 2013.2.23.> [본조신설 2011.12.2.] **제4조의6(터키와의 협정에 따른 원산지증명서 발급방식 등)** 「대한민국과 터키공화국 간의 상품무역에 관한 협정」(이하 "터키와의 협정"이라 한다)에 따른 원산지증명서는 법 제9조의2제1항제2호에 따라 수출자가 자율적으로 작성·서명한

FTA관세특례법	FTA관세특례법 시행령	FTA관세특례법 시행규칙
는 기획재정부령으로 정하는 금액과 방법 등에 따라 수수료를 납부하여야 한다. ③ 원산지증명서의 기재사항, 기재방법, 유효기간 등 그 밖에 필요한 사항은 대통령령으로 정한다. [본조신설 2013.1. 1] **제11조(원산지증빙서류의 수정 통보)** ① 수출자 또는 생산자가 체약상대국의 협정관세를 적용받을 목적으로 원산지증빙서류를 작성·제출한 후 해당 물품의 원산지에 관한 내용에 오류가 있음을 알았을 때에는 협정에서 정하는 바에 따라 기획재정부령으로 정하는 기간 이내에 그 사실을 세관장(해당 물품에 대한 수출신고를 수리한 세관장을 말한다. 이하 이 항에서 같다) 및 원산지증빙서류를 제출받은 체약상대국의 수입자에게 각각 통보하여야 한다. 이 경우	나. 수입신고필증 다. 수입거래 관련 계약서 라. 지식재산권거래 관련 계약서 마. 수입물품의 과세가격 결정에 관한 자료 바. 수입물품의 국제운송 관련 서류 사. 사전심사서 사본 및 사전심사에 필요한 증빙서류(사전심사서를 교부받은 경우에 한한다) 2. 수출자가 보관하여야 하는 서류 가. 체약상대국의 수입자에게 제공한 원산지증명서(전자문서를 포함한다) 사본 및 원산지증명서 발급 신청서류(전자문서를 포함한다) 사본 나. 수출신고필증 다. 당해 물품의 생산에 사용된 원재료의 수입신고필증(수출자의 명의로 수입신고한 경우에 한한다) 라. 수출거래 관련 계약서 마. 당해 물품 및 원재료의 생산 또는 구입 관련 증빙서류 바. 원가계산서·원재료내역서 및 공정명세서 사. 당해 물품 및 원재료의 출납·재고관리대장 아. 생산자[해당 물품의 생산에 사용된 재료를 공급하거나 생산한 자(이하 "재료생산자"라 한다)를 포함한다]가 해당 물품의 원산지 증명을 위하여 작성한 후 수출자에게 제공한 서류 3. 생산자가 보관하여야 하는 서류 가. 수출자 또는 체약상대국의 수입자에게 당해 물품의 원산지의 증명을 위하여 작성·제공한 서류 나. 수출자와의 물품공급계약서	것으로 한다. <개정 2013.2.23.> [본조신설 2012.12.14.] **제6조(수출물품에 대한 원산지증명서의 발급절차)** ① 원산지증명서의 발급을 신청하려는 자는 수출물품의 선적이 완료되기 전까지 별지 제1호서식의 원산지증명서 발급신청서에 다음 각 호의 서류를 첨부하여 증명서발급기관에 제출하여야 한다. 다만, 영 제9조의2제3항에 따른 원산지인증수출자의 경우에는 첨부서류의 제출을 생략할 수 있다. <개정 2008.7.15., 2010.3.2., 2010.12.31., 2011.6.30., 2013.2.23.> 1. 수출신고의 수리필증 사본(증명서발급기관이 수출사실 등을 전산으로 확인할 수 있는 경우에는 제출을 생략할 수 있다) 또는 이에 갈음하는 다음 각 목의 어느 하나에 해당하는 서류. 이 경우 수출신고가 수리되기 전에 원산지증명서의 발급을 신청한 자는 수출신고가 수리된 후에 제출할 수 있다. 가. 자유무역지역에서 생산된 물품의 경우에는 「자유무역지역의 지정 및 운영에 관한 법률 시행령」 제19조에 따른 국외반출신고서 사본 나. 개성공업지구에서 생산된 물품의 경우에는 「관세법 시행령」제226조에 따른 보세운송신고서 사본 다. 우편물·탁송품 및 별송품의 경우에는 영수증·선하증권 사본 또는 그 밖에 체약상대국으로 수출하였거나 수출할 것임을 나타내는 서류 2. 송품장 또는 거래계약서 3. 제6조의3에 따른 원산지확인서(최종물품에 대한 원산지확인서로서 해당 물품의 생산자와 수출자가 다른 경우로 한정한다) 4. 별지 제1호의2서식의 원산지소명서(이하 "원산지소명서"라 한다). 다만, 수출자와 생산자가 다른 경우 생산자는 원산지소명서를 증명서발급기관에 직접 제출할 수 있다. 5. 삭제 <2014.3.14.> ② 증명서발급기관은 제1항에 따라 제출된 서류로 해당 물품이 제12조에 따른 원산지결정기준에 적합한지를 확인할 수 없다고 인정하는 경우에는 원산지소명서에 기재된 내용을 입증할 수 있는 서류·정보 및 제6조의4에 따른 국내제조확인서의 제출을 원산지증명서 발급을 신청한 자에게 요청할 수 있다. 이 경우 요청을 받은 자는 해당 서류를 증명서발급기관에 제출하되, 수출자와 생산자가 다른 경우에는 생산자가 해당 서류를 증명서발급기관에 직접 제출할 수 있다. <신설 2014.3.14.> ③ 제1항에 불구하고 수출자의 과실·착오 그 밖의 부득이한 사유로 인하여 수출물품의 선적이 완료되기 전까지 원산지증명서의 발급을 신청하지 못한 자는 수출물품의 선적일부터 1년 이내에 원산지증명서의 발급을 신청할 수 있다. <개정 2008.7.15., 2013.2.23., 2014.3.14.> 1. 삭제 <2013.2.23.> 2. 삭제 <2013.2.23.> ④ 증명서발급기관은 다음 각 호의 어느 하나에 해당하는 경우 원산지증명서를 발급하기 위하여 관세청장이 정하는 바에

FTA관세특례법	FTA관세특례법 시행령	FTA관세특례법 시행규칙
세관장은 그 사실을 관세청장이 정하는 바에 따라 체약상대국의 관세당국에 통보하여야 한다. ② 수입자는 체약상대국의 물품에 대한 원산지증빙서류를 작성한 사람이나 해당 물품에 대한 수입신고를 수리한 세관장으로부터 원산지증빙서류의 내용에 오류가 있음을 통보받은 경우로서 그 오류로 인하여 납세신고한 세액 또는 신고납부한 세액에 과부족(過不足)이 있을 때에는 기획재정부령으로 정하는 기간 이내에 세액정정·세액보정신청, 수정신고 또는 경정청구를 하여야 한다. 이 경우 세액정정, 세액보정, 수정신고 또는 경정에 관하여는 「관세법」 제38조, 제38조의2 및 제38조의3을 준용한다. [전문개정 2010.1. 1] **제12조(원산지증빙서류 등의 보관 및 제출)**	다. 제2호 다목 및 마목 내지 사목의 규정에 따른 서류 라. 재료생산자가 해당 재료의 원산지 증명을 위하여 작성한 후 생산자에게 제공한 서류 ② 법 제12조제1항에서 "대통령령으로 정하는 기간"이라 함은 다음 각 호와 같다. <개정 2010.2.18., 2015.6.5.> 1. 수입자: 법 제10조제1항 또는 제3항에 따라 협정관세의 적용을 신청한 날의 다음 날부터 5년 2. 수출자: 수출신고 수리일부터 5년 3. 생산자: 원산지증빙서류를 작성한 날부터 5년 ③제1항 각 호의 규정에 따른 서류는 관세청장이 정하는 바에 따라 마이크로필름·광디스크 등 자료전달매체를 이용하여 보관할 수 있다. **제14조(체약상대국에 대한 원산지 확인요청)** ① 법 제13조제1항에 따른 원산지의 확인요청은 다음 각 호의 어느 하나에 해당하는 경우에 할 수 있다. <개정 2013.2.15.> 1. 법 제13조제2항에 따라 수입자를 대상으로 조사를 한 결과 원산지를 확인하기 곤란하거나 추가로 확인이 필요한 경우 2. 무작위추출방식으로 표본조사를 하려는 경우 ② 관세청장 또는 세관장은 체약상대국의 관세당국에 원산지의 확인을 요청하는 때에는 다음 각 호의 사항이 기재된 요청서와 함께 수입자 또는 그 밖의 조사대상자 등으로부터 수집한 원산지증빙서류 사본을 송부하여야	따라 신청인의 주소·거소·공장 또는 사업장 등을 방문하여 원산지의 적정여부를 확인(이하 "현지확인"이라 한다)할 수 있다. 다만, 영 제9조의2제3항에 따른 원산지인증수출자의 경우에는 그 확인을 생략할 수 있다. <신설 2007.5.21., 2010.3.2., 2013.2.23., 2014.3.14.> 1. 국내 생산시설이 없는 자가 원산지증명서 발급을 최초로 신청한 경우 2. 해당 물품을 직접 생산하지 아니하는 자가 원산지증명서 발급을 최초로 신청한 경우 3. 원산지증명서 신청 오류의 빈도, 협정·법·영 및 규칙의 준수도, 생산공장의 유무, 제조공정 및 물품의 생산특성 등을 고려하여 관세청장이 정하여 고시하는 현지확인기준에 해당하는 자가 신청한 경우 4. 속임수 또는 부정한 방법으로 원산지증명서의 발급을 신청한 것으로 의심되는 경우 5. 체약상대국의 관세당국으로부터 원산지의 조사를 요청받은 수출자 또는 생산자가 신청한 경우 6. 그 밖에 신청자가 제출한 서류만으로 원산지를 확인하기 곤란하다고 인정하는 경우 ⑤ 증명서발급기관은 제1항 또는 제3항에 따른 신청을 받은 때에는 제12조에 따른 원산지결정기준에 적합한 지의 여부를 확인한 후 신청을 받은 날부터 다음 각 호의 구분에 따른 기간 이내에 원산지증명서를 발급하여야 한다. <개정 2007.5.21., 2008.7.15., 2014.3.14.> 1. 현지확인이 필요한 경우: 10일(공휴일·토요일 및 근로자의 날을 제외한다) 이내 2. 제1호 외의 경우: 3일(공휴일·토요일 및 근로자의 날을 제외한다) 이내 ⑥ 증명서발급기관은 제1항부터 제3항까지의 규정에 따라 제출된 서류가 미비한 경우에는 5일 이상 10일 이내의 기간을 정하여 보정을 요구할 수 있다. 이 경우 보정기간은 제5항에 따른 원산지증명서의 발급기간에 산입하지 아니한다. <개정 2007.5.21., 2008.7.15., 2014.3.14., 2015.5.18.> ⑦ 증명서발급기관은 원산지증명서를 발급받은 자가 분실·도난·훼손 및 그 밖의 부득이한 사유로 원산지증명서의 재발급을 신청하거나 원산지증명서의 기재내용에 잘못이 있어 원산지증명서의 정정을 신청하는 경우에는 원산지증명서를 재발급 또는 정정발급할 수 있다. <개정 2007.5.21., 2008.7.15., 2010.12.31., 2014.3.14., 2015.5.18.> ⑧ 제7항에 따라 재발급 또는 정정발급을 신청하려는 자는 별지 제1호서식의 원산지증명서 발급신청서에 다음 각 호의 구분에 따른 서류를 첨부하여 당초 원산지증명서의 발급을 신청한 증명서발급기관에 제출하여야 한다. <신설 2015.5.18.> 1. 재발급의 경우: 재발급 신청사유서 2. 정정발급의 경우: 다음 각 목의 서류 가. 원산지증명서 원본 나. 정정발급 신청사유서 다. 정정사유를 입증할 수 있는 서류 ⑨ 원산지증명서의 발급신청 및 발급(재발급신청, 정정발급

FTA관세특례법	FTA관세특례법 시행령	FTA관세특례법 시행규칙
① 수입자·수출자 및 생산자는 협정 및 이 법에 따른 원산지의 확인, 협정관세의 적용 등에 필요한 것으로서 대통령령으로 정하는 서류를 5년의 범위에서 대통령령으로 정하는 기간(협정에서 정한 기간이 5년을 초과하는 경우에는 그 기간) 동안 보관하여야 한다. ② 관세청장 또는 세관장은 협정에서 정하는 범위에서 원산지의 확인, 협정관세의 적용 등에 관한 심사를 하는 데 필요하다고 인정하는 경우에는 다음 각 호의 어느 하나에 해당하는 자에게 제1항에 따른 서류의 제출을 요구할 수 있다. 1. 수입자 2. 수출자·생산자(체약상대국에 거주하는 수출자 및 생산자를 포함한다) 3. 그 밖에 원산지 또는 협정관세의 적정 여부 등을 확인하기 위하여 필요한 자로서 기획재정부령	한다. 1. 원산지증빙서류의 진위 여부에 대하여 의심을 갖게 된 사유 및 요청사항 2. 당해 물품에 적용된 원산지결정기준 3. 원산지의 확인결과의 회신기간 ③ 삭제 <2013.2.15.> 제15조(수출물품의 원산지에 관한 조사) ① 법 제13조제2항에 따라 관세청장 또는 세관장이 수출물품에 대한 원산지 또는 협정관세 적용의 적정 여부 등에 대한 확인에 필요한 조사를 하는 때에는 서면조사의 방법으로 한다. 다만, 서면조사 결과 원산지증빙서류의 진위 여부와 그 정확성 등을 확인하기 곤란하여 직접 확인할 필요가 있는 때에는 추가로 현지조사를 할 수 있다. <개정 2015.6.5.> ② 제1항에도 불구하고 관세청장 또는 세관장은 조사대상자의 특성상 현지조사가 필요하다고 판단되는 경우에는 서면조사에 앞서 현지조사를 할 수 있다. <신설 2015.6.5.> ③ 「관세법」 제114조의 규정은 관세청장 또는 세관장의 수출자 또는 생산자 등에 대한 현지조사에 관하여 이를 준용한다. <개정 2015.6.5.> 제15조의2(체약상대국의 요청에 따른 원산지 조사결과의 통지 등) ① 관세청장은 체약상대국의 관세당국으로부터 법 제13조제2항에 따른 수출물품에 대한 원산지의 조사 요청이 있는 경우	신청, 재발급 및 정정발급을 포함한다)은 관세청장이 정하는 바에 따라 전자문서의 방식으로 할 수 있다. <개정 2007.5.21., 2014.3.14., 2015.5.18.> ⑩ 증명서발급기관은 아세안회원국과의 협정에 따라 수출자 또는 생산자가 잘못 발급된 원산지증명서를 대체하기 위한 원산지증명서의 재발급을 신청한 경우에는 원산지증명서를 재발급할 수 있다. 이 경우 증명서발급기관은 당초 발급한 원산지증명서의 발급일자를 확인하여 재발급하는 원산지증명서에 기재하여야 한다. <신설 2013.12.31., 2014.3.14., 2015.5.18.> 제6조의2(대한상공회의소 및 상공회의소의 원산지증명서 발급에 관한 특례) ① 대한상공회의소 및 상공회의소(이하 이 조에서 "대한상공회의소"라 한다)의 장은 원산지증명서 발급을 위하여 현지확인이 필요한 때에는 관세청장이 정하는 바에 따라 세관장에게 현지확인을 요청하여야 한다. <개정 2008.7.15.> ② 제1항에 따른 요청을 받은 세관장은 그 요청을 받은 날부터 7일(공휴일·토요일 및 근로자의 날을 제외한다) 이내에 현지확인을 완료하고 그 결과를 대한상공회의소의 장에게 통보하여야 한다. ③ 관세청장은 대한상공회의소의 원산지증명서 발급 담당 직원에 대하여 품목분류, 물품가격의 산정, 원산지결정기준, 그 밖에 원산지증명서의 발급과 관련된 교육을 실시하여야 한다. <개정 2013.2.23.> ④ 관세청장은 제3항에 따른 교육의 효과적인 실시를 위하여 대한상공회의소의 장과 협의하여 구체적인 교육의 내용 및 교육 시간 등 필요한 사항을 정할 수 있다. <개정 2013.2.23.> [본조신설 2007.5.21.] [제목개정 2008.7.15.] 제6조의3(원산지확인서) ① 수출물품의 생산에 사용되는 재료 또는 최종물품을 생산하거나 공급하는 자(이하 "재료 또는 최종물품 생산자등"이라 한다)는 생산자 또는 수출자의 요청이 있는 경우 해당 재료 또는 최종물품의 원산지를 확인하여 작성한 서류(전자문서를 포함하며, 이하 "원산지확인서"라 한다)를 생산자 또는 수출자에게 제공할 수 있다. <개정 2010.12.31.> ② 수출물품의 생산에 사용되는 재료 또는 최종물품을 동일한 생산자 또는 수출자에게 장기간 계속·반복적으로 공급하는 재료 또는 최종물품 생산자등은 생산자 또는 수출자의 요청이 있는 경우 원산지포괄확인서(물품공급일부터 12개월을 초과하지 아니하는 범위에서 최초의 원산지확인서를 반복하여 사용할 수 있는 것을 말하며, 전자문서를 포함한다)를 작성하여 제공할 수 있다. <개정 2010.12.31., 2013.2.23.> ③ 제1항 및 제2항에 따른 원산지확인서 및 원산지포괄확인서는 별지 제2호서식에 따른다. <개정 2015.5.18.> ④ 제3항에도 불구하고 관세청장은 「농수산물 품질관리법 시행규칙」 제47조제7항에 따른 농산물이력추적관리등록증,

FTA관세특례법	FTA관세특례법 시행령	FTA관세특례법 시행규칙
으로 정하는 자 ③ 제2항에 따라 관세청장 또는 세관장으로부터 서류 제출을 요구받은 자는 20일 이상의 기간으로서 기획재정부령으로 정하는 기간 이내에 이를 제출하여야 한다. [전문개정 2010. 1.1] 제13조(원산지에 관한 조사) ① 관세청장 또는 세관장은 체약상대국에서 수입된 물품과 관련하여 협정에서 정하는 범위에서 원산지 또는 협정관세 적용의 적정 여부 등에 대한 확인에 필요하다고 인정하는 경우에는 제12조제2항 및 제3항에 따라 제출된 원산지증빙서류의 진위 여부와 그 정확성 등에 관한 확인을 체약상대국의 관세당국에 요청할 수 있다. 이 경우 관세청장 또는 세관장은 확인을 요청한 사실을 수입자에게 통보하여야 하며, 체약상대국 관세당	에는 다음 각 호의 구분에 따른 기간 내에 조사 결과를 통지하여야 한다. <개정 2012.12.14.> 1. 유럽자유무역연합회원국: 조사 요청일부터 10개월 2. 아세안회원국: 조사 요청을 접수한 날부터 2개월. 다만, 아세안회원국의 관세당국과 협의하여 아세안회원국과의 협정 부속서 3 부록 1 제14조제1항라목에 따라 해당 조사 요청을 접수한 날부터 6개월의 범위에서 그 기간을 연장할 수 있다. 3. 인도: 조사 요청을 접수한 날부터 3개월. 다만, 인도의 관세당국과 협의하여 인도와의 협정 제4.11조제1항라목에 따라 해당 조사 요청을 접수한 날부터 6개월의 범위에서 그 기간을 연장할 수 있다. 4. 유럽연합당사자: 조사 요청일부터 10개월 5. 페루: 조사 요청을 접수한 날부터 150일 6. 터키: 조사 요청일부터 10개월 ②제1항에 따른 조사 결과의 통지는 다음 각 호의 사항이 기재된 조사결과서를 송부하는 방법으로 한다. 이 경우 관세청장이 필요하다고 인정하는 경우에는 조사대상자로부터 제출받은 원산지증빙서류 사본(조사대상자의 동의를 받은 경우로 한정한다)을 함께 송부할 수 있다. <개정 2012.12.14.> 1. 조사요청국가 및 조사요청서 접수일자 2. 조사대상자 및 조사기간 3. 조사대상 수출물품 4. 조사내용 및 조사결과	수산물이력추적관리등록증 또는 그 밖에 이와 유사한 서류를 제1항에 따른 원산지확인서로 인정·고시할 수 있다. <신설 2015.5.18.> ⑤ 관세청장은 제4항에 따라 일정한 서류를 원산지확인서로 인정하려는 때에는 관련 기관의 장과 사전에 협의하여야 한다. <신설 2015.5.18.> ⑥ 제1항, 제2항 또는 제4항에 따라 재료 또는 최종물품 생산자등으로부터 원산지확인서 또는 원산지포괄확인서를 제공받은 생산자 또는 수출자는 이를 기초로 제6조에 따라 원산지증명서의 발급을 신청하거나 제8조에 따라 원산지증명서를 작성할 수 있다. <개정 2010.12.31., 2015.5.18.> [본조신설 2008.7.15.] [제목개정 2010.12.31.] 제6조의4(수출용 원재료의 국내제조확인서) ① 수출물품의 생산에 사용되는 재료를 생산하거나 공급하는 자(이하 "재료 생산자등"이라 한다)는 생산자 또는 수출자의 요청이 있는 경우 해당 재료의 국내제조 사실을 확인하여 작성한 서류(전자문서를 포함하며, 이하 "국내제조확인서"라 한다)를 생산자 또는 수출자에게 제공할 수 있다. ② 수출물품의 생산에 사용되는 재료를 동일한 생산자 또는 수출자에게 장기간 계속·반복적으로 공급하는 재료 생산자등은 생산자 또는 수출자의 요청이 있는 경우 국내제조포괄확인서(물품공급일부터 12개월을 초과하지 아니하는 범위에서 최초의 국내제조확인서를 반복하여 사용할 수 있는 것을 말하며, 전자문서를 포함한다)를 작성하여 제공할 수 있다. <개정 2013.2.23.> ③ 제1항 또는 제2항에 따라 재료 생산자등으로부터 국내제조확인서 또는 국내제조포괄확인서를 제공받은 생산자 또는 수출자는 이를 기초로 제6조에 따라 원산지증명서의 발급을 신청하거나 제8조에 따라 원산지증명서를 발급할 수 있다. ④ 제1항 및 제2항에 따른 국내제조확인서 및 국내제조포괄확인서는 별지 제2호의2서식에 따른다. [본조신설 2011.6.30.] 제7조(업체별 원산지인증수출자) ① 관세청장 또는 세관장은 다음 각 호의 요건을 모두 갖춘 수출자를 업체별 원산지인증수출자(이하 "업체별 원산지인증수출자"라 한다)로 인증할 수 있다. <개정 2010.3.2., 2011.6.30., 2013.2.23., 2015.5.18.> 1. 수출 또는 생산하는 물품의 제12조에 따른 원산지결정기준 충족 여부를 증명할 수 있는 전산처리시스템을 보유하고 있거나 증명할 능력이 있는 자 2. 영 제9조의2제1항제3호에 따른 원산지증명서 작성대장을 비치·관리하고, 관세청장이 정하는 바에 따른 원산지관리전담자(외부의 원산지전문가를 포함한다)를 지정·운영하는 자 2의2. 최근 2년간 법 제13조제2항에 따른 조사를 거부한 사실이 없는 자 2의3. 최근 2년간 영 제13조제1항제2호에 따른 서류의 보관의무(보관요구를 받고 시정한 경우는 제외한다)를 위반한 사

FTA관세특례법	FTA관세특례법 시행령	FTA관세특례법 시행규칙
국으로부터 확인 결과를 통보받은 때에는 그 회신 내용과 그에 따른 결정 내용을 수입자에게 통보하여야 한다. <개정 2013.1.1> ② 관세청장 또는 세관장은 필요하다고 인정하는 경우 또는 체약상대국의 관세당국으로부터 원산지증빙서류의 진위 여부와 그 정확성 등에 관한 확인을 요청받은 경우에는 협정에서 정하는 범위에서 다음 각 호의 어느 하나에 해당하는 자를 대상으로 수출입물품에 대한 원산지 또는 협정관세 적용의 적정여부 등에 대한 확인에 필요한 서면조사 또는 현지조사를 할 수 있다. 1. 수입자 2. 수출자 또는 생산자(체약상대국에 거주하는 수출자 또는 생산자를 포함한다) 3. 원산지증빙서류 발급기관 4. 제12조제2항에서 규정하는 기획재정부령으로 정하는 자	(원산지의 적정여부, 판단이유 및 적용법조를 포함한다) 5. 조사의 법적 근거 6. 조사기관 및 조사자의 직위 및 성명 7. 그 밖에 협정에서 정하고 있는 사항 및 조사를 요청한 관세당국이 요구한 사항 [본조신설 2006.8.24.] [제목개정 2012.12.14.] [제14조의2에서 이동 <2009.1.23.>] **제15조의2(체약상대국의 요청에 따른 원산지 조사결과의 통지 등)** ① 관세청장은 체약상대국의 관세당국으로부터 법 제13조제2항에 따른 수출물품에 대한 원산지의 조사 요청이 있는 경우에는 다음 각 호의 구분에 따른 기간 내에 조사 결과를 통지하여야 한다. <개정 2012.12.14., 2014.2. 21., 2014.12.11.> 1. 유럽자유무역연합회원국: 조사 요청일부터 15개월 2. 아세안회원국: 조사 요청을 접수한 날부터 2개월. 다만, 아세안회원국의 관세당국과 협의하여 아세안회원국과의 협정 부속서 3 부록 1 제14조제1항라목에 따라 해당 조사요청을 접수한 날부터 6개월의 범위에서 그 기간을 연장할 수 있다. 3. 인도: 조사 요청을 접수한 날부터 3개월. 다만, 인도의 관세당국과 협의하여 인도와의 협정 제4.11조제1항라목에 따라 해당 조사 요청을 접수한 날부터 6개월의 범위에서 그 기간을 연장할 수 있다.	실이 없는 자 3. 삭제 <2011.6.30.> 4. 최근 2년간 속임수 또는 부정한 방법으로 원산지증명서를 발급신청하거나 작성·발급한 사실이 없는 자 5. 삭제 <2011.6.30.> ② 제1항에 따라 업체별 원산지인증수출자로 인증받으려는 자는 다음 각 호의 서류를 관세청장 또는 세관장에게 제출하여야 한다. <개정 2010.3.2., 2010.12.31., 2011.6.30., 2013.2.23.> 1. 별지 제3호서식의 신청서 2. 수출자가 수출 또는 생산하는 주요 품목의 원산지소명서. 다만, 제1항제1호에 따른 전산처리시스템을 보유하고 있는 자는 그 전산처리시스템의 현황자료를 제출함으로써 원산지소명서를 제출하지 아니할 수 있다. 3. 원산지확인서(최종물품에 대한 원산지확인서로서 해당 물품의 생산자와 수출자가 다른 경우로 한정한다) 4. 원산지소명서에 기재된 내용을 입증할 수 있는 서류·정보 및 국내제조확인서(관세청장 또는 세관장이 필요하다고 인정하여 제출을 요구하는 경우로 한정한다) ③ 제2항에 따라 서류를 제출받은 관세청장 또는 세관장은 수출자가 제1항 각 호의 요건을 충족하는 때에는 신청을 받은 날부터 20일 이내에 수출자에게 별지 제4호서식의 인증서를 교부하고 그 사실을 지체 없이 관세청장은 증명서발급기관에, 세관장은 관세청장 및 증명서발급기관에 각각 통보하여야 한다. 다만, 관세청장 또는 세관장은 인증 사실을 관세청장이 지정하는 정보통신망에 게재함으로써 통보에 갈음할 수 있다. <개정 2010.3.2.> ④ 관세청장 또는 세관장은 제2항에 따라 제출 받은 서류가 미비하거나 원산지결정기준의 충족여부를 심사하기가 곤란하다고 인정하면 5일 이상 10일 이내의 기간을 정하여 보정을 요구하거나 현지확인을 할 수 있다. 이 경우 보정기간은 제3항에 따른 심사기간에 포함하지 아니한다. <개정 2010.3.2., 2015.5.18.> ⑤ 업체별 원산지인증수출자는 상호·주소·대표자 성명·원산지관리전담자 등 인증사항이 변경된 때에는 별지 제5호서식에 따라 그 변경사항을 지체 없이 관세청장이 정하는 세관장에게 신고하여야 한다. 다만, 기업의 합병·분할, 폐업 후 기업 신설 등으로 인하여 기업의 동일성 및 연속성이 인정되지 않는 경우에는 새로 인증을 받아야 한다. <개정 2010.3.2., 2013.2.23.> ⑥ 제5항에 따른 변경신고를 받은 관세청장 또는 세관장은 변경신고를 받은 날부터 7일 이내에 그 신고내용을 확인하여 타당하다고 인정하면 별지 제5호서식의 원산지인증수출자 인증사항 변경신고수리서를 교부하고, 그 사실을 지체 없이 관세청장은 증명서발급기관에, 세관장은 관세청장 및 증명서발급기관에 각각 통보하여야 한다. <개정 2010.3.2.> ⑦ 업체별 원산지인증수출자의 인증유효기간은 5년으로 한다. <개정 2010.3.2., 2015.5.18.> ⑧ 제7항에 따른 인증유효기간을 연장하려는 자는 인증유효기간 만료 30일 전까지 제3항에 따라 인증한 관세청장 또는

FTA관세특례법	FTA관세특례법 시행령	FTA관세특례법 시행규칙
③ 관세청장 또는 세관장은 제2항에 따라 체약상대국에 거주하는 수출자·생산자 또는 제2항제4호에 해당하는 자 중 체약상대국에 거주하는 자(이하 이 조에서 "수출자등"이라 한다)를 대상으로 현지조사를 하는 경우에는 그 조사를 시작하기 전에 조사대상자에게 조사 사유, 조사 예정기간 등을 통지하여 조사대상자의 동의를 받아야 한다. ④ 제3항에 따른 통지를 받은 체약상대국의 조사대상자는 관세청장 또는 세관장이 통지한 예정 조사기간에 조사를 받기가 곤란한 경우에는 대통령령으로 정하는 바에 따라 그 통지를 한 관세청장 또는 세관장에게 조사의 연기를 신청할 수 있다. ⑤ 관세청장 또는 세관장은 제3항에 따른 통지를 받은 체약상대국의 조사대상자가 20일 이상의 기간으로서 기획재정	4. 유럽연합당사자: 조사 요청일부터 10개월 5. 페루: 조사 요청을 접수한 날부터 150일 6. 터키: 조사 요청일부터 10개월 7. 콜롬비아: 조사 요청일부터 150일 ② 제1항에 따른 조사 결과의 통지는 다음 각 호의 사항이 기재된 조사결과서를 송부하는 방법으로 한다. 이 경우 관세청장이 필요하다고 인정하는 경우에는 조사대상자로부터 제출받은 원산지증빙서류 사본(조사대상자의 동의를 받은 경우로 한정한다)을 함께 송부할 수 있다. <개정 2012.12.14.> 1. 조사요청국가 및 조사요청서 접수일자 2. 조사대상자 및 조사기간 3. 조사대상 수출물품 4. 조사내용 및 조사결과(원산지의 적정여부, 판단이유 및 적용법조를 포함한다) 5. 조사의 법적 근거 6. 조사기관 및 조사자의 직위 및 성명 7. 그 밖에 협정에서 정하고 있는 사항 및 조사를 요청한 관세당국이 요구한 사항 [본조신설 2006.8.24.] [제목개정 2012.12.14.] [제14조의2에서 이동 <2009.1.23.>] [시행일 미지정] 제15조의2제1항제7호 [시행일 미지정] 제15조의2제1항제1호 **제15조의7(미합중국의 요청에 따른 섬유 관련 물품에 대한 원산지의 조사 등)** ① 관세청장은 미합중국과의 협정 제4.3조제3항에	세관장에게 인증유효기간의 연장을 신청하여야 한다. 이 경우 연장신청을 받은 관세청장 또는 세관장은 원산지인증수출자가 제1항 각 호의 요건을 유지하고 있는 것으로 인정하면 그 인증유효기간을 5년간 연장할 수 있으며, 인증유효기간을 연장한 때에는 이를 지체 없이 관세청장은 증명서발급기관에, 세관장은 관세청장 및 증명서발급기관에 각각 통보하여야 한다. <개정 2010.3.2., 2015.5.18.> ⑨ 관세청장 또는 세관장은 업체별 원산지인증수출자가 제1항제1호 및 제2호의 요건 중 어느 하나의 요건을 갖추지 못한 것이 확인되면 30일 이상의 기간을 주고 시정하도록 할 수 있으며, 업체별 원산지인증수출자가 정당한 사유 없이 기간 내에 시정하지 아니하면 업체별 원산지인증수출자의 인증을 취소하고 지체 없이 관세청장은 업체별 원산지인증수출자 및 증명서발급기관에, 세관장은 관세청장, 업체별 원산지인증수출자 및 증명서발급기관에 각각 통보하여야 한다. <개정 2010.3.2.> ⑩ 관세청장 또는 세관장은 업체별 원산지인증수출자가 제1항제2호의2·제2호의3 및 제4호의 요건 중 어느 하나의 요건을 갖추지 못한 것이 확인되면 업체별 원산지인증수출자의 인증을 취소하고 지체 없이 관세청장은 업체별 원산지인증수출자 및 증명서발급기관에, 세관장은 관세청장, 업체별 원산지인증수출자 및 증명서발급기관에 각각 통보하여야 한다. <신설 2010.3.2., 2011.6.30.> ⑪ 제9항 또는 제10항에 따라 업체별 원산지인증수출자의 인증을 취소하려는 때에는 청문을 실시하여야 한다. <개정 2010.3.2.> ⑫ 관세청장 또는 세관장은 업체별 원산지인증수출자 인증서를 발급받은 자가 분실·도난·훼손 그 밖의 부득이한 사유로 인증서의 재발급을 신청하는 경우에는 이를 재발급할 수 있다. 이 경우 재발급신청자는 별지 제5호의2서식의 원산지인증수출자 인증서 재발급 신청서를 당초 원산지인증수출자로 인증한 관세청장 또는 세관장에게 제출하여야 한다. <신설 2013.2.23.> ⑬ 제1항부터 제12항까지의 규정에 따른 업체별 원산지인증수출자의 인증, 인증유효기간 연장, 인증서의 재발급, 시정명령, 인증취소 및 업체별 원산지인증수출자의 인증요건 확인기준·확인방법 등에 필요한 세부적인 절차는 관세청장이 정하여 고시한다. <개정 2010.3.2., 2013.2.23.> ⑭ 제6항, 제8항 후단, 제9항 및 제10항의 경우 제3항 단서를 준용한다. <개정 2010.3.2., 2013.2.23.> [전문개정 2008.7.15.] [제목개정 2010.3.2.] **제7조의2(품목별 원산지인증수출자)** ① 관세청장 또는 세관장은 업체별 원산지인증수출자가 아닌 자로서 다음 각 호의 요건을 모두 갖춘 수출자를 품목별 원산지인증수출자(이하 "품목별 원산지인증수출자"라 한다)로 인증할 수 있다. <개정 2011.6.30., 2013.2.23.> 1. 제12조에 따른 원산지결정기준을 충족하는 물품(품목번호 6단위를 기준으로 한다)을 수출하는 자

FTA관세특례법	FTA관세특례법 시행령	FTA관세특례법 시행규칙
부령으로 정하는 기간 이내에 그 동의 여부를 통보하지 아니하거나 동의하지 아니한 경우에는 현지조사를 할 수 없다. ⑥ 관세청장 또는 세관장은 제2항에 따라 수출자등을 대상으로 서면조사 또는 현지조사를 할 때에는 수입자 및 체약상대국의 관세당국에 그 사실을 서면으로 통지하여야 한다. ⑦ 관세청장 또는 세관장은 제2항에 따른 서면조사 또는 현지조사를 마치면 조사 결과와 그에 따른 결정 내용을 기획재정부령으로 정하는 기간 이내에 조사대상자(체약상대국의 조사대상자가 생산 또는 수출한 물품을 수입한 자를 포함한다) 및 체약상대국의 관세당국에 서면으로 통지하여야 한다. 이 경우 체약상대국의 관세당국에 대한 통지는 협정에서 정하는 경우에만 한다.	따라 미합중국에 수출된 섬유 관련 물품에 대하여 미합중국의 관세당국으로부터 법 제13조제2항에 따른 수출물품에 대한 원산지의 조사를 요청받았을 때에는 요청받은 날부터 6개월 이내에 원산지 등에 대한 조사를 완료하여야 한다. ② 관세청장은 제1항에 따른 조사를 완료하였을 때에는 관련 증빙자료 등을 포함하여 제15조의2제2항 각 호의 사항을 적은 조사결과서를 미합중국의 관세당국에 통지하여야 한다. ③ 관세청장은 제1항에 따라 원산지 등에 대한 조사를 할 때 미합중국의 관세당국으로부터 미합중국과의 협정 제4.3조제6항에 따른 원산지 검증 요청(공동 현장 방문 및 미합중국의 검증지원 요청을 포함한다)이 있는 경우에는 특별한 사정이 없으면 이를 허락하여야 한다. ④ 관세청장은 미합중국과의 협정 제4.3조제6항에 따라 제3항에 따른 공동 현장 방문을 할 때에는 「관세법시행령」 제139조에 따른 사전통지 없이 현장에서 조사통지를 할 수 있다. 이 경우 조사대상자가 미합중국 관세당국의 현지조사에 동의하지 아니하는 경우에는 현지조사를 할 수 없다. [본조신설 2011.12.2.] 제16조(수입물품의 원산지에 관한 조사) ① 법 제13조제2항의 규정에 따라 관세청장 또는 세관장이 수입물품의 원산지에 관한 조사를 하는 때에는 서면조사를 원칙	2. 영 제9조의2제1항제3호에 따른 원산지증명서 작성대장을 비치·관리하고, 관세청장이 정하는 바에 따른 원산지관리전담자(외부의 원산지전문가를 포함한다)를 지정·운영하는 자 3. 삭제 <2011.6.30.> 4. 삭제 <2011.6.30.> ② 제1항에 따라 품목별 원산지인증수출자로 인증받으려는 자는 다음 각 호의 서류를 관세청장 또는 세관장에게 제출하여야 한다. <개정 2010.12.31., 2011.6.30., 2013.2.23.> 1. 별지 제4호의2서식의 신청서 2. 원산지인증 신청품목(품목번호 6단위를 기준으로 한다)별 원산지소명서. 다만, 원산지인증수출자가 원산지를 확인한 물품을 공급받아 추가 가공없이 수출하는 경우에는 제출을 생략할 수 있다. 3. 원산지확인서(최종물품에 대한 원산지확인서로서 해당 물품의 생산자와 수출자가 다른 경우만 해당한다) 4. 원산지소명서에 기재된 내용을 입증할 수 있는 서류·정보 및 국내제조확인서(관세청장 또는 세관장이 필요하다고 인정하여 제출을 요구하는 경우로 한정한다) ③ 품목별 원산지인증수출자는 상호·주소·대표자 성명·원산지관리전담자 등 인증사항이 변경된 때에는 별지 제5호서식에 따라 그 변경사항을 지체 없이 관세청장이 정하는 세관장에게 신고하여야 한다. 다만, 인증물품의 원산지결정기준 또는 인증물품의 종류가 변경되었거나 기업의 합병·분할, 폐업 후 기업 신설 등으로 인하여 기업의 동일성 및 연속성이 인정되지 않는 경우에는 해당 물품에 대하여 새로 인증을 받아야 한다. <개정 2013.2.23.> ④ 관세청장 또는 세관장은 품목별 원산지인증수출자가 제1항제1호의 요건을 갖추지 못한 것이 확인되면 품목별 원산지인증수출자의 인증을 취소하고 지체 없이 관세청장은 품목별 원산지인증수출자 및 증명서발급기관에, 세관장은 관세청장, 품목별 원산지인증수출자 및 증명서발급기관에 각각 통보하여야 한다. <개정 2011.6.30.> ⑤ 관세청장 또는 세관장은 품목별 원산지인증수출자가 제1항제2호의 요건을 갖추지 못한 것이 확인되면 30일 이상의 기간을 주고 시정하도록 할 수 있으며, 품목별 원산지인증수출자가 정당한 사유 없이 기간 내에 시정하지 아니하면 품목별 원산지인증수출자의 인증을 취소하고 지체 없이 관세청장은 품목별 원산지인증수출자 및 증명서발급기관에, 세관장은 관세청장, 품목별 원산지인증수출자 및 증명서발급기관에 각각 통보하여야 한다. ⑥ 품목별 원산지인증수출자의 인증유효기간은 5년으로 한다. 다만, 최근 2년간 법 제13조제2항에 따른 조사를 거부한 사실이 있거나, 최근 2년간 영 제13조제1항제2호에 따른 서류 보관의무(보관요구를 받고 시정한 경우는 제외한다)를 위반한 사실이 있는 자에 대해서는 관세청장이 정하는 바에 따라 인증유효기간을 달리 할 수 있다. <신설 2011.6.30., 2015.5.18.> ⑦ 품목별 원산지인증수출자의 인증, 인증유효기간 연장, 인증서의 재발급, 시정명령 및 인증취소 등에 관하여는 제7조제3항·제4항, 제6항, 제8항 및 제11항부터 제14항까지를 준

FTA관세특례법	FTA관세특례법 시행령	FTA관세특례법 시행규칙
⑧ 제7항에 따른 통지 내용에 이의가 있는 조사대상자(체약상대국의 조사대상자가 생산 또는 수출한 물품을 수입한 자를 포함한다)는 조사 결과를 통지받은 날부터 30일 이내에 대통령령으로 정하는 바에 따라 관세청장 또는 세관장에게 이의를 제기할 수 있다. ⑨ 제2항에 따라 원산지 확인에 필요한 현지조사를 받는 조사대상자는 다음 각 호의 어느 하나에 해당하는 자를 조사에 참관하게 하거나 의견을 진술하게 할 수 있다. 1. 변호사 2. 관세사 ⑩ 조사의 방법·절차와 그 밖에 조사에 필요한 사항은 기획재정부령으로 정한다. [전문개정 2010.1.1] **제13조의2(원산지에 관한 체약상대국의 조사)** ① 체약상대국의 관세당국은 협정에서 정하	으로 한다. 다만, 서면조사만으로 원산지증빙서류의 진위여부와 그 정확성 등을 확인하기 곤란하거나 추가로 확인할 필요가 있는 때에는 현지조사를 할 수 있다. ② 다음 각 호의 어느 하나에 해당하는 자에 대한 서면조사 또는 현지조사는 법 제13조제2항의 규정에 따라 수입자를 대상으로 조사를 한 결과 원산지증빙서류의 진위여부와 그 정확성 등을 확인하기 곤란하거나 추가로 확인할 필요가 있는 때에 한하여 이루어져야 한다. 1. 체약상대국에 거주하는 수출자 또는 생산자 2. 법 제13조제2항제4호에 해당하는 자 중 체약상대국에 거주하는 자 ③ 「관세법」 제114조의 규정은 관세청장 또는 세관장의 수입자 또는 법 제13조제2항제4호에 해당하는 자에 대한 현지조사에 관하여 이를 준용한다. **제17조(원산지에 관한 조사의 연기신청)** ① 법 제13조제4항의 규정에 따라 조사의 연기를 신청하고자 하는 자는 현지조사에 관한 사전통지를 받은 날부터 15일 이내에 다음 각 호의 사항을 기재한 조사연기신청서를 사전통지를 한 관세청장 또는 세관장에게 제출하여야 한다. 1. 조사의 연기를 받고자 하는 자의 성명과 주소 또는 거소 2. 조사의 연기를 받고자 하는 기간과 그 사유 ② 제1항의 규정에 따른 조사연기의 신청은 1회에 한하며, 그 조사를 연기할	용한다. 이 경우 제7조제3항 본문 중 "별지 제4호서식의 인증서"는 "별지 제4호의3서식의 인증서"로 본다. <개정 2011.6.30., 2013.2.23., 2015.5.18.> [본조신설 2010.3.2.] **제8조(수출입물품에 대한 원산지자율증명절차 등)** ① 수출자·생산자 또는 수입자가 법 제9조의2제1항제2호에 따라 원산지증명서를 자율적으로 발급하는 경우에는 원산지확인서, 원산지소명서 또는 그 밖에 원산지를 확인할 수 있는 서류·정보 등을 근거로 하여 원산지증명서를 작성할 수 있다. <개정 2008.7.15., 2013.2.23., 2015.5.18.> ② 법 제9조의2제1항제2호에 따라 원산지증명서를 작성하는 수출자, 생산자 또는 수입자는 원산지증명서의 작성대장에 다음 각 호의 사항을 기재·관리하여야 한다. <개정 2008.7.15., 2013.2.23.> 1. 작성번호 및 작성일자 2. 수출입신고번호 및 수출입신고 수리일자(생산자의 경우에는 기재를 생략할 수 있다) 3. 품명·품목번호(6단위)·수량·금액 및 원산지 4. 원산지증명서를 작성하는 수출자, 생산자 또는 수입자의 거래 상대방에 대한 다음 각 목의 사항 가. 수출자: 생산자 또는 공급자(생산자 또는 공급자가 따로 있는 경우에 한정한다) 및 체약상대국의 수입자·수입국명 나. 생산자: 수출자 또는 물품을 공급받는 자 다. 수입자: 체약상대국의 수출자·수출국명 5. 삭제 <2013.2.23.> 6. 해당 물품에 적용된 협정의 명칭 및 원산지결정기준 [제목개정 2013.2.23.] **제9조(싱가포르와의 협정에 따른 원산지증명서의 서식)** 싱가포르와의 협정에 따른 원산지증명서의 서식은 다음 각 호와 같다. <개정 2006.8.24.> 1. 싱가포르 관세당국이 발급하는 원산지증명서: 별지 제6호서식 2. 우리나라 증명서발급기관이 발급하는 원산지증명서: 별지 제6호의2서식 [제목개정 2006.8.24.] **제9조의2(유럽자유무역연합회원국과의 협정에 따른 원산지증명서 등)** ① 유럽자유무역연합회원국과의 협정에 따른 원산지증명서 또는 원산지증명서의 서식은 다음 각 호와 같다. <개정 2008.7.15., 2011.6.30., 2011.7.29.> 1. 수출자가 자율적으로 작성하는 원산지증명서: 별표 1에 규정된 사항이 기재되어 있는 해당 물품의 상업송장 또는 이를 갈음하는 서류 2. 스위스연방농업국이 인증한 기관이 발급하는 원산지증명서: 별지 제6호의4서식 ② 업체별 원산지인증수출자 및 품목별 원산지인증수출자는 유럽자유무역연합회원국과의 협정 부속서 I 제16조에 따른

FTA관세특례법	FTA관세특례법 시행령	FTA관세특례법 시행규칙
는 범위에서 수출자·생산자를 대상으로 수출물품에 대한 원산지 확인에 필요한 현지조사를 하는 경우에는 그 조사를 시작하기 전에 조사대상자에게 조사 사유, 조사 예정기간 등을 통지하여 조사대상자의 동의를 받아야 한다. ② 제1항에 따라 현지조사를 받는 조사대상자에 관하여는 제13조제9항을 준용한다. [본조신설 2010.1.1] 제14조(원산지등에 대한 사전심사) ① 협정관세의 적용에 대한 기초가 되는 사항으로서 제9조에 따른 원산지결정기준의 충족 여부 등 대통령령으로 정하는 사항에 대하여 의문이 있는 자(체약상대국의 수출자 및 생산자와 그 대리인을 포함한다)는 해당 물품의 수입신고를 하기 전에 관세청장에게 대통령령으로 정하는 서류를	수 있는 기간은 사전통지를 받은 날부터 60일을 초과할 수 없다. ③ 관세청장 또는 세관장은 제1항의 규정에 따른 조사의 연기를 승인하는 때에는 그 사실을 조사대상자와 체약상대국의 관세당국에 통지하여야 한다. 이 경우 체약상대국의 관세당국에 대한 통지는 협정에서 정하는 경우로 한정한다. <개정 2014.2.21.> 제18조(원산지에 관한 조사결과에 대한 이의제기) ① 원산지에 관한 조사결과에 대하여 이의를 제기하고자 하는 자는 법 제13조제8항의 규정에 따라 다음 각 호의 사항이 기재된 신청서에 이의제기 내용을 확인할 수 있는 자료를 첨부하여 관세청장 또는 세관장에게 제출하여야 한다. 1. 이의를 제기하는 자의 성명과 주소 또는 거소 2. 법 제13조제7항의 규정에 따른 조사결과통지서를 받은 날짜 및 조사결정의 내용 3. 당해 물품의 품명·규격·용도·수출자·생산자 및 수입자 4. 이의제기의 요지와 내용 ② 관세청장 또는 세관장은 제1항의 규정에 따른 이의제기를 받은 때에는 이를 심사하여 이의제기를 받은 날부터 30일 이내에 그 결정내용을 상대방에게 통지하여야 한다. ③ 관세청장 또는 세관장은 이의제기의 내용이나 절차가 적합하지 아니하거나 보정할 수 있다고 인정되는 때에는 20일 이내의 기간을 정하여 보정하	인증수출자로 본다. <신설 2008.7.15., 2010.3.2.> [본조신설 2006.8.24.] 제9조의3(아세안회원국과의 협정에 따른 원산지증명서의 서식) 아세안회원국과의 협정에 따른 원산지증명서의 서식은 별지 제6호의5서식과 같다. 다수의 품목에 대하여 원산지증명서를 발급하는 경우에는 별지 제6호의10서식을 사용할 수 있다. <개정 2008.7.15., 2013.12.31.> [본조신설 2007.5.21.] 제9조의4(인도와의 협정에 따른 원산지증명서의 서식) 인도와의 협정에 따른 원산지증명서의 서식은 별지 제6호의6서식과 같다. [본조신설 2009.12.31.] 제9조의5(칠레와의 협정에 따른 원산지증명서의 서식) 칠레와의 협정에 따른 원산지증명서의 서식은 별지 제6호의7서식과 같다. [본조신설 2010.3.2.] 제9조의6(유럽연합당사자와의 협정에 따른 원산지증명서 등) ① 유럽연합당사자와의 협정에 따른 원산지증명서는 별표 2에 규정된 사항이 기재되고, 품명·규격 등 해당 물품을 확인하는 데 필요한 상세 정보가 포함된 상업송장, 인도증서 또는 그 밖의 상업서류로 한다. <개정 2011.7.29.> ② 유럽연합당사자와의 원산지 관련 의정서 부속서 2-가에 따라 영 제9조의2제3항에 따른 원산지인증수출자가 별표 9 제5호에 규정된 물품에 대하여 같은 호에 따른 완화된 원산지결정기준을 적용받으려는 경우에는 제1항에 따른 원산지증명서에 "Derogation - Annex Ⅱ(a) of Protocol"이라는 영어문구를 포함하여야 한다. <개정 2011.7.29., 2013.2.23.> [본조신설 2011.6.30.] 제9조의7(페루와의 협정에 따른 원산지증명서 등) 페루와의 협정에 따른 원산지증명서 서식 및 원산지증명서는 다음 각 호와 같다. 1. 제4조의4제1항제1호에 따라 발급되는 원산지증명서: 별지 제6호의8서식 2. 제4조의4제1항제2호에 따라 수출자가 자율적으로 작성하는 원산지증명서: 별표 3에 규정된 사항이 기재되고, 품명·규격 등 해당 물품을 확인하는 데 필요한 상세 정보가 포함된 상업송장, 인도증서 또는 그 밖의 상업서류 [본조신설 2011.7.29.] 제9조의8(미합중국과의 협정에 따른 원산지증명서 등) 미합중국과의 협정에 따른 원산지증명서는 다음 각 호의 어느 하나에 해당하는 서류로 한다. <개정 2013.2.23.> 1. 별지 제6호의9서식에 따라 작성된 서류

FTA관세특례법	FTA관세특례법 시행령	FTA관세특례법 시행규칙
갖추어 그 의문사항을 미리 심사(이하 "사전심사"라 한다)하여 줄 것을 신청할 수 있다. 다만, 협정에서 사전심사에 관한 사항을 정하지 아니한 경우에는 그러하지 아니하다. ② 관세청장은 제1항 본문에 따른 사전심사의 신청을 받으면 대통령령으로 정하는 기간 이내에 이를 심사하여 그 결과를 기재한 서류(이하 "사전심사서"라 한다)를 신청인에게 통지하여야 한다. 다만, 제출자료의 미비 등으로 사전심사가 곤란한 경우에는 그 사유를 신청인에게 통지하여야 한다. ③ 세관장은 수입자가 사전심사서에 따라 협정관세의 적용 등을 신청하는 경우 수입신고된 물품의 내용이 사전심사서의 내용과 같다고 인정하는 경우에는 대통령령으로 정하는 특별한 사유가 없으면 사전심사서의	여 줄 것을 요구할 수 있다. 다만, 보정할 사항이 경미한 때에는 직권으로 보정할 수 있다. ④ 관세청장 또는 세관장은 제3항의 규정에 따라 보정을 요구하는 때에는 다음 각 호의 사항을 기재한 문서로써 하여야 한다. 1. 보정할 사항 2. 보정을 요구하는 이유 3. 보정할 기간 4. 그 밖의 필요한 사항 ⑤ 제3항 본문의 규정에 따른 보정기간은 제2항의 규정에 따른 심사결정기간에 산입하지 아니한다. 제19조(원산지 등에 관한 사전심사) ① 법 제14조제1항에서 "대통령령으로 정하는 사항"이라 함은 다음 각 호의 어느 하나에 해당하는 사항을 말한다. <개정 2008.2.29., 2010.2.18., 2011.12.2.> 1. 당해 물품 및 당해 물품의 생산에 사용된 재료의 원산지에 관한 사항 2. 당해 물품 및 당해 물품의 생산에 사용된 재료의 품목분류·가격 또는 원가결정에 관한 사항 3. 당해 물품의 생산·가공 또는 제조과정에서 발생한 부가가치의 산정에 관한 사항 4. 해당 물품에 대한 관세의 환급·감면에 관한 사항 5. 해당 물품의 원산지 표시에 관한 사항 6. 제4조에 따른 수량별 차등협정관세의 적용에 관한 사항 7. 그 밖에 협정관세의 적용 또는 관세면제에 대한 기초가 되는 사항으로 기획재정부령이 정하는 사	2. 다음 각 목의 사항을 적은 서류 가. 작성자의 성명·주소·전화번호 나. 수입자의 성명·주소·전화번호(작성자가 알고 있는 경우에만 해당한다) 다. 수출자의 성명·주소·전화번호(생산자와 다른 경우에만 해당한다) 라. 생산자의 성명·주소·전화번호(작성자가 알고 있는 경우에만 해당한다) 마. 해당 물품의 품목번호(6단위) 및 품명 바. 해당 물품이 원산지물품임을 증명하는 정보 사. 원산지포괄증명 유효기간(원산지포괄증명 대상 물품인 경우만 해당한다) 아. 작성일자 [본조신설 2011.12.2.] 제9조의9(터키와의 협정에 따른 원산지증명서 등) ① 터키와의 협정에 따른 원산지증명서는 상업송장, 인도증서 또는 그 밖의 상업서류에 별표 3의2에 규정된 사항을 기재한 서류로 한다. ② 터키와의 협정 중 「원산지 규정 및 원산지 절차에 관한 의정서」(이하 "터키와의 원산지 관련 의정서"라 한다) 부속서 2-가에 따라 수출자가 별표 12 제4호에 규정된 물품에 대하여 같은 호에 따른 완화된 원산지결정기준을 적용받으려는 경우에는 제1항에 따른 원산지증명서에 "Derogation - Annex II(a) of the Protocol on Rules of Origin and Origin Procedures"라는 영어문구를 포함하여야 한다. [본조신설 2012.12.14.] 제10조(원산지결정기준의 표기방법) 제5조제3항에 따른 원산지증명서 발급대장 및 제8조제3항에 따른 원산지증명서 작성대장에 기재하여야 하는 원산지결정기준의 표기방법은 관세청장이 정하여 고시하는 바에 따른다. 제12조(원산지결정의 기준) 법 제9조제3항 및 각 협정에 따른 원산지결정기준은 다음 각 호와 같다. <개정 2014.12.11.> 1. 싱가포르와의 협정에 따른 원산지결정기준: 별표 4 2. 유럽자유무역연합회원국과의 협정에 따른 원산지결정기준: 별표 5 3. 아세안회원국과의 협정에 따른 원산지결정기준: 별표 6 4. 인도와의 협정에 따른 원산지결정기준: 별표 7 5. 칠레와의 협정에 따른 원산지결정기준: 별표 8 6. 유럽연합당사자와의 협정에 따른 원산지결정기준: 별표 9 7. 페루와의 협정에 따른 원산지결정기준: 별표 10 8. 미합중국과의 협정에 따른 원산지결정기준: 별표 11 9. 터키와의 협정에 따른 원산지결정기준: 별표 12 10. 콜롬비아와의 협정에 따른 원산지결정기준: 별표 13 11. 호주와의 협정에 따른 원산지결정기준: 별표 14 12. 캐나다와의 협정에 따른 원산지결정기준: 별표 15 [전문개정 2012.12.14.]

FTA관세특례법

내용에 따라 협정관세를 적용하여야 한다.

④ 사전심사를 신청하는 자는 기획재정부령으로 정하는 수수료를 내야 한다.

⑤ 제2항에 따른 사전심사의 결과에 이의가 있는 자(제15조제2항에 따른 사전심사서의 내용변경 통지를 받은 자를 포함한다)는 그 결과를 통지받은 날부터 30일 이내에 대통령령으로 정하는 바에 따라 관세청장에게 이의를 제기할 수 있다.

⑥ 사전심사의 절차·방법과 그 밖에 필요한 사항은 기획재정부령으로 정한다.

[전문개정 2010.1.1]

제15조(사전심사서 내용의 변경)

① 관세청장은 협정에서 정하는 바에 따라 사전심사서의 근거가 되는 사실관계 또는 상황의 변경 등 대통령령으로 정하는 사유가 있는 경우에는 사전심

FTA관세특례법 시행령

항

② 법 제14조제1항의 규정에 따라 사전심사를 신청하고자 하는 자는 다음 각 호의 서류를 관세청장에게 제출하여야 한다.

1. 다음 각 목의 사항이 기재된 사전심사신청서

가. 신청인·수입자 및 수출자(수출자와 생산자가 동일인이 아닌 경우에는 생산자를 포함하되, 생산자를 알지 못하는 경우에는 그러하지 아니하다)

나. 당해 물품의 품명·규격·품목번호 및 가격

다. 당해 물품의 생산에 사용된 재료별 품명·품목번호·가격 및 원산지

라. 당해 물품의 제조공정(필요한 경우에 한한다)

마. 사전심사를 원하는 구체적인 내용

바. 그 밖에 관세청장이 정하는 사항

2. 거래계약서·원가계산서·원재료내역서·공정명세서 등 신청내용에 대한 심사에 필요한 서류

③ 관세청장은 제2항에 따라 제출된 서류가 미비하여 원산지결정기준의 충족여부 등의 신청사항을 심사하기가 곤란하다고 인정되는 때에는 20일 이내의 기간을 정하여 보정을 요구할 수 있다. <개정 2015.6.5.>

④ 관세청장은 다음 각 호의 어느 하나에 해당하는 경우에는 사전심사의 신청을 반려할 수 있다.

1. 제3항의 규정에 따른 관세청장의 보정요구에 응하지 아니한 경우

2. 당해 물품과 동일한 물품에 대하여 법 제13조의 규정에 따라 원산지에 관한 조사가 진행되고 있는 경우

FTA관세특례법 시행규칙

[시행일 미지정] 제12조제10호

제13조(원산지가 아닌 국가를 경유한 물품 등의 원산지결정)

① 관세청장 또는 세관장은 수입자가 법 제9조제2항 각 호에 따른 요건을 입증하지 못하는 경우에는 해당 물품의 원산지를 인정하지 아니한다. <개정 2008.7.15.>

② 관세청장 또는 세관장은 다음 각 호의 어느 하나에 해당하는 경우에는 법 제9조제2항제2호에 해당하는 것으로 인정하지 아니한다. <신설 2008.7.15.>

1. 원산지가 아닌 국가 또는 지역에서 생산 또는 작업과정이 추가된 경우. 다만, 수입항까지 국제운송에 필요한 하역·선적·포장에 필요한 작업이나 물품을 양호한 상태로 보존하는데 필요한 작업과정이 추가된 경우는 제외한다.

2. 해당 물품이 원산지가 아닌 국가 또는 지역의 관세당국의 통제 또는 감독하에 있지 아니한 경우

제13조의2(수수료)

법 제9조의2제2항에 따라 납부해야 하는 원산지증명서 발급수수료는 건당 7천원 범위 내에서 증명서발급기관이 정하는 바에 따른다. 다만, 세관장이 원산지증명서를 발급하는 경우에는 원산지증명서 발급 수수료를 면제한다. <개정 2014.3.14.>

[본조신설 2013.2.23.]

제14조(수출물품의 원산지오류 수정통보기간)

법 제11조제1항에서 "기획재정부령으로 정하는 기간"이란 원산지증빙서류를 작성한 수출자 또는 생산자가 해당 물품의 원산지에 관한 내용에 오류가 있음을 안 날부터 30일을 말한다. <개정 2008.7.15., 2010.12.31.>

제15조(수입물품의 원산지오류 수정신고기간)

법 제11조제2항에서 "기획재정부령으로 정하는 기간"이란 수입자가 원산지증빙서류의 내용에 오류가 있음을 통보 받은 날부터 30일 이내로서 관세청장 또는 세관장으로부터 해당 물품에 대하여 법 제13조제2항에 따른 서면조사통지를 받기 전 날까지로 한다. <개정 2008.7.15., 2010.12.31.>

제17조(체약상대국별 원산지에 관한 조사의 방법)

법 제13조에 따라 체약상대국에서 수입된 물품의 원산지에 관한 조사를 하는 때에는 다음 각 호의 방법에 따른다. <개정 2007.5.21., 2009.12.31., 2010.3.2., 2010.12.31., 2011.6.30., 2011.7.29., 2011.12.2., 2012.12.14., 2013.2.23., 2014.12.11.>

1. 싱가포르에서 수입된 물품: 싱가포르와의 협정 제5.7조 및 법 제13조제2항에 따라 조사대상자를 직접 서면조사 또는 현지조사하는 방법

2. 유럽자유무역연합회원국에서 수입된 물품: 유럽자유무역연합회원국과의 협정 부속서 I의 제24조 및 법 제13조제1항에 따라 체약상대국의 관세당국에 조사를 요청하는 방법. 이

FTA관세특례법	FTA관세특례법 시행령	FTA관세특례법 시행규칙
사서의 내용을 변경할 수 있다. ② 관세청장은 제1항에 따라 사전심사서의 내용을 변경할 때에는 제14조제2항에 따른 신청인에게 그 변경 내용을 통지하여야 한다. ③ 제1항에 따라 사전심사서의 내용을 변경한 경우에는 그 변경일 후에 수입신고되는 물품에 대하여 변경된 내용을 적용한다. 다만, 협정에서 다르게 정하는 경우에는 협정에서 정하는 범위에서 대통령령으로 정하는 바에 따른다. ④ 제3항에도 불구하고 사전심사서의 내용 변경이 자료제출 누락 또는 거짓자료 제출 등 신청인에게 책임이 있는 사유로 인한 것인 경우에는 해당 사전심사와 관련하여 그 변경일 전에 수입신고된 물품에 대해서도 소급하여 변경된 내용을 적용한다. [전문개정 2010.1.1]	3. 사전심사의 신청내용과 동일한 사안에 대하여 이의신청·심사청구·심판청구 또는 소송제기 등의 불복절차가 진행 중인 경우 ⑤ 법 제14조제2항 본문에서 "대통령령으로 정하는 기간"이라 함은 사전심사의 신청을 받은 날부터 90일을 말한다. 다만, 제3항의 규정에 따른 보정기간은 이에 산입하지 아니한다. <개정 2010.2.18.> ⑥ 법 제14조제3항에서 "대통령령으로 정하는 특별한 사유"라 함은 다음 각 호의 어느 하나에 해당하는 경우를 말한다. <개정 2010.2.18.> 1. 사전심사 후 수입신고 전에 협정 또는 관계법령의 개정이나 사전심사의 기초가 되는 사실 또는 상황이 변경되어 사전심사의 내용이 변경된 사정을 반영하지 못하게 되는 경우 2. 신청인이 허위의 자료를 제출하거나 사전심사에 필요한 자료를 제출하지 아니하여 사전심사에 중대한 착오가 있는 경우 3. 사전심사의 신청내용과 동일한 사안에 대한 이의신청·심사청구·심판청구 또는 소송제기 등을 받은 권한 있는 기관 또는 법원의 최종결정 또는 판결이 당해 사전심사의 내용과 다르게 된 경우 **제19조의2(원산지 등에 관한 사전심사 결과에 대한 이의제기)** ① 법 제14조제5항에 따라 사전심사의 결과에 대하여 이의를 제기하려는 자는 다음 각 호의 사항이 기재된 신청서에 이의제	경우 관세청장 또는 세관장은 필요하다고 인정하는 경우 유럽자유무역연합회원국 관세당국의 동의를 얻어 유럽자유무역연합회원국의 원산지 조사절차에 소속 공무원을 참관하게 할 수 있다. 3. 아세안회원국에서 수입된 물품: 아세안회원국과의 협정 부속서 3의 부록 1 제14조 및 법 제13조제1항에 따라 아세안회원국의 증명서발급기관에 조사를 요청하는 방법. 다만, 관세청장 또는 세관장은 아세안회원국의 증명서발급기관의 조사결과가 적정하지 아니하거나 원산지의 정확성을 결정하는데 필요한 정보가 포함되지 아니한 때에는 아세안회원국과의 협정 부속서 3의 부록 1 제15조 및 법 제13조제2항에 따라 아세안회원국의 수출자 또는 생산자를 대상으로 현지조사를 할 수 있다. 4. 인도에서 수입된 물품: 인도와의 협정 제4.11조 및 법 제13조제1항에 따라 인도의 증명서발급기관에 조사를 요청하는 방법. 다만, 관세청장 또는 세관장은 인도의 증명서발급기관의 조사결과가 적정하지 아니하거나 원산지의 정확성을 결정하는데 필요한 정보가 포함되지 아니한 때에는 인도와의 협정 제4.12조 및 법 제13조제2항에 따라 인도의 수출자 또는 생산자를 대상으로 현지조사를 할 수 있다. 5. 칠레에서 수입된 물품: 칠레와의 협정 제5.8조 및 법 제13조제2항에 따라 조사대상자를 직접 서면조사 또는 현지조사하는 방법 6. 유럽연합당사자로부터 수입된 물품: 유럽연합당사자와의 원산지 관련 의정서 제27조 및 법 제13조제1항에 따라 유럽연합당사자의 관세당국에 조사를 요청하는 방법. 이 경우 관세청장 또는 세관장은 필요하다고 인정하는 경우 유럽연합당사자 관세당국의 동의를 얻어 유럽연합당사자의 원산지 조사절차에 소속 공무원을 참관하게 할 수 있다. 7. 페루에서 수입된 물품: 다음 각 목의 어느 하나에 해당하는 방법 가. 페루와의 협정 제4.8조 및 법 제13조제1항에 따라 페루의 관세당국에 조사를 요청하는 방법 나. 페루와의 협정 제4.8조 및 법 제13조제2항에 따라 페루 관세당국 공무원과 동행하여 페루의 수출자 또는 생산자를 대상으로 현지조사하는 방법 8. 미합중국에서 수입된 물품: 미합중국과의 협정 제6.18조 및 법 제13조제2항에 따라 조사대상자를 직접 서면조사 또는 현지조사하는 방법. 다만, 섬유관련 물품에 대해서는 미합중국과의 협정 제4.3조제3항부터 제6항까지의 규정에 따라 미합중국의 관세당국에 조사(미합중국의 관세당국과 함께 조사대상 사업장에 방문하는 것을 포함한다)를 요청하는 방법 9. 터키에서 수입된 물품: 터키와의 원산지 관련 의정서 제25조 및 법 제13조제1항에 따라 터키의 관세당국에 조사를 요청하는 방법. 이 경우 관세청장 또는 세관장은 필요하다고 인정하는 경우 터키 관세당국이 제시한 조건에 따라 터키의 원산지 조사절차에 소속 공무원을 참관하게 할 수 있다. 10. 콜롬비아에서 수입된 물품: 다음 각 목의 어느 하나에 해당하는 방법 가. 콜롬비아와의 협정 제3.25조 및 법 제13조제1항에 따라

FTA관세특례법	FTA관세특례법 시행령	FTA관세특례법 시행규칙
	기 내용을 확인할 수 있는 자료와 법 제14조제2항에 따른 사전심사서의 사본을 첨부하여 관세청장에게 제출하여야 한다. 1. 이의를 제기하는 자의 성명과 주소 또는 거소 2. 사전심사서를 받은 날짜와 사전심사의 내용 3. 해당 물품의 품명 및 품목번호 4. 이의제기의 요지와 내용 ② 제1항에 따른 이의제기의 절차에 관하여는 제18조제2항부터 제5항까지의 규정을 준용한다. 이 경우 "관세청장 또는 세관장"은 "관세청장"으로 본다. [본조신설 2009.1.23.] 부칙 〈제26305호, 2015.6.5.〉 제3조(원산지증빙서류의 보관기관에 관한 경과조치) 이 영 시행 전에 협정관세의 적용을 신청한 수입자의 경우에는 제13조제2항제1호의 개정규정에도 불구하고 종전의 규정에 따른다. 제4조(원산지 등에 관한 사전심사의 보정기간에 관한 경과조치) 이 영 시행 전에 사전심사를 신청한 경우에는 제19조제3항의 개정규정에도 불구하고 종전의 규정에 따른다.	콜롬비아의 관세당국에 조사를 요청하는 방법 나. 콜롬비아와의 협정 제3.25조 및 법 제13조제2항에 따라 조사대상자를 직접 서면조사하는 방법 또는 콜롬비아 관세당국 공무원과 동행하여 콜롬비아의 수출자 또는 생산자를 대상으로 현지조사하는 방법 11. 호주에서 수입된 물품: 다음 각 목의 어느 하나에 해당하는 방법 가. 호주와의 협정 제3.23조에 따라 호주의 증명서발급기관에 조사를 요청하는 방법 나. 호주와의 협정 제3.23조 및 법 제13조제2항에 따라 조사대상자를 직접 서면조사 또는 현지조사하는 방법 12. 캐나다에서 수입된 물품: 캐나다와의 협정 제4.6조 및 법 제13조제2항에 따라 조사대상자를 직접 서면조사 또는 현지조사하는 방법 [전문개정 2006.8.24.] [시행일 미지정] 제17조제10호 부칙 〈제481호, 2015.5.18.〉 제3조(수출물품에 대한 원산지증명서의 발급절차의 적용례) ① 제6조제6항의 개정규정은 이 규칙 시행 이후 원산지증명서 발급을 신청하는 경우부터 적용한다. ② 제6조제7항부터 제9항까지의 개정규정은 이 규칙 시행 이후 원산지증명서의 정정을 신청하는 경우부터 적용한다. 제4조(업체별 원산지인증수출자의 인증유효기간 등에 관한 적용례) ① 제7조제1항제2호의3 및 같은 조 제4항의 개정규정은 이 규칙 시행 이후 업체별 원산지인증수출자 인증을 신청하는 경우부터 적용한다. ② 제7조제7항의 개정규정은 이 규칙 시행 당시 인증유효기간이 만료되지 아니한 경우에 대해서도 적용한다. ③ 제7조제8항의 개정규정은 이 규칙 시행 이후 인증유효기간의 연장을 신청하는 경우부터 적용한다. 제5조(품목별 원산지인증수출자의 인증유효기간 등에 관한 적용례) ① 제7조의2제6항 본문의 개정규정은 이 규칙 시행 당시 인증유효기간이 만료되지 아니한 경우에 대해서도 적용한다. ② 제7조의2제6항 단서의 개정규정은 이 규칙 시행 이후 품목별 원산지인증수출자 인증을 신청하는 경우부터 적용한다. ③ 제7조의2제7항의 개정규정은 이 규칙 시행 이후 인증유효기간의 연장을 신청하는 경우부터 적용한다. 제6조(서식에 관한 적용례) 별지 제1호서식의 개정규정은 이 규칙 시행 이후 발급을 신청하는 경우부터 적용한다.

6. 관세법

관세법	관세법 시행령	관세법 시행규칙
제229조(원산지 확인 기준) ① 이 법, 조약, 협정 등에 따른 관세의 부과·징수, 수출입물품의 통관, 제233조제3항의 확인요청에 따른 조사 등을 위하여 원산지를 확인할 때에는 다음 각 호의 어느 하나에 해당하는 나라를 원산지로 한다. <개정 2014.1.1.> 1. 해당 물품의 전부를 생산·가공·제조한 나라 2. 해당 물품이 2개국 이상에 걸쳐 생산·가공 또는 제조된 경우에는 그 물품의 본질적 특성을 부여하기에 충분한 정도의 실질적인 생산·가공·제조 과정이 최종적으로 수행된 나라 ② 제1항 각 호를 적용할 물품의 범위, 구체적 확인 기준 등에 관하여 필요한 사항은 기획재정부령으로 정한다. ③ 제1항과 제2항에도 불구하고 조약·협정 등의 시행을 위하여 원산지 확인 기준 등을 따로 정할 필요가 있을 때에는 기획재정부령으로 원산지 확인 기준 등을 따로 정한다. [전문개정 2010.12.30.] 제230조(원산지 허위표시물품 등의 통관 제한) 세관장은 법령에 따라 원산지를 표시하여야 하는 물품이 다음 각 호의 어느 하나에 해당하는 경우에는 해당 물품의 통관을 허용하여서는 아니 된다. 다만, 그 위반사항이 경미한 경우에는 이를 보완·정정하도록 한 후 통관을 허용할 수 있다. 1. 원산지 표시가 법령에서 정하는 기준과 방법에 부합되지 아니하게 표시된 경우 2. 원산지 표시가 부정한 방법으로 사실과 다르게 표시된 경우	제236조(원산지증명서의 제출 등) ① 다음 각 호의 어느 하나에 해당하는 자는 해당 물품의 수입신고 시에 그 물품의 원산지를 증명하는 서류(이하 "원산지증명서"라 한다)를 세관장에게 제출하여야 한다. 다만, 제1호에 해당하는 자로서 수입신고 전에 원산지증명서를 발급받았으나 분실 등의 사유로 수입신고 시에 원산지증명서를 제출하지 못한 경우에는 제4항에 따른 원산지증명서 유효기간 내에 해당 원산지증명서 또는 그 부본을 제출할 수 있다. <개정 2015.2.6.> 1. 법·조약·협정 등에 의하여 다른 국가의 생산(가공을 포함한다)물품에 적용되는 세율보다 낮은 세율을 적용받고자 하는 자로서 원산지확인이 필요하다고 관세청장이 정하는 자 2. 관세율의 적용 기타의 사유로 인하여 원산지확인이 필요하다고 관세청장이 지정한 물품을 수입하는 자 ② 법 제232조제1항 단서의 규정에 의하여 다음 각호의 물품에 대하여는 제1항의 규정을 적용하지 아니한다. <개정 2004.3.29.> 1. 세관장이 물품의 종류·성질·형상 또는 그 상표·생산국명·제조자 등에 의하여 원산지를 확인할 수 있는 물품 2. 우편물(법 제258조제2항의 규정에 해당하는 것을 제외한다) 3. 과세가격(종량세의 경우에는 이를 법 제15조의 규정에 준하여 산출한 가격을 말한다)이 15만원 이하인 물품 4. 개인에게 무상으로 송부된 탁송품·별송품 또는 여행자의 휴대품 5. 기타 관세청장이 관계행정기관의 장과 협의하여 정하는 물품 ③ 제1항의 규정에 의하여 세관장에게 제출하는 원산지증명서는 다음 각호의 1에 해당하는 것이어야 한다. 1. 원산지국가의 세관 기타 발급권한이 있는 기관 또는 상공회의소가 당해 물품에 대하여 원산지국가(지역을 포함한다)를 확인 또는 발행한 것 2. 원산지국가에서 바로 수입되지 아니하고 제3국을 경유하여 수입된 물품에 대하여 그 제3국의 세관 기타 발급권한이 있는 기관 또는 상공회의소가 확인 또는 발행한 경우에는 원산지국가에서 당해 물품에 대하여 발행된 원산지증명서를 기초로 하여 원산지국가(지역을 포함한다)를 확인 또는 발행한 것 3. 관세청장이 정한 물품의 경우에는 당해 물품의 상업송장 또는 관련서류에 생산자·공급자·수출자 또는 권한있는 자가 원산지국가를 기재한 것 ④ 제3항에 따른 원산지증명서에는 해당 수입물품의 품명, 수량, 생산지, 수출자 등 관세청장이 정하는 사항이 적혀 있어야 하며, 제출일부터 소급하여 1년(다	제74조(일반물품의 원산지결정기준) ① 법 제229조제1항제1호의 규정에 의하여 원산지를 인정하는 물품은 다음 각호와 같다. 1. 당해 국가의 영역에서 생산된 광산물과 식물성 생산물 2. 당해 국가의 영역에서 번식 또는 사육된 산 동물과 이들로부터 채취한 물품 3. 당해 국가의 영역에서의 수렵 또는 어로로 채집 또는 포획한 물품 4. 당해 국가의 선박에 의하여 채집 또는 포획한 어획물 기타의 물품 5. 당해 국가에서의 제조·가공의 공정 중에 발생한 부스러기 6. 당해 국가 또는 그 선박에서 제1호 내지 제5호의 물품을 원재료로 하여 제조·가공한 물품 ② 법 제229조제1항제2호의 규정에 의하여 2개국 이상에 걸쳐 생산·가공 또는 제조(이하 이 조에서 "생산"이라 한다)된 물품의 원산지는 당해 물품의 생산과정에 사용되는 물품의 관세통계통합품목분류표상 6단위 품목

관세법	관세법 시행령	관세법 시행규칙
3. 원산지 표시가 되어 있지 아니한 경우 [전문개정 2010.12.30.] **제230조의2(품질등 허위·오인 표시물품의 통관 제한)** 세관장은 물품의 품질, 내용, 제조방법, 용도, 수량(이하 이 조에서 "품질등"이라 한다)을 사실과 다르게 표시한 물품 또는 품질등을 오인(誤認)할 수 있도록 표시하거나 오인할 수 있는 표지를 부착한 물품으로서 「부정경쟁방지 및 영업비밀보호에 관한 법률」, 「식품위생법」, 「산업표준화법」 등 품질등의 표시에 관한 법령을 위반한 물품에 대하여는 통관을 허용하여서는 아니 된다. [본조신설 2010.12.30.] **제231조(환적물품 등에 대한 유치 등)** ① 세관장은 제141조에 따라 일시적으로 육지에 내려지거나 다른 운송수단으로 환적 또는 복합환적되는 외국물품 중 원산지를 우리나라로 허위 표시한 물품은 유치할 수 있다. ② 제1항에 따라 유치하는 외국물품은 세관장이 관리하는 장소에 보관하여야 한다. 다만, 세관장이 필요하다고 인정할 때에는 그러하지 아니하다. ③ 세관장은 제1항에 따라 외국물품을 유치할 때에는 그 사실을 그 물품의 화주나 그 위임을 받은 자에게 통지하여야 한다. ④ 세관장은 제3항에 따른 통지를 할 때에는 이행기간을 정하여 원산지 표시의 수정 등 필요한 조치를 명할 수 있다. 이 경우 지정한 이행기간 내에 명령을 이행하지 아니하면 매각한다는 뜻을 함께 통지하여야 한다. ⑤ 세관장은 제4항 전단에 따	음 각 호의 구분에 따른 기간은 제외한다) 이내에 발행된 것이어야 한다. <개정 2011.4.1., 2015.2.6.> 1. 원산지증명서 발행 후 1년 이내에 해당 물품이 수입항에 도착하였으나 수입신고는 1년을 경과하는 경우: 물품이 수입항에 도착한 날의 다음 날부터 해당 물품의 수입신고를 한 날까지의 기간 2. 천재지변, 그 밖에 이에 준하는 사유로 원산지증명서 발행 후 1년이 경과한 이후에 수입항에 도착한 경우: 해당 사유가 발생한 날의 다음 날부터 소멸된 날까지의 기간 ⑤ 제1항 각 호 외의 부분 단서에 따라 원산지증명서 또는 그 부본을 제출하는 경우에는 제34조제1항에 따른 경정청구서를 함께 제출하여야 한다. <신설 2015.2.6.> **제236조의2(원산지 등에 대한 사전확인)** ① 법 제232조의 규정에 의하여 원산지확인이 필요한 물품을 수입하는 자는 관세청장에게 다음 각호의 1에 해당하는 사항에 대하여 당해 물품의 수입신고를 하기 전에 미리 확인 또는 심사(이하 "사전확인"이라 한다)하여 줄 것을 신청할 수 있다. 1. 법 제229조의 규정에 따른 원산지 확인기준의 충족여부 2. 조약 또는 협정 등의 체결로 인하여 관련법령에서 특정물품에 대한 원산지 확인기준을 달리 정하고 있는 경우에 당해 법령에 따른 원산지 확인기준의 충족여부 3. 제1호 및 제2호의 원산지 확인기준의 충족여부를 결정하기 위한 기초가 되는 사항으로서 관세청장이 정하는 사항 4. 그 밖에 관세청장이 원산지에 따른 관세의 적용과 관련하여 필요하다고 정하는 사항 ② 사전확인의 신청을 받은 경우 관세청장은 60일 이내에 이를 확인하여 그 결과를 기재한 서류(이하 "사전확인서"라 한다)를 신청인에게 교부하여야 한다. 다만, 제출자료의 미비 등으로 인하여 사전확인이 곤란한 경우에는 그 사유를 신청인에게 통지하여야 한다. ③ 세관장은 수입신고된 물품 및 원산지증명서의 내용이 사전확인서상의 내용과 동일하다고 인정되는 때에는 특별한 사유가 없는 한 사전확인서의 내용에 따라 관세의 경감 등을 적용하여야 한다. ④ 제2항에 따른 사전확인의 결과를 통지받은 자(제236조의3제1항에 따른 사전확인서의 내용변경 통지를 받은 자를 포함한다)는 그 통지내용에 이의를 제기하려는 경우 그 결과를 통지받은 날부터 30일 이내에 다음 각 호의 사항이 기재된 신청서에 이의제기 내용을 확인할 수 있는 자료를 첨부하여 관세청장에게 제출하여야 한다. <신설 2012.2.2.> 1. 이의를 제기하는 자의 성명과 주소 또는 거소 2. 해당 물품의 품명·규격·용도·수출자·생산자 및 수입자	번호와 다른 6단위 품목번호의 물품을 최종적으로 생산한 국가로 한다. ③ 관세청장은 제2항의 규정에 의하여 6단위 품목번호의 변경만으로 법 제229조제1항제2호의 규정에 의한 본질적 특성을 부여하기에 충분한 정도의 실질적인 생산과정을 거친 것으로 인정하기 곤란한 품목에 대하여는 주요공정·부가가치 등을 고려하여 품목별로 원산지기준을 따로 정할 수 있다. ④ 다음 각호의 1에 해당하는 작업이 수행된 국가는 제2항의 규정에 의한 원산지로 인정하지 아니한다. 1. 운송 또는 보세구역장치중에 있는 물품의 보존을 위하여 필요한 작업 2. 판매를 위한 물품의 포장개선 또는 상표표시 등 상품성 향상을 위한 개수작업 3. 단순한 선별·구분·절단 또는 세척작업 4. 재포장 또는 단순한 조립작업 5. 물품의 특성이 변하지 아니하는 범위안에서의 원산지가 다른 물품과의 혼합작업 6. 가축의 도축작

관세법	관세법 시행령	관세법 시행규칙
른 명령이 이행된 경우에는 제1항에 따른 물품의 유치를 즉시 해제하여야 한다. ⑥ 세관장은 제4항 전단에 따른 명령이 이행되지 아니한 경우에는 이를 매각할 수 있다. 이 경우 매각 방법 및 절차에 관하여는 제160조제4항부터 제6항까지 및 제210조를 준용한다. [전문개정 2010.12.30.] 제232조(원산지증명서 등) ① 이 법, 조약, 협정 등에 따라 원산지 확인이 필요한 물품을 수입하는 자는 해당 물품의 원산지를 증명하는 서류(이하 "원산지증명서"라 한다)를 제출하여야 한다. 다만, 대통령령으로 정하는 물품의 경우에는 그러하지 아니하다. ② 세관장은 제1항에 따라 원산지 확인이 필요한 물품을 수입하는 자가 원산지증명서를 제출하지 아니하는 경우에는 이 법, 조약, 협정 등에 따른 관세율을 적용할 때 일반특혜관세·국제협력관세 또는 편익관세를 배제하는 등 관세의 편익을 적용하지 아니할 수 있다. ③ 세관장은 원산지 확인이 필요한 물품을 수입한 자로 하여금 제1항에 따라 제출받은 원산지증명서의 내용을 확인하기 위하여 필요한 자료(이하 "원산지증명서확인자료"라 한다)를 제출하게 할 수 있다. 이 경우 원산지 확인이 필요한 물품을 수입한 자가 정당한 사유 없이 원산지증명서확인자료를 제출하지 아니할 때에는 세관장은 수입신고 시 제출받은 원산지증명서의 내용을 인정하지 아니할 수 있다. ④ 세관장은 제3항에 따라 원산지증명서확인자료를 제출한 자가 정당한 사유를 제시하여 그 자료를 공개하지 아니할	3. 이의제기의 요지와 내용 ⑤ 관세청장은 제4항에 따라 이의제기를 받은 때에는 이를 심사하여 30일 이내에 그 결정 내용을 신청인에게 알려야 한다. <신설 2012.2.2.> ⑥ 관세청장은 이의제기의 내용이나 절차가 적합하지 아니하거나 보정할 수 있다고 인정되는 때에는 20일 이내의 기간을 정하여 다음 각 호의 사항을 적은 문서로써 보정하여 줄 것을 요구할 수 있다. 이 경우 보정기간은 제5항에 따른 심사결정기간에 산입하지 아니한다. <신설 2012.2.2.> 1. 보정할 사항 2. 보정을 요구하는 이유 3. 보정할 기간 4. 그 밖의 필요한 사항 [본조신설 2004.3.29.] 제236조의3(사전확인서 내용의 변경) ① 관세청장은 사전확인서의 근거가 되는 사실관계 또는 상황이 변경된 경우에는 사전확인서의 내용을 변경할 수 있다. 이 경우 관세청장은 신청인에게 그 변경내용을 통지하여야 한다. ② 제1항의 규정에 따른 사전확인서의 내용을 변경한 경우에는 그 변경일후에 수입신고되는 물품에 대하여 변경된 내용을 적용한다. 다만, 사전확인서의 내용변경이 자료제출누락 또는 허위자료제출 등 신청인의 귀책사유로 인한 때에는 당해 사전확인과 관련하여 그 변경일전에 수입신고된 물품에 대하여도 소급하여 변경된 내용을 적용한다. [본조신설 2004.3.29.] 제236조의4(원산지확인위원회) ① 제236조의2제1항·제4항과 제236조의3에 따른 사전확인, 사전확인 이의제기 및 변경 등에 관한 사항중 관세청장이 부의하는 사안을 심의하기 위하여 관세청에 원산지확인위원회(이하 "위원회"라 한다)를 둔다. <개정 2012.2.2.> ② 위원회는 위원장 1명을 포함하여 20명 이상 30명 이하의 위원으로 구성한다. <개정 2015.2.6.> ③ 위원장은 관세청에서 원산지업무를 관장하는 고위공무원단에 속하는 공무원이 되고, 위원은 다음 각호의 1에 해당하는 자중에서 관세청장이 임명 또는 위촉한다. <개정 2006.6.12.> 1. 관계중앙행정기관에서 원산지 관련업무를 담당하는 공무원 2. 관세청·관세평가분류원·중앙관세분석소 또는 세관에서 원산지 관련업무를 담당하고 있는 공무원 3. 그 밖에 원산지업무에 관하여 학식과 경험이 풍부한 자 ④ 위원장이 부득이한 사유로 그 직무를 수행하지 못하는 경우에는 위원장이 지명하는 자가 그 직무를 대	업 ⑤ 관세청장은 제3항에 따른 품목별 원산지기준을 정하는 때에는 기획재정부장관 및 해당 물품의 관계부처의 장과 협의하여야 한다. <개정 2008.12.31.> 제75조(특수물품의 원산지결정기준) 제74조에도 불구하고 촬영된 영화용 필름, 부속품·예비부분품 및 공구와 포장용품은 다음 각 호의 구분에 따라 원산지를 인정한다. <개정 2011.4.1.> 1. 촬영된 영화용 필름은 그 제작자가 속하는 국가 2. 기계·기구·장치 또는 차량에 사용되는 부속품·예비부분품 및 공구로서 기계·기구·장치 또는 차량과 함께 수입되어 동시에 판매되고 그 종류 및 수량으로 보아 통상 부속품·예비부분품 및 공구라고 인정되는 물품은 당해 기계·기구 또는 차량의 원산지 3. 포장용품은 그 내용물품의 원산지. 다만, 영 제98조에 따른 관세·통계통합품목분류표상 포장용품과 내용품을 각각 별개의 품목번호로

관세법	관세법 시행령	관세법 시행규칙
것을 요청한 경우에는 그 제출인의 명시적 동의 없이는 해당 자료를 공개하여서는 아니 된다. ⑤ 제1항부터 제4항까지의 규정에도 불구하고 조약·협정 등의 시행을 위하여 원산지증명서 제출 등에 관한 사항을 따로 정할 필요가 있을 때에는 기획재정부령으로 정한다. <신설 2011.12.31.> [전문개정 2010.12.30.] 제232조의2(원산지증명서의 발급 등) ① 이 법, 조약, 협정 등에 따라 관세를 양허받을 수 있는 물품의 수출자가 원산지증명서의 발급을 요청하는 경우에는 세관장이나 그 밖에 원산지증명서를 발급할 권한이 있는 기관은 그 수출자에게 원산지증명서를 발급하여야 한다. ② 세관장은 제1항에 따라 발급된 원산지증명서의 내용을 확인하기 위하여 필요하다고 인정되는 경우에는 다음 각 호의 자로 하여금 원산지증명서확인자료(대통령령으로 정하는 자료로 한정한다)를 제출하게 할 수 있다. 이 경우 자료의 제출기간은 20일 이상으로서 기획재정부령으로 정하는 기간 이내로 한다. 1. 원산지증명서를 발급받은 자 2. 원산지증명서를 발급한 자 3. 그 밖에 대통령령으로 정하는 자 [본조신설 2010.12.30.] 제233조(원산지증명서 등의 확인요청 및 조사) ① 세관장은 원산지증명서를 발급한 국가의 세관이나 그 밖에 발급권한이 있는 기관(이하 이 조에서 "외국세관등"이라 한다)에 제232조제1항 및 제3항에 따라 제출된	행한다. ⑤ 위원중 공무원인 위원이 회의에 출석하지 못할 부득이한 사정이 있는 때에는 그가 지명하는 공무원(당해 직위가 공석인 때에는 위원장이 지명하는 공무원을 말한다)으로 하여금 회의에 출석하여 그 직무를 대행하게 할 수 있다. ⑥ 위원회의 회의는 위원장을 포함한 재적위원 과반수의 출석과 출석위원 과반수의 찬성으로 의결한다. ⑦ 위원회의 서무를 처리하기 위하여 위원회에 간사 1인을 두며, 위원회의 간사는 관세청의 5급 이상 공무원 또는 고위공무원단에 속하는 일반직공무원중에서 위원장이 지명한다. <개정 2006.6.12.> ⑧ 관세청장은 회의의 원활한 운영을 위하여 위원회에 상정된 물품의 원산지 확인업무와 관련된 의견을 듣기 위하여 관련 학계·연구기관 또는 협회 등에서 활동하는 자를 자문위원으로 위촉할 수 있다. ⑨ 위원회에 출석한 공무원이 아닌 위원 및 자문위원에 대하여는 예산이 정하는 범위내에서 여비 및 수당을 지급할 수 있다. ⑩ 위원회의 운영에 관하여 이 영이 규정하지 아니한 사항은 관세청장이 정한다. [본조신설 2004.3.29.] 제236조의5(원산지정보 수집분석 업무의 위탁) ① 법 제233조의2제2항에 따라 관세청장이 법인 또는 단체의 장에게 위탁할 수 있는 업무는 다음 각 호와 같다. <개정 2013.2.15.> 1. 수출입물품의 원산지정보 관리를 위한 시스템의 구축 및 운영에 관한 사항 2. 「자유무역협정의 이행을 위한 관세법의 특례에 관한 법률」 제13조에 따른 원산지조사 업무 중 물품의 생산 공정 분석, 거래형태 분석, 품목분류 및 부가가치 계산 등 전문성을 요하는 사항 3. 「자유무역협정의 이행을 위한 관세법의 특례에 관한 법률」 제14조 및 조약·협정에 따른 원산지 사전심사를 위한 예비 조사에 관한 사항 4. 제236조의2에 따른 사전확인 업무의 예비 조사에 관한 사항 5. 원산지 확인·결정 또는 검증이 필요한 수출입물품 또는 그 수출입자 등의 자료분석에 관한 사항 6. 그 밖에 관세청장이 정하여 고시하는 사항 ② 제1항에 따른 업무를 위탁받을 수 있는 법인 또는 단체의 장은 관세청장이 정하는 품목분류·원산지 기준 등 원산지정보 수집·분석에 필요한 전문인력 및 전산설비를 갖춘 법인 또는 단체의 장 중에서 관세청장이 지정하여 고시한다. ③ 제2항에 따라 업무의 위탁을 받은 법인 또는 단체의 장에 대한 지휘·감독의 관한 사항은 관세청장이 정한다. [본조신설 2008.2.22.]	하고 있는 경우에는 그러하지 아니한다. 제76조(직접운송원칙) 법 제229조에 따라 원산지를 결정할 때 해당 물품이 원산지가 아닌 국가를 경유하지 아니하고 직접 우리나라에 운송·반입된 물품인 경우에만 그 원산지로 인정한다. 다만, 다음 각 호의 어느 하나에 해당하는 물품인 경우에는 우리나라에 직접 반입한 것으로 본다. 1. 다음 각 목의 요건을 모두 충족하는 물품일 것 가. 지리적 또는 운송상의 이유로 단순 경유한 것 나. 원산지가 아닌 국가에서 관세당국의 통제하에 보세구역에 장치된 것 다. 원산지가 아닌 국가에서 하역, 재선적 또는 그 밖에 정상 상태를 유지하기 위하여 요구되는 작업 외의 추가적인 작업을 하지 아니한 것 2. 박람회·전시회 및 그 밖에 이에 준하는 행사에 전시하기 위하여 원산지가 아닌 국가로 수출되어 해당 국가 관세당국의 통제하에 전시목적에 사용된 후

관세법	관세법 시행령	관세법 시행규칙
원산지증명서 및 원산지증명서확인자료의 진위 여부, 정확성 등의 확인을 요청할 수 있다. 이 경우 세관장의 확인요청은 해당 물품의 수입신고가 수리된 이후에 하여야 하며, 세관장은 확인을 요청한 사실 및 회신 내용과 그에 따른 결정 내용을 수입자에게 통보하여야 한다. <개정 2013.1.1., 2014.1.1.> ② 제1항에 따라 세관장이 확인을 요청한 사항에 대하여 조약 또는 협정에서 다르게 규정한 경우를 제외하고 다음 각 호의 어느 하나에 해당하는 경우에는 일반특혜관세·국제협력관세 또는 편익관세를 적용하지 아니할 수 있다. 이 경우 세관장은 제38조의3제4항 및 제39조제2항에 따라 납부하여야 할 세액 또는 납부하여야 할 세액과 납부한 세액의 차액을 부과·징수하여야 한다. <신설 2014.1.1.> 1. 외국세관등이 기획재정부령으로 정한 기간 이내에 그 결과를 회신하지 아니한 경우 2. 세관장에게 신고한 원산지가 실제 원산지와 다른 것으로 확인된 경우 3. 외국세관등의 회신내용에 제229조에 따른 원산지증명서 및 원산지증명서확인자료를 확인하는 데 필요한 정보가 포함되지 아니한 경우 ③ 세관장은 제232조의2에 따라 원산지증명서가 발급된 물품을 수입하는 국가의 권한 있는 기관으로부터 원산지증명서 및 원산지증명서확인자료의 진위 여부, 정확성 등의 확인을 요청받은 경우 등 필요하다고 인정되는 경우에는 제232조의2제2항 각 호의 어느 하나에 해당하는 자를 대상으로 서면조사 또는 현지조사를 할 수 있다. <개정 2014.1.1.> ④ 제1항에 따른 확인요청 및	**제236조의6(원산지증명서확인자료 등)** ① 법 제232조의2제2항 전단에서 "대통령령으로 정하는 자료"란 다음 각 호의 구분에 따른 자료로서 수출신고 수리일부터 3년 이내의 자료를 말한다. 1. 수출물품의 생산자가 제출하는 다음 각 목의 자료 가. 수출자에게 해당 물품의 원산지를 증명하기 위하여 제공한 서류 나. 수출자와의 물품공급계약서 다. 해당 물품의 생산에 사용된 원재료의 수입신고필증(생산자 명의로 수입신고한 경우만 해당한다) 라. 해당 물품 및 원재료의 생산 또는 구입 관련 증명서류 마. 원가계산서·원재료내역서 및 공정명세서 바. 해당 물품 및 원재료의 출납·재고관리대장 사. 해당 물품의 생산에 사용된 재료를 공급하거나 생산한 자가 그 재료의 원산지를 증명하기 위하여 작성하여 생산자에게 제공한 서류 아. 원산지증명서 발급 신청서류(전자문서를 포함하며, 생산자가 원산지증명서를 발급받은 경우만 해당한다) 2. 수출자가 제출하는 다음 각 목의 자료 가. 원산지증명서가 발급된 물품을 수입하는 국가의 수입자에게 제공한 원산지증명서(전자문서를 포함한다) 나. 수출신고필증 다. 수출거래 관련 계약서 라. 원산지증명서 발급 신청서류(전자문서를 포함하며, 수출자가 원산지증명서를 발급받은 경우만 해당한다) 마. 제1호라목부터 바목까지의 서류(수출자가 원산지증명서를 발급받은 경우만 해당한다) 3. 원산지증명서를 발급한 자가 제출하는 다음 각 목의 자료 가. 발급한 원산지증명서(전자문서를 포함한다) 나. 원산지증명서 발급신청 서류(전자문서를 포함한다) 다. 그 밖에 발급기관이 보관 중인 자료로서 원산지 확인에 필요하다고 판단하는 자료 ② 법 제232조의2제2항제3호에서 "대통령령으로 정하는 자"란 해당 수출물품의 생산자 또는 수출자를 말한다. [본조신설 2011.4.1.] **제236조의7(수입물품의 원산지증명서 등 확인요청)** 세관장은 법 제233조제1항에 따라 원산지증명서 및 원산지증명서확인자료에 대한 진위 여부 등의 확인을 요청할 때에는 다음 각 호의 사항이 적힌 요청서와 수입자 또는 그 밖의 조사대상자 등으로부터 수집한 원산지증명서 사본 및 송품장 등 원산지 확인에 필요한 서류를 함께 송부하여야 한다. 1. 원산지증명서 및 원산지증명서확인자료의 진위 여부 등에 대하여 의심을 갖게 된 사유 및 확인 요청사항 2. 해당 물품에 적용된 원산지결정기준	우리나라로 수출된 물품일 것 [전문개정 2012.2.28.] **제77조(원산지증명서확인자료의 제출기간)** 법 제232조의2제2항 각 호 외의 부분 후단에서 "기획재정부령으로 정하는 기간"이란 세관장으로부터 원산지증명서확인자료의 제출을 요구받은 날부터 30일을 말한다. 다만, 제출을 요구받은 자가 부득이한 사유로 그 기간에 원산지증명서확인자료를 제출하기 곤란할 때에는 그 기간을 30일의 범위에서 한 차례만 연장할 수 있다. [본조신설 2011.4.1.] **제77조의2(원산지증명서 등의 확인요청에 대한 회신기간)** 법 제233조제2항제1호에서 "기획재정부령으로 정한 기간"이란 다음 각 호의 구분에 따른 기간을 말한다. 1. 법 제73조에 따른 국제협력관세로서 「아시아·태평양 무역협정」에 따른 국제협정관세를 적용하기 위하여 원산지증명서를 발급한 국가의 세관이나 그

관세법	관세법 시행령	관세법 시행규칙
제3항에 따른 조사에 필요한 사항은 대통령령으로 정한다. <개정 2014.1.1.> ⑤ 제1항부터 제4항까지의 규정에도 불구하고 조약·협정 등의 시행을 위하여 원산지증명서 확인요청 및 조사 등에 관한 사항을 따로 정할 필요가 있을 때에는 기획재정부령으로 정한다. <신설 2011.12.31., 2014.1.1.> [전문개정 2010.12.30.] **제233조의2(수출입물품의 원산지정보 수집·분석)** ① 관세청장은 이 법과 「자유무역협정의 이행을 위한 관세법의 특례에 관한 법률」 및 조약·협정 등에 따라 수출입물품의 원산지 확인·결정 또는 검증 등의 업무에 필요한 정보를 수집·분석할 수 있다. ② 관세청장은 제1항에 따른 정보를 효율적으로 수집·분석하기 위하여 필요한 경우 대통령령으로 정하는 업무의 일부를 대통령령으로 정하는 법인 또는 단체에 위탁할 수 있다. 이 경우 관세청장은 예산의 범위에서 위탁업무의 수행에 필요한 경비를 지원할 수 있다. <개정 2013.1.1.> ③ 제1항에 따른 수출입물품의 원산지정보 수집·분석을 위하여 필요한 사항은 대통령령으로 정한다.	[전문개정 2013.2.15.] **제236조의8(수출물품의 원산지증명서 등에 관한 조사 절차 등)** ① 법 제233조제2항에 따른 현지조사는 서면조사만으로 원산지증명서 및 원산지증명서확인자료의 진위 여부, 정확성 등을 확인하기 곤란하거나 추가로 확인할 필요가 있는 경우에 할 수 있다. ② 세관장은 서면조사 또는 현지조사를 하는 경우에는 기획재정부령으로 정하는 사항을 조사대상자에게 조사 시작 7일 전까지 서면으로 통지하여야 한다. ③ 조사의 연기신청, 조사결과의 통지에 관하여는 법 제114조제2항 및 제115조를 준용한다. ④ 조사결과에 대하여 이의가 있는 조사대상자는 조사결과를 통지받은 날부터 30일 이내에 다음 각 호의 사항이 적힌 신청서에 이의제기 내용을 확인할 수 있는 자료를 첨부하여 세관장에게 제출할 수 있다. 1. 이의를 제기하는 자의 성명과 주소 또는 거소 2. 제3항에 따른 조사결과통지서를 받은 날짜 및 조사결정의 내용 3. 해당 물품의 품명·규격·용도·수출자·생산자 및 수입자 4. 이의제기의 요지와 내용 ⑤ 세관장은 제4항에 따라 이의제기를 받은 날부터 30일 이내에 심사를 완료하고 그 결정내용을 통지하여야 한다. ⑥ 세관장은 제4항에 따른 이의제기의 내용이나 절차에 결함이 있는 경우에는 20일 이내의 기간을 정하여 다음 각 호의 사항을 적은 문서로서 보정할 것을 요구할 수 있다. 다만, 보정할 사항이 경미한 경우에는 직권으로 보정할 수 있다. 1. 보정할 사항 2. 보정을 요구하는 이유 3. 보정할 기간 4. 그 밖의 필요한 사항 ⑦ 제6항 본문에 따른 보정기간은 제5항에 따른 결정기간에 산입하지 아니한다.	밖에 발급권한이 있는 기관(이하 이 조에서 "외국세관등"이라 한다)에 원산지증명서 등의 확인을 요청한 경우: 확인을 요청한 날부터 4개월 2. 법 제76조제3항에 따른 최빈개발도상국에 대한 일반특혜관세를 적용하기 위하여 외국세관등에 원산지증명서 등의 확인을 요청한 경우: 확인을 요청한 날부터 6개월

7. 대외무역법

대외무역법	대외무역법 시행령	대외무역관리규정
제33조(수출입 물품등의 원산지의 표시) ①산업통상자원부장관이 공정한 거래 질서의 확립과 생산자 및 소비자 보호를 위하여 원산지를 표시하여야 하는 대상으로 공고한 물품등(이하 "원산지표시대상물품"이라 한다)을 수출하거나 수입하려는 자는 그 물품등에 대하여 원산지를 표시하여야 한다. <개정 2008.2.29., 2010.4.5., 2013.3. 23.> ② 수입된 원산지표시대상물품에 대하여 대통령령으로 정하는 단순한 가공활동을 거침으로써 해당 물품등의 원산지 표시를 손상하거나 변형한 자(무역거래자 또는 물품등의 판매업자에 대하여 제4항이 적용되는 경우는 제외한다)는 그 단순가공한 물품등에 당초의 원산지를 표시하여야 한다. 이 경우 다른 법령에서 단순한 가공활동을 거친 수입 물품등에 대하여 다른 기준을 규정하고 있으면 그 기준에 따른다. <신설 2010.4.5.> ③ 제1항 및 제2항 전단에 따른 원산지의 표시방	제55조(원산지표시대상물품 지정 등) ① 산업통상자원부장관은 법 제33조제1항에 따라 원산지를 표시하여야 할 물품(이하 "원산지표시대상물품"이라 한다)을 공고하려면 해당 물품을 관장하는 관계 행정기관의 장과 미리 협의하여야 한다. <개정 2008.2.29., 2010.10.1., 2013.3.23.> ② 법 제33조제2항에서 "대통령령으로 정하는 단순한 가공활동"이란 판매목적의 물품포장 활동, 상품성 유지를 위한 단순한 작업 활동 등 물품의 본질적 특성을 부여하기에 부족한 가공활동을 말하며, 그 가공활동의 구체적인 범위는 관계 중앙행정기관의 장과 협의하여 산업통상자원부장관이 정하여 고시한다. <신설 2010.10.1., 2013.3.23.> [제목개정 2010.10.1.] 제56조(수출입 물품의 원산지 표시방법) ① 원산지표시대상물품을 수입하려는 자는 다음 각 호의 방법에 따라 해당 물품에 원산지를 표시하여야 한다. 1. 한글·한문 또는 영문으로 표시할 것 2. 최종 구매자가 쉽게 판독할 수 있는 활자체로 표시할 것 3. 식별하기 쉬운 위치에 표시할 것 4. 표시된 원산지가 쉽게 지워지거나 떨어지지 아니하는 방법으로 표시할 것 ② 제1항에도 불구하고 해당 물품에 원산지를 표시하는 것이 곤란하거나	제73조(적용범위) 이 장의 규정은 법 제12조, 제33조부터 제38까지 및 제41조 등에 따라 원산지 표시, 원산지 판정 및 확인 등이 필요한 물품에 대하여 적용한다. 제74조(협의) ①이 장의 규정을 운용하기 위하여 필요한 경우 산업통상자원부장관은 관계 행정기관의 장 및 해당 사안과 관련된 공무원, 전문가 등과 협의하거나 의견을 들을 수 있다. ② 이 장의 규정을 적용할 때에 해당 사안과 관련된 행정기관의 장, 무역거래자·판매업자 및 단순한 가공활동을 수행한 자, 그 밖의 이해관계인은 산업통상자원부장관에게 의견을 제출할 수 있다. 제75조(수입 물품의 원산지표시대상물품 등) ① 영 제55조 제1항에 따른 원산지표시대상물품은 별표 8에 게기된 수입 물품이며 원산지표시대상물품은 해당 물품에 원산지를 표시하여야 한다. ② 제1항에도 불구하고 원산지표시대상물품이 다음 각 호의 어느 하나에 해당되는 경우에는 영 제56조 제2항에 따라 해당 물품에 원산지를 표시하지 않고 해당 물품의 최소포장, 용기 등에 수입 물품의 원산지를 표시할 수 있다. 1. 해당 물품에 원산지를 표시하는 것이 불가능한 경우 2. 원산지 표시로 인하여 해당 물품이 크게 훼손되는 경우(예: 당구 공, 콘택즈렌즈, 포장하지 않은 집적회로 등) 3. 원산지 표시로 인하여 해당 물품의 가치가 실질적으로 저하되는 경우 4. 원산지 표시의 비용이 해당 물품의 수입을 막을 정도로 과도한 경우(예: 물품값보다 표시비용이 더 많이 드는 경우 등) 5. 상거래 관행상 최종구매자에게 포장, 용기에 봉인되어 판매되는 물품 또는 봉인되지는 않았으나 포장, 용기를 뜯지 않고 판매되는 물품(예: 비누, 칫솔, VIDEO TAPE 등) 6. 실질적 변형을 일으키는 제조공정에 투입되는 부품 및 원재료를 수입 후 실수요자에게 직접 공급하는 경우 7. 물품의 외관상 원산지의 오인 가능성이 적은 경우(예: 두리안, 오렌지, 바나나와 같은 과일·채소 등) 8. 관세청장이 산업통상자원부장관과 협의하여 타당하다고 인정하는 물품 ③ 영 제55조 제2항에 따른 단순한 가공활동의 구체적인 사항은 제85조 제8항 각호를 준용한다. 제76조(수입 물품 원산지 표시의 일반원칙) ① 수입 물품의 원산지는 다음 각 호의 어느 하나에 해당되는 방식으로 한글, 한자 또는 영문으로 표시할 수 있다. 1. "원산지: 국명" 또는 "국명 산(産)" 2. "Made in 국명" 또는 "Product of 국명" 3. "Made by 물품 제조자의 회사명, 주소, 국명"

대외무역법	대외무역법 시행령	대외무역관리규정
법·확인, 그 밖에 표시에 필요한 사항은 대통령령으로 정한다. <개정 2010.4.5.> ④ 무역거래자 또는 물품등의 판매업자는 다음 각 호의 어느 하나에 해당하는 행위를 하여서는 아니 된다. 다만, 제3호의 경우에는 무역거래자의 경우만 해당된다. <개정 2010. 4.5., 2013.7. 30.> 1. 원산지를 거짓으로 표시하거나 원산지를 오인(誤認)하게 하는 표시를 하는 행위 2. 원산지의 표시를 손상하거나 변경하는 행위 3. 원산지표시대상물품에 대하여 원산지 표시를 하지 아니하는 행위 4. 제1호부터 제3호까지의 규정에 위반되는 원산지표시대상물품을 국내에서 거래하는 행위 ⑤ 산업통상자원부장관 또는 시·도지사는 제1항부터 제4항까지의 규정을 위반하였는지 확인하기 위하여 필요하다고 인정하면 수입한 물품등과 대통령령으로 정하는 관련 서류를 검사할 수 있다. <개정 2008.2.29., 2010. 4.5., 2013.3.23., 2013.7.30.> ⑥ 삭제 <2013.7.	원산지를 표시할 필요가 없다고 인정하여 산업통상자원부장관이 정하여 고시하는 기준에 해당하는 경우에는 산업통상자원부장관이 정하여 고시하는 바에 따라 원산지를 표시하거나 원산지 표시를 생략할 수 있다. <개정 2008.2.29., 2013.3.23.> ③ 제1항에 규정된 것 외에 수입 물품의 원산지 표시방법에 관하여 필요한 사항은 산업통상자원부장관이 정하여 고시한다. 다만, 수입물품을 관장하는 중앙행정기관의 장은 소비자를 보호하기 위하여 필요한 경우에는 산업통상자원부장관과 협의하여 해당 물품의 원산지 표시에 관한 세부적인 사항을 따로 정하여 고시할 수 있다. <개정 2008. 2.29., 2013.3.23.> ④ 삭제 <2010.10.1.> ⑤ 수출 물품에 대하여 원산지를 표시하는 경우에는 제1항 각 호에서 정한 방법에 따라 원산지를 표시하되, 그 물품에 대한 수입국의 원산지 표시 규정이 이와 다르게 표시하도록 되어 있으면 그 규정에 따라 원산지를 표시할 수 있다. 다만, 수입한 물품에 대하여 국내에서 단순한 가공활동을 거쳐 수출하는 경우에는 우리나라를 원산지로 표시하여서는 아니 된다. **제57조(원산지 표시방법의 확인)** ① 제56조에 따른 원산지 표시방법에 따라 원산지를 표시하여야 하는 자는 해당 물품이 수입되기 전에 문서로 그 물품의 적절한 원산지 표시방법에	4. "Country of Origin: 국명" 5. 영 제61조의 원산지와 동일한 경우로서 국제상거래관행상 타당한 것으로 관세청장이 인정하는 방식 6. 삭제 ② 수입 물품의 원산지는 최종구매자가 해당 물품의 원산지를 용이하게 판독할 수 있는 크기의 활자체로 표시하여야 한다. ③ 수입물품의 원산지는 최종구매자가 정상적인 물품구매과정에서 원산지표시를 발견할 수 있도록 식별하기 용이한 곳에 표시하여야 한다. ④ 표시된 원산지는 쉽게 지워지지 않으며 물품(또는 포장·용기)에서 쉽게 떨어지지 않아야 한다. ⑤ 수입 물품의 원산지는 제조단계에서 인쇄(printing), 등사(stenciling), 낙인(branding), 주조(molding), 식각(etching), 박음질(stitching) 또는 이와 유사한 방식으로 원산지를 표시하는 것을 원칙으로 한다. 다만, 물품의 특성상 위와 같은 방식으로 표시하는 것이 부적합 또는 곤란하거나 물품을 훼손할 우려가 있는 경우에는 날인(stamping), 라벨(label), 스티커(sticker), 꼬리표(tag)를 사용하여 표시할 수 있다. ⑥ 최종구매자가 수입 물품의 원산지를 오인할 우려가 없는 경우에는 다음 각호와 같이 통상적으로 널리 사용되고 있는 국가명이나 지역명 등을 사용하여 원산지를 표시할 수 있다. 1. United States of America를 USA로 2. Switzerland를 Swiss로 3. Netherlands를 Holland로 4. United Kingdom of Great Britain and Northern Ireland를 UK 또는 GB로 5. UK의 England, Scotland, Wales, Northern Ireland 6. 기타 관세청장이 산업통상자원부장관과 협의하여 타당하다고 인정하는 국가나 지역명 ⑦ 「품질경영 및 공산품안전관리법」, 「식품위생법」 등 다른 법령에서 원산지표시방법 등을 정하고 있는 경우에는 이를 적용할 수 있다. **제77조(원산지 오인 우려 수입 물품의 원산지 표시)** ① 법 제33조제4항제1호의 원산지오인 우려 표시물품은 원산지표시대상물품이 다음 각 호의 어느 하나에 해당되는 물품을 말한다. 1. 주문자 상표부착(OEM)방식에 의해 생산된 수입 물품의 원산지와 주문자가 위치한 국명이 상이하여 최종구매자가 해당 물품의 원산지를 오인할 우려가 있는 물품 2. 물품 또는 포장·용기에 현저하게 표시되어 있는 상호·상표·지역·국가 또는 언어명이 수입 물품의 원산지와 상이하여 최종구매자가 해당 물품의 원산지를 오인할 우려가 있는 물품 ② 제1항에 해당되는 수입 물품은 해당 물품 또는 포장·용기의 전면에 제76조에 따라 원산지를 표시하여야 하며,

대외무역법	대외무역법 시행령	대외무역관리규정
30.> ⑦ 삭제 <2013.7.30.> ⑧ 삭제 <2013.7.30.> **제34조(원산지 판정 등)** ① 산업통상자원부장관은 필요하다고 인정하면 수출 또는 수입 물품등의 원산지 판정을 할 수 있다. <개정 2008.2.29., 2013.3.23.> ② 원산지 판정의 기준은 대통령령으로 정하는 바에 따라 산업통상자원부장관이 정하여 공고한다. <개정 2008.2.29., 2013.3.23.> ③ 무역거래자 또는 물품등의 판매업자 등은 수출 또는 수입 물품등의 원산지 판정을 산업통상자원부장관에게 요청할 수 있다. <개정 2008.2.29., 2013.3.23.> ④ 산업통상자원부장관은 제3항에 따라 요청을 받은 경우에는 해당 물품등의 원산지 판정을 하여서 요청한 사람에게 알려야 한다. <개정 2008.2.29., 2013.3.23.> ⑤ 제4항에 따라 통보를 받은 자가 원산지 판정에 불복하는 경우에는 통보를 받은 날부터 30일 이내에 산업통상자원부장	관한 확인을 산업통상자원부장관에게 요청할 수 있다. <개정 2008.2.29., 2013.3.23.> ② 제1항에 따른 산업통상자원부장관의 원산지 표시방법의 확인에 관하여 이의가 있는 자는 확인 결과를 통보받은 날부터 30일 이내에 서면으로 산업통상자원부장관에게 이의를 제기할 수 있다. <개정 2008.2.29., 2013.3.23.> ③ 원산지 표시방법에 대한 확인 요청과 확인 결과에 대한 이의제기에 필요한 사항은 산업통상자원부장관이 정하여 고시한다. <개정 2008.2.29., 2013.3.23.> ④ 산업통상자원부장관은 법 제33조제3항에 따라 원산지표시대상물품을 수입하는 자에 대하여 해당 물품이 통관할 때 제56조제1항부터 제3항까지의 규정에 따른 원산지의 표시방법 및 표시 여부 등을 확인할 수 있다. 이 경우 확인방법과 확인절차 등에 관하여는 산업통상자원부장관이 정하여 고시 한다. <개정 2008.2.29., 2010.10.1., 2013.3.23.> **제57조의2(서류검사)** 법 제33조제5항에서 "대통령령으로 정하는 관련 서류"란 다음 각 호에 해당하는 서류를 말한다. <개정 2013.3.23.> 1. 수입한 물품등의 무역거래자 및 판매업자의 정보에 관한 서류 2. 수입한 물품등의 가격, 수량, 품질 및 제조 또는 가공 공정에 관한 서류 3. 그 밖에 원산지의 표	물품의 특성상 전후면의 구별이 어렵거나 전면에 표시하기 어려운 경우 등에는 원산지 오인을 초래하는 표시와 가까운 곳에 표시하여야 한다. 다만, 해당물품에 원산지가 적합하게 표시되어 있고, 최종판매단계에서 진열된 물품 등을 통하여 최종구매자가 원산지 확인이 가능하며, 국제상거래 관행상 통용되는 방법으로 원산지를 표시하는 경우 세관장은 산업통상자원부장관과 협의하여 포장·용기에 표시된 원산지가 원산지 오인을 초래하는 표시와 가깝지 않은 곳에 있어도 원산지 오인이 없는 것으로 볼 수 있다. ③ 제1항에 해당되는 수입 물품을 판매하는 자는 판매 또는 진열시 소비자가 알아볼 수 있도록 상품에 표시된 원산지와는 별도로 스티커, 푯말 등을 이용하여 원산지를 표시하여야 한다. **제78조(수입 후 단순한 가공활동을 수행한 물품등의 원산지 표시)** ① 영 제55조제2항에 해당하는 물품의 원산지 표시는 다음 각 호의 어느 하나의 방법에 따라 원산지를 표시하여야 한다. 다만, 다음 각 호에서 달리 규정하지 아니한 사항에 대하여는 제75조부터 제77조까지, 제79조부터 제81조까지의 규정을 준용한다. 1. 원산지표시대상물품이 수입된 후, 최종구매자가 구매하기 이전에 국내에서 단순 제조·가공처리되어 수입 물품의 원산지가 은폐·제거되거나 은폐·제거될 우려가 있는 물품의 경우에는 제조·가공업자(수입자가 제조업자인 경우를 포함한다)는 완성 가공품에 수입 물품의 원산지가 분명하게 나타나도록 원산지를 표시하여야 한다. 2. 원산지표시대상물품이 대형 포장 형태로 수입된 후에 최종구매자가 구매하기 이전에 국내에서 소매단위로 재포장되어 판매되는 물품인 경우에는 재포장 판매업자(수입자가 판매업자인 경우를 포함한다)는 재포장 용기에 수입 물품의 원산지가 분명하게 나타나도록 원산지를 표시하여야 한다. 재포장되지 않고 낱개 또는 산물로 판매되는 경우에도 물품 또는 판매용기·판매장소에 스티커 부착, 푯말 부착 등의 방법으로 수입품의 원산지를 표시하여야 한다. 3. 원산지표시대상물품이 수입된 후에 최종구매자가 구매하기 이전에 다른 물품과 결합되어 판매되는 경우(예: 바이올린과 바이올린케이스, 라이터와 라이터케이스 등)에는 제조·가공업자(수입자가 제조업자인 경우를 포함한다)는 수입된 해당 물품의 원산지가 분명하게 나타나도록 "(해당 물품명)의 원산지: 국명"의 형태로 원산지를 표시하여야 한다. ② 제1항에 해당되는 경우에는 세관장이 수입자에게 수입통관 후 법령에 따른 원산지 표시를 준수하도록 명할 수 있다. ③ 제1항에 해당되는 물품을 수입하는 자가 같은 물품을 제3자(중간 구매업자 또는 판매자 등)에게 양도(제3자가 재양도하는 경우를 포함한다)하는 경우에는 양수인에게 서면으로 법령에 따른 원산지 표시의무를 준수하여야 할 것을 알려야 한다.

대외무역법	대외무역법 시행령	대외무역관리규정
관에게 이의를 제기할 수 있다. <개정 2008.2.29., 2013.3.23.> ⑥ 산업통상자원부장관은 제5항에 따라 이의를 제기받은 경우에는 이의 제기를 받은 날부터 150일 이내에 이의 제기에 대한 결정을 알려야 한다. <개정 2008.2.29., 2013.3.23.> ⑦ 원산지 판정의 요청, 이의 제기 등 원산지 판정의 절차에 필요한 사항은 대통령령으로 정한다. **제35조(수입원료를 사용한 국내생산 물품등의 원산지 판정 기준)** ① 산업통상자원부장관은 공정한 거래질서의 확립과 생산자 및 소비자 보호를 위하여 필요하다고 인정하면 수입원료를 사용하여 국내에서 생산되어 국내에서 유통되거나 판매되는 물품등(이하 이 조에서 "국내생산물품등"이라 한다)에 대한 원산지 판정에 관한 기준을 관계 중앙행정기관의 장과 협의하여 정할 수 있다. 다만, 다른 법령에서 국내생산물품등에 대하여 다른 기준을 규정하고 있는 경우에는 그러하지 아니하다. <개정	시에 대한 위반 여부를 확인하기 위하여 산업통상자원부장관이 필요하다고 인정하는 서류 [본조신설 2010.10.1.] **제58조(원산지표시 위반물품에 대한 시정조치)** ① 법 제33조제6항에 따른 시정조치의 내용은 다음 각 호와 같다. <개정 2010.10.1.> 1. 원산지표시의 원상 복구, 정정, 말소 또는 원산지표시명령 2. 위반물품의 거래 또는 판매 행위의 중지 ② 법 제33조제6항에 따른 시정조치 명령은 다음 각 호의 사항을 명시한 서면으로 하여야 한다. <개정 2010.10.1.> 1. 위반행위의 내용 2. 시정조치 명령의 사유 및 내용 3. 시정기한 **제59조(과징금의 부과 및 납부)** ① 산업통상자원부장관 또는 시·도지사는 법 제33조의2제2항에 따라 과징금을 부과하려면 그 위반행위의 종류와 과징금의 금액을 명시하여 과징금을 낼 것을 서면으로 알려야 한다. <개정 2008.2.29., 2010.10.1., 2013.3.23., 2014.1.28.> ② 제1항에 따라 통보를 받은 자는 납부 통지일부터 20일 이내에 과징금을 산업통상자원부장관 또는 시·도지사가 정하는 수납기관에 내야 한다. 다만, 천재지변이나 그 밖의 부득이한 사유로 납부기한까지 과징금을 낼 수 없는 경우에는 그 사유가 없어진 날부터 7일 이내	**제80조(수입용기의 원산지 표시)** ① 관세율표에 따라 용기로 별도 분류되어 수입되는 물품의 경우에는 용기에 "(용기명)의 원산지: (국명)"에 상응하는 표시를 하여야 한다(예: "Bottle made in 국명"). ② 제1항에도 불구하고 1회 사용으로 폐기되는 용기의 경우에는 최소 판매단위의 포장에 용기의 원산지를 표시할 수 있으며, 실수요자가 이들 물품을 수입하는 경우에는 용기의 원산지를 표시하지 않아도 무방하다. **제82조(수입 물품 원산지 표시의 면제)** ① 제75조에 따라 물품 또는 포장·용기에 원산지를 표시하여야 하는 수입물품이 다음 각 호의 어느 하나에 해당되는 경우에는 원산지를 표시하지 아니할 수 있다. 1. 영 제2조제6호 및 제7호에 의한 외화획득용 원료 및 시설기재로 수입되는 물품 2. 개인에게 무상 송부된 탁송품, 별송품 또는 여행자 휴대품 3. 수입 후 실질적 변형을 일으키는 제조공정에 투입되는 부품 및 원재료로서 실수요자가 직접 수입하는 경우(실수요자를 위하여 수입을 대행하는 경우를 포함한다) 4. 판매 또는 임대목적에 제공되지 않는 물품으로서 실수요자가 직접 수입하는 경우. 다만, 제조에 사용할 목적으로 수입되는 제조용 시설 및 기자재(부분품 및 예비용 부품을 포함한다)는 수입을 대행하는 경우 인정할 수 있다. 5. 연구개발용품으로서 실수요자가 수입하는 경우(실수요자를 위하여 수입을 대행하는 경우를 포함한다) 6. 견본품(진열·판매용이 아닌 것에 한함) 및 수입된 물품의 하자보수용 물품 7. 보세운송, 환적 등에 의하여 우리나라를 단순히 경유하는 통과 화물 8. 재수출조건부 면세 대상 물품 등 일시 수입 물품 9. 우리나라에서 수출된 후 재수입되는 물품 10. 외교관 면세 대상 물품 11. 개인이 자가소비용으로 수입하는 물품으로서 세관장이 타당하다고 인정하는 물품 12. 그 밖에 관세청장이 산업통상자원부장관과 협의하여 타당하다고 인정하는 물품 ② 세관장은 제1항에 따라 원산지 표시가 면제되는 물품에 대하여 외화획득 이행 여부, 목적외 사용 등 원산지표시 면제의 적합여부를 사후 확인할 수 있다. **제83조(원산지 표시의 확인·검사)** ① 별표 8의 물품을 수입하려는 자는 해당 물품의 통관시 원산지 표시 여부에 대하여 세관장의 확인을 받아야 한다. ② 세관장은 수출·수입되는 물품이 제75조부터 제81조까지의 규정에 위반되는 것으로 인정되는 경우에는 원산지의 표시·정정·말소 등 적절한 조치를 지시할 수 있다. ③ 관계 행정기관의 장, 시·도지사는 수입신고 후 통관된 물품이 제75조부터 제81조까지의 규정에 위반되는 것

대외무역법

2008.2.29., 2010.4.5., 2013.3.23.>
② 산업통상자원부장관은 제1항에 따라 국내생산물품등에 대한 원산지 판정에 관한 기준을 정하면 이를 공고하여야 한다. <개정 2008.2.29., 2013.3.23.>

제36조(수입 물품등의 원산지증명서의 제출)
① 산업통상자원부장관은 원산지를 확인하기 위하여 필요하다고 인정하면 물품등을 수입하려는 자에게 그 물품등의 원산지 국가 또는 물품등을 선적(船積)한 국가의 정부 등이 발행하는 원산지증명서를 제출하도록 할 수 있다. <개정 2008.2.29., 2013.3.23.>
② 제1항에 따른 원산지증명서의 제출과 그 확인에 필요한 사항은 대통령령으로 정한다.

제37조(수출 물품의 원산지증명서의 발급 등)
① 헌법에 따라 체결·공포된 조약과 일반적으로 승인된 국제법규를 이행하기 위하여 또는 교역상대국 무역거래자의 요청으로 수출 물품의 원산지증명서를 발급받으려

대외무역법 시행령

에 내야 한다. <개정 2008.2.29., 2013.3.23., 2014.1.28.>
③ 제2항에 따라 과징금을 받은 수납기관은 과징금을 낸 자에게 영수증을 발급하여야 한다.
④ 과징금의 수납기관은 제2항에 따른 과징금을 받으면 지체 없이 그 사실을 산업통상자원부장관 또는 시·도지사에게 알려야 한다. <개정 2008.2.29., 2013.3.23., 2014.1.28.>
⑤ 삭제 <2014.1.28.>

제60조(과징금을 부과할 위반행위의 종류와 과징금의 금액)
① 법 제33조의2제2항에 따라 과징금을 부과하는 위반행위의 종류와 위반 정도에 따른 과징금의 금액은 별표 2와 같다. <개정 2010.10.1., 2014.1.28.>
② 산업통상자원부장관 또는 시·도지사는 해당 무역거래자 등의 수출입 규모, 위반 정도 및 위반 횟수 등을 고려하여 제1항에 따른 과징금 금액의 2분의 1의 범위에서 가중하거나 경감할 수 있다. 다만, 가중하는 경우에도 과징금의 총액은 3억원을 넘을 수 없다. <개정 2008.2.29., 2009.11.2., 2013.3.23., 2014.1.28.>

제61조(수출입 물품의 원산지 판정 기준)
① 법 제34조에 따른 수입 물품에 대한 원산지 판정은 다음 각 호의 어느 하나의 기준에 따라야 한다. <개정 2008.11.5.>
1. 수입 물품의 전부가 하나의 국가에서 채취되

대외무역관리규정

으로 인정되는 경우에는 원산지의 표시·정정·말소 등 적절한 조치를 지시할 수 있다.
④ 법 제33조제5항에 따른 검사를 하는 공무원의 증표는 별표 11과 같다.

제84조(원산지 표시의 확인 및 이의제기) ① 관세청장은 영 제57조제1항에 따라 적정한 원산지 표시방법에 관한 확인을 요청받은 경우에는 신청을 접수한 날부터 30일 이내에 영 제56조에 따라 해당 물품의 적정한 표시방법을 확인하여 요청인에게 알려야 한다.
② 제1항의 통보 내용에 대하여 영 제57조제2항에 따른 이의제기를 접수한 관세청장은 접수한 날부터 30일 이내에 이의제기에 대하여 결정을 하고 이를 요청인에게 알려야 한다.
③ 관세청장은 제1항에 따른 원산지 표시 확인 및 이의기에 필요한 사항을 산업통상자원부장관과 협의하여 별도로 정할 수 있다.

제3절 원산지 판정
제85조(수입 물품의 원산지 판정 기준) ① 다음 각 호에 해당되는 물품을 영 제61조제1항제1호에 따른 완전생산물품으로 본다.
1. 해당국 영역에서 생산한 광산물, 농산물 및 식물성 생산물
2. 해당국 영역에서 번식, 사육한 산동물과 이들로부터 채취한 물품
3. 해당국 영역에서 수렵, 어로로 채포한 물품
4. 해당국 선박에 의하여 해당국 이외 국가의 영해나 배타적 경제수역이 아닌 곳에서 채포(採捕)한 어획물, 그 밖의 물품
5. 해당국에서 제조, 가공공정 중에 발생한 잔여물
6. 해당국 또는 해당국의 선박에서 제1호부터 제5호까지의 물품을 원재료로 하여 제조·가공한 물품
② 영 제61조제1항제2호에서 "실질적 변형"이란 해당국에서의 제조·가공과정을 통하여 원재료의 세번과 상이한 세번(HS 6단위 기준)의 제품을 생산하는 것을 말한다.
③ 산업통상자원부장관은 관세율표상에 해당 물품과 그 원재료의 세번이 구분되어 있지 아니함으로 인하여 제조·가공 과정을 통하여 그 물품의 본질적 특성을 부여하는 활동을 가하더라도 세번(HS 6단위 기준)이 변경되지 아니하는 경우에는 관계기관의 의견을 들은 후 해당 물품 생산에서 발생한 부가가치와 주요 공정 등 종합적인 특성을 감안하여 실질적 변형에 대한 기준을 제시할 수 있다.
④ 제2항에도 불구하고 산업통상자원부장관이 별표 9에서 별도로 정하는 물품에 대하여는 부가가치, 주요 부품 또는 주요 공정 등이 해당 물품의 원산지 판정기준이 된다.
⑤ 제4항에 따른 부가가치의 비율은 해당 물품의 제조·생산에 사용된 원료 및 구성품의 원산지별 가격누계가 해당 물품의 수입가격(FOB가격 기준)에서 점하는 비율로 한다.

대외무역법	대외무역법 시행령	대외무역관리규정
는 자는 산업통상자원부장관에게 원산지증명서의 발급을 신청하여야 한다. 이 경우 수수료를 내야 한다. <개정 2008.2.29., 2013.3.23.> ② 제1항에 따른 원산지증명서의 발급기준·발급절차, 유효기간, 수수료와 그 밖에 발급에 필요한 사항은 대통령령으로 정한다. **제38조(외국산 물품등을 국산 물품등으로 가장하는 행위의 금지)** 누구든지 원산지증명서를 위조 또는 변조하거나 거짓된 내용으로 원산지증명서를 발급받거나 물품등에 원산지를 거짓으로 표시하는 등의 방법으로 외국에서 생산된 물품등(외국에서 생산되어 국내에서 대통령령으로 정하는 단순한 가공활동을 거친 물품등을 포함한다. 이하 제53조의2제4호에서도 같다)의 원산지가 우리나라인 것처럼 가장(假裝)하여 그 물품등을 수출하거나 외국에서 판매하여서는 아니 된다. <개정 2010.4.5.> **제41조(특정국 물품에 대한 특별 수입수량 제한조치의 시**	거나 생산된 물품(이하 "완전생산물품"이라 한다)인 경우에는 그 국가를 그 물품의 원산지로 할 것 2. 수입 물품의 생산·제조·가공 과정에 둘 이상의 국가가 관련된 경우에는 최종적으로 실질적 변형을 가하여 그 물품에 본질적 특성을 부여하는 활동(이하 "실질적 변형"이라 한다)을 한 국가를 그 물품의 원산지로 할 것 3. 수입 물품의 생산·제조·가공 과정에 둘 이상의 국가가 관련된 경우 단순한 가공활동을 하는 국가를 원산지로 하지 아니할 것 ② 제1항에 따른 완전생산물품, 실질적 변형, 단순한 가공활동의 기준 등 원산지 판정 기준에 관한 구체적인 사항은 관계 중앙행정기관의 장과 협의하여 산업통상자원부장관이 정하여 고시한다. <개정 2008.2.29., 2013.3.23.> ③ 법 제34조에 따른 수출 물품에 대한 원산지 판정은 제1항 및 제2항에 따른 기준을 준용하여 판정하되, 그 물품에 대한 원산지 판정기준이 수입국의 원산지 판정기준과 다른 경우에는 수입국의 원산지 판정기준에 따라 원산지를 판정할 수 있다. <신설 2008.11.5.> **제62조(원산지 판정 절차)** ① 법 제34조제3항에 따라 수출 또는 수입 물품의 원산지 판정을 받으려는 자는 대상 물품의 관세·통계통합품목분류표(「관세법 시행령」 제98조에 따른 관세·통계통합	⑥ 제4항의 주요 부품에 대하여는 다음 각 호의 국가를 원산지로 본다. 1. 해당 주요 부품의 원료 및 구성품의 부가가치생산에 최대로 기여한 국가가 해당 완제품의 부가가치비율 기준 상위 2개국 중 어느 하나에 해당하는 경우는 해당 국가 2. 해당 주요 부품의 원료 및 구성품의 부가가치생산에 최대로 기여한 국가가 해당 완제품의 부가가치비율 기준 상위 2개국 중 어느 하나에 해당하지 아니하는 경우는 해당 완제품을 최종적으로 제조한 국가 ⑦ 제5항 및 제6항에 따라 부가가치의 비율을 산정하는 경우 해당 물품의 제조·생산에 사용된 원료 및 구성품의 가격은 다음 각 호의 어느 하나에서 정하는 가격으로 한다. 1. 해당 제조·생산국에서 외국으로부터 수입조달한 원료 및 구성품의 가격은 각기 수입단위별 FOB가격 2. 해당 제조·생산국에서 국내적으로 공급된 원료 및 구성품의 가격은 각기 구매단위별 공장도가격 ⑧ 다음 각 호의 어느 하나를 영 제61조제1항제3호에 규정된 "단순한 가공활동"으로 보며, 단순한 가공활동을 수행하는 국가에는 원산지를 부여하지 아니한다. 1. 운송 또는 보관 목적으로 물품을 양호한 상태로 보존하기 위해 행하는 가공활동 2. 선적 또는 운송을 용이하게 하기 위한 가공활동 3. 판매목적으로 물품의 포장 등과 관련된 활동 4. (삭 제) 5. 제조·가공결과 HS 6단위가 변경되는 경우라도 다음 각 목의 어느 하나에 해당되는 가공과 이들이 결합되는 가공은 단순한 가공활동의 범위에 포함된다. 가. 통풍 나. 건조 또는 단순가열(볶거나 굽는 것을 포함한다) 다. 냉동, 냉장 라. 손상부위의 제거, 이물질 제거, 세척 마. 기름칠, 녹방지 또는 보호를 위한 도색, 도장 바. 거르기 또는 선별(sifting or screening) 사. 정리(sorting), 분류 또는 등급선정(classifying, or grading) 아. 시험 또는 측정 자. 표시나 라벨의 수정 또는 선명화 차. 가수, 희석, 흡습, 가염, 가당, 전리(ionizing) 카. 각피(husking), 탈각(shelling or unshelling), 씨제거 및 신선 또는 냉장육류의 냉동, 단순 절단 및 단순 혼합 타. 별표 9에서 정한 HS 01류의 가축을 수입하여 해당국에서 도축하는 경우 같은 별표에서 정한 품목별 사육기간 미만의 기간 동안 해당국에서 사육한 가축의 도축(slaughtering) 파. 펴기(spreading out), 압착(crushing) 하. 가목부터 파목까지의 규정에 준하는 가공으로서 산업통상자원부장관이 별도로 판정하는 단순한 가공활동 **제86조(수입원료를 사용한 국내생산물품등의 원산지 판정 기준)** ① 법 제35조에 따른 수입원료를 사용한 국내생산물

대외무역법	대외무역법 시행령	대외무역관리규정
행 등) ① 산업통상자원부장관은 헌법에 따라 체결·공포된 조약 또는 일반적으로 승인된 국제법규에 따라 허용되는 한도에서 대통령령으로 정하는 국가를 원산지로 하는 물품의 수입으로 인하여 다음 각 호의 어느 하나에 해당하는 경우가 초래된다고 무역위원회의 조사를 통하여 확인되고 이를 구제하기 위한 조치가 건의되는 경우에는 피해를 구제하거나 방지하기 위하여 필요한 범위에서 특별 수입수량 제한조치(이하 이 조에서 "특별수입수량제한조치"라 한다)를 시행할 수 있다. <개정 2008.2.29., 2013.3.23.> 1. 그 물품의 수입 증가로 인하여 같은 종류의 물품 또는 직접적인 경쟁관계에 있는 물품의 국내 시장이 교란되거나 교란될 우려가 있는 경우 2. 세계무역기구 회원국이 해당 물품의 수입 증가에 대하여 자국의 시장 교란을 구제하거나 방지하기 위하여 취한 조치로 인하여 중대한 무역전환이 발생하여 그 물품이 우리나라로 수입되거	품목분류표를 말한다. 이하 같다)상의 품목번호·품목명(모델명을 포함 한다), 요청 사유, 요청자가 주장하는 원산지 등을 명시한 요청서에 견본 1개와 그 밖에 원산지 판정에 필요한 자료를 첨부하여 산업통상자원부장관에게 제출하여야 한다. 다만, 물품의 성질상 견본을 제출하기 곤란하거나 견본이 없어도 그 물품의 원산지 판정에 지장이 없다고 인정되는 경우에는 견본의 제출을 생략할 수 있다. <개정 2008.2.29., 2010.10.1., 2013.3.23.> ② 산업통상자원부장관은 제1항에 따라 제출된 요청서 등이 미비하여 수출 또는 수입 물품의 원산지를 판정하기 곤란한 경우에는 기간을 정하여 자료의 보정(補正)을 요구할 수 있으며, 그 기간 내에 보정하지 아니하면 요청서 등을 되돌려 보낼 수 있다. <개정 2008.2.29., 2010.10.1., 2013.3.23.> ③ 산업통상자원부장관은 제1항에 따라 원산지 판정의 요청을 받은 경우에는 60일 이내에 원산지 판정을 하여 그 결과를 요청한 사람에게 문서로 알려야 한다. 다만, 그 판정과 관련된 자료수집 등을 위하여 필요한 기간은 이에 산입하지 아니한다. <개정 2008.2.29., 2010.10.1., 2013.3.23.> ④ 원산지 판정의 결과가 요청인의 주장과 다른 경우에는 판정의 근거 등을 적어야 한다. <개정 2010.10.1.> ⑤ 원산지 판정의 요청 방법과 그 밖에 판정에 필요한 사항은 산업통상자	품 등의 원산지 판정 기준 적용 대상물품은 별표 8에 의한 수입 물품 원산지표시대상물품중 국내수입후 제85조제8항의 단순한 가공활동을 한 물품과 1류~24류(농수산물·식품), 30류(의료용품), 33류(향료·화장품), 48류(지와 판지), 49류(서적·신문·인쇄물), 50류~58류(섬유), 70류(유리), 72류(철강), 87류(8701~8708의 일반차량), 89류(선박)에 해당되지 않는 물품이다. ② 제1항에서 다음 각 호의 어느 하나에 해당하는 경우 우리나라를 원산지로 하는 물품으로 본다. 1. 우리나라에서 제조·가공과정을 통해 수입원료의 세번과 상이한 세번(HS 6단위 기준)의 물품을 생산하거나 세번 HS 4단위에 해당하는 물품의 세번이 HS 6단위에서 전혀 분류되지 아니한 물품으로, 해당 물품의 총 제조원가 중 수입원료의 수입가격(CIF가격 기준)을 공제한 금액이 총 제조원가의 51퍼센트 이상인 경우 2. 우리나라에서 제85조제8항의 단순한 가공활동이 아닌 제조·가공과정을 통해 제1호의 세번 변경이 안된 물품을 최종적으로 생산하고, 해당 물품의 총 제조원가 중 수입원료의 수입가격(CIF가격 기준)을 공제한 금액이 총 제조원가의 85퍼센트 이상인 경우 ③ 제2항에도 불구하고 천일염은 외국산 원재료가 사용되지 않고 제조되어야 우리나라를 원산지로 본다. ④ 제2항 및 제3항에 따라 국내생산물품 등의 원산지를 우리나라로 볼 수 있는 경우에는 제76조제1항의 규정을 준용하여 표시할 수 있다. ⑤ 법 제35조에 따른 수입원료를 사용한 국내생산물품중 제2항의 원산지 규정을 충족하지 아니한 물품의 원산지 표시는 다음 각 호의 방법에 따라 표시할 수 있다. 1. 우리나라를 "가공국" 또는 "조립국" 등으로 표시하되 원료 또는 부품의 원산지를 동일한 크기와 방법으로 병행하여 표시 2. 제1호의 원료나 부품이 1개국의 생산품인 경우에는 "원료(또는 부품)의 원산지: 국명"을 표시 3. 제1호의 원료나 부품이 2개국 이상(우리나라를 포함한다)에서 생산된 경우에는 완성품의 제조원가의 재료비에서 차지하는 구성비율이 높은 순으로 2개 이상의 원산지를 각각의 구성비율과 함께 표시(예: "원료 (또는 부품)의 원산지: 국명(○%), 국명(○%)") **제87조(원산지 판정 기준의 특례)** ① 기계·기구·장치 또는 차량에 사용되는 부속품·예비부분품 및 공구로서 기계 등과 함께 수입되어 동시에 판매되고 그 종류 및 수량으로 보아 정상적인 부속품, 예비부분품 및 공구라고 인정되는 물품의 원산지는 해당 기계·기구·장치 또는 차량의 원산지와 동일한 것으로 본다. ② 포장용품의 원산지는 해당 포장된 내용품의 원산지와 동일한 것으로 본다. 다만, 법령에 따라 포장용품과 내용품을 각각 별개로 구분하여 수입신고하도록 규정된 경우에는 포장용품의 원산지는 내용품의 원산지와 구분하여 결정한다.

대외무역법	대외무역법 시행령	대외무역관리규정
나 수입될 우려가 있는 경우 3. 해당 물품이 「섬유 및 의류에 관한 협정」의 대상이 되는 품목인 경우에는 그 물품의 수입이 국내 시장을 교란하여 같은 품목의 교역 발전을 해치거나 해칠 우려가 있는 경우 ② 정부는 특별수입수량제한조치를 시행하려는 때에는 이해 당사국과 해결 방안을 모색하기 위하여 사전 협의를 할 수 있다. ③ 산업통상자원부장관은 무역위원회가 제1항제1호에 관한 조사가 시작된 물품에 대하여 잠정적인 조치를 건의한 경우로서 그 조사기간에 발생하는 피해 등을 방지하지 아니하면 회복하기 어려운 피해 등이 초래되거나 초래될 우려가 있다고 판단되면 피해의 구제 등을 위하여 잠정 특별수입수량제한조치(이하 이 조에서 “잠정특별수입수량제한조치”라 한다)를 시행할 수 있다. 이 경우 잠정특별수입수량제한조치의 적용기간은 200일 이내로 한다. <개정 2008.2.29., 2013.3.23.> ④ 산업통상자원부장관은 제1항제	원부장관이 정하여 고시한다. <개정 2008.2. 29., 2010.10.1., 2013.3.23.> [제목개정 2010.10.1.] **제63조(이의제기)** ① 법 제34조제5항에 따라 원산지 판정에 이의를 제기하려는 자는 대상 물품의 관세·통계통합품목분류표상의 품목번호·품목명(모델명을 포함한다), 이의제기 사유, 신청자가 주장하는 원산지 등을 명시한 이의신청서에 원산지 판정에 필요한 자료를 첨부하여 산업통상자원부장관에게 제출하여야 한다. <개정 2008.2.29., 2013.3.23.> ② 산업통상자원부장관은 제1항에 따라 제출된 신청서 등이 미비하여 이의제기에 대한 결정을 하기 곤란한 경우에는 기간을 정하여 자료의 보정을 요구할 수 있으며, 그 기간 내에 보정하지 아니하면 신청서 등을 되돌려 보낼 수 있다. <개정 2008.2. 29., 2013.3.23.> ③ 산업통상자원부장관은 제1항에 따른 이의제기에 대한 결정을 하기 위하여 관계 전문가에게 자문하거나 이해관계자 등의 의견을 들을 수 있다. <개정 2008.10.20., 2013.3.23.> ④ 원산지 판정에 대한 이의제기 절차 등에 관하여 필요한 세부적인 사항은 산업통상자원부장관이 정한다. <개정 2008.2. 29., 2013.3.23.> **제65조(수입 물품의 원산지증명서의 제출)** ① 산업통상자원부장관은 법 제36조에 따라 산업통	③ 촬영된 영화용 필름은 그 영화제작자가 속하는 나라를 원산지로 한다. **제88조(수출입 물품의 원산지 판정)** 관세청장은 영 제62조에 따른 원산지 판정을 위하여 필요한 경우 해당 사안과 관련된 행정기관의 장, 무역거래자 및 그 밖의 이해관계인에게 자료의 제출을 요청할 수 있다. **제90조(원산지의 판정자료 보정기간)** 영 제63조제2항의 보정기간은 법 제34조제6항에 따른 이의제기 결정기간에 산입하지 아니한다. **제91조(원산지의 확인)** ① 대외무역법령 등의 규정에 따라 원산지를 확인하여야 할 물품을 수입하는 자는 수입신고 전까지 원산지증명서 등 관계 자료를 제출하고 확인을 받아야 한다. ② 제1항의 규정에 따라 수입시 원산지증명서를 제출하여야 하는 경우는 다음과 같다. 1. 통합공고에 의하여 특정지역으로부터 수입이 제한되는 물품 2. 원산지 허위표시, 오인·혼동표시 등을 확인하기 위하여 세관장이 필요하다고 인정하는 물품 3. 그 밖에 법령에 따라 원산지 확인이 필요한 물품 ③ 제1항에 따라 관계 자료를 제출받은 세관장은 해당 자료의 발행기관에 이의 확인을 요청할 수 있다. ④ 관세청장은 제1항의 원산지 확인에 필요한 사항을 산업통상자원부장관과 협의하여 별도로 정할 수 있다. ⑤ 제1항에 따라 관계 자료를 제출한 자는 자료제출기관에 제출한 자료를 영업상 비밀로 보호하여 줄 것을 요청할 수 있다. **제92조(원산지증명서 등의 제출면제)** 제91조제1항에도 불구하고 다음 각 호의 어느 하나에 해당하는 물품은 원산지증명서 등의 제출을 면제한다. 1. 과세가격(종량세의 경우에는 이를「관세법」제15조에 준하여 산출한 가격)이 15만원 이하인 물품 2. 우편물(「관세법」제258조제2항에 해당하는 것을 제외한다) 3. 개인에게 무상 송부된 탁송품, 별송품 또는 여행자의 휴대품 4. 재수출조건부 면세 대상 물품 등 일시 수입 물품 5. 보세운송, 환적 등에 의하여 우리나라를 단순히 경유하는 통과화물 6. 물품의 종류, 성질, 형상 또는 그 상표, 생산국명, 제조자 등에 의하여 원산지가 인정되는 물품 7. 그 밖에 관세청장이 산업통상자원부장관과 협의하여 타당하다고 인정하는 물품 **제93조(원산지 확인에 있어서의 직접운송원칙)** ① 수입 물품의 원산지는 그 물품이 원산지 국가 이외의 국가(이하

대외무역법

1호에 관한 무역위원회의 조사 결과 국내 시장이 교란되거나 교란될 우려가 있다고 판단되지 아니한다는 무역위원회의 통보가 있으면 잠정특별수입수량제한조치를 해제하여야 한다. <개정 2008.2.29., 2013.3.23.>

⑤ 산업통상자원부장관은 제1항제2호에 따른 경우에 해당되어 시행한 특별수입수량제한조치의 원인이 된 다른 세계무역기구 회원국의 조치가 종료된 때에는 해당 조치의 종료일부터 30일 이내에 그 특별수입수량제한조치를 해제하여야 한다. <개정 2008.2.29., 2013.3.23.>

⑥ 산업통상자원부장관은 특별수입수량제한조치 또는 잠정특별수입수량제한조치를 시행하는 때에는 그 대상 물품, 수량, 적용기간 등을 공고하여야 한다. <개정 2008.2.29., 2013.3.23.>

⑦ 특별수입수량제한조치의 시행에 관하여는 제39조제2항·제4항·제7항 및 제40조제1항을 준용한다.

⑧ 잠정특별수입수량제한조치의 시행에 관하여는 제39조제2항·제4

대외무역법 시행령

상자원부장관이 정하여 고시하는 지역으로부터 산업통상자원부장관이 정하여 고시하는 물품을 수입하려는 자에게 다음 각 호의 기관에서 발행하는 원산지증명서를 그 물품을 수입할 때에 제출하도록 할 수 있다. <개정 2008.2.29., 2013.3.23.>

1. 그 물품의 원산지 국가
2. 그 물품을 선적(船積)한 국가의 정부
3. 제1호의 국가 또는 제2호의 정부가 인정하는 기관

② 그 밖에 제1항에 따른 원산지증명서에 관하여 필요한 사항은 산업통상자원부장관이 정하여 고시한다. <개정 2008.2.29., 2013.3.23.>

제66조(수출 물품의 원산지증명서 발급기준 등)

① 법 제37조제2항에 따른 수출 물품의 원산지증명서의 발급기준은 헌법에 따라 체결·공포된 조약이나 협정과 일반적으로 승인된 국제법규 또는 상대 수입국에서 정한 원산지증명서 발급기준으로 한다.

② 수출 물품의 원산지증명서를 발급받으려는 자는 수출물품원산지증명서발급신청서에 다음 각 호의 서류를 첨부하여 산업통상자원부장관에게 제출하여야 한다. <개정 2008.2.29., 2013.3.23.>

1. 구매자·공급자에 관한 서류
2. 수출 물품의 가격·수량 등에 관한 서류
3. 그 밖에 수출물품의 원산지를 증명하는 데에 필요한 서류로서 산업통상자원부장관이 정하여 공고하는 서류

대외무역관리규정

"비원산국"이라 한다)를 경유하지 아니하고 원산지 국가로부터 직접 우리나라로 운송반입된 물품에만 해당 물품의 원산지를 인정한다. 다만, 다음 각 호의 어느 하나에 해당하는 경우에는 해당 물품이 비원산국의 보세구역 등에서 세관 감시하에 환적 또는 일시장치 등이 이루어지고, 이들 이외의 다른 행위가 없었음이 인정되는 경우에만 이를 우리나라로 직접 운송된 물품으로 본다.

1. 지리적 또는 운송상의 이유로 비원산국에서 환적 또는 일시장치가 이루어진 물품의 경우
2. 박람회, 전시회 그 밖에 이에 준하는 행사에 전시하기 위하여 비원산국으로 수출하였던 물품으로서 해당 물품의 전시목적에 사용 후 우리나라로 수출한 물품의 경우

② 제1항의 단서에 해당하는 물품의 경우에는 관세청장이 정하는 서류를 원산지증명서와 함께 제91조에 따라 세관장에게 제출하여야 한다.

(별표 8) 원산지표시대상물품 (생략)

(별표 9) 특정수입물품의 원산지

품목명	원산지판정기준
HS 9006.51 렌즈를 통하여 볼 수 있는 파인더(싱글렌즈레플렉스)를 갖춘 것 (폭이 35밀리미터 이하의 롤필름용인것에 한하며 특수용도사진기 또는 일회용 사진기는 제외) HS 9006.53 기타(폭이 35밀리미터의 롤필름용인 것에 한하며 특수용도 사진기 또는 일회용 사진기는 제외)	다음 각 호의 기준을 순차적으로 적용한다. 1. 해당 물품에 사용된 원료 및 부품의 부가가치가 완제품 부가가치의 35%이상인 경우 해당 원료 및 부품을 생산 또는 최초로 공급한 국가 2. 제1호의 국가가 없거나 2개국 이상인 경우는 주요부품(셔터, 렌즈, 줌경통, 파인더)이 차지하는 부가가치의 비율이 높은 국가
HS 0102 소	출생국을 원산지로 한다. 다만, 출생국과 사육국이 다른 경우에는 다음 기준에 따른다. 해당 국가에서 6개월 이상 사육된 경우에는 당해 사육국을 원산지로 하고, 6개월 미만 사육된 경우에는 출생국을 원산지로 한다.
HS 0103 돼지	출생국을 원산지로 한다. 다만, 출생국과 사육국이 다른 경우에는 다음 기준에 따른다. 해당 국가에서 2개월 이상 사육된 경우에는 해당 사육국을 원산지로 하고, 2개월 미만 사육된 경우에는 출생국을 원산지로 한다.
소와 돼지 이외의 그 밖의 가축으로서 HS 01류의 것	출생국을 원산지로 한다. 다만, 출생국과 사육국이 다른 경우에는 다음 기준에 따른다. 해당 국가에서 1개월 이상 사육된 경우에는 해당 사육국을 원산지로 하고, 1개월 미만 사육된 경우에는 출생국을 원산지로 한다.

대외무역법	대외무역법 시행령	대외무역관리규정

대외무역법

항 및 제7항을 준용한다.

제53조의2(벌칙) 다음 각 호의 어느 하나에 해당하는 자는 5년 이하의 징역 또는 1억원 이하의 벌금에 처한다. 이 경우 징역과 벌금은 병과(倂科)할 수 있다. <개정 2013.7.30.>
1. 제23조제1항에 따른 이동중지명령을 위반한 자
1의2. 제33조제4항제1호 또는 제2호를 위반한 무역거래자 또는 물품등의 판매업자
2. 제33조제4항제3호를 위반하여 원산지표시대상물품에 대하여 원산지 표시를 하지 아니한 무역거래자
3. 제33조의2제1항에 따른 시정조치 명령을 위반한 자
4. 제38조에 따른 외국산 물품등의 국산 물품등으로의 가장 금지 의무를 위반한 자

[본조신설 2010.4.5.]

대외무역법 시행령

③ 산업통상자원부장관은 제2항에 따른 신청을 받은 경우 제1항에 따른 원산지증명서 발급기준에 적합한지를 조사·확인하여 발급 여부를 결정한 후 수출 물품의 원산지증명서를 발급하여야 한다. <개정 2008.2.29., 2013.3.23.>
④ 제3항에 따른 원산지증명서의 유효기간은 1년으로 한다. 다만, 헌법에 따라 체결·공포된 조약이나 협정과 일반적으로 승인된 국제법규에서 그 유효기간을 다르게 정하고 있는 경우에는 그 유효기간으로 한다.
⑤ 제1항부터 제4항까지에서 규정한 것 외에 수출 물품의 원산지증명서의 발급 등에 필요한 세부사항은 산업통상자원부장관이 정하여 고시한다. <개정 2008.2.29., 2013.3.23.>

제70조(특정국 물품에 대한 특별 수입수량 제한조치의 시행 등) ①법 제41조제1항에서 "대통령령으로 정하는 국가"란 중화인민공화국(홍콩과 마카오는 제외한다. 이하 이 조에서 "중국"이라 한다)을 말한다.
② 법 제41조제1항제1호 및 제2호에 따른 경우에 해당되어 중국을 원산지로 하는 물품에 시행하는 특별 수입수량 제한조치는 2013년 12월 10일까지 수입신고되는 물품에만 적용하고, 같은 항 제3호에 따른 경우에 해당되어 중국을 원산지로 하는 물품에 시행하는 특별 수입수량 제한조치는 2008년 12월 31일까지 수입

대외무역관리규정

품 목 명		원산지기준(안)
HS 6101-6117 (편직된 의류 및 그 부속품)	1) 제품형태로 편물(knit to shape)되는 물품(부품과 부속품을 포함한다);6101-6117의 것	편직공정 수행국 (knit shape)
	2) 부품형태로 편물된 부품을 봉제하여 생산되는 물품 ; 6101-6115의 것	봉제공정 수행국
	3) 재단(cut to shape)된 부품을 봉제하여 생산되는 물품 ; 6101-6115의 것	봉제공정 수행국
	4) 자수된 편평제품 (손수건, 쇼울, 스카프, 머플러, 만틸라, 베일 및 이와 유사한 물품) ; 6117.10.6117.80의 것	편직공정 수행국. 단, 기포원단의 공장도 가격의 50%를 초과하는 자수공정을 수행할 경우 자수공정 수행국
	5) 그 밖의 편평제품 (손수건, 쇼울, 스카, 머플러, 만틸라, 베일 및 이와 유사한 물품) ; 6117.10.6117.80의 것	편직공정 수행국
	6) 부품형태로 편물된 부품을 봉제하여 생산되는 부속품(넥타이류, 장갑류 및 이와 유사한 물품) ; 6116, 6117.20, 6117.80의 것	부품의 편직공정 수행국 (형태를 갖게 knit된 곳)
	7)재단된 부품을 봉제하여 생산되는 부속품(넥타이류, 장갑류 및 이와 유사한 물품) ; 6116, 6117. 20, 6117.80의 것	봉제공정 수행국
	8) 부품형태로 편물된 부품을 봉제하여 생산된 부품 ; 6117.90의 것	부품 편직공정 수행국
	9) 재단된 부품을 봉제하여 생산되는 부품 ; 6117.90의 것	재단공정 수행국
	10) 자수되었으나 봉제되지 아니한 부품 ; 6101-6117의 것	편직공정 수행국. 단, 기포원단의 공장도 가격의 50%를 초과하는 자수공정을 수행할 경우 자수공정 수행국
	11) 그 밖에 봉제되지 아니한 부품 ; 6101-6107의 것	편직공정 수행국

대외무역법	대외무역법 시행령	대외무역관리규정
	신고되는 물품에만 적용한다. 제90조(수수료) 법 제37조에 따라 수출물품의 원산지증명서를 발급받으려는 자는 산업통상자원부장관이 정하여 고시하는 수수료를 내야 한다. <개정 2008.2.29., 2013.3.23.>	

찾아보기

저자약력

■ **조 정 란**

일본 동경 소재 타쿠쇼꾸(拓殖)대학에서 상학(통상·무역)박사를 취득하였고, FTA 및 특혜원산지규정에 대한 연구에 특화해 오고 있다. 인하대학교 정석물류통상연구원, 일반대학원 및 국제통상학부에서 연구·강의와 성균관대학교 일반대학원 무역학과에서 겸임교수로 강의한 바 있다. 현재 인하대학교 일반대학원 FTA전공 조교수로 재직중이다. 한국국제통상학회 이사, 관세청(인천) 원산지심사위원회 위원, FTA활용연구포럼 사무국장 등으로 활동하고 있다. 「우리나라 FTA원산지규정(ROO) 연구 및 실증분석」, 「동아시아 경제통합」 등의 저서와 “한미 FTA 원산지기준의 주요내용과 경제효과 추정 –NAFTA 특혜관세 이용률 활용–”, “한국과 일본의 FTA 원산지규정 비교분석 및 한일 FTA 원산지규정 시사점” 등 다수의 연구논문을 발간하였다.

FTA 원산지론

2016년 7월 15일 초판 인쇄
2016년 7월 20일 초판 1쇄 발행

저 자 조 정 란
발행인 배 효 선
발행처 도서출판 法 文 社
주 소 10881 경기도 파주시 회동길 37-29
등 록 1957년 12월 12일 / 제2-76호 (윤)
전 화 (031)955-6500~6 FAX (031)955-6525
E-mail (영업) bms@bobmunsa.co.kr
(편집) edit66@bobmunsa.co.kr
홈페이지 http://www.bobmunsa.co.kr
조 판 법 문 사 전 산 실

BUM MOON SA

정가 29,000원 ISBN 978-89-18-10236-8